谨以此志

献给波澜壮阔的贵州减贫事业，以及

所有为此贡献和正在贡献的人们

贵州省减贫志

贵州省地方志编纂委员会　编

方志出版社
Publishing House of Local Records

图书在版编目（CIP）数据

贵州省减贫志 / 贵州省地方志编纂委员会编． -- 北京：方志出版社，2016.10

ISBN 978-7-5144-2112-5

Ⅰ. ①贵…　Ⅱ. ①贵…　Ⅲ. ①扶贫—概况—贵州—1978-2015　Ⅳ. ① F127.73

中国版本图书馆 CIP 数据核字（2016）第 238705 号

贵州省减贫志

编　　者：贵州省地方志编纂委员会
责任编辑：李　静

出 版 人：冀祥德
出 版 者：方志出版社
地址　北京市朝阳区潘家园东里 9 号（国家方志馆 4 层）
邮编　100021
网址　http://www.fzph.org
发　　行：方志出版社发行中心
电话　（010）67110500
经　　销：各地新华书店
排　　版：北京中文天地文化艺术有限公司
印　　刷：北京华联印刷有限公司

开　　本：889 × 1194　　1/16
印　　张：23.75
字　　数：710 千字
版　　次：2016 年 10 月第 1 版　2016 年 10 月第 1 次印刷

ISBN　978-7-5144-2112-5　　**定价：**218.00 元

序

当前，在以习近平同志为核心的党中央的坚强领导下，全国各族人民正在全面建成小康社会的决胜阶段奋勇向前、阔步迈进。全面建成小康社会，最艰巨最繁重的任务是在革命老区、民族地区、边疆地区、贫困地区。消除贫困、改善民生、实现共同富裕，是中国特色社会主义的本质要求，是中国共产党的重要使命。为了全面实现小康，党中央高度重视扶贫开发工作，全力推进脱贫攻坚工程，实施精准扶贫、精准脱贫。习近平总书记明确提出，全面实现小康，一个民族也不能少，不能落下一个贫困家庭，丢下一个贫困群众。扶贫开发是个系统工程，发展是第一要务，只有发展，因地制宜找准路子，才能最终实现精准扶贫、精准脱贫。“治贫”必先“治愚”，在加强经济和基础设施建设、提高教育水平等方面的同时，扶贫开发还要注重文化扶贫，特别是通过挖掘革命老区、民族地区、边疆地区、贫困地区的文化内涵、历史底蕴、地情资源，让广大干部群众了解地情、了解历史、了解本地区的优势和劣势，在思想上脱贫，尤为关键。

赓续不断地编修地方志是我国独有的优秀文化传统，绵延千年而不断。党中央、国务院高度重视地方志工作，近几年来，习近平总书记、李克强总理、刘延东副总理作出了一系列的重要指示。2015 年 8 月，国务院办公厅印发《全国地方志事业发展规划纲要（2015—2020 年）》（以下简称《规划纲要》），明确要求到 2020 年必须全面完成第二轮修志规划任务，这是全国地方志工作在全面建成小康社会进程中的硬性任务，也是全国地方志系统为全面建成小康社会的献礼。届时，将同步实现省省有省志、市市有市志、县县有县志，这不仅在中国文化发展史上是绝无仅有的，在世界文化发展史上也是罕见的。从目前来看，要实现这一目标任务，还存在不少困难和问题，特别是民族地区与贫困地区，面临着缺乏人才、资金等诸多困难。实现到 2020 年必须全面完成第二轮修志规划任务，一个省、一个市、一个县都不能少。自 2015 年 8 月，经中国地方志指导小组批准，中国地方志指导小组办公室启动民族地区与贫困地区志书出版资助工程（以下简称“资助工程”），对经国务院扶贫开发领导小组办公室认定的国家级贫困县（区、旗、县级市），中西部地区、少数民族边疆地区、经济欠发达地区存在出版经费困难的省市县三级综合志书进行出版资助。截至目前，已经确定资助两批 20 多部志书。2016 年 4 月，该工程成功入选国家新闻出版广电总局实施的“十三五”国家重点图书、音像、电子出版物出版规划项目。当前正处于全面推进扶贫开发工程的攻坚阶段，深入推进资助工程，是全国地方志系统配合推进精准扶贫、精准脱贫的重要工作，必须引起高度重视。

资助工程是地方志系统的政治工程。革命老区、民族地区、边疆地区、贫困地区蕴含着极为丰富的文化内容，编纂出版志书，对于继承和发扬优秀传统文化、民族文化、革命文化，加强民族团结、促进当地经济社会建设意义重大。革命老区、民族地区、边疆地区、贫困地区的志书是充分展示在中国共产党领导下这些地区经济社会建设取得的巨大成就、各族人民生活幸福安定的历史依据。特别是边疆地区的志书，是历代王朝、社会主义新中国对该地区行使主权的文化宣示，是真实记录边疆地区与祖国一脉相承、荣辱与共的重要载体。《规划纲要》明确要求到2020年全面完成第二轮修志规划任务，是党中央、国务院对各级政府和地方志工作机构的政治要求，必须不打折扣坚决完成，革命老区、民族地区、边疆地区、贫困地区也不能例外。资助工程既是全国地方志系统的文化扶贫工程，又是确保到2020年全面完成第二轮修志规划任务的推进工程，具有重要的政治意义。

资助工程是促进民族地区与贫困地区文化建设的基础工程。地方志书是全面系统地记述本行政区域自然、政治、经济、文化和社会的历史与现状的资料性文献，记述内容包罗万象，记述对象丰富多彩，是对一个地方的文化普查和历史资料的全面梳理。一个地方的经济社会建设，离不开文化支持。发展是硬道理，只有真正实现全面、协调、可持续发展，才能最终实现小康。与此同时，发展也必须是有序的而不是盲目的，必须是实事求是的而不是凭空设想的，必须是因地制宜的而不是照搬照抄的。实践证明，脱离当地的自然条件、历史基础、文化传承、人文习俗等搞所谓的建设，要么是盲人摸象、坐井观天，要么是揠苗助长、掩耳盗铃，要么是削足适履、画蛇添足，最终会落得个水土不服、无疾而终。对于民族地区与贫困地区来说，立足本地的资源、市场、人文旅游等优势，因地制宜找准发展路子，是确保科学发展的首要任务。民族地区与贫困地区，尤其是那些自古以来还没有编修过志书的地区，开展志书编纂既是对当地自然、政治、经济、文化、社会、生态等方面的发展历史、发展脉络、发展规律的全面摸底和调查，又是总结历史经验、汲取历史教训、挖掘历史智慧的全面梳理和探求。通过学习、利用地方志书，让各级领导干部、广大人民群众了解当地的历史、了解实实在在的地情，从历史中汲取营养和智慧为现实提供借鉴和服务，是确保民族地区与贫困地区发展不走弯路、不走冤枉路的有效手段。

资助工程是全国地方志事业协调发展的促进工程。第五届中国地方志指导小组成立以来，一直把走基层、探实情作为一项重要任务，截至目前，已经到30个省（自治区、直辖市）开展了调研。通过座谈、实地考察等多种形式，充分了解了当前全国地方志事业发展面临的主要困难和问题。其中，区域发展不平衡，中西部地区特别是边疆少数民族地区地方志工作与东部地区相比还存在不少差距，是制约全国地方志事业实现全面、协调、可持续发展的瓶颈所在。有的地方甚至出现了花费了大量的人力、物力，经过十余年的艰辛努力编纂出志书，因为缺乏出版经费迟迟未能出版的状况。正是基于以上了解到的情况，中国地方志指导小组及其办公室才下定决心启动资助工程。到2020年全面建成小康社会时，地方志事业区域发展不平衡问题必须得到妥善解决，这也是深入贯彻《规划纲要》的应有之义。而作为主业的修志编鉴，到2020年全面完成第二轮修志规划任务、实现综合年鉴编纂全覆盖的“两全目标”，是中西部地区特别是边疆少数民族地区地方志工作发展的重中之重。从现实意义来说，资助工程对于实现全国地方志事业全面、协调、可持续发展具有重要的促进作用。

在党中央、国务院的高度重视下，全国地方志事业发展迎来重大战略机遇。越是发展的关键时期，越要有大局观，越要从全国一盘棋的角度考虑问题。《规划纲要》作为顶层设计，确定的各项目标任务都要落到实处，而作为“两全目标”之一的到2020年全面完成第二轮修志规划任务，实现省、市、县一个都不能少的目标，是关键中的关键。希望借助资助工程的深入推进，进一步引起全国地方志系统对实现“两全目标”的重视，确保按期保质完成，用志书客观而忠实地记述中国共产党人带领全国各族人民全面建成小康社会的光荣与曲折历程，为全面建成小康社会贡献“志”礼。

是为序。

中国社会科学院院长、党组书记
中国地方志指导小组组长

2016年10月于北京

民族地区与贫困地区志书出版资助工程领导小组

组　　长：王伟光　中国社会科学院院长、中国地方志指导小组组长

常务副组长：李培林　中国社会科学院副院长、中国地方志指导小组常务副组长

副 组 长：冀祥德　中国地方志指导小组办公室主任

成　　员：刘玉宏　中国地方志指导小组办公室副主任

邱新立　中国地方志指导小组办公室副主任

民族地区与贫困地区志书出版资助工程领导小组办公室

主　任：冀祥德　中国地方志指导小组办公室主任

副主任：邱新立　中国地方志指导小组办公室副主任

成　员：于伟平　国家方志馆馆藏部主任、方志出版社常务副社长

陈　旭　中国地方志指导小组办公室方志处处长

李　沛　方志出版社首席编辑、省志编辑部主任

徐　宏　方志出版社地方史编辑部副主任

王丹林　中国地方志指导小组办公室方志处副处长

◎领导关怀

1982 年 1 月，贵州省委第一书记池必卿（左一）在黔南自治州都匀市检查工作

1982 年，贵州省省长苏钢（右二）在黔东南自治州农村考察

1990 年 10 月，贵州省省长王朝文（前排右一）视察丹寨县果园场

1991 年，贵州省委书记刘正威（左二）视察普定农村

1996 年，贵州省省长陈士能（前排右二）在普定县考察扶贫工作

1997 年，贵州省省长吴亦侠（前排右一）在从江县农村考察

2005 年 10 月，贵州省省长石秀诗（左四）赴丹寨县长青乡排中村调研

2009 年 4 月 22 日，贵州省委书记石宗源（中）在绥阳高坊子村看望贫困户

2007 年 8 月 28 日，贵州省省长林树森（前一）视察习水县扶贫项目

2015 年 4 月 13 日，贵州省委书记赵克志（前排右二）在思南县张家寨考察荒山绿化和扶贫产业发展情况，了解茶叶种植等相关情况

2015 年 7 月，贵州省委书记陈敏尔（中）在锦屏县敦寨镇雷屯村铁皮石斛种植基地考察

2015 年 10 月 19 日，贵州省省长孙志刚（左三）在威宁自治县五星村考察利民生态中药材种植情况

1988 年，农业部副部长、国务院贫困地区开发领导小组副组长朱荣（右二）在丹寨县考察

2012 年 2 月，国务院扶贫办主任范小建（右一）在副省长秦如培（右二）陪同下到威宁迤那镇视察扶贫工作

2015 年 5 月 7 日，国务院扶贫办主任刘永富（右二）在榕江县计划村了解贫困农户的一卡通

2015 年 5 月 8 日，中央农村工作领导小组副组长、办公室主任陈锡文（前排左二）在遵义县花茂村考察

2015 年 9 月 12 日，国务院扶贫办副主任郑文凯（右三），在六盘水市考察

◎交通建设

1991年5月16日，贵州第一条高等级公路——贵阳至黄果树（贵清段）汽车专用公路竣工通车

坝陵河大桥雄姿

修文县修建通村公路

黔西南自治州兴义市拱桥至红棒通乡油路

贵定立交桥

◎农田水利建设

2003 年 4 月，毕节市坡改梯工程山、水、田、林、路综合治理产生综合效益

2007 年 7 月，安顺市西秀区整村推进项目沟渠建设

2005 年，德江县合兴乡茶元村烟水配套工程

从江县加榜梯田

黔中水利枢纽工程

三板溪电站

◎电力、通信、信息化建设

2011 年 11 月 12 日，遵义深溪镇永安村农网工程建设现场

2013 年 4 月 26 日，威宁自治县开展小康电建设现场

500 千伏安顺变电站——黔电送粤通道枢纽

毕节市威宁自治县马摆大山风电场

装机 300 万千瓦的构皮滩水电站

小康电点亮瑶胞幸福生活

积极服务三农，邮递员送春种到田间地头

建设村级农民多功能信息服务站

惠水县百鸟河电商实训基地

1999 年，全省实现乡乡通电话

移动电话进苗寨

依托贵州大数据发展东风，雷山县与贵农网、贵阳银行等企业合力打造村村有电商，户户产品“能上网”的电商之路，将本地土产品推向全国各地。图为雷山县丹江镇小固鲁村电商服务站

2016 年 3 月 30 日，龙里县 58 家农村淘宝店开业营运，开业首日，全县共有上行商品 62 个，交易额达到 370 万元，成功突破贵州省农村淘宝开业交易记录

◎生态建设

2011 年 3 月，易地扶贫搬迁后的松桃县太平营乡石榴溪苗寨

瓮安县松坪乡

赫章县河镇乡海雀村生态建设成果

晴隆县种养结合治理石漠化

贵州省晴隆县生态草场

湄潭县永兴万亩茶海

2011 年兴仁县回龙镇龙潭河小流域水土保持综合治理工程

◎产业减贫

关岭自治县科技扶贫蔬菜种植项目

位于安顺市平坝区羊昌乡龙海村的农村生活污水一体化处理设施

位于贵定县盘江镇清定桥高堡的农村环境综合整治工程

2010 年 6 月，贵阳市花溪区高坡乡扰绕村，打造的扶贫乡村旅游试范点

贵州省果树研究所在黔南自治州惠水县国营滥坝林场试验的牛肉红柑橘

绥阳县农民丰收灯笼辣椒

普定县循环农业示范园万寿菊种植基地

黔西南自治州册亨县大耳羊养殖项目

蓝莓丰收

修文猕猴桃

关岭自治县草地生态畜牧业项目

铜仁市中药材头花蓼种植地

西江苗寨

毕节百里杜鹃乡村旅游区

丹寨卡拉村村民手工副业

织金县官寨乡小妥倮苗族蜡染、刺绣从工坊向旅游商品转化

赫章县珠市民族乡返乡农民工创办的民族用品刺绣厂

“老干妈”特色辣椒酱生产线

◎教育、卫生扶贫

锦屏中学教学楼信贷扶贫项目

深圳市南山区援建的威宁自治县南山中学

朱英龙先生捐助建设的黔东南州榕江县一中

2015 年 6 月 27 日，郑州日产 2015“牵手工程—快乐成长计划”活动走进德江县稳坪镇境内的游庄小学，为学校带来了价值 10 万元的课桌椅、办公桌椅、电脑、电铃、180 个文具书包以及大量书籍

武汉大学女大学生赵小亭于 2010 年 7 月 21 日在贵州贵定县乡村支教途中穿越崎岖山路，被突然滚落的山石击中头部，不幸当场遇难，献出了年轻的生命。7 月 20 日，赵小亭在给贵定县马场河乡中心小学的学生上课

黔东南技工学校普通机加工培训课

2003 年 7 月，国家投资建设的兴义市鲁布格镇卫生院

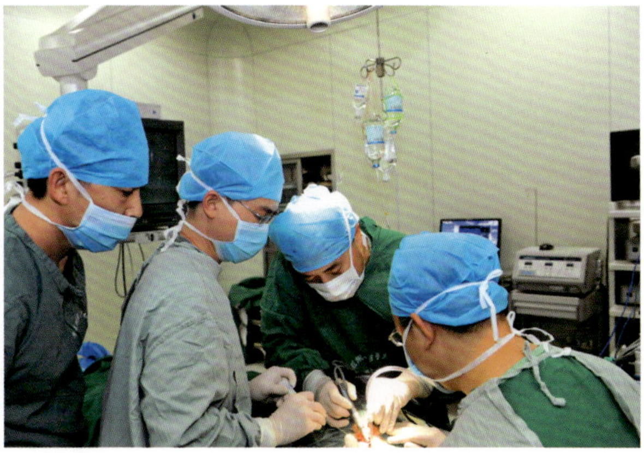

2012 年 11 月，在贵医附院为贫困聋儿免费植入人工耳蜗

◎科技、文化扶贫

贵州农科院蔬菜专家李桂莲（右二）在黔南自治州惠水县好花红乡蔬菜试验地现场指导

2012 年 4 月 1 日，省科技厅在贵阳市乌当区百宜乡沙坝村举办红米科学种植示范田种子发放仪式

贵州省扶贫开发生物技术中心马铃薯脱毒苗组培室

锦屏文书特藏馆远眺

黎平县侗族群众在寨门前演唱侗族大歌

◎就业、社会保障

2011 年 1 月 18 日，为创业园提供贷款支持的贵州省农村信用联社为镇宁返乡农民工创业园授牌

2011 年 1 月 18 日，镇宁返乡农民工创业园的农民工在加工水晶制品

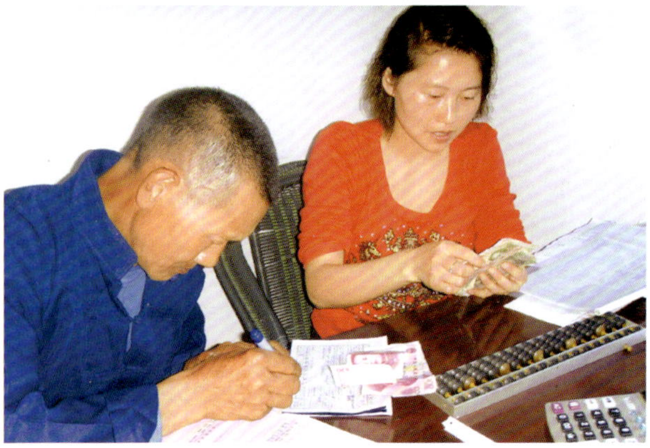

参合农民报销医疗费用

2016 年 2 月，农民工就业招聘会现场

2013 年 8 月，大方县黄泥塘镇的返乡农民工黄海军回乡创办了翔盛威电子厂

2011 年 7 月 26 日，盘县羊场布依族白族苗族乡海兴村低保发放现场

2010 年 1 月，遵义县向农民发放养老金领取证

2012 年 12 月，新农合筹资现场

2010 年 1 月 28 日，贵州省在平坝县发放实行全国新型农村社会养老保险试点以来的首批养老金，图为领取新型农村社会养老保险金存折现场

◎党建扶贫

“大关精神”的代表人物——何元亮（右二）

1982—1995年的任期内，文朝荣从号召村民种树，到力促科技兴农，让海雀村发生了彻底的改变——从泥沙漫天到绿树掩映，从忍饥挨饿到衣食无虞

“不怕困难、艰苦奋斗、攻坚克难、永不退缩”精神的代表——兴义市则戎乡冷洞村党支部书记朱昌国

2015 年 8 月，湄潭县核桃坝村致富带头人——村支书陈廷明（右一）在核桃坝村茶青交易市场了解茶青交易情况

盘县淤泥乡岩博村致富带头人——村支书余留芬（左一）与村民一起修路

当代女愚公邓迎香进入她率领村民“刨出来”的人工隧道

2010 年 4 月 21 日，晴隆县委书记姜仕坤（左二）到晴隆县长流乡调研农业产业

2011 年 12 月，长顺县敦操乡“背篼干部“为贫困山区群众送物

◎军队帮扶

2011 年 8 月 29 日，兴义军分区组织抗旱送水突击队，顶着烈日为兴义市巴结镇歪染村送去 40 吨水

2004 年 10 月 27 日，贵阳警备区开展扶贫济困送温暖活动，捐赠 3 万余元、棉被衣物 3000 余件

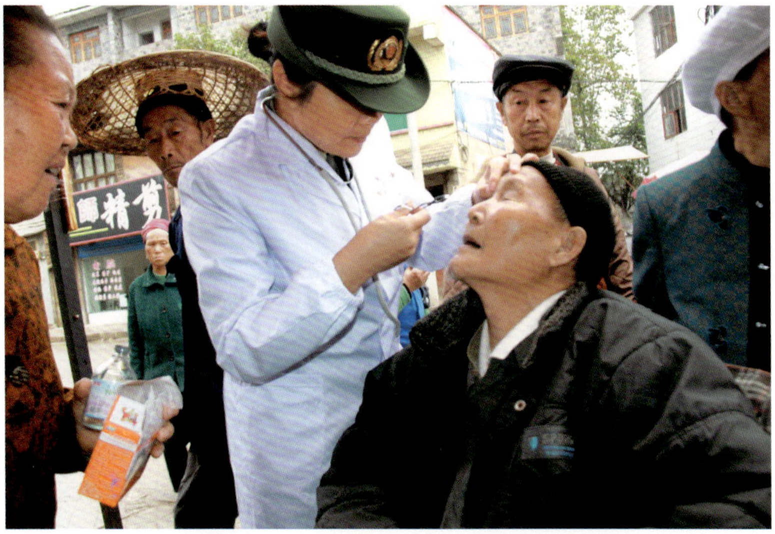

2013 年 10 月，武警贵州总队医院到黄平县旧州对口援建开展义诊活动

2013 年 7 月，大旱当前，饮水困难。贵州兴义市人武部组织民兵队伍为偏僻边远地区群众送水上山

◎对口帮扶

1997 年深圳市建设投资公司援建平塘县 10 千伏输配电线路 82.2 公里，使 12 个村 2078 户村民告别了无电的历史

大连市援建的盘县哒啦仙谷农业扶贫产业园区俯瞰

2013 年宁波市江北区帮扶册亨县丫他镇巴金“11522”助农增收扶贫模式

青岛市对口帮扶安顺市西秀区杨武乡中药材头花蓼种植基地

2013 年，广州市资助 100 万元建成三都自治县水龙中学教学楼

苏州市援建的铜仁市江口县云舍历史文化名村

上海市援建的遵义（上海）产业园电子产业生产车间

杭州市对口帮扶的凯里市炉山镇伟勇村

◎企业帮扶

台湾嘉隆实业公司董事长朱英龙先生，2003至2013年累计捐资助学2.8亿元，用于黔东南自治州、黔西南自治州等地，建设校舍、开展助学等工作。图为朱英龙先生（中）与小学生一起用餐

2014年12月2日，万达集团董事长王健林（右二）在丹寨县清华科技园铁皮石斛示范种植基地调研

2015年8月，兴伟集团董事长王伟（前排右四）在秀水村了解老百姓的帮扶要求

2015年8月31日，茅台集团董事长、党委副书记袁仁国（右四），党委书记、副董事长、总经理李保芳（左二）与共青团中央书记处书记傅振邦（右三）走访贵州省道真县三江镇云峰村受助学生家庭

2015年10月12日，贵州民营企业紫轩服饰帮扶思南县代家山村小学

恒大扶贫项目——大方县安格斯牛养殖基地

万达集团帮扶项目——丹寨万达职业技术学院

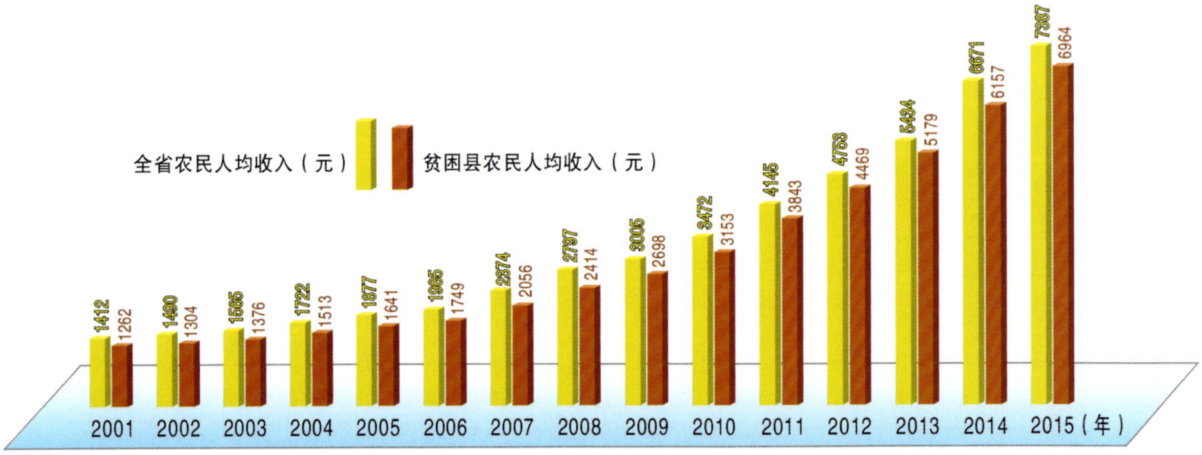

2001—2015 年贵州省及贫困县农民人均收入

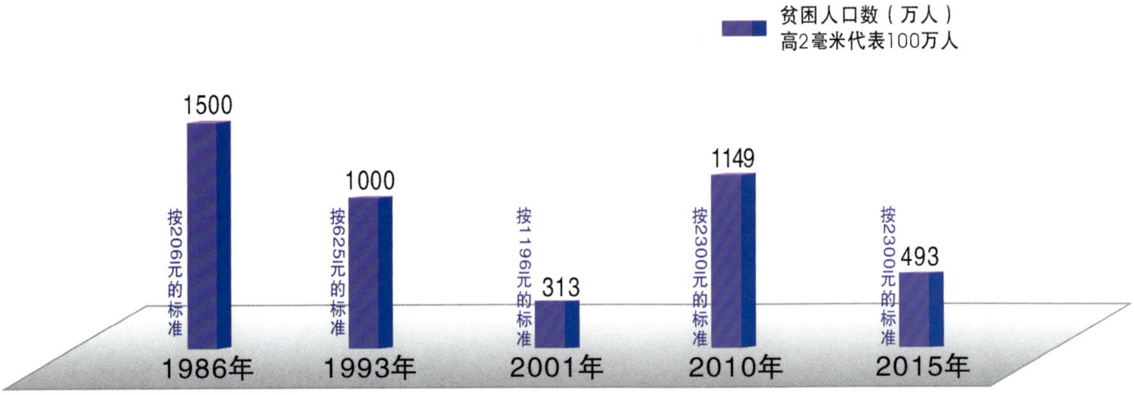

贵州省贫困人口变化

为了实现2020年全面建成小康社会的宏伟目标，省委、省政府制定了“十三五”脱贫攻坚宏伟蓝图。概括起来就是：脱贫困、奔小康的“一个总目标”引领贵州人民谱写中国梦的贵州篇章；大扶贫、大数据“两大战略行动”强力推进脱贫攻坚；科学治贫、精准扶贫、有效脱贫“三大理念”引领脱贫攻坚行动；完成现行标准下农村贫困人口实现脱贫、贫困县全部“摘帽”、解决区域性整体贫困“三大任务”来确保脱贫攻坚总任务的实现；扶持谁、谁来扶、怎么扶、如何退“四问”诠释脱贫攻坚战的方法论；“五个一批”（发展生产脱贫一批、易地搬迁脱贫一批、生态补偿脱贫一批、发展教育脱贫一批、社会保障兜底一批）设计了脱贫攻坚的新路径。“五主”（党委“主体”、政府“主抓”、干部“主帮”、基层“主推”、社会“主扶”），“五包”[省领导包县、市（自治州）领导包乡、县领导包村、乡（镇）领导包户、党员干部包人]，扶持对象、项目安排、资金使用、措施到户、因村派人、脱贫成效“六个精准”，保障脱贫攻坚决战决胜。

唯其艰难，更显勇毅；唯其磨砺，始得玉成。面对“十三五”脱贫攻坚宏伟蓝图，贵州有信心、有能力以投鞭断流的气势、背水一战的意志，打赢这场输不起的减贫攻坚战。

大事记

1976 年 贵州省关岭自治县顶云公社陶家寨生产队暗地试行“定产到组”生产管理方式，到1978 年，“定产到组，超产奖励”生产责任制管理方式扩散到该公社 16 个生产队，尽管当年夏秋遭冰雹旱涝灾害，但年粮食总产量增长三成，打破粮产 10 年没有增长的局面。11 月 11 日，《贵州日报》头版头条加编者按以《定产到组姓“社”不姓“资”》为题，刊登顶云公社部分干部座谈纪要，该报道在全省引起强烈反响。顶云公社的做法在贵州农村传播。

1979 年 贵州省民政系统遵照全国第七次民政工作会议精神，在纳雍、赫章、思南、德江、都匀、福泉、贵定、惠水、长顺、麻江等县进行民政“双扶”（扶持一般农户中的特困户、扶持军烈属中的特困户）试点。

1980 年 7 月 贵州省委第一书记池必卿签发《中共贵州省委关于放宽农业政策的指示》，明确在坚持生产资料公有制和按劳分配原则下，可根据当地实际情况选择“包产到组或包干到户”。9 月，池必卿到北京参加中央召开的各省、市、自治区党委第一书记座谈会，提出的农业生产“可以包产到组，也可以包干到户”建议，在《中共中央印发〈关于进一步加强和完善农业生产责任制的几个问题〉的通知》中得以体现。

1980 年 10 月 28—30 日 中共中央总书记胡耀邦在贵州省委第一书记池必卿陪同下，赴六盘水、黔西南自治州等地视察，要求认真贯彻执行中共十一届三中全会精神，进一步解放思想，加强和完善农业生产责任制，放宽农业政策，努力改变贵州农业和农村的落后面貌。12 月，中共中央总书记胡耀邦对贵州省委呈报的《关于我省建立农业生产责任制情况的报告》做出“应当同意他们的看法和做法”的批示。到 1981 年年底，贵州农村 98.2% 的生产队实行“包干到户”生产责任制。

1983 年 1 月和 12 月 中共中央总书记胡耀邦两次率中央有关部门负责人视察贵州省毕节地区的威宁、赫章、纳雍、毕节、织金、大方等县的贫困村，看望慰问贫困群众，听取贵州省委、省政府的工作汇报，针对贵州省特别是毕节地区交通状况落后问题，提出“要致富，先修路，尤其是要修高等级公路，修出富民路”。他在地图上画出要修建贵州大方至四川纳溪的高等级公路。胡耀邦在贵州省干部大会上对贵州的发展做出了重要指示。指出“贵州省人均（收入）倒数第一，是全国最末一位。所以，贵州还没有最后摆脱干人的地位”。提出“党的一切政策归根到底都是富民政策”的观点。

1985 年 6 月 2 日 中共中央政治局常委、书记处书记习仲勋阅读内部刊物刊出的《赫章县一万二千多户农民断粮，少数民族十分困难，却无一人埋怨国家》的调查报告后，批示贵州省委对这类地区要定时限，有计划、有步骤地改变落后面貌。贵州省委立即抽派干部赶赴赫章县海雀村查看断炊情况，开仓放粮，赈济饥民。并从省直机关抽调干部组成 8 个工作组，分赴除贵阳市以外的 8 个地、州、市，了解农民的生产生活情况，组织生产自救，妥善安排灾民生活。

1985 年 6 月 20 日　根据省政府《关于开展集中连片贫困乡经济调查的通知》，省、地、县三级机关抽调 400 多名干部，对毕节、大方等 26 个县的 1238 个集中连片贫困乡开展历时 50 余天的调查，调查结果显示：农民人均纯收入不到 120 元、口粮不足 200 公斤的贫困人口达 526 万人，占 26 个县总农业人口的 75% 以上。省委、省政府以此为重要依据，将 26 个县作为贵州贫困县呈报中共中央和国务院。

1985 年 7 月 25 日至 8 月 3 日　省委书记胡锦涛在省委原书记朱厚泽陪同下赴毕节地区、六盘水市和安顺地区考察边远山区农民贫困问题。11 月，胡锦涛主持召开全省贫困地区工作座谈会，研究部署扶贫工作，决定对 26 个贫困县采取特殊扶持政策和经费支持，要求其他县也应对境内贫困乡、村、户采取类似政策措施，帮助尽快脱贫致富。

1985 年 10 月 30 日　省委办公厅印发《关于印发省委农工部〈关于划分贫困户和极贫户标准的意见〉的通知》，确定贵州按年计算农民人均纯收入 120 元以下；人均口粮水稻主产区 200 公斤以下，玉米主产区 150 公斤以下，兼产区 175 公斤以下为贫困户；以户按年计算人均纯收入 80 元以下，人均口粮 125 公斤以下为极贫户。按此标准统计，1985 年年底，全省有贫困人口 1500 多万人，占当年全省农业人口总数 2609 万人的 57.5%。

1986 年 1 月 6 日　省委、省政府印发《关于从省地县三级机关和部分事业单位中抽调干部到贫困地区加强基层工作的决定》。确定从 1986 年起，每年从省地县党政机关和部分事业单位抽调干部到贫困、边远县加强基层工作，一年一轮换。各地（州、市）和县（市、区、特区）也照此办理。2 月 24 日，省直机关抽调 536 名干部组建 26 支扶贫工作队分赴 26 个贫困县开展帮扶工作。

1986 年 2 月 4—10 日　中共中央总书记胡耀邦率中央和国家机关 27 个部门 37 人组成的春节慰问团赴贵州镇宁、关岭、晴隆、普安、水城、盘县等地视察。在听取了省、地（州、市）、县三级工作汇报后，要求进一步解放思想、深化改革；决不放松粮食生产，首先解决贫困群众的温饱问题。

1986 年 3 月 1 日　省委、省政府印发《关于加强贫困地区工作的指示》，要求各级党委政府把扶贫工作作为大事来抓，力争 5 年左右时间，使贫困地区农民人均年纯收入达 200 元以上，温饱问题得到基本解决。在此基础上，继续努力改变生产条件，提高生产能力，发展商品经济，到 20 世纪末，使贵州省贫困地区的农村产业结构趋于合理，经济水平接近全省平均水平。

1986 年 3 月　国务院扶贫领导小组确定 31 个贵州省贫困县。其中国家级贫困县 19 个；省级贫困县 12 个。省政府划拨 8100 万元生产建设资金，助推全省开展对贫困县的扶贫工作。

1986 年 6 月 26 日　农牧渔业部、林业部决定从"世界粮食计划署粮援项目"中，安排贵州省纳雍、织金两县营造水土保持林 3.4 万公顷，由联合国无偿援助粮食约 9.84 万吨，国内配套资金 2542.86 万元。9 月至 1987 年 1 月，联合国粮农组织官员和技术专家多次深入纳雍、织金两县山区，进行现场勘测设计，编制实施规划，拟定实施方案。1988 年 11 月，联合国粮农组织正式批准该项目。这是贵州第一个较大的国际援助项目"WFP-3356 工程"。12 月 1 日项目启动。至 1994 年 11 月，"WFP-3356 项目"超额完成任务并顺利通过联合国专家组验收。共完成育苗 920.6 公顷；造林 4.44 万公顷；修筑石埂梯田梯土 2040.4 公顷；人工种植牧草 2019 公顷；修建乡村道路 203.7 公里；培训带工员 2967 人；培训农民 85977 人；开挖土石方 84.27 万立方米，修筑石埂 7041 条总长 329.31 万米；新增耕地面积 85.4 公顷。累计接收国际援粮 9.84 万吨，国内省、地、县配套资金 2068.68 万元。项目覆盖纳雍、织金两个县、64 个乡（原行政区划）、413 个村、51 万人。

1986 年冬　正安县政府组织 300 名农村女青年赴广东番禺打工，开创贫困地区有组织地开展劳务输出、增收脱贫的先河。

省政府在罗甸县召开全省智力支边工作会议，省有关部门、各大专院校、科研院所、各民主党派、贵州省委和工商联负责人和 31 个贫困县分管扶贫工作的领导参加会议。与会代表参观了罗甸县万亩蔬菜种植现场，听取省农科院蔬菜专家李桂莲开展智力支边的经验介绍和罗甸县人民政府关于大力发展蔬菜产业加快脱贫致富步伐的情况汇报。省委常委、常务副省长张树魁主持会议并作总结讲话，他号召全省各级各有关部门、大专院校、科研院所、全省统一战线和广大科技工作者向李桂莲同志学习，积极到贫困县开展智力扶贫。

1988年3月9日 省委书记胡锦涛主持召开省委常委扩大会议，研究建立毕节“开发扶贫、生态建设”试验区。4月6日，省委、省政府向中共中央、国务院呈报《关于请求批准建立国家级毕节开发扶贫、生态建设试验区的报告》。4月9日，胡锦涛和省长王朝文到北京汇报建立毕节试验区筹建情况，国务院召集国家计划委员会、国务院扶贫办等17个部委研究，一致赞成建立毕节试验区。胡锦涛、王朝文在北京邀请各民主党派中央和全国工商联主要负责人座谈建立毕节试验区的可行性，邀请中央统战部、国家民委、各民主党派中央、全国工商联、全国智力支边协调小组到毕节地区智力支边。5月24日，省政府向国务院呈报《关于建立毕节地区“开发扶贫、生态建设”试验区的请示》。6月9日，国务院办公厅行文通知，国务院原则同意贵州省建立毕节开发扶贫、生态建设试验区。

1989年8月12日 贵州省贫困地区经济开发领导小组办公室在贵阳召开贫困地区“温饱工程”审批会，同意在31个贫困县实施以杂交良种为龙头加先进适用技术组装配套的“扶贫温饱工程”400万亩。

1990年10月25—31日 国务院扶贫领导小组副组长、国家财政部副部长项怀诚率检查组一行13人，赴贵州遵义、毕节、六盘水、安顺等地的部分县检查扶贫工作，重点了解扶贫“温饱工程”实施情况。

1990年11月25日 贵州省省长王朝文主持召开省贫困地区经济开发领导小组1990年第二次全体会议，听取省扶贫办汇报1990年实施扶贫“温饱工程”的情况和对1991年“温饱工程”的安排意见。31个贫困县实际完成“温饱工程”384万亩，占计划面积的96%。

1991年6月5日 国务院扶贫领导小组、中国人民银行、中国农业银行、国家财政部联合印发《关于新增5亿元扶贫专项贷款有关事项的通知》，明确1989年农民人均纯收入低于300元的县为国家扶持贫困县，贵州有27个县被列入扶持名单，其中，贞丰、安龙、晴隆、镇宁、平塘、长顺、麻江、施秉、岑巩、三穗、黎平、松桃、石阡、凤冈、正安等15个县为新增的国家级贫困县。至此，全省有国家级贫困县34个，省级贫困县12个，共计46个。

1991年6月26日 省委、省政府印发《关于在我省贫困地区实行以工代赈建设基本农田的决定》。决定从1991年起，把国家每年分配给贵州的1.5亿公斤以工代赈粮食集中用于以坡改梯为主要内容的基本农田建设，在贫困地区每年建成50万亩基本农田。7月10—12日，省政府在安顺市召开全省以工代赈建设基本农田前期工作会议，通过《贵州省以工代赈建设基本农田规程》。9月2日，省计划委员会等6部门联合发出通知，安排1991年度全省以工代赈建设基本农田工作，计划全年完成坡改梯50万亩，发展水浇地50万亩，营造水土保持林19万亩，建设乡村公路200公里，解决17.5万人、13万头大牲畜的饮水困难。

1991年12月19—26日 中共中央总书记江泽民抵黔，到遵义县石板乡坡改梯工地视察并参加劳动时说：“搞坡改梯，搞农业综合开发，既要有愚公移山的雄心壮志，又要有科学的切实的规划，符合经济学的规律，稳扎稳打。这样群众的积极性可以保持，会越干越起劲。坡改梯是愚公移山精神同实事求是科学态度相结合的产物。”其间，国务院副总理邹家华考察遵义县石板乡、息烽县盘脚营镇、安顺市龙宫镇、镇宁县黄果树镇等地的坡改梯工程。

1992年7月1—23日 国务院扶贫领导小组副组长兼办公室主任杨钟赴贵州省遵义、毕节、六盘水、黔西南、安顺、黔南、黔东南、铜仁等8个地（自治州）考察坡改梯工程建设情况。

1993年4月21—26日 全国扶贫办主任会议在贵阳召开。国务院扶贫工作领导小组副组长兼办公室主任杨钟、副主任高鸿宾、国家民委、水利部等部门负责人、全国25个省、自治区的扶贫办主任参会。贵州省委常委、副省长袁荣贵作题为《大搞以坡改梯为主的基本农田建设，是贫困山区解决温饱的必由之路》的工作汇报，高鸿宾就社会主义市场经济条件下的扶贫工作作专题报告。会议对新形势下的扶贫工作作出部署，并组织参观息烽、遵义、安顺、镇宁等县的坡改梯工程现场。5月29日，中共中央办公厅《工作情况》第25期刊载《贵州省以工代赈坡改梯取得好成绩》的文章，向全国介绍贵州两年来实施以工代赈坡改梯工程建设取得的主要成绩和基本经验。

1994年1月13—21日 世界银行贷款中国西南扶贫项目第二次准备团一行9人赴贵州省关岭、普定、长顺等县考察，并与省直有关部门座谈，认可贵州拟定的贷款扶贫项目初步内容、范围（13个县中的117个乡、826个村、82.67万人）。

1994年2月27日 贵州省委、省政府召开麻山、瑶山（以下简称“两山”）极贫地区社会发展和贫困状况调查汇报会，要求各级党委、政府领导干部，对“两山”这样极贫地区的扶贫工作要动感情、动脑筋、动真格，要动员社会力量开展向“两山”地区送温暖、献爱心活动。省长陈士能要求对“两山”地区要采取特殊政策、特殊措施。

1994年4月22—25日 全国人大常委会副委员长李沛瑶赴铜仁地区、黔东南苗族侗族自治州考察贫困地区农村劳动力转移就业情况。

1994年7月2日 省政府印发《贵州省扶贫攻坚计划》，提出扶贫攻坚任务、目标、方针、政策和措施。要求到2000年，全省基本实现解决贫困地区贫困人口的绝对贫困问题。极贫户要基本解决温饱，人均纯收入达到或接近400元，生活有明显改善；贫困户人均纯收入达到500元以上，稳定解决温饱。全部解决所剩1000万贫困人口的温饱问题。

1994年 根据国务院扶贫领导小组通知，省政府印发《关于我省列入“国家八七扶贫攻坚计划”贫困县名单的通知》，全省有48个县（自治县）被列入国家“八七”扶贫攻坚县。

1995年2月8—10日 为贯彻落实《中共中央关于加强农村基层组织建设的通知》和《关于进一步整顿农村基层软弱涣散和瘫痪状态党支部的意见》，省委决定全面加强农村基层组织建设，从省直单位抽派201名干部组成省直机关第一批基层组织建设工作队，集中培训后分赴48个贫困县驻村帮助工作。

1995年3月17—30日 根据世界银行要求和受中国世行贷款扶贫项目办公室的委托，贵州项目区办公室组织省直14个部门30多名专家分赴黔南自治州、黔西南自治州、安顺、六盘水、毕节等地，对13个项目县的可行性研究总报告进行评估。

1995年7月17—23日 世界银行贷款扶贫项目第一次项目监督团专家一行16人赴黔，对项目先导工程实施、项目机构建设、追溯性支付计划、环评专家小组工作计划、劳务市场开拓、财务、物资、计划监测等方面的工作进行督促，并赴紫云自治县作实地检查。

1995年12月14—16日 省委、省政府在贵阳召开全省扶贫开发工作会议，总结1995年实施扶贫攻坚情况，部署1996年扶贫开发工作，表彰“八五”期间扶贫开发先进县21个，先进集体63个，先进工作者469名。

1996年4月25—29日 国务院副总理朱镕基抵黔，在听取省委、省政府工作汇报后，深入到长顺县长寨镇王寨村走访慰问贫困农户，视察坡改梯工程现场，在视察坡改梯工程时说：“坡改梯是扶贫的好办法，是利国利民的好事，要扶持推广。”

1996年5月10—18日 中共中央政治局常委、书记处书记胡锦涛深入到安顺、普定、织金、大方、毕节、遵义县、红花岗、花溪等县（区）工矿企业、田间地头、农户家中、农贸市场，沿途与各级干部和各族群众共商深化改革、开发扶贫、加快发展、建设小康大计。

1996年7月15—19日 国务院副总理姜春云深入黔东南自治州、贵阳、安顺等地考察抗洪救灾、农业生产、扶贫开发等项工作。

1996年10月25—28日 中共中央总书记江泽民抵黔，先后深入到赫章县珠市彝族乡兴营村、水城县杨梅乡光明村看望慰问贫困户，指出“贵州扶贫任务非常艰巨，各级干部要增强群众观点，加倍努力工作，如期实现扶贫攻坚目标”。

1996年11月1—4日 国务委员、国务院扶贫领导小组组长陈俊生一行，在省长吴亦侠陪同下，赴罗甸、镇宁两县视察扶贫工作。

1997年7月18—20日 中共中央政治局常委、国务院总理李鹏赴遵义、息烽等县，考察坡改梯工程、扶贫“温饱工程”、移民搬迁扶贫工程，在息烽县青山民族乡与苗族同胞座谈，了解生产生活情况，指导扶贫开发工作。

1998年5月 全国人大常委会副委员长、民革中央主席何鲁丽赴毕节试验区考察医疗卫生扶贫工作，要求增加贫困地区医疗卫生投入，尽快改变贫困地区医疗卫生落后状况。

1998年8月18—23日 全国政协调查组一行6人，分成3个小组分别赴黔东南、黔南、黔西南3个自治州，专题调查少数民族地区的扶贫开发情况，重点调查毛南族、仫佬族、水族、瑶族地区的扶贫情况。

2000年8月 中共中央政治局委员、中央统战部部长王兆国赴毕节试验区考察工作，要求全国统一战线进一步加大对毕节试验区的扶贫力度，争取多出成绩、多出经验，让贫困群众尽快脱贫致富，为全国扶贫工作提供借鉴。

2001年7月20日 省委、省政府做出《关于切实做好新阶段扶贫开发工作的决定》。提出新阶段扶贫开发的奋斗目标和指导方针，强调新阶段扶贫开发的工作重点是因地制宜发展种养业、积极推进农业产业化经营，进一步加强基础设施和生态环境建设、加大推广先进农业适用技术力度、促进多种所有制经济共同发展、积极稳妥地推进劳务输出、大力发展教育事业，积极改善农村医疗卫生条件、严格控制人口过快增长、稳步推进移民搬迁扶贫、进一步扩大对内对外开放。

2002年2月10日 国务院扶贫开发领导小组办公室印发《关于审核确定扶贫开发工作重点县的通知》，明确贵州原有48个贫困县中，凤冈、息烽两县提前脱贫，新增道真、思南、锦屏、江口4个贫困县，全省贫困县总数达到50个。

2002年3月14日 省扶贫开发办印发《关于贵州省扶贫开发工作重点乡（镇）、村确定的通知》，明确全省（除贵阳市的云岩、南明、白云、乌当和遵义市的红花岗、汇川共6个县级区外）新阶段扶贫开发工作重点乡（镇）934个，其中：一类重点乡镇100个（人均收入700元及以下），二类重点乡镇545个（人均收入701～1100元），三类重点乡镇289个（人均收入1101～1300元），占全省乡镇总数的62.68%；共有扶贫工作重点村13973个，其中，一类重点村5486个（人均收入700元及以下），二类重点村7638个（人均收入701～1000元），三类重点村849个（人均收入1001～1100元），占全省总村数的54.46%。

2002年6月26日 省委书记钱运录率省扶贫办、省财政厅、省林业厅、省烟草局等部门负责人赴毕节地区考察，强调要进一步解放思想，与时俱进，推动贫困地区经济社会跨越发展。

2002年7月 贵州利用世界银行贷款扶贫项目全部完成并通过世界银行专家组验收。实际完成投资10.22亿元（世行贷款5.11亿元，国内配套5.11亿元）。

2003年4月20—24日 全国政协副主席、致公党中央主席罗豪才率考察团一行14人赴毕节试验区，围绕“开发扶贫、生态建设、人口控制”三大主题进行考察调研。

2003年10月21—27日 中共中央政治局常委、全国政协主席贾庆林深入遵义、毕节、六盘水、黔西南自治州、黔南自治州等地部分贫困乡村了解经济社会发展和群众生产生活情况，要求各级政协和统一战线进一步加大扶贫力度，深入开展智力支边活动。

2005 年 2 月 13—16 日 中共中央总书记胡锦涛赴黔，视察毕节、六盘水等地的贫困山区，强调要把扶贫工作作为重中之重来抓，勉励各级干部和各族人民“努力实现贵州经济社会发展的历史性跨越”。

2005 年 6 月 中共中央统战部扶贫“温饱工程”培训项目检查组一行 5 人赴毕节检查农村劳动力转移培训情况。全国各民主党派中央对毕节地区和黔西南自治州扶贫联系推动组组长洪绂曾、副组长朱培康、何丕洁和国家有关部委负责人一行赴威宁自治县和黔西南自治州调研扶贫开发情况。

2006 年 省委、省政府决定停止以工代赈坡改梯项目，将每年用于坡改梯的 1.5 亿元中央以工代赈资金改用于其他建设项目。省财政每年安排的 7000 万元坡改梯配套资金，5000 万元配套“烟水工程”，2000 万元加上从省财政扶贫资金中每年安排 4000 万元，用于围绕坡改梯修建每口容积不低于 30 立方米的小水窖（池）4 万口。

2007 年 7 月 8—10 日 国务院扶贫办主任范小建一行赴安顺、黔西南自治州检查扶贫工作，重点检查项目执行和资金管理情况。

2007 年 12 月 5 日 国务院扶贫办、财政部同意将贵州省印江土家族苗族自治县列为全国“县为单位、整合资金、整村推进、连片开发”的首批 8 个试点县之一。

2008 年 1 月 6 日 中共中央总书记胡锦涛了解到贵州长顺县长寨镇竹子托村农民仍处于极贫状态后批示：“要探索因地制宜开发扶贫的路子。”国务院扶贫办将长顺县列为全国第三批“县为单位、整合资金、整村推进、连片开发”项目试点县之一，全国 100 个石漠化综合治理试点县之一，全省 43 个草地生态畜牧业科技扶贫项目县之一。

2008 年 1 月中旬至 2 月上旬 贵州遭受百年难遇特大冰雪灾害，城乡公共基础设施和农房严重损坏。党和国家领导人吴邦国、温家宝、习近平、曾培炎等和省委、省政府领导先后深入灾区组织指导救灾工作。吴邦国先后视察贵阳市、黔西南自治州和毕节地区的部分县（区），对深化改革、加快扶贫攻坚步伐、救灾扶贫、新农村建设等工作提出明确要求。温家宝赴黔东南自治州和铜仁地区现场指导抗冰救灾工作，强调要把灾后倒塌、损坏房屋的重建和修复工作与推进农村危房改造结合起来，努力改善群众的居住条件。

2008 年 4 月 14 日 中央统战部组织在北京召开“各民主党派中央、全国工商联参与毕节试验区建设座谈会”。中共中央政治局常委、全国政协主席贾庆林出席大会并发表讲话，各民主党派中央、全国工商联主要领导、农业部部长孙政才和贵州省委书记石宗源，毕节试验区专家顾问组组长厉以宁及全体顾问，贵州省直有关部门负责人，中共毕节地委、行署主要领导列席会议，各民主党派中央和全国工商联负责人、专家顾问组组长厉以宁、贵州省委书记石宗源先后发言。全国政协副主席、中共中央统战部长杜青林主持会议。

2008 年 4 月 15—26 日 毕节试验区专家顾问组常务副组长、中国农业大学教授常进时，副组长、民革中央原副主席胡敏等一行 9 人赴毕节，就试验区成立 20 周年纪念活动筹备、灾后重建、畜牧业产业化、计划生育、火电厂电煤供应及污染治理、科技示范和教育扶贫等工作进行调研。

2008 年 6 月 9 日 由民进党中央、国家林业局、贵州省人民政府、毕节地区行署联合主办的“中国（毕节）石漠化治理与生态文明高层论坛”在毕节举行。国家和有关省市的领导、专家、学者共 100 多人参会。会议总结 20 年来毕节试验区建设的经验，研讨石漠化地区生态文明建设的途径。

2008 年 9 月 10—26 日 全国政协副主席、中共中央统战部部长杜青林率队检查毕节试验区开发扶贫、生态建设、人口控制等工作。

2008 年 11 月 24 日 省长林树森主持召开省长办公会议，研究贫困地区最具地质灾害的 2.65 万户农户和 69 所学校实施搬迁问题。

2009 年 6 月 贵州省“两基”工作顺利通过国家督学检查。国家教育部正式批复贵州省政府，认定贵州实现“两基”教育目标。

2009 年 9 月 6—7 日 中共中央总书记胡锦涛，中共中央政治局常委、国务院总理温家宝、中央政治局委员、国务院副总理回良玉分别就新华社记者周芙蓉通过新华社内部刊物报道《农民陷入卖血、盗采、超生“怪圈”——贵州威宁彝族回族苗族自治县农村见闻》的报道做出批示。此后，胡锦涛、温家宝又在国务院扶贫办联合调研组赴威宁的调研报告上明确批示，将贵州威宁彝族回族苗族自治县（以下简称威宁自治县）列为全国喀斯特地区扶贫开发综合治理试点县，由国务院扶贫办牵头，中共中央统战部、国家发展和改革委员会、农业部、林业部、财政部、国土资源部、计划生育委员会等部门参加，组成“威宁试点”工作协调小组，负责指导“威宁试点”工作。各相关部委纷纷派出精兵强将到威宁自治县挂职，开展有针对性的政策支持、资金扶持和项目等全面支持。全国人大常委会副委员长、九三学社中央主席韩启德，全国政协副主席、中共中央统战部部长杜青林，贵州省委书记石宗源、省长林树森赴威宁贯彻落实胡锦涛等中央领导批示并具体安排部署，决定在威宁自治县全面实施由中共中央统战部牵头实施的统一战线“同心工程”，包括“智力扶贫”“改善民生”“示范带动”等内容。

2009 年 11 月 9—10 日 中共中央统战部在毕节召开“统一战线参与毕节试验区建设座谈会”，中共中央统战部、国务院扶贫办、全国各民主党派中央和全国工商联负责人，贵州省委、省人民政府、省政协及省直有关部门负责人，各民主党派贵州省主委、省工商联负责人参会。全国政协副主席、中央统战部部长杜青林号召统一战线系统进一步加大工作力度，争取试验区建设取得丰硕成果。贵州省委书记栗战书做了发言。

2010 年 1 月 8 日 省委常委会确定对 19 名省委常委、省政府主要领导抓的扶贫联系县和定点扶贫乡，每个乡投入 1000 万元财政扶贫资金，以县为单位按 1 : 3 以上比例整合各类资金，实行板块推进，集团帮扶。12 月 13 日，根据省委办公厅、省政府办公厅有关通知，抓扶贫联系点的省级干部增加省人大、省政协省级领导干部，抓点领导干部从 19 人扩大到 27 人，抓点个数从 20 个贫困乡扩大至 28 个；省委、省政府领导每人还要在同一个县内再扩展指导 1 个贫困乡，要求不脱贫不脱钩。

2011 年 2 月 11—13 日 中共中央政治局常委、国务院副总理李克强赴黔南自治州和贵阳市考察国民经济社会发展情况，重点考察扶贫工作。李克强强调，要按照党中央、国务院的决策部署，加大对欠发达地区扶持力度，坚持民生为先，在推进跨越式发展中更加注重保障和改善民生。

2011 年 2 月 25—27 日 省委、省政府在贵阳召开全省农村工作会议暨全省扶贫开发工作会议，传达贯彻中央农村工作会议精神和中央新一轮扶贫开发工作的战略部署，省委书记栗战书号召以扶贫攻坚为重点，向“绝对贫困”发起“总攻”。

2011 年 3 月 9 日 省委办公厅、省政府办公厅印发《关于对国家扶贫开发工作重点县加快脱贫攻坚步伐进行奖励的意见》，明确贵州到 2015 年要实现 30 个重点县和 500 个贫困乡“减贫摘帽”，到 2018 年实现 50 个重点县、934 个贫困乡全部“减贫摘帽”，并对提前“减贫摘帽”的国家扶贫开发工作重点县和贫困乡制定了“摘帽不摘政策”的激励措施。

2011 年 3 月 19—20 日 全国人大常委、民进中央副主席王佐书一行赴金沙县开展定点扶贫工作，并出席民进中央引资兴建的“开明・同心大市场”奠基仪式暨“同心”工程捐赠仪式。

2011 年 5 月 8—11 日 中共中央政治局常委、国家副主席习近平赴黔西南自治州、黔南自治州和贵阳市的农村、企业、社区、大学和科研机构进行调研，习近平强调，要紧扣科学发展这个主题，围绕加快转变经济发展方式这条主线，牢牢把握国家实施新一轮西部大开发战略和新一轮扶贫开发等重大机遇，用足用好中央的支持政策，充分发挥自身优势，努力做到又好又快，在转变经济发展方式中实现跨越发展。习近平还要求贵州乘势而上，努力谱写“十二五”时期加速发展、加快转型、推动跨越新篇章。

2011年5月21—23日 省委、省政府在毕节召开试验区新一轮改革发展推动大会。省委书记栗战书出席会议并讲话，省长赵克志主持会议。会议强调以科学发展观为统领，大力推进毕节试验区新一轮改革发展，为全省经济社会发展闯出一条新路，为加快区域协调发展提供有益经验，为科学发展和多党合作做出重要示范。大会通报毕节试验区建立23年，经济总量翻5番，增长32.7倍，实现综合经济实力从贵州排名末位跃至第三位；贫困人口（按人均收入低于1196元标准）从312万人减少到31.84万人，实现人民生活从普遍贫困到基本解决温饱的跨越；森林覆盖率从14.9%上升到40.03%，实现生态环境从不断恶化到明显改善；人口自然增长率从19.5‰下降到6.55‰，实现人口从过速增长到明显下降的转变。

2011年5月31日—6月3日 中共中央政治局常委、全国政协主席贾庆林深入铜仁地区考察时强调，要把扶贫开发作为“一号民生工程”来抓，提出向绝对贫困发起总攻的号召，下决心在“十二五”期间基本消除绝对贫困现象。

2011年11月23—25日 中共中央政治局委员、国务院副总理张德江赴黔，考察城镇居民社会养老保险和新型农村社会养老保险试点情况，并就经济社会发展情况作深入调研。

2012年1月12日 省委、省政府印发《关于贯彻落实〈中国农村扶贫开发纲要（2011—2020年）〉的实施意见》。15日，省委农村工作暨全省扶贫开发工作会议，强调统筹推进“三农”“扶贫开发”“民营经济”“县域经济”4项工作，推进县域经济提速转型、民营经济快速发展，9个市（州）和相关省直部门负责人与省委签订扶贫攻坚重大事项目标责任书。

2012年3月7日 北京召开全国“两会”期间，中共中央政治局常委、国务院总理温家宝参加贵州代表团审议时指出：要充分认识扶贫开发工作的长期性和艰巨性，采取更加有力的措施，持之以恒地抓紧抓好。只有努力提高贫困地区和贫困人口自我发展能力，使他们尽快摆脱贫困，全面建设小康社会才有坚实的基础。

2012年10月5日 省委、省政府印发《关于加快创建全国扶贫开发攻坚示范区的实施意见》，提出着力把贵州建设成全国多民族聚居，欠发达省份扶贫攻坚后发赶超的示范区，建设成经济持续增长、政治文明进步、文化繁荣发展、民族团结和睦、社会和谐稳定、生态环境良好的示范区。

2012年10月31日 省人民政府办公厅印发《关于进一步加强和规范涉农专项资金监管的意见》，进一步加强和规范涉农专项资金监管，确保涉农资金安全、规范、有效使用，逐步建立涉农专项资金监管的长效机制，切实维护农民利益。

2013年1月8日 贵州省第十一届人大常委会第三十三次会议审议通过《贵州省扶贫开发条例》，并明确从3月1日开始实施。该《条例》包括总则、政府职责、项目管理、资金管理、行业扶贫、社会扶贫、保障措施、法律责任、附则，共8章66条，以法律形式明确全省扶贫开发的方针、原则、范围、权责和程序，涉及扶贫开发多项制度建设。

2013年2月21日 省政府在贵阳召开全省扶贫开发工作会议。贯彻落实中共中央总书记习近平重要讲话精神，具体安排部署扶贫开发工作。表彰2012年度“减贫摘帽”县和2012年度扶贫开发工作先进单位，省委、省政府与三大集中连片特困地区重大事项责任牵头单位签订《2013年度扶贫开发工作暨集中连片特困地区扶贫攻坚重大事项责任书》，省长陈敏尔出席会议并讲话。

2014年1月4—6日 省委书记赵克志赴威宁自治县调研“精准化扶贫”“产业扶持到村到户”和“教育培训到村到户”等事宜。

2014年1月21日 省委、省政府召开全省农村工作会议暨全省扶贫开发工作电视电话会议，省委书记赵克志，省长陈敏尔等到会讲话。省委副书记李军与各市州签订扶贫工作责任书。

2014年2月25日 省扶贫办印发《创新产业化扶贫利益联结机制的指导意见》，总结规范基层创新的做法和经验，提高产业化扶贫成效，对推广创新产业化扶贫利益联结机制提出意见。

2014 年 3 月 7 日 北京召开全国“两会”期间，中共中央总书记、国家主席习近平参加贵州代表团审议时指出：全面建成小康社会最繁重最艰巨的任务在农村，特别是在贫困地区，没有农村的小康，特别是没有贫困地区的小康就没有全面建成小康社会。贵州贫困面广、贫困人口多、贫困程度深，是全面扶贫开发的一个主战场。各级领导干部一定要多到农村去、多到贫困地区去，了解真实情况，看真贫、扶真贫、真扶贫，带着深厚感情做好扶贫开发工作，把扶贫开发工作抓紧抓紧再抓紧、做实做实再做实，真正使贫困地区群众不断得到真实惠。

2014 年 5 月 16 日 省委办公厅、省政府办公厅印发《关于以改革创新精神扎实推进扶贫开发工作的实施意见》，文件通过 15 个方面的措施，改革创新扶贫开发工作机制，提高扶贫开发工作成效，实现扶贫开发工作目标。文件同时附发《贵州省贫困县扶贫开发工作考核办法》和《贵州省财政专项扶贫资金项目管理暂行办法》。

2014 年 5 月 20—21 日 省长陈敏尔赴望谟、册亨两县，就基础设施建设、扶贫生态移民、防灾减灾和产业发展等工作进行调研。

2014 年 6 月 27 日 省财政厅印发《关于开展财政专项扶贫资金乡级财政报账制管理试点工作的通知》，对切实加强财政专项扶贫资金管理，进一步规范报账制工作程序，建立健全监督机制，提高资金使用效益，实行乡级报账制，为全面实行“四到县”奠定坚实基础，使财政专项扶贫资金报账制管理工作更加简便。

2014 年 6 月 30 日 省财政厅印发《贵州省财政专项扶贫资金报账制管理实施细则（试行）》，切实加强了财政专项扶贫资金管理，进一步规范报账制工作程序，建立健全监督机制，提高资金使用效益。

2015 年 2 月 2 日 省委常委、常务副省长谌贻琴赴务川自治县丰乐镇、柏村镇、镇南镇、丰农牧示范园区调研扶贫工作情况，走访慰问贫困农户。

2015 年 2 月 13—15 日 中共中央政治局常委、国务院总理李克强抵黔，在省委书记赵克志，省长陈敏尔陪同下，深入黔东南自治州、贵阳、贵安新区等地农村、城市社区、产业园区和生产一线，详细了解经济社会发展情况，走进贵州黎平县大山深处赶集市、看保障、问民生。与当地干部群众交流，强调要落实集中连片扶贫开发和精准扶贫的安排。

2015 年 4 月 20 日 省委办公厅印发《贵州省“33668”扶贫攻坚行动计划》，明确了贵州省在 3 年时间内减少贫困人口 300 万人以上，实施“六个到村到户”和“六个小康建设”，使贫困县农村居民人均可支配收入达到 8000 元以上，确保全省在“十三五”期间消除绝对贫困现象。

2015 年 4 月 20 日 省政府办公厅印发《贵州省公募扶贫款物管理暂行办法》，提出每年“扶贫日”所募集社会捐赠资金的管理与使用，加强对公募扶贫款物的管理，充分发挥其使用效益，维护捐赠人和受益人的合法权益，促进社会力量参与扶贫开发。

2015 年 4 月 21 日 省扶贫开发领导小组印发《关于建立贫困县约束机制的工作意见》，明确了从必须作为、禁止作为、提倡作为等三个方面引导贫困县党委、政府切实把工作重心放在扶贫开发上。

2015 年 4 月 22 日 省政府办公厅印发《关于建立财政专项扶贫资金安全运行机制的意见》，提出进一步加强财政专项扶贫资金管理，防范资金使用管理中的违规违纪行为，确保财政专项扶贫资金安全、有效运行。

2015 年 4 月 22 日 省政府办公厅印发《贵州省创新发展扶贫小额信贷实施意见》，提出进一步推进贵州省扶贫小额信贷工作创新发展，切实解决建档立卡贫困户贷款难、贷款贵、还款难的问题，破解扶贫融资瓶颈。

2015 年 4 月 27 日 省扶贫开发办公室、省民政厅印发《关于进一步做好扶贫开发与农村低保有效衔接的指导意见》，明确了扶贫开发与农村低保有效衔接的贫困人口识别要求和3项管理措施，实现贫困人口与农村低保对象信息数据有效衔接，做到应保尽保、应扶尽扶。

2015年5月4日 省委办公厅、省人民政府办公厅印发《关于进一步动员社会各方面力量参与扶贫开发的意见》，进一步动员社会各方面力量参与扶贫开发，创新完善人人皆愿为、人人皆可为、人人皆能为的社会扶贫参与机制。

2015年5月13日 省委、省政府在晴隆县召开扶贫开发重点县结对帮扶工作座谈会，研究加快望谟、册亨、晴隆、榕江、赫章、紫云、沿河、关岭、纳雍、道真、务川、从江12个扶贫开发重点县经济社会发展和扶贫攻坚有关问题，部署国有企业结对帮扶工作，省委书记赵克志、省长陈敏尔分别做重要讲话。

2015年6月16—18日 中共中央总书记习近平抵黔，在贵州省委书记赵克志、省长陈敏尔陪同下，深入遵义、贵阳和贵安新区部分农村、企业、学校、园区、红色教育基地视察，就做好扶贫开发工作、谋划好“十三五”时期经济社会发展规划做出重要指示。王沪宁、栗战书和中央有关部门负责人陪同考察。18日，习近平在贵阳召开部分省区市党委主要负责人座谈会，听取对“十三五”时期扶贫开发工作和经济社会发展的意见和建议，要求贵州打赢科学治贫精准扶贫有效脱贫攻坚战，决不让一个民族、一个地区掉队，走出一条不同于东部，有别于西部其他地区的扶贫开发路子，确保与全国同步全面建成小康社会。

2015年10月9日 省扶贫开发办公室、中国人民银行贵阳中心支行、贵州省农村信用社联合社印发《贵州省精准扶贫“特惠贷”实施意见》，明确了“特惠贷”的内容，切实解决建档立卡贫困农户贷款难、担保难、抵押难、贷款贵、还款难的问题。

2015年10月16日 省委印发《关于坚决打赢扶贫攻坚战确保同步全面建成小康社会的决定》，明确打赢扶贫攻坚战的总体要求，通过大力实施“十项行动”，为如期实现精准脱贫，全力推进精准扶贫，坚决打赢扶贫攻坚战，确保贵州省与全国同步全面建成小康社会。

2015年10月16日 省委办公厅、省政府办公厅印发《〈关于扶持生产和就业推进精准扶贫的实施意见〉等扶贫工作政策措施的通知》，从扶持生产和就业、加大扶贫生态移民力度、加强农村贫困学生资助、提高农村贫困人口医疗救助保障水平、全面做好金融服务、开展社会保障兜底、动员社会力量对贫困村实行包干扶贫、加快少数民族特困地区和人口数量较少民族发展、充分发挥各级党组织战斗堡垒作用和共产党员先锋模范作用、贫困县退出实施方案10个方面扶贫政策推进精准扶贫、精准脱贫。

2015年10月17日 省委、省政府在贵阳举行全省扶贫开发成就展暨“扶贫日”现场捐募活动。省委书记陈敏尔、代省长孙志刚等省领导参观全省扶贫开发成就展，并带头捐款。省委副书记谌贻琴宣读《扶贫济困·你我同行倡议书》，并公布公募账号。

2015年12月4日 省委印发《于落实大扶贫战略行动坚决打赢脱贫攻坚战的意见》，制定有效措施，深入推进大扶贫战略行动，扎实抓好中央和省委扶贫开发政策的落地生根，坚决打赢科学治贫、精准扶贫、有效脱贫这场输不起的攻坚战。

2015年12月7日 贯彻中央扶贫开发工作会议精神落实大扶贫战略行动推进电视电话大会在贵阳召开，省委书记陈敏尔、代省长孙志刚出席会议并讲话。省委副书记谌贻琴主持会议。省党政军有关领导，省直有关部门和各市（州）党委和政府、贵安新区管委会以及扶贫部门主要负责人近300人在主会场参加会议。会议强调：要把脱贫攻坚作为“十三五”时期头等大事和第一民生工程，以“扣扣子”“担担子”“钉钉子”的精神抓落实，用心用情用力开展工作，坚决打赢脱贫攻坚战。

2015年12月9日 贵州民营企业“千企帮千村”精准扶贫行动动员大会在贵阳召开，省委书记陈敏尔做出重要批示，代省长孙志刚出席会议并讲话。省委常委、省委统战部部长刘晓凯主持会议。省有关部门和各市（州）党委统战部、工商联主要负责人和省工商联直属商会、签约民营企业、结对村代表参加会议。会上发布了《贵州省民营企业“千企帮千村”精准扶贫行动倡议书》。

2015 年 12 月 17 日 省扶贫开发办公室、省农村信用社联合印发《关于支持贫困地区农民专业合作社贷款的实施意见》，提出进一步加大了对贵州省贫困地区农民专业合作社信贷支持力度，带动贫困农户增收致富。

2015 年 12 月 17 日 省扶贫开发办公室、省农村信用社联合社印发《于“特惠贷”风险补偿资金的实施意见》，明确了风险补偿资金来源、管理、范围和方式，推动“特惠贷”扶贫小额信贷工作，规范扶贫小额贷风险补偿资金管理。

2015 年 12 月 31 日 省扶贫开发领导小组印发《省级单位和贵阳市经济强区结对帮扶贫困县实施方案》，明确了 12 个省直单位与贵阳市六区、三平台帮扶全省 12 个贫困县，充分发挥省级单位的职能优势、行业资源等优势和经济强县的经济辐射带动作用帮助贫困县改善基础设施条件、发展产业等，助推贫困县脱贫奔小康。

第一章　贫困状况与减贫战略

自 1978 年以来，随着贵州经济社会的全面进步，全省农村扶贫开发事业也取得明显成效，贫困人口大幅度减少，贫困发生率不断降低，全省扶贫开发事业取得了巨大成就。但贵州仍然是全国贫困面最大、贫困程度最深的省份。1978 年年末，贫困人口达 1840.14 万人；2011 年，中央扶贫开发工作会议将扶贫标准提高到 2300 元（2010 年不变价），贵州省农村贫困人口仍有 1149 万人，贫困发生率 33.4%，集中连片特殊困难地区（简称连片特困区）县 65 个，居全国第三位。截至 2015 年全省共有贫困人口 493 万人，贫困发生率达 14.3%。更为突出的问题在于，贵州余下的农村贫困人口大多数分布在边远山区、民族聚集地区、石漠化地区，扶贫攻坚形势仍然严峻，任务更加艰巨。

《中国农村扶贫开发纲要（2011—2020 年）》明确提出：新时期的扶贫开发要以“连片特困地区”为主战场，并列出六盘山区等“11+3”个集中连片特殊困难地区。在这 14 个集中连片特殊困难地区中，贵州有 70 个县分属武陵山区、乌蒙山区和滇黔桂石漠化区三大片区，包括了除盘县外的 49 个国家扶贫开发工作重点县。三大集中连片特困区将是未来几年贵州扶贫攻坚的主战场。

从 1978 年开始，历届贵州省委、省政府一以贯之地重视减贫工作，将减贫作为治省方略，把帮助广大困难群众尽快脱贫致富当作重要历史使命和主要工作要求，不断探索实践，与时俱进地制定减贫战略。

从贫困的基本特征看，贵州的贫困可以归结为两种重要类型：一种是资源或条件制约型贫困，另一种是能力制约型贫困。前者通常表现为区域性的贫困，后者则表现为个体贫困。贵州省的减贫规划、减贫政策、减贫战略，总体上既以促进贫困人口集中区域的自我发展能力的提高和推进区域经济社会发展来消除贫困为着力点，又关注个体脱贫、精准化施策，从根本上阻断贫困代际恶性传递，确保实现 2020 年与全国同步建成全面小康社会的战略目标。

第一节　贫困区域分布与状况

一、贫困区域分布

贵州早期对贫困范围的划分，是以农民收入状况为依据的。贫困人口分布于广大农村，贫困的区域分布不明显。

1985 年 6 月 25 日至 8 月 15 日，贵州从省、地、县三级机关抽调 379 名干部，对全省集中连片贫困乡开展广泛深入的贫困问题大调查。据对毕节、大方、织金、纳雍、赫章、威宁、水城、盘县、普定、紫云、普安、册亨、望谟、罗甸、三都、独山、荔波、丹寨、从江、雷山、台江、剑河、沿河、德江、印江、榕江等 26 个县 1238 个集中连片贫困乡的调查，确定 1982—1984 年间，农民人均纯收入不到120元、口粮不足200公斤的贫困人口有526万人。8月28日，中共贵州省委农村工作部向中共中央书记处农村政策研究室呈报经省委书记胡锦涛、省长王朝文签发的《关于呈报贵州省31个贫困县名单的报告》和《31个县1982—1984年主要经济指标统计表》，上报贫困县在调查26个县的基础上，增加了兴仁、关岭、黄平、务川、六枝等5个贫困县，使全省贫困县上报数达31个。经国务院贫困地区经济开发领导小组研究，确定毕节、大方、织金、纳雍、威宁、水城、六枝、关岭、紫云、普安、兴仁、望谟、罗甸、三都、从江、剑河、黄平、沿河、务川等19个县为国家级贫困县；赫章、盘县、普定、册亨、独山、荔波、丹寨、榕江、台江、雷山、德江、印江等12个县为省级贫困县。31个贫困县共有贫困人口614万人，加上非贫困县面上的贫困人口，全省农村贫困人口共计850万人，占全省农村总人口的40%，占全国农村贫困人口的3.4%。贫困区域主要分布在“四片一线”：黔西乌蒙山区片、黔南山区片、黔西南九万山区片和黔东北武陵山区片以及贵州边缘线上。2011年，《中国农村扶贫开发纲要（2011—2020年）》划分出连片特困地区，贵州省贫困区域主要分布在武陵山片区、乌蒙山片区和滇黔桂石漠化片区三大片区。

（一）武陵山片区贵州贫困区域范围

武陵山脉绵延渝、鄂、湘、黔4省，面积约10万平方公里，武陵山脉覆盖的地区称武陵山区。根据《国务院关于武陵山片区区域发展与扶贫规划（2011—2020）的批复》，武陵山片区将建设成为连片特困区扶贫攻坚示范区、跨省协作创新区、民族团结模范区、国际知名生态文化旅游和长江流域重要生态安全屏障。贵州境内武陵山片区主要位于东北部，涉及铜仁市和遵义市，包括铜仁市的碧江区、江口县、石阡县、思南县、德江县、沿河土家族自治县、松桃苗族自治县、玉屏侗族自治县、印江土家族苗族自治县、万山区和遵义市的正安县、凤冈县、湄潭县、道真仡佬族苗族自治县、务川仡佬族苗族自治县、余庆县共16个县（区），国土总面积31430.61平方公里，占全省国土总面积的17.8%。

武陵山片区贵州贫困区域位置示意图

（二）乌蒙山片区贵州贫困区域范围

乌蒙山区指由东北向西南横亘在四川东部、贵州西北部、重庆西南部、云南东北部的长达五六百公里的巨大山脉，总面积 10.7 万平方公里。根据《国务院关于乌蒙山片区区域发展与扶贫攻坚规划（2011—2020 年）的批复》，乌蒙山片区将建设成为扶贫、生态与人口统筹发展创新区、国家重要能源基地、面向西南开发的重要通道、民族团结进步示范区和长江上游重要生态安全屏障。贵州境内乌蒙山片区主要位于西北部，毕节市和遵义市境内，包括毕节市的七星关区、大方县、黔西县、织金县、纳雍县、赫章县、威宁彝族回族苗族自治县，遵义市的赤水市、习水县、桐梓县和六盘水市钟山区的大湾镇，共 10 个县（市、区）和 1 个镇，总面积 32443.77 平方公里，占贵州省总面积的 18.4%。

乌蒙山片区贵州贫困区域位置示意图

（三）滇桂黔石漠化片区贵州贫困区域范围

滇桂黔石漠化片区大部地处云贵高原东南部及其与广西盆地过渡的地带，南与越南接壤，属典型的高原山地构造地形，碳酸盐分布广，石漠化面积大，是世界上喀斯特地貌最典型的地区之一，总面积 22.8 万平方公里。根据《滇桂黔石漠化片区区域发展与扶贫攻坚规划（2011–2020 年）》的战略定位，滇桂黔石漠化片区将建设成为扶贫攻坚与石漠化综合治理相结合重点区、重要能源和矿产资源深加工基地、国际知名喀斯特山水与文化旅游目的地、民族团结进步和边境繁荣稳定模范区和珠江流域重要生态安全屏障。

滇桂黔石漠化片区贵州贫困区主要位于贵州省南部、西南部和东南部的六盘水市、安顺市、黔西南布依族苗族自治州、黔南布依族苗族自治州和黔东南苗族侗族自治州境内，包括六盘水市的钟山区（大湾镇除外，因其已纳入乌蒙山片区）、水城县和六枝特区，安顺市的西秀区、平坝区、普定县、关岭布依族苗族自治县、镇宁布依族苗族自治县和紫云苗族布依族自治县，黔西南布依族苗族自治州的兴义市、兴仁县、普安县、晴隆县、安龙县、望谟县、贞丰县和册亨县，黔南布依族苗族自治州的都匀市、荔波县、贵定县、瓮安县、平塘县、罗甸县、长顺县、龙里县、惠水县、独山县和三都水族自治县，黔东南苗族侗族自治州的凯里市、黄平县、施秉县、三穗县、镇远县、岑巩县、天柱县、锦屏县、剑河县、台江县、黎平县、榕江县、从江县、雷山县、麻江县和丹寨县，共44个县（市、区），总面积8.67万平方公里，占贵州省总面积的49%，是贵州省三个集中连片特殊困难地区中最大的片区。

滇桂黔石漠化片区贵州贫困区位置示意图

二、贫困状况

1978年中共十一届三中全会前，由于“左”的指导思想占主导地位，特别是受“四清”运动和文化大革命运动的干扰破坏，贵州省国民经济和社会发展长期停滞不前，甚至处于崩溃边缘，贵州贫困状况深重。全省2380.52万农业人口中，1840.14万农民长期过着缺吃少穿的日子，占全省农业人口总数的77.3%。1978年，贵州省委、省政府认真贯彻党的十一届三中全会一系列改革开放政策，把减贫工作重新提上议事日程。逐步清除“左”的思想影响，实行拨乱反正，在农村推行以“包干到户”为主要内容的家庭联产承包责任制，废除人民公社管理体制，逐步取消粮食等主要农产品统派购制度，恢复农村市场，提高农产品收购价格，允许农民利用农闲季节和农闲时间自由择业，允许一部分地区和一部分人通过诚实劳动和合法经营先富裕起来，先富带后富，走共同富裕道路，广大农民群众发展生产的积极性空前高涨，全省农村普遍贫困的状况开始得到缓解。到1985年年底，全省农民人均纯收入在150元以下的贫困人口由1978年年末的1840.14万人减少至1500万人，全省农业人口总数的比重由77.3%下降至57.5%。

1985年7—8月，省委、省政府组织调查组，对全省贫困状况进行一次比较系统的调查，重点调查93个乡、320个村民小组、11533户，调查结果较为真实地反映了贵州的贫困状况：

一是经济发展水平低。1984年，26个贫困人口集中的县人均工农业总产值224元，只相当于全省平均水平的48%，全国平均水平的22%；人均工业产值仅34元，相当于全省平均水平的14%，全国平均水平的5%；人均占有粮食232.5公斤，相当于全国平均水平的60%。人均财政收入13元，加上国家补贴，人均收入也只有27元，仅相当于全省平均水平的36%，除了支付职工工资和办公费用外，对发展生产基本无力投入。其余的县经济发展水平也比较低。

二是衣食严重不足。据对1984年21个贫困人口集中县的统计，农民人均纯收入110.58元，相当于全省平均水平的42%，全国平均水平的31%。这些地区的贫困户约占总农户的70%左右，他们多数都欠债，收粮还债后，一般缺粮5个月左右，只有靠洋芋、红薯、蔬菜艰难度日，有的甚至用野菜充饥，处于半饥饿状态，粮食不够吃，许多人依靠救济维持基本生活，无力购置生产生活资料。据沿河、德江、思南、印江、赫章、纳雍、织金、大方、水城、普定、三都、丹寨等12个县统计，有51.6万户无耕牛，占总农户的40%。衣被严重不足，有些十多岁的孩子还没有裤子穿。据对水城特区兰花、台沙乡4个村民组67户的调查，1984年农民人均纯收入33.7元，口粮76.15公斤，平均4.7人才有一床被子，10户无被子；郭家寨村民组15户中的9户41人仅有土碗20个，有的农户全部家当仅值二三十元。剑河县观么乡新民、新合两村平均2.4人有一床棉被，7.5人有一件棉衣；新合村第九村民组82人中，没有裤子穿的有23人。

2009年，贵阳市花溪区桐木岭

2010年，毕节地区织金县三塘镇野乌村煤硐破组李永康家住房

群众深山取水

三是居住条件和饮水困难。据1984年对纳雍、大方、赫章、织金4个县362个乡的统计，住房困难的有34698户，占总农户的5.1%。其中：住岩洞的92户，住“趴地棚”的3270户，住“杈杈房”的15854户，无房屋的5473户。所谓“趴地棚”“杈杈房”，是一些“晴晒太阳雨成塘，风来扫地月当床”的栖身地。纳雍县姑开乡老包村民组苗族农民杨四妹一家5口，居住的“趴地棚”面积不到8平方米，房内只有几件破旧炊具和发放的几件救济衣服，潮湿的地上铺着几把花豆秆就是全家人的床。李昌兴一家住的“杈杈棚”把搭棚所花费的劳动力、小木棒、茅草和室内全部家具折款，价值不到30元。据对21个县统计，饮水困难的139.88万人，占农业人口的20%。普定县窝子乡，58个自然村寨中有44个村寨7300人饮水十分困难，每家每天要占用一个强劳动力背水吃，背一趟水要花两三个小时，不少妇女因长期爬山背水，中年就成驼背。这些地方惜水如金，一盆水，早上洗脸，中午洗衣、晚上洗脚，还要用来喂牲口。

四是卫生医疗条件落后。由于农民长期营养不良，身体素质差，抵抗力弱，加之缺医少药，在一些山村，只有“鬼师”没有医生，发病率和死亡率都比较高。望谟、三都、榕江、雷山、沿河、印江等县的地甲病（即“地方性甲状腺肿”）患病率高达10%以上。1979年，剑河县久仰乡久吉村发生痢疾，死亡率高达27%。印江自治县凉水井乡16.2%成年人都患肺结核，新民乡八斗堰村民组户户都有人患肺结核；新寨乡团山村37户贫困户中，因病致贫的有11户。紫云自治县达邦乡是全县最穷的乡，有的农户借高利贷，有的卖青苗，有的买不起食盐，多数点不起灯。该乡小院村民组33户中，有29户借高利贷，还有3户用2.3亩水稻青苗换了250公斤粮，全村只有3户点灯。有的农民连一市斤包装的食盐都买不起，要求分成小包购买。因生活困难医不起病，1982—1984年，全乡死亡人数多达58人。

2011年，中央扶贫开发工作会议将扶贫标准提高到2300元（2010年不变价），贵州省农村贫困人口1149万人，是全国贫困人口最多的省份；贫困发生率33.4%，居全国第三位。国务院扶贫办下发《关于公布全国连片特困地区分县名单的说明》，明确贵州省集中连片特困地区县65个。到2015年年末，按照人均年收入2300元（2010年不变价）的扶贫标准计算，贵州全省共有农村贫困人口493万人，贫困发生率14.3%，其中，2014年三大集中连片特殊困难地区共有贫困人口567.91万人，占全省贫困人口的91.2%，三大区域平均贫困发生率达到20.7%，比全省高2个百分点，比全国高13.5个百分点，贵州扶贫攻坚的主战场就在三大片区。

（一）贫困区域人口状况

贵州武陵山片区贫困人口状况　贵州武陵山片区是整个武陵山片区中的重点贫困片区，贫困面广，贫困程度深，扶贫攻坚形势十分严峻。到2014年年末，贵州武陵山片区内常住总人口498.82万人，占全省年末常住总人口的14.2%。片区内居住着土家族、苗族、侗族、仡佬族等少数民族，有6个民族自治县。片区内共有农村贫困人口109.62万人，占全省的17.6%，平均贫困发生率达17.1，比全国高10个百分点。片区内有10个国家级扶贫开发工作重点县，占整个武陵山片区内国家级扶贫开发工作重点县总数的23.8%。片区内16个县贫困人口分布不均，贫困程度不一，贫困发生率最高的铜仁市德江县为25.8%，最低的遵义市余庆县仅为7.8%。片区内贫困人口普遍分布于少数民族聚居地，民族问题与贫困问题交织；区内交通水利等基础设施薄弱，经济发展水平低，特色产业未形成规模，社会事业发展滞后，基本公共服务供给不足，区域发展不平衡，城乡发展差距较大。

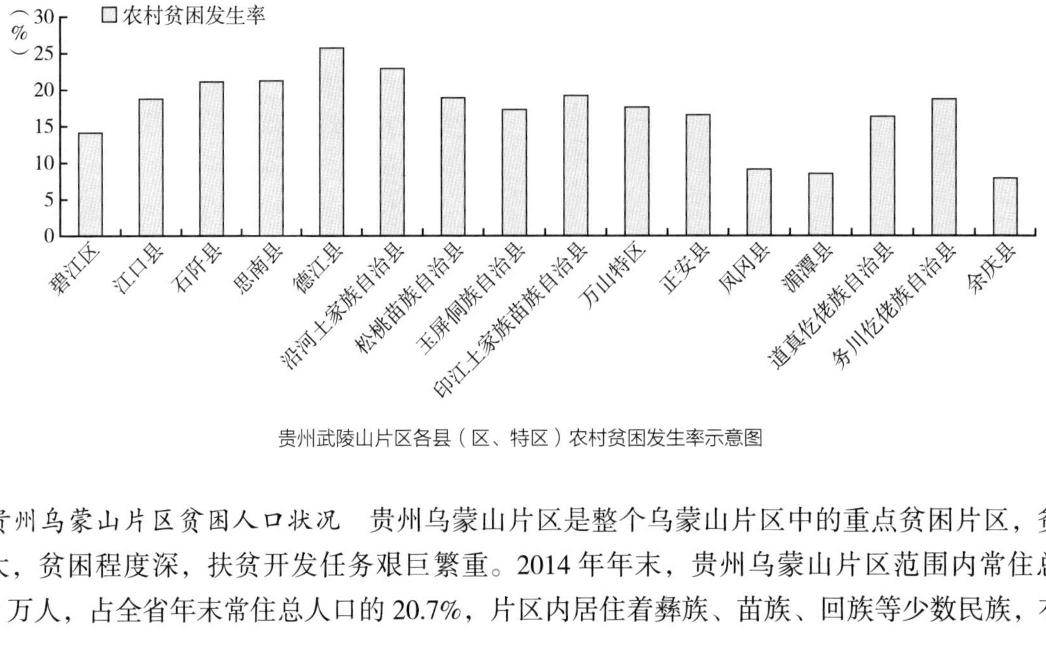

贵州武陵山片区各县（区、特区）农村贫困发生率示意图

贵州乌蒙山片区贫困人口状况　贵州乌蒙山片区是整个乌蒙山片区中的重点贫困片区，贫困面广量大，贫困程度深，扶贫开发任务艰巨繁重。2014年年末，贵州乌蒙山片区范围内常住总人口726.77万人，占全省年末常住总人口的20.7%，片区内居住着彝族、苗族、回族等少数民族，有1个

民族自治县。片区内共有农村贫困人口 152.45 万人，占全省的 24.5%，平均贫困发生率达 17.9%，比全国高 10 个百分点。片区内有 6 个国家级扶贫开发工作重点县，占整个乌蒙山片区内国家级扶贫开发工作重点县总数的 18.8%。片区内除遵义市桐梓县和赤水市贫困程度较轻外，其他 8 个县均有较深程度的贫困问题，贫困发生率都在 13% 以上，如贫困发生率最高的毕节市织金县达到 27.32%，贫困程度较轻的毕节市黔西县也达到 13.6%。同时，该片区还是少数民族聚居区，同样存在民族问题与贫困问题交织、减贫难度较大等困难，不仅基础设施欠账多，发展条件差，还存在生态环境脆弱、承载能力有限，开发难度大的特殊困难。

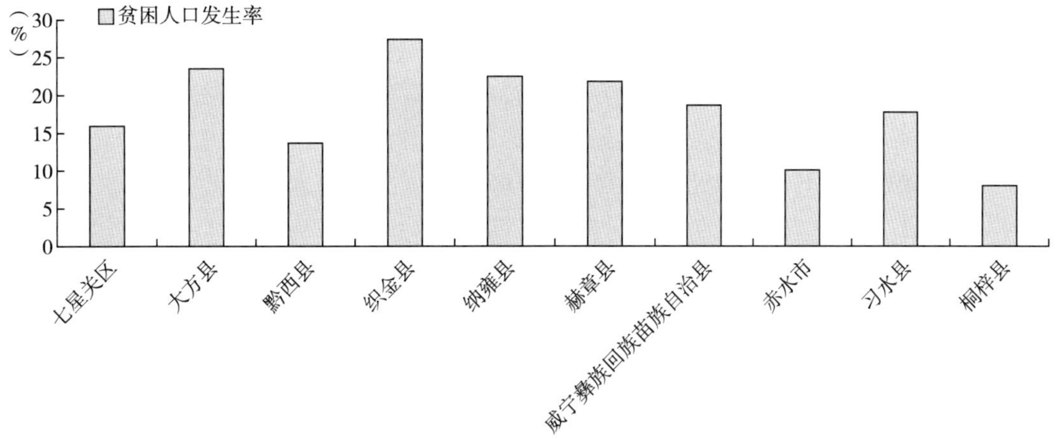

贵州乌蒙山片区各县（区）农村贫困人口发生率示意图

贵州滇桂黔石漠化片区贫困人口状况　贵州滇桂黔石漠化片区是贵州省三大连片特殊困难地区中面积最大、贫困人口最多、贫困程度最深、贫困面最广的区域，也是整个滇桂黔石漠化片区中的重点贫困片区。到 2014 年年末，片区内常住总人口 1337.64 万人，占全省年末常住总人口的 38.1%。片区少数民族分布广泛，居住着苗族、侗族、布依族、水族、土家族、仡佬族、白族、回族、彝族、瑶族等少数民族，有 3 个少数民族自治州和 4 个少数民族自治县，年末常住少数民族人口 673.74 万人（2010 年数据），占片区内年末常住总人口的 50.5%。按照人均年收入 2300 元的扶贫标准，片区内共有农村贫困人口 305.84 万人，占全省农村贫困人口的 49.1%，平均贫困发生率达到 22.7%，比全国贫困发生率高 15.5 个百分点，比全省贫困发生率也高出 4.7 个百分点。片区内有 33 个国家级扶贫开发工作重点县，占整个滇桂黔石漠化片区内国家级扶贫开发工作重点县总数的 49%。片区内大部分少数民族聚居县的贫困程度较深，贫困发生率超过 30% 的就有黔东南苗族侗族自治州的榕江县、麻江县，黔西南布依族苗族自治州的晴隆县和黔南布依族苗族自治州的罗甸县、三都水族自治县；贫困

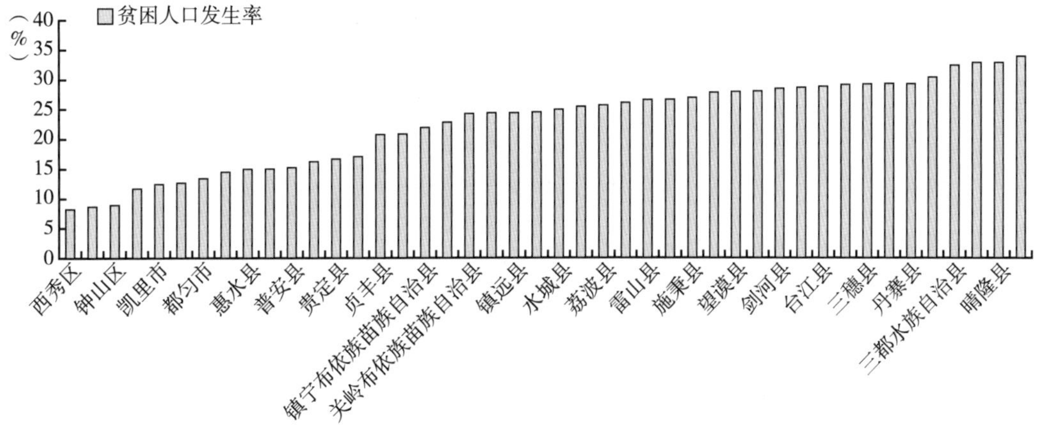

贵州滇桂黔石漠化片区贫困人口发生率示意图

发生率超过 20% 的县就有 30 个。该区域内石漠化程度与贫困程度密切相关，如安龙县石漠化程度达 50.15%，六枝特区石漠化率达 55.77%，晴隆县和贞丰县更是高达 63.2% 和 70.8%。

（二）贫困区域经济状况

贵州三大片区覆盖全省 88 个县级行政区域的 70 个县（市、区），占全省县（区）总数的 79.5%，涵盖全省所有的少数民族自治州和自治县，三大片区面积占全省面积的 90% 以上。2014 年，三大片区国民生产总值达到 5659.36 亿元，占全省经济总量的 61%（见表 1），人均国民生产总值为 22079 元，是全省人均国民生产总值的 83.5%。三大片区农林牧渔业总产值为 1674.7 亿元，占全省农林牧渔总产值的 79.1%，粮食总产量为 983.45 万吨，占全省粮食产量的 86.4%，人均粮食产量达到 384 公斤，高于全省人均粮食产量。区域内固定资产投资达到 7487.8 亿元，占全省固定资产投资总额的 83%，这一比例在 2010 年仅为 36.1%。从社会消费品零售总额看，三大片区为 1455.9 亿元，仅占全省的 49.6%，考虑其 73.1% 的人口占比还是偏低。其中，贵州武陵山片区国民生产总值 973.93 亿元，占全省国民生产总值的 10.5%；人均国民生产总值 19524 元，为全省人均国民生产总值的 73.9%；农村居民人均可支配收入 6432 元，较全省农民人均可支配收入 6671 元少 239 元；贵州乌蒙山片区国民生产总值 1396.96 亿元，占全省国民生产总值的 15.1%；人均国民生产总值 24584 元，为全省人均国民生产总值的 72.7%；农村居民人均可支配收入 6391 元，较全省农民人均可支配收入 6671 元少 280 元；贵州滇桂黔石漠化片区国民生产总值 3288.47 亿元，占全省国民生产总值的 35.5%；人均国民生产总值 24584 元，为全省人均国民生产总值的 93%；农村居民人均纯收入 6351 元，较全省农村居民人均可支配收入 6671 元少 320 元。

2014 年贵州三大贫困片区主要经济指标表

表 1

主要指标	三大片区	全省	三大片区占全省比重（%）
年末常住总人口（万人）	2563.23	3508.04	73.1
国民生产总值（亿元）	5659.36	9266.39	61.1
人均国民生产总值（元）	22079	26437	83.5
财政一般预算收入（亿元）	471.6	1366.67	34.5
财政一般预算支出（亿元）	1667.4	3542.8	47.1
农林牧渔业总产值（亿元）	1674.7	2118.48	79.1
粮食产量（万吨）	983.45	1138.5	86.4
人均粮食产量（公斤）	384	325	118.2
规模以上工业增加值（亿元）	1501.78	3117.6	48.2
固定资产投资（亿元）	7487.8	9025.75	83
社会消费品零售总额（亿元）	1455.9	2936.85	49.6

2015 年，贵州省三大贫困区域中，武陵山片区贵州区域农村居民人均可支配收入 7264 元，较全省农民人均可支配收入 7387 元少 123 元；区域内国民生产总值最高的是铜仁市碧江区，达到 110.81 亿元，最低是铜仁市万山特区，仅 31.11 亿元；人均生产总值最高的是铜仁市玉屏侗族自治县，达到 46352 元，最低是遵义市务川仡佬族苗族自治县，仅为 13473 元。片区内一般公共预算内收入 61.95 亿元，仅占全省一般公共预算总收入的 4.1%，一般公共预算支出 349.26 亿元，占全省的 8.9%。区域内农林牧渔业总产值 414.69 亿元，占全省的 15.1%，粮食产量 244.76 万吨，占全省的 20.7%，规模以上工业增加值为 188.37 亿元，仅占全省的 5.3%，工业发展十分薄弱；片区内全年固定资产投资为

1310.13 亿元，占全省的 12%，社会消费品零售总额 239.25 亿元，占全省的 7.3%。乌蒙山片区贵州区域农村居民人均可支配收入 7248 元，较全省农民人均可支配收入 7387 元少 139 元；片区内国民生产总值最高的是毕节市七星关区，达到 258.9 亿元，最低的是遵义赤水市，为 71.5 亿元；人均国民生产总值最高的遵义赤水市为 29693 元，最低的是毕节市威宁彝族苗族回族自治县，仅为 11992 元，同时威宁自治县也是全省人均国民生产总值最低的县。片区内一般公共预算内收入 92.17 亿元，仅占全省一般公共预算总收入的 6.1%，一般公共预算支出 353.63 亿元，占全省的 9%。区域内农林牧渔业总产值 452.68 亿元，占全省的 16.5%，粮食产量 289.57 万吨，占全省的 24.5%，规模以上工业增加值为 348.3 亿元，占全省的 9.8%；片区内全年固定资产投资为 1867.59 亿元，占全省的 17.1%，社会消费品零售总额 306.24 亿元，占全省的 9.3%。滇桂黔石漠化片区贵州区域农村居民人均纯收入 7144 元，较全省农村居民人均可支配收入 7387 元少 243 元；片区内国民生产总值最高的是六盘水市钟山区，达到 343.66 亿元，最低是黔东南自治州雷山县仅 31.11 亿元，同时雷山县也是全省国民生产总值最低的县（区）；人均国民生产总值最高的是六盘水市钟山区，达到 46352 元，最低是黔东南苗族侗族自治州从江县，为 13473 元。片区内一般公共预算内收入 317.5 亿元，占全省一般公共预算总收入的 21.1%，一般公共预算支出 964.52 亿元，占全省的 24.5%。区域内农林牧渔业总产值 807.3 亿元，占全省的 29.5%，粮食产量 449.13 万吨，占全省的 38.1%，规模以上工业增加值为 965.11 亿元，占全省的 27.2%；片区内全年固定资产投资为 4310.04 亿元，占全省固定资产投资总额 39.4%，社会消费品零售总额 239.25 亿元，占全省的 7.3%。

三、贫困成因

造成贫困的原因包含历史社会、自然地理、生产条件、工作基础和政策落实等诸多因素。

生态环境脆弱　乌蒙山、武陵山地区属高原山地，山脉绵延，坡陡谷深，不适宜居住和农业生产。滇黔桂石漠化地区山石裸露，土地瘠薄，广种薄收。由于长期毁林毁草开荒，生态环境遭到严重破坏，水土流失加剧，有的地方生存条件濒于丧失。如纳雍、水城、德江、望谟、紫云、从江、三都等 7 个县的森林覆盖率由新中国成立初期的 44.4% 下降到 1985 年的 16.1%。赫章、水城、望谟、紫云、雷山等县水土流失面积占总面积的 46.6%，其中赫章县高达 57.6%。紫云、望谟两县有近 70% 的耕地“挂”在陡坡上，跑土、跑水、跑肥，石漠化面积占总面积的 51%。纳雍县从 1958 年到 1985 年，耕地面积由 78 万亩增加到 166.6 万亩，垦殖指数（即“已开垦种植的耕地面积占土地总面积的百分比”。）由 21.3 上升到 45.5%；森林面积由 124 万亩减少到 13.2 万亩，植被覆盖率由 33.9% 下降到 3.6%，指标说明水土流失面积 193 万亩，占总面积的 52.8%，石漠化面积每年达 8785 亩。

自然灾害频繁　干旱、洪涝、冰雹、虫灾、山体滑坡和泥石流，常常轮番袭击，一年遭灾，数年贫困，有的地方灾害年年不断；有的年份春旱连夏旱，夏旱连伏旱，旱后洪水、冰雹又接踵而至，造成粮食颗粒无收。纳雍县猫场乡木井村因盲目开荒种粮，使 97.8% 的植被遭到破坏，1982 年 5 月 8 日一场暴雨，仅 30 分钟时间就冲毁民房 26 幢，死亡 37 人。自然灾害频繁，严重制约着农业和农村经济的发展。

2011 年 6 月，贵州省望谟县发生严重暴雨洪涝灾害

基础设施薄弱 贵州集中连片的贫困乡多属边远偏僻山区，30% 的乡和 60% 以上的村寨不通公路，人们长期处于封闭的社会环境，活动范围十分狭窄；赫章、望谟、三都、荔波、榕江、从江、雷山、丹寨等 8 个县平均 170 平方公里范围才有一个集市，从江县 366 平方公里才有一个集市，边远山区的农民购买煤油、盐巴、化肥，出售土特产品，需翻山越岭，往返路程要走几十公里，甚至上百公里。榕江县水尾乡上万村的农民到区里买东西，单程要走 90 公里。许多商品运到分销店，运费比成本高；山区 80% 的乡村不通电和电话，无广播、电视信号，信息不通，成为封闭之地；水利设施缺乏或年久失修，80% 的坡地无灌溉保障，梯田坡地水土流失特别严重。

教育、科技、医疗水平落后 贫困地区地处偏远，居住分散，发展教育困难。山区不少乡村没有中小学，适龄儿童入学困难，青壮年不能脱盲，文化素质不高。据 21 个县的统计，12 岁以上的文盲半文盲占 57.6%，威宁自治县文盲率高达 70%，其中妇女文盲率达 90% 以上。榕江县八开区 990 名村组干部中，文盲率高达 56.5%。医疗条件落后，因病、因残致贫的比例高；科学技术有限，有一技之长的能工巧匠很少，大多数农民不懂科学技术和管理知识，科学技术传播不进去，不少地方还处于刀耕火种的原始状态。

农业经济结构单一 贫困山区粮食单产底，加之农业生产资料成本高，农业长期亏本；产业结构极不合理，工业比重很小，乡镇企业刚刚起步，不少乡村还是空白。据 21 个县的调查，1984 年工农业总产值中工业产值只占 14%；在农业总产值中种植业总产值占 54.7%；在种植业内部，粮食作物总产值占 67%。这些地方为了解决温饱问题，不得不集中力量抓粮食生产，传统单一的农业结构基本没有改变，发展商品生产的经济条件基本没有具备。

除上述客观因素外，也存在一些“左”的影响和党委政府注意力方面的主观原因。1978 年中共十一届三中全会后，进行拨乱反正，实行家庭联产承包责任制，这些地区农业生产的发展速度也不慢，可毕竟底子太薄，而各级干部深入这些地区调查研究少，对其特殊规律认识不足，缺乏相应的特殊政策和措施，工作一般化，具体指导不力。各级政府虽在财力、物力、人力上给予一些支持，但与需要相差很大，加之分配上搞平均主义，而且一般偏重于单纯救济的“输血”模式，帮助增强“造血”功能不够。

第二节 减贫战略

一、减贫历程与思路

从 1978 年改革开放到 2015 年，贵州省扶贫开发经历了五个阶段，减贫思路与时俱进地不断发展和深化。

1978—1985 年为农村体制改革推动扶贫阶段 这一阶段的特点是以农村体制改革促进生产力的发展，缓解农村贫困。减贫工作思路主要是解除思想束缚，解决“吃饭”这个贵州农村的主要问题，让农民得到休养生息。

中共十一届三中全会召开前，贵州农村经济面临崩溃边缘，人民公社制度长期束缚了农民的生产积极性，1978 年 3 月，关岭布依族苗族自治县顶云公社 28 个生产队中，有 16 个自发试行“定产到组，包干到户”生产责任制，尽管夏粮、秋粮连续遭灾，仍一举打破粮食生产 10 年徘徊不前的局面。中共十一届三中全会召开以后，家庭联产承包责任制逐步取代了人民公社制度，激发了农民的生产热情，解放了生产力，使贵州农村贫困问题得到大幅度缓解。

1980 年 5 月，省委召开常委会议，传达学习邓小平、姚依林等中央领导在全国规划会议上的讲话精神，从全省农村生产力水平低下，农民群众生活极其贫困的省情出发，着眼于最大限度地让贫困农民得到休养生息的战略目标，将思想认识统一到中央的战略决策上来，尊重农民意愿，逐步在农村试行农业生产承包责任制。7月15日，省委书记池必卿签发《中共贵州省委关于放宽农业政策的指示》，明确提出最适合现实生产力、最有利于调动群众积极性、最有利于发展农业生产、最有利于提高农民生活水平的就是好政策、好办法，就要执行。到1981年年底，全省98.2%的生产队推行“大包干”生产管理制度。

省委、省政府进一步深化农村管理体制改革，调整生产关系，实行统分结合的“双层经营”管理制度，使农民得到休养生息的同时，正视农村和城市都存在极贫问题的社会现实，提出举全省之力解决群众最基本的温饱问题的战略，将扶贫、扶优的“双扶”工作提上各级党委、政府的重要工作议事日程。1984年，省委在印发《关于传达贯彻中央1984年1号文件几个问题的通知》中，把“做好扶贫济困”列入要抓好的10项重要工作内容。这阶段扶贫工作主要由民政部门发放救济粮、钱、寒衣、棉被为主。同时，通过帮扶贫困农户发展生产，解决温饱问题，帮助农民从根本上摆脱贫困的指导思想逐步明确。

1984年1月，中共中央总书记胡耀邦带领调查组，沿滇、川、黔交界处入黔，以乌蒙山区农村为主进行调查，提出“治国之道，必先富民”的发展理念。1985年3月6日,《贵州日报》发表社论《要在全省开展增百致富大讨论》，传达贯彻省委发展战略，强调各级领导干部要深入农村，访贫帮富。5月，贵州省扶贫领导小组在遵义召开全省首次扶贫工作现场经验交流会，提出扩大“双扶”对象规模和因地制宜地兴办企业、建立经济实体的扶贫开发思路，将省委、省政府解决贫困群众温饱的战略部署落实到户、到人，全省“双扶”对象扩大到30万户。1978—1985年，通过体制改革推动扶贫，按1986年人均纯收入206元的绝对贫困标准，贵州农村贫困人口从占总人口的2/3下降到1/2，贫困人口数为1500万人，占全省农业人口的57.5%。

1986—1993年大规模开发式扶贫阶段　这一阶段的特点是从零散的民政救济向有组织、有计划、大规模的开发式扶贫方式转变。减贫工作思路主要是改革传统的救济式扶贫，变“输血”为“造血”，成立专门扶贫工作机构，安排专项资金，制定专门的优惠政策，进行开发式扶贫。从1986年起，贵州省改革扶贫方式，对政策性扶贫进行完善，以解决贫困人口温饱为主要目标，以贫困农户为基本对象，开展有组织、有计划大规模的开发式扶贫工作。1993年底，全省农村贫困人口从1986年的1500万人下降到1000万人，占全省农村总人口的比重从57.5%下降到34.4%。

1994—2000年为“八七”扶贫攻坚阶段　这一阶段的特点是以实施《国家八七扶贫攻坚计划》为契机，以扶贫到户、解决温饱为重点，以48个集中连片的国家贫困县为主战场，进行扶贫攻坚。减贫工作思路主要是集中力量打歼灭战，加强农村基础设施建设，积极探索符合贵州省情的开发扶贫路子。

1994年，省委、省政府根据中共中央、国务院《国家八七扶贫攻坚计划》精神，制定《贵州省扶贫攻坚计划》，首次对全省的扶贫工作做出全面规划和战略部署，确定工作重点向贫困人口集中的深山区、石山区、边远地区、高寒山区、地方病高发区和少数民族聚居区倾斜，要求用七年左右的时间，即到2000年时，基本解决全省1000万贫困人口的温饱问题。1995年2月，省委办公厅、省政府办公厅印发《关于进一步搞好农村剩余劳动力转移的通知》，要求省内企业尽量使用本省贫困地区劳动力就业，各级各部门要搞好技能培训，组织农村劳动力跨省输出，发展劳务经济，拓宽脱贫门路。10月，省政府印发《关于批转省计生委〈关于加强扶贫工作与计划生育工作相结合对人口问题实行综合治理的意见〉的通知》，统筹解决贫困与人口问题。1996年10月，中共中央总书记江泽民在贵州视察扶贫工作时要求：“在贫困地区，要把解决群众温饱作为压倒一切的中心任务。在狠抓面上扶贫的同时，对少数极贫户，要一户一户地帮，不能穷在深山无人问。”12月，省委、省政府印发《关于贯彻落实中央扶贫开发工作会议精神，尽快解决农村贫困人口温饱问题的决定》，要求各地发扬艰苦奋斗、坚持不懈、坚韧不拔、苦干实干的“大关精神”，抓好贫困地区结构调整，大搞多种经营和乡镇企业，抓好移民扶贫搬迁，开展农技培训和劳务输出，强化扶贫资金管理，动员社会各界参与扶贫。

“八七”扶贫攻坚时期，贵州通过相继部署和大规模实施扶贫“温饱工程”“粮食高产示范工程”、联合国人口基金/粮农组织项目、世界银行贷款支持项目、黔西南自治州“星火计划、科技扶贫试验区”、以工代赈基本农田建设等开发扶贫项目，到1998年实现全省农村粮食基本自给，基本解决农村贫困地区、贫困人口温饱问题。到2000年“八七”扶贫攻坚计划结束时，贵州贫困人口按当时贫困标准统计，由1994年的1000万人减少到313.46万人，占农村总人口的比重从34.4%下降到9.74%，大多数农村贫困人口的温饱问题基本解决，实现了农村粮食基本自给，48个贫困县整体越过“温饱线”。基本完成农村从普遍绝对贫困向巩固扶贫成果与全面消除贫困的历史性转变。

2001—2010年为新阶段扶贫开发 这一阶段的扶贫特点是，开发式扶贫和社会保障相结合，专项扶贫和行业扶贫、社会扶贫相结合，采取开放式扶贫、异地扶贫搬迁、社会保障救助等多种扶贫形式。减贫工作思路主要是跳出扶贫抓扶贫，围绕解决改善基本生产生活条件、拓宽基本增收门路、提高基本素质“三个基本问题”，采取开放式扶贫、搬迁式扶贫、救助式扶贫“三类扶贫措施”，抓好整村推进、劳动力转移和产业化扶贫“三项重点工作”，逐步改变贫困地区经济、社会、文化的落后状况，为稳定脱贫奔小康奠定基础。

2001年7月，中共贵州省委八届七次会议通过了《中共贵州省委、贵州省人民政府关于切实做好新阶段扶贫开发工作的决定》，对采取综合措施治理贫困“综合征”做出战略部署，提出了力争用5年左右时间解决尚未越过温饱线的贫困人口的温饱问题，用10年左右时间实现稳步脱贫奔小康目标。同年，国家发展和改革委员会把贵州省列入西部4个易地移民搬迁扶贫试点省之一。贵州决定从2001—2010年易地搬迁扶贫50万人。2002年，贵州省有50个县被列入国家新阶段扶贫开发工作重点县。贵州省确定全省扶贫工作重点乡（镇）934个，扶贫重点村13973个。

2007年9月，省政府在都匀市召开全省扶持人口较少民族发展工作会议，从政策上、项目上、资金上、物资上，对毛南族等人口较少民族给予倾斜，扶持人口较少民族发展；10月，省水利厅在铜仁召开社会主义新农村建设水利扶贫试点第一次联席会议，将贫困地区、贫困人口人畜饮水安全和农业生产用水保障列入扶贫重要议事日程。2007年12月，国务院扶贫办、国家财政部批准将印江土家族苗族自治县列为全国首批“县为单位、整合资金、整村推进、连片开发”8个试点县之一。2008年，中共中央总书记胡锦涛从新华社记者的报道中了解到长顺县长寨镇竹子托村农民仍处于贫困状态后批示：“要探索因地制宜开发扶贫的路子。”国务院扶贫办和贵州省人民政府决定将长顺县列为全国第三批“县为单位、整合资金、整村推进、连片开发”项目试点县之一、全国100个石漠化综合治理试点县之一、全省43个草地生态畜牧业科技扶贫项目县之一。2009年2月，省委、省政府召开全面启动实施动员大会，在全省全面展开农村危房改造工程。10月，中共中央政治局常委、国务院副总理李克强在黔西南自治州了解农村危房改造时强调：“解决民生问题首先要着眼于解决群众最迫切的困难，一些群众的住房条件很差，甚至不能挡风雨。要加快农村危房改造步伐，使群众住的安稳踏实，生活改善。”李克强肯定“贵州以解决农村危房改造为重点的民生问题取得了新进展，为全国的农村危房改造提供了新鲜经验。”

这一阶段，省委、省政府坚持“三个三”开发扶贫思路，解决“三个基本问题”：改善贫困地区和贫困群众基本生产生活条件、拓宽贫困群众基本增收门路、帮助贫困群众提高基本素质；采取“三类扶贫措施”：对有生存条件的贫困群众，采取开发式扶贫，通过发展种养业增加收入；对居住在“一方水土难以养活一方人”、生存环境条件恶劣，缺乏基本生产生活条件地区的贫困群众，采取易地搬迁方式扶贫；对鳏寡孤独、“五保户”、因病因残丧失劳动能力和低收入以下的贫困人口，实行低保制度，做到“应保尽保”；抓好“三项重点工作”：整村推进、劳动力转移培训、产业化扶贫。

在新阶段扶贫工作中，贵州采取综合措施治理贫困“综合征”，探索创新了具有贵州特色，体现贵州精神，可供全省贫困地区学习借鉴的“晴隆模式”“印江经验”“长顺作法”“威宁试点”等各具特色的典型，注重科技扶贫、教育扶贫、计生卫生扶贫、党建扶贫、整村推进等各类扶贫方式，因地制宜，对症下药，取得显著成效。“十一五”期间，全省累计投入中央和省级财政扶贫资金160.6亿元，实施扶贫项目12.3万个，农村贫困人口温饱问题基本解决，收入水平稳步提高，基础设施明显改善，社会事业不断进步，农村基本结束了总体贫困的历史。按照2010年1274元的扶贫标准，全省农村贫困人口从2000年年末的860万人减少到2010年年末的418万人，贫困发生率从27.6%下降到12.1%。

2011—2015年片区扶贫攻坚、精准扶贫阶段　这一阶段的特点是，以“加速发展、推动跨越”的主基调统领扶贫开发，以“三化同步”为主要抓手，集中资源打好扶贫脱贫攻坚战，推动贫困地区经济社会实现跨越式发展。减贫工作思路主要是深入实施工业强省战略和城镇化带动战略，在工业化、城镇化深入发展中同步推进农业现代化，实现工业化致富农民、城镇化带动农村、产业化提升农业。

2010年10月，中共贵州省委十届十次全会提出，把“三农”工作作为全省工作的重中之重，把扶贫开发作为“三农”工作的重中之重，把农民增收作为“三农”工作和扶贫开发的重中之重。为此，要求各级扶贫开发领导小组及其办公室充分发挥统筹协调作用。研究提出重大政策建议，加强扶贫开发工作指导，抓好各项工作落实。扶贫开发工作重点县的党委、政府要以扶贫开发工作统揽全局；加快推进扶贫开发工作法制化进程，形成科学合理的管理体制机制。明确扶贫开发的战略、规划、原则、途径，明确扶贫工作的政府职能、社会责任、公民义务、农户权利，规范任期目标、部门配合、区域协作、考核奖惩制度，建立扶贫资金投入与使用的稳定机制；从贵州包容性增长和基本公共服务均等化历史欠账多的实际出发，统筹兼顾，把扶贫开发和城乡发展、新农村建设、强农惠农政策等多种举措结合起来，实现扶贫脱贫攻坚与计划生育、生态文明建设、公共服务均等化、农村危房改造、“三位一体”规划等工程的有机统一、协同推进。

2011年，国家贫困标准提高到2300元，贵州贫困人口为1149万人，贫困发生率33.4%。12月，中共中央、国务院印发《中国农村扶贫开发纲要（2011—2020）》，明确提出“提高扶贫标准，加大投入力度，把连片特困地区作为主战场，把稳定解决扶贫对象温饱、尽快实现脱贫致富作为首要任务”，明确将3个武陵山区、乌蒙山区、滇桂黔石漠化区中贵州省的连片特困地区作为此后10年扶贫攻坚的主战场。2012年1月，国务院出台《国务院关于进一步促进贵州经济社会又好又快发展的若干意见》，明确贵州省作为“扶贫开发攻坚示范区”的战略定位。根据上述文件精神，贵州省委、省政府立即制定《中共贵州省委贵州省人民政府关于贯彻落实〈中国农村扶贫开发纲要（2011—2020）〉的实施意见》，提出“深入实施工业强省战略和城镇化带动战略，在工业化、城镇化深入发展中推进农业现代化，实现工业化致富农民、城镇化带动农村、产业化提升农业，推动贫困地区经济社会‘五年上台阶，十年大跨越’”的总体目标。

在统筹城乡发展背景下，贵州省逐渐形成专项扶贫、行业扶贫、社会扶贫“三位一体”的大扶贫工作格局。“以工促农、以城代乡”方针为大扶贫格局注入了活力。扶贫开发被纳入到国民经济和社会发展规划中，并分解出各级政府部门的具体任务。特别突出武陵山、乌蒙山、苗岭等集中连片特殊困难区域，“整体规划、县为单元、整合资源、集中投入、综合开发”。在管理机制上坚持“中央统筹、省负总责、县抓落实、工作到村、扶贫到户”。安排专门投入、各级扶贫部门组织实施，通过既定项目，直接帮助贫困乡村和贫困人口；各行业部门履行行业管理职能，支持贫困地区和贫困人口发展的政策和项目，承担改善贫困地区发展环境、提高贫困人口发展能力的任务；社会各界参与扶贫开发事业，从不同角度扩大扶贫资源，形成全力扶贫、全面扶贫的大格局。9月，省政府第65次常务会议审议并原则通过《贵州省扶贫开发条例（草案）》，10月，省委、省政府出台《关于加快创建全国扶贫开发攻坚示范区的实施意见》，全省扶贫投入增长，武陵山区、乌蒙山区、滇桂黔石漠化区省级实施规划基本完成，到2011年年底，按照2300元的贫困线标准，全省贫困人口为923万人，贫困发生率26.8%。这一阶段，贵州扶贫开发已经从以解决温饱为主要任务的阶段转入巩固温饱成果、加快脱贫致富、改善生态环境、提高发展能力、缩小发展差距的新阶段。

贵州作为全国扶贫攻坚的主战场，全省有50个国家扶贫开发工作重点县、934个贫困乡镇、9000个贫困村、623万贫困人口，为不让全省贫困地区、贫困家庭在全面建成小康社会进程中掉队。2015年4月，贵州省制定“33668”扶贫攻坚行动计划（“33”是“从2015年到2017年，用3年时间减少300万贫困人口”；“66”是“深入实施精准扶贫‘六个到村到户’，完成‘六个小康建设’任务”；“8”是实现贫困县农村居民人均可支配收入8000元以上。到2020年，再把贫困人口减少到160万人左右），要求紧紧瞄准“一个总体目标”（即稳定实现扶贫对象“两不愁三保障”、以同步小康统揽扶贫开发工作）、突出抓好“两个结合”（即精准扶贫“六个到村到户”和基础设施“六个小康建设”）、深入实施“三大工程”［即扶贫攻坚“三个十工程”（“十大扶贫产业”“十大扶贫攻坚示范县”“十大扶贫产业园区”）、小额扶贫贷款等“三个品牌”（小额扶贫信贷、雨露计划、扶贫生态移民）、加强“三支队伍”建设（乡镇党委书记、村支部书记、农村合作经济组织及致富带头人）］、全面深化“四项改革”（即扶贫资金、项目、监管和考核机制改革），精准扶贫、精准脱贫，推动扶贫开发由“输血式”“粗放式”“被动式”“分散式”扶贫向“造血式”“精准式”“参与式”“整体式”扶贫转变。

贵州在全国首创“减贫摘帽”激励机制，实行“减贫摘帽”不摘优惠政策；深化集团帮扶制度，推行省、市（州）、县级党委、人大、政府、政协在职领导牵头定点联系贫困县、定点帮扶贫困乡（镇）、贫困村的帮扶制度，用3年时间实现一轮帮扶乡（镇）、村整体脱贫。贵州省把扶贫开发作为“第一民生工程”，举全省之力向贫困发起“总攻”。2011—2015年，贵州实现35个贫困县、744个贫困乡镇减贫“摘帽”，贫困人口由2011年的1149万人减少到2014年的623万人，扶贫开发取得了重要的阶段性成果。全面建成小康社会指数提高到82%左右，贫困地区各族群众物质文化和精神文化生活水平和质量不断改善和提高，实现民族团结，社会政治稳定，迈步走向全面小康社会。

“十二五”期间，减贫工作取得显著成效。一是顶层设计不断健全。聚集“两有户（有资源、有劳动力但无门路）、两因户（因学、因病致贫）、两无户（无力脱贫、无业可扶）、两缺户（缺基础设施、缺技术资金），坚持“六个精准”“六个到村到户”“四到县”，制定了实施“33668”脱贫攻坚行动计划，出台落实大扶贫战略行动意见和“1+10”等政策文件，实施“两线合一、减量提标”和精准扶贫“特惠贷”。取消重点生态功能区10个贫困县GDP考核。二是财政扶贫资金投入大幅增加。2011—2015年，中央投入贵州省财政专项扶贫资金232.54亿元，省级投入财政专项扶贫发展资金38.48亿元。中直机关、对口帮扶城市累计安排全省转移支付9540多亿元。三是农民收入大幅度提高。2015年，全省农民人均可支配收入达到7387元，年均增长14.4%，50个国家扶贫开发工作重点县农民人均可支配收入达到6964元，年均增长15.3%，比全省平均高0.9个百分点。四是定点帮扶和对口帮扶深入推进。以建立全国扶贫开发攻坚示范区为契机，实现了中直机关、东部城市对贵州省（除贵阳市以外）定点帮扶和对口帮扶全覆盖。帮扶城市在职业教育、人才交流、园区建设、招商引资、引企入黔、旅游开发等方面为贵州省贫困地区做了大量艰苦细致的工作。五是扶贫产业稳步推进。“十二五”以来，累计投入产业化项目财政专项扶贫资金100亿元，实现总产值813亿元，实施到村项目4万多个，以优质菜、果、茶、药、薯和牛、羊为重点的特色生态产业得到大力发展。全省形成了“东油西薯、南药北茶、中部蔬菜、面上干果牛羊”的扶贫产业格局。六是基础设施状况明显好转。“四在农家·美丽乡村”六个小康行动计划完成投资1100亿元，以水、电、路、讯、房为重点的基础设施得到明显改善。公路里程达到18.4万公里，实现乡乡通油路、村村通公路。供水能力达到110亿立方米，解决了1300万农村人口饮水安全问题。改造农村危房192万户，完成易地扶贫搬迁66万人。通信光缆60万公里，实现了乡乡通宽带、行政村通电话。七是社会事业水平不断提升。民生实事完成投资2897.7亿元。城镇新增就业267万人，“3个15万元”政策带动就业45.2万人。

全面实施农村居民最低生活保障制度。率先在全国启动实施“免费营养午餐计划”和教育“9+3”计划，对建档立卡贫困学生实行“两助三免（补）”或“两助一免（补）”教育精准扶贫政策，启动实施“1户1人”三年行动计划，贫困对象就业创业能力不断提高。新增三甲医院22所，医疗卫生服务体系逐步完美，基层群众就医条件不断改善。

2015年11月，省委十一届六次全会通过《中共贵州省委关于制定贵州省国民经济和社会发展第十三个五年规划纲要的建议》，提出全力实施大扶贫战略行动，坚决打赢脱贫攻坚战。紧扣到2020年与全国同步全面建成小康社会的战略目标，围绕补齐小康短板、打赢脱贫攻坚战，对实施大扶贫战略行动，深入推进精准扶贫精准脱贫做出一系列重要部署。

二、减贫目标与扶贫规划

贵州省扶贫开发工作经历30余年，一直是党委政府的一项重要工作。每个年度的工作规划中都有相关内容。除此以外，按照中共中央、国务院的统一部署，还先后制定颁布《贵州省扶贫攻坚计划》《贵州省“十二五”扶贫开发规划》等规划文件。

（一）减贫目标

大规模开发式扶贫阶段 把贫困地区的经济开发作为一件大事来抓，尤其是贫困乡集中连片的26个县，把领导群众脱贫致富作为首要任务，整个“七五”期间下大力抓好扶贫工作。经过五年左右的努力，使贫困地区的主要资源起步开发，自然优势初步发挥，农民人均纯收入达到200元以上，温饱问题基本解决，并有一部分农户先富裕起来。在此基础上，继续努力改善生产条件，提高生产能力，发展商品经济，到20世纪末，使全省贫困地区的农村产业结构趋于合理，经济水平接近全省平均水平。

“八七”扶贫攻坚阶段 各级政府把尽快解决贫困地区群众的温饱问题、改变落后状况，作为一项历史责任，进而进一步加强领导和强化扶贫开发工作，动员广大干部群众，解放思想，振奋精神，真抓实干，齐心协力地完成全省扶贫攻坚计划。力争到20世纪末，全省基本实现解决贫困地区贫困人口的绝对贫困问题，极贫户要基本解决温饱，按1990年不变价格计算（下同），农民人均纯收入达到或接近400元，生活有明显改善；贫困户人均纯收入要达到500元以上，稳定解决温饱。以贫困县为单位，1993年农民人均纯收入为400元以上的18个县，300—400元的14个县和300元以下的16个县，要在1996年、1998年和2000年分别达到农民人均纯收入500元以上。以贫困人口计算，1994年和1995年分别要有80万和120万贫困人口越过温饱线；1996—1998年平均每年要有200万贫困人口越过温饱线；1999—2000年平均每年要有100万贫困人口越过温饱线。

创造贫困户稳定解决温饱的基础条件。人均建成半亩稳产高产基本农田，户均建成一亩经济林木，户均向非农产业转移一个劳动力，户均饲养一个黄牛单位的商品畜，户均有一项比较稳定收入来源的家庭副业。加强贫困地区基础设施建设。基本解决人畜饮水困难；实现贫困乡镇和大多数有集贸市场、商品生产基地的地方通公路；消灭无电县，力争90%以上的贫困乡镇用上电；基本实现乡镇电话程控化。

改变贫困地区教育文化卫生落后状况。基本普及初等义务教育，在偏远贫困山区普及初小教育，基本扫除青壮年文盲，通过开展农民扶贫培训和职业技术教育，达到每户至少有一名掌握1—2项适用技术的劳动力。乡乡有文化站，大多数乡镇建起电视差转台。

发展合作医疗组织，绝大多数乡镇要有卫生院、村有卫生室、组有卫生员，地方病要得到有效控制。切实抓好计划生育工作，把人口自然增长率控制在国家规定的范围内。

新阶段扶贫开发 加大扶贫开发力度，力争用5年左右时间解决尚未越过温饱线的贫困人口的温饱问题。进一步改善贫困地区的基本生产生活条件，巩固温饱成果，提高贫困人口的生活质量和综

合素质，加强贫困乡村的基础设施建设，改善生态环境，逐步改变贫困地区经济、社会、文化的落后状况，力争用10年左右时间实现稳定脱贫奔小康的目标。

新一轮扶贫开发阶段 抢抓国家实施新一轮西部大开发和新十年扶贫开发纲要的战略机遇，牢牢把握“加速发展、加快转型、推动跨越”的主基调，突出“工业强省、城镇化带动”两大主导战略，按照“用工业化致富农民、城镇化带动农村、产业化提升农业”、“在工业化、城镇化深入发展中同步推进农业现代化”的总体要求，围绕到2015年贫困人口数量比2010年减半、到2020年稳定实现扶贫对象“两不愁三保障”、国家扶贫开发重点县农民人均纯收入增幅高于全省农民人均纯收入平均增幅2个百分点以上，基本公共服务主要领域平均指标达到2010年省内先进地区水平“四大战略目标”，坚持开发式扶贫方针，坚持三个“重中之重”的战略思想，坚持把扶贫开发作为第一民生工程，以武陵山区、乌蒙山区、滇桂黔石漠化区等集中连片特殊困难地区的65个县（区、市）为主战场，以50个国家扶贫开发重点县为优先区域，以934个贫困乡镇为工作重点，把稳定解决扶贫对象温饱、尽快实现脱贫致富作为首要任务，创新体制机制，完善政策体系，大力推进专项扶贫、行业扶贫和社会扶贫，着力实施以少生快富工程、产业扶贫致富工程、劳动力培训转移就业创业工程、“三个一细胞”工程和基本公共服务均等化推进工程为重要内容的“一体两翼”扶贫开发战略，打好新一轮扶贫开发攻坚战，推动贵州省扶贫开发工作迈上新台阶、实现新跨越，促进全省经济社会又好又快、更好更快发展，努力把贵州打造成为全国扶贫开发攻坚的示范区。

（二）综合规划

《贵州省扶贫攻坚计划》 1994年10月21日，省政府制订。共分形势与任务、目标要求、基本方针、政策措施、社会动员、组织领导等六个部分，对指导全省扶贫攻坚工作发挥了重要作用。全省除贵阳市以外的8个地（州、市）和48个贫困县（特区）也参照《国家“八七”扶贫攻坚计划》和《贵州省扶贫攻坚计划》，结合各自的实际，制定了专门的《扶贫攻坚计划》。

《贵州省“十二五”扶贫开发规划》 2012年3月，省政府制订。该规划坚持开发式扶贫方针，坚持把扶贫开发作为第一民生工程，以武陵山区、乌蒙山区、滇桂黔石漠化区等集中连片特殊困难地区的65个县（区、市）为主战场，以50个国家扶贫开发重点县为优先区域，以934个贫困乡镇为工作重点，把稳定解决扶贫对象温饱、尽快实现脱贫致富作为首要任务。提出：推进“贫困地区综合经济实力、贫困人口生活水平和质量、生态环境保护和扶贫产业发展”上一个大台阶，贫困地区发展环境和条件明显改善、经济社会发展差距持续扩大的趋势得到有效遏制，自我发展能力明显增强，为到2020年稳定实现扶贫对象“两不愁三保障”、全面建成小康社会打下坚实的基础。具体举措方面拟定：实施“少生快富工程”，实施“产业扶贫致富工程”，大力实施培训、转移就业、创业工程，大力实施“三个一细胞扶贫工程”，大力实施“公共服务均等化推进工程”。

本规划以国家认定的各大区域覆盖范围为基础，按照“区域发展带动扶贫开发、扶贫开发促进区域发展”的思路，加大对武陵山区、乌蒙山区、滇桂黔石漠化区在全省覆盖区域的65个县（市、区）的支持力度，以扶贫项目为平台，将各种要素和工作重点向三大区域转移，实行资源聚集，要素集结，区域集中，板块推进，着力解决瓶颈制约和突出矛盾，打好连片特困地区扶贫攻坚战。

《贵州省关于坚决打赢扶贫攻坚战确保同步全面建成小康社会的决定》 2015年10月18日，省政府制订，并配套出台《关于扶持生产和就业推进精准扶贫的实施意见》《关于进一步加大扶贫生态移民力度推进精准扶贫的实施意见》《关于进一步加强农村贫困学生资助推进教育精准扶贫的实施方案》《关于提高农村贫困人口医疗救助保障水平推进精准扶贫的实施方案》《关于全面做好金融服务推进精准扶贫的实施意见》《关于开展社会保障兜底推进精准扶贫的实施意见》《关于进一步动员社会力量对贫困村实行包干扶贫的实施方案》《关于加快少数民族特困地区和人口数量较少民族发展推进精准扶贫的实施意见》《关于充分发挥各级党组织战斗堡垒作用和共产党员先锋模范作用推进精准扶贫

的实施意见》《贵州省贫困县退出实施方案》，即“1+10”文件，鲜明地提出了全省精准扶贫的奋斗目标、关注重点和具体措施，为精准扶贫同步实现小康社会提供了强有力的保障。“1+10”配套文件是新招实招，贯穿了精准性的要求，突出了“组合拳”的特色，强化了配套化的措施，为贵州省当前和今后一个时期扶贫开发工作明确了任务书、作战图和时间表。

这套文件体现坚持精准扶贫、精准脱贫的基本方略，强调强化落实责任，推进改革创新，加强政策扶持，采取超常规措施，举全省之力坚决打赢扶贫攻坚战，全面消除绝对贫困，建设全国扶贫开发攻坚示范区。大体上分两步实现扶贫攻坚目标任务。第一步，扎实推进“33668”扶贫攻坚计划，大力实施“六个到村到户”和“六个小康建设”，到2017年年末，实现农村贫困人口脱贫300万人以上，按照省定标准24个贫困县、375个贫困乡镇脱贫“摘帽”，5800个贫困村出列，贫困县农民人均可支配收入达到8000元。第二步，深入落实发展生产、易地搬迁、生态保护、加强教育、社会保障兜底等“五个一批”扶持措施，到2020年年末，50个国家扶贫开发工作重点县全部“摘帽”，实现623万现有贫困人口全部脱贫，贫困群众收入迈上新台阶，贫困地区生产生活条件明显改善，基本公共服务水平大幅提高，扶贫对象自我发展能力显著增强，全面消除绝对贫困。

（三）片区规划

《武陵山片区（贵州省）区域发展与扶贫攻坚实施规划（2010—2015年）》 2012年12月，省扶贫开发办公室和省发展和改革委员会按照《国务院关于武陵山片区区域发展与扶贫攻坚规划（2011—2020年）的批复》《国务院扶贫办 国家发展改革委关于印发武陵山片区区域发展与扶贫攻坚规划的通知》《国务院扶贫办 国家发展改革委关于印发〈编制集中连片特殊困难地区区域发展与扶贫攻坚省级实施规划指导意见〉的通知》依据《武陵山片区区域发展与扶贫攻坚规划（2011—2020年）》确定的指导思想、战略定位、发展目标、空间布局和产业发展重点等编制。

武陵山片区集革命老区、民族地区和贫困地区于一体，是跨省交界面大、少数民族聚集多、贫困人口分布广的连片特困地区，也是重要的经济协作区，是国家率先启动区域发展与扶贫攻坚工作的试点区，跨湖北、湖南、重庆、贵州四省市，包括71个县（市、区），其中贵州省16个县（区）。结合贵州武陵山片区实际情况，进一步细化区域经济社会发展和扶贫攻坚目标，进行功能区划分和空间结构总体布局，明确“十二五”期间区域发展与扶贫开发具体项目，落实项目责任单位，合理安排项目建设时序，进行环境影响初步分析，创新体制机制，提出保障措施，确保规划项目有效、有序的实施。

《乌蒙山片区（贵州省）区域发展与扶贫攻坚实施规划（2011—2015年）》 2012年12月，省扶贫开发办公室和省发展和改革委员会按照《国务院关于乌蒙山片区区域发展与扶贫攻坚规划（2011—2020年）的批复》和《国务院扶贫办 国家发展改革委关于印发〈编制集中连片特殊困难地区区域发展与扶贫攻坚省级实施规划指导意见〉的通知》的要求，依据《乌蒙山片区区域发展与扶贫攻坚规划（2011—2020年）》确定的指导思想、战略定位、发展目标、空间布局和产业发展重点等编制。

乌蒙山片区位于云贵高原与四川盆地结合部，跨四川、贵州、云南3省，包括38个县（市、区），其中贵州省10个县（市、区）和1个镇。该实施规划在《乌蒙山片区区域发展与扶贫攻坚规划（2011—2020年）》的基础上，结合贵州乌蒙山片区实际情况，进一步细化区域经济社会发展和扶贫攻坚目标，进行功能区划分和空间结构总体布局，明确区域发展与扶贫开发具体项目，落实项目责任单位，合理安排项目建设时序，创新体制机制，提出保障措施，确保规划项目有效、有序的实施。

《滇桂黔石漠化片区（贵州省）区域发展与扶贫攻坚实施规划（2011—2015年）》 2013年3月，省扶贫开发办公室、省发展改革委员会根据《中国农村扶贫开发纲要（2011—2020年）》《国务院关于进一步促进贵州经济社会又好又快发展的若干意见》以及中共十八大和中共贵州省第十一次代表大会的精神，按照《国务院关于滇桂黔石漠化片区区域发展与扶贫攻坚规划（2011—2020年）的批复》和《国务院扶贫办 国家发展改革委关于印发〈编制集中连片特殊困难地区区域发展与扶贫攻坚省级实施规划指导意见〉的通知》的要求，依据《滇桂黔石漠化片区区域发展与扶贫攻坚规划（2011—2020年）》确定的指导思想、战略定位、发展目标、空间布局和产业发展重点等编制。

该实施规划在《滇桂黔石漠化片区区域发展与扶贫攻坚规划（2011—2020年）》的基础上，结合滇桂黔石漠化片区贵州片区实际情况，进一步细化区域经济社会发展和扶贫攻坚目标，进行功能区划分和空间结构总体布局，明确区域发展与扶贫开发具体项目，落实项目责任单位，合理安排项目建设时序，创新体制机制，提出保障措施，确保规划项目有效、有序的实施。

（四）专业规划

《贵州省核桃产业化扶贫建设规划（2011—2015年）》 该规划的基本思路是：深入贯彻落实科学发展观，实施核桃产业扶贫工程，以增加收入、改善民生为主线，推动产业结构调整，增强经济发展活力，努力加快贫困地区发展；以市场导向为依托，整合资源优势，突出地方特色，积极创建优质品牌；以经济效益为中心，提高产品质量，不断增强市场竞争力；以科技手段为支撑，加快科技成果转化，促进产业升级；以改革为动力，创新产业化扶贫工作机制和产业化经营模式，通过政府引导、社会参与，发挥示范带动作用。实现核桃建设规模化发展，标准化生产，社会化服务，产业化经营，促进经济效益、生态效益、社会效益统筹协调发展。发展目标及进度安排：通过规划的实施，到2018年使贵州省核桃产业建设规模面积达到1500万亩的目标。其中，在“十二五”时期要完成1000万亩。省扶贫办负责860万亩，省发展改革委负责石漠化地种植80万亩，省林业厅负责果林兼种60万亩。分年度安排：2011年140万亩，2012年200万亩，2013年220万亩，2014年220万亩，2015年220万亩，2016—2018年500万亩。

《贵州省中药材产业发展扶贫规划（2012—2015年）》 中药材产业被确定为贵州要打造的“烟、酒、茶、药、食”五张名片之一，发展中药材产业有利于经济社会发展、有利于扶贫开发、有利于实现贵州后发赶超。发展目标：到2015年，全省中药材种植面积达到500万亩。其中，规范化种植面积达到120万亩，中药材种植（养殖）业产值达到100亿元以上；重点发展中药材品种23个，择优鼓励发展中药材品种27个，培育10个在全国有影响的道地、大宗、常用、特色药材品种；建设种子种苗繁育基地5万亩以上，以满足重点县、重点品种生产需要。建成现代化的综合性中药材专业市场1个，区域性产地交易市场3～5个，基地季节性简易交易市场500个；重点培育中药材经营企业3～5户，培育专业合作组织100个以上；构建贵州中药材电子商务平台，建设配套完善的现代化信息和物流体系。

《贵州省草地畜牧业产业化扶贫规划（2014—2020年）》 目标任务：2017年，全省实现存栏羊700万只，年出栏羊840万只，产值168亿元；存栏牛450万头，年出栏牛145万头，产值145亿元；生态养禽存栏3500万羽，年出栏5600万羽，产值35亿元。畜牧业产值占农业总产值30%。草地畜牧业覆盖农户100万人，其中贫困人口80万人以上，项目农户人均增收1万元以上。2020年，全省实现存栏羊1000万只，年出栏羊1200万只，产值240亿元；存栏牛500万头，年出栏牛160万头，产值160亿元；生态养禽存栏5000万羽，年出栏8000万羽，产值50亿元。畜牧业产值占农业总产值35%。草地畜牧业覆盖农户200万人，其中贫困人口160万人以上，项目农户人均增收1万元以上。到2017年，全省建设草地畜牧产业园区9个，肉羊原种场12个、扩繁场120个、规模养殖场和养殖小区1200个肉牛规模场和养殖小区300个，特色生态家禽养殖小区200个；培育国家级扶贫龙头企业6个，省级扶贫龙头企业30个，专业合作社300个；建设牲畜交易规模市场50个，畜禽产品加工规模企业12个，饲草料加工规模企业60个；实现良种覆盖率羊、牛分别达75%、55%以上。到2020年，全省共建设草地畜牧产业园区16个，肉羊原种场20个、扩繁场200个、规模养殖场和养殖小区2000个，肉牛规模场和养殖小区500个，特色生态家禽养殖小区300个；培育国家级扶贫龙头企业10个，省级扶贫龙头企业50个，专业合作社500个；建设牲畜交易规模市场80个，畜禽产品加工规模企业20个，饲草料加工规模企业100个；实现良种覆盖率羊、牛分别达90%、

70% 以上。

《贵州省长毛兔产业化扶贫规划（2015—2020 年）》按照《贵州省人民政府关于加快推进山地生态畜牧业发展的意见》关于“稳定发展生猪，突出发展牛羊，积极发展家禽，因地制宜发展特色养殖”的基本思路，为加大贵州省扶贫攻坚力度，加快贫困地区产业结构调整和经济转型，强化贫困群众增收效果，促进生态、经济、社会更好更快发展，特编制《贵州省长毛兔产业化扶贫规划（2015— 2020 年）》，提出到 2020 年在全省发展长毛兔 1000 万只的总体目标。省委还决定，以省级党政领导干部，市、县党政主要领导和省直、市直部门主要领导为主，采取面上帮促和定点定人定时限帮企业、帮农户相结合的办法，开展“四帮四促”活动，也就是“帮助学习领会精神，促进思想统一；帮助理清发展思路，促进科学发展；帮助解决实际问题，促进增比进位；帮助化解矛盾纠纷，促进和谐稳定”。

第三节　减贫机制

贵州在扶贫开发实践中，不断总结扶贫工作实践经验，先后探索出具有贵州特色的减贫工作机制：“双扶及综合治理机制”是贵州多年来稳定的扶贫机制；“项目管理机制”规范了有组织、有计划、大规模扶贫工作；“三个三机制”创新分类指导扶贫模式；“精准扶贫”管理机制是贵州减贫办法的新探索。

资金投入机制改变传统单纯救济式扶贫为开发式扶贫，形成“有偿使用、滚动发展”“以奖代补、因素分配”“‘一事一议’财政奖补”、政府联合金融机构信贷资金和由财政支持带动互助资金等投入机制。创新“摘帽不摘待遇”等激励机制，激发广大贫困地区各族干部群众的内生动力，有效加快全省扶贫攻坚进程。

一、工作机制

针对各地实际情况及不同发展时期变化情况，逐渐积累减贫经验，形成了不同时期、不同特点的减贫工作机制。

（一）“双扶”及综合治理机制

自 1979 年起，根据全省实际情况，贵州在纳雍、赫章、思南、德江、都匀、福泉、贵定、惠水、长顺、麻江等县开展以扶持一般农户中的特困户、扶持军烈属等优抚对象中的特困户为主要内容的“双扶”试点，主要采取选定特困户发放救济款的救济式扶贫办法。到 1982 年年底，共选定 10 个县 276 个乡（公社）的双扶对象为 4388 户，其中脱贫 1024 户，脱贫率为 23%。1983 年，双扶试点扩大到 20 个县（市）的 697 个乡（公社），双扶对象大幅增加到 16213 户，比 1982 年增长了 2.7 倍，但其中脱贫户数的增长远低于双扶户数，仅有 1734 户脱贫，脱贫户数比 1982 年增长 69%，脱贫率仅为 11%，比 1982 年下降 52%。救济对象在领取救济金后用于贴补家用，未能促进其积极生产，救济式双扶促进特困户脱贫的效果逐渐下降，减贫存在的问题逐渐显现。1984 年，全省加大扶贫力度，除调剂出部分救济费直接用于“双扶”外，采取为“双扶”对象作保贷款，为其贷款贴息、垫息，向有关部门穿针引线取得财力、物力和技术扶持等办法，筹集了一批“双扶”资金。据全省 56 个县（市、特区）不完全统计，共筹集“双扶”资金 2411.6 万元，开展“双扶”工作的有 350 个区（镇）、1524 个乡，占 7 个地、州、市乡（镇）数的 43%，共扶持了社会贫困户和优抚对象 12.1 万户，其中，贫困户 8.25 万户，优抚对象 3.85 万户。针对救济式扶贫存在的问题，各地的“双扶”工作逐渐向扶持经济实体倾斜，通过工业、商业、交通运输、矿业、副业、服务业等各种经济实体，以其所得解决双扶对象的生产、生活出路，兴办社会福利事业。这种办法在不占用国家编制、不靠国家开支工资的情况下壮大了基层民政力量，形成了双扶工作的新格局，1984 年全省共扶持经济实体 423 个。

1985 年，全省有 2606 个乡（镇）开展“双扶”工作，除对原已扶持尚未脱贫的对象继续扶持外，新增“双扶”户 14.11 万户，其中贫困户 11.26 万户，优抚对象 2.85 万户。经过扶持，有 5890 户发展为专业户，2.41 万户不同程度摆脱了贫困，占贫困户的 21.4%。针对少数救济对象存在坐等国家救济的思想与做法，全省进一步明确了改“输血”式扶贫为“造血”式扶贫的政策，加大力度扶持经济实体，全省有“双扶”经济实体 1127 个，比 1984 年增加 704 个，增长达 166%，共有扶贫基金 2054.1 万元。1986 年，全省开展扶贫扶优的乡（镇）共有 2977 个，比上年增加 371 个，占全省乡镇总数的 76.04%。除已扶持尚未脱贫的 20.9 万户继续扶持外，新增“双扶”对象 10 万户，投入扶贫资金 1081.3 万元。累计实有各类经济联合体 1306 个，积累扶贫扶优资金 3176.2 万元，为巩固和发展扶贫工作打下一定的物质基础。

1991 年，省委、省政府明确原民政“双扶”中的一般贫困户由省扶贫办负责扶持；“五保户”、鳏寡孤独户、烈军属中的特困户由省民政厅负责扶持；重度残疾人由省残疾人联合会负责扶持。1991—1993 年，全省开展扶贫扶优的乡镇年年都有增加，据 1993 年统计，当年新增扶持的贫困户和优抚对象 6.38 万户，年末在扶 16.88 万户，当年脱贫 4.34 万户。全省“双扶”周转基金（含救灾基金）回收存入银行 1218.8 万元。从 1991 年起，陆续收回的“双扶”周转金全部转为救济基金。按照 1994 年国家“八七”扶贫攻坚的统一部署，全省共有 48 个县列入国家“八七”扶贫攻关计划。1994 年 7 月，省政府制定印发了《贵州省扶贫攻坚计划》，要求用 7 年左右时间基本解决全省农村 1000 万贫困人口的绝对贫困问题。为实现上述目的，全省全面施行“集中投入、综合治理”的管理机制。

在“集中投入”上，1994—2000 年采取相应政策措施：一是把国家和省用于扶贫的各项财政资金、信贷资金继续安排到 2000 年，并根据开发项目的生产周期等合理确定贷款期限。省和市、州政府、地区行署把扶贫开发列入财政预算，每年安排一定的资金用于扶贫，并随着经济的发展逐年增加扶贫投入。二是国家和省的扶贫资金集中投放到贫困县，把贫困县中的极贫乡作为资金投放和项目覆盖的重点。非贫困县零星分散的贫困乡、村和农户，继续由所在地、州、市、县安排资金扶贫。三是扶贫贷款主要用于经济效益显著的种植业、养殖业和相关的加工业、运输业，安排到贫困县的支援不发达地区发展资金和以工代赈资金主要用于基础设施建设。四是改革扶贫资金管理使用办法，建立约束和激励机制，提高资金使用效益。省扶贫领导小组每年根据各贫困县贫困人口、贫困程度和上年资金使用效益等情况，研究决定各项扶贫资金的分配方案，各级扶贫办协助银行抓好贷款回收工作；各县扶贫办会同有关部门做好扶贫项目的规划、筛选，按程序审批立项，然后由银行组织评估和筛选出效益好的项目发放贷款；未经扶贫办审批的项目，资金管理部门不得投放扶贫资金；五是实行财税优惠政策。对 1993 年农民人均纯收入 200 元、口粮 200 公斤以下的极贫乡的极贫农户，减免农业税和粮食定购任务。减免税收部分，由省、地（自治州、市）、县三级各负责三分之一。贫困县新办的企业，经主管税务机关批准，减征或免征所得税 3 年。

在综合治理上，1994—2000 年主要是对贫困地区进行了全方位开发。一是每年实施扶贫“温饱工程”600 万亩以上，累计实施扶贫“温饱工程”4317 万亩（次），平均每年增产粮食 3 亿公斤，贫困户人均口粮从 1993 年的 214 公斤提高到 2000 年的 326 公斤。二是采取发放小额信贷、增加科技投入等方式，帮助贫困户养殖家禽家畜，同时兴办养殖小区 3.8 万多个。三是采取发放扶贫信贷资金方式，引导有条件的地方和农户兴办 1.98 万家水泥厂、机制砖瓦厂、采煤厂、炼焦厂、炼锌厂、农副产品加工厂等乡镇企业。四是各贫困县由县劳动人事部门负责抓转移就业培训、信息收集。1994—2010 年，全省贫困地区每年向省内外输出农村劳动力 380 多万人，300 多万贫困户实现“一人打工，全家脱贫”。五是累计完成坡改梯面积 389 万亩，配套修建小水池（窖、塘）14 万多口、乡村公路和田间便道5380公里、营造水土保持林4.2万多亩；通过水利部门投资，累计新增、恢复农田灌溉面积36万余亩。累计解决673万余人、496万头大牲畜饮水困难。农民人均基本农田从1993年的0.19亩提高到2000年的0.48亩。六是在48个贫困县新修和改扩建公路5789公里，实现了县县通油路，乡乡通公路，92%的村通公路；通过实施农村电网改造延伸工程，48个贫困县全部被纳入国家电网，实现了乡乡通电，农户通电率由69.7%提高到97.8%。通过实施农村广播电视"村村通"工程，48个贫困县农户电视覆盖率由58.9%提高到97.8%。七是使用财政扶贫资金、国家有关部门下拨的专项资金、社会各界捐赠资金，在48个贫困县新建、改建和扩建农村中小学393所，新建了电化教学室、图书阅览室、化验室，使适龄儿童入学率由1993年的87.36%提高到2000年的98.77%，48个贫困县的教育全部通过了国家"普九"验收。八是新建、改建和扩建贫困县医院48所，新建、改建和扩建乡镇卫生院417间，村卫生室1079间，并新购进大批先进医疗设备，广大贫困地区"看病难、看病贵"问题得到缓解。

（二）项目管理机制

20世纪80年代初期，在以"输血"为主、"输血"与"造血"相结合的双扶工作机制中，暴露出了一些值得注意的问题：一是由于来自不同渠道的扶贫资金均由省直有关部门各自切块下达到各地（州、市），再由各地（州、市）相关部门切块下达到各贫困县，由各贫困县自行安排使用。这种做法带来的结果是，省、地（州、市）两级部门只负责分配资金，不过问资金安排、使用和管理，资金使用情况无法掌握，对所产生的经济效益和社会效益并不了解。二是多数贫困县由于财政拮据，部分县将上级部门下拨的扶贫资金用于平衡县级财政，挪用发放干部职工工资。三是县级部门存在吃扶贫款"大锅饭"的现象。

从1984年年末开始，贵州实施国家以工代赈政策。这项政策以贫困地区农民参加工程建设为前提，国家给予适当劳动报酬进行赈济，实施原则是民办乡助、民建工程。以工代赈承担的主要任务是贫困地区农村基础设施建设，在投入方向上重点安排基本农田、县乡公路、水利灌溉、人畜饮水、综合片区开发等方面。1990年以前，以工代赈安排的建设内容仅限于县乡公路、人畜饮水，以后逐步拓宽到县乡公路、水利灌溉、乡村通讯、绿色工程、商业网点恢复和片区综合开发等方面。1984—2010年间，国家累计投入贵州以工代赈实物折款和资金24.14亿元，省、地、县配套资金12.24亿元，全省合计投资36.38亿元。通过以工代赈计划的实施，在各地（自治州、市）、县贫困地区建设一大批改善群众基本生产条件和生活条件的项目。

1986年3月，省委、省政府颁发《关于加强贫困地区工作的指示》，着手改革扶贫资金管理办法，重点从六个方面进行改革：一改"撒胡椒面"为集中使用，重点投放；二改注重外部"输血"为培植和增强内部"造血"功能；三改无偿投放为有偿扶持；四改扶贫为治穷扶志相结合；五改单纯救济为扶持生产；六改切块下达为按项目管理。自1986年起，全省开始建立"规划先行、项目管理"机制：一是由省贫困地区经济开发领导小组牵头，由资金主管部门提出分县的控制指标，经省扶贫办汇总报领导小组审批后下文执行；二是各贫困县根据控制指标，按照轻与重、主与次、缓与急的原则考虑安排扶贫项目；三是凡要求安排上的项目，必须规划先行，编制可行性报告，无可行性报告的项目不批准上；四是对扶贫项目实行三级审批，规定10万元以下项目由县级审批，11万～50万元的项目由地（自治州、市）级审批，51万元以上项目由省级审批；五是项目审批按三级审批权限，分别报省、地（自治州、市）、县三级扶贫领导小组，由领导小组办公室按项目性质分送有关业务部门组织专家论证，并签署意见送回扶贫办，为召开项目审批会议做好准备；六是由扶贫领导小组牵头，会同资金管理部门、业务部门召开有专家、分管领导和地（自治州、市）、县负责人参加的扶贫项目审批会议，对需要审批的项目进行逐个论证，评审通过后，报领导小组批准后发文执行，严格按审批项目管理。还采取投资与项目挂钩，建立项目责任制，由专人负责的办法，对26个贫困县上报的477

个拟建项目，省组织了工业和农业两个专家组进行了可行性论证，从中择优安排260个项目，其中工业项目110个，农业项目150个，并分别签订了承包合同。在农业项目中，省与县已签订有89840户农民参加的种养业开发项目122个，实行扶贫资金与建设项目挂钩、有偿投放的办法，较好地解决了平均主义、“撒胡椒面”、不讲效益的问题，促进贫困县因地制宜，积极发展投资少、见效快、效益好的起步产业，为贫困地区增强内部活力、滚动发展打下了基础。是年，为做到按期脱贫，争取提前脱贫，实行脱贫目标责任制。集中连片贫困乡涉及的县、区和贫困乡、村党政组织，每年通过开展增收致富大讨论，层层制订脱贫计划，按脱贫目标进行承包，把脱贫计划落实到千家万户。26个贫困县的县委、县政府，每年年初向省委、省政府报送脱贫计划，年底写出总结上报。经过考核评比，达到脱贫标准的，予以奖励，提前实现脱贫目标的，除奖励外，还继续按原定脱贫时间享受经济开发政策和资金投入上的优惠待遇。省级有关厅、局在搞好面上服务的同时，分别重点联系和帮助一个贫困县。同时，组织遵义、安顺、六盘水、贵阳四个市从经济技术上分别重点联系和带动一两个贫困县。重点联系单位的主要任务是：深入宣传党的方针政策，调查研究，为省委、省政府和所在县提供决策依据；帮助他们搞好扶贫资金的安排使用，提高经济效益；研究制订“七五”规划和分年脱贫计划、措施，总结经验，搞好改革，启动贫困地区的内在活力。实践证明，以上形式，对于改进机关作风，沟通上下联系，落实政策有明显积极作用。

从1986年开始实施的“温饱工程项目”，每年为31个贫困县减免定购粮食1亿多公斤，让贫困地区群众休养生息；同时每年从各个渠道筹集扶贫资金1.7亿元，投放到31个贫困县，主要用于发展种植、养殖等“短、平、快”扶贫项目，增强“造血”功能，重点解决贫困农民的吃饭问题。到1987年，全省向31个贫困县投入扶贫资金3.4亿元，帮助兴办扶贫项目1300多个，增加自我积累、自我发展、自我“造血”的能力。这些项目涉及种植业、养殖业、农副产品加工业、采掘业、运输业、土法冶炼、农民技术培训等初步解决了192万贫困人口的温饱。1990年12月22日，省政府印发《关于批转省贫困地区经济开发领导小组办公室〈关于一九九一年继续在全省贫困地区实施扶贫“温饱工程”项目的报告〉的通知》。要求各地各级和相关职能部门切实加大工作力度，搞好技术服务，扎扎实实抓好1991年度的500万亩扶贫“温饱工程”。1990年全年31个贫困县完成“温饱工程”384万亩，占计划96%，覆盖贫困农户89万户，增产粮食37.5万吨。其中，种植杂交玉米133万亩，占计划面积88%，增加产值3.7亿元，年末共有3.15万贫困户脱贫。

1986—2010年，“规划先行、项目管理”机制一直得到贯彻执行。全省对扶贫项目申报规范了程序，实行分级管理。项目申报单位向所在县（市）扶贫部门提出立项申请，县（市）扶贫部门审核后上报市（自治州、地）扶贫部门，市（自治州、地）扶贫部门择优推报，省扶贫办组织评估审批。各级扶贫部门在各自职责范围内分级做好扶贫项目实施过程中的监督检查、协调指导和绩效考核等工作。在执行过程中，随着中央分配给贵州扶贫资金数量的增多，对省、地（自治州、市）、县三级的资金审批权限有所调整和适当放宽。全省还明确规定财政专项扶贫发展资金使用原则及投向，中央财政新增部分主要集中用于连片特困地区；中央和省级财政专项扶贫发展资金的80%用于国家和省确定的集中连片特困地区、扶贫开发工作重点县、重点贫困乡（镇）、重点村和贫困人口等五个重点，向贫困少数民族地区和贫困革命老区倾斜。对扶贫攻坚示范县，按照“调整结构，突出重点，规模发展，推进产业化”的要求，每县发展2～3个主导产业，各县产业和资金要覆盖本县50%的贫困乡（镇）、70%的贫困村、80%的贫困人口，确保完成当年减贫增收任务。

（三）“三个三”机制

2000年，贵州“八七”扶贫攻坚计划结束后，省委、省政府在总结“双扶机制、综合治理机制”等以往扶贫经验的基础上，继续探索新阶段扶贫开发的新内容、新办法、新措施、新路子，逐步创建、完善符合贵州贫困地区实际的“三个三”扶贫工作机制：即采取三项措施——开发式扶贫、搬迁式扶贫、救助式扶贫，解决三个基本问题——改善基本生产生活条件、拓宽基本增收门路、提高贫困人口基本素质，突破三项重点工作——整村推进扶贫、劳动力转移培训、产业化扶贫。

2003年3月12—20日，省委组织省扶贫办、民政厅、发改委、统计局、调查总队等部门赴各地开展扶贫调研，与有关部门进行测算，将2002年年末全省310.3万农村绝对贫困人口划分为需要实行开发式扶贫的156.7万人、需要实行救助式扶贫的107.6万人、需要实行搬迁式扶贫的46万人等三大类，针对不同原因致贫形成的三类特殊贫困群体，提出3项具体扶贫措施的工作建议。4月8—10日，省委召开九届三次全会，通过《关于进一步加大扶贫工作力度的决定》，明确要求对农村贫困人口实行分类扶持：第一类，对基本生产生活条件差、自我发展能力弱、经过帮扶可以解决温饱的贫困人口，通过项目带动实行开发式扶贫；第二类，对居住在自然条件恶劣、不适宜生存地方的贫困人口，实行易地搬迁扶贫，努力创造稳定脱贫的物质基础；第三类，对鳏寡孤独、因病因残丧失劳动能力的特殊贫困人口，逐步建立特困群众长期救助制度。与此同时，对初步越过温饱线、但不稳定的农村低收入人口，重点帮助改善基本生产生活条件，拓宽基本增收门路，巩固温饱成果，靠发展抑制返贫。是年，省政府对上述三种类型贫困人口的扶持进行了部门分工：第一类，由省扶贫开发办负责协调各相关部门抓好贫困地区的各种基础设施建设和各种项目的实施。第二类，由省发改委负责协调省住建厅等部门抓好移民规划制订、移民安置点选择、新房建造、水电路设施的配套建设、基本口粮田的建造。第三类，由省民政厅、省残疾人联合会共同负责扶持。

2000年，贵州进入新阶段扶贫开发后，贵州贫困人口分布发生了变化，不再集中连片，而是呈现出"大分散、小集中"的态势，主要居住在深山区、石山区、高寒山区、地方病多发区、少数民族聚居区。这些地区的贫困问题，大多数是最"难啃的硬骨头"，扶贫开发越到后期难度越大，成本越高，效果也越不容易体现。针对这种情况，省委、省政府2003年正式提出要解决"三个基本问题"，即从改善基本生产生活条件入手，切实增强贫困地区的经济发展后劲；从有效调整农村经济结构和开展产业化扶贫入手，不断拓宽贫困群众的基本增收门路；从加强培训入手，逐步提高贫困群众的科技文化素质，努力增强他们脱贫致富的能力。在改善基本生产生活条件方面，贵州从基本农田、交通、水利、电力、通讯、教育、文化、医疗卫生、生态环境建设等方面入手，夯实贫困地区发展经济、脱贫致富的基础。在基本农田建设上，不断总结、发现、宣传、推广新老典型：黔西南自治州兴义市则戎乡在石旮旯里劈石造田，被誉为"贵州砂石峪"；黔南自治州罗甸县云干乡大关村"炸开千年石，细抠万年土"，大搞基本农田建设，被誉为苦干实干挖穷根的"大关精神"；遵义县石板镇坡改梯、土变田，被中共中央总书记江泽民誉为"愚公移山"精神；贞丰县北盘江镇、关岭县板贵乡在乱石坡上坡改梯5000余亩，并利用地坎种植花椒、砂仁、中药材、水果等经济作物，被誉为"绝处求生"精神。

2006年，贵州加大对"百乡千村"扶贫工程推进力度。按照省委、省政府确定的5个主要目标，对100个一类重点扶贫乡镇继续扶持，巩固提高；在1524个一类贫困村实施整村推进计划，比2005年增加424个村，省财政专项安排每个整村推进的一类贫困村财政扶贫资金20万元；围绕整村推进计划建设基本农田，配套建设小水池4万口，投资标准从每口1000元增加到1500元；整合各方面的资源投入"百乡千村"扶贫工程，扶贫资金集中投入整村推进计划，使整村推进的村有领导联系、单位挂钩、工作队驻点、干部驻村。对一类重点扶贫乡镇扶贫开发工作、一类贫困村整村推进工作进行总结评估，从实际需要出发，制定和实施《贵州省整村推进扶贫开发实施细则》。截至2010年，全省累计实施9343个贫困村的整村推进计划，占贫困村总数13973个的66.9%。贵州还通过积极扶持龙头企业，开展产业化扶贫，发展贫困地区特色产业，贫困群众的基本增收门路越拓越宽。

（四）精准扶贫机制

随着全省贫困县、乡（镇）、村和贫困人口识别瞄准机制的建立和完善，新阶段扶贫开发工作逐步走向程序化、规范化、制度化，从扶贫开发决策层到实际操作部门，严格执行扶贫开发工作制度，以制度为保障，不断提高扶贫工作效率，使扶贫政策、扶贫项目、扶贫资金、扶贫效益有效地传递到扶贫目标县、乡（镇）、村和贫困人群，全省实现从政策性扶贫向制度化扶贫的根本转变。

2005年，全省进一步建立健全对贫困人口实行动态管理的监测机制，各级扶贫部门在对贫困人口信息建档立卡的基础上，每年对贫困人口变化进行跟踪监测，定期完成脱贫人口识别、信息更新登记等工作；对每年因灾、因病、因学等各种原因返贫的人口进行及时登记。同时，进一步建立健全组织保障机制，完善对贫困县乡实行进退动态管理机制，以此作为贫困县乡“减贫摘帽”评估的重要参考因素。

2007年，贵州不断探索建立和完善科学有效的农村低保人口和贫困人口的瞄准机制，提高识别农村贫困人口中的低保对象和扶贫对象的有效性、科学性、准确性，从划定贫困县、贫困乡镇、贫困村、贫困人口，到对贫困户建档立卡，扶贫到户、扶持到人，不断拓宽扶贫开发领域，工作重点不断下沉，防止发生贫困人口、贫困程度底数不清、扶贫对象不明，扶贫工作偏离“脱靶”现象。

2009年中共中央一号文件要求“制定农村最低生活保障制度和扶贫开发有效衔接办法”。贵州迅速贯彻落实中央一号文件精神，试行扶贫开发与农村低保“两项制度”的有效衔接。这一制度的关键在扶贫工作部门、民政部门配合做好贫困识别工作，瞄准农村低保对象和扶贫对象，采取有效的扶持措施，将“两项制度”落到实处。为此各级扶贫、民政部门在分别规范完善各自工作对象信息台账的基础上，每半年召开一次专题工作会议，将双方台账进行衔接，对低保扶贫对象进退进行会商、评估和认定，每次联席会议结果及时报上级“两项制度”有效衔接工作领导小组。扶贫部门和民政部门整合基层工作力量，于每年第一季度开展定期复核，按照农村低保和扶贫开发相关政策规定，对农村低保和扶贫对象实行动态管理，使农村低保和扶贫开发对象有进有出，公开透明、公平合理，使各级财政有限的社会救济专项资金和扶贫资金用在刀刃上，发挥最大社会效益。

2010年年初，贵州省发出《贵州省两项制度有效衔接试点指导工作意见》，要求按照共建信息平台、共享资源成果、分别满足工作需要的思路，调整统计指标，完善政策数据，进一步提高扶贫工作的“瞄准度”，严格按进度、按程序、按时限扎实做好“两项制度”衔接试点工作，省级成立“两项制度”有效衔接试点工作领导小组，各地（州、市）、县成立相应工作领导小组。并确定启动第一批“两项制度”有效衔接9个县的11个乡（镇）、村试点工作，为随即启动50个扶贫开发工作重点县试点工作探路和奠定基础。启动“两项制度”有效衔接试点工作以来，按照民主评议程序，一次性识别出试点村扶贫对象、低保对象、扶贫低保对象及“五保”对象。按照1196元的扶贫标准，在11个试点村共识别出扶贫对象2820人，在建立和完善农村低保制度的同时，坚持大扶贫和开发式扶贫方针，充分发挥“两项制度”有效衔接的整体效益。

农村贫困人口中的扶贫对象、低保对象、残疾人口相当程度上是交叉的，而对他们的扶持政策措施很大程度上也是叠加和交叉的，这就使做好对农村贫困人口分类救助扶持的有效衔接显得尤为重要。扶贫部门的重点是帮扶贫困农户发展生产，实施开发扶贫；民政部门的重点是社会救助；残联的重点是康复帮助。对于丧失劳动能力的贫困人口，实行“输血式”扶贫，长期享受低保救助；对于有劳动能力的贫困人口，通过改善生产生活条件，扶持发展生产，帮扶稳定脱贫致富。

2011年，贵州省出台《关于对国家扶贫开发工作重点县加快脱贫攻坚步伐进行奖励的意见》，强调把扶贫脱贫作为全省“第一民生工程”，鼓励各地“敢于摘帽惠民生，敢于摘帽抓产业，敢于摘帽促发展，敢于摘帽奔小康”。

2014年，根据《贵州省精准识别建档立卡工作方案》，建档立卡准确识别贫困对象，被列为去年贵州扶贫工作的“一号工程”。当年，共计识别出一、二、三类贫困村9000个，贫困人口745万人。在将所有贫困村、贫困户信息录入数据库的基础上，2014年建成省级精准扶贫信息平台，运用GPS

技术等信息化手段对扶贫项目进行全过程监管，对贫困人口、扶贫项目和扶贫资金实行精准化管理。贵州省委、省政府与各市州签订目标责任状，将扶贫开发建档立卡和信息化建设情况纳入省委、省政府两办督查室的重点督查内容，定期开展督查。

2014 年 5 月在全国率先出台《贫困县扶贫开发工作考核办法》，建立了以精准扶贫为导向的考核机制和差异化的考核评价指标体系，把减少建档立卡贫困人口数量、提高建档立卡贫困人口收入和改善贫困地区生产生活条件作为考核 50 个重点县党政班子和领导干部的重要内容。2014 年 12 月，考核办法得到进一步修改完善，弱化 GDP 指标权重，对地处重点生态功能区、不具备新型工业化发展条件的 10 个贫困县取消 GDP 考核。为破解贫困地区群众融资难、融资贵，2014 年出台《贵州省信贷支持精准扶贫实施办法》，对贫困农户使用小额信用贷款给予扶贫资金贴息和利率优惠、授信倾斜，农户无需任何抵押担保，凭信用证和身份证直接使用信用贷款。

二、资金投入机制

贵州扶贫资金来源主要是财政扶贫资金，包括中央、省、地、县各级财政扶贫资金等，政府与国家开发银行、信用社、非政府组织、商业化小额信贷公司等各种金融机构合作、融资也是贵州扶贫资金的重要来源。以中央财政拨付扶贫资金注入启动、农户会员入股，形成贫困地区农村村级互助资金也是扶贫资金的重要补充。为使资金有效使用，贵州逐渐形成了独具特色的投入机制。

（一）有偿使用、滚动发展

改革开放初期的资金投入主要采用直接投放、无偿使用，资金使用效率不高，减贫效果不理想。

1986 年省委、省政府下发的《关于加强贫困地区工作的指示》提出“贫困地区开发基金，由县统筹掌握，有偿使用，滚动发展”。扶贫资金、物资改无偿投放为“有偿滚动使用”，借钱、借物扶持百姓生产，同时施加“欠账还钱”的压力，迫使百姓千方百计发展生产，苦心经营，增加收入，按时还款。特别是“借牛还牛”“借羊还羊”“借鹅还鹅”“借鸡还蛋”等方式，投资少、风险小、见效快，最大限度地提高扶贫资金使用效益，确保贫困农户尽快增收脱贫，受到贫困农民欢迎。2002 年，晴隆县在实施草地畜牧业产业化扶贫的过程中，改革财政扶贫资金使用办法，不再用于解决贫困乡村、贫困农户衣食住行等方方面面的燃眉之急，不再重复“撒胡椒面”式的扶贫老路，不再沿袭无偿使用办法，而是用于草地生态畜牧产业扶贫，同时整合各部门项目、资金、技术、管理、信息等资源，集中投放项目区，财政扶贫资金起到“四两拨千斤”的作用。主要通过县草地畜牧业开发中心用于购买基础羊群，发放给贫困农户饲养，实行“以羊放贷，以羔还贷”的有偿使用方式扶持贫困户养羊，一般每户可获得 25～30 只母羊，通过饲养管理一年以后，增加的羊群农户与县草地畜牧业开发中心按比例分成，中心与农户一般按 2∶8 分成，最大限度地让利于贫困农户。经过几年发展，让贫困农户发展壮大起来了，才把基础羊群收回来，再发放给新加入种草养羊的贫困农户，如此循环，有偿使用，滚动发展，实现财政扶贫资金使用效益最大化。晴隆县通过创新“公司带农户”“草场带农户”“基地带农户”等运营机制，形成四个利益联动机制：一是公司与农户利益联动机制；二是扶贫资金以羊放贷，滚动发展机制；三是公司与职工、农户建立利益共享激励机制；四是瞄准贫困群体，重点帮扶机制。形成“风险共担，利益共享”的联运机制。既带动农户种草养畜，增收致富，又推动草地畜牧业产业化发展，公司壮大了实力，实现公司与农户双赢。

2004 年，大方县在一类贫困乡星宿乡峻岭、麻岭、重山和河山 4 个贫困村发动贫困农户，从各村和贫困户实际出发，选择适合当地发展的项目，探索有偿使用、滚动发展扶持方式，创新黄牛养殖“1+1”滚动扶持方式：扶贫项目购买繁殖母牛投放给贫困农户饲养，每户 1 头，除特别贫困户外，基础相对较好的扶持户所养的能繁殖的母牛第一胎牛犊在一岁断奶后，无偿投放给滚动扶持户饲养。在乡村两级的监督下，项目至 2006 年共计投入 40 万元，直接扶持 300 户，滚动扶持 240 户，共计扶持

540户，基本覆盖4个贫困村的贫困户。是年，遵义县购进脱毒马铃薯13万公斤，无偿投放给3个一类乡镇；实施良种母猪养殖项目12个，跨省购进种猪2692头，分送至19个乡镇、46个村、677户贫困户饲养；实施羊胚胎移植项目，采取滚动发展方式扶贫。长顺县一方面引导群众利用现有土地资源自行种植核桃、苹果、牧草、佛手瓜、烤烟、辣椒、蔬菜，鼓励散户养殖鸡、鸭、鹅、猪、羊、牛。对发展产业缺乏启动资金的贫困农户，实行"借鸡还鸡""借鹅还鹅""借羊还羊"等方式，先借后还，滚动扶持，滚动发展，扩大规模。六枝特区把落脚点放在扶贫到户上，建立土地入股、流转、委托经营等运作模式，拓展"以物放贷、滚动发展"思路，探索出无偿投入与滚动发展有机结合的长效机制，做大养殖规模，让更多的贫困户受益。2006—2010年，全省各地（自治州、市）逐步建立完善扶贫资金"有偿使用、滚动发展"机制，各地从扶贫开发项目和贫困农户的实际需要出发，灵活采取"以物放贷""借物还物""借资还资""借物还资""回收再借"等滚动发展方式，扶持贫困农户发展生产，治穷致富。

2010年后，随着市场经济发展，直接把扶贫资金以现金形式或者以鸡苗、羊崽等形式发给贫困户，调动不起群众的积极性，群众增收步伐缓慢。"有偿使用、滚动发展"模式有所创新。2012年，松桃县黄板乡探索推行"有偿使用、滚动发展"产业化扶贫模式，参加项目的农民本着自愿原则交纳一定数额的互助资金，共同形成"村民生产发展互助资金"，实行"民有、民管、民借、民还，有偿使用，滚动发展"的模式，约定其保底收入，在取得超过保底收入的收益时，农民则按照协议规定的比例部分或全部返还扶贫资金，返还的资金再用于其他扶贫事业，实现滚动发展。通过"有偿使用、滚动发展"产业化扶贫模式，已在黄板乡成功新建桔梗种植160亩，项目覆盖大门硐、茶园、天心坡、大寨、自川、当摆6个村80户计划生育户，总投资145万元。2013年，丹寨县创新"有偿使用、滚动发展"模式，把财政资金作为资本金，以借款的方式与企业合作融资，激励企业参与扶贫开发。政府逐年按一定比例回收投入的财政扶贫资金，企业每年将借款固定收益的8%通过政府返给贫困农户，并通过订单带动贫困户参与产业发展。这一模式坚持"借款自愿、有偿投放、到期归还、滚动使用"的原则，企业必须具备一定数额的自有资本金。2014年，麻江县积极探索扶贫开发新方式，在探索财政专项扶贫资金有偿使用滚动发展中，遵循"扶产业、强基础、提素质、优保障、保生态、促开放"的基本思路，坚持"政府主导、企业经营、群众参与、收益共享、有偿使用、滚动发展"的运作模式，按照"一年试点，二年推开，三年总结提升"实现扶贫开发新的突破，以扶贫开发的成效为同步小康奠定坚实基础。

（二）以奖代补因素分配

1994年实行新的工资改革政策后，贵州省工资支出增幅已大大超过财政收入增幅，财政赤字县和赤字额呈迅速上升趋势，县级财政收支矛盾突出。1996年，省委、省政府出台《关于加快经济发展进一步做好财政工作的意见》，提出了具有过渡期转移支付性质的"以奖代补"政策，确保困难县工资的正常发放，维护社会稳定。为鼓励财政特困县实现标准工资的正常发放和财政收支平衡，省、地两级财政采取将事后补助改为事前借款的办法。具体做法是：按各县每年可安排财力算账，对财政特困县保标准工资仍有差额的部分，由省、地两级财政以借款补助方式年初下达到县；年终决算时，对实现当年财政收支平衡、不拖欠职工工资的县，将省、地财政的借款转作奖励补助；对仍拖欠当年工资且当年出现财政赤字的县，省、地财政的借款仍作借款处理。

"以奖代补"以财政供养人员、标准工资发放和机构运转的基本支出需要（即人均财力）作为安排依据，具体实施办法：一是以1994年各县人事部门审批同意参加工资改革的行政事业单位的人员（含离退休）为财政供养人数的计算基数，以后每年的财政供养人员按年增长率3%递增。对人员增长控制较好的县，财政供养人员实际数小于测算数的，仍以测算数计算，带有一定的激励机制。二是县级基本支出需要以保证各县标准工资的发放和国家机构的基本运转作为确定的根据。每年确定县级人均标准工资和国家机构支出水平。三是以基期年各县的决算数为依据，并考虑各县次年地方财政收入的增长（以全省地方收入预算增长比例为增长率），测算各地县的可安排财力。四是按照上述办法，把凡经测算人均财力达不到基本支出的县纳入“以奖代补”借款的实施范围，由省级财政和地、州级财政补足人均基本支出的财力缺口。

1996—2003年，省、地两级共安排“以奖代补”补助26.2亿元（其中省财政安排22.16亿元，地州市财政安排4.04亿元），帮助财政特困县解决标准工资发放困难问题。省委、省政府和省财政厅等有关部门通过深入调查研究，建立了按人均财力、财政供养人口、财政困难程度等客观因素分配转移支付资金的科学合理的“因素分配法”制度，找到了公开、公平、公正分配“以奖代补”资金的新路子。

贵州实行的“因素分配法”，首先确定各县财政供养人员基数，按年递增3%的幅度，测算当年财政供养人数，确定财政供养人数“以奖代补”拨款数额，增人不增拨款，减人不减拨款，从严控制人员编制，减人节支部分归县财政支配。其次，把握各县人均财力情况，以上年的财政收入为基数，按一定增长比例测算当年的财政收入，以此为依据测算当年人均财力。再次，按照国家和省规定的标准工资，以及调资的具体情况，结合经济发展的实际水平，测算适中的当年人均财力。然后比照这个标准，人均实际财力超出标准的县，则不享受“以奖代补”政策，但必须保证工资发放和财政收支平衡；达不到这个标准的县，由省、市两级财政分别给予借款补足。每年根据各县经济发展和财政收入增长的实际情况，进行必要的调整，既激励财政收支平衡、财源建设取得成效的县有奔头，又使财力确有困难的县能够保工资、保运转、保稳定。实行“因素分配法”以来，省政府每年年初都要召集各县市政府分管县、市长和财政局长开会，公开“以奖代补”分配依据和计算办法，让大家充分发表意见。由于这套办法公开、公平、公正，科学合理，得到各县、市普遍认同。

“十五”期间，贵州财政扶贫资金管理使用坚持省负总责、县抓落实、工作到村、扶贫到户的原则。扶贫部门与财政部门管理使用的财政扶贫资金，按“因素法”将财政扶贫资金计划安排到县，财政扶贫资金的75%用于重点县、25%用于非重点县，充分考虑县数、绝对贫困人口和低收入贫困人口数、重点贫困村数等，同时，对财政扶贫资金分配实行“三公开”：公开分配政策、因素、比例，公开分配到县资金数额，公开具体安排项目。财政扶贫资金实行专户管理，专项下达，封闭运行，专款专用。

在“因素分配法”执行过程中，贵州省向民族地区倾斜，扶持民族地区经济建设和社会事业发展。从2000年起，建立了省对民族地区转移支付制度。省财政逐步完善分配办法，一是采用民族行政区划、少数民族人口数等因素测算方式进行分配，向少数民族地区倾斜。2005年以来，省财政下达3个民族自治州和11个民族自治县转移支付资金年均增长12.5%，增幅高于全省平均1.9个百分点。二是均衡性转移支付。2005年开始，省财政下达少数民族地区的均衡性转移支付资金年均增长34.76%。2008年，在以前年度下达一般性转移支付资金的基础上，建立了省对下均衡性转移支付制度。2010年，省财政进一步完善分配办法，采用标准收支差算账，在计算支出成本差异系数时引入少数民族人口因素，对少数民族地区转移支付更科学、更合理。三是建立缓解县乡财政困难补助制度，扶持县乡财政困难少数民族地区经济社会发展，促进社会稳定、民族团结、社会进步。2006年以来，贵州省财政下达少数民族地区县级基本财力奖补资金年均增长15%。

2012年起，省财政改革创新扶贫资金分配方式，用“因素法”进行资金分配，考虑因素主要包括客观因素和政策因素。客观因素包括各地扶贫对象规模及比例、农民人均纯收入、人均财力和贫困深度等，其指标取值主要采用国家统计局和省统计局等有关部门提供的数据。政策性因素主要参考国家和省的扶贫开发政策、省对各地扶贫工作考核及财政专项扶贫资金使用管理绩效评价情况等。中央和省级发展资金年度新增部分主要用于全省优势特色产业，采取竞争立项方式分配。

（三）“一事一议”财政奖补

贵州村级公益事业建设一事一议财政奖补工作2008年开始启动。2008年省综改办指导瓮安、绥阳、湄潭、余庆等4个县开展局部试点。2009年，贵州列入全国10个扩大试点省份之一。通过公平竞争，省农村综合改革领导小组选择瓮安、绥阳等32个县作为第一批试点；2010年，分批扩大到全省88个县（市、区、特区）。加上中央的支持，2009年，贵州全省实现财政奖补8.83亿元，2010年22.43亿元。在两年多时间内，全省共建成农村公益事业项目近2万个，300多万农户、1000多万农村人口直接受益。

贵州“一事一议”奖补项目由专门的工作领导小组领导和实施，全省自上而下、从省到村都成立了工作领导小组，党委书记亲自挂帅，实行一把手负责制，大部分地区明确由农村综合改革领导小组办公室牵头，建立健全部门分工协作机制，明确工作职责，形成了齐抓共管的良好局面。部分县市为方便组织协调，将领导小组办公室设在县委或政府，如：荔波县把领导小组办公室设在县委组织部，组织部长任办公室主任；绥阳县设在县府办，常务副县长任办公室主任。为充实办事机构，各地一方面加强领导小组办公室干部队伍建设，另一方面从交通、水利等有关部门抽调精兵强将参与项目建设，威宁自治县一次性充实综改办专职工作人员17人。各级农业综合开发办公室并入财政部门后，利用搞项目、懂技术的优势，积极参与一事一议工作，发挥重要作用。在实际工作中，通过归纳整理基层实践，逐渐形成并完善了一事一议财政奖补工作程序：一是项目选择不搞政府指定，要经过村民商议产生，取得大多数群众同意；二是一事一议财政奖补项目建设的内容、建设方式、投资概算、资金使用情况等要纳入村务公开内容，及时向村民公示，充分接受群众监督；三是村民一事一议筹资筹劳的会议记录、村民签字、筹资筹劳项目方案、预（决）算、奖补项目的申请表、项目竣工验收报告等相关原始材料分村、乡、县汇总归档，实行档案化管理；四是各级农村综合改革领导小组办公室和财政部门每年要采取定期与随机抽查相结合的方式，对一事一议财政奖补项目及资金使用的合规性、规范性和有效性进行检查，对违规操作、截留挪用一事一议筹资筹劳资金和奖补资金的行为，要责令纠正，追回资金，并按照有关规定，追究相关当事人和责任人的责任。“一事一议”已成为贵州省减贫脱困、经济发展的重要机制。

2009—2012年，黄平县共投入“一事一议”财政奖补资金7105.22万元，群众投工个数75.13万个；完成村级公益设施740多个，硬化村内户外道路860多公里，改造沟渠7.6公里，建排污沟17.43公里、桥涵5座、垃圾池52个、公厕14个、消防池15个、花台4700多米、活动场所1.78万平方米，安装简易路灯1400多盏，惠及11乡镇183个行政村564个自然寨（组），直接受益群众28万余人。

2010年“一事一议”财政奖补项目在榕江县实施以来，共实施“一事一议”财政奖补常规项目427个，项目涉及交通、水利、环境以及活动场所、路灯等其他项目，共投入财政奖补资金9600多万元，群众投工折资3900多万元，项目覆盖全县19个乡镇、270个村、505个自然寨，30万余人受益。2012年，普定县村级公益事业建设“一事一议”财政奖补项目涉及84个行政村226个、自然村民组100个项目，总投资2322.57万元，直接受益农户24068户，9.18万人，其中申请财政奖补资金1126万元，县级财政预算安排658.82万元，整合247万元，群众投工投劳58150个，折资290.75万元；通组道路硬化76个项目124.36公里，串户路硬化项目9个22.3公里，人行桥项目5个，垃圾池项目7个，排污沟项目3.9公里，文体活动广场项目4660平方米，整合项目修建通村路15.5公里等。同时，该县还在示范村播咱村实施了项目建设24个，建设资金281.32万元，其中省级财政奖补资金150万元、县级配套资金57.87万元、整合资金60万元、群众投劳折资13.45万元。项目受益农户273户，共1050人。2013年，从江县“一事一议”财政奖补项目共243个，财政奖补资金3077万元，其中：

2012 年度追补在 2013 年实施的项目 47 个，财政奖补资金 700 万元；2012 年度示范村项目在 2013 年实施的项目 72 个，财政奖补资金 1432 万元；2013 年常规项目 124 个，财政奖补资金 945 万元，项目覆盖 21 个乡镇、215 个行政村、1015 个村民小组，受益群众 20.49 万人。项目内容主要为进村道路硬化、环境卫生、公厕、群众文体活动场所、路灯等各个领域。

2014 年，“一事一议”财政奖补政策让长顺县格道村坳上组通组道路硬化项目得以实施，不到两个月，土路就变成了水泥路。在山区修路成本较高、难度较大，“一事一议”财政奖补运作方式是破解“末端交通难题”的好方法，解决农村因为资金不足导致基础设施建设滞后的难题。通组路、通寨路的梗阻是导致偏远山区群众贫困的重要原因，而财政奖补、群众参与的“一事一议”政策，加快这些“毛细血管”的疏通。自 2009 年，长顺县共投入“一事一议”资金 7900 万元，其中 90% 用来修通组、通寨路，到目前已经硬化路面 550 余公里。

贵州“一事一议”财政奖补政策，坚持向全省三个民族自治州及各民族自治县倾斜，安排的“一事一议”财政奖补艰苦边远民族地区津贴、农业土地开发等资金，占全省总规模的比例在 50% 以上。同时，还在奖补范围、补助标准、示范村寨建设等方面，对民族地区实行特殊优惠政策。

（四）金融机构信贷资金

针对贵州贫困地区农户资金短缺的现实，贵州在扶贫开发工作中，采取多种形式的小额信贷，对扶持贫困地区经济发展和农民脱贫致富发挥了一定作用。贵州农村小额信贷模式主要有：农村信用社小额贷款模式、非政府组织（NGO）模式、商业化小额贷款公司模式等实践形式。农村信用社小额信贷主要通过以农户信用评级为基础，针对农户信用等级进行信用授信，农村信用社小额信用贷款实行“一次核定，随用随贷；余额控制，周转使用”。到 2007 年 9 月末，全省 1471 个乡（镇）共有行政村 19636 个，农户 766.23 万户，调查建立信用档案的农户 714.38 万户，建档面 93.2%；已评定信用等级户数 604 万户，评定信用等级面 84.6%，评定信用等级农户占辖内总农户数的 78.8%，评定信用等级农户贷款余额 78.57 亿元。其中被评为优秀的 95.29 万户，已发证 55.11 万户，已贷款户数 25.59 万户，贷款金额 25.95 亿元，贷款余额 28.72 亿元。2015 年末，全省共创建信用组 85039 个、信用村 10277 个、信用乡（镇）757 个、信用县 19 个。安顺市成为全国首个地级“农村金融信用市”。建档农户 710 万户，占总农户的 83.2%；评级农户 697 万户，占建档农户 98.1%。农户授信金额 2152 亿元。小微企业建档 41336 户，建档面 67.6%，评级面 86.1%；个体工商户建档 329556 户，建档面 69.4%，评级面 89.2%；行政事业单位职工调查建档 443287 人，建档面 61.9%，评级面 90.9%。全省农信社涉农贷款余额 2350 亿元，占各项贷款的 78.73%。其中，农户小额信用贷款余额为 1051 亿元，贷款户达 675 万户；小微企业贷款余额 1210 亿元。

非政府组织（NGO）模式主要由联合国开发计划署资助、安排。自 1993 年起，联合国开发计划署（UNDP）开始引进孟加拉国小额信贷直接扶贫到户模式（GB）在贵州关岭、兴仁和六枝等县（区）开展小额贷款业务，运作较好的非政府组织主要有黔西南自治州兴仁县农村发展协会和六盘水市六枝特区的农户自立服务社（SSCOP）。兴仁农村发展协会是由联合国开发计划署资助，由外经贸部（现商务部）中国国际经济技术交流中心、贵州省乡村发展协会、兴仁县扶贫办联合发起的非营利型小额信贷组织，1998 年 6 月在兴仁县民政局登记注册。2000 年 12 月，联合国开发计划署和中国国际经济技术交流中心根据国内外专家对全国 48 个项目县的检查评估，认为协会实施的项目实现了管理、财务、能力等方面的可持续发展，将兴仁县列为第二轮扶持的 4 个项目县之一，扶持重点是培训协会管理层的能力，为机构可持续发展提供技术支持。至 2006 年年末，兴仁乡村发展协会发放的小额信贷覆盖 9 个乡镇 42 个村 134 个村民组，累计发放贷款 2361.7 万元，贷款农户 13824 户（其中，妇女占 89%），绝大部分为贫困户，贷款还款率 99%，贷款余额 249.7 万元，累计盈利 80 万元。贷款名义利率 8%，实际利率为 12.27%。截至 2010 年，协会资金来源主要是联合国开发计划署扶持 114

万元，孟加拉乡村银行扶持 40 万元，历年积累 90 万元。

2004 年，贵州开展“只贷不存”商业化小额贷款试点。采取招标文件许可，或者明确采取公开招标形式评选小额贷款公司投资者，或者直接对选定的投资者进行许可等形式，先后成立 7 家小额贷款公司。小额贷款公司以民营资本注册、按照商业可持续发展的原则运作，是只贷不存的小额贷款组织。如江口县华地小额贷款股份有限公司成立于 2006 年 8 月，总股本金 3000 万元。贷款对象主要为农户、农村个体工商户、微小企业，贷款方式主要有信用、担保贷款两种，贷款期限由双方商定，最高年利率 21.6%，平均利率 18%。

贵州商业化小额贷款营运模式受到农村贫困农户、个体工商户、微小企业的普遍欢迎。截至 2010 年，全省累计已有 57 家小额贷款公司挂牌并正式运营。其中，贵阳 6 家、安顺 9 家、毕节 5 家、六盘水 8 家、黔东南自治州 4 家、黔南自治州 5 家、黔西南自治州 5 家、铜仁 6 家、遵义 9 家。57 家小额贷款公司实收资本合计 14.26 亿元，股东结构以自然人投资为主，以中小企业法人投资持股为辅。注册资本金最高的为 5000 万元，最低的为 1000 万元。

“十一五”期间，贵州为引导农民面向市场，依托市场，实行产业化经营，瞄准“龙头”企业、产业大户进行扶持，形成以市场为导向的稳定的产加销体系。2006—2010 年 5 年间，贵州利用 3900 万元财政扶贫贴息资金，撬动 16 亿元信贷资金扶持 245 家国家级、省级、地级龙头企业，从事辣椒、茶叶、粮油、中药材、蔬菜、养殖等农产品加工和销售，带动近 30 万户贫困群众投入生产，增加收入。

2005 年，贵州开展建立“奖补资金”推进小额贷款到户试点工作，探索扶贫到户贷款的竞争机制、市场机制、协作机制和风险管理机制。“以奖代补”推进小额信贷到户的金融扶贫，实际上是“政府及扶贫部门 + 银行”双线主体模式，由政府确定资金运用政策，扶贫部门具体确定贷款对象，财政资金承担部分农户资金成本和风险，银行部门出贷款资金和进行放贷的具体业务操作，以期达到扩大扶贫户贷款规模和实现金融扶贫的目的。贵州根据经济发展特点，选择石阡、独山、习水和贞丰 4 个县作为试点，“奖补资金”支持的贷款发放对象是年人均纯收入低于 924 元、有劳动能力的农户。借款规模按“奖补资金”与贷款额的 1∶5 确定，期限为一年；利率为 7.965%，财政贴息 50%。在贷款考核方面，如果贷款回收率高于92%，“奖补资金”的50%奖励给信用社，30%奖励给扶贫工作部门；如果回收率低于 92% 时，损失部分由“奖补资金”和农信社各自承担 50%。每个试点县补贴财政资金 50 万元，共 200 万元，都是农村信用社作为放贷机构。至 2007 年 5 月末，共计发放贷款 887.8 万元，贷款户数为 2429 户，已产生逾期贷款 165.5 万元，应收利息 29.84 万元，实际收到利息 19.76 万元。

贵州财政扶贫“奖补资金”试点取得成功，收到政府、扶贫部门、银行和贫困农户都满意的预期效果。从 2008 年起，这种模式已推向全省 50 个扶贫开发工作重点县。2010 年 12 月 9 日，国家开发银行与贵州省在北京钓鱼台国宾馆签署《贵州省国家开发银行开发性金融合作备忘录》。该《备忘录》涵盖 4 个方面的内容：一是贵州省与国家开发银行加强政银合作，实现政府组织优势与开发银行开发性金融优势有机结合是十分有效的合作形式，双方的合作是成功的，成效是显著的。二是通过规划合作、市场建设、机制建设和融资推动，加强在重大基础设施、特色优势产业、战略性新兴产业、城镇化、民生工程、节能减排及扶贫开发等领域的融资合作。三是贵州省深化投融资体制改革，推荐规划建设项目，为国家开发银行在贵州的投资合作营造良好环境。国家开发银行积极参与贵州省重大项目规划、融资方案设计和财务顾问等工作，发挥“投、贷、债、租”综合金融业务优势，为贵州省提供综合融资支持。四是坚持高层联席会议制度，完善风险控制机制，实行干部交流挂职机制，建立信息交流机制，落实双方合作事项。根据《备忘录》和 8 个专项协议，“十二五”期间，国家开发银行将向贵州省提供意向融资额度 2000 亿元。

贵州省政银企合作机制由此正式建立。贵州抓住这一机遇，不断拓展合作领域，搭建服务扶贫开发的投融资担保平台，充分发挥财政扶贫资金的主导作用和引动作用，不断增大扶贫开发在资本市场的资金融通总量。坚持以开放促开发、以产业促调整、以环境和服务促招商引资，建立以财政扶贫资金为引导，金融资本、社会资本、农民投入为主体，产业项目招商为主要内容，贴息引导的多元化扶贫投融资体系。引导国家开发银行资金通过“四台一会”融资模式，以县为单位，解决农业产业结构调整、扶贫开发资金短缺问题；引导工商行资金破解龙头企业贷款、担保、融资“三难”问题，破解千万元以上大额贷款和融资上市问题；引导农村信用社资金建立群众投入主体、农户承贷承还、信用联户、产权贷款担保等模式，探索用项目资金推动产业发展的新路子。

2006 年 5 月 29 日，锦屏县医院门诊大楼（信贷扶贫项目）

（五）互助资金

贫困地区农村村级互助资金是以中央财政拨付扶贫资金注入启动、农户会员入股，实行村管村用、自主管理、接受监督，向有能力的低收入农户投放借款以增强农户自我发展能力的有偿使用准信贷资金。财政按每村 15 万元的标准注资，农户以户为单位每股 100 元为标准入股，最多 10 股；借款对象为诚实守信、具有劳动能力的极贫农户，借款限额为 5000 元；借款期限为一年，按 7% 收取资金管理费（准利率），管理费的 30% 用于业务经费，70% 用于会员分红。

2001 年，这种模式首先在思南、平坝、纳雍、长顺等县试行。思南县启动村级互助资金，中央财政分别向四个一类村拨款 15 万元扶贫资金，贫困农户入股 6.1 万元，互助资金总额达到 51.1 万元。截至 2007 年 5 月末，借款发放总额 39.51 万元，借款期限为一年，资金使用率达 77.3%，借款户达到 160 户，其中贫困户 90 户，绝对贫困户 20 户。主要扶持种植业、养殖业、商业及运输业、其他产业，其中：种植业 22 万元、养殖业 14.81 万元、商业及运输业 2 万元、民间雕刻艺术 0.7 万元。截至 2010 年，思南县农村村级互助资金运作良好，资金在农户之间实现有序流转使用。

2008 年，贵州省在雷山、普定、思南、江口、兴仁等县正式启动贫困村村民互助资金运行模式，建立与运转贫困村村民互助资金，由财政扶贫资金与农户入股资金捆绑组成，以村为单位成立互助资金协会，选举产生理事会、监事会。入会农户在理事会的管理运行下，随时借款用于发展“短、平、快”生产致富项目。互助资金在运作管理中，坚持“民借、民还、民管、民用”原则，在村内互助互济，周转使用、滚动发展、封闭运行，是政策性与合作性相结合的新型金融形式。互助资金的筹集主要采取增股、配股、参股三种形式。其中对特困户实行增股，全部由财政资金负担；对低收入户实行配股，农户自己出一部分资金，由财政资金配股；对富裕户实行自愿参股，全部由农户出资。

2006—2010 年，贵州省扶贫办先后在全省 8 个市、州、地的 29 个县 121 个乡镇开展 200 个贫困村互助资金试点工作。各试点县根据《贵州省贫困村互助资金试点工作实施方案》精神，出台相关细则，进一步明确试点工作的指导思想、目标任务、基本原则、组织措施和资金管理办法。同时确定了财政、扶贫、民政、农业、畜牧、科技等相关部门的工作职责。各试点县扶贫办负责宣传、规划、组织筹建、运行管理等工作；县财政局负责资金的拨付和监管；县民政局负责机构注册；农业、畜牧、科技等相关部门，根据自身职能，负责发展产业的技术指导和服务，乡镇和村支“两委”负责宣传发动群众。理事会负责本村互助会的筹建、资金的筹集、发放、收回、安全运作和会员发展工作。监事会对互助会进行全方位监督。整个试点工作形成一级抓一级、层层抓落实的工作格局，并为贫困村互助资金试点工作的开展提供了组织保障。

截至2010年年底，中央财政扶贫资金投入贵州2700万元，贵州省级财政资金投入800万元、农户交纳入社资金163.6万元，全省200个贫困村互助资金试点资金总量达3663.3万元；扶贫项目涉及农户6.1万户，试点村农户参互率30.37%。仅2010年，全省试点村就累计发放给贫困户借款1853.05万元，到期还款率95.02%。贷款使用范围主要扶持农户发展烤烟、蔬菜、中药材、茶叶及养羊、养牛、养猪等种植和养殖业。

贵州创新互助资金试点和小额信贷有机结合的方式，按照"商业性信贷＋政策性贴息＋商业性政策性融合共担风险"的运行机制，采取"三补一贴"（补充互助金资本金、补助工作经费、补偿信贷风险、对农户贷款进行贴息）的激励机制和规范的操作模式，充分发挥信贷扶贫资金、村级互助资金在贫困地区经济发展中的重要作用，使有限的资金发挥更大的效益。

三、激励机制

贵州为适应新阶段扶贫开发新形势的需要，从探索扶贫资金竞争性分配方法、扶贫资金使用绩效考核到制订"减贫摘帽"政策，建立激发贫困地区内生动力、后发赶超的激励机制，其中"减贫摘帽"政策率全国之先，得到中央领导及国务院扶贫办的肯定。

（一）竞争性分配机制

扶贫项目采用竞争性分配机制，极大地调动了社会参与扶贫工作的积极性。

2009年，贵州扶贫项目审批权原则上下放到县，实行目标、任务、资金和权责"四到县"制度，简化扶贫项目申报、审批、报账程序。扶贫项目主要由乡镇组织实施，扶贫资金实行乡级报账制。建立扶贫资金有偿使用、滚动发展、多元投入机制。探索重大扶贫专项、以奖代补、先建后补等扶贫资金竞争性分配方法，整合扶贫资金和各类涉农资金，集中解决贫困地区交通、水利、电信、产业发展和人口素质等突出问题。

2010年，贵州省扶贫办进一步总结过去的经验，对扶贫项目和扶贫资金审批进行改革，实行竞争入围、优化流程、限时办理。次年第一批中央及省级财政扶贫资金项目于当年12月底前完成审批并下达计划，第二批中央及省级财政扶贫资金项目于中央及省下达文件之日起30日内完成审批并下达计划。

在扶贫资金分配使用方向上，由"因素分配"向"产业分配"转变；在分配方式上，实行产业主导、市场取向、效益优先、竞争入围、结果导向、绩效考评、以奖代补、公开透明；在资金监管上，建立资金使用监管体系，实行全程监控。

扶贫项目审批实行简政放权、分级管理。按照"一业为主、多品共生"的要求，在产业化财政扶贫资金中安排20%以内的资金实施"有偿使用、滚动发展"辅助产业项目。项目资金实行地（市、州）、县审批，报省扶贫办确认、备案。乡镇特色产业扶贫资金由地（市、州）、县扶贫部门审批，报省扶贫办确认、备案。

扶贫项目审批严格阳光审批、公开运作。公开扶贫资金总量、资金分配方法、扶贫资金数额、项目申报程序、项目申报结果、项目实施、项目考评结果、以奖代补资金数额等。产业化项目实现网上、文本双向申报，竞争入围、公开审批。

实施实行全过程监督和检查，对绩效实行严格考评。

（二）绩效量化考评机制

量化考核对贫困状态实施有效的动态管理，为新阶段国家扶贫开发工作重点县实行"进退机制"提供了客观公正的决策依据。

"十五"期间，贵州财政扶贫资金管理使用坚持省负总责、县抓落实、工作到村、扶贫到户的原则。扶贫部门与财政部门管理使用的财政扶贫资金，改革了以前将资金切块到县使用的管理办法，按

“因素法”将财政扶贫资金计划安排到县，财政扶贫资金的75%用于重点县，25%用于非重点县，充分考虑县数、绝对贫困人口数和低收入贫困人口数、重点贫困村数等，按“因素法”将每年的财政扶贫资金计划分配到县。同时，对财政扶贫资金分配实行“三公开”：公开分配政策、因素、比例，公开分配到县资金数额，公开具体安排项目。财政扶贫资金实行专户管理，专项下达，封闭运行，专款专用。

2009年，贵州省扶贫办、贵州省财政厅共同下发《贵州省财政扶贫资金绩效考评试行办法》，进一步规范和加强财政扶贫资金管理，提高使用效益。通过量化考评，激发贫困地区发展动力。

具体考核扶贫成效、管理及使用、工作评价三块工作的9大项21子项目。根据不同得分将考评结果划分为五个等级，分别为A级（≥90分），B级（≥80分、<90分），C级（≥70分、<80分），D级（≥60分、<70分），E级（<60分分）。绩效考评结果作为扶贫资金分配的因素之一，考评结果达到A、B级的给予适当奖励。

贵州省财政扶贫资金绩效考评量化指标表

表2

序号	指标	指标说明	分值	指标考核值及相应得分	
				指标参考值	考核得分
（一）扶贫成效			45分		
1	贫困人口减少进度	该指标反映贫困人口减少情况。以统计部门公布的考核年度各地减少贫困人口数/上年基数，得出比例	20分	以最高比例为满分，基本分12分	每降低一位减1分
2	50个国家重点县和33个省定重点县农民人均纯收入增长幅度	该指标反映农民人均纯收入情况。以统计部门公布的考 核年度各地农民人均纯收入增加值/上年基数，得出增幅，与全省农民人均纯收入增幅比较	10分	超过全省增幅	10
				低于2%—0	10—5
				低于2%以下	5—0
3	贫困人口人均纯收入增长幅度	该指标反映贫困人口收入情况。以考核年度各地贫困人口人均纯收入增加值/上年基数，得出增幅，与全省农民人均纯收入增幅比较	15分	超过全省增幅	15
				低于0—2%	15—10
				低于2%以下	10—5
（二）管理使用			45分		
4	资金到位情况	该指标反映财政扶贫资金下达进度。计算考核年度各地本级收到上级下达资金与划拨下级之间的加权平均时长	10分	7天以内	10
				7～15天	10～5
				15～30天	5～0
5	本级预算安排财政扶贫资金情况	该指标反映各地党委政府重视扶贫开发工作及本级财政扶贫资金投入情况。分3个指标：	15分		
	5.1	本级预算安排财政扶贫资金增幅。以考核年度各地本级财政预算安排扶贫资金/上年预算安排数，得出增幅	5分	超过8%	5
				8%—4%	5—2
				4%以下	2—0
	5.2	本级预算安排财政扶贫资金占上级下达资金的比例。以考核年度各地本级财政预算安排扶贫资金/当年上级下达数，得出比例	2.5分	超过30%	2.5
				30%—20%	2.5—2
				20%—10%	2—1
				10%以下	1—0
	5.3	所辖县财政安排扶贫工作经费情况。以考核年度各县安排扶贫工作经费/上年财政扶贫（发展）资金总额，得出比例	2.5分	超过3%	2.5
				3%—2%	2.5—2
				2%—1%	2—1
				1%以下	1—0
6	财政扶贫资金投向使用重点	该指标反映财政扶贫资金使用政策规定落实情况。分2个指标：	10分		

续表 2

序号	指标	指标说明	分值	指标考核值及相应得分	
				指标参考值	考核得分
	6.1	财政扶贫资金用于贫困村的比例。以考核年度各地用于贫困村的财政扶贫资金 / 财政扶贫资金总额，得出比例	5 分	超过 90%	5
				90%—80%	5—1
				80% 以下	1—0
	6.2	财政扶贫（发展）资金用于种养业的比例。以考核年度各地用于种养业的财政扶贫（发展）资金 / 财政扶贫（发展）资金总额，得出比例	5 分	超过 50%	5
				50%—30%	5—1
				低于 30%	1—0
7	年度项目计划完成情况	该指标反映财政扶贫资金使用和项目实施进度。分 4 个指标	10 分		
	7.1	财政扶贫项目开工率。以考核年度财政扶贫项目开工数 / 财政扶贫项目总额，得出比例	2.5 分	超过 90%	2.5
				90%—70%	2.5—1
				低于 70%	1—0
	7.2	财政扶贫项目竣工率。以考核年度财政扶贫项目竣工数 / 财政扶贫项目总额，得出比例	5 分	超过 60%	5
				60%—40%	5—3
				低于 40%	3—0
	7.3	财政扶贫资金使用率。以考核年度财政扶贫资金拨付项目实施单位数 / 财政扶贫资金总额，得出比例	2.5 分	超过 90%	2.5
				90%—70%	2.5—1
				低于 70%	1-0
	7.4	财政扶贫资金报账率。以考核年度财政扶贫资金报账数 / 已拨付项目实施单位财政扶贫资金总额，得出比例	5 分	超过 60%	5
				60%—40%	5—3
				低于 40%	3—0
（三）工作评价			**10 分**		
8	扶贫工作评价	该指标反映省对各地扶贫工作的评价。分 3 个指标	10 分		
	8.1	扶贫工作目标管理考评情况。以考核年度省对各地扶贫工作目标管理考评结果为依据	5 分	一等	5
				二等	4
				三等	3
	8.2	贫困人口瞄准及扶贫统计监测情况。以考核年度省扶贫统计监测考评结果为依据	2.5 分	一等	2.5
				二等	2
				三等	1
	8.3	财政扶贫资金管理监测信息系统运行情况。以考核年度省财政扶贫资金管理监测信息系统考评结果为依据	2.5 分	一等	2.5
				二等	2
				三等	1
9	违规违纪情况	该指标为减分指标。主要考核审计、纪检监察、财政等部门检查发现、查处的违规违纪问题，包括媒体公开披露和内部通报经核实的问题，或被上级公开批评的问题。根据问题的严重程度和影响恶劣程度扣分	−15 分	出现全国性恶劣影响事件或违规违纪金额较大	扣 15—12 分
				省级部门查处突出问题或媒体披露问题	扣 12—8 分
				地区及以下查处问题或群众上访	扣 8—5 分

（三）减贫摘帽机制

2010 年年底，贵州推出“摘帽不摘政策”的减贫摘帽全新举措，鼓励集中连片特殊困难地区、国家扶贫开发工作重点县、贫困乡、贫困村、贫困农民，充分发挥内在动力，加快脱贫步伐，摘掉“贫困帽”，到2020年与全国同步建成全面小康。贵州出台减贫“摘帽不摘政策”的激励政策，是靠政策扶志扶本，靠政策导向克服不同程度地存在的“等、靠、要”依赖思想，“小富即安、不富也安”的无所作为思想，争戴“贫困帽”的懦夫懒惰思想，改变贫困地区发展动力不足、越是扶贫越想保“贫困帽”的现象，解决事业心、责任感、危机感、能动性、执行力不强的主观问题，从政策层面激发贫困地区发展动力。“摘帽不摘政策”意见制订明确的、具体的、可操作性很强的减贫“摘帽”标准：国家扶贫开发工作重点县“减贫摘帽”标准是在确保贫困发生率每年下降3.3个百分点以上的基础上，按6∶4的权重，考核农民人均纯收入、人均地方预算内财政收入两项指标；贫困乡“减贫摘帽”标准是在确保贫困发生率每年下降3.3个百分点以上的基础上，考核农民人均纯收入一项指标。

新阶段扶贫开发工作，国家主抓集中连片特殊困难地区，片区以外的重点县和重点村，由各省负责，并自行确定办法，采取措施，实现扶贫开发工作重点县数量逐步减少，国家对重点县的投入不减。按照这一精神，贵州“减贫摘帽”政策考核的是50个国家扶贫开发工作重点县、83个有扶贫开发任务县中的934个贫困乡，以及按照国家扶贫标准确认的贫困人口。2010年，贵州有50个国家扶贫开发工作重点县、934个贫困乡、13973个贫困村，农村贫困人口绝对数量、贫困人口占全国农村贫困人口的比重、贫困发生率均居全国第一。按贵州省委、省政府扶贫攻坚的战略部署，“十二五”期间，贵州30个扶贫开发工作重点县和500个贫困乡要完成“摘帽”任务。省委、省政府要求有条件的地区加大工作力度，倒排时间进度，落实政策措施，力争更多的贫困群众脱贫致富，更多的地方提前“减贫摘帽”。到2020年，所有扶贫开发工作重点县和所有贫困乡全部完成“摘帽”任务。贵州创新“摘帽不摘政策”的激励机制，总体考虑是让提前“减贫摘帽”的扶贫开发工作重点县、贫困乡，在政治上有荣誉、组织上受重用、经济上能受益。具体激励措施实行“三个层次”的奖励：一是对提前“摘帽”的扶贫开发工作重点县、贫困乡，原有享受的扶持政策不变，并从“摘帽”当年起至2018年，每年给予定额奖励，省经济强县给予一次性奖励；二是对减贫人口任务完成好的扶贫开发工作重点县、贫困乡，按减贫人口的不同成效，分段给予定额奖励；三是对提前“摘帽”的扶贫开发工作重点县、贫困乡党政负责人，除给予表彰奖励外，经考核评定合格，符合条件的，优先提拔任用。“摘帽不摘政策”坚持对下不对上的原则，执行省定标准，不与国家层面挂钩，不至于使国家对贵州的扶持政策减弱。

贵州省委办公厅、省政府办公厅出台相关的意见，明确国家扶贫开发工作重点县、贫困乡“摘帽”后，不仅原有的扶持政策不变，财政扶贫资金安排在总量上还以10%的增幅逐年递增。并从“摘帽”当年起至2018年，扶贫开发工作重点县每年奖励1000万元，一类、二类、三类贫困乡分别奖励100万元、40万元和20万元，各类奖补资金用于扶贫开发新建项目或后续巩固提高工作。“减贫摘帽”相关政策还明确规定，对发展成效显著，提前“摘帽”的扶贫开发工作重点县、贫困乡党政负责人，经考核评定合格，符合干部选拔任用条例的，优先提拔任用；对扶贫开发工作不重视、成效不明显、经济发展缓慢、贫困发生率上升、群众收入差距拉大或未按规划完成“减贫摘帽”任务的扶贫开发工作重点县、贫困乡党政主要负责人，除采取适当组织措施外，不得“评先选优”，并取消年度目标绩效管理考评奖；对巩固脱贫成果不力，“摘帽”后出现反弹、贫困发生率不降反升的，停止奖励并追究责任。从2011—2014年，贵州省已累计有14个县366个贫困乡（镇）实现“减贫摘帽”，在全国扶贫工作考核中，取得扶贫绩效考核全国第二的成绩。

第四节　减贫保障

贵州探索符合贫困地区实际的有效减贫方式，实施开发扶贫、产业扶贫、精准扶贫、精准减贫，提供减贫组织保障、政策保障和资金保障，相关政府部门和企业密切配合抓产业减贫，着力开发具有资源优势、与市场需求对接、具有地方特色的名特优产业，打造知名品牌，提高产品质量和效益，提高市场占有率，将富有贵州特色的减贫产业做大做强，形成推动区域经济跨越发展、助推贫困地区、贫困农民增收减贫、发展致富、建设小康的龙头产业和不可或缺的经济支撑。

一、组织保障

1983 年 8 月，为加强扶持农村贫困户、扶持军烈属中的特困户“双扶”工作的领导，贵州省第一次成立了扶贫领导小组及其办公室，搭建了初始阶段扶贫组织保障架构。

1986 年，实施有组织、有计划、大规模开发扶贫战略，省政府将省扶贫领导小组更名为贵州省贫困地区经济开发领导小组，将省扶贫领导小组办公室设在省委农村工作部。除贵阳市外，其余 8 个地（州、市）和 31 个贫困县相应成立扶贫领导小组及其办公室。1994 年进入“八七”扶贫攻坚阶段，全省国家贫困县由 46 个调整为 48 个，县级扶贫机构相应增加。1978—2000 年间，逐步实现从民政救济式扶贫向开发式扶贫的根本转变，从帮扶贫困地区、贫困农户寻找解决温饱门路向开发当地资源优势，建立商品生产基地，发展商品生产，治穷致富的根本转变，从初期“要想富得快，烤烟加油菜”向开发茶叶、畜牧、经果林、水产、中药材等特色优势产业转变。这一时期，逐步形成产业扶贫雏形。产业扶贫作为扶贫开发的一种重要方式，主要由各级党委、政府及其扶贫机构组织领导和指挥实施。

2001 年进入新阶段扶贫，全省国家扶贫开发工作重点县调整为 50 个，除贵阳市南明、云岩、乌当、白云 4 个区外，83 个县（市、区、特区）都成立扶贫领导机构，有扶贫任务的乡镇成立了扶贫工作站，扶贫机构形成承担直接扶贫任务的行政区全覆盖，省、地、县、乡四级上下对口、制度完备的组织保障体系。2001—2010 年新阶段扶贫期间，产业扶贫渐入佳境，逐步形成不同规模的种植、养殖、加工等各种产业园区、“公司 + 基地 + 合作社 + 农户”“公司 + 协会 + 农户 + 市场”等多种形式的新经济组织形式，为产业扶贫提供多重组织保障，逐步实现千家万户抗市场风险弱的小生产，向专业化、规模化、市场化、产业化大生产的强势过度和跨越。

2011—2015 年新时期扶贫期间，产业扶贫进入顶层设计、科学规划、调整结构、统筹安排、加快发展时期。根据各地自然资源禀赋，农民种植习惯和生产经营能力，市场需要和发展前景，因地制宜，黔东地区的油茶，黔西北地区的脱毒马铃薯，黔南地区的中药材，黔北地区的茶叶，黔中地区的蔬菜，全省面上的干果和草地生态畜牧业，逐步形成各自发挥优势、各具特色的产业布局。为适应产业化扶贫跨越式发展的新形势、新要求，省委、省政府及各市、州党委、政府加强产业扶贫领导，对一些重要扶贫产业建立专门领导机构和工作协调机制，精心组织、精心指挥、精准发力，为产业化扶贫提供强有力的组织保障。

二、政策保障

贵州在不同时期、不同阶段的开发扶贫实践中，针对扶贫对象、扶贫任务和扶贫战略目标的不同，从实际出发，制订了阶段性扶贫政策措施。1985 年扶贫初始阶段，省委在《关于加快贵州贫困地区经济开发的报告》中，提出了扶持贫困地区加快经济开发的政策措施。1986 年，省委、省政府发出《关于加强贫困地区工作的指示》，明确了加强贫困地区工作的政策措施。1994 年，省政府发出《关于我省列入〈国家八七扶贫攻坚计划〉贫困县的通知》，提出 1994—2000 年扶贫攻坚阶段的系列政策。2001 年，省委、省政府《关于切实做好新阶段扶贫开发工作的决定》，对市场经济条件下发展农村产业、建立商品生产基地、发展商品生产，做好新阶段扶贫开发工作，作出战略部署，提出一系列强农优农政策和扶贫举措。进入“十二五”时期以来，对产业扶贫在脱贫攻坚、加快发展、建设全面小康中的地位和作用，加深认识，将产业扶贫与新型工业化、城镇化、农业现代化“三化”同步推进，融合发展，各级党委、政府为产业扶贫提供组织保障、政策保障、资金保障，省政府高密度制订出台推进产业发展、产业扶贫的政策措施。

2014 年，为进一步挖掘资源潜力，推进山区现代农业和生态文明建设，提高畜牧产品生产供给能力、市场占有率和竞争力，加大畜牧产业扶贫力度，省政府出台《关于加快推进山地生态畜牧业发展的意见》，做出发展战略部署，出台一系列鼓励发展的政策措施。

明确把畜禽养殖、定点屠宰场所用地纳入土地利用总体规划。鼓励合理利用荒山、荒地等发展山地生态畜牧业。鼓励发展不破坏土地耕作层的新型框架式畜舍建筑材料，推行养殖场和农田的循环使用。针对畜禽规模养殖的不同兴办主体和建筑性质，简化程序，及时办理养殖用地手续。畜牧生态循环和休闲观光型牧场，其永久性设施用地依法办理转用和土地征收审批手续。

加强国土资源、畜牧兽医部门沟通合作，掌握畜禽养殖用地情况，及时化解用地过程中出现的矛盾和问题。加强对畜牧业产业园区、大型规模养殖场、集中养殖区、屠宰加工企业、畜产品市场等区域和场所的设施配套，重点完善道路、供电、供水、信息等基础设施，实行用水、用电等费率优惠。加强规模化畜禽养殖场（社区）污染防治减排项目建设，支持畜牧业养殖污染治理，优化养殖业环保服务。

加强山地生态畜牧业发展关键技术的引进、研究和示范推广，推进“产学研”“农科教”结合，推动科技产业化和集团开发，提高科技成果的转化率。发挥龙头企业在引进、研发、示范、推广先进适用技术和市场化服务的重要作用。依托职业院校、农广校、电大、农村党员干部现代远程教育网络等机构和载体，举办多种形式的培训班，对基层畜牧兽医人员、农民尤其是家庭牧场主、畜牧业合作社负责人等开展技术培训，提高业务素质和生产技能。允许县级（含县）以下技术干部带职带薪创办、领办养殖、饲料生产、畜产品流通等企业，鼓励和支持科研院校科技人员以成果转让、技术入股等形式参与畜牧业发展，或经批准带职带薪到龙头企业和经营实体中提供技术服务，获取相应收益和报酬。

2014 年，为充分利用和发挥贵州茶叶生产得天独厚的自然资源优势，提升茶叶产量质量、市场占有率和经济效益，把茶叶培植成开发扶贫的一大支柱产业，省政府制定《贵州省茶产业提升三年行动计划（2014—2016 年）》，做出茶叶产业发展顶层设计和发展战略部署，出台推进发展的政策措施，明确经地方政府主管部门批准的茶叶生产、加工、物流项目用地，在土地审批和用地指标上优先保障，在地方收费等方面给予优惠，落实各项税收优惠政策。

2015 年，省农委为开发利用贵州拥有发展地方特色产品薏仁的资源优势，将薏仁生产培植成扶贫优势特色产业，做出产业布局规划和行动计划，贵政府办公厅转发了省农委《贵州省薏仁产业提升三年行动计划（2015—2017 年）》的通知，出台扶持发展优惠政策，各级政府优先保障薏仁生产、加工、仓储物流等项目的建设用地，落实土地审批、税收等优惠政策。

2015 年，为进一步规范和加快现代特色渔业发展，切实保护水域生态环境，促进渔业增产、增效和渔民增收，加大渔业产业扶贫力度，省政府办公厅转发了省农委《关于进一步规范和加快现代特色渔业发展的意见》，靠政策调动渔民积极性，推动渔业发展。11 月，省委、省政府出台《关于加快推进现代山地特色高效农业发展的意见》，要求各地加快发展现代山地特色高效农业，促进农业现代化与新型工业化、信息化、城镇化同步发展，实现农业增效、农民增收、农村发展。

贵州减贫工作以农民增收为核心，以结构调整为主线，以改革开放为抓手，以农业园区建设为平台，着力构建特色产业、质量安全、基础设施、科技支撑、市场开拓和政策保障六大体系。从注重坝区发展向坝区挖潜与山地开发并重转变，从注重农产品数量向数量和质量并重转变，从注重生产向生产和营销并重转变，实现经济效益、社会效益和生态效益协同共赢，建成以山地、生态、精品为特色的现代高效农业，推动全省特别是贫困地区经济社会跨越式发展。

“十二五”期间，贵州坚持念好“山字经”，种好“摇钱树”，坚持“人无我有、人有我优、人有我新”的发展理念，做强主导产业，做优特色产业，在特色农业上下功夫。在稳定发展粮、油、烟产业的基础上，加快产业结构调整，发展特色优势产业，做强粮食产业、生态畜牧业、茶叶产业、蔬菜产业、烟草产业、马铃薯产业、精品果业、中药材产业和核桃产业 9 大类主导产业，做优特色食粮、油料产业、特色养殖业、特色渔业和林业特色经济 5 大类特色产业。

三、财政金融保障

贵州尽管财政困难，在重视人力、物力、项目支持的同时，还重视必不可少的财政金融支持。贵州省扶贫资金来源渠道，主要是财政扶贫资金、以工代赈资金和民族地区发展资金。1978—1980 年间，为改变贫困地区部分贫困农民坐等救济的状况，贵州建立民政“双扶”机制和以工代赈投入机制。从 1980 年开始实行扶贫项目申报制，1990 年起改按规划安排扶贫、2000 年后实行因素法分配财政扶贫资金，到 2010 年建立、健全和推行“政府引导产业、企业申报贷款、专家和银行评估、企业承贷承还”的政银企携手投融资机制。贵州一直在致力破解扶贫资金投入难题，从各地实际情况出发，探索有效投入机制。“十二五”期间，贵州坚持充分发挥财政扶贫资金的主导作用和引动作用，不断增大扶贫开发在资本市场的资金融通总量，推进扶贫开发事业加快发展。

（一）财政专项资金

1978—1985 年，贵州省主要由各级财政资金和民政部门无偿发放救济粮、钱、物等方式对农村贫困人群进行“输血式”救济。1986 年，帮助贫困地区、贫困农民发展生产、解决温饱、摆脱贫困成为贵州农村工作的一项重要任务，从中央到省、市（地、自治州）、县级财政，都对扶贫工作给予财政支持，中央财政逐年加大对贵州扶贫资金的投入，贵州各级地方财政在极其困难的情况下，为扶贫开发投入较大财力，1986—1993 年，贵州以贫困县为扶贫主战场，共投入各类扶贫资金 16.4 亿元，兴办 4000 个扶贫项目，贫困人口减少 500 万人，贫困县农民人均收入从 150 元以下增加到 335 元。

1994 年，全省有 48 个县被国家重新划定为贫困县，占到全省 86 个县的 56%，在“八七”扶贫攻坚中，贵州出台一系列财政扶贫优惠政策：一是实行减免农业税优惠政策。对贫困县中的极贫人口，以及非贫困县中的极贫人口实行减免农业税。每年减免 4000 万元。二是财政对贫困地区部分扶贫贷款继续给予贴息，对使用财政资金收取低占用费率。三是省财政对财政特困县继续采取“以奖代补”激励机制，帮助财政特困县解决工资发放困难问题。四是在财政管理体制不变的情况下，对 48 个贫困县，省财政集中增值税的 10% 以及土地使用税、土地增值税、资源税和国有土地有偿出让收入 4 个税种增量的 50%，由省财政全部返还。在“八七”扶贫攻坚阶段，全省共投入各种扶贫资金 93.91 亿元。

“十五”期间，中央和贵州省级财政共投入财政扶贫资金 44.77 亿元，全省全面实施“百乡千村”扶贫工程，整村推进和整乡推进相结合，对贫困程度最深的 100 个一类乡镇重点倾斜扶持，开展贫困地区劳动力转移培训工作。全省专项安排财政扶贫资金，认定一批贫困地区教学点对贫困人口进行转移培训，每年按计划培训 10 万农村贫困人口，使得转移就业率达到 80%。2005—2007 年间，共认定网络培训教学点 215 个，基本建立覆盖全省农村贫困人口转移培训网络；利用财政扶贫资金，帮助贫困地区建立优势特色产业基地，以拓宽贫困地区增收渠道，提高贫困人口的收入水平。2005 年，全省发展市级以上农业产业化龙头企业 235 家，农村经济合作组织 809 个；积极开展科技扶贫和农民实用技术培训，根据贫困地区产业发展需要，组织实施一些科技扶贫项目，加大贫困农户实用技术培训力度，以配合产业化扶贫，带动产业发展和农民增收。这一时期的财政扶贫优惠政策主要有：一是从 2004 年起，开展扶贫到户贷款贴息方式改革试点，到 2006 年扩大到 50 个国家级扶贫开发工作重点县，中央财政给每个县补助 50 万元。从 2006 年起，省财政从省级发展资金中调整安排 2000 万元用于扶贫到户贷款贴息，重点支持非重点县。二是建立“奖补资金”推进小额贷款到户试点。三是“贫

财政部扶持遵义县农业科技发展

财政资金向农村基础建设倾斜，图为国家农村人饮解困工程

困村发展互助资金”试点，先后在平坝、长顺、思南、纳雍、正安、罗甸、雷山县和六枝特区的40个村开展试点，每村补助15万元，财政不予收回，留村滚动发展。同时，村内农户可以以自有资金入股等方式扩大互助资金的规模，村民以借用方式周转使用“互助资金”发展生产。国家补助的“互助资金”由村民民主管理、共同参与，民主决策、共同监督，采取村内互助、有借有还、周转使用、滚动发展的办法和“县为单位、整合资金、整村推进、连片开发”试点，在印江、普定、黎平和罗甸县试点，中央财政共补助3950万元。

“十一五”期间，全省累计投入财政专项扶贫资金85.55亿元，实施到村到户扶贫项目4万多个，主要涉及种养业、农电改造、茅草房改造、人畜饮水、技能培训等领域。其中，直接帮助贫困农民种植玉米和杂交水稻404.8万亩，新增基本农田142.1万亩，修建小水池14.5万口、沼气池3.9万个，新建和改建公路41479.2公里，新修贫困村室25万平方米，完成贫困区农民实用技术培训1500余万人次。2011年国家提高贫困标准，以人均年纯收入2300元为新的贫困线。2013年起，省财政改革创新扶贫资金分配方式，发展资金主要按照“因素法”进行分配。资金分配因素主要包括客观因素和政策因素。客观因素包括各地扶贫对象规模及比例、农民人均纯收入、人均财力和贫困深度等，其指标取值主要采用国家统计局和省统计局等有关部门提供的数据。政策性因素主要参考国家和省的扶贫开发政策、省对各地扶贫工作考核及财政专项扶贫资金使用管理绩效评价情况等。中央和省级发展资金年度新增部分主要用于全省优势特色产业，采取竞争立项方式分配。

2001—2015年，中央和贵州共投入财政专项扶贫资金305.14亿元（中央财政投入206.47亿元，省财政投入98.67亿元），其中2015年中央财政投入58.92亿元，省财政投入29.44亿元。各级财政牢固树立综合扶贫理念，统筹整合资金加大扶贫投入。除财政专项扶贫资金外，各级农、林、水以及文、体、环、卫、教育、交通等方面的专项资金也重点向贫困地区倾斜。2010—2014年，全省综合扶贫财政资金累计达2164亿元，占同期一般公共预算支出的16.3%。其间，贵州实施“减贫摘帽”奖励政策，对摘帽的扶贫重点县和非重点县的重点乡镇在一定时间内“摘帽不摘政策”。截至2015年末共有35个县、741个乡镇实现省定“减贫摘帽”；积极推进将扶贫项目审批权下放到县，实行县级审批、省市级备案，严格执行“谁审批、谁负责”的权责匹配制度和目标、任务、资金、权责“四

2011年12月31日国家财政资金投入修建的汕昆高速贵州段通车。图为兴义东出口匝道

2015年8月，国家财政支持的惠罗高速公路正式通车

到县”制度，简化扶贫项目审批程序，减少各县跑项目争资金的时间和成本。从1980—2015年的36年间，全省累计投入财政专项扶贫资金540.68亿元，其中，中央投入374.63亿元，占69.29%；地方投入166.05亿元，占30.71%。财政专项扶贫资金投入的大幅度增加，为顺利完成脱贫攻坚任务提供必不可少的资金保障。经过广大干部群众的艰苦努力，贫困地区经济稳步发展，农民收入稳步增加，生产生活条件逐步改善，社会事业不断进步，扶贫开发取得明显成效。

1980—2015年财政扶贫专项资金投入情况表

表3　　单位：亿元

项目 / 年度	合计	中央财政扶贫专项资金	地方财政扶贫专项资金
合计	**540.68**	**374.63**	**166.05**
1980—1985年	5.32	3.9	1.42
1986—1995年	48.12	23.22	24.9
1996—2000年	51.79	33.59	18.2
“十五”时期	**44.77**	**40.8**	**3.97**
2001年	7.9	7.13	0.77
2002年	8.21	7.44	0.77
2003年	8.91	8.14	0.77
2004年	9.56	8.67	0.89
2005年	10.19	9.42	0.77
“十一五”时期	**85.54**	**66.65**	**18.89**
2006年	12.87	10.28	2.59
2007年	14.08	10.81	3.27
2008年	16.67	12.71	3.96
2009年	19.5	15.17	4.33
2010年	22.42	17.68	4.74
“十二五”时期	**305.14**	**206.47**	**98.67**
2011年	31.9	25.21	6.69
2012年	48.62	34.51	14.11
2013年	58.56	37.14	21.42
2014年	77.7	50.69	27.01
2015年	88.36	58.92	29.44

（二）以工代赈资金

贵州省从1984年末开始实施国家以工代赈政策。这项政策以贫困地区农民参加工程建设为前提，国家给予适当劳动报酬进行赈济，实施原则是民办乡助、民建工程。以工代赈承担的主要任务是贫困地区农村基础设施建设，在投向上重点安排基本农田、县乡公路、水利灌溉、人畜饮水、综合片区开发等方面。以工代赈安排的建设内容仅限于县乡公路、人畜饮水，以后逐步拓宽到县乡公路、水利灌溉、人畜饮水、乡村通讯、绿色工程、商业网点恢复和片区综合开发等方面。

1984—1995年为贵州省实施以工代赈的第一时期。以工代赈资金采取实物券形式，资金管理和拨付由各级以工代赈部门负责，项目审批由国家计委负责。在这一时期内，贵州共实施7个批次的以工代赈，分别为第一批粮棉布以工代赈，第二批中低档工业品以工代赈，第三批工业品以工代赈，第四批粮食以工代赈，第五批江河治理和恢复水毁工程以工代赈，第六批、第七批以工代赈。1996—2010年为第二个时期。以工代赈资金取消实物券形式，纳入财政预算管理，资金管理和拨付由各级财政负责；项目审批权限根据“四下放”（资金到省、权力到省、责任到省、任务到省）的原则，由省以工代赈部门负责；从1997年开始，以工代赈不再分批次安排，而是切块到省。

1984—2010年间，国家投入贵州以工代赈实物折款和资金24.14亿元，省、地、县配套资金12.24亿元，全省合计投资36.38亿元。通过以工代赈计划的实施，在各地（州、市）、县贫困地区建设或改善群众基本生产条件和生活条件的项目。在交通建设方面，国家累计投入贵州以工代赈资金（含实物折款，下同）6.8亿元，加上贵州各级配套资金2.9亿元，合计投资9.71亿元。到1997年年底，全省共修建县乡公路10600千米，其中等级公路8300千米，乡村公路2200千米，修建桥梁900座，渡口及码头30处，整治河内航道500千米。全省新增通车里程平均每年以810千米的速度增加，新沟通337个乡镇，使95.5%的乡镇通公路。在农田水利建设方面，从1991—2010年，国家累计投入贵州以工代赈资金6.17亿元，省内各级配套资金2.45亿元，合计投资8.62亿元，共完成坡改梯和中低产田土改造298万公顷。国家累计投入贵州以工代赈资金6.9亿元，省内各级配套3.8亿元，合计投资10.74亿元，全省新增灌溉面积4.3万公顷，恢复及改善灌溉面积4.26万公顷；解决270万农村人口和160万头牲畜的饮水困难；建设小水电装机12千瓦，架设各类输电线路2400千米；实施水土保持及小流域治理面积1900平方千米。在绿化工程和片区综合开发方面，1992—1995年，国家累计安排贵州以工代赈资金1.37亿元，省内配套资金0.79亿元，合计投资2.16亿元。“八五”期间，通过实施以工代赈绿色工程和片区综合开发项目，全省共建成药、桑、茶和经果林3.6万公顷，发展养殖业88971个单位，养鱼3.8公顷，脱贫人口50余万人。贵州从1994年开始安排以工代赈片区综合开发项目，以若干贫困乡、村共同组成一定的项目区，因地制宜地进行综合治理与开发。1994—1997年，国家累计安排贵州以工代赈资金2.05亿元，地、县配套1.23亿元，合计投资达3.28亿元。在农村通信及商业网点恢复方面，1992年，贵州还有183个乡镇未通电话。1993年，省政府决定3年左右基本解决乡不通电话的问题。1993—1995年间，国家

2015年4月，普定县鸡场坡乡落东村石头寨以工代赈修建入村公路

册亨县 2013 年度以工代赈项目——者楼至冗渡公路

累计安排以工代赈投资 2900 万元，省内配套 3900 万元，新架杆路 2826 千米，解决 178 个乡镇不通电话的问题。“八五”期间，国家累计投入贵州商业网点恢复以工代赈资金 1800 万元，省内配套资金 4400 万元，帮助基层修复水毁网点 434 个，修复水网点面积 25.6 万平方米。国家从 1984—2010 年坚持推行以工代赈政策，对贵州贫困地区农村基础设施建设发挥重要作用。“十二五”期间，贫困地区基础设施建设、扶贫开发、减贫事业纳入社会发展总体规划，由中央和省财政统筹安排解决。

（三）少数民族地区发展资金

随着深化改革、加快发展和政府财力的增强，省委省政府加大对少数民族地区发展投资力度，从政策和资金分配等方面给予倾斜，扶持少数民族地区经济社会加快发展。从 2000 年起，建立省对民族地区转移支付制度。省财政逐步完善分配办法，采用民族行政区划、少数民族人口数等因素测算方式进行分配，向少数民族地区倾斜。2005 年，省财政下达少数民族地区的均衡性转移支付资金年均增长 34.76%；下达全省 3 个自治州和 11 个民族自治县转移支付资金年均增长 12.5%，增幅高于全省平均 1.9 个百分点。2006 年，省财政下达少数民族地区县级基本财力奖补资金年均增长 15%。是年，利用中央少数民族发展资金，重点开展对人口较少民族毛南族的扶持工作。2009 年，贵州“一事一议”财政奖补资金政策，坚持向民族自治州、县倾斜，安排的“一事一议”财政奖补艰苦边远民族地区津贴、农业土地开发等资金，占全省总规模的 50% 以上。同时，在奖补范围、补助标准、示范村寨建设等方面，对民族地区实行特殊优惠政策。在全省少数民族地区共完成修路、建桥、打井、农田水利等项目 1526 个，硬化村内道路 5300 多公里，修建联通村外公路 4450 公里，修建便民桥 198 座、小型农田水利设施 156 处，有效缓解少数民族群众饮水难、出行难、灌溉难、运输难等问题。其中投入少数民族发展资金 960 万元，带动社会投资 1 亿多元，扶持特色种养殖、特色旅游、民族传统手工艺加工等项目，使全省少数民族地区年增加收入 3 亿多元，农民人均年增收 750 元，累计培训各类技术人员 3 万人次。

2009—2010 年，全省投入民族地区少数民族发展资金 1961 万元，带动社会各界投资 1.3 亿元，扶持实施创建项目 100 个，使项目村的基础设施条件大幅改善，村容村貌明显改观，特色经济快速发展，示范效应日趋显现。投入民族地区少数民族发展资金 1837 万元，扶持项目 209 个，帮助 55 所民族学校改善办学条件，37 个乡镇卫生院增添医疗设备设施，58 个乡村文化场馆增加配套设施。每年投入 300 万元，扶持少数民族地区改造危房。在少数民族发展资金带动下，各级各部门和社会各界对民族地区公益事业投入力度不断加大，少数民族地区城乡免费义务教育全面实施，医疗卫生体系逐步健全，重大疾病预防能力明显增强，新农合参保率达 92.3%，城镇基本医疗保险率达 87%，最低生活保障制度基本实现应保尽保，实施项目 3239 个，投入各类资金 1.6 亿元，带动少数民族地区经济社会全面发展。2010 年，省财政进一步完善分配办法，采用标准收支差算账，在计算支出成本差异系数时引入少数民族人口因素，对少数民族地区转移支付更科学、更合理。将财政补助制度改为县级基本财力保障机制奖补资金。是年，全省3个自治州和民族自治县地区生产总值1261.89亿元，实现一般预算财政收入99.26亿元，城镇居民可支配收入达14232元，农民人均纯收入达3202元，分别是2005年的2倍和1.5倍。“十一五”期间，安排专项转移支付用于帮助解决民族贸易和民族特需商品生产企业融资难问题；在扶贫生态移民、贫困户建房、危房改造补助等方面，对3个自治州及民族自治县给予倾斜；逐年增加省级少数民族发展资金、省级民族工作经费，确保省级少数民族教育专项资金足额按时到位，重点支持贵州民族大学、高中寄宿制民族班、民族预科班等教育事业发展。

“十二五”时期，共投入中央和省级少数民族发展资金7.2064亿元，帮助民族地区改善基础设施建设、调整产业结构、发展民族教育、保障民生、传承保护民族文化等。全省民族地区生产总值年均增长16%，高于全省平均水平；公共财政预算收人年均增速52%，比全省高12.1个百分点；年脱贫人口49.37万人，9个民族地区县和250个民族地区贫困乡镇实现减贫摘帽。2011年以来，省委、省政府出台《关于建设民族团结进步繁荣发展示范区的意见》《关于加强和改进新形势下民族工作的意见》《关于帮促发展困难县加速发展同步小康的通知》等政策；2015年，省委出台《关于加快少数民族特困地区和人口数量较少民族发展推进精准扶贫的实施意见》；省人大颁布《贵州省促进民族团结进步条例》。各市、县党委、政府出台针对本地民族工作实际的相关政策措施，优化民族工作社会环境。以落实民贸民品政策为抓手，全省51个民贸县优惠利率贷款和获得中央财政贴息由“双空白”发展到“全覆盖”。2014年，为盘活扶贫资金存量、用好增量、树立样板、用出效益，对少数民族发展资金分配使用方式进行重大调整，建立扶贫项目、资金以竞争立项为主的分配机制。按照规范、有序、安全、有效使用原则，统筹安排集中使用原则，突出重点、整体推进原则，贫困群众主体性原则和绩效考核与奖惩问责并举的激励原则，对财政扶贫资金分配使用明确5类资金的重点投向：扶贫资金存量主要用于整乡（村）推进、连片开发项目，扶贫资金增量主要用于产业化扶贫项目，培育典型，树立样板；扶贫贴息贷款，主要用于产业化扶贫与整村整乡（镇）推进结合项目；村级互助扶贫资金，主要投向40个特色优势产业乡镇的扶贫项目；贫困地区干部和农村劳动力培训资金，以新增农村富余劳动力和从事扶贫开发工作的干部为重点对象，由省、市（自治州、地）、县三级分层次开展形式多样的培训；社会帮扶资金，全部纳入财政扶贫资金管理范围，由省划拨到相关市（自治州、地）和县（市、区）。

2011年，都匀市联社信贷员送贷到田间地头，
实实在在为农户办实事，办好事

2015年，3个自治州和11个自治县生产总值在全省的占比分别达23.7%和8.2%，在全省综合测评中，民族地区的位次均有所提升。到是年年末，共有394家民贸民品企业享受流动资金优惠利率贷款，总额突破109亿元，获得中央财政贴息近3亿元。以扶持返乡农民工创业为抓手，扶持10个少数民族返乡农民工创业

2011年，贵阳市花溪区少数民族同胞
获得小额信用贷款后的喜悦心情

园，提供贷款贴息、技术培训以及必要的园区服务设施支持，解决少数民族和民族地区返乡农民工照顾家庭的后顾之忧，又推动县域经济发展。全省 63 个人口较少民族聚居的项目村，有 39 个基本达到小康要求。

（四）信贷资金

针对贫困地区农户资金短缺的实际，贵州采取多种形式的小额信贷，对扶持贫困地区经济发展和农民脱贫致富发挥一定作用。全省农村小额信贷模式主要有：农村信用社小额贷款模式、非政府组织（NGO）模式、商业化小额贷款公司模式等实践形式。从 1993 年起，联合国开发计划署（UNDP）开始引进孟加拉国小额信贷直接扶贫到户模式（GB）在贵州关岭、兴仁和六枝等县（区）开展小额贷款业务，运作较好的非政府组织主要有黔西南自治州兴仁县农村发展协会和六盘水市六枝特区的农户自立服务社（SSCOP）。

农村信用社小额信贷 主要通过以农户信用评级为基础，针对农户信用等级进行信用授信，农村信用社小额信用贷款实行“一次核定，随用随贷；余额控制、周转使用”。在人民银行、农村信用社及地方政府的推动下，贵州农村农户信用评级采取的方式是：以行政村为单位成立农户信用登记评定小组，信用社主任为组长，村委会主要领导为副组长，成员由信贷员、乡镇驻村干部、一名村委会主要领导、村民组长和农民代表组成。信用等级分优秀、较好、一般三个等级。2005 年，开展建立“奖补资金”推进小额贷款到户试点工作，探索扶贫到户贷款的竞争机制、市场机制、协作机制和风险管理机制。“以奖代补”推进小额信贷到户的金融扶贫，实际上是“政府及扶贫部门 + 银行”双线主体模式，由政府确定资金运用政策，扶贫部门具体确定贷款对象，财政资金承担部分农户资金成本和风险，银行部门出贷款资金和进行放贷的具体业务操作，以期达到扩大扶贫户贷款规模和实现金融扶贫的目的。根据本省经济发展特点，选择石阡、独山、习水和贞丰 4 个县作为试点，“奖补资金”支持的贷款发放对象是年人均纯收入低于 924 元、有劳动能力的农户。借款规模按“奖补资金”与贷

2008 年 3 月，花溪农村合作银行深入村庄为农户发放信用贷款

款额的1∶5确定，期限为一年；利率为7.965%，财政贴息50%。在贷款考核方面，如果贷款回收率高于92%，“奖补资金”的50%奖励给信用社，30%奖励给扶贫工作部门；如果回收率低于92%时，损失部分由“奖补资金”和农信社各自承担50%。每个试点县补贴财政资金50万元，共200万元，都是农村信用社作为放贷机构。至2007年5月，共计发放贷款887.8万元，贷款户数为2429户，已产生逾期贷款165.5万元，应收利息29.84万元，实际收到利息19.76万元。9月，全省1471个乡（镇）的19636个行政村、766.23万户农户中调查建立信用档案的农户714.38万户，建档面93.2%；已评定信用等级户数604万户，评定信用等级面84.6%，评定信用等级农户占辖内总农户数的78.8%，评定信用等级农户贷款余额78.57亿元。其中被评为优秀的95.29万户，发证55.11万户，贷款户数25.59万户，贷款金额25.95亿元，贷款余额28.72亿元。从2008年起，此模式推向全省50个扶贫开发工作重点县。

经过2006—2015年的10年建设，农村信用工程取得了显著成效，截至2015年年底，全省农村信用社已为704.51万农户建立了信用档案，覆盖了全省98.74%的可建档农户，创建信用村9929个，信用乡镇669个，农户小额信用贷款余额为1051亿元，贷款户达675万户。在全省205万贫困农户中，对145万农户已经建立了档案，建档率达69.79%，评定信用农户133.97万户，授信金额493.53亿元。其中对48.93万建档立卡贫困户提供了贷款支持，扶贫贷款余额达158.45亿元。

商业化小额贷款　2004年，贵州进行“只贷不存”商业化小额贷款试点，采取招标文件许可，或者明确采取公开招标形式评选小额贷款公司投资者，或者直接对选定的投资者进行许可等形式，先后成立7家小额贷款公司。小额贷款公司以民营资本注册、按照商业可持续发展的原则运作，是只贷不存的小额贷款组织。商业化小额贷款营运模式受到农村贫困农户、个体工商户、微小企业的普遍欢迎。2006—2010年5年间，全省累计有57家小额贷款公司挂牌并正式运营，为引导农民面向市场，依托市场，实行产业化经营，瞄准“龙头”企业、产业大户进行扶持，形成以市场为导向的稳定的产加销体系。贵州利用3900万元财政扶贫贴息资金，撬动16亿元信贷资金扶持245家国家级、省级、地级龙头企业，从事辣椒、茶叶、粮油、中药材、蔬菜、养殖等农产品加工和销售，带动近30万户贫困群众投入生产，增加收入。还创新互助资金试点和小额信贷有机结合的方式，按照“商业性信贷+政策性贴息+商业性政策性融合共担风险”的运行机制，采取“三补一贴”（补充互助金资本金、补助工作经费、补偿信贷风险、对农户贷款进行贴息）的激励机制和规范的操作模式，充分发挥信贷扶贫资金、村级互助资金在贫困地区经济发展中的重要作用，使有限的资金发挥更大的效益，并在取得试点成功经验的基础上向全省有序推广，有效缓解贫困地区贫困户发展资金短缺的困难，使农户自我发展能力逐步增强。

政银合作融资　2010年12月9日，国家开发银行与贵州省签署《贵州省国家开发银行开发性金融合作备忘录》：一是贵州省与国家开发银行加强政银合作，实现政府组织优势与开发银行开发性金融优势有机结合；二是通过规划合作、市场建设、机制建设和融资推动，加强在重大基础设施、特色优势产业、战略性新兴产业、城镇化、民生工程、节能减排及扶贫开发等领域的融资合作；三是贵州省深化投融资体制改革，推荐规划建设项目，为国家开发银行在贵州的投资合作营造良好环境。国家开发银行积极参与贵州省重大项目规划、融资方案设计和财务顾问等工作，发挥“投、贷、债、租”综合金融业务优势，为贵州省提供综合融资支持；四是坚持高层联席会议制度，完善风险控制机制，实行干部交流挂职机制，建立信息交流机制，落实双方合作事项。“十二五”期间，国家开发银行贵州省分行共向22个扶贫金融合作试点县提供融资授信43.8亿元，累计发放贷款18.04亿元，支持十大扶贫产业发展，直接惠及农户11364户、合作社147家、中小企业122家，带动贫困地区30余万农户走向增收脱贫道路。

支农再贷款专项合作　贵州省政府与人民银行贵阳支行进行支农再贷款专项合作。对建档立卡贫困农户给予“5万元以下、3年期以内、免除担保抵押、执行基准利率、扶贫贴息支持、县级风险补偿”的小额信用贷款；对扶贫龙头企业贷款，利率在其同类同档次贷款加权平均利率的基础上下浮不低于2个百分点。既调动金融机构积极性，又提高贫困农户贷款覆盖率、降低贫困农户和扶贫龙头企业的融资成本。不断拓展与金融合作领域，搭建服务扶贫开发的投融资担保平台，充分发挥财政扶贫资金的主导作用和引动作用，不断增大扶贫开发在资本市场的资金融通总量。坚持以开放促开发、以产业促调整、以环境和服务促招商引资，建立以财政扶贫资金为引导，金融资本、社会资本、农民投入为主体，产业项目招商为主要内容，贴息引导的多元化扶贫投融资体系。引导国开行资金通过“四台一会”融资模式，以县为单位，解决农业产业结构调整、扶贫开发资金短缺问题；引导工商行资金破解龙头企业贷款、担保、融资“三难”问题，破解千万元以上大额贷款和融资上市问题；引导农信社资金建立群众投入主体、农户承贷承还、信用联户、产权贷款担保等模式，探索用项目资金推动产业发展的新路子。自2001—2005年间，毕节地区、安顺市、黔西南自治州、铜仁地区等地（自治州、市）陆续将无偿扶持逐步过渡为有偿扶持，使有限的扶贫资金产生较好的经济效益。2006—2010年，各地（自治州、市）逐步建立完善扶贫资金“有偿使用、滚动发展”机制，各地从扶贫开发项目和贫困农户的实际需要出发，灵活地采取“以物放贷”“借物还物”“借资还资”“借物还资”“回收再借”等滚动发展方式，扶持贫困农户发展生产，治穷致富。

第二章　基础设施建设

贵州由于受历史、地理条件和发展限制，农村基础设施建设十分落后。交通和工程性缺水长期以来是贵州发展的两大瓶颈。

贵州作为内陆山区省份，山地占全省总面积的九成多，境内岩溶广布，山峦连绵起伏、沟壑纵横，交通极为不便，有“蜀道难于上青天，黔道更比蜀道难”之说。典型的喀斯特地貌给交通建设增加了难度，据统计，贵州高速公路的桥梁、隧道长度占高速公路总长度的比例高达55%，高于其他地区25%以上。每公里平均造价1.2亿元左右，建设成本比全国平均水平高出一倍。2008—2015年贵州省新建成高速公路桥梁6015座，隧道984座，桥隧总长度达到2552公里，相当于北京至贵阳的路线长度，黔道和修建黔道之难，由此可见一斑。

贵州年平均降水量1000毫米，多年平均径流量1062亿立方米，水资源并不匮乏，但由于岩溶地貌，山高坡陡，地形破碎，田高水低，保水蓄水十分困难，水资源开发利用率不到10%。再加上水利基础设施薄弱，水资源开发难度大，水利工程年供水保障缺口大，人均供水量仅为263立方米，只有全国平均水平的一半，是典型的工程缺水省份。由于“一路一水”的制约，导致广大农村尤其是贫困山区基本农田脆弱、人畜饮水困难、农田灌溉缺乏保障、农民看病就医难、行路难、运输难、用电难，贫困地区农民居住条件简陋，茅草房、杈杈房比较普遍，农民终年辛劳，难求温饱，农村经济社会发展缓慢。

为切实改善贫困地区生产生活条件，贵州省坚持以国家扶贫开发工作重点县为重点，加强贫困地区基础设施建设，改善贫困人口生产生活条件，大幅提升基础设施对贫困地区经济社会发展基础支撑能力，不断加大对水利和交通事业的投入，仅“十二五”期间，贵州水利投资达1122亿元，是中华人民共和国成立以来到“十一五”期末水利总投入的3倍；累计完成公路水路固定资产投资4431亿元，公路总里程达18.64万公里。实现所有贫困县通高速、所有贫困乡镇通油路、所有贫困村通公路和宽带。至2014年11月28日，六盘水月照机场正式通航，贵州全省九个市州全部实现支线机场通航。2014年12月，贵广高铁建成通车，贵州历史性地迈入高铁时代。2015年，贵州成为中国西南地区第一个“县县通高速”的省份，通车里程达到5128公里，路网密度达到每百平方公里2.9公里。全省已初步形成以蓄提引为主，灌溉、防洪、发电、供水相结合的区域水利工程网络体系，解决1300万农村人口饮水安全问题。基础设施建设不仅极大地改善贫困地区人民生产生活生态环境，还为众多的优质资源走出大山，为迎来世界各地游客赏览贵州绿水青山创造有利条件。

第一节　公路建设

地处云贵高原的贵州，境内重峦叠嶂、沟壑纵横，山地和丘陵占全省面积的 90% 以上，是内陆地区唯一没有平原支撑的省份。复杂的自然地理条件给交通建设带来巨大困难，交通闭塞又制约贵州社会经济的发展。古有“连峰际天兮，飞鸟不通”的感叹。中共十一届三中全会以后，特别是在“十二五”时期，贵州省公路建设事业取得辉煌成就，基本建成以“高速公路为骨架、国省干线为支撑、县乡公路为脉络、农村公路为基础”的四级公路网，彻底改变贵州交通闭塞状况。截至 2015 年年底，全省公路通车里程达 186407 公里，其中高速公路 5128 公里，国省干线 14949 公里，农村公路 166330 公里，农村公路里程占总里程的 89.2%。“要想富，先修路”。农村公路在全省路网中具有十分重要的位置，是贫困地区实现全面小康，带动农民创业致富，消灭贫困的基础。

一、县乡公路建设

（一）以工代赈修建县乡公路

1976 年，国家开始采取以工代赈方式修建县乡公路，以加快县乡公路的建设步伐。1976—1985 年，主要采取民族补助资金及支援不发达地区发展资金方式修建县乡公路。

1976—1985 年，国家和贵州省共拨出民族补助资金 1100 余万元，新建公路 27 条共长 300 余公里，改建、整修公路 16 条共 470 余公里。专项投资 250 余万元修建桥梁 963.4 延米 /18 座，其中大桥 407.4 延米 /5 座。利用支援不发达地区发展资金 3790 余万元，修建公路 101 条 1320 余公里，改建整修公路 24 条 650 余公里，专项投资 350 余万元，建桥 2257.33 延米 /25 座，其中大桥 1011.6 延米 /11 座，这时期全省实现区区通汽车，新增和恢复通公路的乡 73 个。1984 年冬国务院决定在三年内动用部分国家库存粮食、棉花、棉布（以下简称粮、棉、布），采取以工代赈的办法，扶助贫困地区修建公路和可通航的河道及小型水利工程。是年底贵州省各类公路里程达 39800 余公里（其中未验收交养的乡村简易公路 13500 余公里），还有 627 个乡不通公路，约 800 万人尚未解决温饱，有 300 万人还处于极贫状态。这些地方大部为少（少数民族）、边（边区）、穷（贫穷）地区，交通闭塞，运输全靠人背马驮，丰富的矿产、林业等资源未能开发，农业生产仍很落后。12 月 31 日，国家计委下达贵州省 1985—1987 年 3 年计划，共拨粮 3.6 亿公斤，棉花 700 万公斤，棉布 3.7 万米，折款 19520 万元，省政府决定用于开发贵州交通，其中道路建设占 93.8%，航道整治 6.2%。

1982 年黔东南自治州雷山县西江村寨公路

1985—1987 年，贵州主要采取粮、棉、布以工代赈方式修建县乡公路，由省人民政府安排修建县、乡公路的粮食 3.3795 亿公斤、棉花 657 万公斤、棉布 3743 万米，共折款 2.06 亿元，省配套资金 2253 万元，地、县集资及群众自筹资金1088万元，共计2.4亿元（包括实物折款）。县、乡公路根据投资款源简称粮、棉、布公路，3年计划安排修建6000余公里。1985年1月，中央一号文件指出："修建公路实行民工建勤、民办公助的办法，在山区和贫困地区，由地方集资农民出劳力修建公路，国家发放一部分粮、棉、布作为修建公路的投资并支援部分钢钎、炸药等物资。"是年一季度，地、州、市、县领导小组办公室先后组成，由交通局负责人任主任，处理日常事务。1985年三季度测设路线300余条，计3600余公里。施工路线190余条，计2300余公里。以正安、罗甸、德江、六枝、贞丰、威宁等县工作进展较快。至1986年秋，完成新建、改建公路3100余公里，初验合格纳入临时养护的1800多公里。10月全省县、乡公路建设标准质量表彰大会在安顺召开，省委书记胡锦涛勉励与会者"进一步发展公路建设的大好形势，争取在'七五'期间，能够使得我们全省公路状况出现一个崭新的局面"。安顺会议精神的贯彻，促进公路工程质量进一步提高，使新建、改建的县、乡公路基本达到部标或省标。至1987年，新建、改建公路662条共长5857公里。其中达到部标的3682公里，达省标的1941公里，拖拉机道234公里。建成桥梁403座，长11111延米，其中大桥27座，长2304延米，隧道8座，长2306米。共完成土石方7723万立方米。耗用工日1.1亿个。公路每公里平均造价2.93万元，桥梁平均每延米造价3500元，隧道平均每米造价2000元。根据对毕节、安顺、黔西南、黔南等地（自治州）144条公路的抽样调查，公路建成后沿线300多万人的交通条件得到改善，运出物资每年增加330万吨，缩短运距1498公里，节省运费9724万元，新增企业1331个，新办学校75所，人均年收入增加50余元，总的社会经济效益达18600万元。粮、棉、布公路修建3年中，投放到少数民族贫困县、乡的实物折款和配套资金共14025万元，新建、改建公路252条共3422公里，修建桥梁2620延米/71座。沟通156个乡，约200万居民的交通条件有所改善，每年从这些地区运出的煤240万吨，矿石25.4万吨，木材7.2万立方米，烤烟3万吨，经济总额增加1.119亿元，人均年收入增加42元。如威宁大鸦区结戛至海拉建成公路29.1公里，沟通6个乡，运出煤和土特产，人均年收入增加24元。其间，贵州新建、改建省际与县际的断头路46条共1126公里，其中省际断头路17条共202公里，使所在地区公路联网贯通，充分发挥公路效益。贵州赫章县恒底至云南省彝良县奎香公路全长21公里，是一条运煤和运矿石为主的路线，修成后，由恒底到奎香运距缩短138公里，每年节省运费约40万元。盘县乐民至火铺公路全长28公里，是一条运煤为主的经济路线，建成后运距缩短59公里，沿线人民每年人均增加收入约110元。大坡至务卜公路全长40公里，是沟通纳雍、织金、六枝的断头路，缩短58公里，仅运煤一项一年可节省运费600余万元，约为修路投资的3倍。1977—1990年，由交通部门、地方自筹资金以及上述投资修建的县、乡公路13900余公里。

1989—1993年，采取工业品以工代赈修建县乡公路。"八七"扶贫期间，采取资金以工代赈方式修建县乡公路。国家计委又陆续安排中低档工业品（第二批）、工业品（第三批）、粮食工业品（第四批）、江河治理（第五批）及第六批以工代赈资金修建县乡公路的项目。1990年1月，省交通厅在"八五"期规划中提出："八五"期贵州公路以工代赈将集中力量，在那些经济效益比较好的路段进行，项目相对大和集中一些。要根据国家计划和资金来源情况，分别轻重缓急，统筹安排、分期实施。这样既能发挥资金的扶贫效果，也便于集中管理，改善贵州交通落后面貌。县乡公路发展的排序是：重点修建经济路，打通有价值的断头路，改造运量大标准低的老路，在此基础上兼顾通乡的要求，以确保实现省政府批准的"八五"交通建设目标。1989—1991年，全省中低档工业品以工代赈修建县乡公路和整治内河航道工程，共安排投资4700万元，其中，中低档工业品资金2900万元，贵州配套资金1800万元，建成公路422公里、桥梁1213延米/23座、隧道1座360米、公路渡口1处，新沟通3个乡，超额完成中低档工业品以工代赈修建县乡公路的计划。组织实施中，省、地交通部门根据全省县乡公路建设的实施状况，在保证完成计划目标任务的同时，对部分只需作少量补充投资就可发挥较大效益的在建项目，给予适当的解决。中低档工业品以工代赈修建公路工程的项目虽然数量少，但多属工程艰巨的“骨头工程”，施工难度大。省交通厅等有关部门与地、县协调，在全省范围内选择一批工程项目进行试点，第一批安排在平塘、普定、兴仁、龙里、镇宁作试点。1992 年 5 月 24 日—6 月 9 日，省地两级公路交通部门组成检查组，按照技术标准和工程质量要求，对中低档工业品以工代赈修建县乡公路的 29 个工程项目进行全面检查。检查里程 422 公里，总平均分为 87.7 分。其中，达到优良工程的 22 个项目共 297 公里，占检查总里程的 70%；达到合格工程的 7 个项目共 125 公里，占检查总里程的 30%。

1990—1992 年，国家计委安排贵州用工业品以工代赈修建县乡公路的项目共 10 个，总投资 8610 万元，其中工业品资金 4305 万元，省财政配套 885 万元，省养路费配套 837 万元，地方自筹 2583 万元。计划新、改建县乡公路 683 公里，大中桥梁 1380 延米 /20 座，隧道 1 座 120 米。1990 年 10 月，经国家计委批准项目立项后，贵州公路交通部门对各项目进行施工。这批公路工程项目全长 703 公里（新建 525 公里，改建 178 公里），桥梁 5452 延米 /148 座（特大桥 430 延米 /2 座、大桥 1122 延米 /13 座、中桥 2068 延米 /51 座，小桥 1832 延米 /82 座），隧道 4 座 641 米。在施工安排上，一是先修新路后改造标准低的老路，二是先确保桥梁工程的材料费用和技术工人的基本工资，后安排其他工程开支。该批 10 个工业品以工代赈建设项目中，除水城至盘县公路进展快、完成较好外，安龙至坝草公路的安龙至贞丰段、三都至榕江公路的三都县境段、公统至舟溪公路、从江至三江公路、德江至覃家湾公路等工程进展顺利。在水（城）盘（县）东线公路的修建中，水城县委、县政府动员全县，发动群众组建民兵团，县党、政领导亲自指挥，带领全县 2 万多民兵历时 4 个月，完成该项目工程 86 公里的修建任务。

1995 年 5 月，省交通厅和省计委联合组成检查组，对 10 个工业品以工代赈修建县乡公路工程项目进行检查评比。这 10 个项目共覆盖 17 个县，计划总投资 1.02 亿元。实施 4 年，竣工验收、交付使用的项目 7 个，尚未完工的项目 3 个。验收公路 422 公里，建成特大桥 1 座 215 延米、大中桥梁 1919 延米 /34 座，建成隧道 3 座 349.5 米，实际到位资金 8634 万元。在竣工验收的 7 个项目的 14 个工程中，12 个被评为优良工程，占竣工工程总数的 86%，2 个被评为合格工程，占总数的 14%；通过评比，13 个县因出色完成修建任务被评为先进集体。1997 年，该批 10 个工业品以工代赈工程全部竣工并通过验收交付使用。在工业品以工代赈修建县乡公路的项目中，黔东南自治州舟溪至公统公路的建成使得雷山至舟溪公路全线贯通。这批项目的实施产生巨大的社会效益和经济效益：国道 321 从江段的竣工、榕江至三都段的建成，使该国道在贵州境内全线贯通，改善黔东南自治州十万大山地区几个贫困县交通条件。水（城）盘（县）东线公路全线通车，连通 18 个乡镇，为沿线经济发展提供有力保障；南市塘至平阳公路的建成，为合理利用森林资源提供必要的交通条件。这批工程项目中，水盘东线被省定为全省 10 条较大以工代赈修建公路的标准路和样板路，其标准掌握好，投资使用好，工程质量把握好，各项指标均达到部颁四级公路标准法德大桥主跨 150 米，全长 315.5 米，系大跨度桁式组合拱工程，是全省县乡公路建设史上第一座特大桥。

贵州实施中低档工业品、工业品等批次以工代赈修建县乡公路资金除国家计委投入的以工代赈资金外，有交通部投入的交通扶贫资金，以及联合国粮食计划署等国际机构的援助资金、省不发达地区发展基金和省交通厅养路费和地县自筹资金等，此期间，全省累计修建县乡公路 2351.4 公里，其中，达部颁标准的公路 2114.2 公里（新建 1463.1 公里，改建 651.1 公里），新建三级公路 97.5 公里、四级 1365.6 公里，改建三级公路 25.2 公里、四级 625.9 公里；达省颁乡村公路标准的公路 162.5 公里，新建的 156.7 公里、改建的 5.8 公里，简易道路 74.7 公里。建成桥梁 8774.5 延米 /210 座，其中，大中桥梁 6119.3 延米 /81 座（大桥 2422.5 延米 /22 座、中桥 3696.8 延米 /59 座，包括单独安排修建的独立大中桥梁 1302.5 延米 /14 座），小桥 2655.2 延米 /129 座。修建隧道 4 座 700 米，建成公路渡口 1 处，新沟通乡 30 个。“八七”扶贫期间国家累计投入贵州以工代赈资金和实物折款 24.6 亿元，地方匹配 9.5 亿元，合计投资 34.1 亿元，对农村基础设施进行了较大规模的建设，建设内容包括县乡道路、基本农田、水利灌溉、人畜饮水、农村通电、农村通讯、造林种果、片区开发、生态综合治理等方面。截至2000年年底，全省共建县乡村道路8302公里，其中：新建7577公里，改造725公里；等级路5043公里，非等级路3259公里，修建大中桥梁8468延米/136座，解决110个乡（镇）不通公路的问题；完成小城镇33个乡镇的过境公路建设，解决场路不分和交通堵塞的矛盾。“十二五”期间，在以工代赈项目资金的支持下，贵州省坚持以国家扶贫开发工作重点县为重点，新建和改扩建县乡村道路建设6553公里，修复水毁公路130公里。

（二）乡村通公路和县县通油路

乡乡通公路　1994年4月，国务院印发《国家八七扶贫攻坚计（1994—2000年）》。提出力争用7年左右的时间，基本解决全国农村8000万贫困人口的温饱问题。6月，国家交通部在贵阳市召开全国交通扶贫工作座谈会，部署交通系统“八七”扶贫攻坚计划任务。鉴于贵州贫困面较大，在资金安排上给予重点扶贫，明确第七批以工代赈70%的资金用于交通建设，每年安排5600万元，直至2000年。10月，省政府根据国家对扶贫工作的部署和要求，制定《贵州省扶贫攻坚计划（1994—2000年）》。该计划在加强贫困地区基础设施建设方面的目标要求是:“实现贫困乡镇和大多数有集市贸易市场、商品生产基地的地方通公路。”

贵州编制《贵州省八七交通扶贫攻坚计划（1994—2000年）》，力争在20世纪末实现全省乡乡通公路；接通对贫困地区有价值的断头路；修建对贫困地区有重要作用的经济路；大力发展乡村简易公路。全省计划实施工程项目共240个，将修建公路3405公里、桥梁7742延米/175座、公路渡口1处，整治内河航道790公路及建设航道码头10个。实施《贵州省八七交通扶贫攻坚计划》7年中，国家用于贵州以工代赈的交通建设补助资金总额将达3.92亿元，其中，用于县乡公路建设的资金占93%（其余7%用于整治航道），加上各种配套资金，总额将达5亿元，贵州配套投入资金3.68亿元。共修建县乡公路8302.6公里，其中，修建公路406条4809.9公里，改建公路129条2037.3公里；建成桥梁10121.1延米/273座；建成公路渡口2处；新沟通乡98个，使全省已通公路的乡镇数增至1516个，通乡率提高到98.8%，另有67%的村通车。

“八五”期间，全省仅沟通33个不通公路乡镇的公路，至1995年年底通乡率为92.5%。要实现全省乡乡通公路的目标，还要解决116个乡通公路的问题。1997—2002年，为使全省不通公路乡的近160万贫困人口早日脱贫，走上致富之路，省委、省政府连续6把实现通乡任务列为年度必办的“十件实事”之一，2000年起，全省每年实施3000公里公路路网改造。2002年12月3日，以贵州最边远的从江县加鸠至光辉公路竣工通车为标志，全省1539个乡（镇）实现乡乡通公路。2003年从江县通县油路工程竣工通车，至此，全省88个县（区、市）实现县县通油路。2004年，省交通厅与地方政府共同筹资，启动全省通乡油路建设，建成通乡油路2594公里，新增182个乡镇通油路，全省59%的乡镇通油路或水泥路，“十五”期间改造县际油路（通县油路）7103公里，总投资49.83亿元。

2008年9月，遵义市余庆县龙家镇的农村公路

通村公路和通乡油路　2003年，贵州启动被群众称之为“民心

工程”“德政工程”的通村道路建设，共实施通村道路建设项目3201个28055公里，沟通3468个不通公路的行政村，完成总投资34亿元，实现全省85%的行政村通公路。2004年，国家交通部决定对遵义农村公路建设给予4亿元专项补助，确定用3年时间（2004年6月—2007年6月）基本实现镇镇通油路或水泥路，90%的行政村通汽车的目标，所有乡镇通油路。3年中，交通部、贵州省共下达给遵义市农村公路建设计划项目752个，公路里程9307公里（含县际公路），补助投资125907万元，计划沟通乡镇136个、行政村709个。其中通乡油路项目99个2276公里，上级补助投资58502万元（革命老区项目51个1413.5公里，补助35690万元，省级安排项目48个862.4公里，补助22812万元）；通村公路项目641个6118.7公里，上级补助22025万元（革命老区项目1206.7公里，补助4310万元，通达工程项目4912公里，补助17715万元）；县际油路项目12个912公里，补助45380万元。通过上述“三年计划”的实施，遵义市3年间新增通村公路6119公里，新增油路或水泥路3241公里。

公路里程的大量增加和路面等级的提高，促进运力的快速增长，3年中新增民用运输车辆10.3万辆，全市拥有的摩托车就由原来的5万辆增加到10余万辆，新增农村客运车辆4012辆60180座，298.3万农民摆脱肩挑背扛的繁重劳动。实施“三年计划”，遵义市茶叶由原来的18万亩增加到42万亩，湄潭、凤冈、余庆等县已成为龙井等名茶原料生产基地；竹林由原来的85万亩增至252.5万亩，并建起20万吨竹浆林纸一体化生产基地；蔬菜由原来的126万亩增加到237万亩，特色蔬菜远销重庆和广东等地；药材由原来的46万亩增加到84万亩；辣椒由原来的60万亩增加到105万亩；优质烟叶由原来的65万亩增加到85万亩，成为上海等地著名品牌卷烟原材料生产基地。“三年计划”的实施，遵义市农村公路沿线建设具有一定规模的集镇村庄达686个，农民在农村公路旁新建住房77119幢，有50.4万农民走出深山。余庆县黄金榜村，以前是当地有名的脏、乱、差村，农民解决温饱都很困难，农村公路建设3年计划实施后，农民依托公路建设新房，种植花草，办“农家乐”，开发乡村旅游，村民人均纯收入达到4000多元，户均纯收入超过1.8万元以上。截至2007年6月30日，遵义市共完成农村公路建设项目753个9310公里，占计划的100.03%，完成投资216000万元，占计划的103.9%，沟通乡镇133个（县际公路沟通乡镇25个），占计划的99%，沟通行政村709个，占计划的100%，基本实现镇镇通油路或水泥路、90%的行政村通汽车的建设目标。

现在的雷山县西江村寨公路

2010年5月，黔西南自治州贞丰至安龙的二级公路

2006年1月，交通部组织实施农村公路“五年千亿元建设工程”，

为建设社会主义新农村奠定交通基础。2月召开的全国农村公路建设电视电话会议提出“十一五”期农村公路建设的主要目标：加快推进“通达”（指通村公路工程）和“通畅”（指通乡油路工程）工程建设。其间，贵州农村公路主要实施通乡油路、通村公路、通村公路桥梁、危桥改造、安保工程、渡口改造及轮渡改桥、农村客运站等7大类项目。完成农村公路建设投资192亿元。建成通村公路74951公里、通乡油路10403公里、通村油（水泥）路试点项目1955公里、建成通村公路桥梁56164延米/2117座、改造危桥18212延米/422座、建成轮渡改公路桥3223延米/42座、实施安保工程1923公里。完成农村公路建设投资265.28亿元，是“十五”时期85.38亿元的3.11倍。比“十一五”规划的投资目标88.17亿元增加177.11亿元。其中，通村公路（通达工程）113.10亿元，占总投资的42.63%；通乡油路（通畅工程）58.16亿元，占总投资的21.92%；其他农村公路（含通村油路、通村公路桥梁、危桥改造、轮渡改桥、安保工程等）94.02亿元，占总投资的35.4%。农村公路建设资金的来源为交通运输部补助82.72亿元，占总投资的31.18%，国债或中央预算内投资19.70亿元，占总投资的7.43%，省内自筹及其他162.86亿元，占总投资的61.39%。

“十一五”期间（2006—2010年）贵州省农村公路建设完成情况表

表4

类别	项目名称	合计	2006年	2007年	2008年	2009年	2010年
公路建设（公里）	分项合计	87286	7438	20757	23746	21950	13485
	通达工程	74069	6250	18006	21023	19114	9676
	通乡油路	10928	1188	2004	2212	2139	3385
	通村油路（试点）	2379		747	511	697	424
桥梁建设（延米/座）	分项合计	77999/2585	7921/207	26652/945	19716/658	16396/546	7314/229
	危桥改造	18239/422	6453/190	2369/60	3525/58	4080/85	1785/29
	农村公路新建桥梁（国家计划）	20200/749		15000/561	5000/186		200/2
	农村公路新建桥梁（地区统筹资金计划）	36164/1370		8183/310	10691/405	12116/459	5174/196
	渡改桥	3223/42	1468/17	700/10	500/9	200/2	355/4
	公路铁路立交建设	400/4		400/4			
安保工程建设（公里）	分项合计	2083		889	376	398	420
	安保工程	2083		889	376	398	420

2012年全省建成通乡（镇）道路18455公里，通村公路115267公里，通汽车的村数达到17717个，占全省行政村的97.9%。2013年起，省政府出台《关于实施贵州省“四在农家·美丽乡村”基础设施建设六项行动计划的意见》，明确实施小康路、小康水等6项行动计划，并围绕建成结构合理、功能完善、畅通美化、安全便捷的小康路提出具体要求。是年，完成国省干线及农村公路建设投资141亿元，实施普通国省道改造841公里，实施通村沥青路面工程1.2万公里、集中连片特困地区县乡道改造项目1500公里、国有林场通沥青路面项目114.4公里，建成通村沥青路面1.2万公里，建制村通畅率达到50%以上。2014年，全省“四在农家·美丽乡村”基础设施建设6项行动计划共完成投资408.1亿元，为年度任务315.4亿元的129.4%。累计完成小康路投资181.9亿元，开工项目4450

个，完工 2223 个，项目覆盖 827 个乡镇的 2573 个村，1.4 万公里计划内通村路面硬化、油化全面建成，县乡道改造项目完工 1307.7 公里，74 个客运站点全部完工。2015 年 9 月，省委、省政府启动农村公路 3 年会战工作，力争通过 3 年努力，投资 400 亿元实现建制村通畅率达 100%、建制村通客运比例达 100%、农村公路列养率达 100%、重点路段安全隐患治理达 100% 的“4 个 100%”目标。是年，小康路计划完成投资 139 亿元以上（村级以上投资超 115 亿元，村级以下投资超 24 亿元），实施通村沥青路面建设项目 1.5 万公里、县乡道改造项目 372 公里、通组（寨）道路 8000 公里、人行步道 6400 公里，全省建制村通畅率、通客运率达 75% 以上（武陵山片区建制村通畅率达 75%，乌蒙山片区和滇桂黔石漠化片区建制村通畅率达 70%）。“十二五”期间，贵州共投入资金近 429 亿元，是“十一五”时期的 2.23 倍。共完成 43 个乡镇通油路、645 个建制村通公路、9425 个建制村通硬化路，实现 100% 乡镇通油路、100% 建制村通公路、75% 建制村通硬化路目标。全省农村公路达到 16.7 万公里，5 年新增 2.7 万公里、增幅 19.3%，高于全国 3.1 个百分点。

2015 年 8 月，都匀市桐梓杉坪乡村公路

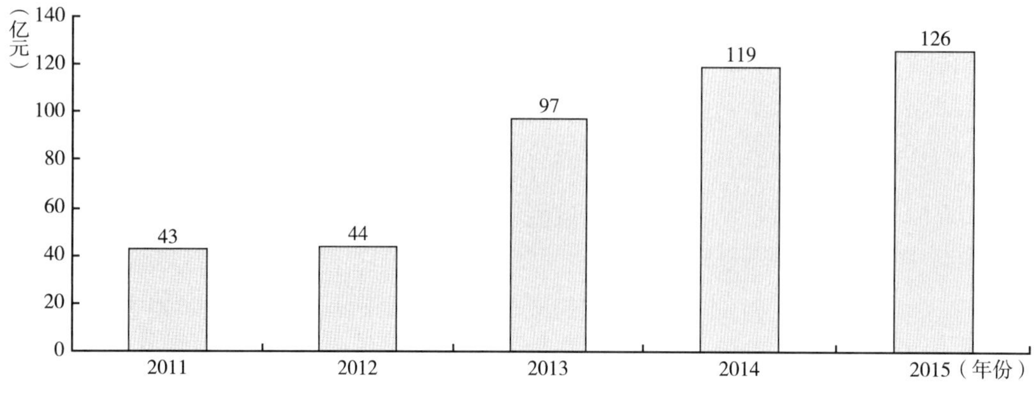

2011—2015 年贵州省农村公路投入建设资金量示意图

二、县县通高速

1986年是贵州交通发展的一个重要转折时期。8月15日，贵阳至黄果树汽车专用公路破土动工。全长137公里的贵黄公路作为我国西部地区最早开工建设的一条高等级公路，1991年竣工通车。贵黄公路建成通车时，《人民日报》载文称赞“美哉，贵州路”；中央电视台《新闻联播》以“神州山区第一路”为题作深度报道；《中国交通报》发表评论称其“贵州人的骄傲”。贵黄公路开启贵州公路建设的新纪元，是贵州公路建设从此走向现代化的标志。

1992年6月，贵州第二条汽车专用公路——贵阳通往历史名城遵义、全长155公里的高等级公路动工。省政府采取“用优惠政策促交通发展”。公路建设用地实行低价征用，拆迁构造物由地方政府负责；工程材料实行优惠价格；抽调到工程指挥部的工作人员工资由原单位发给，尽可能地采取一切措施让有限的资金用到非用不可的地方，让最少的投资发挥最大的效益。历经5年多的时间，1997年11月，贵阳至遵义高等级公路建成通车。1998年，国家开始实施西部大开发战略，给欠发达、欠开发的贵州带来难得的发展机遇，国家有关部委在政策上、资金上向西部地区倾斜，交通运输部加大对贵州的帮扶力度，贵州省委、省政府提出坚持把以公路为重点的交通基础设施建设作为经济社会发展的当务之急和重中之重，银行等金融组织积极支持交通建设。从这个时期开始，贵州重点公路建设充分利用“贷款修路、收费还贷、滚动发展”政策加快建设步伐，国家补助资金和省财政投入资金使用效益得到极大发挥，贵阳至新寨、贵阳至毕节、凯里至麻江等高速、高等级公路相继建成通车，玉屏至铜仁、关岭至兴义、镇宁至水城、清镇至镇宁等一批高速、高等级公路开工建设。依托国道主干线经过贵州省境内路段，提出构建“二横二纵四联线”高等级公路骨架体系的发展目标，从而为贵州一段时期内加快高速、高等级公路建设明确了发展目标。

2002年，中共十六大提出科学发展观的发展理念，贵州交通工作迎来黄金发展期。其间，贵州交通建设投融资体制改革取得突破，充分利用好国家倾斜政策、补助资金和交通规费资金，鼓励和引导各级地方政府和社会力量以多种方式参与建设，共办交通取得新进展。将效益好的路和效益不好的路进行捆绑融资，实行统贷统还，为筹措贵州省二级以上公路建设资金蹚出新路。此间，清镇至镇宁、崇溪河至遵义、三穗至凯里、玉屏至三穗、镇宁至胜境关、扎佐至南白、玉屏至铜仁、镇宁至水城、关岭至兴仁、兴仁至兴义等一批高速、高等级公路相继建成通车，上海至瑞丽和重庆至湛江公路经贵州的一横一纵两条国道主干线基本建成。开工建设贵阳西南绕城公路、都匀至新寨（改扩建）、白腊坎至茅台、水口至格龙、格龙至都匀、贵阳至都匀、贵阳南环线绕城公路、水城至盘县等一大批高速公路，另有国家高速公路网项目和一批省规划高速公路项目前期工作全面展开。2008年，全省高速公路通车里程只有933公里，通高速公路的县（市、区）只有28个。省政府提出用10年时间实现县县通高速，并出台一系列加快高速公路建设的相关政策。是年起，省财政以10亿元为基数，每年按照10%的比例递增，安排高速公路项目建设经费，地方政府债券优先用于高速公路建设。至2010年年底，贵州高速公路通车里程1507公里，在建高速公路里程达2555公里，全省88个县（市）中建成和开工建设高速公路的县达77个。

“十二五”期间，贵州完成高速公路建设固定资产投资3454亿元，是历史上投资最大、增长最快的5年。其间，贵州创新发展，按照创新模式、创新投融资体制的要求，吸引中国交建、中国铁建等大型央企，采用BOT模式（即政府与项目公司签订特许经营协议，由项目公司筹资和建设的公共基础建设项目。项目公司在特许经营期内拥有、运营和维护该项目设施，并通过提供产品或收取服务费用或以其他方式获得补偿，以回收投资、偿还贷款并获取合理利润，特许经营期满后，将建设项目无偿移交给政府）建设高速公路1589公里，吸引企业投资1770亿元，借助外来资金、管理方式，对提前实现高速公路规划目标起到重要作用，提前3年为2018年实现“县县通高速”目标奠定坚实基础。2011 年，面对省级资本金筹措难、银行贷款资金到位难的双重压力，贵州把资金筹集作为交通建设工作的重中之重，及时调整高速公路建设融资思路，通过与多家银行开展合作，千方百计筹措资金偿还银行贷款，增加银行现金流。当年建成沪昆高速贵阳至清镇段、汕昆高速板坝至江底段、黎平至洛香等 10 个项目（段）。2012 年，建成国高杭瑞高速遵义至毕节高速公路金沙至毕节段等 7 条（段）607 公里，全省高速公路通车里程达 2630 公里。新增大方、江口、凤冈等 13 个县（区）通高速公路，全省通高速公路的县（市、区）达到 60 个。2013 年，是贵州高速公路建设 3 年大会战的开局之年，新建成高速公路 651 公里，高速公路通车里程突破 3000 公里达 3281 公里，新增印江、赤水等 8 个县市通高速公路，通高速公路县达 68 个，新增贵阳至兴义双通道连接，形成 9 条高速公路出省大通道，"678" 高速公路网逐渐成形。高速公路通车里程、建设规模进入西部 12 省市区第一方阵，建设速度位居全国前列。

2009 年 12 月，思南至遵义高速公路开工仪式现场

2009 年 12 月 2 日，新建都新公路穿过崇山峻岭

2014 年，贵州新建成高速公路 16 条 721 公里，约占全国新增高速公路里程的 10%；高速公路通车里程突破 4000 公里达 4002 公里，排全国第 17 位，同比上升 2 位；新增 11 个县通高速公路，通高速公路的县达 79 个，形成 10 条高速公路出省通道。2015 年，贵州新增 9 个县通高速公路，通高速公路的县达 88 个，高速公路通车里程突破 5100 公里，全省实现县县通高速公路的宏伟目标。贵阳与其他市（自治州）政府所在地有两条通道连接；与相邻各省（区、市）形成两个以上省际大通道，高速公路出省通道达 15 个。

2013 年 2 月的清镇高速公路

第二节　农田水利建设

一、农田建设

至 1978 年，贵州省共建造梯土梯田 87.8 万亩。1979—1990 年，贵州先后涌现出兴义县则戎乡、习水县东皇镇和良村乡、松桃县乌罗乡等改土造田的先进典型，发挥样板引路作用。各地农民群众在

喀斯特山区展开大规模辟石造田，对现有坡耕地的梯化治理，采用种植绿肥、撒生石灰等措施进行土壤改良。到1990年，全省农民人均基本农田0.26亩，其中有50个贫困县的人均基本农田仅0.15亩，加上土地瘠薄破碎，水土流失严重，自然灾害频繁，“种了几大坡，才收几小箩”。每年收获的粮食仅够吃七八个月，多数农户缺粮四五个月，青黄不接之际，靠吃国家救济粮、返销粮度日。

1991年3月3—4日，国务院扶贫领导小组在济南召开的全国扶贫工作会议，宣布国家将在“八五”期间实施以工代赈建设基本农田项目，决定每年分配给贵州1.5亿公斤粮食，支持以坡土改梯田梯土（以下简称坡改梯）为主要内容的基本农田建设。6月，省委、省政府下发《关于在我省贫困地区实行以工代赈建设基本农田的决定》，对坡改梯做出具体部署，明确提出把国家每年安排给贵州的1.5亿公斤以工代赈粮食，集中用于以坡改梯土为主要内容的基本农田建设，在贫困县及非贫困县的贫困乡每年建成50万～60万亩基本农田，并采取配套建小水窖、植树造林等措施，使贫困县的稳产高产田土面积逐步扩大，粮食产量稳步增加，力争到2000年完成550万～600万亩基本农田建设，使贫困地区农民人均拥有半亩稳产高产田土的目标，还确定建设基本农田遵循的指导原则：必须坚持发扬自力更生、艰苦奋斗和国家扶持与群众投工投劳相结合的原则；围绕坡改梯平整土地，改良土壤，修建小水窖，植树造林，修建公路；在统一规划的前提下，实施小流域综合治理；必须与解决群众温饱问题紧密结合，坚持当年改土当年见效的原则；坡改梯必须在稳定完善家庭承包责任制的前提下进行。还相继出台相关优惠政策，确定每完成坡改梯一亩，补助国家以工代赈粮食225公斤；坡改梯后，农民原承包地的使用权不变，对坡改梯后扩大的耕地面积，实行谁投工、谁开发、谁受益的原则，允许继承和转让，三年内土地承包使用费不变，上交集体提留不变；不搞任何形式的“一平二调”，即不准无偿调拨劳力和资金物资；今后对国家或集体建设占用农民的坡改梯地，除依法办理征地手续和缴纳征地税费外，还应合理补偿农民改土花费的投入等。省、地（自治州、市）、县（市）各级农业和扶贫部门认真贯彻落实省委、省政府出台的优惠政策，组织贫困地区广大农民群众深入持久地实施坡改梯工程。7月，省人民政府在安顺召开各市（自治州、地）政府、行署和省直有关部门负责人参加的全省以工代赈建设基本农田前期工作座谈会，讨论通过《贵州省以工代赈建设基本农田规程（试行）》，明确坡改梯规划编制、技术要求、工程质量标准、检查验收办法、1.5亿公斤以工代赈粮食、物资的分配及管理办法和监督措施，组织参观普定县坡改梯现场。会议分配给全省9个地（自治州、市）的坡改梯任务分别是：毕节地区13万亩，六盘水市7万亩，黔南自治州、黔西南自治州、遵义地区、铜仁地区各5万亩，黔东南自治州4.5万亩，安顺地区3.5万亩，贵阳市2万亩。1991年冬至1992年春，完成坡改梯面积54.22万亩，超省计划4.22万亩。其中48个贫困县完成43万亩，占79.31%；其余非贫困县的贫困乡完成11.22万亩，占20.69%。

1991—1995年，贵州累计投入坡改梯资金12.9亿元（中央以工代赈资金7.5亿元、省财政配套资金3.5亿元、地县两级政府配套资金1.5亿元、乡村集体和农户自筹资金0.4亿元），完成坡改梯面积310.36万亩，占省下达任务的112%；配套修建小山塘、小水窖2.5万多个，引水渠2971公里，排洪沟、拦山沟3697公里，谷坊97个，机耕道和人畜便道6789公里。围绕坡改梯工程，修建乡村公路3668公里，营造水土保持林79.4万亩，种植地埂树1909万株。直接受益农户223.6万户、1185.1万人，人均基本农田由0.15亩上升到0.29亩。1996—2000年，贵州累计投入坡改梯资金13.31亿元（中央以工代赈资金7.5亿元、省财政配套资金3.5亿元、地县两级政府配套资金1.5亿元、乡村集体和农民自筹资金0.81亿元），完成坡改梯面积321万亩，其中，坡土改梯田23.7万亩，荒坡改梯土37.9万亩，荒坡改梯田4.34万亩，恢复水毁田土64.6万亩；配套修建小水池、小山塘3.31万个，谷坊607座，引水和排洪渠1.28万公里，机耕道1748公里，通村公路5679公里，营造水土保持林98.4万亩，种植地埂树4130万株。直接受益农户238.7万户、1050.64万人，新增耕地51.46万亩。

2000 年 1 月 2 日的从江县坡改梯

2000 年 1 月 3 日的榕江县坡改梯

2001—2005 年，贵州对以坡改梯为主要内容的基本农田建设采取新举措：2002 年，省政府办公厅转发《贵州省农业办公室关于加强以坡改梯为主要内容的以工代赈基本农田建设意见的通知》，明确立足现有耕地，采取多种工程形式整治；围绕农业生态建设，采取综合治理措施；抓住关键环节，确保工程质量；坚持效益原则，确保改一片，成一片，当年改土，当年见效，不搞半拉子工程等四项工作重点和促进坡改梯与培肥地力结合，大种绿肥，多施有机肥；与提高农业科技含量结合，大力推广农业适用技术；与农业结构调整结合，宜粮则粮，宜经则经，推动优质农产品基地建设等三个结合。为此，省政府在每年继续投入 1.5 亿元以工代赈资金和财政配套资金不变的情况下，把每年 100 万亩任务压缩为 50 万亩，每亩补助资金从 150 元提高到 300 元。连续五年累计投入资金 10.13 亿元，完成治理面积 236.82 万亩，其中坡土改梯土梯田 156.72 万亩，恢复水毁田土 48.53 万亩，使河流改道后在老河道上造田和荒滩、荒坡造田等其他类型治理 31.57 万亩。围绕坡改梯配套修建小水池（窖）7.97 万口、容积 229.37 万立方米，小山塘（库）181 座、容积 63.33 万立方米，引、排水沟渠 1.02 万公里，田间便道 3677.85 公里，乡村公路和机耕道 3433.2 公里。

2004 年的都匀市坡改梯工程建成的果园基地

2006年，省委、省政府决定停止以工代赈坡改梯建设项目，将原每年用于坡改梯建设的1.5亿元中央以工代赈资金改用于省内其他项目建设；将省财政每年安排7000万元坡改梯配套资金中的5000万元安排用于配套修建中国烟草工业总公司在贵州种烟区实施的烟水配套工程，剩下的2000万元加上从省扶贫资金中每年安排4000万元，用于围绕坡改梯修建每口容积不低于30立方米的小水窖（池），每年修建小水窖（池）4万口，每口补助材料费1500元。2008—2009年，由于钢材、水泥价格上涨，省政府决定把每修建一口小水池（窖）的补助标准由每口1500元提高到2000元。2006—2009年投入中央财政扶贫资金2.8亿元，在贫困地区新建成坡改梯小水窖（池）16万口。全省共安排2332万元土地出让金用于贫困地区以坡改梯为主要内容的基本农田建设，每亩补助800元，共计完成2.9万亩。1991—2009年，贵州累计完成坡改梯面积1042.1万亩，围绕坡改梯主体工程，配套修建小水窖（池、塘、库）29.78万口，引水排洪沟渠2.67万公里，谷坊704座，修筑田间便道和机耕道1.22万公里，乡村公路1.28万公里；营造水土保持林177.8万亩。全省农村人均基本农田面积从0.26亩增加到0.43亩，其中，50个贫困县人均基本农田由0.15亩增加到0.39亩。

2006年5月，平塘县坡改梯工程中建成路、沟、池配套标准农田

2011年，全省共投入各项水利资金51.1044亿元。其中：其中中央投资31.7669亿元、省级投资14.33亿元、市级1.804亿元、县级2.2788亿元、乡级0.1144亿元、群众0.3581亿元、民营投资0.0881亿元、其他投资0.3629亿元，农民投工13289万个；全省修复水毁工程2509处，新增防渗渠道2519公里，渠道清淤9145公里，疏浚河道170公里，加高加固堤防233公里，新修加固山塘、水库1110座，建设村镇供水工程3573处，新修维护水池、水窖126757个，新增蓄水能力1181万立方米；全省新增旱涝保收面积22.34万亩，新增灌溉面积46.36万亩，改善和恢复灌溉面积75.5万亩，新增除涝面积2.8万亩，新增饲料地灌溉面积1.33万亩，新增节水灌溉面积83.26万亩，年新增节水能力4640.56万立方米，治理水土流失面积657平方公里，解决农村饮水安全人数354万人。2012年，

全省共投入各项水利资金83.14亿元，农民投工1.43亿个工日，新增防渗渠道4185公里，疏浚河道176公里，加固堤防280公里，整修加固山塘、水库776座，修复水毁工程2892处，新建、维修水池、水窖7.8万个，新增、改善和恢复灌溉面积104.11万亩，建设村镇供水工程4075处，解决农村饮水安全276.77万人，治理水土流失面积776.17平方公里。2013年，全省加快农田水利基本建设步伐，完成本地2012—2013年度冬春农田水利基本建设计划任务。全省完成总投资93.3亿元，修复水毁工程2588处，新修、加固堤防375.31公里，疏浚河道191.39公里，清淤沟渠8618.79公里，新建、改造泵站613座，水库除险加固181座，建设村镇供水4087处，新修、整治堰塘1209处，新增蓄水能力6612万立方米，治理水土流失面积780.5平方公里。

2014年8月，贵州结合中央对农田水利工作新的要求，组织编制《贵州省2014—2015年冬春农田水利基本建设实施方案》，明确冬修工作的思路、工作重点以及完成目标任务的保障措施，并分解目标任务下达市、州。主要目标任务是新增、改善、恢复灌溉面积70万亩，新增节水灌溉面积30万亩，新增除涝面积1.1万亩，新增旱涝保收面积15万亩，治理水土流失面积1050平方公里，新增供水受益人口284.4万人，新修和改造泵站500座。10月，全省组织包括水利、发改、财政等29个部门参加收看全国冬季农田水利基本建设电视电话会议，并及时召开省级电视电话会议，传达学习和部署工作，副省长刘远坤在会上对全省冬春农田水利基本建设工作做出具体安排部署。12月，按照省政府要求，成立9个检查组分赴各个市、州检查和督促全省的冬春农田水利基本建设工作。全省各地主要通过骨干水源工程、河道治理、小型农田水利、石漠化治理、农村“一事一议”等专项的大中小型工程带动，多处掀起冬修水利高潮。截至年底，全省共投入各项水利资金74.26亿元，建设村镇供水工程1899处，解决农村饮水安全163.7万人，新增、改善、恢复灌溉面积47.11万亩，新增旱涝保收面积8.21万亩，新增节水灌溉面积16.28万亩，治理水土流失面积599.26平方公里，新增水电装机容量4.63万千瓦。2015年8月，省水利厅组织编制《贵州省2015—2016年冬春农田水利基本建设实施方案》，明确冬修工作的思路、工作重点以及完成目标任务的保障措施，并分解目标任务下达市、州。截至12月，全省共投入各项水利资金61.52亿元，新增、改善、恢复灌溉面积43.76万亩，完成进度42%，新增供水受益人口17.31万人。

二、水利建设

1978年，农村政策放宽调动广大农民群众的生产积极性，发展农业生产和农村人畜饮水困难对水利的需求、特别是贫困地区对水利的需求显得尤为迫切，水利基础设施建设提到各级党委、政府的重要议事日程。各级扶贫部门积极配合水利、烟草等相关部门，在贫困地区实施水利建设扶贫。贵州财力困难，各级政府仍逐年增加水利基础设施建设投入，加大水利建设扶贫力度，坚持每年从财政资金中安排2000万～3000万元用于贫困地区水利建设。同时整合资金，采取银行贷款、水利规费征收、省地县三级拼盘等筹资办法，多渠道、多元化增加水利投入，重点在少数民族地区、贫困山区实施蓄水工程、饮水工程、灌溉工程、烟水配套工程和地下水开发利用工程。水利扶贫工程重点覆盖贫困县乡，同时兼顾面上贫困乡村。

（一）蓄水工程

小型水库　1978年，针对贵州天然降水丰富，但工程性缺水严重的省情，各地党委、政府组织物力、财力、人力和技术力量，在干旱缺水地区开工建设一批小型水库，有条件的地方建设中型水库。由于受财力限制，重点放在小型水库建设上。截至2010年，全省累计修建小一型水库603座。其中，新建251座，新增蓄水库容6.66亿立方米，新增农田灌溉面积133.56万亩。新建251座小一型水库中，有212座分布在贫困县和非贫困县的贫困乡村，占88.86%。“十二五”期间，全省开工建设小型水库74座。

金沙县胜天水库

中型水库 1978—2010年，全省建成和在建库容1000万立方米以上的中型水库53座，其中，已建成投入运行29座，2010年开工建设24座；新增库容1.31亿立方米，新增农田灌溉面积190.64万亩。53座中型水库中，有41座分布在贫困县和非贫困县的贫困乡村，占88.9%。2011—2015年，全省累计开工建设中型骨干水源工程64个，到2015年，全省建成和在建中型水库117座。

黔中水利枢纽工程 2008年11月12日，国务院常务会议批准贵州省《黔中水利枢纽一期工程项目建议书》。黔中水利枢纽工程库区位于纳雍县南部与六枝特区交界处的乌江上游三岔河干流段。受益区涵盖六枝、织金、普定、关岭、镇宁、紫云等6个贫困县和西秀、平坝、清镇、长顺、花溪、南明、云岩等7个非贫困县（区）。黔中水利枢纽工程分两期实施，一期工程以灌溉、城市供水为主，兼顾发电、县乡供水、农村人畜饮水等综合利用；二期工程以城市供水、农田灌溉为主，兼顾乡镇供水、农村人畜饮水等综合利用，是在一期工程基础上的延续和配套。工程设计静态投资71.45亿元，建设期利息1.59亿元，总投资73.04亿元。工程施工时段4年，从2010年11月起至2014年11月止。2010年10月26日，黔中水利枢纽一期工程开工建设。2011年9月18日导流洞贯通并具备过水条件，2011年10月26日大坝河段实现大江截流，2013年9月27日大坝全断面填筑至坝顶1331.5米高程；2014年6月9日平寨水库大坝混凝土面板浇筑完成；2015年3月21日平寨水库通过下闸蓄水安全鉴定，2015年4月13日平寨水库通过下闸蓄水验收，2015年4月14日导流洞下闸封堵并开始水库蓄水。

2015年10月，黔中水利枢纽工程平寨水库

夹岩水利枢纽工程　位于贵州西北部，水库坝址位于乌江流域六冲河毕节市与纳雍县界河段上潘家岩脚大沟下游，毕节市田坝镇境内。涉及贵州省毕节市七星关区、大方县、黔西县、金沙县、织金县、纳雍县、赫章县和遵义市中心城区、仁怀市、遵义县，工程以城乡供水和灌溉为主要任务，兼顾发电，并为区域扶贫开发、生态环境改善创造条件。工程主要由水源工程、提水工程和灌区输水工程组成，属Ⅰ等大（1）型工程，是贵州规模和投入最大的水利工程。受水区主要以贵州西北部的毕节地区为主，新增年供水量为6.96亿立方米，新增灌溉面积99.96万亩。工程实施后可提高毕节市、遵义市水资源调配能力，保障区域供水安全，有效解决季节性干旱用水问题，提高农业防灾减灾能力，并为区域生态建设和石漠化治理提供支撑。工程供水范围主要涉及毕节市的七星关区、纳雍县、赫章县、大方县、织金县、黔西县、金沙县和遵义市的遵义县、红花岗区、汇川区、仁怀市。年供水量7.44亿立方米，灌溉面积104.03万亩，可解决260万人口饮水问题，电站总装机75兆瓦；年均发电量2.29亿千瓦每小时。工程总投资169.4亿元，设计总工期66个月。2015年4月29日，工程初步设计报告获水利部批复；9月，启动招标工作。截至年底，33个标段的招标工作全部完成。工程累计完成投资22.88亿元。其中，移民部分10.56亿元，工程部分12.32亿元。“三通一平”（一期）工程全部完工。

马岭水利枢纽工程　位于贵州省黔西南布依族苗族自治州兴义市境内马别河中游，坝址距兴义市约16公里。工程任务是以城乡供水为主，结合灌溉，兼顾发电等综合利用。工程为Ⅱ等大（2）型工程，水库正常蓄水位为1030米，兴利库容为10720万立方米，总库容为12892万立方米。工程总投资为266565万元（不含送出工程投资），主体工程施工期25个月，完建期1个月，共38个月。工程由水源工程和供水灌溉工程两部分组成。2014年7月25日，工程项目建议书获国家发改委批复；2015年7月29日，马岭水利枢纽工程可研报告获得国家发改委批复；2015年10月23日，初步设计报告获得水利部批复。2015年9月28日，马岭水利枢纽工程举行了开工仪式。同时，地方政府及移民部门开展“三通一平”征地移民工作及施工工作。2015年完成投资总额12336万元，完成征地约900亩及三通一平工程。

（二）供水工程

1980—1996年，国家没有专项解决村镇供水资金，是在建设骨干水利工程或小型农田水利工程项目中，附带解决部分农村人畜饮水困难。

1980年5月，贵州省贯彻水利部在山西召开的全国第一次农村人畜饮水工作座谈会精神，开始从农田水利经费和基建投资中安排部分资金用于扶持群众修建人畜饮水工程。是年，在威宁县白碗乡和玉龙乡，赫章县妈姑镇，纳雍县城关镇，黔西县钟山乡和协和乡，金沙县大田乡等7个乡镇，解决5万多人和4万多头大牲畜的饮水困难。1981年，全省农村人畜饮水工程的补助经费全部从由小型农田水利补助费中安排，不再列入水利基建项目，并实行多渠道筹资。除小型农田水利补助费外，省地县三级财政拨款、民族地区发展资金、扶贫资金、粮棉布和中低档工业品以工代赈资金等各种渠道的补助经费均由当地政府统一安排，用于补助修建人畜饮水工程。补助标准按人均50元安排，对贫困县、乡适当提高标准。

1985年，贵州组织力量在全省范围内开展人畜饮水困难状况普查结果，全省农村有1025万人、675万头大牲畜饮水困难，主要分布在乌蒙、麻山、苗岭、武陵、娄山五大贫困山区的66个县。省人民政府召开全省水利工作会议，把加快解决农村人畜饮水困难列为政府工作重要内容，省水利厅安排小一型饮水工程23处，补助经费268万元，当年解决11万人和8万多头牲畜饮水困难。1985—1987年，贵州根据山区特点，创造了把提（泵站）、蓄（水池）、输（管道）、水窖连成一体、形成网络系统的建设经验。1988年，省政府在毕节地区召开全省人畜饮水工作现场会议，总结推广毕节地区改进小水窖建筑经验。1989年5月，全国政协副主席钱正英视察贵州，赞扬贵州在贫困地区大建小水窖解决人畜饮水困难的做法。1985—1996年，全省累计投入小水窖建设补助资金8000多万元，建成小水窖20多万口，蓄水600多万立方米，解决了85万人和80多万头大牲畜的饮水困难。

1997年，贵州开始实施旨在解决干旱缺水地区人畜饮水困难的一期“渴望工程”。工程建设标准以基本解决人畜饮水困难为原则：供水系统一般只到公共给水点；人均日生活供水量正常年份为20～35升，干旱年份为12～20升；水质达到国家规定的生活饮用水标准。9月，省水利厅编制完成《贵州省“渴望工程”规划报告》和《贵州省“渴望工程”规划报告——小水窖、水池、提水站设计》，规划解决331.12万人和232.38万头大牲畜饮水困难。12月，省水利厅与省计委、省财政厅、省农办等共同制定《贵州省“渴望工程”实施意见》。1997—2000年，“渴望工程”完成投资6.66亿元，建成工程1.52万处，铺设管道3.9万千米，建成水池水窖10.13万座、泵站613座，解决农村354.49万人的饮水困难。经验收，工程合格率达95%以上，优良工程率达80%以上。2000年，省水利厅编制《贵州省解决农村人饮困难“十五”规划》，会同省计委、省财政厅、省农办制定《贵州省第二期“渴望工程”实施办法》，规定农村饮水困难的范围和工程建设标准为：取水水平距离超过1千米或垂直高差大于100米、日生活用水量低于40升、年缺水100天以上的缺水农户。二期“渴望工程”的国家补助平均标准为人均150元。是年，国务院总理朱镕基视察贵州，对“渴望工程”给予肯定，指示要多为老百姓办实事、办好事，继续抓好“渴望工程”建设。省委、省政府把实施“渴望工程”作为每年要办好的十件实事之一，明确具体承办单位，实行年初布置、年中检查、年底验收。贵州在建设二期“渴望工程”的同时，开始实施“农村饮水解困工程”。

2001年5月，省政府成立“贵州省农村饮水解困工程领导小组”。省水利厅成立“农村饮水解困工程领导小组”，加强对“农村饮水解困工程”和二期“渴望工程”的领导。6月，省水利厅以《贵州省解决农村人饮困难“十五”规划》为依据，在各地（自治州、市）级规划的基础上，编制完成《贵州省“国家农村饮水解困工程”规划报告》及项目册，规划解决125万人的饮水困难，新建工程2315处，总投资3.53亿元。12月，国家水利部与贵州省水利厅签订《农村饮水工程建设项目责任书》。截至2002年年底，一期“农村饮水解困工程”建设任务超额完成，总投资3.73亿元，解决129.52万人饮水困难。

2003年3月，省水利厅开始实施二期农村饮水解困工程，编制完成《贵州省二期农村饮水解困工程规划项目名册》，计划新建工程4298处，总投资5.27亿元，解决175万农村人口的饮水困难。从4月起，省水利厅先后4次组织督促检查组，深入全省施工现场进行督促检查，发现问题责令马上整改。并对遵义市和黔南自治州完成的“一期渴望工程”“一期解困工程”进行省级抽查验收。截至2004年年底，全省共建成工程7300处，铺设输配水管道3.02万千米，建成水池水窖8.21万个、总容积219.84万立方米，建成泵站635座，构筑钢筋混凝土110.9万立方米，累计解决931万农村人口的饮水困难。

从2005年起，贵州农村供水工作重点转向解决农村安全饮水问题，开始全面实施“农村安全饮水工程”建设。是年，国家发改委、水利部、卫生部对贵州“十一五”规划进行审查，核定贵州农村饮水不安全人数为1151.1万人，占2004年全省农村人口总数的35.4%。2005—2010年年底，贵州累计投入农村饮水安全工程项目资金53.64亿元，其中中央投资31.62亿元，省级投资13.67亿元，地县投资8.35亿元（含群众投劳折资3.22亿元），建成工程11197处，铺设输配水管道83692千米，建成水池25791座、总容积103.03万立方米；建成水窖56218座、总容积122.25万立方米；建成泵站2671座、3848台、35897千瓦，基本解决1134.13万农村人口和21.78万学校师生的饮水安全问题。

2011年，中央分两批下达贵州省农村饮水安全项目资金投资15.291亿元，其中：中央资金11.804亿元，地方配套3.487亿元，计划解决276.59万农村居民和27.18万农村学校师生饮水安全问题。第一批总投资14.041亿元，第二批总投资1.25亿元，截至12月底统计，第一批投资计划项目已全部完成，全省共完成投资 14.041 亿元，共建成 2175 处集中供水工程和 6093 处分散供水工程，解决 246.82 万农村居民和 32.14 万农村学校师生饮水安全问题。第二批投资计划项目正在建设中。是年，省水利厅下发《关于落实农村饮水安全工程管理三项机制的通知》，要求各地要建立以县为单位的管理机构、运行管理养护基金及水质监测三项机制，强化运行管护、水源保护和水质检测，管好已建工程，确保工程长期发挥效益，让农民群众喝上放心水。至年底，全省 88 个县中有 71 个县建立县级农村供水专管机构，有 88 个县建立县级水质检测中心，还没有县建立县级维修基金，各县在争取筹备中。

2012 年，国家下达贵州省三批投资计划，5 月上旬，国家下达贵州省第一批计划总投资 12.8946 亿元（中央资金 10.3157 亿元，要求地方配套 2.5789 亿元），计划新建农村饮水安全工程 3298 处，解决 230 万农村人口和 43.29 万农村学校师生饮水安全问题。9 月，国家又下达两批计划总投资 4 亿元（中央资金 3.2 亿元，地方配套 0.8 亿元），并于 9 月及时将资金分解到各项目点，两批计划共新建农村饮水安全工程 856 处，解决 74.766 万农村人口的饮水安全问题。此外，省级财政还安排工程总投资 1.8134 亿元（省级补助 1.4505 亿元，市州配套 0.3629 亿元），计划新建农村饮水安全工程 473 处，解决因水源条件变化及城镇化、工业化建设造成的 36 万农村人口的饮水安全问题。中央投资计划下达后，省水利厅与省发改委、省财政厅及时转下达省级投资计划及省级专项资金投资计划，编制落实省级配套资金计划。中央预算内三批投资及省级专项投资计划项目均已全面开工建设。9 月，省水利厅组织各市州对 2012 年度农村饮水安全工程建设管材、水处理设备、提水设备等设备采购进行了统一招标。至 12 月底，中央及省级投资计划项目累计完成投资 14.6 亿元，解决 309 万农村人口和农村学校师生的饮水安全问题，超额完成 300 万人的年度目标任务。全省共建成农村集中供水工程 16638 处，设计供水能力达到 125 万立方米 / 天，其中供水能力小于 200 立方米 / 天的工程总数为 15626 处，约占工程总数的 94%，供水能力大于 200 立方米 / 天的工程只有 1015 处，其中突破 1000 立方米 / 天的有 47 处。全省除市州所在地，相当部分县城及全部城镇供水基本依靠上述集中式供水设施供水。为克服农村饮水安全工程建后管护无专项法规可依据的困难，通过各种方式推进全省各县市学习“思南经验”，落实以县为单元的农村饮水安全统管机构、维修基金、水质检测三项制度。是年底，全省有 74 个县建立县级农村供水运行管理机构；43 个县出台运行管理办法；76 个县出台农村供水应急预案；19 个县建立县级维修基金，累计筹集金额 457 万元。截至 2013 年年底，全省 93 个项目县都建立县级农村供水运行管理机构、出台运行管理办法、制定农村供水应急预案；有 22 个县建立县级维修基金。

2013 年年初，省水利厅争取国家年度投资计划 14.7858 亿元，其中中央资金 11.8286 亿元，地方配套 2.9572 亿元。计划解决 250.4 万农村人口和 43.28 万农村学校师生饮水安全问题。同时，经协调，年度省财政安排专项资金 2520 万元，用于解决 6.3 万农村人口饮水安全问题。2013 年 1—4 月，按照水利部要求，完成 2012 年年底下达的中央二、三批投资计划的建设任务，解决 74.82 万农村人口的饮水安全问题。5—12 月完成中央及省级年度下达投资计划，解决 256.72 万农村人口饮水安全问题的目标，全年共解决 333 万农村居民的饮水安全问题。在农村人口饮水安全项目建设中继续通过军民共建方式，军地互动，上下联动，协调军事部队建设急难险重的 72 处工程，解决 9.7 万农村群众和农村学校师生饮水安全问题；继续联合省妇联开展母亲水窖建设，在黎平县、德江县、清镇市、百管委、惠水县开展“大地之爱，母亲水窖”的建设，并依据农村饮水安全工程的建设标准，通过整合资金，全部建成集中供水式工程，提高受益群众的供水标准和保障率。继续加大对地矿部门所打机井配套供水设施的力度，使总配套数达到 617 口。至 2013 年年底，地矿部门根据贵州省“十二五”农村饮水安全规划共打井成井 798 口，省水利厅的配套率达到 77%。

2015 年 1 月，省水利厅会同省发展改革委转下达国家对贵州省 2015 年农村饮水安全工程第一批中央预算内投资计划 13.7555 亿元（其中：中央预算内投资 11.0044 亿元，地方投资 2.7511 亿元）。3 月，省水利厅会同省财政厅下达省级配套资金 1.3756 亿元，同时督促各地落实市州级配套资金 2.761883 亿元。各级水利部门采取选派技术人员包点、包片，监督施工质量，并签订技术质量责任书，各有关项目村选派村民代表参与工程监督，确保工程顺利进行，至 11 月 30 日，全省共完成投资 13.77 亿元，投资完成率 100.1%，建成供水工程 3837 处，解决 270.32 万农村居民和农村学校师生的饮水安全问题，顺利完成年度建设任务。

2015 年 2 月 9 日，水利部农水司组织召开全国农村饮水安全工程水质检测能力建设前期工作座谈会，中央下达贵州省 63 个县投资计划 4608 万元。根据会议精神，贵州省组织还未编制县级实施方案的 63 个县（市、区）完成实施方案的编制工作。5 月，贵州省将投资计划转下达到相关市（自治州）、县。7 月，按照水利部和贵州省政府要求，省水利厅统一组织开展县级水质检测中心所需仪器设备及水质检测车辆的招标工作，具体分包方案为：仪器设备 A 包（三个标段）和水质检测车辆 B 包。8 月 15 日发布中标候选人公告，仪器设备 A 包发布中标公告，通过二次招标于 12 月完成仪器设备的购入和安装调试并投入运行。截至 2015 年年末，全省通四级公路的地方，都实现供水入户，自来水普及率达 71%，集中供水率达 80%，大部分农村饮水安全工程供水保证率达 95%，水质合格率达 68%。以建成的工程为依托，各地初步建立以县为单位的管理机构、运行管理养护基金及水质监测三项机制。

（三）灌溉工程

灌溉工程主要是为农田建设配套服务。1978—2000 年灌溉工程建设跟农田建设合为一体建设。2001 年后，灌溉工程除与农田建设一起建设外，又重点做了灌区工程和节水灌溉工程建设。

灌区工程　自 2001 年开始，国家不断加大对贵州省大中型灌区续建配套和节水改造项目资金投入力度，为解决“三农”问题、贵州的粮食安全、用水安全、生态环境安全提供了保障。2001 年，贵州省有瓮福灌区、乌中灌区、湄凤余灌区、安西灌区、兴中灌区、金黔灌区、黎榕灌区、遵义灌区等 8 个灌区列入全国第一批 402 个大型灌区建设。2005 年，水利部批准铜东灌区列为大型灌区。

2007 年，省委、省政府把农田水利和农村交通等基础设施建设作为推进新农村建设的基础条件来抓。1 月 20 日，省长林树森在省十届人大五次会议上作的《政府工作报告》中提出“继续加强以交通和水利为重点的基础设施建设，加快改善经济社会发展的基础条件”，“大力加强水利基础设施建设，加快解决工程性缺水问题”。2008 年，水利部批准盘江灌区列入《全国大型灌区续建配套与

2007 年 7 月，安顺市西秀区整村推进项目沟渠建设

2007 年 7 月，瓮安县农村水渠

2007 年 6 月，长顺县农村沟渠建设项目

节水改造"十一五"规划》。同年，水利部组织专家修编《贵州省大型灌区续建配套与节水改造规划（2009–2020）》。全省规划 10 个大型灌区，规划灌溉面积 346.38 万亩，区内人口 923.54 万人，其中农业人口 820.85 万人，区内耕地面积 1028.62 万亩，占耕地总面积的 33.7%，总投资 533830 万元。至 2010 年，中央累计下达资金 5950 万元，地方配套 3728.6 万元，实施绥阳后水河灌区、天柱鱼塘灌区、黔南芒勇灌区、铜仁梵净山灌区、纳雍红旗灌区、六枝灌区、思南万圣灌区、剑河仰阿莎灌区共 8 个中型灌区。完成土方开挖回填 21.78 万立方米、石方开挖回填 7.42 万立方米、混凝土浇筑量 5.59 万立方米、量水设施 103 处、工程管护设施 1820 平方米，新增灌溉面积 6.36 万亩，改善灌溉面积 2.88 万亩，年增节水能力 4182 万立方米。2011 年，全省投资 1.01 亿元（其中中央资金 0.81 亿元，省级资金 0.1 亿元，地方配套 0.1 亿元），开工建设安西、湄凤余、铜东、盘江和黎榕 5 个灌区大型灌区续建配套与节水改造工程；编制六枝中型灌区续建配套与节水改造工程实施方案。全省各大型灌区都成立相应的管理机构，副县级单位，专门负责大型灌区续建配套和节水改造项目组织实施。全省大部分中型灌区实施由县级水利部门组织实施，没有设置单独的管理机构。2012 年，黔南自治州政府批准成立黔南自治州大中型灌区管理局，负责全州大型灌区和所有中型灌区建设管理，在灌区机构改革走在全省前列。

2012 年，全省投资 9878 万元（中央资金 8102 万元，地方到位 1776 万元），完成 2011 年大型灌区续建配套与节水改造项目任务，续建配套与防渗改造渠道 227 公里，渠系建筑物 493 处；新增灌溉面积 3.19 万亩，改善灌溉面积 4.21 万亩，节水能力 2394 万立方米，新增粮食生产能力 1057 万公斤；项目区渠系水利用系数从 0.35 提高到 0.61，灌溉水利用系数从 0.3 提高到 0.5；总投资 1600.7 万元，其中中央 1000 万元，地方财政 400 万元，省水利配套 100 万元，市（县）水利配套 100.7 万元。完成六枝中型灌区续建配套与节水改造项目任务，新增灌溉面积 0.783 万亩，改善灌溉面积 0.027 万亩，年节水量 102.3 万立方米。同年，中央下达思南万圣灌区和剑河仰阿莎 2 个中型灌区。每个灌区投资 1800 万元，计划新增灌溉面积 1.25 万亩，改善灌溉面积 4.92 万亩。2013 年，全省大中型灌区完成投资 1.72 亿元，新增灌溉面积 2.1 万亩，改善灌溉面积 3.41 万亩，恢复灌溉面积 3.33 万亩。争取中央投资 8100 万元（中央资金 5000 万元，地方配套 3100 万元），启动实施思南万圣、剑河仰阿莎、都匀匀南、盘县盘南、长顺广顺 5 个中型灌区，并联合省发改委、财政厅对绥阳后水河等大中型灌区已建工程进行省级验收。中央下达遵义灌区和盘江灌区 2 个大型灌区续建配套和节水改造项目，总投资 1.7071 亿元，其中中央资金 1.3656 亿元，地方配套 3415 万元。截至 2013 年，贵州 10 个大型灌区原规划投资已经全部下达完毕，新修编规划纳入贵州省“三位一体规划”。2014 年，新增松桃县、岑巩县 2 个中型灌区建设，全省累计开展建设的中型灌区达到 7 个。至 2014 年 12 月，思南万圣、剑河仰阿莎 2 个中型灌区建设已经完工。2013 年开工的都匀匀南、盘县盘南、长顺广顺等 3 个中型灌区也已基本完工受益。至 2015 年，全省累计开展建设的中型灌区达到 9 个，其中 2015 年投资 0.3 亿元，新开工建设黔南自治州平罗和惠水县小龙灌区 2 个中型灌区。截至 12 月 1 日，平罗灌区完成 32%，小龙完成 37%，综合形象进度 34.5%。

节水灌溉示范工程　贵州节水灌溉工程按照水资源时空分布、水资源开发利用方式、水利工程和农业布局等进行分区发展，在水资源紧缺的中部地区重点发展低压管道灌溉，在水资源相对欠缺的西北部地区重点以雨水集蓄工程与低压管灌滴灌相结合的旱地节水灌溉模式为主，在水资源相对丰沛的东南部地区重点发展喷灌及田间节水。

全省自 1996 年开始实施节水灌溉工程，至 2010 年年底，已完成 34 个全国节水示范项目并通过验收，累计完成投资 7128.7 万元；实施了 10 个以节水为主要目标的大型灌区和 7 个中型灌区续建配套与节水改造工程；推广普及雨水集蓄利用工程的运用；小型水利产权制度改革和以承包、租赁、合作等形式为抓手的建设与管理模式正在试点和推广；节水灌溉的工程、技术、管理等方面课题科研工作取得可喜成果；全省 30 个小型农田水利重点县中选择条件相对较好的县推广节水灌溉示范。2010 年，全省有效灌溉面积 1793 万亩，节水灌溉面积 607.61 万亩，占有效灌溉面积的 33.89%。节水灌溉面积中渠道防渗灌溉面积 482.85 万亩，占节水灌溉面积的 79.47%；低压管道灌溉面积 104.72 万亩，占节水灌溉面积的 17.23%；喷灌面积 6.63 万亩，占节水灌溉面积的 1.1%；微灌面积 13.41 万亩，占节水灌溉面积的 2.2%。全省灌区农业灌溉水利用系数从不足 0.35 提高到 0.42 左右。提高项目区水资源利用率，使项目区平均单位灌溉面积用水量逐年减少，较建成前平均节水 20% 以上，粮食总产量增加 15% 以上。

2011 年，完成乌当、绥阳、剑河、榕江、黄平和长顺等 6 个县、区的节水示范项目，总投资 0.09 亿元，其中中央资金 0.06 亿元，省级资金 0.015 亿元，地方配套 0.015 亿元，新增节水灌溉面积 0.68 万亩。2012 年，中央下达铜仁市碧江区和罗甸县 2 个节水灌溉增效示范项目。碧江区投资 625 万元，罗甸县投资 875 万元，计划完成新增节水灌溉面积 12607 亩，其中管灌面积 7412 亩，喷灌 423 亩，滴灌 4772 亩。开展《贵州省灌溉发展总体规划》编制工作。2013 年，中央投资 1090 万元，省级配套 400 万元，新增贵州省贵定县、惠水县 2 个农业水价综合改革示范项目；中央下达罗甸县、碧江区两个项目县总投资 2000 万元（其中中央资金 1600 万元，地方配套 400 万元）。罗甸县、碧江区

“十二五”期间规模化节水灌溉增效示范项目总体建设方案编制完成。全省在大型灌区和节水示范项目区中大力推行灌溉实验，配合省级灌溉试验中心站，开展全省农业灌溉水利用系数测算及各种节水灌溉工程技术试验研究；依托大中型灌区节水改造、小型农田水利重点县中玉屏和修文两个高效节水示范项目县，以点带面逐步在全省范围内推广节水灌溉技术，积极引导农民广泛参与节水示范项目，通过节水灌溉，提高有限的水资源利用率，最大限度地增加灌溉效益。2014 年，继续实施碧江区、罗甸县的规模化节水灌溉项目，进一步探索适合贵州的高效节水灌溉模式，中央和省补助资金共计 0.24 亿元。2014 年 11 月，《碧江区规模化节水灌溉项目实施方案》获批复，进入招投标程序；12 月，《罗甸县规模化节水灌溉项目实施方案》获批复。2015 年，全省投资 0.23 亿元，其中碧江区 0.08 亿元，罗甸县 0.15 亿元，继续实施碧江区、罗甸县规模化节水灌溉项目。截至 12 月，碧江区完成 88.14%，罗甸县完成 87.8%，综合形象进度 87.9%。

（四）烟水配套工程

贵州烟叶生产发展到 2005 年，产销量约占全国总量的五分之一，是全国第二大烟叶产区。烤烟是贵州农村覆盖面广、受益面大的传统支柱产业，烤烟生产发展直接左右烟区农民增收和脱贫致富。贵州烤烟产区主要分布在贫困地区、少数民族山区。由于贵州烟地大多数是坡耕地，缺乏必要的灌溉设施，加之贵州降雨时空分布不均，地质地貌特殊，工程性缺水突出，灌溉设施建设起步较晚，烟叶移栽季节缺水，严重制约烤烟生产。2005 年，贵州省 60 个烤烟生产县种植烤烟 317.77 万亩，有灌溉条件的只有 27.05 万亩，仅占 8.5%，91.5% 的烤烟种植全靠天然降水。省扶贫办和各地（市、自治州）、县（市）、乡（镇）扶贫部门，都把水利基础设施建设扶贫当大事来抓，鼎力协助水利、烟草等部门组织实施烟水配套工程。6 月，省政府办公厅转发省烟草专卖局《关于基本烟地规划建设与保护的意见》，提出“十一五”期间建成 600 万亩以上排灌自如、土层深厚、土壤指标合理、生态环境能满足优质烤烟生长要求、相对稳定的基本烟地，彻底解决烟地土层薄板结构和病虫害严重等问题。11 月，省水利厅、省烟草专卖局共同商定建设“烟水配套”工程的相关事宜。省烟叶生产基础设施建设工程总投资 89 亿元，5 年内完成，国家烟草专卖局出资 35%，省烟草专卖局出资 35%，其余 30% 的配套资金由省地县三级共同筹集。2006 年 2 月，省政府出台《关于加强烟叶生产基础设施建设的意见》，提出在“十一五”期间，烟叶生产基础设施建设以“烟水配套”工程和集约化烘烤工程建设为主，“烟水配套”工程以建设小水窖、小水池、小山塘和配套沟渠、管网为重点，对目标任务、资金筹措、措施做出明确规定。6 月，省政府召开全省水利工作会议，省长石秀诗要求认真组织实施好“烟水配套”工程。是年底，全省建成 100 万元以上的“烟水配套”工程项目 80 个，1000 万元以上的项目 5 个，最大的项目 3306 万元。全年投资 7.9 亿元，实施“烟水配套”工程面积 104 万亩。其中，烟草部门投资 7.2 亿元，面积 92 万亩；省级财政专项资金 0.6 亿元，面积 6.5 万亩；以工代赈资金 0.5 亿元，面积 5.5 万亩。当年新建的“烟水配套”工程使贵州烟叶生产获得好收成，全省种植烤烟 225.5 万亩，收购烟叶 29.715 万吨。

2005—2010 年，贵州累计完成“烟水配套”工程投资 50.6 亿元，建成小水窖（池）69.07 万个，容积 3517.36 万立方米；整治小（Ⅱ）型以上水库和配套修建沟渠管网工程 324 处；整治小山塘，配套建成沟渠管网 1729 处；新建引水工程 3255 处，提水工程 993 处。烟水配套灌溉面积达 602.5 万亩，受益烟农 100 多万户。“十二五”期间省级财政投入烟地水利建设达 4.2 亿元。截至 2015 年 12 月底全省共有 33 个项目上报国家烟草局，通过国家烟草局审查通过 27 个项目，通过率达 93%，总库容 9047 万立方米，总投资 34.6 亿元，获得烟草行业核定援建资金 25.4 亿元；全省投入烟水配套工程 17.8 亿元，实施烟地面积 187 万亩，其中烟草资金 14 亿元，实施烟水配套工程面积 159.3 万亩，省级财政资金 3.8 亿元，实施烟水配套工程面积 27.7 万亩。实施烟区现代水利示范园区项目 6 个。已经开工建设 20 个，其中威宁自治县马家水库、遵义县绿竹坝水库已蓄水发挥效益，平塘摆图等 6 个项目完成主体工程。以水源工程为重点的烟水工程建设，推动贵州烟叶生产基础设施建设，对烤烟可持续发展发挥重要作用，产生良好的经济和社会效益。烟草产业税支柱地位增强。2015年烟草入库税金359亿元，比2010年的158亿元增长127%；烟叶各税从2010年10.8亿元增加到2015年的16亿元，有效提高地方财政收入，烟农收入亦显著增加。“十二五”期间烟农总收入395亿元，较“十一五”期间增加191亿元，增长93.6%，2015年全省烟农户均收入达到5.9万元，较“十一五”期末提高2.24万元。水源工程建设极大缓解烟区生产生活用水困难。解决77万亩耕地灌溉，45万群众生产生活用水和27万头牲畜饮水问题。

2016年，遵义县烟水配套工程绿竹坝水库

第三节　农村电网、通信设施建设

一、电网建设

贵州省农村供用电由于自然条件和地方经济实力的原因，相对于全国供电状况和用电水平一直较为落后。1978年全省86个县（市）中，国家电网覆盖仅29个县，其余县及县以下群众的生产生活及照明用电均由地方小电网供电。地方电网大多数电站容量较小，供电可靠性较差。全省1454个乡镇，通电率仅为63.3%；全省26257个村，通电率仅为47.3%；全省661.19万农户，通电率仅为31.8%。无电缺电现象十分严重。1978—2015年，贵州农村电网建设按重大时间节点可分为4个阶段：1998年前，无电县、乡通电及联网建设；1999—2005年，第一、二期农网建设改造（其间于2003年启动县城电网改造）；2006—2009年，农村电网完善和无电地区电力建设；2010年起，新一轮农村电网改造升级。

（一）无电县、乡通电及联网建设

1978—1990年，贵州农村电网建设以省网延伸和地方小电网建设为主要方式，以解决通电和提升农村电网安全水平为目的，省级电网覆盖县（市、区）仅有29个。截至20世纪70年代末，贵州农网发展无规划，建设无计划，只用不管的现象严重，事故频繁，线损最高的县达47%，多数在40%以上，最低为25%。从1981年开始，贵州根据电力工业部颁发《农村高压电网整改工程暂行管理办法》的规定，对省网的农村电网进行以降损节能、改善安全、提高质量、合理布局为中心的整改工作，至1990年，贵州共完成各类农电整改工程481项，主要是：新建110千伏变电站1座、10000千伏安；新建35千伏变电站16座、5281千伏安；架设35千伏输电线路17条，共231.7千米；改造35千伏简易变电站17座；改造35千伏低劣线路85千米；改造6～10千伏线路2306.3千米；更换10千伏高能耗配电变压器729台；增装补偿电容器6662千法；安装载波通讯机6套，无线电话网2套；安装10千伏标准化配电变压器台架499组。总共耗资4226.9万元，其中：水利电力部农电司补助968万元，占23%；贵州更新改造资金拨款444万元，占10.5%；各级地方政府及其他筹集资金2814.9万元，占66.5%。通过9年的改造，省级电网对农村扩大供电范围，提高供电能力。省级电网覆盖县（市、区）扩大至1990年的53个，其中：贵州电网直供直管的有南明、云岩、花溪、息烽、清镇、桐梓、遵义、安顺、都匀、凯里、钟山、六枝、盘县、水城等14个县及县级市、区；贵州电网代管，执行趸售的有铜仁、兴义、金沙、惠水4个地区、县；由贵州电网趸售的有乌当、白云、修文、湄潭、遵义（县）、绥阳、黔西、普安、平坝、普定、贵定、福泉、三都、雷山、丹寨、麻江、毕节、大方、龙里、开阳、长顺等21个县、区；联入省网后执行联网电价的有玉屏、兴仁、织金、赫章、关岭、镇宁、镇远、独山、台江、万山、安龙、剑河、紫云、岑巩等14个县、区。省网涉及农用供电的设施有110千伏线路1200千米，35千伏线路1743千米，3～10千伏线路15903千米，低压线路30778千米；110千伏变电站18座、主变29台、57万千伏安。35千伏变电站88座、主变150台、50.56万千伏安。配电变压器44381台、113.73万千伏安。截至1990年年底：全省3930个乡（镇）有3100个乡（镇）用上了电，乡通电率达78.88%；全省26257个行政村，有16910个行政村用上了电，村通电率达64.4%；全省661.19万户，有349.48万户用上电，户通电率达52.86%。

1991—1998年，启动实施电力扶贫共富工程，以联网和扶贫通电为主，以在2000年内实现乡乡通电和县县联网为总体目标。1993年，贵州按“八七扶贫攻坚计划”要求，实施110千伏电网延伸，35千伏以下配电网络延伸由地方或农民集资自行解决，省级电力部门未作专门统计。1994年，贵州部署“电力扶贫共富工程”。为摸清通电现状，省电力局组织上万人次、历时半年，对全省1368个乡镇、24343个行政村的通电情况做了详细调查，经核实，截至1994年上半年，全省共有223个无电乡、10493个无电村、170万无电农户。贵州按照电力工业部的部署和财政情况，下达《关于下达一九九四年贵州电网农电10千伏和35千伏输变电工程投资计划的通知》中确定，农电通电工程的资金来源为省地方电网基金出资1/3，地方政府自筹1/3，当地供电部门出资1/3的“三三制”。从1994年下半年至1996年，对112个无电乡、1119个无电村、24万无电农户完成通电工作。1996年11月，省政府召开全省通电工作会议，确定全省通电工程的重点是集中人力、物力、财力，在2000年内实现乡乡通电的总体目标。同时，省委、省政府决定，从1997年开始，把1997年完成35个无电乡通电、1998年完成30个无电乡通电、1999年完成46个无电乡通电，作为中共贵州省委、省人民政府每年要重点完成的十件大事之一来抓，从组织上保证通电工程的按期完成，省电力工业局制订分年度实施计划，到1998年年底，全省提前完成攻坚任务，经过省农电局组织核实，省电力局于1999年4月中旬，向省政府上报全省实现乡乡通电的报告（村通电率84.2%，户通电率79.71%）。鉴于到1998年底，贵州还有39个县以小水电供电为主，1999年，省电力局加大农村电网建设与改造步伐，投资110千伏工程14395万元，建成变电站6座、主变压器容量16.6万千伏安，建成110千伏线路95.9千米，9月28日，以荔波县110千伏输变电工程于与省网联网运行成功为标志，提前一年实现全省县县联网。

电力部门为镇远县舞阳镇黄桑田村小塘村民组架设用电设施

2006年，根据《国家发展改革委关于无电地区电力建设有关问题的通知》和《中国南方电网公司“加快农电发展，服务新农村建设”实施纲要》文件精神，贵州电网公司制订《贵州电网公司“加快农电发展，服务新农村建设”实施细则》，本细则将在“十一五”期间解决无电村和无电人口用电问题作为主要目标之一。是年，国家发展和改革委员会下达贵州省2006年无电地区电力建设工程投资2亿元（中央预算内投资0.4亿元，贵州电网公司自有0.4亿元，贵州电网公司向银行贷款1.2亿元）。工程于2007年启动，当年完工。共建设35千伏变电站2座、容量1万千伏安、线路46千米，10千伏线路951千米、配变327台、容量7万千伏安，低压线路1444千米。2007年，根据国家发展和改革委员会《国家发展改革委关于做好“十一五”农村电网完善和无电地区电力建设的通知》、贵州省发展和改革委员会《关于转发〈国家发展改革委关于做好“十一五”农村电网完善和无电地区电力建设的通知〉的通知》精神，贵州电网公司编制《贵州省“十一五”无电地区电力建设规划》。该规划以提高农村电网的覆盖率，实现全省户户通电为目标。是年，贵州电网公司制订解决贵州最后109个行政村通电的方案，提出实现行政村“村村通电”和解决43271户无电户通电的目标。11月15日，贵州最后一个行政村安顺市紫云县大地坝村通电，标志着109个无电行政村通电任务完成。提前3年实现《南方电网公司“加快农电发展，服务新农村建设”实施纲要》对“村村通电”的目标要求。2007年共解决无电户通电45855户。是年，国家发展和改革委员会下达贵州省2007年无电村户电力建设工程投资1.86亿元（中央预算内投资0.37亿元，贵州电网公司自有0.37亿元，贵州电网公司向银行贷款1.12亿元）。工程于2008年启动，当年完工。共建设10千伏线路574千米、配变466台、容量2.32万千伏安，低压线路2193千米，解决无电户通电28895户（其中太阳能解决196户：贵定县17户、大方县106户、绥阳县73户）。

2009年，国家发展和改革委员会下达贵州省2009年无电地区电力建设工程投资2.5亿元（中央预算内投资0.5亿元，贵州电网公司自有0.5亿元，贵州电网公司向银行贷款1.5亿元）。工程当年启动，当年完工。共建设10千伏线路960千米、配电变压器（简称配变）661台、容量2.153万千伏安，低压线路2757千米，太阳能光伏发电26.5千瓦，解决无电户20894户（其中太阳能解决64户，分布在贵定县、锦屏县、松桃县、印江自治县）。是年，贵州电网公司制定年内电网可覆盖范围内实现“户户通电”的目标，并被纳入《中共贵州省委、贵州省人民政府关于做好2009年农业农村工作的意见》，成为全省的重要工作。在国家投入不足的情况下，贵州电网公司自筹资金13575万元，开展无电户通电工程建设。共建设10千伏线路263千米、配变282台、容量1.18万千伏安，低压线路1979千米，解决无电户11226户。12月14日，贵州最后一户无电户——赤水市金宝村菁口组12户无电户拉亮了电灯，至此，全省实现户户通电。此事件入选贵州2009年度十大经济事件。

2013年8月，电力部门为村民安装变压器提高供电可靠率

贵州无电户通电工程自2007年启动实施，至2009年实现“户户通电”目标，共历时3年，比南方电网公司的要求提前一年实现“户户通电”，共解决10.69万户农民的用电问题，其中2007年解决无电户4.6万户、2008年解决无电户2.9万户、2009年解决无电户3.2万户。贵州无电户通电工程建设共投入资金7.72亿元（其中2007年2亿元、2008年1.86亿元、2009年3.86亿元），共建成35千伏变电站2座、35千伏线路46千米，10千伏线路2748千米、10千伏配变1736台，低压线路8373千米。

（二）农村电网建设改造

1998年8月，省电力工业局向国家电力公司上报《贵州省1998年农村输变电网第一批建设计划（规划）项目的请示》。1999年1月，国家发展计划委员会下达《国家计委关于贵州省农村电网建设与改造工程、农电管理体制改革和城乡用电同价方案的批复》，批复贵州省第一期农村电网建设与改造工程的计划投资为55亿元，其中预算内资金11亿元，省政府决定由省电力局作为项目法人，全省农网改造实行“一省一贷”，12月，省政府成立“贵州省农村电网建设与改造领导小组”，由相关副省长任组长，省电力局及各级供电部门严格按照“五制”（项目法人责任制、项目资本金制、工程招投标制、工程监理制、合同管理制）来进行工程管理，力保工期和质量，贵州农网改造工程全面展开。至2002年年底，全省第一期农村电网建设与改造工程共完成投资53.3244亿元，占总投资55亿元的96.95%。是年，贵州省又启动第二期农网建设与改造工程。2002年3月24日，国家发展计划委员会下达《国家计委关于贵州省第二批农村电网建设与改造工程可行性研究报告的批复》，批准贵州第二期农村电网建设与改造工程20亿元的计划投资，其中预算内资金4亿元。贵州一、二期农村电网建设与改造工程总投资75亿元（预算内资金15亿元），工程自1999年年初启动，至2005年年底全部完成，共建成110千伏变电站180座（容量420万千伏安），110千伏线路3547千米，35千伏变电站351座（容量101.715万千伏安），35千伏线路5208.8千米，10千伏线路65714.75千米，低压线路120845.3千米，配变51998台（容量208.592万千伏安）。经过一、二期农网改造，贵州农村电网得到极大的改善，扩大覆盖面和提升供电质量。2005年年底，全省行政村通电率提高到99.46%、户通电率提高到97.69%。农网改造提高农民了生活质量，也促进了农村经济和社会的快速发展。

2002年，国家发展和改革委员会安排贵州县城电网改造工程投资4.03亿元（中央预算内投资0.806亿元，贵州电网公司向银行贷款3.224亿元），安排全省县城电网改造工程投资5.97亿元（中央内投资1.194亿元，贵州电网公司向银行贷款4.776亿元），工程启动。2003—2007年，贵州县城电网改造共完成计划投资10亿元，其中110千伏2.4亿元、35千伏及以下电网7.6亿元。新建和扩建110千伏变电站32座、容量132.5万千伏安，110千伏线路174.5千米；35千伏变电站10座、容量6.2万千伏安，35千伏线路75千米；10千伏线路1336千米；低压线路1321千米。配套设施方面，更换和新增配变（含柱上开关等）3988台（其中配变1261台），新建县级调度自动化系统66套。

2006年，国家发展和改革委员会安排贵州农网完善化工程投资0.5亿元，贵州电网公司向银行贷款2亿元，工程于2007年启动，当年完成，共建设和改造35千伏变电站24座、容量12.5万千伏安、35千伏线路184千米；10千伏线路792千米、配变221台、容量2万千伏安；低压线路1185千米。是年，根据国家发展和改革委员会《国家发展改革委关于做好"十一五"农村电网完善和无电地区电力建设的通知》、省发展和改革委员会《关于转发〈国家发展改革委关于做好"十一五"农村电网完善和无电地区电力建设的通知〉的通知》精神，贵州电网公司编制《贵州省"十一五"农村电网完善工程规划》。该规划以解决第一、二期农村电网建设与改造工程遗留问题，提高农村电网的覆盖面和户表安装率，提高农村电网供电可靠性、电压合格率，提高农村电网供电质量为重点任务。国家发展和改革委员会下达贵州农网完善化工程投资1.3亿元，贵州电网公司向银行贷款5.2亿元，工程于2007年启动，次年完工。共建设和改造110千伏变电站3座、容量13万千伏安、线路46千米；35千伏变电站66座，容量229.8万千伏安、线路429千米；10千伏线路1874千米，配变1099台、容量20万千伏安；低压线路1148千米。

2008年，国家实施扩内需政策，国家发展和改革委员会下达贵州省2008年农网完善化工程投资1亿元，贵州电网公司向银行贷款4亿元，工程于2008年启动，次年完工，共建设和改造110千伏变电站1座、容量5万千伏安、线路68千米；35千伏变电站11座、容量6.2万千伏安、线路127千米；10千伏线路1329千米，配变1113台、容量7.3万千伏安；低压线路2412千米。2009年，国家进一步加大扩内需力度，先后下达贵州两批（中央预算内投资2亿元，贵州电网公司向银行贷款8亿元和中央预算内投资1.5亿元，贵州电网公司向银行贷款6亿元）农网完善工程投资计划，工程均是当年启动当年完成。其中10亿元工程建设和改造35千伏变电站7座、容量3.63万千伏安、线路163千米；10千伏线路3562千米，配变3823台、容量29万千伏安；低压线路6094千米。7.5亿元工程建设和改造110千伏变电站9座、容量41万千伏安、线路206千米；35千伏变电站13座、容量5.6万千伏安、线路99千米；10千伏线路941千米、配变895台、容量6.5万千伏安；低压线路1490千米。

在实施中央预算农网完善化工程的同时，贵州电网公司自筹资金开展农网完善化工作，其中2006年自筹投资22782万元，建设和改造110千伏变电站21座、容量101万千伏安、线路338千米。2007年自筹投资73728万元，建设和改造110千伏变电站23座、容量113万千伏安、线路755千米；35千伏变电站90座、容量48万千伏安、线路1358千米；10千伏线路4018千米、配变2036台、容量40.3万千伏安；低压线路5701千米。2008年自筹投资148061万元，建设和改造110千伏变电站8座、容量37.2万千伏安、线路339千米；35千伏变电站13座、容量11万千伏安、线路257千米；10千伏线路238千米、配变541台、容量6.37万千伏安；低压线路1356千米。2009年自筹投资256866万元（未含无电户通电工程自筹部分），建设和改造110千伏变电站33座、容量185.6万千伏安、线路1327千米；35千伏变电站33座、容量19.9万千伏安、线路536千米；10千伏线路1274千米、配变2831台、容量19.64万千伏安；低压线路518千米。

2010年，国家启动农村电网改造升级工程，《国家发展改革委关于下达农村电网改造升级工程2010年中央预算内投资计划的通知》下达贵州农网改造升级工程，总投资20亿元（中央预算内投资

4亿元，贵州电网公司向银行贷款16亿元）。是年，贵州电网公司进一步加大县级电网建设投资，年度农村电网建设计划投资620494万元（其中包括农网改造升级2010年中央预算内投资计划的6亿元），实际完成投资642420万元（其中包括完成农网改造升级2010年中央预算内投资计划48476万元），当年新增生产能力110千伏变电站31座、容量185万千伏安、线路1004千米，35千伏变电站42座、容量27万千伏安、线路862千米，10千伏线路11413千米、配变8009台，低压线路13686千米。

2005年1月，毕节供电局电力服务人员在村民唐敏家太阳能发电板前进行发电原理讲解和正确操作培训

经过农网建设与改造，贵州农村电网作为重要基础设施得到快速发展，但因管理体制问题，贵州仍有部分小水电直供区、厂矿企业转供区和农林场自供区的电网未完成改造，贵州电网公司正在积极推进体制改革和电网改造工作。对小水电直供区，贵州省水利厅已委托贵州省水利水电勘测设计研究院完成《贵州省农村水电直供电片区电网改造规划报告》，规划的16个农村水电直供区域面积725平方千米，涉及7个县（市、区），21个乡镇，60个村，总户数2.7万户。截至2010年，贵州农村电网共有110千伏变电站239座、变电容量1714.7万千伏安，110千伏线路8573千米；35千伏变电站597座、变电容量1047.92万千伏安，35千伏线路13710千米；10千伏配变容量达到699.46万千伏安，10千伏线路达到116342千米。为实施为实施“四在农家美丽乡村”基础设施建设——小康路、小康水、小康电等6项行动计划，按照省政府的统一规划，贵州电网公司计划2013—2017年投入165.6亿元建设农村电网。2014年完成小康电投资33.9亿元，开工建设项目2604个，新建110千伏和35千伏线路2422公里，新建、扩建110千伏和35千伏变电站106座，新建及改造10千伏及以下线路9004公里，新增便民电费代收网点826个。2015年，小康电行动计划完成投资17.5亿元，新建、改造35千伏及以上变电站37座、变电容量87.7万千伏安、线路355公里和10千伏及以下线路5243公里、配变1821台。

二、通信设施建设

贵州农村通信不畅、信息不灵是导致农民贫困的重要原因之一。1978年起，经过加强农村通信的组织管理、设施技术改造、农村电信资费优惠等政策措施，以及实施“乡乡通电话”“村村通电话”“乡乡通宽带”等通信设施建设扶贫，全省农村电话交换设备和线路设备数量显著增长，技术层次有了质的提升，使广大农民特别是贫困地区农民的思想观念、经济信息和商品生产与市场息息相通，助推经济社会跨越式发展，生活方式不断改变，生活质量不断提高，加快脱贫致富奔小康的步伐。

乡村通电话 1991年4月，贵州农村电话交换自动化程控化在黄平县旧州区、赤水市长沙区开始试点。1993年1月，贵州省邮电管理局在兴义市召开农村电话工作会议，部署农村电信自动化改造工作。4月，省邮电管理局出台《农村电话人工改自动工程管理规定》，拉开贵州农村电信自动化改造的序幕。12月，玉屏县大龙镇1000门程控电话开通，是贵州首家开通千门程控电话的乡镇。1994年8月2日，贵州农村电话第一次设备选型会议在贵阳召开，逐步加快农村乡镇电话程控化步伐。1996年12月，全省197个乡镇农村电话实现人工改制，容量达到32.7万门。1997年，开通程控电话的乡镇达1364个，行政村达1364个。1999年年底，贵州最后一个不通电话的江口县官和乡开通程控电话，全省提前一年实现“乡乡通程控电话”的目标。

2000年7月1日，贵州农村电话成建制划归中央国有电信企业管理，农村电话交换网并入本地电话网。2003年9月，贵州移动毕节分公司在全地区累计建成开通基站365个，毕节市、大方县、黔西县、金沙县、织金县、赫章县、威宁自治县实现乡乡通移动网络。11月，遵义市董公寺交通村被授予“中国移动电话村”，全村4000多人拥有移动电话1500余部，移动电话普及率达38%。12月5日，中国移动通信集团贵州公司“乡乡通工程”第1495座基站在福泉市仙桥乡建成开通，移动通信网络覆盖1495个乡镇，全省实现乡乡通移动电话。2003年，全国行政村通电话比例为89.2%，贵州村通电话比例为58.73%。全省25261个行政村中，还有10425个行政村未通固定电话，约占全国未通电话行政村总数的15%。10月25日，副省长包克辛、张群山在听取贵州省通信管理局和贵州省移动公司关于村村通电话工程的汇报后，表示将大力支持实施村通电话工程，加强农村通信建设力度，争取把实施村通电话工程列入政府每年要办的“十件实事”之中，重点加以落实，提高农村通信服务水平，让村通电话工程成为“畅通工程”“民心工程”。

2004年9月8日，信息产业部启动“村村通电话工程”第二阶段试点，贵州被列为全国村通电话工程第二阶段13个试点省份之一。是年年底，贵州完成717个行政村通电话，超额完成信息产业部下达309个行政村通电话的任务。2005年3月，省政府印发《贵州省行政村“村村通电话工程”实施意见》，“村村通电话工程”在全省范围全面实施。同时，中国移动集团公司也开始投入专项资金开展贵州移动村通电话建设。11月25日，省通信管理局召开“村村通电话工程”新闻发布会，宣布提前超额完成省政府在2005年要办的“十件实事”中确定新增3000个行政村通电话的目标任务，通电话的行政村达到17240个，村通电话率达85%，比2004年提高18.9个百分点。

2006年4月，黔西南自治州、六盘水市分别启动“村村通电话工程”。9月30日，贵州移动六盘水分公司“村村通电话工程”全面竣工，移动网络覆盖1092个行政村。是年，贵州2377个行政村新开通电话，提前3个月完成信息产业部下达全年行政村通电话的任务，比计划任务超额完成277个行政村。11月30日，安顺市紫云自治县宗地乡竹林移动通信基站开通，贵州移动安顺公司“村村通电话工程”全面完成。贵州移动在推进“村村通电话工程”中，全年投入资金9.3亿元，新增基站2274个，2203个行政村结束不通电话的历史。累计完成移动电话覆盖19775个行政村，覆盖率达97%。2007年2月2日，贵州省人民政府副省长孙国强主持召开“村村通电话工程”专题办公会，协调通信、公安、国土、建设、林业、工商、物价、电力等相关部门，为“村村通电话工程”打开绿色通道，确保2007年全面实现100%的行政村通电话的目标。5月，在农村通信基础设施不断完善的基础上，省通信管理局牵头组织贵州省电信公司、贵州省移动公司、贵州省农经网在遵义市、黔南自治州和黔东南自治州开展“三县三乡三村”新农村信息化示范试点，逐步以点带面在全省铺开，拉开通信业推进农村信息化建设的帷幕。6月15日，省通信管理局印发《贵州省2007年自然“村村通电话工程”实施意见》，正式启动自然村通电话工程。10月18日，贵州最后一个未通电话的册亨县弼佑村通信基站开通。至此，全省以移动通信覆盖为主的行政村“村村通电话”全面开通，提前3年完成“十一五”规划的目标任务。

2009年6月3日，沿河自治县板场乡程控电话开通典礼

贵州省“村村通电话工程”共投入资金30亿元，建设基站3897个，铺设光缆4.27万公里，7566个行政村开通电话，行政村通电话率由2004年的66.1%提高到100%。农村固定电话用户数达到209.99万户，是1978年的130.2倍。2007年11月23日，省政府召开“贵州省行政村通电话工程全面完成新闻发布会”，信息产业部副部长奚国华、贵州省副省长孙国强出席新闻发布会。

固定电话进苗家

2008年，贵州进一步加强以提高信息覆盖广度的农村信息化工作，在完成全省行政村村村通电话和乡镇通宽带的基础上，加大农村通信基础设施建设力度。截至2008年11月，全省通信业共投入建设资金2.2亿元，为571个20户以上的自然村开通电话，全省开通电话的自然村达到97931个。2009年，

在莽莽群山间建设“村村通”基站，村村通电话工程建设者们历尽艰辛，风餐露宿，为农村架起致富奔小康的信息通道

贵州移动村村通电话进一步向自然村延伸，有针对性地制定《贵州“村村通电话工程”实施意见》，到2010年，贵州移动农村用户规模比2006年增长近3倍，是年10月14日，贵州移动2010年村通工程建设项目全面完工，新建基站446个，移动基础网络覆盖100%的行政村及98%的自然村。

农村信息化工程　2007年，贵州全面实现乡乡通电话、乡乡通宽带。在电话网和宽带网拓展深入广大农村后，通信行业面临的重要任务转向大力发展农村信息通信技术应用和普及，促进社会主义新农村建设。2月8日，贵州实现“乡乡通宽带”，全省1452个乡镇均具备通过宽带接入访问互联网的能力，成为西南地区率先实现所有乡镇通宽带的省份，提前4年完成电信业“十一五”规划“乡乡通宽带”的目标。是年，省通信管理局组织贵州电信公司、贵州移动公司、贵州农经网到黔东南州丹寨县和黔南自治州长顺县信息化示范点调研，确定县、乡、村三级新农村信息化示范点的建设内容和标准，在丹寨举行贵州新农村信息化建设试点启动仪式。5月，贵州电信贵阳分公司率先在贵阳龙洞堡羊角村建设全省首个“信息村”。9月29日，信息产业部副部长苟仲文到贵州调研农村信息化建设，要求贵州通信业要结合贵州经济社会发展实际，在信息服务中实现转型，在转型中再创新高，推出农村用户需要的信息服务业务，发展农村信息通信技术应用和普及，促进社会主义新农村建设。至2008年，省通信管理局组织电信贵州公司、移动贵州公司、联通贵州分公司、贵州农经网联合在21个乡镇的40个行政村开展农村信息化试点建设，推动信息扶贫工作，使试点乡镇电话普及率提高3%，30%的行政村能通过宽带访问互联网，乡镇政府所在地建有无线LED电子显示屏，下辖每个行政村都建有农村信息采集发布点，至少有一部免费农村信息机终端或手机，农户能方便快捷地获得农经信息服务并享受资费优惠。2009年，全省通信行业在继续推进农村信息化网络建设工作中，贵州移动完成12个乡镇24个行政村农村信息化网络建设，482个自然村开通电话。贵州联通完成7个乡镇12个行政村农村信息化网络建设，110个自然村通电话。贵州农经网共计培训农村信息化网络建设点基层干部、农村经纪人、农民合作经济组织成员、村民等1588人，指导乡镇建设点开展涉农信息采集、发布，开

2008年4月，贵州农经网工作人员到湄潭县新南乡在信息大篷车上培训茶农上网

发30个乡镇建设点涉农信息数据库。2010年4月30日，贵州电信完成村通会战，行政村光缆通达率从17%提升至40%，建成1640个无线网络基站。是年底，贵州共完成3000个自然村通信网络覆盖，累计建设62个乡镇、250个行政村的乡镇、村级网络教室、多功能信息服务站，完成有线、无线宽带互联网接入、乡镇、村级网站及重点农业专栏、农村书屋等建设。9月，贵州电信黔南分公司在都匀市大坪镇马寨村建成首个“天翼信息村”，全村共拥有天翼手机420部、宽带53户、固定电话用户850户、融合套餐用户340户。是年，贵州电信黔南分公司在都匀市共建成57个信息示范村。通过示范村带动，黔南自治州共建成177个信息村，占全州行政村的10%。

2011年，贵州在50个乡镇、200个行政村开展农村信息化网络建设，建设10个村级多功能信息服务站。2012年，全省增加在84个乡镇160个行政村开展农村信息化网络建设，建设31个村级多功能信息服务站建设。2013年，贵州实施50个乡镇100个行政村开展农村信息化网络建设，建设23个村级多功能信息服务站。2014年，贵州在30个乡镇59个行政村开展农村信息化网络建设，为30学校开通宽带，建设3个多功能站。到2015年，全省共有9952个行政村通宽带，占全省行政村的99%以上。在31个乡镇及下辖60个行政村开展农村信息化网络建设，为30所学校开通宽带，建设19个行政村农村电子商务信息服务点建设。

三、邮政基础设施建设

让贫困农村人口能够享受均等化的邮政基本公共服务是扶贫工作的重要内容。随着电商兴起，加强邮政基础设施建设，解决贵州农村商品流通困难，畅通农产品物流渠道，提高农村生活的便利性显得尤为重要。

1984年，中共中央《关于进一步活跃农村经济的十项政策》中提出“农村邮电通信作为传递信息的重要手段，要不断发展，逐步形成普及的、比较灵活的传递网”。贵州邮政部门把发展委、代办邮政局所作为支持农村经济发展、改善农村邮政服务的重要工作措施，坚持谁举办、谁经营、谁受益的原则，积极支持农民参与兴办农村邮政。1985年，又提出了《关于加强农村邮政通信工作的意见》，要求因地制宜、积极稳妥地发展委办、代办服务，认真研究推行委、代办服务的方式方法，通过实践，不断总结提高，逐步加以完善。此后，农村邮政代办所逐渐增多，发展最快的，是那种立足本乡本土，投送邮件报刊并兼办一些简单业务（如出售邮票、收寄信件、代订报刊等）的农村信报站，1985年为141个，1990年即增加到539个。

1995—2015年贵州农村地区邮政服务主要靠租房开点和委托代办服务。2003年4月9日，贵州邮政提出适应农村市场需求，积极争取地方政府支持，充分利用社会力量，积极稳妥地发展村级邮政代办，以弥补现有邮政服务网点的不足，建立起覆盖广大农村的长期稳定的邮政营销服务网络，在履行国家赋予普遍服务义务的同时，大力开拓农村邮政市场，促进农村邮政业务的快速、健康发展。2005年，贵州全省邮政有农村代办点469处。此后，有不少服务规范的农村代办点，随着邮政业务经营范围和经营规模不断扩大，在符合邮政局所设置标准后，升格为邮政代办所。2010年，全省邮政农村代办点为208处，另有村邮站1499处。村级邮政代办在积极服务“三农”、方便群众使用邮政、促进农民增收减负和拓展邮政普遍服务网络的广度、深度等方面，发挥了较好作用。

自2007年，国家有关部门每年都要安排一定额度的中央预算内补助资金，用于西部地区邮政基础设施的整修改造、信息化建设、新增局所建设和少量危旧县局房建设，以改善邮政普遍服务条件，增强邮政普遍服务能力，简称“西部网点项目”。到2010年年底，贵州西部网点项目建设完成投资8162万元，建设改造网点457个。通过建设、改造，贵州省邮政各级网点特别是农村支局旧貌换新颜，邮政企业形象、邮政服务社会的能力都得到显著提升，深受社会各界和广大群众的欢迎。

1995年，贵州全省乡镇总数为1445个，其中提供邮政投递服务的为1332个，占92.2%；2000年，全省乡镇总数为1475个，其中提供邮政投递服务的为1405个，占95.3%。到2010年，全省所有乡镇实现全部提供邮政投递服务。全省行政村总数，2005年为20070个，已通邮的有18079个，占90.1%；2010年为19157个，已通邮的有17371个，占90.6%。

2010年7月5日，国家发改委启动全国农村空白乡镇邮政局所补建工作，补建局房按155.4平方米、201平方米两种标准建设，155.4平方米网点的投资计划为24.4万元，201平方米网点的投资计划为27.7万元，由中央补贴资金和地方政府配套资金组成。2010年7月，由省发改委和省邮政管理局牵头，省邮政公司参与，开始推进贵州空白乡镇邮政局所补建项目前期工作。

2013年1月，贵州省委、省政府提出开展以县为单位同步小康创建活动，并于同年9月份印发了《关于实施贵州省"四在农家·美丽乡村"基础设施建设六项行动计划的意见》，并将空白乡镇邮政局所补建、村级邮件接收场所、农村危旧网点改造、快递下乡四个项目列入六项行动计划之一的"小康讯"行动计划。截至2015年12月底，"小康讯"邮政部分累计完成固定投资35875万元。其中，加快完成了658个空白乡镇邮政局所的补建任务，实现了全省"乡乡设所"的目标；设置村级邮件接收场所1020个，在此基础上，通过捎转、流动服务等方式实现了"村村通邮"目标；完成了82个邮政机要网点、330个邮政普遍服务网点（含危旧县局房）的改造及288辆邮运车辆的更新；设置乡镇快递服务网点462个。农村邮政基础设施状况得到明显改善，为"十三五"期间推动农村电子商务加快发展，促进"农货进城"和"黔货出省"，形成农村经济发展内生增长新动力提供了一定支撑。

2013年6月，空白乡镇邮政局所补建的网点——毕节市金沙县龙坝乡邮政所

2011年8月，利用流动服务车深入村寨服务百姓

四、广播电视设施建设

广播电视村村通工程是为解决广播电视信号覆盖盲区，特别是边远贫困地区广大农民群众收听广播、收看电视的困难，是由国家组织实施的一项"民心工程"，也

是扶贫开发的一项重要任务。贵州广播电视村村通工程从1985年开始实施，1985—1996年建设乡镇卫星地面接收站；1998—2005年开展广播电视村村通工程建设；2006—2015年实施新一轮广播电视村村通工程建设。

（一）卫星广播电视收转站

1985年，中央电视台开始启用国际通信卫星，国务院赠送贵州省3座电视卫星地面接收设备，加上贵州购买的电视卫星地面接收设备，当年全省建成卫星地面站14座。1987年，省委、省政府决定贵州租用卫星转发器传送贵州人民广播电台和贵州电视台的第一套广播、电视节目。为适应广播电视事业发展的新形势，4月，全省第十一次广播电视工作会议，部署加速建设小型卫星地面收转站。1989年10月，贵州广播电视卫星地球站建成正式运行，省广播电台、电视节目的传输方式由多级差转发展到通过卫星覆盖全省，各地有卫星地面接收设施、有稳定电源，即可收到中央台和省台的第一套广播、电视节目。卫星地球站的建成使用，为卫星地面站的建设创造有利条件。到1990年，全省建成卫星地面站883座，其中广播电视系统外有541座，占总数的61.72%。

1992年，贵州按照把广播电视覆盖的重点放到农村去的指导思想，利用卫星广播电视节目覆盖面广，信号质量好，便于地面收转的特点，开始在农村乡镇建设卫星广播电视收转站，加快实施农村广播电视覆盖。省政府决定，从1992年起，用3到4年的时间，在全省有稳定电源的乡（镇）基本建成卫星广播电视收转站，使全省广播、电视人口覆盖率达到75%左右。为此，成立贵州省卫星地面站建设领导小组，编制建设规划和实施方案。是年，采用省地县乡多级投资和群众集资相结合的办法，建成农村卫星地面站389座。到年底，全省共有卫星地面收转站1590座，其中系统内786座（省级6座、地市级20座、县级125座、乡镇级635座），系统外804座。

1993—1995年，按照省委、省人民政府“八五”期间在贵州省有稳定电源的乡（镇）建设卫星广播电视收转站，努力发展县乡调频广播的指示，继续努力完成建设地面卫星广播电视收转站的任务。省广电厅每年在召开全省广播电视工作会议的同时，召开全省农村卫星广播电视收转站建设工作会议，邀请省、地（自治州、市）财政、民委等部门领导参加，商讨建站工作。到1995年年底，全省共建乡（镇）地面卫星广播电视收转站1396座，占全省“撤、并、建”之后乡（镇）的95%以上。其余不到5%的未建站乡（镇），多属地处城镇已不需再建地面卫星收转站和极少数无稳定电源的乡（镇）。在已经建站的乡（镇）中，民族自治州的乡（镇）和其他地、市的少数民族乡（镇）有968个，配备调频广播收转设施的有568个。1996年6月，省广电厅召开全省农村地面卫星广播电视收转站建设工作会议宣布“八五”期间在贵州有稳定电源的乡（镇）建设地面卫星广播电视收转站的工作任务胜利完成。是年底，贵州共有卫星地面收转站5097座，其中系统内4163座，系统外934座。1997年，贵州省共有卫星地面收转站7525座，较1996年增加2428座，增长47.63%。其中：系统内6384座，系统外1141座。10月，广播电影电视部副部长田聪明一行到贵州和重庆市调研广播电视的发展情况，写出《大力建设农村地面卫星收转站，加快扩大广播电视有效覆盖率和实际入户接收率》的调查研究报告，对贵州从实际出发，大力建设农村广播电视地面卫星收转站，加快扩大广播电视节目的有效覆盖率和实际入户率，予以充分肯定。广播电影电视部部长孙家正在调研报告上批示：“贵州从实际出发，狠抓有效覆盖的做法是正确的，符合部提出的‘事业发展的重点是覆盖，覆盖的重点在农村’的方针；各地要把建地面收转站作为重点加快进度，此是扩大覆盖最便捷的办法。”1998年9月，广播电影电视部在贵州召开全国村村通广播电视现场会，向全国推广贵州从实际出发，大力建设地面卫星收转站，加快扩大农村广播电视有效覆盖的经验和做法。

2003年，贵州开始对农村卫星广播电视收转站进行数字化改造，当年安排改造和建设5000座收转站。省委、省政府明确省广播电视局负责承办改造和建设，由省扶贫办、发改委、财政厅协办。4月30日，省广播电视局、扶贫办、发改委、财政厅向省政府呈报《关于批转〈全省农村卫星广播

2007 年 7 月，瓮安县农村广电设施

地面收转站数字化改造工程的实施意见〉的请示》。5 月，省政府办公厅批转请示报告，明确到 2005 年年底完成对 1992—2000 年建设的 1.5 万座地面卫星收转站全部进行数字化改造，使全省计划内建设的收转站均能接收中央人民广播电台第一套、中央电视台第一套、贵州人民广播电台第一套、贵州电视台第一套卫星数字广播电视节目。改造每座收转站需资金 3000 元，按财政体制，均按省、市（自治州、地）、县三级 4∶3∶3 比例承担，在 2003 年全省 5000 座地面卫星收转站数字化改造工程中，扶贫开发重点县占 73.32%，非扶贫开发重点县占 26.68%。解决 1371 个乡镇所在地和 3629 个行政村的广播电视卫星模拟传输向数字化传输过渡过程中群众能够继续收听收看广播电视的问题。2004 年改造的 5000 座地面卫星收转站，扶贫开发重点县改造 3666 座，占改造总数的 73.32%，非重点县改造 1334 座，占改造站总数的 26.68%。工程经费仍由省、市（自治州、地）、县三级按 4∶3∶3 的比例承担。到 10 月底，5000 座地面卫星收转站数字化改造任务全面完成。2005 年，地面卫星收转站数字化改造任务为 5025 座，扶贫开发重点县改造 3969 座，占改造总数的 78.99%，非重点县改造 1056 座，占改造总数的 21.01%。共投入改造资金 600 万元，其中，省财政资金 160 万元，省级扶贫专项资金 440 万元，各市（自治州、地）配套部分资金。到 11 月 30 日，5023 座地面卫星收转站数字化改造工程任务全面完成，工程合格率达 100%。贵州 1992—2000 年建设的 15023 座地面卫星收转站数字化改造工程全面完成。

（二）村村通广播电视

1997 年年初，省委、省政府计划在全省农村新建卫星广播电视地面收转站 300 座，并列为全省当年要办好的“十件实事”之一。根据形势发展需要，省长吴亦侠要求增加 50 座。省政府 4 月上旬召开全省农村卫星广播电视地面收转站建设工作会议，副省长龚贤永主持会议。会议印发《贵州省广播电视厅关于 1997 年农村卫星广播电视收转站建设计划的实施意见》，作为规范性要求。各地（州、市）申报增加建站数量，全省批准建站 365 座，当年建成 389 座。

1998 年，省委、省政府把全省新建 350 座农村地面卫星广播电视收转站列入当年要办的“十件实事”之一。3 月 27 日，省广播电视厅召开全省农村地面卫星广播电视收转站建设会议。会议通过《关于 1998 年农村卫星广播电视收转站建设的实施意见》，把全省新建 350 座新建站按规范统一实施建设。要求所建的每一座站带宽 550 兆赫兹。前端设备传输方式为邻频和中频调制技术。系统容量不少于 8 套节目。必转节目是中央电视台第一、二、七套节目，贵州电视台第一套节目，中国教育电视台第一套节目，必转节目应设置固定频道。有条件收转贵州电视台第二套节目的，也应固定频道，完整收转。采用共缆传输技术或架设广播专线，保证完整收转贵州人民广播电台第一套广播节目。建站投资共计 530 万元，其中：省级投资 230 万元，地（自治州、市）、县级投资近 300 万元。是年年底，国家广播电影电视总局补助贵州 950 套卫星电视单收站设备（折合人民币 190 万元），950 台彩色电视接收机（折合人民币 100 万元），两项合计 290 万元。并按照要求从 1999 年 1 月 1 日起采用直播卫星覆盖中央电视台 1～8 套节目。是年，贵州省广播电视局向省政府办公厅报送《关于调整 1999 年农村地面卫星收转站建设计划的报告》，请求将 350 座建站任务调整为 950 座。并举办有地（自治州、市）工程技术人员和厅机关有关人员参加的技术培训班共 10 期，培训人员 200 人。3 月，省政府办公厅转发该报告，同意 1999 年全省新建 950 座农村卫星广播电视收转站。4 月，贵州省广播电视厅印发《关于 1999 年我省农村卫星广播电视收转站建设的实施意见》，对新建 950 座地面站的任务分解、建站规范要求、资金匹配、人员培训等，均提出明确规定。5月5日，贵州省广播电视厅召开全省市（自治州、地）广播电视局局长会议，要求全省各市（州、地）做好本地村村通广播电视工程规划，落实资金，确保完成全省950座站的建站任务。10月，全省950座农村地面卫星广播电视收转站全部安装完毕并投入使用，新建站主要侧重于少数民族地区和贫困地区，其中：少数民族地区新建站686座，占全省新建站总数的72.21%，非少数民族地区新建站264座，占全省新建站总数的27.79%。按国家级贫困县和非国家级贫困县分，国家级贫困县新建站654座，占全省新建站总数的68.84%，非国家级贫困县新建站296座，占全省新建站总数的31.16%。11月，省政府在贵阳市召开全省村村通广播电视工作会议。提出打好全省村村通广播电视攻坚战，确保2000年年底以前基本实现全省有电的行政村能听到广播、看到电视。省九届人大三次会议审议通过的《政府工作报告》明确2000年新建农村卫星广播电视收转站3832座，在通电的行政村基本实现村村通广播电视。

2000年2月，国家广播电影电视总局、国家发展计划委员会在《关于确认贵州省基本实现村村通广播电视的通知》中确认贵州省“已按国家广电总局与你省政府签订的《村村通广播电视工程建设责任书》的规定，全部完成‘村村通广播电视’建设任务”。2001年，按照国家发展计划委员会、国家广播电影电视总局《关于进一步加强农村广播电视覆盖工作的通知》《关于下达2000年全国广播电视专项补助投资计划的通知》和省委办公厅、省政府办公厅转发《省计委等部门〈关于全省村村通广播电视建设工程实施意见〉的通知》精神，贵州实施2530座2000年以前新通电行政村农村卫星广播电视收转站的建设任务。2530座站中，国家级贫困县建站2154座，占建站总数的85.1%；非国家级贫困县建站376座，占建站总数的14.9%。规划村村通广播电视工程总投资2313.38万元。其中：国家财政分两次补助贵州830万元，加上1999年国家财政补助的用于新通电行政村村村通广播电视工程款295万元，合计补助1125万元。该笔补助款，48万元用于补助国家级贫困县建立村村通广播电视维修服务中心，1077万元全部投入购买新通电行政村农村地面卫星收转站工程设备。省级补助资金442.52万元。其中：省级财政从财政扶贫资金中解决国家级贫困县建站配备资金280万元，解决非国家级贫困县建站配备资金73.52万元，解决全省39个非国家级贫困县建站村村通广播电视维修服务中心39万元，合计392.52万元；省民委从民族经费中补助非国家级贫困县建站资金30万元，省广播电视局从业务费中补助非国家级贫困县建站经费20万元，合计50万元。省级补助除省民委补助资金30万元未到位外，其他补助资金全部足额到位；各地、县财政补助资金366.36万元；覆盖村村民共集资379.5万元。

2001年，贵州9个市（自治州、地）和86个县（市、特区、区）都分别已挂牌成立村村通广播电视维修中心，制定设备维修一般问题不出县，中等问题不出市（自治州、地），较大问题不出省的工作目标，为农村卫星广播电视收转站正常运行，起到一定作用。2002年1月4日，贵州在新通电的村建设1000座农村卫星广播电视收转站。国家计委、国家广播电影电视总局下达给贵州国家财政补助资金1492万元，贵州按每站补助1万元的标准，增建收转站到1958座。其中，国家级贫困县建站1721座，占总数的87.9%。国家、省级财政补助资金，加上各市（自治州、地）、县、乡配套资金，总投资达1692.35万元。5月24日，根据省委办公厅、省政府办公厅《关于对省委、省政府2002年“十件实事”建立责任制的通知》，省广播电视局制定《关于2002年新通电行政村卫星广播电视收转站建设实施方案》，充分利用国家财政补助贵州省村村通广播电视工程投资计划1492万元。其中：中央预算内专项资金（国债）1100万元，部门配套广电专项资金392万元，用于1492个新通电行政村通广播电视工程建设；省财政专项补助资金38.2万元（含省民宗委12万元）；贵州省广播电视局自筹资金20万元；全省各地、县、乡财政配套资金合计142.15万元，以上资金合计1692.35万元。是年年底，贵州全面完成1958座新通电行政村农村卫星广播电视收转站的建设计划，超额完成958座。1958座站中，采用有线电视小前端技术的1895座，采用无线技术的63座。2004年，贵州还有50户以上自然村广播电视盲点10984个。2005年2月，省广播电视局、发改委、财政厅制定《关于全省50户以上自然村村村通广播电视工程建设的实施意见》，4月4日，省政府决定在2005年年底前，全省完成10980座50户以上已通电自然村卫星广播电视收转站的建设任务。工程第一阶段完成5980个，第二阶段完成5000个，新建站均能收到8套以上电视节目和两套广播节目，使全省广播综合人口覆盖率和电视综合人口工程覆盖率分别达83.5%、90.5%。11月，贵州全面完成5980个50户以上已通电自然村村村通广播电视工程建设任务。

2006年2月，省广播电视局向国家广播电影电视总局呈报《关于解决贵州省中一、省一广播节目覆盖经费及设备的报告》，提出应加强和完善贵州大中功率发射台（含1千瓦的高山广播电视调频台）建设；进一步实施“村村通”工程力度，扩大中央台和省台节目在农村的覆盖；利用调频广播解决县所在地中央台和省台一套节目的覆盖。请求国家广播电影电视总局给予经费支持。9月，财政部办公厅、国家广播电影电视总局办公厅下达中央财政一次性给予贵州转播中央人民广播电台第一套广播节目和中央电视台第一套、第七套电视节目的大中功率无线发射设备更新改造资金和运行维护经费1935.76万元。其中：设备更新改造资金1885.14万元（发射系统设备1151.5万元，其他附属系统设备733.64万元）；运行维护费50.62万元（电费20.62万元，维护费30万元），对转播中央人民广播电台第一套广播节目和中央电视台第一套、第七套电视节目的13部调频电视发射机进行更新改造，3部调频电视发射机运行维护费给予补助。国家广播电影电视总局印发《关于2006年度全国农村中央广播电视节目无线覆盖工程设备招标工作有关情况的通知》，2007年1月，省广播电视局《关于下达2006年度“村村通”无线覆盖工程建设任务的通知》，分别下达给遵义电视台、安顺电视台、贵州省广播电视局直属台761台、764台、794台、841台负责实施。贵州省广播电视局支付设备采购款1643.48万元，支付各发射台站辅助工程款297万元，对安顺电视发射台、761台、794台、764台、遵义电视转播台、841台站的13部发射机（电视发射机8部、调频广播发射机5部）进行更新改造。按财政渠道和财务要求，已将50.62万元运行维护费拨付给各发射台。2月，国家广播电影电视总局《关于下达全国农村中央广播电视节目无线覆盖工程（2007年一阶段）建设任务的通知》，向下达贵州农村中央广播电视节目无线覆盖工程（2007年一阶段）建设任务，要求2008年4月前完成任务。4月9日，国家广播电影电视总局和贵州省广播电视局签订《加强农村中央广播电视节目无线覆盖工程建设任务责任书》，要求贵州省2008年6月底前完成农村中央广播电视节目无线覆盖工程任务。按签订的责任书要求，4月27日，省广播电视局向国家广播电影电视总局“村村通”办公室上报《2007年（一阶段）贵州省无线覆盖工程建设方案》和《贵州省2007年一阶段全省农村中央广播电视节目无线覆盖工程实施进度计划》。5月，财政部、国家广播电影电视总局一次性补助贵州省2007年（一阶段）农村中央广播电视节目无线覆盖专项资金9461万元。其中：设备更新改造资金9144万元（发射系统设备3540万元，其他附属系统设备5604万元），对转播中央人民广播电台第一套广播节目和中央电视台第一套、第七套电视节目的198部调频、电视发射机进行更新改造；运行维护费317万元（电费125万元，维护费192万元），对转播中央人民广播电台第一套广播节目和中央电视台第一套、第七套电视节目的26部调频电视发射机运行维护费给予补助。5月28日，省广播电视局印发《关于下达全省农村广播电视节目无线覆盖工程（2007年一阶段）建设任务的通知》，下达各市（自治州、地）农村中央广播电视节目无线覆盖工程建设任务，并在贵阳召开全省农村中央广播电视节目无线覆盖工作会议，部署工程建设；7月，国家广播电影电视总局启动全国农村中央广播电视节目无线覆盖工程（2007年二阶段）建设工作。7月10日，国家广播电影电视总局《关于下达全国农村中央广播电视节目无线覆盖工程（2007年二阶段）建设任务的通知》，下达贵州省2007年二阶段农村中央广播电视节目无线覆盖工程建设任务，要求贵州省编制工程建设方案，保证二阶段建设任务顺利实施，力争2008年6月底前新设备投入使用。财政部、国家广播电影电视总局一次性补助贵州省2007年农村中央广播电视节目无线覆盖专项经费二阶段234万元。其中：设备更新改造资金

164万元（发射系统设备91万元，其他附属系统设备73万元）；运行维护经费70万元（电费39万元、维护费31万元），对转播中央人民广播电台第一套节目和中央电视台第一套、第七套电视节目的1部调频广播发射机进行更新改造，4部调频电视发射机运行维护费给予补助。经过努力，2007年一、二阶段贵州省农村中央广播电视节目无线覆盖更新改造工程涉及市州县80个台站，完成更新改造发射机199部（电视发射机140部、调频发射机54部、中波发射机5部）。台站数量、台站地址、频率、功率、发射机数量完全符合国家广播电影电视总局的要求。运行维护费按财政渠道和相关要求，按时下拨到有关台站。

2007年7月，瓮安县农村的卫星电视接收器

2010年1月4日，省广电局在省广电网络公司召开全省“村村通”工作座谈会，下发《贵州省广播电影电视局关于进一步做好广播电视村村通工作的通知》，确定以当地党委政府为主导，各级广电部门为实施主体，各级广电网络公司参与，组织、动员社会力量全力以赴推进工程建设，在2010年10月底前全面完成“十一五”规划建设任务的工作方针和奋斗目标。还针对仅2009年全省就有约16户农户因各种原因导致返盲，不能收听收看广播电视节目情况，省广电局开展调研，提出“村村通”长效机制采取政府、受益农户和市场相结合并逐步过渡到完全市场化的模式，希望从真正意义上把“村村通”维修服务工作落到实处，确保长期通。

“十一五”期间，全省在工程建设任务重、涉及面广、时间紧迫的情况下，完成103808个20户以上已通电的“盲村”通广播电视的建设任务。累计安装农村直播卫星地面接收站241.6760万座，全面完成“十一五”贵州省广播电视村村通建设任务，比国家要求的时间提前2个月，有效解决全省农村地区240多万户农村家庭、近1000万人听广播、看电视难的问题。全省的广播和电视人口综合覆盖率分别为86.11%、91.73%。2011年，国家发改委和广电总局联合印发《全国“十二五”广播电视村村通工程建设规划》，明确提出贵州省“十二五”时期的工作目标，即到2015年年底，完成5386个20户以上新通电自然村盲村和123088个20户以下已通电自然村盲村通广播电视，完成国有林区盲区4297户覆盖。“十二五”期间，中央投入建设资金27339万元，贵州省投入建设资金16514万元，共投入建设资金43853万元。根据国家工程实施的整体安排，贵州采购设备为2011年21.1603万套，2012年57.2054万套，2013年62.7709万套，共计采购直播卫星设备141.1366万套。2012年3月，省发展和改革委员会、省财政厅和省广播电影电视局联合制定《关于我省“十二五”时期广播电视村村通直播卫星工程建设有关工作的意见》，对全省各市（州）“十二五”时期广播电视村村通工程建设任务、工程建设资金配套标准和工程建设设备采购做出明确要求。为实施好工程建设任务，省广电局下发《关于做好“十二五”广播电视村村通工程建设有关工作的通知》，各市（自治州）、县（市、区）也分别制订出台相关通知，层层签订《“村村通”工程建设目标责任书》，并将此项工作纳入各

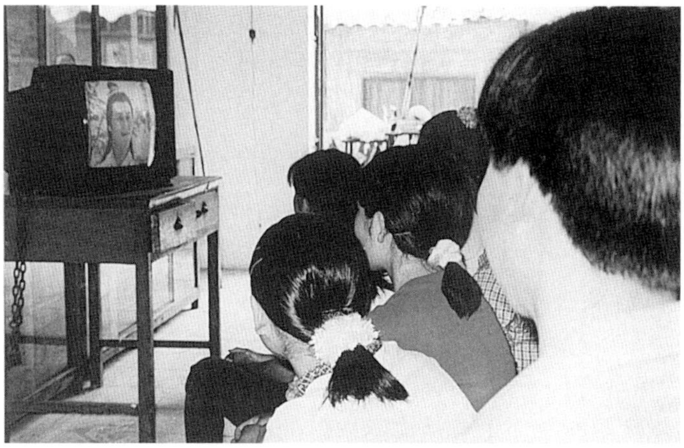
农村群众通过广播电视装置收看电视节目

级政府年度工作目标考核内容。“十二五”时期，贵州连续将广播电视村村通工程列入当年重大民生工程。同时作为贵州省基层广电事业建设的重中之重，分别于2012年8月、2013年10月和2015年8月建设完成第一阶段21.1603万座、第二阶段57.2054万座、第三阶段62.7709万座直播卫星设备的建设安装任务，向贵州广大农民群众递交了一份满意的答卷。2015年，全省广播和电视人口综合覆盖率分别为92.30%、95.97%。

第四节　农村文化基础设施建设

文化基础设施建设是贫困地区脱贫攻坚的重要内容和抓手。“十二五”期间，贵州省实施“八大文化惠民工程”，把文化基础设施建设与扶贫工作结合起来，加强贫困市（州）“三馆”（图书馆、文化馆、博物馆）、县级“两馆”（图书馆、文化馆）建设，实现县县有图书馆和文化馆、乡乡有综合文化站，各级文化信息资源共享工程服务点实现省、市、县、乡、村五级全覆盖，对全省88个县级图书馆、文化馆进行了维修改造，加强了民族乡镇综合文化站、村公共文化活动室、公共电子阅览室建设，2015年，公共图书馆藏书达1217万册、人均0.35册，农家书屋实现全省行政村全覆盖，建立“数字农家书屋”723个，贵州数字图书馆访问量达1.39亿人次，全省“文化信息资源共享工程”服务网络已基本形成。

一、乡镇文化站建设

文化站是国家最基层的综合性群众文化事业机构，是乡镇人民政府、城市街道办事处所设立的全民所有制文化事业单位，也是当地群众文化活动的主要场所及组织单位。文化站一般设在乡（镇）所在地和城市街道，接受乡（镇）政府和街道办事处领导，并在工作上接受当地群众艺术馆、文化馆的指导和业务辅导，其工作主要是组织群众参与并在群众文化活动的基础上建立各类业余文化艺术（娱乐）组织，开展文体宣传及各类文化艺术活动。

1979年8月，省文化局在铜仁大兴召开全省文化馆工作会议，着重研究全省社会文化工作如何适应党的工作重点转移的问题，修改了原省文化局提出的《文化馆工作条例（草案）》，向全省文化馆提出“转思想、转作风、转工作、转方法”的要求，决定在全省试办60个区文化站。之后，遵循中共中央《关于关心人民群众文化生活的指示》和《关于加强城市、厂矿群众文化工作的几点意见》精神，贵州省文化局相继召开了5次全省性文化工作会议（即1980年1月全省民族文化工会会议，1980年4月、1982年6月、1984年1月和1986年的全省文化工作会议）。1982年，中共贵州省委、省人民政府批转会议起草的《关于进一步贯彻中央〔1981〕31号文件精神，切实加强农村文化工作的报告》，要求各地认真贯彻执行中央提出的“加强领导，积极发展，因地制宜，量力而行，讲求实效，稳步前进”农村文化建设方针和社会文化工作三项任务在贵州得到全面贯彻，“社会文化社会办，群众文化群众办”活动在全省展开。

20世纪80年代，贵州在全省掀起了群众文化建设的高潮，各级政府逐步把公共文化设施建设纳入地方经济社会发展规划，县（市、区）文化馆、图书馆，乡镇文化站等农村公共文化设施逐步列为城乡基础设施重点项目进行规划建设。随着城乡经济的发展，“文化户”在全省城乡不断出现，成为贵州社会文化建设的新事物。到1986年，全省已有上万个“文化户”，形成了国家、集体、个体一起办社会文化的多元形式。1986年12月，贵州省召开了有130多名代表参加的全省“文化户”代表会议，省内外媒体纷纷报道，认为20世纪80年代贵州兴起的“文化户”现象，是伴随着经济体制改革和商品经济发展在文化战线上出现的新的社会形式。这一时期，全省民族地区县级文工队活动提出“立足本县，服务农村，自编自演小节目、小舞台、小队伍、小道具”的原则，深入基层，深受农民群众欢迎。1988年年底，全省县文工队发展到42个队，队员824人。

1985年，省文化厅会同省财政、工商、税务等部门下达《关于文化（艺术）馆、站开展以文补文多种经营活动的意见》，明确提出“群众文化体制改革，本着从实际出发的原则，开展以文为主，多业助文，以文补文，以文养文的试探性活动”的意见。1988年12月，《贵州省关于群众文化体制改革的实施方案（草案）》报省政府审定下达全省实施。

2000—2015年，国家对文化事业支持投入大幅度增加，推动和加快了基层文化基础设施建设，贵州县级“两馆”建设和乡村文化站发展超过了历史上所有时期。“十五”期间，中央对贵州县级“两馆”87个项目投入建设资金4160万元。省委、省政府两次将其列入当年省里的“十件实事”之一，按照省人民政府《关于进一步加强基层文化建设的意见》的精神，“十五”期间省级财政配套资金1391万元，合计投入5551万元。2003年，省人民政府印发《关于进一步加强基层文化建设的通知》，明确指出：对纳入国家补助的县级“两馆”项目按1∶1的比例安排基本建设配套资金。2002—2008年，全省“两馆”建设项目达102个，其中图书馆45个，文化馆55个，总计投入6411万元。已竣工的有68个馆，占实际项目数量的68%。

乡镇综合文化站建设是农村群众文化工作网络的重要组成部分。2006年，文化部批准贵州乡镇文化站建设项目1222个，中央投资1504万元，省投资268万元，地县乡配套364万元，合计2126万元。截至2009年年底，全省共有乡镇文化站1451个，“两馆建设”中58个馆舍投入使用，使用中央文明办补助资金和省配套资金新建12个宣传文化中心，全省通电的村寨基本实现“村村通”，农村文化网络基本形成。

在推动文化基础设施建设的同时，全省大部分地区的群众文化活动逐步实现了经常化、制度化和规范化。广场文化活动、社区文化活动、农村文化活动以及文化部门或社会各界举办的如少儿艺术节、农民艺术节、少数民族文艺汇演、残疾人文艺汇演、独具民族特色、地方特色的节庆文化活动蓬勃发展。各级文化行政部门通过民间文化艺术之乡的创建活动，推动群众文化活动广泛持久地开展，通过建立“群众文化活动示范点”带动周边地区的群众文化，注重文化共享工程建设在服务方式、传输方式方面的创新，促进了基层站点规范化建设，开展利用文化共享工程进社区、进广场、进家庭活动。文化行政部门按照统筹规划、分级落实的办法，省、市、县、乡层层抓文化馆站业务人员的培训，大力吸收社会人才资源，通过发展馆（站）办文艺团队，壮大公共文化服务队伍。

2007年后，全省三分之一的县文化馆、县图书馆基础设施进行新建、改建和扩建，80%的乡镇新建了综合文化站。2008年后，国家加大对文化站的投入力度，按相关标准，分期分批新建乡镇文化站站舍，2009年年底，全省共有乡镇文化站1451个，“两馆建设”中有58个新馆舍投入使用，使用中央文明办补助资金和省配套资金新建了12个乡镇宣传文化服务中心。2011年，文化部、财政部联合发文，要求文化馆、文化站实施“免费开放”，中央财政确保每个乡镇文化站每年免费开放经费4万元，地方财政配套1万元（约20%的乡镇落实到位）。至2013年年底，全省基本建成文化设施较为完备、网络体系遍布、文化队伍不断壮大、文化活动丰富多彩的文化基础建设服务体系全省共有1448个乡镇综合文化站，并都有站舍，全省已通电的村基本实现“村村通”，农村文化网络基本形成。2013 年，贵州省开展对全省乡镇文化站评估定级的工作，根据各地自评和专家组实地抽查复核情况，按照《贵州省第一次乡镇综合文化站评估定级标准》要求，共评出一级站 143 个，占文化站总数的 9.88%；二级站 212 个，占文化站总数的 14.64%；三级站 288 个，占文化站总数的 19.89%。

贵州省实施“八大文化惠民工程”，把文化基础设施建设与扶贫工作结合起来，加强贫困市（州）“三馆”（图书馆、文化馆、博物馆）、县级“两馆”（图书馆、文化馆）建设，实现县县有图书馆和文化馆、乡乡有综合文化站，各级文化信息资源共享工程服务点实现省、市、县、乡、村五级全覆盖，对全省 88 个县级图书馆、文化馆进行维修改造，加强民族乡镇综合文化站、村公共文化活动室、公共电子阅览室建设。至 2015 年年底，公共图书馆藏书达 1217 万册、人均 0.35 册，农家书屋实现全省行政村全覆盖，建立“数字农家书屋”723 个，贵州数字图书馆访问量达 1.39 亿人次，全省“文化信息资源共享工程”服务网络已基本形成。

二、“数字图书馆、流动图书馆”建设

数字图书馆 贵州数字图书馆是贵州省公共文化服务体系建设重点项目，是国内公共图书馆中较早探索为社会提供“一站式”检索服务的数字图书馆之一，同时还是国内首家以 IP 范围作为限制，向全省提供数字资源免费服务的公益性数字图书馆。此项工程由贵州省文化厅主持、贵州省图书馆承建、贵州大学作技术支持，运用先进的数字技术、信息技术和网络技术，采取“边建设、边投入、边服务、边完善”方针，积极促进“技术先进、服务便捷、覆盖全省”的数字文化服务体系建设。项目于 2008 年年底启动，除设有统一检索界面、统一身份认证的服务窗口外，还支持通过本地链接、远程下载、原文传递等多种方式向公众提供数字化信息服务，2015 年在贵州省任何能上网的地方，都能免费获得“贵州数字图书馆”资源的查询、浏览、下载、原文传递和知识导航等服务。贵州数字图书馆的开通为广大群众自主学习、远程学习、终身学习提供了良好的学习空间与充足的数字资源，开创了新的阅读方式；为公众提供了健康、方便、快捷的网络学习环境，开辟了一条不受地域、时间限制的崭新的知识、文化传播渠道，为提高全社会综合素质，推动贵州公共文化服务体系建设和脱贫攻坚搭建了重要的基础支撑平台。

流动图书馆 20 世纪 80 年代以来，随着社会经济的快速发展，图书馆、文化馆等文化基础设施建设步入了快速发展轨道。截至“十五”期末，贵州省基本实现县县有图书馆、文化馆，但由于地方经济发展水平的差异，大部分已建成的图书馆，尤其是县级公共图书馆，藏书、阅读条件等严重补充不足，有的馆数年甚至数十年未新购进图书，供读者使用的阅览阅读设施严重匮乏、陈旧落后。基层群众“读书难”的问题没有得到有效解决。

2006 年年初，中国民主促进会贵州省委针对此情况提出《关于建立贵州流动图书馆建议》的提案，提出了引进广东“流动图书馆”发展模式，以政府新增固定专项经费为依托，以贵州省图书馆为主导，补充配备必要的图书文献资源和必要的阅读阅览设施设备，在全省县级图书馆设立流动图书馆分馆，最终形成以先进服务理念为指导，以现代网络技术为手段，以不断更新的文献资源为依托的覆盖全省的新型图书馆服务网络及辐射到乡村的图书馆服务体系，此项措施的落实，对于改善基层群众基本文化权利状况，促进贵州文化事业改革与发展具有十分重要的作用。

2006 年 7 月 21 日，贵州省人民政府代省长林树森与省政协第九届常委会第十九次会议部分委员座谈时提到此项提案，引起省政府高度重视。8 月 18 日，省政府办公厅印发《关于对林树森代省长与省政协部分委员座谈时政协委员所提出的提案进行督办的通知》，将“建立流动图书馆问题”列入了第八项督办内容，要求省文化厅研究提出落实意见和措施，并按要求及时反馈落实情况。2007 年“两会”期间，民进贵州省委再提交此项提案，中共贵州省副书记王富玉做出批示：“此提案很好”，要求“把流动图书馆办得富有成效”，要“狠抓落实”。随后印发《中共贵州省委办公厅关于转办省

政协重点提案的通知》中也将“建立贵州流动图书馆的建议”列为第四项办理内容。明确省委宣传部、省财政厅、省新闻出版局为协助办理单位，省文化厅为主要承办单位。

经主、协办单位协商，确定在黔东南、黔南自治州各选2个县，贵阳市选一个县（区）作为2008年的试点，省财政拨付100万元专项经费，贵州流动图书馆项目2008年年初顺利启动，当年内完成了施秉、惠水、福泉、锦屏以及贵阳白云区的分馆建设工作，合计投入60万元的图书，30万元的阅览设施设备的采购配置，保证了各馆5000余册图书和必要阅览阅读的配备。直至2015年，省图书馆又出资10万元，为5个试点县分别采购配置了2万元的图书。

第三章　生态与产业减贫

贵州农村基层干部群众为求温饱、求生存，在“以粮为纲”方针的指导下，曾一度毁林毁草开荒，盲目“向荒山要粮”，人为破坏生态环境，打破生态平衡，加剧水土流失和石漠化进程，洪涝灾害频繁，陷入“越穷越垦——越垦越穷”的恶性循环。在扶贫开发过程中，各级干部群众从大自然的惩罚中清醒过来，逐步认识人与自然相互依存的关系，探索恢复重建生态系统，发展绿色经济，“既要金山银山、又要绿水青山”的生态减贫路子，建设生态文明。贵州省从2012年启动实施扶贫生态移民工程以来，科学编制规划，充分尊重民意，建立健全工程管理体制，整合各方资源、积极引导就业、统筹城乡保障，确保移民搬得出、留得住、能就业、有保障。

扶产业就是扶根本。在开发扶贫的实践中，各级干部和社会各界人士切身体会到：干渴的贫困农民，救济式扶贫好比给一碗水，喝光就没了；一般性帮扶，好比给一桶水，虽多也有喝光的时候；只有产业扶贫，好比帮扶挖一口井，世世代代才有水喝。产业减贫逐步成为贵州扶贫攻坚战略举措：以发展生产帮助贫困群众“提素质”“换穷业”，突出山地资源抓特色产业，突出区域布局抓产业集聚，突出转型升级抓结构调整，精细化打造一头连接基地、一头连接市场的扶贫产业园区；每年选择10个贫困县，引导金融资本和社会资金助推县域经济，实现脱贫攻坚示范县和减贫包干试点县有机融合；立足资源禀赋，以市场为导向，打造扶贫特色优势产业，促进扶贫产业品种、品质、品牌的提升；加强乡村旅游精准扶贫，推进乡村旅游富民工程。

贵州牢牢守住“发展和生态两条底线”推进减贫，在解决“怎么扶”方面进行了大胆探索。自2011年，贵州确立“核桃、草地生态畜牧业、精品水果、蔬菜、油茶、中药材、茶叶、特种养殖、脱毒马铃薯和乡村旅游业”十大扶贫产业和“东油西薯、南药北茶、中部蔬菜、面上牛羊和核桃”产业布局以来，产业扶贫建设的步伐不断加快。截至2014年年底，十大扶贫产业累计建成优质核桃700万亩、茶叶650万亩、中药材460万亩、早熟马铃薯300万亩、蔬菜260万亩、油茶70万亩、水果60万亩，形成1000万只以上羊单位草地畜牧养殖规模，促进扶贫对象人均增收300元以上。一些产业逐步在全国占据一定优势地位。比如：茶叶、辣椒、火龙果、刺梨、薏仁种植面积已经居于全国第一位，马铃薯、中药材居第三位，蓝莓种植居第四位，大鲵存池量居第四位。培育打造湄潭茶叶、威宁马铃薯、遵义辣椒、施秉太子参、赫章核桃、玉屏油茶、罗甸火龙果、水城和修文猕猴桃、晴隆肉羊等一批专业县、主产县。

2013年，贵州实施“5个100工程”，选出113个创建点建设100个现代高效农业示范园区，以园区带动全省农业产业化发展，其中由省扶贫办牵头指导的36个，重点16个。到2015年，全省现代高效农业示范园区已达到327个，其中：截至2015年7月底省扶贫办牵头指导的100个省级高效农业园区入园企业832个，农民专业合作社1101个，从业农民125万人，完成投资149.36亿元，实现销售收入135.11亿元，建成高效种植基地282万亩。

第一节 生态减贫

贵州位于长江、珠江中上游，是典型的喀斯特山区省份，全省土地面积17.61万平方公里，丘陵、山地占92.5%.受历史、地理、自然等因素的影响，加之农民为求温饱，盲目陡坡开垦，滥砍滥伐，加剧水土流失，生态环境恶化，陷入“越穷越垦——越垦越穷”的恶性循环，严重制约经济社会可持续发展。2012年5月，贵州省委、省政府决定启动实施扶贫生态移民工程，计划用9年时间将居住在深山区、石山区、集中连片贫困地区的47.7万户204.3万农村人口搬迁出来，从根本上改善他们的生存与发展条件。在扶贫开发实践中，陆续推出退耕还林、天然林保护、石漠化治理、水土流失治理、生态移民、绿色产业等一系列恢复重建生态系统，创新符合贵州山区实际的生态帮扶、绿色发展模式。

一、退耕还林

陡坡开垦是导致贵州水土流失和石漠化的主要原因，全省80%的水土流失来自陡坡耕地。据1996年贵州国土详查资料显示：全省耕地面积7355万亩，其中25度以上陡坡旱坡耕地1297万亩，占耕地总面积的19.8%，15—25度的坡耕地1600多万亩。

1979—1999年，贵州采取植树造林、封山育林等措施，重点实施“长江中上游防护林工程”“珠江中上游防护林工程”“联合国3356工程”“天然林保护工程”等重大生态建设项目。1999年，省森林覆盖率恢复到30%以上。

2000年，贵州在大方、黔西、赫章等县先行退耕还林试点。省委、省政府先后出台《贵州省人民政府关于加强退耕还林（草）试点示范工作的通知》《贵州省人民政府关于切实抓好退耕还林还草工程的通知》《贵州省人民政府关于完善退耕还林政策的意见》等一系列文件，明确退耕还林指导思想、目标任务、基本原则和政策措施，为贵州省在2013年高质量完成第一轮2003万亩退耕还林工程建设任务提供组织领导和资金保障。贵州在2000年、2001年试点的基础上，2002年全面启动实施第一轮退耕还林工程。由于坡耕地大多坡度较陡，土质较差，粮食单产远远低于全省平均水平，大多数陡坡耕地产量低于国家退耕还林的补助标准，国家实施退耕还林，每亩给予150公斤粮食（折现210元）和20元生活补助的政策，一是直接增加退耕农户的收入，仅2004年就有13亿元现金直接兑现给近190万户退耕农户，平均每户约680元。自2002年起，对12个监测重点县117户退耕农户进行连续的跟踪监测，及对全省退耕农户面上调查结果表明，退耕还林前的2001年人均纯收入为1272元，退耕还林后的2014年人均年纯收入为7063元，平均每人增加5791元。二是农村富余劳动力向非农产业和多种经营转移，尤其是外出人数明显增加，监测区退耕农户有64%外出打工，有34%从事商业、建筑业、服务、矿业、畜牧业等工作，收入稳步增加，逐步走出“越穷越垦——越垦越穷”的怪圈。三是国家在一定时期内持续稳定给予补助，缓解农民因灾返贫问题，生活质量不断改善。2008年起，贵州在全省选择16个重点县开展退耕还林工程综合效益监测与评价研究，连续3年的监测结果表明，工程区地表植被覆盖度明显增加，由退耕还林前的12.4%（不包括农作物）增加到78%，净增加65.6%。土壤侵蚀模数和侵蚀量明显减小，监测区土壤侵蚀模数由退耕前的3325吨/平方公里·年降低到1031吨/平方公里·年，比退耕前降低64%，监测区平均每亩每年减少土壤流失量1.53吨。工程区植物多样性恢复较快，植物种类由退耕前的17科增加到73科，发挥遏制地表水土流失的重要作用。退耕还林后林地加快自然更新，构成良好的乔灌草生态群落，退耕还林地生态效益已显现。

湄潭县退耕还茶

2008年开始，国家先后投入贵州巩固退耕还林成果专项项目建设资金53.95亿元，按照巩固退耕还林成果专项规划：完成基本口粮田建设265.2万亩；建设农村沼气6.7万户、省柴节煤灶85.3万户、太阳能14.8万户，薪炭林57万亩；完成生态移民5.85万人；经果林、用材林等种植业376.4万亩、种草63.1万亩、建棚圈194.5万平方米、青贮窖30.9万立方米，退耕农户劳动力就业创业转移技能培训124.3万人；完成退耕还林补植补造668.6万亩，完成恢复经营78.5万亩。项目建设覆盖80%以上退耕农户，通过巩固退耕还林成果项目建设，有效解决退耕农户的长远生计。截至2013年，累计完成上一轮退耕还林工程2003万亩，其中，退耕地造林657万亩，荒山造林1123万亩，封山育林223亩。实施范围涉及全省87个县（市、区）、1403个乡镇、14012个行政村和197.4万户农户、823.8万人。

2014年，国家启动新一轮退耕还林工程建设，政策补助资金按每亩1500元测算，5年内分3次兑现，第一年800元，其中种苗造林费300元，退耕农户直补资金500元，第三年300元，第五年400元，全部为退耕农户补助资金。2014—2016年，国家共安排贵州省新一轮退耕还林计划703万亩，中央总投资105.45亿元，实施范围涉及全省87个县（市、区、特区、管委会），截至2015年年底，中央累计安排投资226.5亿元，其中，直接兑现给退耕农户的以粮折现及现金补助159.85亿元，按823.8万人测算，平均每人获得退耕还林直补资金1940元。按中央原定补助政策和中央完善政策补助及巩固退耕还林成果专项资金，全省已实施退耕还林工程中央总投资超过240亿元。全省87个县（市、区）的2003万亩坡地披上绿装，实现生态、经济和社会效益“三赢”。监测区监测数据表，植被平均覆盖度从退耕前的12.4%增加到92%；土壤侵蚀模数由每年每平方公里的3325吨降至931.4吨。全省粮食产量多年保持在1100万吨以上，197万退耕农户走上生态致富路。

省退耕还林工程

二、治理石漠化

贵州是世界上岩溶地貌发育最典型的地区之一，岩溶出露面积占全省总面积的61.92%，石漠化面积302.38万公顷，占全省面积的17.16%，是全国石漠化面积最大、类型最多、程度最深、危害最重、治理难度最大的省份，是全国石漠化监测的主要区域。石漠化紧逼，水土流失加剧是制约贵州经济社会发展最严重的生态问题，是导致农民贫困的重要原因之一，遏制石漠化、实施大规模工程治理，防治水土流失成为生态建设的首要任务。2006年，毕节地区编制《毕节地区岩溶山区石漠化综合治理规划（2006–2020）》，2008年，编制《岩溶地区石漠化综合治理县级试点实施方案（2008–2010）》，试点项目涉及51条小流域、38个乡镇、217个行政村。项目建设总投资2.71亿元，治理石漠化面积742平方公里。毕节地区的石漠化治理工作得到国家高度重视。在全国启动的100个石漠化综合治理试点县中，毕节地区8个县市全部被纳入试点范围，并于2008年下达资金启动综合治理工程。工程涉及9条小流域、10个乡镇、55个村，工程年度投资3805.33万元，其中，国家投资3200万元，地方配套605.33万元，治理石漠化面积11.4万亩。石漠化治理工程实施中，毕节地区各县市按照“石漠化综合治理，既要生态安全，即水土流失和水的问题要解决，又要经济发展，即群众要脱贫致富”的要求，遵循自然规律和经济规律，将生态保护和建设与当地经济社会发展和农民增收脱贫相结合，与建设社会主义新农村、构建社会主义和谐社会相结合，以恢复和扩大森林植被为中心，以遏制水土流失为重点，以改善生态环境和提高国民经济综合发展能力为目标，实行山、水、林、田、路综合治理；以小流域为单位，以规划为核心，以项目为载体，建立“投资不乱、渠道不变、资金捆绑、合成治理、各计其功”的生态建设投入机制。整合水利水保、生态畜牧业、茶产业、森林植被恢复、风景名胜区绿化、特色经果林、石漠化科技支撑等项目资金1500多万元，共同参与石漠化综合治理。至2009年5月，全区人工造林2940.38公顷，占计划的98.2%；种植中药材46公顷，占计划的53%；人工种草682.46公顷，占计划的78.3%；坡改梯294.41公顷，占计划的98.7%。2010年，治理石漠化面积115.68平方公里，工程涉及8个县市、15个乡镇、94个村，建设内容涉及林草植被恢复，草地畜牧业、坡改梯及小型水利水保3个大项目，26个子项目。

2011年，贵州78个县（市、区）全部进入重点治理县，成为全国8省区唯一一个实现石漠化治理全覆盖的省区，标志着贵州石漠化综合治理进入新阶段。贵州展开大规模石漠化治理工程，推进生态文明建设，正确处理好生态环境保护和发展的关系，切实做到“既要金山银山，也要守住绿水青山”。为全面掌握全省岩溶地区石漠化土地现状，特别是石漠化土地分布、程度、面积等动态变化信息，省林业厅、发改委、财政厅、贵州大学等部门，分别于2005年、2011年开展岩溶地区第一次、第二次石漠化监测，截至2011年年底，贵州石漠化面积302.38万公顷，比2005年减少29.23万公顷，减少8.82%，年均减少4.87万公顷，年均缩减1.47%。生态向良性方向发展，其中，林草植被恢复是石漠化减缓的主要原因，贡献率占62.1%；劳动力转移、生态移民、农村产业及能源结构调整占18.9%；农业、水利及其他工程措施占15.0%；其他因素占4.0%。贵州开展岩溶地区石漠化土地监测，对石漠化现状及动态信息进行全面监测和科学分析，为国家和贵州制订石漠化防治政策、编制综合治理规划、实现可持续发展战略提供科学依据。

2008—2013年，贵州石漠化综合治理工程建设国家资金23.02亿元。其中，安排林业工程资金10.50亿元，占石漠化工程总投资的45.61%。2013年年底，贵州省森林蓄积量达3.81亿立方米，森林覆盖率增至48%，森林生态环境的改善，让贵州的PM2.5平均值保持在50以下。贵州在经济社会发展与生态建设、生态保护中寻求平衡，从“既要金山银山，又要绿水青山”升华到“绿水青山就是金山银山”。贵州治理石漠化调整农业产业结构和农民增收相结合。根据各地不同情况，选择适宜的经济树种，发展名特优新经果林、薪炭林、牧草等，探索林竹、林药、林果、林草、林菜结合等多种治理模式，形成生态经济产业带，既提高石漠化地区农民经济收入，又调动农民参与恢复重建生态系统的积极性，实现生态效益、经济效益、社会效益三赢。截至 2015 年，国家累计下达贵州石漠化综合治理林业建设营造林任务 716309.61 公顷，其中，人工造林 243360.64 公顷、封山育林 472948.97 公顷。贵州累计治理岩溶面积 22947.82 平方公里、治理石漠化面积 9192.81 平方公里，完成石漠化综合治理林业建设营造林任务 743217.16 公顷，占国家下达计划的 103.7%。其中，人工造林 237131.86 公顷、封山育林 503645.19 公顷。

黔西南自治州石漠化治理现场

贵州省推进退耕还林、天然林资源保护、长江珠江防护林等工程建设，着力构建“两江”上游重要生态屏障。一是大力实施 78 个县石漠化综合治理工程，着力打造国家级石漠化综合治理示范区。二是切实保护自然保护区、风景名胜区、森林公园、地质公园等自然文化遗产和重要水源地。到 2015 年末，全省森林覆盖率比 2010 年增长 5 个百分点。

附：顶坛片区治山奔小康

贞丰县北盘江镇顶坛片区地处北盘江畔低热河谷地带，海拔 480—1050 米之间，岩石裸露，土地破碎，雨量偏少，日照充足，无霜期 340 天以上，喀斯特地貌发育成熟，90% 以上是岩石山，瘠薄的土地散布在石旮旯里，山洪暴发，泥沙俱下，跑水、跑土、跑肥，土地越种越薄，石头越“长”越高，农民终年辛劳，不得温饱。到 20 世纪 80 年代，居住顶坛片区的 2700 户 8000 多农民，人均粮食不足 100 公斤，人均纯收入不足 200 元，长期靠政府发放救济粮、款生活，村民大多居住于破烂不堪的茅草房。

面对穷山恶水，为求生存，银洞湾村党支部 4 名共产党员率领贫困农民在石旮旯地里艰难摸索：种砂仁、花生、烤烟、辣椒和苞谷，喂猪、养牛和养羊，结果收益甚微。群众盼，政府急，顶坛的出路在哪里？有人提出走坡改梯、发展粮食生产的路子；有人认定只有移民搬迁才能活命。1992 年，贞丰县委书记田忠明在顶坛山区调研如何发展农村经济时，受个别村民种花椒启发，县委、县政府经论证，确定把花椒作为顶坛山区脱贫致富的龙头产业，制定人均种植花椒4000株，3年建成万亩花椒基地的发展目标。银洞湾村党支部书记罗泽亮率领村支“两委”带头种植花椒，自办苗圃，免费向群众提供种苗，免费指导技术，带动全村大种花椒，一般农户种植5亩左右，多的种植30～40亩，农民收入节节攀升。1995年，搬迁到外乡的村民看到顶坛老家乡亲日子日渐红火，17户陆续迁回发展花椒。具有初中文化的胡明忠有发展思路，靠种花椒走上脱贫致富路。他家6口人，年收入7万～8万元，盖起了面积达390平方米的三层楼房，买一台18万元得中巴车，成为带头致富能人，被选为村民小组长后，加入了共产党。

贞丰花椒

1995年，省委党建扶贫工作队挂帮贞丰县，助推贫困乡、村扶贫开发事业加快发展，到1996年，顶坛片区花椒种植面积达1.06万亩。顶坛农民在石头缝里种植花椒，石旮旯地长出灌木丛，遏制水土流失，获得可观的经济效益和生态效益，创立喀斯特山区发展花椒产业脱贫致富、恢复生态、保持水土的“顶坛模式”。到2010年，银洞湾村种植花椒2万多亩，每逢花椒采摘季节，雇请进村采椒的外地农民达数百人，花椒年产量达10多万公斤，年产值600多万元，人均纯收入4000多元，超过全县平均水平。全村150多户，年收入10万元以上的有20多户。村里办起2所小学，适龄儿童入学率达100%；兴建一间卫生室；村民拥有轿车5台、大货车10台、中巴车1台、价值30万元的客船2艘，70%以上的农户有摩托车，彩电、冰箱、音响已经普及，全部搬进美化、靓化的砖混结构新民居。

1998年，银洞湾村被全国绿化委员会认定为“全国造林绿化千佳村”。同年，村党支部被中共黔西南州委授予“五个好村党支部”称号。1998年，贞丰县委、县政府将花椒列为甘蔗、砂仁、黄花梨和金银花、种草各10万亩的“五个十万亩”生态绿色产业工程来抓，将顶坛经验推向全县。1999年4月，国务院副总理温家宝到顶坛花椒基地考察时竖起大拇指说：“在这样恶劣的环境下，人类无法生存的地方创造出很好的经济、生态效益，是一个了不起的创举！”2003年至2007年，全国人大常委会副委员长许嘉璐和中国科学院院士陈梦烈等10位院士和45位专家、教授、学者分别实地考察顶坛花椒基地后，均提出“顶坛模式”值得推广。2007年，贞丰县获得国家林业局等十个部委授予的“中国花椒之乡”称号。2008年，国家质监总局正式批准对顶坛花椒实施地理标志产品保护。2009年，通过“中国顶坛花椒”地理标识产品认证。截至2015年，贞丰县花椒种植面积达13万亩，年产花椒1.1万吨，产值突破1.2亿元。贞丰县成为西南地区花椒商品生产基地，“顶坛花椒”成知名品牌，备受四川、重庆、江西、湖南、云南、贵州等省市客商青睐。

三、生态移民

贵州在新阶段扶贫开发中，对水利、水电、国家大型建设项目遇到的征地拆迁农户，及时进行易地搬迁安置，对居住在生存条件特别恶劣地方的贫困农户，探索易地搬迁扶贫，积累了“搬得出、稳得住、能发展、可致富”的成功经验。

2010年年末，按照划分贫困人口的新标准（农民人均年纯收入2300元），贵州尚有农村贫困人口1149万人，其中，150万人生活在深山区、石山区、高寒山区、石漠化严重地区和少数民族聚居区。这些地区集中分布在武陵山区、乌蒙山区、滇桂黔石漠化区等连片特殊困难地区，水土流失和石漠化严重、自然灾害频发，山高坡陡、居住分散、信息闭塞、交通不便，生产生活条件极差，扶贫成本高，统筹人口、资源、环境与经济社会协调发展的难度大，很难就地实现脱贫致富。同时，这些地区处于长江、珠江两大水系的中上游地带，生态位置重要，生态环境脆弱，关系着“两江”中下游地区人民群众的生命财产安全。为了从源头上破解贫困人口生存和发展的难题，有效遏制生态环境继续恶化的趋势，构建“两江”上游生态安全屏障，降低扶贫成本，促进城乡协调发展，确保与全国同步进入全面小康社会，贵州坚持对“一方水土难以养活一方人”生态恶化地方实施易地搬迁扶贫，减轻迁出地的环境压力，获得“迁一宽三”生态、经济、社会效益成功经验的基础上，省委、省政府决定在全省生态环境恶劣的贫困地区实施生态移民扶贫工程。

贵州新阶段扶贫开发后期着手谋划生态移民扶贫开发战略，2010年年末进入筹备阶段，随即进入实质性实施，成立由省长任组长、分管副省长任副组长、省政府相关部门主要负责人任成员的省扶贫生态移民工作领导小组，负责组织制定全省扶贫生态移民工作的重大方针政策，统筹解决相关重大问题。省人民政府决定组建正厅级的临时性实施机构扶贫生态移民工程领导小组办公室，由省发改委负责日常事务。省政府还具体明确各相关部门的职责：省发改委负责扶贫生态移民总体规划的编制，争取国家易地扶贫专项资金，牵头做好扶贫生态移民工程实施工作；省扶贫办负责争取扶贫资金用于扶贫生态移民工程住房建设，并会同省经济和信息化委、省农委、省林业厅等部门切实做好生态移民工程后续产业发展；省财政厅负责做好本级匹配资金的安排和资金拨付、监管工作；省住房和城乡建设厅负责协调推进集中安置点的绿化、亮化工程和排污设施建设；省国土资源厅负责土地调整、建设用地安排及土地整治，保证移民工程用地需求；省交通运输厅负责协调推进移民安置区道路建设；省水利厅负责协调推进移民安置区供水工程；贵州电网公司负责移民安置区电力设施建设；省商务厅、省工商局负责协调推进集贸市场建设；省广电局负责协调推进广播电视网络设施建设；省人力资源社会保障厅等部门负责职业技术培训；省民政厅负责协调社会保障，其他相关部门也要积极参与扶贫生态移民工作。按照省政府的统一安排部署，各市（州）、县亦成立相应的领导机构和实施机构。

贵州实施扶贫生态移民工程结合小城镇及园区建设展开，目的是把生态恶化地区的贫困农户迁移到环境容量较大、交通便利、公共服务相对较好的地方建点安置，政府配置生产资源，提供就业岗位，新建移民住房，建设公共基础服务设施，从根本上解决致富难、吃水难、住房难等难题，扶持生态移民发展生产，建设新家园，脱贫致富，奔向小康。扶贫生态移民工程是贵州实施的一项重大民生工程，规划用9年时间完成200多万贫困人口的生态移民。工程自2012年5月正式启动实施，至2013年，项目总投资49.33亿元，已建设306个安置点，建成住房56050套，搬迁25万人。2013年度建成住房33678套，占计划数的92.5%。供水工程、供电线路，变压器安装，绿化亮化及其他设施等配套基础设施也全面完成。已搬迁移民65910人，劳动人口48282人，实现就业人数为37248人，其中公益性岗位851人，家庭经营6802人，自主创业3968人，务工

2015年10月23日，领取新房钥匙的代表在保利生态移民社区安置房前集体合影

23567人，经商2060人；已搬迁移民有64611人参加新农合，已搬迁移民参加养老保险人数为25683人，享受低保人数为12027人。已搬迁移民子女36958人，教育适龄人数为13916人，适龄儿童入园数为2112人，就近读小学人数为4720人，初中人数为3103人，高中人数为1535人，中（高）职教育2021人，其他教育425人，入学率为100%。

按照先慢、中速、后快的原则，2014年开始，贵州扶贫生态移民工程建设住房42598套，搬迁15万人，其中武陵山、乌蒙山、滇桂黔石漠化地区建设38390套、搬迁133924人，其他地区建设4208套，搬迁16076人。重点在县城及县城规划区、产业园区服务区、重点小城镇、重点案区服务区共分127个安置点建设。计划总投资30.5亿元，其中，中央财政专项扶贫发展资金4亿元，中央易地扶贫搬迁资金2.5亿元，整合部门资金7亿元，省级财政专项资金8亿元，市、(地)县财政配套及整合项目资金9亿元。2014年的扶贫生态移民工程将进一步与廉租房，农村危房改造深度融合，实现“三房合一”。“十二五”期间，全省生态移民92万人，投入移民经费11.65亿元，移民实现收益1.4亿元，受益贫困人口28万人。

锦屏县易地移民搬迁新村

四、绿色经济

在实施生态帮扶过程中，各级党委、政府树立“产业生态化、生态产业化”的理念，从各地实际出发，充分挖掘和发挥当地自然资源优势，因地制宜，发展茶叶、核桃、竹子、花椒、油茶、金银花、水果、蔬菜、中药材等名优特色产业，兼顾生态效益、经济效益、社会效益，着力建设生态文明，帮扶越来越多的穷山村和贫困农民发展绿色经济。

茶叶　茶叶是贵州的农业主导产业，全省宜茶面积700多万亩，遍布81个县、市。贵州省委、省政府高度重视茶产业发展，2007年下发《关于加快茶产业发展的意见》，提出茶产业发展的指导思想、目标任务、政策措施。贵州茶园面积快速增长，到2012年突破500万亩，茶叶产量10.2万吨，综合产值86.1亿元。截至2013年年底，贵州茶园面积突破600万亩，茶园面积居全国第一，茶叶产量 13.6 万吨，综合产值 152 亿元。产量、产值分别占全国的 6.8% 和 9.1%，分别居全国第六位和第四位。为夯实基础，加快发展步伐，贵州省又制定出台《2014—2016 年茶产业提升 3 年行动计划》，举全省之力，打造黔茶品牌，培育龙头茶企，带动茶农增收 30 亿元，带动 300 万农民因茶脱贫致富。

1979 年，贵州茶产量超过 6250 吨，其中红碎茶出口英国、荷兰、联邦德国等国家。茶叶生产开始由零星分散逐步发展为相对集中，由自给自足生产转变为商品生产。集体茶场有 1000 多家，初步形成商品茶生产基地。1985 年，贵州茶园面积发展到 42.57 万亩，茶叶产量 1.06 万吨，创历史新高。1986 年，贵州制定“七五”时期每年新增茶园面积 2 万亩、新增茶叶产量 2 万～3 万担的奋斗目标。全省茶叶产供销形成国营、集体、个体多元化、多层面走向市场的格局。2000 年后，随着人们生活水平的提高，名优茶市场的扩大，茶叶市场复苏。各地利用扶贫、农业综合开发、水土保持和退耕还林等项目发展了一大批茶园，湄潭、凤冈等县农民大规模种茶，一批工商资本和省外客商进入茶产业，形成了茶叶发展高峰。湄潭、晴隆两县被农业部列为全国首批 20 个创建无公害农产品（种植业茶叶）基地县，凤冈县被授予“中国有机富锌富硒茶之乡”。

凤冈县永安镇田坝村守着得天独厚的茶叶生产条件受穷，自从政府帮扶发展茶产业以来，出产的锌硒有机茶不仅源源不断销往全国各地，而且通过欧盟 463 项检测指标出口欧洲，同时打开美国、加拿大和俄罗斯等国市场。田坝村实施“茶旅一体化”发展战略，实现人均两亩茶园，全村每年仅茶青产值就超过 2 亿元，加上茶园观光带来的旅游收入，全村人均年纯收入过万元，把生态效益转化为经济效益，驶上绿色发展的“高速路”。2005 年，全省茶园面积发展到 89.6 万亩，茶产业综合产值达 51.6 亿元，茶农增收近 30 亿元，300 万农民因茶脱贫致富。

凤冈县茶海之心

2007 年，省委、省政府明确把茶产业作为全省重点发展的优势产业来抓，制定了一系列优惠政策，全省茶园面积达 130 万亩，茶叶产量达 2.8 万吨；全省 81 个县（市、区）产茶，良种茶园面积达 53.41 万亩，加工企业达 309 家，237 个茶产品获奖。2008 年 1 月，省委、省政府提出“统一思想，提高认识，总结经验，做优做强做大全省茶产业，推动农村经济又好又快发展”的要求，提出“通过一段时间的努力，使茶园面积发展到 500 万亩”的目标。2010 年，全省茶叶产量 6.1 万吨，销售收入 32.17 亿元，茶产业综合产值约 40 亿元以上。

2013 年，贵州茶叶面积达 611 万亩（其中投产 270 万亩），占全国茶叶面积的 15.8%，居第一位，年产茶13.6万吨，总产值105亿元，综合产值152亿元。遵义、铜仁、毕节、黔南茶叶面积分别达152万亩、126万亩、98万亩、85万亩，累计占全省四分之三。茶叶面积30万亩以上的县3个，20万～30万亩的县7个，10万～20万亩的县12个，万亩以上的乡镇186个，万亩以上的村52个。通过无公害、绿色、有机认证的茶园89.33万亩，其中有机茶面积16.35万亩，居全国第二位。全省茶农128.48万户，茶叶专业合作社781个，10亩以上的茶叶家庭农场12万余户。截至2015年，贵州省茶园面积达到689.2万亩，稳居全国第一位。其中，投产茶园423.2万亩，茶叶产量22.4万吨，同比增长23.7%；茶叶总产值214.8亿元，综合产值404.9亿元，比分别增长30.2%和49.4%。全省注册茶叶企业3040家，固定资产165亿元，拥有国家级、省级龙头企业136家，通过工商部门注册登记的商标数量达到1227个，有457家企业通过QS认证，69家企业获得对外贸易经营资格。“十二五”期间，贵州严守发展和生态两条底线，在保住青山绿水、发展生态产业的同时，力推精准扶贫、绿色扶贫，逐步走出一条有别于东部、不同于西部的发展之路，年均减贫人口超过100万人、农民人均纯收入年均增长超过15个百分点、森林覆盖率每年提高1个百分点。

油茶　贵州是中国南方重点油茶主产区之一，油茶资源丰富，品种类型约20种，均属寒露与霜降两大种群系列，适应性强。省的东部、东南部和南部地区气候湿热，冬无严寒，夏无酷暑，雨量充沛，水热同季，适宜油茶树生长。这些地区都有油茶栽培的悠久历史，山区林农祖祖辈辈都有经营油茶和食用油茶的习俗。分布在黔东南自治州南部一线的小果油茶，果小皮薄，较稳产，含油率在45.34%左右；铜仁地区以寒露红桃和红皮桔型果油茶为最优，其含油率分别为49.3%、54.7%和54.9%，均具有抗病性强，高产稳产和含油率高等优良性状。白市4号、湘林1号、湘林16号、岑软3号等，都是适合贵州种植的品种。

从20世纪80年代后期开始，贵州省林业科技工作者就开展油茶的育种、引种、栽培及加工研究，并取得阶段性成果，对贵州油茶产业开发起到推动作用。贵州省林业部门2000年的林业资源调查结果表明：全省油茶总面积为102.8万亩，大都种植在海拔300～800米的地区，少部分种植在海拔200米和海拔2000米左右的向阳坡地。主产区集中在12个县（市），种植面积在10万亩以上的有天柱、黎平、从江、玉屏、册亨5个县，面积占全省油茶种植面积的66.2%；种植面积在5至10万亩的有望谟、锦屏2个县；种植面积在5万亩以下的有铜仁、万山、松桃、岑巩、榕江5个县（特区）。受气候、地貌等自然条件以及当地管理条件的影响，在贵州的其他地区则较少种植，部分地区虽有零星种植，但未形成规模，大部分已经失管。在102.8万亩油茶林中，未投产期面积3.5万亩，初产期面积19.7万亩，盛产期面积21.3万亩，衰产期面积达58.3万亩，分别占总面积的3.4%、19.2%、20.7%和56.71%。贵州省有油茶苗木定点生产单位12处，油茶良种采穗园1处，主要分布在黔东南自治州、铜仁地区、黔南自治州和黔西南自治州所属的10个县（市）。同时，天柱、黎平、锦屏等县被列为国家油茶林示范基地县。贵州还是国家油茶种质资源收集保存的指定地点，黎平县林木良种繁育中心收集保存75个油茶树的繁殖材料。

贵州油茶适宜栽培区主要位于东部、东南部和南部地区，是贫困面大、贫困程度深的少数民族聚居区，还是以低山丘陵、河谷地貌为主的山区。根据《全国油茶产业发展规划》，贵州有35个县（市、特区）进入全国油茶产业发展规划的适宜栽培区域，有适宜种植油茶的林地面积624.50万亩。在35个县（市、特区）中，有国家级贫困县16个，有农村贫困人口96.94万人，占全省贫困人口总数的17.50%，劳动力资源非常丰富。2009年，省林业厅出台《关于加快油茶产业发展的实施意见》，指出加快油茶产业发展，对促进全省山区经济发展，带动农民脱贫致富和维护国家粮油安全，满足社会和大众对良好生态产品、天然绿色食品的需求具有重要意义。强调按照高产、优质、高效、生态、安全的总体要求，调整优化油茶品种结构，使油茶发展成为贵州省适宜发展地区的特色优势产业。根据《全国油茶产业发展规划》和《贵州省林业厅关于加快油茶产业发展的实施意见》，省扶贫办和省林业厅联合制定《贵州省油茶产业发展规划》，依托“天然林资源保护工程”“退耕还林（草）工程”等重点林业生态工程的建设实施，规划区种苗基地取得长足的发展。

2009—2010 年，省扶贫办以油茶产业化扶贫为纽带，打造黔东油茶产业化扶贫基地。省扶贫办专题研究部署油茶产业化扶贫工作，明确目标任务，理清发展思路，强化政策措施，加快推进油茶产业化扶贫步伐。规划区的 16 个县（市），全部是新阶段扶贫开发重点县，其中，铜仁市和万山特区还是有扶贫开发任务的区域，社会经济条件较好。2009 年，贵州省扶贫办投入油茶产业的扶持资金 2242 万元，2010 年为 7000 万元，统一对新造油茶林每亩补助 643 元，主要用于购买种苗和肥料。按照“谁积极就支持谁”的原则，对老茶林进行改造，组织验收合格后每亩补助 200 元，并实行绩效考核、以奖代补。2010 年 12 月，贵州省油茶产业发展现场会在天柱县召开。这是贵州首次召开专题研究部署油茶产业发展的重要会议。充分肯定全省油茶发展取得的成绩和经验，分析存在的困难和问题，指出贵州油茶产业发展面临的重要机遇。截至 2015 年，全省油茶产业发展到 325 万亩，投入发展资金 5.43 亿元，实现收益 9.8 亿元，受益贫困人口 195 万人。

水果　贵州热量丰富、雨量充沛，立体气候明显，适宜多种果树生长。全省果树资源共有 43 属 127 种，从南亚热带水果到温带水果都能生长，每种水果均能找到最适宜区或适宜区，加之地处喀斯特山地，钙质石灰岩微酸性黄壤条件下生产的果品品质优良。

1986 年，省政府确定在罗甸县试点发展蔬菜、水果。1989 年，省政府领导率组赴北京、山东等地考察，议定一批经济协作项目，其中，北京愿以多种方式帮助贵州发展水果，部分产品进入北京市场。1995 年，全省果园面积达 61.57 万亩，比 1990 年净增 26.37 万亩；水果总产量 20.97 万吨，同比净增 4.3 万吨；水果总产值 3.36 亿元，同比净增 6880 万元；西瓜种植面积达 17.13 万亩。由于水果是最先市场化的农产品，贵州水果种植面积快速增长，产量迅速提高，果园面积从 1984 年的 10 万亩到 2003 年扩大至 154 万亩。1997—2003 年，年均新增果园面积均在 10 万亩以上。随着大批新建果园的陆续投产以及科技、经费投入、品种改良，水果单位面积产量逐渐提高。2003 年产量达 43.78 万吨。全省自产水果人均占有量达 11.31 公斤，比 1983 年前增长近 3 倍。是年，贵州调整农业结构，蔬菜、水果、中药材、花卉、茶叶、青饲料等作物的种植面积占农作物种植面积的 28.3%，比上年提高 2.3 个百分点。在全省 154 万亩果园面积中，柑橘 52 万亩，产量 15 万吨，成为各类水果之首，并初步形成都柳江、清水江、南北盘江等低热河谷流域的柑橘生产带。建成以城市及工矿区为中心的桃、梨、葡萄、杨梅、枇杷等优质水果基地 30 余个，形成“都柳江”牌椪柑、夏橙，“苗疆”牌金秋梨、“阿栗”牌杨梅、“六广河”牌猕猴桃等一系列在国内市场有影响的优质水果品牌，建成以黔北、黔中主要县（市）构成的果品加工原料基地和有较大影响的“贵宝”“信友”果品加工龙头企业。

2005 年，省农业厅专家顾问组组织有关专家对全省水果产业发展情况进行专题研讨，认为发展水果与石漠化治理、旅游观光、扶贫开发关系密切，贵州山区发展水果潜力较大。全省已有 83 个由省至乡的果蔬技术推广机构、389 名果蔬专业技术人员和开阳枇杷协会、修文猕猴桃协会等 30 余个农民果蔬协会，为促进全省果蔬产业发展和农民增收奠定坚实基础。在水果集中产区，果品销售收入已占农民现金收入 60% 以上。2006 年，针对贵州资源丰富、气候多样，同时土地破碎、耕地少，石漠化区域广，生态建设任务重，异常气候对农业生产影响加大等实际情况，明确把发展果树作为调整山区农业结构，增加农民收入，促进生态建设的主要作物给予重点支持，制订一系列推进措施，设立精品水果省级财政专项资金、召开全省精品苹果生产现场会、火龙果产业发展座谈会，形成各级各部门重视，合力推进精品水果产业发展的新格局，以苹果、火龙果、猕猴桃、柑橘和优势时令水果为重点的精品水果发展进入新阶段。到 2008 年，全省果园面积达 263.4 万亩，产量 122.2 万吨，产值 20.07 亿元，农民人均果品纯收入 47 元。

2009—2010 年，省财政扶贫资金投入水果产业 4 亿多元，发展水果面积 40 多万亩。截至 2010

年12月，全省果园面积达227.75万亩、产量123.47万吨，分别比2005年的面积、产量增长上27.68%和28.67%，果品产值达36亿元。柑橘、梨两大水果在优势品种和生态优势区的集中度显著提高，其中柑橘基地在都柳江、清水江、乌江、南北盘江河谷区的面积达45万亩，椪柑、脐橙、官溪蜜柚、血橙等优良品种增长30%；梨基地在苗岭和乌蒙山区区域种植面积达40万亩，黄金梨、翠冠、红香酥等品种发展迅速；苹果、火龙果、猕猴桃、蓝莓、酥李等特色水果基地和桃、葡萄、樱桃等时令精品鲜果基地建设取得明显成效，初步形成贵阳、遵义等大中城市近郊时令水果基地群，威宁、长顺、桐梓等中高海拔区早熟苹果基地，罗甸、关岭等低海拔富热量河谷区精品火龙果基地，修文、水城、丹寨等地的猕猴桃基地。2010—2015年，贵州规划发展精品水果500万亩，各级政府共投入扶持资金4.25亿元，精品水果从2010年的227万亩发展到550万亩，超规划50万亩，农民实现收益16.5亿元，受益贫困农民达330万人。

刺梨采摘

干果　贵州气候温凉，阳光充足，土壤肥沃，地理自然条件为发展核桃产业提供广阔空间。核桃、板栗、银杏、话梅、杏子等干果在贵州都有分布。贵州是中国核桃主要产区之一，省委、省政府主推发展核桃产业。全省大部分市（自治州、地）、县均有核桃资源分布，其中，以西北部和西部的毕节地区和六盘水市分布最为集中。贵州栽培的核桃主要有核桃和铁核桃两种，山核桃分布主要分布在黔东南自治州锦屏、黎平、榕江、天柱等县。贵州95%的贫困人口集中分布在武陵山区、乌蒙山区、苗岭山区和大娄山脉山区，其中65%以上的贫困人口集中在这些区域的高寒山区。由于受气候条件限制，农业生产条件恶劣，加之山高坡陡，交通不便，导致高寒山区的农民长期处于贫困落后态，是国家连片特困地区扶贫攻坚的重点区域，急需进行农业产业结构调整。核桃是贵州高寒山区的适生树种，经济价值高，收益期长，易于采摘和贮藏，是扶贫开发的首选树种。

1983—1992年，贵州省林业科学研究所利用贵州核桃和新疆核桃的优良品种嫁接苗，进行栽植密度、施肥、品种三因子试验，开展贵州核桃早实丰产技术研究，总结出早期丰产品种以早实核桃最佳，晚实核桃中的串核桃，黄泡壳果枝分枝多，丰产性强，值得大面积推广。2001—2005年，各级林业部门以退耕还林、珠江防护林、天然林保护、石漠化治理等重点工程建设为依托，发展生态经济，累计投资8000万元，营造核桃林24.77万亩；省林业厅安排森林植被恢复费和名优经济林项目资金5500万元，建设核桃基地16.42万亩。选育出“黔核5号”“黔核7号”等优良品种。核桃良种与丰产栽培技术等方面的研究成果获得省科技进步三等奖2项；争取国家林业局推广资金580万元，实施核桃推广项目6个，建立核桃示范林3500亩。

2007年，贵州投入资金100万元，建立赫章县“全国核桃林业标准化示范区”。贵州在核桃造林专项资金有限的情况下，整合各方面资源，通过建立示范基地，引导核桃基地发展。主要利用省财政扶贫资金、农业综合开发名优经济林、花卉示范项目资金、省地县级植被恢复费、特色商品林项目等资金，集中人力、财力、物力打造一批示范基地。毕节地区打造威宁玉龙——牛棚10万亩核桃产业示范带、赫章城关——结构10万亩“百里核桃长廊”产业示范带、金沙马路——高坪5万亩核桃产业示范带等3个示范工程。在抓核桃产业扶贫过程中，贵州引导社会力量参与发展核桃产业，探索专业合作组织、大户承包、企业自主经营、“企业+基地+农户”等发展方式，解决了遇到的资金、技术、营销等难题，加快基地建设。长顺县海风建材有限公司采取“龙头企业+种植示范园+农户”模式，在威远镇付家院与115户农户联合打造核桃产业，公司投资50多万元，农户用土地和劳力入股，建立500亩核桃种植示范区。由公司统一管理，农户参与，共担风险。产生经济效益后，农户与公司按三七分成。2008年3月，省委办公厅印发《关于加快精品果业发展的意见》，要求各地在加强生态农业建设中，瞄准市场，开发利用本地草山草坡资源，大力发展核桃、板栗等精品果业。2009年，全省新增核桃种植面积3.2万多亩，2010年4月，省政府要求在生态农业建设和石漠化治理中，把贫困地区的精品果业等列入重要内容。当年，全省新增种植核桃面积10.39万亩。

赫章县核桃标准化种植基地

2010年，贵州制定《核桃嫁接苗生产技术规范》《核桃丰产栽培技术规程》，初步解决制约核桃产业发展的关键技术。在科技推广方面，每年举办不同层次的核桃栽培技术培训班，使产区技术人员和林农掌握苗木修剪、土肥水管理以及病虫害预防治等知识，提升核桃生产的综合管理水平，促进全省核桃基地建设质量的提高。贵州先后建起以核桃仁为主要原料的果品、乳品、糕点等各类加工企业273家，规模较大的有盘县信友核桃乳公司，年产核桃乳3000吨，赫章县赫之林核桃乳公司，年产核桃乳1000吨，产品主销省内外大中城市。黎平、锦屏、天柱等县出产的山核桃销往全国各地。是年，全省核桃面积达85万亩，其中特色产业、整乡推进、集团帮扶等项目发展35万余亩，核桃年产量1.8万吨，年产值2.7亿元。截至2015年，全省核桃种植面积有1057万亩，投入发展资金26.52亿元，实现收益31.7亿元，受益贫困人口634万人。

第二节　产业扶持

贵州围绕建成“全国蔬菜大省、全国南方重要核桃基地、全国草地生态畜牧业重要省份、全国最大马铃薯产地、全国地道中药材主产省、全国南方油茶主产地、全国绿茶产业大省、全国大鲵产业大省”等奋斗目标，打造菜、薯、烟、油、果、药、茶、畜牧、加工、劳务、乡村游等扶贫特色产业，建设300多个现代高效农业示范园区，截至2015年，大部分贫困户都可以通过种植、养殖、劳务输出、乡村旅游等产业增收。

“十二五”期间，贵州把发展现代山地高效农业作为促进农民脱贫致富的重要手段，整合产业扶贫资金，科学调整种植结构，粮经作物面积比调整为4∶6。全省建立省级农业示范园区326个，实现规模种植1000万亩。累计投入产业化项目财政专项扶贫资金66.5亿元，实现总产值813亿元，实施到村项目4万多个，以优质菜、果、茶、药、薯和牛、羊为重点的特色生态产业得到大力发展。

一、种植业

（一）水稻、玉米

1973年，随着人口的不断增加，贵州逐渐由粮食调出变成粮食调入的省份，正常年景缺口小些，干旱年份缺口大些，贫困山区缺口更大。1986年，在抓产业扶贫中，贵州把发展本省粮食生产作为首要产业来抓。1989年2月，省政府针贫困地区耕作粗放，粮食产量长期上不去，贫困人口温饱问题突出的省情，决定推广遵义地区的科学种田经验，在贫困县实施扶贫“温饱工程”，布置1989年扶贫“温饱工程”任务，安排在31个贫困县实施“温饱工程”400万亩，其中地膜杂交玉米200万亩，杂交水稻200万亩。31个贫困县建立“温饱工程”领导机构和承包责任制，实行资金、物资、技术配套、鼓励承包、兑现奖励。地膜杂交玉米平均每亩增产95公斤，杂交玉米平均每亩增产75公斤，杂交水稻平均每亩增产60公斤，31个贫困县共计增产粮食12万吨，98万人口解决温饱问题，加上前3年解决温饱的人数，4年累计解决392万人的温饱问题，占31个贫困县贫困人口总数的63.8%。按全县农民人均纯收入衡量，榕江、务川、三都、荔波、罗甸、独山、毕节、兴仁、六枝等9个贫困县（特区）越过人均纯收入200元的“温饱线”。

1990年，各级党委政府加强领导，各部门密切配合，上万名行政干部和3000多名科技人员深入贫困乡村，开展“双向承包”，按照“统一规划，超前安排，配套输入，科技扶贫”原则和“以物放贷，以粮还贷”方式，继续在31个贫困县实施扶贫“温饱工程”400万亩，实际完成384万亩，占计划96%，增产粮食37.5万吨、增加产值3.7亿元。1991年度全省实施扶贫“温饱工程”500万亩，其中，31个贫困县完成384万亩，覆盖贫困农户89万户，扶持3.15万贫困户脱贫。1992年，贵州扩大到在46

个贫困县实施以推广“双杂”良种和地膜覆盖栽培技术为主的扶贫“温饱工程”600万亩，比上年增加100万亩。当年增产粮食49.87万吨，46个贫困县农民人均吃粮达到281.7公斤，比上年提高29.4公斤。

1993年，全省实施扶贫“温饱工程”610万亩，增产粮食30万吨，为平均每个贫困人口增加1个月的口粮。全年投入扶贫资金2.2亿元，实施扶贫项目155个，有79万贫困人口越过“温饱线”。1997年实施扶贫“温饱工程”741万亩，受益贫困农户230万户，共有174万贫困人口解决温饱问题，安龙、三穗、施秉、六枝、普定、兴仁、罗甸、正安、德江、平塘、务川、天柱、大方13个贫困县（特区）达到或越过温饱线。1993—1997年，全省共有545万农村贫困人口越过温饱线，18个贫困县基本解决温饱。其中，1996年有160万贫困人口越过温饱线，凤冈、独山、息烽、镇宁、岑巩、荔波6个贫困县率先解决温饱问题。

1998年，在46个贫困县实施扶贫“温饱工程”700万亩，实现贫困人口人均增粮16.4公斤。以县为单位考核，盘县、习水、石阡、印江、松桃、普安、贞丰、织金、关岭、黄平、黎平、榕江、从江、麻江、长顺、三都、剑河、丹寨等18个贫困县越过温饱线。2000年，贵州实施“八七”扶贫攻坚计划结束。全省7年投入各种扶贫攻坚资金90多亿元，近700万贫困人口越过温饱线，贫困人口由1994年的1000万人减少到313.6万人。1998—2003年，累计投入各类扶贫资金101.5亿元，原定48个国家级贫困县整体越过温饱线，其中凤冈、息烽两县摘掉贫困县帽子。农村贫困人口从1997年的789万人减少到2002年的300万人左右，基本解决了大多数农村贫困人口的温饱问题。涌现出一批小康村镇，三分之一以上农户生活水平达到小康。

从2005年起，省政府每年投入数千万元资金实施“粮食增产工程”“超高产示范工程”等重大项目，通过技术组装、示范带动、点面结合、分类突破，挖掘粮食增产潜力。2008年，粮食增产工程完成1057.6万亩，示范区优良品种覆盖率达100%，核心技术覆盖率达93%以上，实现平均亩产474.5公斤，比项目区前3年平均亩产增产14.5%。是年起，全面启动实施粮食高产科技示范工程，完成水稻、玉米万亩连片示范13.87万亩，项目区水稻、玉米平均亩产分别达到641公斤、615公斤。全省面上推广杂交水稻、杂交玉米分别达1007万亩、1050万亩，超级稻及高产栽培213万亩，紧凑型玉米475.9万亩；推广水稻旱育稀植694.2万亩，水稻抛秧123.7万亩，玉米育苗移栽964万亩，旱地宽厢宽带高效技术145.2万亩，各种增产、提质、节本、增效新品种新技术覆盖率进一步提高。全省粮食播种面积4380万亩，粮食总产量实现1152.8万吨。粮食平均亩产264公斤，比2000年提高18公斤。

2009年，随着扶贫开发、新农村建设力度增大，随着种粮直补、良种补贴、农机补贴等政策的落实，贵州继续扩大推广杂交水稻、水稻旱育稀植、杂交玉米、玉米育苗移栽等良种良法面积。全省粮食播种面积达4477.09万亩，粮食总产量达到1168.27万吨，创历史新高。比上年增产10.27万吨，增长0.9%。2010年，继续实施“粮食增产工程”“粮油高产创建工程”等项目，在广大农村推广水稻旱育稀植、玉米“营养球”育苗移栽、地膜覆盖等技术。“十二五”期间，坚持推广水稻旱育稀植、玉米“营

黔南自治州罗甸县杂交玉米项目

养球”育苗移栽、地膜覆盖等技术，粮食生产基本稳定。2015 年，全省粮食总产量达 1112.3 万吨。由于粮食高产示范工程在全省的大面积实施，带动了贫困地区粮食种植水平的不断提高，广大贫困农民的吃粮水平也不断增加。

（二）马铃薯

贵州是全国马铃薯主产区之一，全省 88 个县（市、区）均有分布，其中，42 个县（市、区）被农业部规划为马铃薯优势区，全省马铃薯播种面积常年超过 1000 万亩，是继玉米、水稻之后的第三大粮食作物。1996 年，中共中央总书记江泽民视察贵州时指出，要尽快解决贵州马铃薯品种退化问题，以提高产量和质量，解决贫困地区温饱问题。国务院扶贫办、中国农科院、贵州省委、省政府组织有关专家对马铃薯生产情况进行调查研究，编制《贵州省推广脱毒马铃薯种薯温饱工程项目可行性研究报告》，由国务院扶贫办负责立项，以贵州省扶贫办为主体，中国农科院参与项目实施，在贵阳建立脱毒马铃薯快繁中心，确定在赫章、镇宁、水城、凤冈、息烽、剑河、德江、安龙、独山、长顺、织金、雷山、威宁和惠水县摆榜乡建立 14 个繁种基地，建立扶贫系统脱毒种薯生产、繁育、推广体系，确保脱毒马铃薯种薯温饱工程顺利实施。1997 年，省政府决定在 48 个国定贫困县实施脱毒马铃薯种薯温饱工程，省扶贫办组织项目实施，拨出财政扶贫资金 100 万元作为启动资金，使全省脱毒种薯覆盖率逐步提高，促进优质、高产。2001 年起，针对省内外市场需求变化，引进、选育和推广的新品种主要有：坝薯 10 号、费乌瑞它、会—2 号、合作 88 号、中薯 3 号、大西洋、鄂薯 3 号等。2003—2004 年，省农业厅制定《贵州省马铃薯产业发展规划》《贵州省马铃薯产业化经营发展规划》，提出到 2007 年和 2010 年全省马铃薯产业发展目标。2006 年，省委、省政府印发《关于加快农业农村经济发展努力促进农民增产增收的意见》，首次提出脱毒薯类种植在“十一五”期间达到 1000 万亩的目标。2007 年 7 月，省政府部署寻求大宗、带有普遍性的产业，大力发展草地畜牧业和茶叶、蔬菜、中药材、花卉、马铃薯等特色产业，使从事种养业的农民实现持续增收。从 2001—2007 年，14 个基地县共投入财政扶贫资金 1860 万元。2008 年，省政府下发《关于推进马铃薯产业发展的意见》，增加支持马铃薯发展的资金规模，提出到 2010 年，全省马铃薯种植面积突破 1000 万亩，鲜薯产量 1200 万吨，产品商品率 30%，加工率 10%，实现总产值 85 亿元，逐步建成全国最大的马铃薯产区，南方最大的商品薯生产基地、脱毒种薯供应基地和重要加工基地，使马铃薯产业成为农业农村经济的一个支柱产业。2008 年，威宁自治县对“费乌瑞它”进行测产验收，亩产量为 3726.9 公斤，比当地晚熟品种高 22.41%，市场售价比老品种每斤高 0.3～0.4 元，同等条件下种植农户每亩增收近 1300 元。2009 年 3 月，省政府发布《关于大力发展马铃薯产业的意见》《贵州马铃薯产业发展规划》和《贵州省马铃薯加工业“十一五”发展规划》，要求在“十一五”期间，全省马铃薯加工业总产值年均增长 13%，到 2010 年，力争突破 10 亿元，主要加工产品总体质量达到发达省区水平，其中淀粉制品质量接近或达到国内领先水平，整体装备接近或达到国内先进水平。

独山县脱毒马铃薯生产基地

贵州大力推广脱毒马铃薯是从 2007 年开始的，是年，全省推广脱毒马铃薯 568.87 万亩，占马铃薯总面积的 60% 以上。先后引进和筛选适合贵州种植的马铃薯品种 20 多个，安排在不同海拔区域种植，每年组织基地县培训，实施良种、良法配套技术，发挥辐射带动效应，提高种植农户的栽培技术水平，规范栽培技术措施，提高产量和品质。到2008年，全省累计推广脱毒马铃薯2905.25万亩，覆盖50个扶贫工作重点县和33个非贫困县的贫困乡。14个基地县每年调进20多个品种的微型薯4000多万粒，分别采取自繁和农户扩繁相结合，种薯专业村、组或与农户签订种薯种植合同等方式，建立种薯扩繁基地。各基地县在种薯扩繁中，按照市场需求组织生产，选用品质优良、适应性和抗性较强、产量高、商品性好的品种进行扩繁。14个基地县年生产原种2600多吨，生产一、二级种15.6万吨，为全省脱毒种薯需求提供保障。贵州脱毒马铃薯微型薯基地产量从2000年40多万粒，2010年发展到1500多万粒，增长近40倍，成为长江以南脱毒马铃薯微型薯重要生产基地。"十二五"期间，贵州脱毒马铃薯种植规模达1166万亩，投入发展资金6.29亿元，农民收益35亿元，受益贫困人口700万。

（三）油菜籽

1978年，贵州提出生产油菜籽产量13万吨的年度计划。省农业科学院油料研究所、贵州农学院油料研究室及遵义、安顺、毕节、六盘水、铜仁、黔南、黔东南、黔西南（市、自治州）等地的农业科学研究所开展杂交选育中早熟甘蓝型油菜常规品种的研究。1979年，加强油菜等主要经济作物种植，增加面积，提高单产。为调整农业经济结构，出台大幅度提高农产品收购价格的重要措施。油料作物中，油菜籽价格平均提高28.57%，油菜面积扩大到272.02万亩，产量达8.1万吨，比上年增长10.8%。

1980年，省油料科学研究所在思南县正式挂牌成立，开始低芥酸油菜品种的选育和品质改良工作。省油料研究所和省油菜研究所分别参加低芥酸、双低常规品种选育和杂交油菜品种选育研究，全省油菜播种面积增加到284.47万亩。1984年4月，国家农业部肯定贵州省油料科学研究所研制的"黔油低芥1号"为填补国内空白的7个品种之一，被全国油菜各主产区引进试种并大量用作育种亲本。1984—1987年，全省油菜籽产量逐年增加：1984年27.29万吨，1985年升至27.90万吨，1986年升至36.69万吨，1987年升至41.91万吨。贵州省油料科学研究所研制的"黔油低芥1号"1986年通过国家审定，是全国第一批、省内第一个低芥酸品种。省内还育成低芥酸品种"贵油5号""油研1号"。油菜低芥酸或非优质杂交油菜品种还选育出"油研3号""油研4号""油研5号"和"黔油双低1号"，这是国家"七五"攻关项目、全国第一批、贵州第一个育成的双低品种。贵州育成的"黔油双低2号"是国家"八五"攻关育成品种。贵州还育成功"油研2号""油研6号""贵油7号"等常规双低油菜品种。

1990年，省政府采取"稳定政策，明确任务，抓销促产，适时微调"等措施，全省夏季粮油获得丰收，油菜籽产量40.48万吨，为计划的101.2%。1991年，全省杂交油菜新品种推广比例接近50%，尽管局部地区遭受特大洪涝灾害，亩均单产仍达93公斤，总产量达57.62万吨，比上年增长42.4%，创历史新高。省油料作物科学研究所自行研制并获得国家专利权的中国第一个自交不亲和系杂交种"油研3号"和三系杂交种"油研4号"通过国家审定。1993年，省油料作物科学研究所自行研制并获得国家专利权的贵州第一个隐性核不育杂交种"油研5号"通过国家审定。1998年，贵州建成"贵州省、中国科学院天然产物化学重点实验室"和"贵州省油菜工程技术研究中心"。杂交油菜新品种"黔油10号"在安顺、黔南、毕节、遵义（市、自治州）等地部分县示范推广20亩，平均亩产150公斤，比常规亩产增2.2公斤。实施包括"贵州省百万亩油菜优良高产综合配套技术研究与应用"在内的"四个百万亩高产科技攻关工程"项目。在项目实施地区，有16.99万户贫困户脱贫，脱贫人数达79.97万人。主要得益于双低、高产杂交甘蓝型油菜品种的选育和种植。

2003年，为降低油菜生产成本，提高生产效益，省农业厅在绥阳召开全省油菜免耕栽培技术现场会，推广油菜免耕栽培技术，在水稻收获后不翻犁稻田而直接在稻桩脚种植油菜苗。为提高劳动效益，推广使用获得国家实用专利技术的"移栽器"打孔移栽。在油菜等农作物中优选出一批良种，油菜已育出通过省级审定的优良品种2个，实现种植面积100万亩，新增产量达10万吨，质量达国家一级良种标准。2004年，全省已建油菜等工程中心8个，实现新增产值10亿元。以"油研7号"为代表的油研系列品种的选育及其产业化开发，推动贵州和全国"双低"油菜的发展。油研系列品种已在长江流域12个省、市累计推广4200万亩，经济效益10亿元以上，创利润3000万元，研究成果达国内同类研究领域先进水平。2005年，省内自育杂交优质油菜品种推广面积占全省油菜种植面积的50%以上，高于全国40%的比例，并推广到长江下游10多个省、区。2010年，全省优质油菜面积达到43.72万亩，其中双低油菜40.56万亩，分别占油菜种植面积的82.1%和76.15%。油菜育苗移栽比例达80.5%以上。“十二五”期间，贵州油菜保持稳定发展势头，2015年，全省油菜籽种植面积达793.90万亩，比上年增长1.5%。

（四）蔬菜

贵州是蔬菜种植的最佳适宜区之一，土壤类型多样，气候条件好，水量充沛，蔬菜品种多，一年四季都有蔬菜产出，发展空间潜力大。1978年，贵州蔬菜生产紧紧围绕城镇和工矿区建设少许专业菜地，实行就地生产就近供应，导致城市和工矿区蔬菜供应全面紧张，每年不得不从四川、湖北、湖南、广东、广西等5省（区）调进数万吨蔬菜，对城镇居民实行“凭票供应”。1983年，为缓解城镇和工矿区居民蔬菜供应紧张局面，贵州开始在罗甸、关岭等低海拔河谷地区探索发展春季早熟蔬菜，在遵义、绥阳等县粮区试行辣椒商品生产，为在全省粮区发展商品蔬菜探路和积累经验。

1984年，为进一步解决城镇和工矿区居民蔬菜供应紧张局面，省委、省政府对蔬菜产销体制进行改革：在各级政府主导下抓好规模化蔬菜基地建设的同时，鼓励千家万户利用责任地和房前屋后空闲地大种蔬菜；在鼓励各地蔬菜公司继续抓好从省外调进蔬菜的同时，放开农产品市场，允许国营、集体和个体经营蔬菜，允许农民进城自行销售蔬菜；放开蔬菜价格，实行随行就市；责成交通运输部门开辟农产品“绿色通道”，免交过境费；责成工商、税务、城管、卫生等部门取消不必要的税费，减轻蔬菜生产者和经营者的负担。由于政策逐步放宽，蔬菜产销逐步由70%～80%计划供销为主、市场调节为辅的格局向以市场平衡为主的格局过渡，促进全省粮区季节性商品蔬菜生产迅速发展。但贵州蔬菜生产尚未形成产业。是年秋，为响应中央和省“智力支边”的号召，贵州省农业科学院副院长、蔬菜专家李桂莲根据罗甸县虽然地处南亚热带气候区，是贵州的“天然温室”，但30多万亩耕地在秋收过后就大量闲置，当地少数民族群众不会种蔬菜，长期靠吃山上野菜过日子的状况，带领团队赴罗甸开展“智力支边”，向一户贫困户租2分地试种早熟蔬菜，1分地种辣椒，1分地种西瓜，收获青辣椒233.5公斤、西瓜306.5公斤，卖得现金520多元，全部送给出租地农户。

1985年租用土地50亩，种植辣椒、茄子、西红柿、黄瓜、四季豆、西瓜、白菜、萝卜等品种。李桂莲用50亩早熟蔬菜作为示范教育培训基地，组织全县各乡镇干部和部分农户到基地观摩培训，传授整地、选种、浸种、育苗、移栽、施肥、灭虫、铺设地膜和田间管理等知识，手把手地做示范。1986年，罗甸县早熟蔬菜种植面积增加到2500多亩。到1989年，逐步递增到3.6万多亩。李桂莲坚持每年冬春轮流到各乡镇蔬菜基地巡回指导，使平均每亩蔬菜的现金收入由早期的3800多元提高到5400多元。不少贫困农户一个冬春仅早熟蔬菜一项就收入现金1万多元而脱贫。罗甸早熟蔬菜销往贵阳、遵义、重庆、广州、深圳、长沙、武汉等地。每年春夏之交，省内外客商和运菜车队络绎不绝，带动饮食业、运输业和旅馆业发展，蔬菜产业不仅富了贫困农民，而且富了穷县财政，县财政仅蔬菜带动相关产业一项，每年增收220多万元。李桂莲被罗甸各族贫困农民誉为“红水河畔的女财神”。1987—1988年，望谟、册亨、习水县土城镇、关岭自治县断桥乡等地学习推广罗甸早熟蔬菜种植经验，利用当地气候优势和冬闲田土，采用先进技术大种地膜蔬菜。各县种植面积从3000～5000亩起步扩大到3万～5万亩。1989年，省政府要求“全省农业系统都应重视果蔬生产，作为产业来抓”，批准省农业厅成立果蔬工作站，为全省蔬菜产业发展搭建组织协调和服务平台。

1991年，全省蔬菜种植面积增加至346.8万亩，占农作物播种面积的6%，年均递增10%，产值达13.2亿元。1995—2000年，贵州开始以交通为基本条件，以向产销优势区进行产业转移为基本特征所进行的第三次产业优化调整，在承接全国产业转移的大趋势下，全省蔬菜种植得到迅速发展，开始形成产业。进入21世纪，贵州实施大规模沼气工程和畜牧业大省工程建设，通过利用大量沼气工程转化的沼液沼渣和农家肥，促进了蔬菜的无公害生产。

2002年，贵州蔬菜种植面积达585万亩，产量668万吨，产值63.8亿元。从1991—2002年，蔬菜生产规模年度递增仅4.9%，种植面积占农作物播种面积的8.4%，增加2.4个百分点，产值年增幅达15.4%，产值占农林牧渔业产值的14.8%，占农业产值的22.9%，占种植业产值的25.6%。农民人均蔬菜产值200元，纯收入141元，占当年全省农民人均纯收入的9.5%。2008年，全省蔬菜种植面积达1016万亩，占当年农作物总播种面积的14.7%；蔬菜增加值110.9亿元，占全省农林牧渔业增加值的20.5%，全省农民人均蔬菜纯收入413元，占人均纯收入的14.8%；蔬菜销售额125.8亿元，农民人均蔬菜销售收入达468元。蔬菜采后处理和加工企业近150家，产值已近40亿元。与2000年比较，全省蔬菜种植面积占农作物总播种面积的比重提高7.1个百分点，蔬菜增加值占农林牧渔业增加值的比重提高7.9个百分点，全省农民人均蔬菜纯收入增加近2.5倍，农民人均蔬菜销售收入增加近12倍。商品蔬菜基地初具规模，产业带建设步伐加快，外销市场快速拓展，销售收入逐年增加，产业基础得到较好巩固。贵州名优特蔬菜众多，仅特色辣椒一项，2008年遵义市商品辣椒种植面积就达103万亩，产量折干达17.4万吨。

瓮安县细沙村冷凉型蔬菜基地

贵州夏秋反季节采取以产业带建设为基础的跨越式发展方式，20世纪90年代末开始试验，2002年开始建设，到2008年种植规模已达196万亩，产值38.9亿元，蔬菜销售到20多个省、市、区和我国港澳地区，出口到东南亚、欧盟、日本等国家，遵义县生产的“西蓝花”远销美国。2009年，省扶贫办下发《关于推进蔬菜产业化扶贫工作的意见》，在55个县（市、区）实施蔬菜产业化扶贫项目，建成20万亩无公害商品蔬菜基地。项目在区域布局上高起点、高标准，实行政府引导、农民参与、企业带动、部门服务。每个项目区相对集中连片，规模在5000亩左右，形成集群规模生产基地。每个项目区都带动2000户左右贫困农户，扶贫资金对项目区的蔬菜专业合作社、贫困农户、为蔬菜产业发展配套的基础设施建设和质量技术检测系统建设给予扶持。是年，规模化商品蔬菜基地和蔬菜产业带建设加快，种植面积1200万亩，比上年增加184万亩，全省农民人均蔬菜种植纯收入466元，比上年增加78元。

2010年，贵州利用发展蔬菜的气候、资源、环境、区位等优势，投入7000万元实施蔬菜产业化扶贫项目，在14个县（市、区）建设蔬菜产业化扶贫标准化基地10万亩，实现年产值4亿元，直接惠及农户2万户。“十二五”期间，全省蔬菜产业发展到1502万亩，累计投入7.55亿元，收益45.1亿元，受益贫困人口901万人。

（五）烤烟

贵州是全国烤烟主产区之一。全省适宜种植面积2800万亩，其中最适宜面积1600万亩。1978年，全省烤烟种植面积89.73万亩，收购烤烟8.12万吨。1990年，贵州实施“科教兴烟”战略，推广普及营养块假植育苗、托盘育苗和漂浮育苗技术，推行集约化育苗、商品化供苗。开展平衡施肥和测土配方施肥，建立土壤肥料信息和专家施肥系统，有机—无机配方施肥示范取得明显效果，烟叶单产和质量水平不断提升。推广密集烘烤和上部烟叶充分成熟后一次性砍烤技术，烟叶工业可用性不断提高，烘烤成本大幅度降低。推行GAP管理，全面建立烟叶质量追溯体系，提高烟叶质量水平，全省种植烤烟面积311万亩，在局部地区遭受严重干旱的情况下，收购烟叶26.4万吨。1991年，全省烤烟种植334万亩，收购35.1万吨，名列全国第三位。1992年，省委、省政府提出“南下，北上，西进，东联”的对外开放战略，开拓周边国家以至世界市场，抓住有利时机，调整农业结构，利用山区农业立体性强的特点，发展烤烟、中药材、蚕茧、油桐籽、五倍子等名、优、特、稀产品。全年种植烤烟398万亩，收购烟叶41.9万吨，名列全国第二位。1993年，烤烟种植面积增至420万亩，收购40.6万吨。

1995年，省委、省政府下发《关于把贵州省建成优质烤烟基地省的决定》，制定优质烤烟生产方案和技术操作规程，狠抓优质烤烟基地建设，种植烤烟338万亩，收购28.6万吨。1997年，全省烤烟种植面积达到595万亩，收购68.4万吨。因连续两年全省收购量大幅超出1996年、1997年计划和市场需求，烟草企业生产经营陷入困境，省政府提出“计划种植、合同收购、主攻质量、提高单产”的烤烟生产方针，要求各级政府和各有关部门认真做好烟农思想工作，协调和处理好各方面利益关系。1998年，全省烤烟生产实行“计划种植、合同收购”。当年种植烤烟230.49万亩，收购23.13万吨。省内外12个烟草工业企业在27个县（市）创办各种类型的优质烤烟基地81.3万亩，占全省烤烟种植面积的35.06%；生产优质烟叶7.46万吨，占全省烟叶总量的32.25%。完成“遵义地区烤烟百万亩优质高产综合配套技术研究与应用”等“四个百万亩高产科技攻关工程”。凡是实施项目的地区，粮、油、烟平均比实施前大幅提高，使16.89户贫困户脱贫，脱贫人数达79.97万人。全省烟草行业纳税39.97亿元；烤烟出口1.58万吨，创汇2272万美元；烟丝出口3400吨，创汇1208万美元。

2000年，全省种植烤烟244.16万亩，收购烟叶23.43万吨。全省烟草行业纳税36.22亿元；出口烤烟9196吨，创汇1272万美元；出口卷烟2536箱，创汇70万美元；出口烟丝259.8吨，创汇38万美元。2001年2月，省委召开全省农村工作会议指出：农村当前突出的问题是农民增收困难，农产品价格持续低迷，市场约束加大，农民生产粮食、烤烟、油菜等主要农产品的积极性有所下降。省政府于3月在道真自治县召开全省烤烟生产现场会，提出烤烟生产“远学三明，近学道真”的口号，明确“主攻质量，以质量求生存，以市场求发展，努力使贵州烟叶成为全国各大卷烟厂主料烟”烤烟生产思路。是年，全省种植烤烟253.51万亩，收购烟叶17.96万吨。2004年，贵州提出全省烟草行业工作重心向科技创新转移，立足于科技创新、提高烟叶品质、提高烟叶可用性、提高投入产出水平，走集约型内涵式发展道路。全省种植烤烟278.43万亩，收购28.38万吨。

2007年，在全面推进烟叶生产基地基础设施建设的基础上，开展以"规模化种植、集约化经营、专业化分工、信息化管理"为主要内容的现代烟草产业建设，推动传统烤烟生产向现代烟草产业转变。全省种植烤烟255万亩，收购28.41万吨。2008年，烤烟品种选育工作取得重大进展，一批自育品种通过省级农业评审和工业验证。自主研发"纸栽种"育苗新技术，实现标准化精准播种。探索育苗大棚综合利用，满足分级、收购要求。成功研发秸秆汽化燃烧部分替代煤炭烘烤，发展循环经济。加大特色优质烟叶开发力度，明确"开发西区、挖掘东区、提升北区、巩固中区"四大区域特色烟叶开发格局，质量水平明显提升，特色优质烟叶开发初见成效。烟农种烟收入51.15亿元，户均收入16034元。是年底，以烟水配套工程为主的烟叶生产基地基础设施建设累计投入26.98亿元，受益面积354万亩，使全省烟区旱涝保收耕地面积从人均0.37亩增加到0.52亩，提高烟区抵御自然灾害的能力和烟叶生产整体水平，解决80多万农民的生产生活用水困难，推动了烟区社会主义新农村建设。投入密集烤房建设补贴资金10亿元，建成大型密集烤房2.72万座、改建小型密集烤房8.2万座，承烤面积150万亩，提高了烘烤质量，降低烟农劳动强度和技术复杂程度。2009年，围绕现代烟草产业建设，省政府提出"规划设计上水平，点面结合搞建设，整体推进见实效"的思路。各级试点18个，面积7.2万亩，生产主体1884个，平均种植规模38.4亩。推进专业化服务队伍建设，服务范围进一步扩大，服务水平不断提升，烟叶生产专业化分工体系初步形成。全省种植烤烟254.37万亩，收购35.32万吨。

2010—2015年，黔西南自治州、遵义市、毕节市整（自治州）市推进，遵义、长顺县等9个县整县推进。全省一半以上的主产烟区基本实现烟草农业现代化，初步构建符合贵州山区特色的现代烟草农业发展模式，打造"珍珠项链式"山区特色现代烟草农业，加快推进传统烟叶生产向现代烟草农业转变步伐。2015年，全省种植烤烟261.8万亩，收购35.14万吨。

（六）中药材

由于独特的气候特征和生物多样性，丰富中药材资源，贵州成为全国最适宜中药材种植中心区和全国四大中药材产区之一，中药材资源品种共4802种，其中，药用植物4419种、药用动物301种、药用矿物82种，在全国中药资源普查的363种重点药材中，贵州就有328种，占90.3%。许多野生或栽培药材如天麻、石斛、杜仲、半夏、吴茱萸、何首乌、头花蓼等在市场享有盛誉。苗药是国家确定的六大民族药之一，其中，90%以上的苗药集中在贵州。中药材产业被确定为贵州要打造的"烟、酒、茶、药、食"五张名片之一。

1992年，省委、省政府进一步调整农业结构，在促进粮食生产的同时，利用山区立体性强的特点，大力发展烤烟、中药材、蚕茧、油桐籽、五倍子等名、特、优、稀产品和节粮型畜牧业。2001年5月，国家科技部批准贵州为"国家中药现代化科技产业（贵州）基地"。2002年9月，省委、省政府颁布《关于推进中药现代化科技产业发展的若干意见》，提出"十五"时期推进中药现代化产业发展的具体目标、发展思路、工作重点及政策措施，成为贵州推进中药现代化产业发展的纲领性文件。2003年，省科技厅会同省农业厅等部门，编制《贵州省中药材规范化种植基地建设规划》，推进全省中药材种植的规范化、规模化发展。2001—2005年，贵州累计投入各类扶贫资金3亿多元，实施中药材扶贫项目500多个，发展中药材120多万亩，覆盖200多个乡镇、600多个村、近7万户农户。扶持一批中药材种植、加工企业，建设一批中药材扶贫产业基地，涌现出施秉太子参、贞丰金银花、大方天麻、赫章半夏、正安白及、赤水石斛等知名品牌，中药材产业扶贫工作取得积极进展。

2006年，省科技厅编制《贵州省"十一五"中药民族药科技发展规划》，为全省中药现代化产业发展提供了技术储备和科技支撑。2007年，省政府颁布《贵州省"十一五"中药现代化产业发展意见》，提出在"十一五"时期中药现代化产业发展的指导思想、奋斗目标、工作任务和政策措施。

2008年，省委、省政府在施秉县召开全省中药材种植现场会，对中药材产业发展作了部署，提出发展500万亩中药材的目标，扶持力度不断加大，为发展中药材产业营造良好环境。是年，全省中药材种植面积达188万亩，22家主营业务收入过亿元的中药制造企业实现工业总产值79亿元，规模以上医药工业实现总产值122.3亿元，医药工业已成为支撑全省工业发展的六大产业之一。2009年，贵州启动“贵州省中药农业产业技术体系”建设，属配建中药农药产业发展技术体系功能实验室和试验站，有关高等院校及科研院所先后设立中药材种植相关专业和中药材研究机构。各地针对当地生产需要，通过产学研结合，开展中药材野生变家种、引种栽培，规范化栽培等实用技术研究和推广工作，将中药材种植纳入农业技术推广和服务范围，加大对农技人员和药农的培训力度，使全省中药材种植、科研领域的技术水平得到进一步提高，从事中药材种植技术推广的技术人员队伍迅速扩大，支撑中药材产业发展的科技支撑体系初步建立。截至2010年，贵州栽培的中药材品种发展到110多个。针对中药材种植的特殊性，各地选择适合本地气候条件、农民易于接受的中药材品种，探索林药结合、粮药间作、以短养长等多种实用种植模式，比如淫羊藿、钩藤等林下种植，半夏与玉米、何首乌与玉米或辣椒间作套作，具有长短结合、节约耕地、见效快、收效高等特点，取得了较好效果。全省中药材种植结构呈现多样化发展趋势，中药材生产方式已逐步由采集野生资源为主向保护抚育、集约化种植和规范化种植转变。

威宁自治县党参种植基地

贵州中药材生产依托制药骨干企业和中药材专业合作经济组织，探索“公司+基地+农户”“公司+专业合作社+农户”等形式，发动农户种植，形成“种植—加工—提取—销售”一条龙的产业链，辐射带动广大农户发展中药材种植，带动项目区农户收入显著增长，涌现出一批年收入过10万元、100万元的种植大户。完成何首乌、太子参、淫羊藿、头花蓼、天麻、杜仲等20个中药材品种的标准化、规范化种植技术研究，建立41个中药材品种的规范化、标准化种植基地，何首乌、太子参、淫羊藿、头花蓼分别通过国家GAP认证并公告。赤水金钗石斛、德江天麻、大方天麻等6个品种已获得国家地理标志产品保护。“黔太子参1号”获贵州省农作物品种委员会认定。“黔药”、“苗药”在全国的影响力不断增强，竞争力不断提高。中药材种植面积从1999年的65万亩发展到2010年的236万亩，单品种种植面积上万亩的品种从2004年的19个发展到25个，其中，单品种种植面积10万亩以上的有8个，单品种产值超过亿元的有6个。截至2015年，全省中药材产业发展到538万亩，投入发展资金8.38亿元，实现收益16.2亿元，受益贫困人口323万人。

二、畜牧业

1979—1990年，恢复性增长阶段，省委、省政府制定一系列促进畜牧业发展的政策措施，推动畜牧业恢复和发展。1981年，全省人均猪牛羊肉占有量恢复到1965年水平。1990年，全省人均猪牛羊肉占有量达到21.83公斤，畜牧业产值在农业总产值中的比重由1978年16.8%提高到28.4%。1991—2000年，稳步发展阶段。省委、省政府先后下发《关于加快发展畜牧业养殖业的决定》和《关于加快发展商品牛羊生产的决定》两个重要文件，明确发展畜牧业的指导思想和奋斗目标，出台了相关优惠政策。2001—2015年，快速发展阶段。省委、省政府做出建设生态畜牧业大省的战略决策，2003年出台《关于加快畜牧业发展的意见》，提出建设生态畜牧业大省的目标，制定《石漠化治理、水利建设、生态建设“三位一体”规划》《贵州省草地生态畜牧业产业化扶贫规划》，加强领导，增加投入，落实相关优惠政策，调动广大农民发展畜牧业的积极性，全省畜牧业进入快速发展时期。

（一）生猪

1978 年 11 月，省委、省革委下发《关于加快畜牧业发展的若干规定》。1979 年 4 月，贵州大幅度提高 106 种农产品的统购价。其中，生猪提高 30.32%。1980 年放宽农村政策，“户养为主”的方式在全省逐渐推广，生猪生产取得较快发展，1978 年年末存栏 787.5 万头，1979 年增至 875.1 万头，1980 年年末再增至 895.7 万头。1985 年，贯彻“调放结合、以调为主”的方针，下放部分商品价格的管理权限，改革作价办法，扩大企业定价权，放开猪肉价格，鼓励发展生猪生产，保证了城乡食肉价格的基本稳定。全省年末生猪存栏数比上年同期增长 5.06%，出栏肥猪增长 6.03%。1987 年，省委决定采取措施，加强对生猪生产、收购、调运工作的领导，采取经济措施和行政手段防止生猪外流，发展蔬菜、肉、禽、蛋、鱼生产，组织货源，增加品种，安排好市场供应。由于政策措施得力，1983—1987 年，贵州生猪年末数存栏数逐年上升：1983 年 1002.4 万头，1984 年 1088.9 万头，1985 年 1144.4 万头，1986 年 1214.0 万头，1987 年 1257.2 万头。1988 年，省政府下发《关于加快畜牧业发展的指示》，把畜牧业摆在战略位置，稳步发展生猪生产，实行猪牛并重；开发节粮型畜牧业，在不断提高科学饲养水平的基础上，稳定存栏数，提高出栏率和产肉量，要求到 1994 年肥猪出栏率由 57% 上升到 70%。20 世纪 90 年代初，贵州大力推广“五改两推”养猪综合配套技术。“五改”：一改养本地猪为杂交猪，二改熟饲料稀喂为配（混）合料干喂，三改“吊架子猪”为直线育肥，四改本交为人工授精配种，五改深坑湿圈为干平圈饲养；“两推”：推广仔猪综合培育技术，推广猪病综合防治技术。要求普及面由 20% 提高到 50% 以上。1990 年，省政府采取“稳定政策，明确责任，抓销促产，适时微调”等一系列措施，生猪年末存栏达到 1354.9 万头，超计划 2.6%，比上年增长 3%。1978—1992 年，由于坚持以户养为主、放开畜产品市场和价格、推广科学养殖技术、开发利用草山草坡资源等政策措施，实现全省畜牧业连续 14 年增长。1992 年年末，全省畜牧业产值比 1978 年增长 3.1 倍；在农业总产值中的比重由 16.7% 提高到 27.8%；以生猪为主的畜产品商品率达到 50% 以上，肉类产品基本自给，养殖业逐渐成为全省经济发展的支柱产业，成为广大农民脱贫奔小康的有效途径。1993 年，省委、省政府印发《中共贵州省委、贵州省省人民政府关于加快发展畜牧业养殖业的决定》，全省生猪产业建设按照市场需求，稳步发展，以提高出栏率和发展瘦肉型为重点，继续办好 12 个商品瘦肉型生猪基地。本着因地制宜、发挥优势的原则，以基地为依托，以户养为主，注重适度规模，培育一批养殖专业户、联户、专业村，使规模效应得到较好发挥，区域性支柱产业不断形成和壮大。1998 年，全省肉类总产量达 113.2 万吨，比上年增长 6%，年末存栏猪 1587.1 万头，比上年增长 3%。

2003 年，省委、省政府出台《关于加快畜牧业发展的意见》，明确到 2010 年力争将贵州建成生态畜牧业大省，提出大力发展生猪生产的战略。确定建立优质肉猪基地县的发展目标：每个基地县发展 3000 户以上养猪专业户，饲养“二元”母猪 1.2 万头以上，发展 2 万户以上商品猪养殖户。到 2010 年，40 个基地县年出栏优质瘦肉型商品猪 800 万头以上。以基地县为依托、养猪户为基础，推广生态养殖技术，加快发展生猪。是年，全省进行畜牧业优良品种改良，新建猪改点 7388 个，引进良种猪 47296 头，推广杂交猪 2047.97 万头。2004 年，全省养猪业产值达 121.1 亿元，占畜牧业产值的 71.75%，人均占有

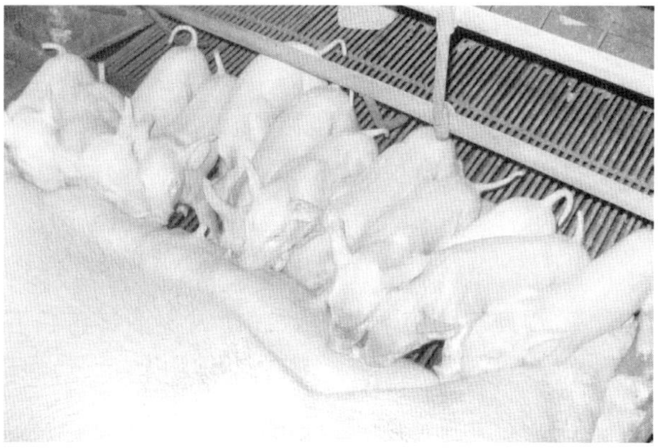

普定县大力发展二元杂母猪养殖

猪肉36.96公斤，相当于全国平均水平的102.2%。养猪业成为农民增收的亮点，全省推广以大约克、长白和杜洛克等优质猪为主的杂交猪2283.98万头，同比增长4.6个百分点，商品猪出栏比上年增加128万头。猪肉人均年消费量位居全国各省（市、区）第6位，猪肉消费量占肉类消费量的比重居全国第一，养猪业已成为贵州农村经济发展和扶贫开发的重要产业。

2005—2006年，猪价下跌，猪粮比价曾一度跌破1∶5.5盈亏平衡点，一些地方出现宰杀母猪现象。贵州及时采取措施，安排畜牧专项资金400万元，对养殖能繁母猪的规模养殖场（户）进行补贴。各地纷纷加大补贴力度，铜仁地区拿出900万元财政扶贫资金，对农户购进纯种母猪和外二元母猪分别给予补贴，使养猪业保持平稳发展。2007年，为促进全省生猪稳定发展，保护农户养猪积极性，提高生猪生产水平，省政府下发《关于促进生猪生产稳定发展的通知》，各地认真抓生猪良种繁体系建设，建立完善生猪改良网点，推广人工授精技术，扩大良种猪覆盖范围。各承担良种猪推广和优质肉猪基地建设的项目县，落实良种母猪补贴政策，增加群体数量，保证存栏猪中能繁母猪合理比例。重视挖掘良种猪场的生产潜力，增加优良种猪和商品仔猪的市场供应，引导农户合理淘汰劣质种猪，及时补栏外二元能繁母猪和外三元商品仔猪，提高猪肉品质和市场竞争力；推进生猪生产方式转变，提高养猪业发展水平；加大养猪污染治理力度；鼓励养猪大户、养殖小区、育肥猪场发展规模养殖；对小规模散养户加强技术培训，帮助提高饲养水平；重视抓生猪养殖产业带建设，黔中、黔北优质肉猪产业带建设步伐明显加快。是年，省财政投入2000多万元，在46个县（市、区）开展良种猪、家禽推广项目，扶持养殖农户1.3万户，推广优质良种猪7万头。全省畜牧业对农民增收的贡献率进一步提高。年末，全省生猪存栏2242万头，增长2.11%；出栏2186万头，增长2.2%。2009年，贵州年出栏50头以上的生猪养殖场（户）达20691户，比2003年增长2.54倍，规模化养殖比重由2003年的2.6%增长到13.99%，增加11.39个百分点。全省各地初步形成适应不同自然生态环境和社会经济条件的生态畜牧养殖模式，如“猪—粮结合型”“猪—沼—粮结合型”“猪—粮—加结合型”等养殖模式，规范了养殖技术，提高了资源利用率。

2006—2010年，贵州加强畜牧业疫病防控体系建设。使用中央累计投资的2.8亿元补助资金，实施了动物疫病预防控中心、省兽医药监所、县级动物检疫监督设施、县级动物防疫站、县级动物卫生监督站、乡镇站基础设施建设等项目。动物防疫体系覆盖全省9个市（自治州、地）、88个县（市、区、特区）、1332个乡镇，强化省、地、县、乡（镇）、村“五级联防、快速反应、诊断准确、防控有序”的动物防疫体系，为贵州生态畜牧业健康发展提供了有力保障。贵州主要生猪疫病的免疫密度均达到应免数的100%，死亡率控制在5%标准以内，高致病性猪蓝耳病、猪瘟、五号病等免疫合格率均达到国家规定的标准，重大动物疫病的发生和蔓延得到有效遏制。“十二五”期间，全省生猪产业保持稳定。2015年受肉类价格低迷等因素影响，全省猪牛羊禽肉类产量比上年下降5%左右，其中，猪肉产量下降6.3%。

（二）生态畜牧业

贵州是中国西部生态建设的重要战略区域，拥有6400多万亩荒山草坡资源，畜禽品种资源丰富。因地制宜地发展草地生态畜牧业，不仅对建设“两江”上游的生态屏障具有重要战略意义，而且还是帮助贫困地区群众脱贫致富的重要途径。

1978年，贵州年末存栏牛355.7万头，存栏羊174.4万只。1979年，贵州开始探索发展草地畜牧业。省畜牧局在独山县开展草地资源调查试点。随后，各县逐步开展草地资源调查。1980年放宽农村政策，“户养为主”的方式在全省逐渐推广，并实行大牲畜“折价到户、养用合一、繁殖归己、经营自主”的责任制，使大牲畜由集体所有、统一经营变为农民所有、各自经营，调动农民发展大牲畜的积极性。在天然草场广阔的威宁自治县灼圃乡进行飞播牧草、人工种草、封山育草试点。1983年，国家农业部与贵州省合作，引进新西兰优质牧草和先进生产技术，建立独山牧草种子繁殖场，生产红三叶、白三叶、黑麦草、鸡脚草等优质牧草种子，围栏放牧饲养奶牛、奶山羊、绵羊。经过中外专家共同努力，独山牧草种子繁育场已成为中国南方种草养畜的示范样板。1984—1985年，贵州省畜牧局与中国科学院自然资源综合考察委员会合作，采用遥感技术完成了全省草地资源调查，贵州草地面积为6456.7万亩。省畜牧局与中国农业科学院草原研究所合作，完成全省牧草品种资源调查。1985年，贵州省农业厅和甘肃草原生态研究所联合建立贵州高原草地试验站并将威宁灼圃牧场作为示范推广基地。同时，开发建设了盘县坡上牧场、务川县栗园草场、龙里县中排乡民主草场等一批草地畜牧业示范基地。从是年起，省政府开始实施联合国开发计划署援助的“草地农业系统”建设项目、新西兰政府援助的土地综合利用项目、欧盟——中国奶类援助项目和中国——加拿大合作农村综合发展扶贫项目。项目期为15年（1985—2000年）。

1996年，省委、省政府出台《关于加快发展商品牛羊生产的决定》，明确在稳步发展生猪生产的同时，把商品牛羊生产作为主攻方向和主导产品来抓，发展目标是：到2000年，牛羊肉在肉类产量中的比重由“八五”期末的7.3%提高到15%以上，商品牛羊存栏量进入全国前10名行列，人均牛羊肉占有量高于全国平均水平。各地以资源为基础、市场为导向、效益为中心，在确保畜群数量质量并重的基础上，大力发展牛羊养殖，建成一批商品牛羊生产基地，兴办一批畜产品加工业企业和饲料加工业企业，加强畜牧业服务体系建设。全省共建成35个商品肉牛生产基地和25个商品羊生产基地，确保全省商品牛羊的基本产量。至2000年年末，全省存栏牛658.08万头，存栏羊350.04万只，分别比上年增长2.40%和3.54%。

2001年3月，省扶贫办向国务院扶贫办呈报《关于把晴隆县列为种草养羊科技扶贫试点县的报告》，国务院扶贫办批准晴隆县为种草养羊科技扶贫试点县后，省扶贫办按照省委、省政府“生态立省”的战略部署，把生态建设、石漠化治理寓于扶贫开发之中，率先在石漠化严重的晴隆县开展种草养羊产业化扶贫试点。晴隆县181个村中，有122个村是扶贫工作重点村。到2000年末，全县农民人均吃粮335公斤，人均纯收入1156元。自实施草地生态畜牧产业扶贫项目后，项目区由2001年的2个村发展到2005年14个乡（镇）72个连片开发村，有1万多贫困户5万余人受益。养羊农户年最高收入达5万元，最低收入也在6000元以上。光照镇哈马村群众生产生活条件比较困难，尤其是哈马村林关箐组，土地贫瘠，全组没有一块成形的平地，广种薄收，年户均纯收入最高为1900元，最低为620元。2005年实施种草养羊项目，2007年，全组农户年户均收入最高达5万元，最低的1万元。草地畜牧业的发展促进了全县农民人均纯收入的稳定增长，由2000年的1156元增加到2007年的1820元，年均增长6.8%，2万余人越过温饱线，贫困发生率由15.1%下降到11.5%。越过温饱线的人口中，种草养羊农户有2789户、1.25万人，占62.75%。从2001年的2006只波尔山羊种羊起步，到2010年年底，实现存栏羊42万只，覆盖1.28万农户，75%已脱贫，人均养羊收入5296元；畜牧业占农业总产值的比重由2001年的31%提高到近50%。

2003年，全省加大畜牧业品种改良力度。新建牛改冻配点1394个，比上年增加141个；完成冻配改良24.7万头，同比增长7.39%；产杂交牛11.80万头。有50多个县开展波尔山羊冻配改良，引进种羊6532只，产杂交羊19.5万只。2005年，全省人工种草及草地改良面积达37.2万亩，加上前几年的基础，全省人工草地建设累计保留面积330万亩。贵州畜牧业产业结构布局得到优化，饲养草食畜禽比重及人民生活食用牛羊肉比重上升占居民食肉比重的17%。全省畜牧业产值达194.2亿元，比上年增长15.04%；畜牧业增加值占农业增加值的33.13%。畜牧业带动相关产业的发展，吸纳大量农村劳动力，成为农民增收的重要来源。2006年6月10日，国务院扶贫办联合各民主党派中央在晴隆县召开全国草地生态畜牧业（南方草地）科技扶贫现场会，“晴隆经验”得到国务院扶贫办、各民主党派中央和贵州省委、省政府的高度赞扬和充分肯定。国务院扶贫办要求南方8省各选择1～2个县推广“晴隆经验”。国务院扶贫开发领导小组副组长、国务院扶贫办主任刘坚认为，晴隆扶贫模式表现在三个方面，一是思路好，二是模式好，三是机制好。全省贫困地区 2001—2007 年累计建成草场 17 万亩、优质肉羊养殖基地和生产基地示范点 31 个，羊存栏规模由 0.26 万只增加到 13.8 万只，取得良好的经济效益、生态效益和社会效益。

锦屏县青山界养牛项目

2008 年，省委、省政府决定：每年再从省级财政拿出 4000 万元专项资金，新增紫云、遵义、习水、平塘、开阳、望谟、大方、纳雍、石阡、思南、施秉、麻江、六枝等 13 个草地生态畜牧业产业化科技扶贫种草养羊项目县。专项安排财政扶贫资金 2.09 亿元，整合石漠化治理、水利、农机等资金 4045 万元，在 33 个县扶持 1.94 万户贫困户，实施草地畜牧业产业化扶贫项目，顺利完成种草 42 万亩、养羊 37.96 万只、养牛 0.45 万头的任务。全省 33 个草地生态畜牧业产业化科技扶贫种草养羊项目县年度财政扶贫资金投入达 1.85 亿元，其中省级财政专项扶贫资金 1.65 亿元，国务院扶贫办石漠化贫困地区草地生态畜牧业科技扶贫试点专项资金 0.2 亿元。全省肉牛、肉羊出栏数分别达到 84.2 万头、178.5 万只，比 1978 年增长 14.89 倍和 7.84 倍；牛、羊肉产量在肉类总产量中的比重由 1978 年的 5.09% 上升到 2008 年的 8.18%。2009 年，贵州推进 33 个草地生态畜牧业示范县，新增印江、松桃、江口、正安、天柱、罗甸、修文、黔西、织金、安龙 10 个项目县，使项目县总数增加到 43 个。结合各县特点，重点选择晴隆、普安、威宁、赫章、水城、盘县、沿河、德江、务川、道真 10 个县作为重点扶持的养殖大县。全省存栏牛 539.1 万头，列全国各省（市、区）第 6 位，比 2006 年增加 41 万头，增长 8.23%；出栏肉牛 92.14 万头，比 2006 年增加 19.94 万头，增长 27.62%；牛肉产量 11.4 万吨，比 2006 年增加 2.3 万吨，增长 25.27%。贵州从 2010 年起，每年投入 4.5 亿元财政扶贫资金，扎实抓好 43 个草地生态畜牧业项目县建设，即 10 个重点县每年每县投入 1500 万元，30 个一般县每年每县投入 1000 万元。2010 年年末，全省存栏牛 580 多万头，羊 400 多万只，畜牧业产值 314 亿元。“十二五”期间，全省发展草地生态畜牧业累计投入 21.31 亿元，2015 年年末存栏牛羊规模达 1018 万头（只），贫困农民受益人数达 611 万人，受益总额达 30.6 亿元。

2008 年 7 月，贵州省晴隆县生态草场上的羊群

三、农副产品加工

1978 年，贵州农产品加工业主要包括农副食品加工业、食品制造业、饮料制造业、烟草制品业、纺织业、纺织服装、鞋、帽制造业、皮革、毛皮、羽毛（绒）及其制品业、木、竹、藤、棕、草制品业、家具制造业中的木质家具和竹、藤家具制造业、造纸及纸制品业、医药制造业中的中药饮片加工和中成药制造业等。1979 年 5 月，省委做出《关于搞好国民经济调整工作的决定》，强调要努力发展轻工业，重点增加消费品生产。1981 年 1 月，省委、省政府召开全省农村工作会议，强调国民经济调整要以发展卷烟和名优酒为重点，决定从地方财政拿出 2000 万元重点支持发展包括卷烟、中级酒、制革在内的 16 种轻工业产品。1983 年，贵州省食品工业协会成立，面向全省食品行业开展统筹、规划、协调、指导、监督和服务工作。随着各项经济体制改革的深入展开，贵州农产品加工业逐步恢复发展。1985 年，贵州省卷烟品种已达 106 个，卷烟产量第一次突破百万箱大关，达到 106 万箱，是 1978 年的 3.35 倍；生产饮料酒 11.1 万吨，是 1978 年的 3.44 倍。生产布匹 0.78 亿米，生产机制纸及纸板 4.11 万吨，均成倍增长。全省轻工业产值 39.08 亿元，是 1978 年的 2.9 倍，占全部工业总产值的 39.8%，比 1978 年上升 6.8 个百分点，改变多年来轻工业增长低于重工业的发展态势。全省轻工业产值中，以农产品为原料的加工业总产值比重在 1983 年即达到 83.7%，其中又以卷烟、酿酒和粮油加工为主，占全省轻工业总产值的 44.8%，食品工业产值的 78.6%。是年 6 月，省委、省政府颁发《关于大力发展乡镇企业若干问题的决定》，烟草、酿酒等行业资金及先进设备投入不断增加，进入全面发展时期。到 1990 年，全省农产品加工业已有食品制造业、饮料制造业、烟草加工业、纺织业、缝纫业、造纸及纸制品业、医药制造业 7 个大类年产值超亿元，地方特色和产业优势得以进一步凸显，其中烟草加工业达到 17.33 亿元，远远高于其他行业。主要产品有卷烟、白酒、纯棉布、食用植物油、火柴、机制纸及纸板、鞣制皮革、皮鞋、工业木材等，其他还有少量的棉纱、毛线、蚕丝及丝织品、食糖、中成药、啤酒、饲料等。其中，卷烟产量达 208 万箱，饮料酒产量 20.8 万吨，与

"六五"期末相比，均接近翻番，卷烟和酿酒自此成为贵州重要的优势产业和财政支柱。全省以农特产品为原料的工业产值占全部轻工业产值的比重达 84.9%，"七五"时期年均增长 11.7%，高于全省全部工业总产值年均 9.8% 的增长速度。

1992 年 4 月，为贯彻落实邓小平视察南方讲话精神，中共贵州省委、省人民政府印发《关于加快改革开放步伐加速经济发展若干问题的通知》，随后相继出台系列文件及配套政策性措施和实施办法。1993 年，制定并颁发《贵州省全民所有制工业企业转换经营机制实施办法》，1994 年围绕"三个有利于"在全省范围开展解放思想大讨论，1995 年出台《关于选择部分国有企业进行现代企业制度试点的意见》。"八五"期末，全省工业行业中，烟草加工业总产值高居首位，饮料制造业居第 10 位。"九五"时期，在企业经营体制改革已经取得重大进展基础上，继续推动产权制度改革，1996 年出台《关于深化改革、搞好国有大中型企业的决定》和《关于放开搞活国有小型企业的决定》，坚持"抓大放小"，调整行业结构。在 1994 年起实施的"八七"扶贫攻坚的过程中，贵州逐步明确要加快发展农业，充分激发农产品加工业连接工农、带动农业、农村发展，服务"三农"的指导思想，得到各级政府的支持及社会各界的关注，省委、省政府发布一系列惠农政策措施。到"九五"期末，全省规模以上农产品加工企业达 561 家，年总产值 176.05 亿元，是 1990 年 1434 家全部独立核算农产品加工企业总产值的 4.87 倍，全省以农产品为原料的轻工业产值占全部轻工业产值的 89%，比 1990 年提高 4 个百分点。"八五"和"九五"计划中，农产品加工企业转换经营机制和产业结构调整取得重大突破，是改革发展中的两个最大亮点。一方面，在前期企业改组基础上，大力推行企业兼并、合并和改制，如赤水市楠乡酒厂、雷山县酒厂、思南县酒厂等依法进行企业破产，茅台酒厂兼并习水酒厂；一批企业集团如黄果树集团、茅台酒厂集团、董酒集团等相继诞生；大批企业完成以明晰产权、完善法人治理结构为重点的公司制改革，新成立的企业也大多按照有限责任公司设立，建立现代企业管理制度成为共识。另一方面，一些不具备产业优势的如纺织、服装、皮革等行业，在市场竞争中发展逐步趋缓甚至萎缩；烟草加工、白酒制造继续稳步增长；以辣椒制品为代表的调味品加工、中医药制造、肉制品加工等具有资源优势的产业迅速崛起。特别是医药制造业，2000 年规模以上企业总产值是 1990 年全部独立核算医药企业总产值的 25 倍，其中民族制药工业企业达 70 余家，中成药工业产值占全部医药工业产值的 94.04%，中药品种达 212 个，获国家中药品种保护 22 个，一些在发展中声名远扬。在县域经济发展中具有举足轻重作用的民营企业，基本上都是在这个时期成立的，如贵阳南明老干妈风味食品有限责任公司、贵州神奇企业集团、贵州益佰制药股份有限公司、贵州益康制药有限公司、贵州健兴药业有限公司、贵州百灵制药有限公司、贵州信邦制药股份有限公司等，其中最为突出的是 1996 年成立的贵阳南明老干妈风味食品有限责任公司，到 2000 年即实现产值 1.5 亿元，上缴国家税金 2464 万元。

贵州老干妈风味食品公司（2012 年）

2004 年，省政府根据工作需要，于年底成立由分管副省长任组长的省促进农产品加工业发展领导小组，领导小组办公室设在省乡镇企业局。2005 年，组建贵州省农产品加工业发展专家咨询小组。2006 年 2 月，贵州省农产品加工业发展领导小组编制《贵州省主要农产品加工业“十一五”发展规划纲要》和辣椒加工、茶叶加工、牛肉加工、马铃薯加工 4 个专项规划，各级政府转变工作职能、宣传推介、融资服务、科技服务等，省级乡镇企业发展基金每年都以 60% 以上用于扶持农产品加工企业，金额 2000 万元左右。“十五”期间年均增长 13.14%，“十一五”期间年均增长 20.18%。全省规模以上农产品加工企业的产业化、规模化程度与经济效益同步提高。贵州不断调整优化产业结构，形成以烟、酒传统优势产业和以中药材、调味品、精制茶、畜禽制品、粮油、果蔬加工等特色资源优势产业为主的农产品加工体系。产品结构不断优化，高科技产品、绿色食品、有机食品越来越多，截至 2010 年，全省累计获绿色食品认证企业 33 家，使用绿色食品标志产品 243 个，30 余家企业和农民专业合作组织的 60 余个农产品获有机认证，400 多家企事业单位产品获省级以上各类优质、名牌农产品称号；除“贵烟”“遵义”等系列名烟、“茅台”“习水”“国台”等系列名酒、“都匀毛尖”“湄潭翠芽”“凤冈锌硒茶”“羊艾毛峰”“银球茶”“梵净山茶”“黄果树茶”等系列名茶及大宗粮、油、肉、奶等制品以外，一些具有民族特色及地方特色的传统食品也在不断地开发创新，逐渐工业化、规模化，如辣椒系列、荞麦系列、薏仁米系列、葛根系列、刺梨系列、野木瓜系列、酸汤系列、方竹笋等野菜系列、泡菜系列、香猪系列、天麻、石斛、金银花、禹谟醋、晒醋、皮蛋等。2010 年，全省大小辣椒加工企业约有 130 余家，辣椒加工制品有油辣椒、发酵辣椒、辣椒风味食品等，不仅销往国内各主要城市，还出口美国、德国、日本等 40 多个国家和地区。“老干妈”“好花红”“老干爹”等成为全国知名品牌，其中油辣椒的市场占有率 60% 以上，位列全国第一，年销售收入超过 25 亿元。全省最大的辣椒加工企业贵阳南明老干妈风味食品有限责任公司，2010 年实现产值 20.5 亿元，上缴税金 3.4 亿元；薏仁米系列加工主要集中在以兴仁县为中心的黔西南自治州，薏仁米种植面积居全国之首，其区位、品种、品质、产量在全国均具有优势，2010 年加工企业达 200 余家，加工量 4 万余吨，云南、广西等周边省区及越南、老挝等国薏仁米大量向这里聚集加工，兴仁县已发展成为全国薏仁米的生产、加工、贸易、流通中心，直接影响国际国内薏仁米市场价格。

涌现出一批地方特色、民族特色优势明显、带动作用强的龙头企业。如以益佰、同济堂、神奇、信邦、百灵等为代表的现代化中药加工企业；以栗香、兰馨、寸心草、都匀毛尖、经典、和泰等为代表的制茶加工企业；以“老干妈”、味美、味莼园等为代表的调味品加工企业；以永红、好一多、山花、五福坊、龙膳香坊、金凤徕、牛来香等为代表的畜牧制品加工企业；以黔兴、金杨、星旺、健康、广源、康星、马岭河、华兴、鲁屯等为代表的植物油加工企业；以茅贡、兴阳、侗乡、永恒、顺龙等为代表的大米加工企业；以华力、威力、兴龙等为代表的淀粉加工企业。贵州茅台、益佰制药、信邦制药、贵州百灵相继于 2001 年 8 月、2004 年 3 月、2010 年 4 月、2010 年 6 月上市。一批国家级、省级农产品加工示范基地、创业基地、示范企业相继被认定。

截至 2010 年年底，全省共有国家级扶贫龙头企业 36 户，主要涵盖了种植、养殖、农副产品深加工等产业，大多农产品加工企业采用“公司 + 基地 + 农户”或“公司 + 基地 + 专业合作社 + 农户”的方式发展原料生产，联结基地贫困人口 120 多万人，与农户签订合同订单金额达 2.85 亿多元，带动农民增收，促进农民贫致富。2011—2015 年，全省农产品加工企业发展到 1002 个，投入发展资金 5.13 亿元，农民实现收益 15.1 亿元，受益贫困人口 301 万人。

四、乡村旅游

贵州地处云贵高原东部，在 17.6 万平方公里的土地上，有近 73% 的喀斯特地貌，特殊的地形地貌造就多姿多彩的自然风光，分布着众多的奇峰、峻岭、峡谷、飞瀑、石林、溶洞、温泉和湖泊。贵州是一个多民族聚居的省份，有世居民族 18 个，少数民族人口占全省总人口的 37.8%。生活在这块土地上的各民族人民在历史长河中创造和传承了多姿多彩、内涵丰富、浓郁古朴的原生态民族文化。

喀斯特自然风光、原生态民族文化与民间传统文化、红色旅游文化及得天独厚的温和气候，组成多样性、活态性、全域性的旅游资源，比较优势突出，使贵州享有“国家公园省”和自然遗产、文化遗产和非物质文化遗产“聚宝盆”的美称。

贵州自然风光和人文旅游资源，绝大多数分布在生态环境优美、交通相对闭塞、经济社会发展滞后的贫困山乡和民族地区，因此，发展贫困地区旅游业，把自然风光、民族文化等旅游资源优势转变为经济优势，一直是贵州扶贫开发工作的一项重要内容。发展乡村旅游扶贫，将扶贫开发与旅游业有机结合起来，发挥乡村旅游贴近农村、贴近农民的优势，实现城乡和谐发展，是促进农民增收最直接、最现实和最有效的路子。1978 年，贵州旅游业在改革开放的新形势下应运而生。1982—1984 年，贵州在开发自然风光旅游的过程中，以自然民族村寨和原生态民族风情吸引游客，选择贵阳市的高坡民族乡和黑土苗寨、镇宁自治县的布依族石头寨、黔东南自治州的上朗德苗寨等少数民族村寨开展乡村旅游。1985 年 12 月，贵州召开第一次全省旅游工作会议，在研讨制订贵州旅游业发展“七五”计划时提出：“重点建设好以黄果树、织金洞为主的西部旅游线，同时开发以民族风情为主的东部旅游线，开辟以历史文化名城遵义为中心的北部旅游线。”在此指导思想下，初步形成以民族村寨为载体、以民族风情为吸引物的乡村旅游发展思路。1986—1990 年，省委、省政府为统筹各方面力量推进乡村旅游扶贫，先后成立了省旅游资源开发领导小组、省旅游发展规划领导小组、省旅游事业委员会、省乡村旅游工作指导小组等机构，发挥政府在旅游资源配置、基础设施配套、经营主体培育、市场拓展以及整体形象宣传等方面的主导作用，凝聚发展乡村旅游扶贫的合力。

1991 年，贵州省作为全国最先提出“旅游扶贫”理念、最早实施旅游扶贫战略、旅游产品和市场成长最快的省份之一，从贵州旅游资源丰富而独特，但农村贫困人口多、贫困面大的实际出发，开展广泛深入的“旅游扶贫”实践与理论探讨，逐步调整旅游业结构，把“旅游扶贫”的概念转化为旅游产品——“乡村旅游”。1992 年，确定“以旅游促进对外开放，以旅游促进脱贫致富”的旅游业发展方向。1994 年，贵州开始实施《国家八七扶贫攻坚计划》，旅游扶贫成了重要的扶贫措施之一。是年 1 月召开的全省旅游工作会议明确“大力开展旅游扶贫，走发展旅游脱贫致富之路”。1995 年 1 月，贵州召开全省旅游工作会议强调“继续坚持以旅游促进对外开放，以旅游促进脱贫致富，以旅游促进经济繁荣。”省委、省政府明确提出打造旅游精品战略，投入旅游国债资金 3.25 亿元，用于黔东南自治州、铜仁地区、黔南自治州等民族地区旅游公共服务设施建设；投入 1.16 亿元实施全国重点红色旅游景区（点）项目和红色精品线路建设，打造红色旅游产品，推进革命老区群众以发展红色旅游脱贫致富。1996 年，全省旅游扶贫理论研讨会充分肯定乡村旅游在扶贫攻坚中的地位和作用，推动旅游业的主战场转向农村，全省共有 648 个村寨 95475 户 33 万人发展乡村旅游业摆脱贫困。到 1998 年，依托乡村旅游摆脱贫困的人数达 37.78 万人。

2000 年，省委、省政府在《关于实施西部大开发战略的初步意见》中，把建设自然风光与民族文化相结合的旅游大省，作为实施西部大开发的总体目标之一，着重发展以乡村旅游为重点的生态旅游、度假体验旅游和多民族文化旅游。把发展乡村旅游作为农民增收致富的新途径、农村脱贫奔小康的新引擎，坚持“政府主导、特色引领、农旅互动、产业融合”，使乡村旅游从点上探索逐步到面上铺开。在南线旅游区，以国家重点风景名胜区旅游等为主，开展旅游扶贫。在东线旅游区，以国家重点风景名胜区和历史文化名城旅游、民族风情旅游带动乡村旅游扶贫。在西线旅游区，以国家级风景名胜区旅游带动乡村旅游，加快贫困地区脱贫致富步伐。在北线旅游区，以开发红色文化和保护生态环境为前提，发展红色旅游，促进景区农民脱贫致富。在中部旅游区，发展乡村旅游扶贫加快农民脱贫致富步伐。2000 年依托旅游业摆脱贫困的人数达 49.68 万人。2002 年，省委、省政府在《关于加快旅游业发展的意见》中提出，将旅游发展与农村经济结构调整、扶贫开发和生态保护结合起来，积极发展乡村旅游和观光农业。同年，为拓展贵州乡村旅游的国际市场，提升国际影响力，贵州加强与世界旅游组织、亚太旅游协会、世界银行等国际机构及国际旅游界、学术界、教育界的联系，在建设乡村旅游示范项目、标准制定、人才培训、市场开发、服务管理等方面开展合作。省政府与国际组织机构合作编制《贵州省旅游发展总体规划》，与挪威签订在六枝特区梭嘎乡建立以长角为头饰的苗族生态博物馆，在黔东南自治州建立汉族和侗族生态博物馆的合作协议。2003 年，省政府明确把乡村旅游作为全省旅游业发展的重点，按照实施旅游精品战略的要求，把生态旅游、民族文化旅游结合起来，逐步形成具有贵州特色、立足于文化与自然遗产保护和资源可持续利用的文化体验性乡村旅游精品规划。其中，黔东南自治州巴拉河乡村旅游示范项目得到新西兰政府援助。依托旅游业摆脱贫困的人数达 53.21 万人。2004 年，首届中国・贵州乡村旅游国际论坛在贵阳举行，国际、国内有关专家从旅游发展理论与实践的结合上，讨论贵州乡村旅游，形成“乡村旅游——反贫困战略实践”的共识。为加强和规范乡村旅舍管理，省质量技术监督局发布《贵州省乡村旅舍等级评定管理》地方标准。全省有 130 多个民族村寨开展各具特色的乡村旅游，相关村寨逐步建立乡村旅游管理组织和开发机构，多渠道筹集开发资金，进行道路和旅舍等旅游基础设施建设，开展旅游促销活动，创建特色鲜明的乡村旅游品牌。2007 年，省委、省政府在《关于大力发展乡村旅游的意见》中进一步明确，要把发展乡村旅游作为推进社会主义新农村建设的重要抓手，作为统筹城乡发展的重要举措和构建“和谐贵州”的重要载体。

雷山县打造西江千户苗寨品牌，发挥品牌效应，成为民族地区发展乡村旅游脱贫致富的典型。西江千户苗寨为原生态苗族村寨，有村民 1432 户 6000 余人，发展乡村旅游带动养殖、种植、民族手工艺品加工等产业发展。西江千户苗寨的游客，国内主要来自广东、广西、湖南、湖北、北京、上海、重庆等省区市，国外主要来自美国、法国、英国、西班牙和比利时等。千户苗寨以多彩多姿的苗族风情旅游体验、生态农业观光旅游体验、自然田园风光旅游体验为重点，集生态观光、互动体验、娱乐、旅游、休闲、度假于一体，把观光旅游转化为非物质文化遗产和民风民俗相结合的特色体验活动。中外游客数量持续增长，2011 年以来，保持每年游客在 100 万人次以上，2015 年接待游客增长到 272.56 万人次，同比增长 41.9%。旅游综合收入达 21.36 亿元，同比增长 42.7%。乡村旅游成为减贫和拉动经济发展的一大支柱产业。

“十五”期间，贵州共推出乡村旅游自然村寨 3000 多个，培育经营实体 6 万余户。整合利用省发改委、农办（扶贫办）、民委、文化厅、财政厅、交通厅、住建厅等各个渠道的项目资金，在改善基础设施、公共服务、特色打造、景观优化等方面整体推进，形成行业联动、合力突破的乡村旅游推进机制。

坚持以原生态自然风光、民族民俗文化、生态文化以及优美原真的乡村环境为契合点，重点打造一批乡村旅游精品，完善乡村旅游产品体系建设，提升乡村旅游品牌竞争力和吸引力。

坚持特色化建设，以自然生态、特色农业、民族村寨、文化遗产等资源为依托，以多种类型的客源市场需求为导向，把乡村旅游与观光旅游、休闲旅游、民俗旅游、

2005 年 8 月，西江苗寨的游客在吃长桌饭

度假旅游有机结合，重点推出了湄潭茶海、贵定音寨等一批以田园风光为主的乡村观光型旅游产品；余庆“四在农家”、荔波“泰美乡居”等一批以农事体验为主的乡村体验型旅游产品；开阳“十里画廊”、遵义桐梓等一批以体验度假为主的休闲型旅游产品；雷山西江苗寨、安顺屯堡、青岩古镇等一批以民俗活动为主的乡村风情型旅游产品；贵阳温泉、剑河温泉等一批以温泉养生为主的乡村度假型旅游产品。逐步形成丰富多彩的乡村旅游产品体系。

差异对接，规划乡村旅游精品线路。强化各市州间区域合作，推出不同主题、合理组合的乡村旅游线路，实现资源共享、产品互补、市场互动、客源互送，促进乡村旅游景区景点共同发展。重点规划推出了覆盖全省的 12 条乡村旅游特色线路，并列入国家旅游局对外宣传推广的重点线路加以推介。

创新升级，提升农家接待品质。把乡村旅游市场准入、组织管理、服务营销、信息管理等，作为指导乡村旅游规范化发展的重点；将乡村旅游服务设施建设、服务流程、服务质量纳入标准化和规范化管理范畴；制订村规民约，加强对乡村旅游点、乡村旅舍等经营者和从业人员的培训，强化对乡村旅游市场的监管，切实维护游客、旅游投资者和经营者的合法权益，为发展乡村旅游帮助村民脱贫致富营造良好的发展氛围和市场环境；将理论与实践相结合，开展一系列乡村旅游人才培训，提升管理人员的整体素质和从业人员的服务水平，进一步提高旅游扶贫开发实效。依托资源特色，推进乡村旅游环境生态化、居住文明化、餐饮当地化、服务标准化、管理规范化。让游客在原真和自然中，体验“农之乐”，欣赏“景之美”，感受“家之暖”，引领农家接待向更高形态健康发展。

融合地方民族文化特色，策划推出百里杜鹃花节、荔波梅花节、安顺油菜花节、贵定金海雪山旅游节、德江傩文化艺术节、凤冈春茶开采节等 20 多个独具浓郁乡村文化、民族特色和地域风貌的乡村旅游文化节庆活动，形成一批参与性强、体验内容丰富和具有深厚民族文化内涵的乡村旅游休闲度假产品，通过系列乡村旅游节庆活动的举办，全面激活乡村旅游的内生动力，进一步提升贵州旅游的品牌知名度和市场吸引力。

2006 年 9 月，贵州省政府、国家旅游局、联合国世界旅游组织和世界银行在贵阳联合举办乡村旅游国际论坛，通过《贵阳宣言》。世界银行将贵州作为旅游开发与脱贫致富的试点，提供 6000 万美元贷款设立有关民族文化与自然遗产开发与保护项目，主要安排在经济相对落后，扶贫攻坚任务艰巨的黔东南自治州、黔西南自治州和安顺市，支持贵州发展乡村旅游推动旅游扶贫；世界旅游组织将贵州作为通过可持续旅游发展实现脱贫致富（ST—EP）在中国的第一个执行点和乡村旅游发展长期观测点，投入 50 万美元支持贵州少数民族村寨开发旅游手工艺品，通过其官方网站和刊物向世界推广贵州乡村旅游。到 2006 年年末，贵州开展乡村旅游的景区景点发展到 3192 个，比 2005 年增长 20%；接待旅游人数达 1683.69 万人次，增长 55.3%，占全省接待人数的 35.8%；旅游收入 33.58 亿元，增长 60%，占全省旅游收入的 8.7%；直接和间接从业人员 17.85 万人，占全省总从业人数的 41.2%。

外国游客在古朴苗寨

2008—2010 年，为推进扶贫开发与乡村旅游有机融合，实施乡村旅游扶贫倍增计划，通过采取加大财政资金引导性投入、拓宽乡村旅游扶贫开发融资渠道、加强乡村旅游扶贫资源保护和环境建设、开展乡村旅游扶贫从业人员培训和开拓乡村旅游扶贫市场等措施，使旅游扶贫取得明显效果。至 2010 年年底，全省已建立全国农业旅游示范点 34 个、全国休闲农业与乡村旅游示范县 1 个、全国休闲农业与乡村旅游示范点 1 个、生态博物馆 4 个；全省有乡村旅游接待点 2024 个，经营户 17490 户，直接从业人员 12.7 万人。全年接待游客 4536 万人次，占全省旅游接待总数的 35.16%。乡村旅游总收入 178 亿元，占全省旅游总收入的 16.79%；累计有 42 万贫困人口依托乡村旅游摆脱贫困或从中受益。

2013 年 2 月，省长陈敏尔在省第十二届人民代表大会第一次会议上所作的《政府工作报告》提出，贵州将重点打造 100 个产业园区、100 个现代高效农业示范园、100 个示范小城镇、100 个城市综合体、100 个旅游景区（即实施“5 个 100 工程”）。“5 个 100 工程”的实施、特别是“100 个旅游景区”建设，为乡村旅游扶贫搭建了又一个重要平台。为全面推进 100 个旅游景区建设，全省 2013 年安排 18249 万元，重点用于 100 个旅游景区建设项目贷款贴息，其中 1.4 亿元用于重点示范旅游景区（综合体）建设奖励资金，4249 万元用于其余 80 个旅游景区建设贷款贴息补助；财政部、国家旅游局下达中央旅游发展基金补助地方项目资金 1760 万元，用于 11 个旅游景区建设项目补助；全省金融机构为 100 个旅游建设授信 215 亿元，发放贷款 82.09 亿元，较上年增长 87.53%，极大地推进了 100 个旅游景区建设；全年签约招商项目 194 个 1139.47 亿元、到位 169.84 亿元，景区固定资产投资突破 223.57 亿元，建立起投资主体多元化、融资方式多样化、运作方式市场化的投融资新机制。2014 年，安排 2000 万元资金全面启动 100 个乡村旅游示范点建设。全省“100 个旅游景区”在建项目 1091 个，完成投资 231.19 亿元。省旅游局会同省扶贫部门将武陵山和乌蒙山区、滇黔桂石漠化区的市县申报为国家旅游扶贫试验区。

贵阳蓬莱仙界农业观光旅游区

2015 年 11 月 10 日，贵州省山地旅游扶贫暨首批 38 个村山地旅游扶贫规划对接会在贵阳召开，提出深入贯彻中共十八届五中全会和全省扶贫开发大会精神，把山地乡村旅游作为全省山地旅游扶贫主战场、精准扶贫、产业扶贫的重点。

“十二五”期间，全省投入财政资金 2.79 亿元，用于全省旅发大会承办地景区基础服务设施建设、客源市场开拓、从业人员培训等。集中金融机构贷款、社会资本投入 1033.21 亿元，全方位改善承办地的乡村旅游条件、经营性旅游设施、公共服务设施和旅游交通等。100 个旅游景区累计完成投资 562.35 亿元，推出新景点、新项目 110 余个，涌现一批避暑度假、康体养生、养老养心等新兴旅游业态和文化体验型旅游景区，对老牌景区进行改造升级，逐步形成特色化、精品化、高端化的旅游产品体系，旅游景区品质和内涵得到持续升级。“十二五”期末，贵州有1630余个村寨开展乡村旅游，7个县被批准为全国休闲农业与乡村旅游示范县，建成全国休闲农业与乡村旅游示范点20个、省级休闲农业与乡村旅游示范点90个；有426个村寨被列入中国传统村落保护名录，62个村寨入选中国少数民族特色村寨名录，分别居全国第二位和第一位。517个村寨入选全国乡村旅游扶贫重点村。2015年，全省乡村旅游接待游客1.59亿人次，占全省旅游接待人数的42.4%，同比增长23.1%；乡村旅游收入705.90亿元，占全省旅游总收入的20.0%，同比增长28.3%；乡村旅游吸纳287.61万人就业，受益人数逾577万人，带动64.7万人脱贫减贫。

第四章　科技教育文化扶贫

从 1986 年开始，省、地（州、市）、县各级扶贫工作队和帮扶地党委、政府密切配合，帮扶工作取得显著成效。在扶贫过程中，逐渐认识到导致贫困的一个重要原因，是农民群众思想观念、科学文化、劳动技能落后。无偿救济扶贫，吃光救济粮，花完救济钱，贫困面貌依然如故。救济式扶贫，很难从根本上改变贫困面貌。“授人以鱼不如授人以渔”。在多年实践中逐步形成扶智扶本的共识，将科技教育文化扶贫提到战略位置，在抓经济开发扶贫的同时，展开循序渐进、形式多样、扎实有效的科技教育文化扶贫。到 1993 年，贵州各地农村温饱问题基本解决，省委、省政府加大对贫困人口主要集中的边远山区、深山区、石山区、高寒山区、少数民族聚居区等集中连片贫困地区的扶贫力度。1994 年开始实施“八七”扶贫攻坚计划，省委、省政府明确提出，扶贫工作必须把重点转移到依靠科技进步和提高劳动者素质的轨道上来，坚持扶贫与扶智并举，下大力帮助农民群众提高思想道德和科技文化素质，提高致富能力。对集中连片贫困地区展开科技扶贫，开发智力，教育帮扶，计生扶贫，实施综合治理，阻断贫困延续。从 2001 年起实施新阶段开发扶贫，一直到“十二五”期末，全省实施农民培训、助学工程、“雨露计划”“圆梦行动”等科教帮扶项目，一定程度地改善贫困地区科技教育基础条件，广大贫困农民的文化素质有一定的提高，为扶贫攻坚创造有利条件。

第一节　科技扶贫

农民科学文化素质低是导致贫困地区贫困代际恶性传递链和制约社会主义新农村建设的重要因素。1991 年开始，省委、省政府和农业、林业、畜牧、发改、交通、水利、电力、财政、扶贫、科委、科协等部门，结合各自工作业务实际，在贫困地区实施科技扶贫项目，靠项目带动资金、技术、人力、物力投入，带动人流、物流、信息流和新的思想观念在贫困地区聚合，持续不断地实施科教扶贫项目。从 2001 年起，省扶贫开发领导小组每年安排专项科技扶贫资金 1900 万元，到 2005 年，全省累计投入科技扶贫资金 11930 万元，其中国务院扶贫办、财政部安排专项科技扶贫资金 4100 万元，在贵州实施种植、养殖、中药材等科技扶贫项目 92 个，实施项目覆盖新阶段 50 个扶贫开发工作重点县、264 个贫困乡（镇）、802 个贫困村、14 万贫困农户、168 万贫困人口，累计实现利润 2.24 亿元，2005 年实现农民人均纯收入 1290 元，人均增收 431 元。

2001 年开始，国务院扶贫办和贵州省扶贫办在晴隆县共投入科技扶贫项目资金 980 万元，实施波尔山羊及优质杂交肉羊科技扶贫试验示范项目，使羊存栏量从 2000 年的 2600 只增加到 2010 年的 32 万只，种草养羊创造的总产值累计达 3.7 亿多元，促进全县畜牧业占农业总产值的比重由 2001 年的 31% 提高到 2010 年的 52%，项目区农民人均收入从 630 元增加到 3300 元，全县农民人均纯收入

晴隆县老营村孔家庄农民按科学方法进行春耕播种

由2000年的1156元增加到2010年的2918元。全县每年治理水土流失面积20万平方公里，25度以上坡耕地每年每亩减少泥沙流失量1.26吨，人工草场每年增加有机质2个百分点，改良草场每年增加有机质1个百分点，全县32万亩人工草场，每年减少泥沙流失近40万吨，培养一批掌握牧草种植、畜牧饲养管理、市场营销等知识和技术的农民技术员和农村经纪人。

2003年，水城县在南开乡凉山、钨铅、玉兰村实施科技养牛项目扶贫200户农户，采取“公司＋农户＋协会”的运作模式，2004年9月26日对凉山村11户项目实施户随机抽样检查，户均收入由原来的1422元增加到3637元；人均收入由原来的347元上升到889元。是年，罗甸县开始实施“优质无公害蔬菜生产示范基地建设”科技扶贫项目，依托贵州省农科院专家力量，加大培训力度，组建无公害蔬菜成果转化基地，增强项目科技含量和适应性，项目覆盖6个乡镇17个村2533户9850人。其中，农民人均纯收入在800元以下的有10个村1580户，占项目区总户数的63.2%，项目实收面积1501.2亩，实现产量360万公斤，产值420万元，亩产值2797元，项目农户户均增收713.6元，人均增收178.4元。通过实施科技扶贫项目，项目区大多数农户仅用6～7个月时间就实现脱贫，帮扶贫困农民发“蔬菜财”，住上“蔬菜房”，享受“蔬菜福”。

2006—2010年期间，省农委组织全省农业系统连续5年实施粮食增产工程和粮油高产创建项目，粮食增产工程重点摆在边远贫困地区和中低产地区，以水稻和玉米为突破口，集成省内外先进科技成果，根据不同区域特点，突出关键技术推广应用，大面积、大范围提高水稻和玉米单产，带动全省粮油生产持续发展。粮食增产工程在全省9个市（自治州、地）、84个县（市、区、特区）实施，每年涉及农户360多万户，累计实施面积5023.7万亩，年均实施面积1004.7万亩，5年累计省级财政投入补助资金1.56亿元，年均3120万元，其中2010年达5000万元；粮油高产创建项目5年累计投入6160万元，年均1232万元，其中2010年达到4800万元。科技扶贫项目集成水稻玉米增产技术模式，建立起主要粮油作物超高产栽培技术体系，为挖掘高产地区粮油增产潜力奠定科技基础。5年共增产粮食315.2万吨，增产油菜籽2.38万吨。

贵州农科院马铃薯研究所在威宁等主产区帮助建立15个马铃薯专业合作社，通过建网站、建基地、签订单、设窗口等手段，组织300多万吨优质薯销往全国各大批发市场，提高产地价格和贵州马铃薯市场占有率；加强商品薯分级包装和保鲜技术的研究应用，精品薯销往广东、香港地区、东南亚等地，实现优质优价，亩产值高的已超万元，提高农户种植积极性。在全省65个县累计推广1233万亩，惠及97万农户，户均增收近3000元。依靠科技创新，实施科技扶贫，提高产量和商品率，将小土豆扶持成大产业。

依靠科技支撑的水稻多样性间栽示范

2007年，贵州贯彻实施国家《全民科学素质行动计划纲要（2006—2010—2020）》，加

威宁自治县优质早熟特色品种费乌瑞它种薯生产基地

强农村科普教育，提高农民科学文化素质。省委、省政府强化科学技术普及工作，提高农业劳动者的科技知识和整体素质。各级党委、政府和科技部门认真贯彻实施《中华人民共和国科学技术普及法》和《贵州省科学技术普及条例》，利用科普大篷车车载设备、科普展板、科普资料等开展科普活动，将科普大篷车开进乡村，举办农业实用技术培训班；组织农业、畜牧、林业、水利、计生、卫生等方面的科技人员，深入乡村开展科技服务；利用报刊、广播、电视、板报、专栏、科普画廊等多种形式，开展科普宣传活动；深入开展科技、文化、卫生“三下乡”活动，以“节约能源资源、保护生态环境、保障安全健康”为主题，组织有关学会、协会开展科普宣传、科技咨询、技术服务等活动，全省具备基本科学素质的人口比例逐年提高。是年，省科技厅扶贫工作队进村入户帮扶，为纳雍县沙包乡双山村量身订制“种植 + 养殖”脱贫方式。3 年共投入科技扶贫资金 300 万元，涉及种植、养殖项目 13 个，到 2010 年，全村人均收入为 2765 元，比 2007 年增长 1685 元，高于全乡水平。2009 年，印江自治县启动草地生态畜牧业科技扶贫项目，按照谁投资谁受益原则，群众投入为主，政府项目配套补助为辅，统一规划布局、统一实施方案、统一补助标准，按照核心场带中心场，中心场带大户，大户带散户的发展模式，到 2010 年年底，草地生态畜牧业科技扶贫项目总投资 500 万元，项目涉及 31 个村 500 户贫困户，实现户均增收 1920 元。松桃苗族自治县依托国家对少数民族地区贫困乡镇的科技扶贫项目投入，整合石漠化治理、国土整治等项目资金 5600 万元，发展草地生态畜牧业，采取“公司 + 协会 + 基地 + 农户”“大户带小户”的发展方式。参与开发的万希养殖专业合作社、长青兔业养殖合作社等 6 家企业，每家带动 200 户以上农户以土地和劳动入股，通过农业生态园的发展，草地项目的实施。2006—2010 年间，贵州省投入财政扶贫资金 85.6 亿元，减少农村贫困人口 272.4 万人。财政扶贫资金支撑科技扶贫深入展开，实施中药材扶贫项目 700 多个，种植面积达 20 多万亩，覆盖了 200 多个乡镇、600 多个村、近 7 万户农户，扶持一批中药材种植、加工企业，建设一批中药材扶贫产业基地，初步形成“东油、西果、南药、北茶、中部蔬菜、面上羊牛”的产业化扶贫格局。施秉县太子参、贞丰县金银花、大方县天麻、赫章县半夏、正安县白芨、赤水市石斛等中药材扶贫产业逐步发展壮大，各具特色，项目区农户收入显著增长，中药材产业化扶贫累计投入各类扶贫资金 120 亿元以上，净减少绝对贫困人口 47 万人。到 2010 年，贵州拨付科技扶贫资金 1700 万元，立项支持农业科技成果转化示范类项目 90 个，在 20 个县、30 个乡、50 个村实施科技扶贫，主要用于扶持发展特色蔬菜、茶叶、油茶、精品水果、核桃、马铃薯等科技成果转化示范项目，以推进贫困县、乡、村的特色优势产业发展。同时围绕淫羊藿、太子参、半夏等特色药材的市场需求，发展特色中药材产业；安排草地生态畜牧业和特色水产业科技示范项目，积极推进畜牧业升级换代。

2011 年是“十二五”开局之年，省科技厅制定 2011 年科技扶贫行动计划方案。在全省选择 20 个县、30 个乡、50 个村，立项支持农业科技成果转化示范类项目 90 个以上，支持经费总额度 1700 万元以上，同时力争申报国家项目 10 个以上，获得支持额度 500 万元以上。科技扶贫行动方案针对性地安排特色蔬菜、茶叶、油茶、精品水果、核桃、马铃薯等科技成果转化示范项目，以推进贫困县、乡、村的特色优势产业发展；重点围绕淫羊藿、太子参、钩藤、半夏、石斛、天麻、续断等大宗特色药材的市场需求，安排特色中药材种植项目，建立规范化种植科技示范基地和种苗基地，发展特色中药材产业；安排草地生态畜牧业和特色水产业科技示范项目，积极推进畜牧业升级换代，并逐步建立标准化规模养殖小区。为保证上述项目顺利实施，相关部门通过组织高校和科研单位深入扶贫第一线，以先进、成熟、适用的农业科技成果项目为载体，以实现农民增收和产业结构调整为目标，以发展特色优势产业为主线，确保项目区实施农户人均年纯收入实现两位数增长，并辐射带动周边区域加快发展。

2013 年，贵州省《科技特派员优质茶叶创业链建设与示范》项目正式启动。项目主要围绕铜仁市茶产业发展中的关键问题，采取“产、学、研”结合，在铜仁市示范县建立茶树优质育苗基地以及优质茶园基地，培育中小加工企业，推广红、绿茶加工生产新技术和新工艺，形成优质茶叶高效种植、加工的集成模式。以科技力量推动示范区茶产业的发展，同时辐射带动铜仁、遵义市以及其他相关区域的茶叶科技的提升。通过项目的实施，建立茶叶技术培训基地 2 个，建立优质茶叶种植生产示范区地2000亩，推广辐射带动5万亩，培育合作社6家，企业2家；培训2000人次，带动农户500户，茶农年人均年新增收 500 元；茶叶年总产值达到 5 亿元。

根据科技部等五部委的印发的《边远贫困地区、边疆民族地区和革命老区人才支持计划科技人员专项计划实施方案》，自 2014 年 7 月起，结合贵州省实际，贵州省共选派 1017 名科技人员到全省 88 个县开展科技服务。据不完全统计，到 2014 年 12 月 20 日，1017 名科技人员共到受援地开展科技服务 6 万多天（次），每个科技人员下乡天数达到了 60 天左右，开展培训 21 万人（次）。技术服务的主要内容包括：一是围绕特色种植业高效生产技术推广开展技术服务。组织园艺、茶叶、果树、辣椒、中药材、亚热带作物等专业技术人员，围绕以特色蔬菜、有机茶叶、精品水果、道地药材等科技支撑，对安龙、册亨等 38 县开展了高效生产技术推广与服务。二是围绕特色养殖业高效生产技术推

省果树科研所专家在贞丰县指导农民种植火龙果

广开展技术服务。组织畜牧兽医、草业和水产等专业技术人员，围绕种草养畜、生态养殖等科技支撑，对关岭、赫章等 28 县开展高效生产技术推广与服务。三是围绕主要粮油作物优质高效生产技术推广开展技术服务。组织水稻、旱粮、油料、油菜、马铃薯等专业技术人员，围绕以优质水稻、特色高粱、休闲观光和特色马铃薯等科技支撑，对岑巩、赤水等 35 个县开展高效生产技术推广与服务。四是围绕综合农业技术研发开展技术服务。组织土肥、植保、信息和现代农业等专业技术人员，围绕测土配方施肥、作物病虫草害防控、现代农业与科技信息等科技支撑，对大方、独山等 24 县开展了技术推广与科技服务。2015 年，贵州省在 2014 年基础上继续做好贫困地区、边疆民族地区和革命老区的科技帮扶。根据不同地区经济社会发展和农业产业结构调整的科技需求，针对重点县域、重点对象来开展科技服务，有效发挥科技、人才在科技发展中的支撑作用，促进各受援县的经济社会发展，推动当地农民增收致富。

“十二五”期间，贵州还强化科普资源整合与能力建设，截至 2015 年，全省公民具备基本科学素质的比例从 2010 年的 1.54% 提升到 3.56%，增长率达 131%。

第二节　教育扶贫

一、“两基”攻坚

1994 年，确立教育优先发展战略地位，对教育扶贫方式、途径进行探索和实践，把到 2000 年基本普及九年义务教育和基本扫除青壮年文盲（简称“两基”教育）列为教育工作的重中之重，推动各级各类教育协调发展。2001 年，贵州有 55 个县未能实现“两基”目标，占全国 522 个未实现“两基”目标县的 10.53%；“两基”人口覆盖率仅为 35%，比全国平均水平低 50 个百分点。省委、省政府出台《关于实施“两基”攻坚的决定》，要求举全省之力实现“两基”目标，针对农村中小学师资力量薄弱的实际，贵州采取扩大师范专业招生规模、组织省内人员和引进省外人员支教等方式充实教师队伍。通过实施中小学教师继续教育工程，全省轮训 30 多万名中小学教师，为改善农村教师缺乏奠定了基础。

“控辍保学”是“两基”攻坚的难点，全省各级党委、政府每年与学生家长或监护人签订学生入学责任书，每年致学生家长一封信，形成基层党委、政府抓“两基”教育工作制度。2001—2005 年间，“两基攻坚”工程取得突破。2005 年，全省初中毛入学率达 98.7%，比 2000 年的 73.6% 提高 25.1 个百分点；高中阶段（含普通高中、职业高中、普通中等专业学校、技工学校、成人中等专业学校、成人高中）在校生规模达 72.24 万人，高中阶段教育毛入学率达 30.5%，比 2000 年的 21.7% 提高 8.8 个百分点，其中普通高中在校学生数 49.5 万人，比 2000 年的 19.1 万人增长 1.6 倍；中等职业学校在校学生 22.74 万人，比 2000 年的 21.4 万人增长 6.3%；高等教育毛入学率 11%，比 2000 年的 5.9% 提高 5.1 个百分点；在校研究生 5935 人，比 2000 年的 914 人增长 5.5 倍；普通高等学历教育在校生 20.68 万人，比 2000 年 7.98 万人增长 1.6 倍；成人高等学历教育在校生 11.41 万人，比 2000 年 5.76 万人增长 98.1%。2001—2005 年，共培养研究生 0.23 万人，普通本专科毕业生 12.81 万人，成人本专科毕业生 13.79 万人。2005 年各级各类学校中少数民族在校学生 329.4 万人，比 2000 年增长 28.3%，占在校学生数的 38.5%。到 2008 年，全省小学、初中生人均校舍面积分别达 3.7 平方米和 5.16 平方米，比 2000 年增加 0.91 平方米和 2.06 平方米；小学、初中生人均图书拥有量分别达 8.64 册和 15.49 册，比 2000 年增加 5.2 册和 10.45 册；小学、初中教学实验仪器按标准配齐率分别达 94.22% 和 91.56%，比 2000 年提高 74.43% 和 59.53%；农村中小学现代远程教育网络系统覆盖率达 95%，受益师生近 480 万人；2007 年、2008 年两年，消除 D 级危房 21 万平方米，60 多万中小学生告别了不安全教室。2001—2008年间，贵州“两基”攻坚共投入专项资金234.6亿元，其中2006—2008年投入157.16亿元。2009年，国家教育部正式批复贵州省政府，认定贵州实现“两基”教育目标。

“十二五”期间，教育帮扶工作重点转向巩固“两基”教育成果，提高基础教育水平。2015年，全省初中毛入学率达104.01%，比2010年的97.6%提高6.41个百分点；高中阶段（含普通高中、中等职业教育）在校生规模达85.65万人，高中阶段毛入学率达86.1%，比2010年的55%提高31.1个百分点，其中普通高中在校学生数97.89万人，比2010年的62.02万人增长57.83%；高等教育毛入学率31.2%，比2010年的20%提高11.2个百分点；在校研究生1.5人，比2010年的1.1万人增长35.75%；普通高等教育在校生50.09万人，比2010年32.33万人增长54.93%；成人高等学历教育在校生12.16万人，比2010年8.66万人增长40.34%。2010—2015年共培养研究生2.31万人，普通高等教育毕业生55.19万人，成人高等教育毕业生15.45万人。2015年各级各类学校中少数民族在校学生370.34万人，比2010年增长7.41%，占在校学生数的41.26%。到2015年，全省小学、初中生人均校舍面积分别达6.88平方米和9.77平方米，比2010年增加2.84平方米和4.5平方米；小学、初中生人均图书拥有量分别达21.07册和30.71册，比2010年增加10.96册和15.01册；小学生人均教学仪器设备值683.16元，比2010年提高516.11元，初中生人均教学仪器设备值1018.32元，比2010年提高714.1元，

二、定向招生

定向招生按国家分配专项计划录取学生户籍暂留原籍，就业时可按有关规定迁入工作所在地，学生在校学习期间不转学，不转专业。学生毕业后返回贫困地区就业创业和服务的，按照有关规定享受学费补偿和国家助学贷款代偿等优惠政策。1988年，贵州实施国家扶贫定向招生计划，一是增加贫困地区学生接受高等教育的机会，促进教育公平；二是通过国家教育扶贫计划鼓励支持学生毕业后回到贫困地区就业服务，为贫困地区发展提供人才和智力支撑。组织以本科一批招生为主的高校，定向招收贫困地区学生。明确承担专项计划实施任务的高校，根据贫困地区特别是各地农村经济社会发展的需要，以农业、林业、水利、地矿、机械、师范、医学以及其他适农涉农专业为主招生；学生参加全国统一高考，实行单报志愿、单设批次、单独划线，在本科提前批结束后、本科一批开始前录取。1988—2004年，全省共定向招生75434人。2005年，贵州地方高校基本停止招收定向生。

三、中等职业教育

1978年，贵州中等职业学校完成招生不足1万人，在校生人数2.2万人。远不能满足经济建设和社会发展对人才的需求。随着改革的不断深入，经济快速发展，社会和企业对技能人才和高技能人才的需求不断增加的实际，贵州统筹全省教学资源，并与东部发达省份相关教育部门和企业集团建立合作关系，实施“一年学基础、一年学专业技能、一年顶岗实习”；“一年在农村学校学习、一年在城市职业学校学习、一年在企业实习”和“一年在省内职业学校学习、一年在东部省份职业学校学习、一年在东部相关企业实习”的办学模式，对市场需要的传统专业进行改造，针对社会需求开发新型专业，针对市场人才供需情况进行职业教育办学模式改革，坚持以服务为宗旨、以就业为导向，面向社会、面向市场办学，大力推行校企合作、订单培养、工学结合、顶岗实习等人才培养模式，使学生技能培训得到强化，又保证了较高的就业率。到2008年，全省中等职业学校完成招生20.8万人，超出招生计划8000人，在校生达到40万人，近30年招生人数增长20.7倍，在校生人数增长17.2倍，普通高中教育与中等职业教育招生比从8.7∶1.3上升到5.05∶4.95，中等职业教育走向大发展。高等职业教育从1985年开始创办第一所高职院校后，高等职业教育步入发展快车道。

2008 年，全省高职高专院校完成招生 5.3 万人，占贵州高等教育招生人数的 56%，在校生人数已达到 12 万人。

2003 年起，全省职业院校毕业生就业率不断提高。2008 年，中职毕业生就业率达到 93%，部分省属中职学校的就业率达到 98% 以上。高职院校毕业生就业率达到 85.7%，部分院校就业率达到 95% 以上，远高于同期普通本科院校毕业生的就业率。到 2008 年，贵州已建立起高等职业院校 18 所，中等职业学校 317 所，建立各种类型的职业培训机构和成人文化技术学校 11747 个，高等和中等职业院校分别以举办高职（大专）和中职学历教育为主，设置的专业几乎覆盖贵州省计算机技术、电子技术、数控技术、护理技术、采矿技术、建筑技术等紧缺人才和经济社会发展需要的所有各类职业技能人才的培养；各类职业培训机构承担各行各业的继续教育工程、“阳光工程”“雨露工程”、农村实用技术工程、劳动力转移工程、下岗再就业工程等方面的各种长期和短期培训工作。从而，形成了层次多样、专业门类齐全、结构较为完善的职业教育体系。

贵州职业教育用全国最差的办学条件，以占全国人口数排名第 19 位的基础，举办全国办学规模排名前 18 位的职业教育。2009 年贵州中等职业教育与普通高中教育招生比已达到 1∶1，中职计划招生规模创下新高，高职招生数已经超过普通本科高校招生数，并且在逐年增长。截至 2015 年，贵州建成高等职业院校 32 所，在校生达 21.9 万人；中等职业学校 206 所，在校生达到 60.2 万人；普通高中和中等职业学校招生规模为 6∶4；职业技术培训机构 1.18 万个，年均开展各类职业技能培训 200 余万人（次）。贵州形成学历与培训并举、中职与高职衔接、普教与成教沟通的办学机制，建成层次完整、专业门类齐全、初具规模的职业教育与培训体系。

四、远程教育

2002 年，清华大学正式启动教育扶贫工程，以国家扶贫开发工作重点县为帮扶对象，在贫困地区建立教育扶贫现代远程教学站点，通过远程教育、面授等方式，无偿提供教学课程，旨在实现资源共享，服务贫困地区经济社会发展。探索建立“大规模、可持续、见实效、能推广”的远程教育扶贫模式。2005 年，清华大学教育扶贫现代远程余庆教学站启动，县政府和县教育局投入资金 20 万元，教育站自筹资金 10 元，重新购置计算机、投影仪、音响设备，装修多媒体教室和远程报告厅，开展各项培训，拓宽农村基层干部、农村党员和农民群众的认知视野，两年共培训 3400 多人（次），获得贵州省农村中小学现代远程教育“先进学校”称号、贵州省农村中小学现代远程教育资源运用二等奖、2008 获清华大学教育扶贫“全国优秀教学站”荣誉。到 2010 年，贵州已在清镇、织金、思南、印江等 33 个县（市、区、特区）建成现代远程教学站。各地依托清华大学完成其余县（市、区、特区）远程教学站建设，实现远程教学站扶贫全覆盖。“十二五”期间，贵州继续推进农村党员干部现代远程教育，全省广播人口综合覆盖率达 91.52% 以上，比 2010 年年末的 87.59% 增长 3.93 个百分点。

2003 年 1 月，一位教师正在思南县邵家桥镇中学的现代远程教育教室里辅导学生上课

五、“两免一补”

是对农村义务教育阶段贫困家庭学生“免杂费、免书本费、逐步补助寄宿生生活费”。贵州从

2001年开始实施这项扶贫政策。2001—2005年，通过实施“国家贫困地区义务教育工程”“农村中小学危房改造工程”“农村寄宿制学校建设工程”“普九工程”“现代远程教育工程”及农村税费改革转移支付中用于教育经费等，各级政府累计投入62亿元，农村中小学办学条件明显改善。

2006—2010年，中央财政向贵州职业院校投入资金近7亿元，省级财政投入15亿元，全省中职学校新增教职工2000余名，新增校舍面积50万平方米，新增实习、实训设备价值2亿余元，全省建成国家示范、骨干高职院校2所，省级示范高职院校5所，国家级重点中职学校42所。2010年末，贵州省用于中等职业学校学生国家助学金的投入约为3.5亿元，资助学生30余万人（次），占中等职业学校一、二年级学生总数的95%。同时，高等职业学校享受国家奖学金、助学金和助学贷款的学生，占高职学生总数的30%。免除中等职业教育学校家庭经济困难学生和涉农专业学生学费。扶持民族地区义务教育和中等职业教育发展。对长期在农村基层和艰苦边远地区工作的教师，在工资、津贴职务、聘任、住房等方面实行政策倾斜。鼓励各级政府对长期在贫困地区从教、贡献突出的教师定期予以奖励。2009年开始，贵阳市和遵义市余庆县、遵义县、道真县等地出台政策，在全省率先实行免费中职教育。2013年，全省不分户籍不分城乡不分专业，对中职学生按每生每年2000元标准免除学费。贵州省级财政每年也安排6200万元专项资金，用于对农村义务教育阶段贫困寄宿学生的生活补助，并继续对全省186万名农村义务教育阶段家庭贫困学生免费提供教科书。同时，城市居民最低生活保障家庭中的义务教育阶段学生，与农村义务教育阶段学生同步享受“两免一补”政策；进城务工农民子女在城市中小学就读的，与所在城市学生享受同等政策。全面实施农村寄宿制学校建设攻坚工程，发展贫困地区学前教育，完善家庭经济困难学生资助政策体系。

从2008年春季学期开始，根据《财政部　教育部关于调整完善农村义务教育经费保障机制改革有关政策的通知》要求，贵州省出台相关配套政策，调整农村义务教育阶段家庭经济困难寄宿生生活费补助标准，补助范围覆盖小学和初中家庭经济困难寄宿生，补助标准为小学生500元/生·年，初中生750元/生·年，所需资金由中央财政和省级财政按5∶5比例共同承担。当年，中央和省财政共投入补助资金44954万元，资助家庭经济困难寄宿生62.91万人。从2010年秋季学期开始，中央和省财政继续加大对中小学家庭经济困难寄宿生的生活费补助力度，小学生补助标准提高到750元/生·年，初中生1000元/生·年。2011年秋季学期对补助标准继续上调，小学生补助标准提高到1000元/生·年，初中生1250元/生·年。2015年，中央和省财政共投入补助资金172609万元，资助家庭经济困难寄宿生148.26万人，补助资金、资助人数分别比分别比2008年增加284%和136%。2008年到2015年，中央和省财政累计投入全省补助资金86.45亿元，资助家庭经济困难寄宿生805.65万人次，实现“应助尽助”，确保每一名学生不因家庭困难而失学。

另外，为贯彻落实国务院《扶持人口较少民族发展规划（2011—2015）》，从2011年开始，中央对贵州省黔南自治州独山县、平塘县、惠水县所有毛南族农村义务教育阶段寄宿生进行生活补助，标准为250元/生·年，截至2015年年底，补助毛南族农村义务教育阶段寄宿生2.11万人次。

2015年11月，瓮安县永和小学学生在食堂吃免费营养午餐

截至2015年，贵州省学前儿童3年毛入园率达到80%，比2010年的55%增长25个百分点，高出全国平均水平5个百分点；九年义务教育巩固率将达到87.6%，比2010年的77%增长10.6个百分点；高中阶段教育毛入学率达到86.1%，比2010年的55%增长31.1个百分点，接近全国87%的平均水平。

第三节 文化扶贫

中共十一届三中全会后，全省的社会文化事业在各级党委政府的领导和支持下得到迅速恢复和发展，对贫困地区的经济建设和扶贫开发工作起到良好的推动作用。1979 年 8 月，省文化主管部门在铜仁大兴召开全省文化馆工作会议，着重研究讨论全省社会文化工作如何适应党的工作重点转移的问题，决定在全省试办 60 个区文化站。之后，中共贵州省委和省政府以省发〔1982〕30 号文件批转了会议起草的《关于进一步贯彻中央〔1981〕31 号文件精神，切实加强农村文化工作的报告》，按照中央提出的“加强领导，积极发展，因地制宜，量力而行，讲求实效，稳步前进”的农村文化建设方针，重新明确了文化馆工作的计划和要求，对今后发展作出了部署，使全省社会文化工作出现全面好转。

1986 年，省人大常委会公布的《贵州省文物保护管理办法》中特设“民族文物”一章，明确规定，“对具有地方特点和民族特点，并具有研究价值的典型民族村寨要加以保护”。在全省文化文物工作者的努力下，有效保护了一批典型的民族村寨。已公布的民族文化保护村寨有 18 个，这些保护相对完整的民族村寨现已成为贵州打造特色文化旅游区战略中重要的优势资源。

从 1987 年开始，全省先后举办“贵州省首届民族民间艺术节”“凯里芦笙节”“台江姊妹节”“兴义马岭河国际漂流节”“全省首届农民艺术节”等一大批特色鲜明的文化演展，既丰富了人民群众的精神文化生活又促进了当地的经济发展。

1996 年，中宣部、文化部、卫生部等九部委发出“三下乡”号召，全省各级专业和业余文艺队伍积极响应，到 2010 年，每年均组织队伍下乡为农民演出、放电影、送图书，较好地解决了农民“看戏难，看电影难，看书难”的问题。农村电影“2131”工程的实施，配合计划生育、法律宣传、普及科学卫生知识进行演出和放映，极大地促进了农村和社区精神文明建设，全省人均看电影从 2002 年的 0.1 场上升到 2008 年的 1.8 场。

到 20 世纪 90 年代末，全省初步实现“县县有文化馆，图书馆、乡乡有文化站”目标，建成 7 个全国先进文化县，25 个省级文化先进县、45 个省级文化先进乡（镇）、16 个省级文化先进街道办事处，35 个省级文化先进企业，7 个“中国民间艺术之乡”，国家一级图书馆 2 个，二级图书馆 9 个，三级图书馆 39 个。

2005 年 11 月，省委、省政府召开全省发展文化产业工作座谈会，会上印发了《加快文化产业发展的意见》，明确提出要把文化产业发展作为贵州新的经济增长点来培育，做大做强文化产业，使之成为拉动贵州经济社会跨越式发展的强大引擎。经过不断的努力和发展，贵州文化产业逐渐呈现“一中心、五带、三区”的布局特点。以贵阳市为重点的文化产业“中心区”的积聚效应逐步显现，以“贵阳－安顺－黄果树、贵阳－遵义－赤水、贵阳－凯里－黎平从江榕江、贵阳－都匀－荔波、贵阳－毕节－威宁”五个特色产业带和兴义、六盘水、铜仁三个特色文化产业聚集区的开发初见成效，对区域经济发展的贡献逐渐增强。五个特色产业带依靠各自历史文化特色、自然景观特色、民族风情特色，旅游业与民族民间工艺品等行业蓬勃发展。

贵州众多的文化品牌和丰厚的文化资源成为贵州旅游产业发展的重要支撑。2009 年年底，全省已经形成了以黔东南自治州为代表的“民族文化旅游区”、以黄果树和龙宫为代表的“岩溶文化旅游区”、以遵义为代表的“红色文化旅游区”、以荔波为代表的“喀斯特文化旅游区”、以兴义万峰林为代表的“峰林文化旅游区”、以平坝天龙为代表的“屯堡文化旅游区”、以赤水为代表的“丹霞地貌文化旅游区”等若干独具贵州特色的文化旅游区。这些旅游区的形成与发展对贵州文化产业的壮大乃至贵州经济社会的全面发展都产生了重要的基础作用。

实施促进县域文化产业发展“三个一工程”。自 2013 年 1 月起，省文化厅通过培养、评选和命名一批“文化产业示范村、优秀演出团、特色文化产品”，将文化、旅游、新农村建设结合起来，形成三位一体的文化产业发展新模式，经过三年的努力，共评选命名了文化产业示范村 23 个、优秀演出团 8 家、特色文化产品 31 项，同时给予被命名单位经费补助，截至 2015 年第三批“三个一工程”评选结束，补助资金总额为 354 万元。

“十二五”期间，贵州更加重视文化遗产保护传承与脱贫攻坚的有机结合，实现文化遗产传承保护与百姓致富双赢，探索具有国家层面示范价值的文化扶贫的贵州经验。

贵州具有丰富的非物质文化遗产资源，到 2012 年，贵州已建立健全了国、省、地、县四级非物质文化遗产保护体系，全省有“非遗”代表性项目名录 4774 项。面对丰富的“非遗”资源，贵州实施非物质文化遗产传统手工技艺培训计划，培养（培育）“十、百、千、万”传统手工艺传承人。即培养（培育）数十名大师级传承人、数十名国内知名手工艺品设计师，以出省（出国）培训为主；培养（培育）数百名传统手工技艺骨干传承人，数百名省内知名手工艺品设计者、市场营销人员，采取走出去、请进来的办法，请省内外知名专家大师集中培训；培养（培育）数千个传统手工技艺传承骨干，主要依托本土培训；动员数万名传统村落贫困农户参与传统手工技艺培训，实现农村贫困人口就业人数新增上万人，依托本土就地就近培训。通过培训打开受训者的视野，充分运用大数据打通新一代传承人联接产业、市场的渠道，提高传统技艺传承人创新能力，提升贵州民族手工艺品市场占有率，进一步推进贵州产业结构升级，大幅度增加农村就业机会，让非物质文化遗产保护发展与产业经济紧密结合，助推扶贫攻坚，让千家万户在传承和弘扬文化中脱贫致富。

2015 年，全省共有人类非物质文化遗产代表作名录 1 项，国家级名录 85 项 140 处，省级名录 561 项 653 处，市、州级名录 1000 多项，县级名录 4000 多项；有国家级传承人 57 名，省级传承人 301 名；有国家级文化生态保护实验区 1 个，省级文化生态保护实验区 2 个；有国家级生产性保护示范基地 3 个，省级生产性保护示范基地 28 个。贵州省非物质文化遗产保护与合理利用走在全国前列，开启了文化传承与扶贫攻坚融合发展之路。2011 年 11 月“丹寨石桥黔山古法造纸合作社”被文化部评为首批国家级非物质文化遗产生产性保护示范基地；2012 年 12 月 31 日，经文化部部务会议审议通过，正式同意设立“黔东南民族文化生态保护实验区”；2014 年 5 月台江芳佤银饰刺绣有限公司、贵州丹寨宁航蜡染有限公司成为第二批国家级生产性保护示范基地，贵州在通过实施“整体性保护”“活态保护”“生产性保护”等方式来促进非物质文化遗产合理利用、促进非物质文化遗产资源富集地经济社会发展方面积累了宝贵的“贵州经验”。

第四节　智力扶贫

1988 年，中共中央统战部、各民主党派中央、全国工商联一直参与毕节“开发扶贫、生态建设”试验区各县市（区）、黔西南自治州“星火计划、科技扶贫”试验区各县市开展智力扶贫；贵州省直各部门、科研院所、高校、企事业单位坚持开展智力扶贫。在长期的智力扶贫工作中，不断探索，积累经验，逐步形成中央、省、地（市、自治州）、县四级联动的智力开发扶贫态势。贵州各市（自治州、地）和县（市、区）两个层面的智力支边扶贫工作，在各级政协及智力支边联系小组的指导下，积极开展智力扶贫工作。各级政协把智力支边作为一项重要工作，明确一名副主席主抓。一方面注意加强同各民主党派省委、省工商联的联系，积极争取上级的智力支持，做好协调服务工作；另一方面，积极联系和组织民主党派地方组织、各级政协委员根据贫困地区群众的需要，做实事、办好事。

贵州各民主党派、工商联在开展智力扶贫工作中，发挥各自拥有的资源和专业优势，立足贵州贫困地区实际，根据开发扶贫的实际需要，开展以教育、医疗卫生、人员培训、科技咨询、经营管理为主要内容的智力扶贫活动。2005年，贵州省智力支边办和各民主党派省委、省工商联商定，携手帮扶100个乡镇中小学，100所乡镇卫生院，选择100个智力支边联系点，建立200个科技示范户，技术培训2万人（次）以上。民革省委组织优秀教师到余庆、湄潭等地支教；民进省委为11个县、20所乡镇中小学培训骨干教师1000多人；民建省委引进资金500多万元，建立27所希望小学。各民主党派省委、省工商联联系筹措资金，采取多种方式，帮助一些山区学校改善办学条件，资助贫困大、中、小学生4000多人。民盟、农工党、致公党省委开展医卫支边活动，帮助10多个县的乡镇卫生院培训医卫人员，义务为群众看病，捐赠一批医疗器械和药品，对农村常见病和出现的疑难杂症，组织专家前往指导和举办讲座。民革、九三学社省委组织农业专家，深入农村推广农业科技，帮助群众解决果树不挂果、不丰产、病虫害防治等难题。致公党省委关注贫困乡镇的文化建设，联系美国加州圣峪中华文化协会健华社捐资上万美元，在独山、沿河等县修建乡镇图书馆；省工商联组织省内民营企业家帮助台江县发展教育事业。

新阶段扶贫开发中开始实施的“雨露计划”，是扶贫开发工作的重要内容之一。“雨露计划”以政府主导、社会参与为特色，以提高贫困地区农民素质、增强就业和创业能力为宗旨，以中职（中技）学历职业教育、劳动力转移培训、创业培训、农业实用技术培训、政策业务培训为手段，以促成转移就业、自主创业为途径，帮助贫困地区青壮年农民解决在就业、创业中遇到的实际困难，最终达到发展生产、增加收入、经济发展、脱贫致富的目标。

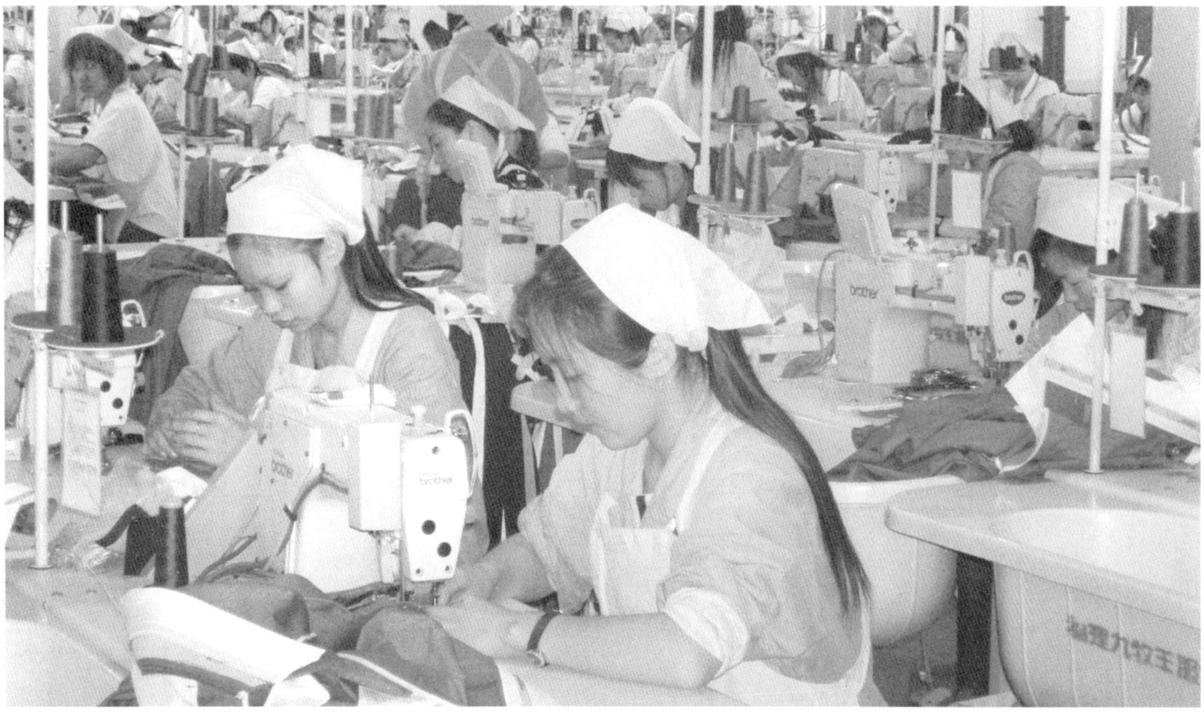

普定县“雨露计划”贫困地区劳动力转移务工情况

贵州实施“雨露计划”经历3个阶段：探索阶段（2001—2004年）以引导性培训和职业培训为主，培训时间较短，主要为贫困地区转移劳动力提供就业技能支持。推广阶段（2005—2009年）以农民初级技工培训、普通农民工培训和农业产业化技能培训为主。由于受国家政策推动及受产业结构调整的影响，针对农民劳动技能和劳务市场的需求变化，延长培训时间，扩大培训规模，更注重学员培训的质量和实效。改革提升阶段（2010年起），初步形成政府出资“购买招工＋培训＋就业”“三位一体”培训、劳动预备制培训和扶贫培训基地“送教上门”式培训三种培训方式并行的格局，着重支持贫困户“两后生”接受中等职业教育和考取二本以上的贫困户子女顺利就学，是受产业技术升级产生的拉力和反思贵州剩余特殊困难地区贫困的反复性、顽固性和代际传递性所进行的改革。

贵州整合“博士团服务”“干部培训”和党建扶贫以及“三下乡”等符合贫困地区农村发展需求的扶贫形式，发挥智力扶贫的集合效应，使受到帮扶的贫困地区、贫困农户和参与扶贫的单位和人员双向受益。2005年起，贵州民族大学与智力扶贫的黄平县实施校地合作共建工程，探索高校智力扶贫新模式。针对黄平县种植中药材的实际需要，发挥药学专业师生的学科资源优势，组织科技支农突击队，实地开展生产技术指导，利用农技站或农业广播电视学校平台，为农民和农技人员开展各种实用技术的集中培训，向广大农民群众宣传中药材种植科普知识，并提供中药材农业科技咨询服务。与此同时，引导和帮助师生在实践中“受教育、长才干、做贡献”，坚持“按需设项、据项组团、双向受益”的原则，广泛动员师生开展各种形式和内容的实践服务活动，紧紧围绕政策宣讲、国情考察、教育帮扶、科技支农、文化惠民、医疗服务、法律援助、环境保护等基层经济社会发展和干部群众生产生活中的实际需求，扩大活动覆盖面、提升活动实效性，实现促进学生成长、服务基层发展的双向受益。

2006—2010年，贵州“雨露计划”共投入财政扶贫资金4.4亿元，培训农村贫困劳动力58.71万人，转移就业（转产）49.32万人，转移就业率为84%。全省2007—2010年监测汇总结果，经过培训转移就业的劳动力年人均工资收入超过1.5万元，2010年经初级技工培训转移就业的年人均收入达1.99万元，基本实现“转移一人，脱贫一户”的目的。“十二五”期末，完成农村实用技术和劳动力转移培训130万人。“雨露计划”累计帮助48万户、192万贫困人口基本解决温饱问题。

在贵州支教9年的退休外交官朱敏才夫妇（中）与学生在一起

贵州省各级政协及智力支边办公室，各民主党派省委、省工商联智力支边工作机构，各自密切配合中央对应层面，上下联动，积极参与全省新阶段扶贫开发。截至2015年省内共联系组织6535人次参加智力支边活动，开展各类智力支边项目525个；引进、示范农业新技术、新品种200多个；结合农村实用技术推广，培训农民5万多人（次）；举办各类培训班300多期（次），培训县、乡、镇教师2000多人、乡镇卫生人员1000多人；联系、引进资金2200多万元，兴建希望小学和扶持教学点129所（个），资助贫困学生3万多人；扶持一批乡镇卫生院和一批农业发展项目，开展文化、科技、卫生“三下乡”活动100多次，为群众提供了服务。截至2015年，中共中央统战部、各民主党派中央、全国工商联先后有3万多人（次）投入对贵州的智力支边，共为毕节、黔西南自治州两个试验区争取到项目700多个，协调引进资金700多亿元。帮助贫困地区靠智力支持阻断贫困代际延续，为毕节试验区培训各级、各类人员累计达200万人（次），兴建、改造“希望小学”、职业中学60多所，扶持教学点170个，资助贫困学生上学近万人。各民主党派中央、全国工商联领导人先后70多批次赴毕节试验区调研、考察、讲学和指导工作。毕节试验区专家顾问组共为试验区的改革、试验、发展提出建议、意见9000多条，持续为试验区改革、试验、建设、发展给予智力支持。

第五章　社会帮扶

在党中央、国务院的支持和帮助下，自 1996 年 7 月起，大连市、青岛市、深圳市、宁波市四个计划单列市开展了对贵州省贫困地区的帮扶工作。2013 年 2 月，中共中央、国务院确定增加上海市、苏州市、杭州市、广州市等市对口帮扶贵州。对口城市分别以己之长补帮扶地区之短，开展资金援助、项目支持、经济技术协作等，对贫困地区产生了立竿见影的帮扶效果，并与贵州省通力合作，积极探索，形成多层次、多形式、多渠道的扶贫协作模式，有力地支持了贵州减贫工作。

从 1996 年建立中央国家机关和中央企业定点帮扶机制以来，各定点扶贫单位充分发挥本部门、本行业优势，为贵州减贫工作作出了重要贡献。1996—2011 年，23 个中直单位，定点扶助贵州 39 个扶贫开发工作重点县，536 名干部到贵州贫困地区蹲点挂职，直接投入贵州贫困地区帮扶资金达 5 亿多元，引进资金 19 多亿元，实施扶贫项目 1055 个，引进各类技术人才 657 人，引进技术 245 项；举办各类培训班 794 期，培训干部、技术人员和劳动力 10 万人次，帮助 2.9 万贫困学生入学。2012 年 11 月，国务院扶贫开发领导小组办公室、中央组织部、中央统战部等有关部门联合下发的新一轮中央、国家机关和有关单位定点扶贫工作的通知中，确定 31 个中央单位定点帮扶贵州 50 个扶贫开发工作重点县，中央单位对贵州扶贫开发的定点扶贫实现全覆盖。

从 1986 年起，贵州省委连续 29 年从各级党政机关、人民团体、企事业单位及中央在黔单位选派干部开展扶贫工作，采取城乡党支部“1+1”结对、城乡党员“N+1”帮扶模式，深入开展“万个支部结对，万名党员帮扶”活动，确保扶贫帮困覆盖到每一个贫困乡村、每一个农村贫困人口。在全省形成城市支持农村、工业反哺农业、以城带乡的扶贫格局。

贵州组织动员和依托社会各界力量，包括发达地区对口帮扶、机关部门定点帮扶、民主党派参与扶贫、各类企业和组织帮扶等多种形式，构建全社会对贵州贫困地区进行全方位扶贫的大格局，在扶贫攻坚和减贫进程中，开创了可歌可泣、可圈可点的业绩。

第一节　对口帮扶

1996 年 7 月，中共中央、国务院决定开展东西部对口扶贫协作，大连市、青岛市、深圳市、宁波市四个计划单列市对口贵州省除贵阳市以外的 8 个市（州、地）贫困地区的帮扶工作。其中，大连市对口帮扶遵义市和六盘水市，青岛市对口帮扶安顺市和铜仁地区，深圳市对口帮扶毕节地区和黔南自治州，宁波市对口帮扶黔东南自治州和黔西南自治州。

1996—2003 年，青岛市在安顺市、铜仁地区修建乡村公路 997.97 公里；合作解决 46 个乡的通电问题，合作新建一批饮水工程，解决 37.5 万人、31.6 万头大牲畜的饮水难问题，帮助安顺市、铜

2008 年，青岛市帮扶项目——江口县双江镇中学

2008 年，大连市帮扶资金修建的六枝特区梭戛乡卫生院

仁地区 400 余户特困农户移民搬迁，援建 5 个高效农业示范园，合作建设开发式扶贫村 150 个，完善基本农田 44.75 万亩，新建和改建中小学校 119 所，容纳学生 4 万人，合作新建乡镇、村级卫生院（室）78 所，解决 1.7 万户贫困农户就医难问题。

2000—2006 年，大连市在实施国家“东西部支教工程”中，又先后委派 5 批 30 余名青年志愿者到贵州盘县义务支教，先后委派教师 2 批 66 人赴贵州支教。

2008 年，大连市在六盘水市援建草地生态畜牧业种草养牛项目，投入资金 200 万元，用于补助 133 户农户购买 666 头繁殖母牛，项目已经获得成功。

2010 年 8 月，青岛市政府主要领导率青岛市部分名牌企业与山东省 100 余家重点企业参加“贵州省国际酒类博览会及投资贸易洽谈会”，青岛市政府与贵州省政府签署《“十二五”扶贫协作框架协议》，青岛与贵州双方企业签订投资合同 10 多亿元。是年，大连市投入资金 1282 万元，在遵义市贫困地区实施以“畜牧养殖—沼气—改厕、改圈—种植业”为主要内容的“四位一体”人居环境改造科技项目 88 个，投入资金 223 万元新建遵义市植物组培中心，建筑面积 6700 平方米，年生产苗 2000 万株以上。并开展“两薯”（即马铃薯和甘薯）脱毒和快繁研究，每年生产种苗 100 万株，使遵义市贫困地区脱毒马铃薯亩均产量提高到 2300 公斤，比常规种植增产 35% 以上。

2011 年、2012 年，深圳市帮扶黔南自治州建设通村公路 39.1 公里，村寨路面硬化 13107 平方米，受益群众 16614 人，帮扶黔南自治州修建管道（渠）31 公里，建小水窖 36 口，解决 4451 人、1450 头大畜牧饮水困难，灌溉农田 1003 亩；仅 2012 年帮扶人畜饮水及灌溉项目 7 个，其他项目 6 个。扶持 32 个村，55185 人受益。

2013 年 2 月 4 日，中共中央、国务院确定增加上海市、苏州市、杭州市、广州市等市对口帮扶贵州。国务院在《关于开展对口帮扶贵州工作的指导意见》中明确：上海市对口帮扶遵义市，大连市对口帮扶六盘水市，苏州市对口帮扶铜仁市，杭州市对口帮扶黔东南自治州，宁波市对口帮扶黔西南自治州，青岛市对口帮扶安顺市，广州市对口帮扶黔南自治州，深圳市对口帮扶毕节市。是年，上海市与贵州签署《遵义智城科技有限公司合资协议》《上海市对口帮扶贵州省遵义市项目管理暂行办法》，上海市投资 10 亿元建产业园，打造“5 个 1000 亿”级产业。2014 年，以遵义 · 上海产业园区为载体的 4.6 平方公里的保税区规划选址已经确定，全力打造高科技产业园、台湾工业园、辣椒综合物流园、航天精工紧固件基地；完善《遵义 · 上海产业园控规及核心区城市设计》。两地签订《关于合作共建上海漕河泾新兴技术开发区遵义分区协议书》，启动规划编制工作，签订 10 亿元人民币的合作意向书，搭建招商引资平台。是年，遵义市与上海市合作项目 33 个，投资总额 232.5 亿元，当年累计到位资金

46.8 亿元，占当年引进省外到位资金的 3.31%。合作项目涵盖工业、农业、商贸、旅游、文卫等领域。

2013—2015 年，黔南自治州与广州相关部门或企业共计签约项目 155 个，协议资金 778.21 亿元，到位资金 14.79 亿元，其中 2013 年签约项目 27 个，协议资金 174.39 亿元，到位资金 1.45 亿元；2014 年签约项目 93 个，协议资金 504.82 亿元，到位资金 13.34 亿元；2015 年签约项目 35 个，协议资金 98.9 亿元。签约项目涉及种植业、物流商贸、加工、旅游等产业。

2013—2015 年，苏州市累计投入帮扶资金 14079.4 万元，帮助铜仁建设一批具有示范带动作用的项目，助推铜仁经济社会健康快速发展，成功打造以江口县太平乡云舍历史文化名村 AAAA 级景区为代表的美丽乡村，松桃县桃花源村和印江自治县凤仪历史文化名村正在建设中。

对口帮扶的 8 城市的党委、政府安排所属 47 个区（县、市、园区）和市直机关部门与贵州省 50 个贫困县结成帮扶“对子”，并与贵州建立高层领导互访机制和对口帮扶工作联席会议制度。1996—2015 年，8 城市的历任主要领导先后赴贵州考察指导对口帮扶工作，对口区（市、县）和市直部门负责人、企业家先后有 1.7 万余人次到贵州商谈帮扶事宜。贵州省人民政府先后出台加强与 8 城市产业共融发展和经贸协作的一系列优惠政策。在对口帮扶中，双方围绕加强扶贫攻坚、教育帮扶、人才交流、园区共建、招商引资、旅游开发等开展多层次、宽领域的对口帮扶工作，并取得显著成效。截至 2015 年，8 城市累计无偿投入资金 226716.97 万元和价值 38577.44 万元的物资，集中用于受扶地区产业发展、基础设施建设及社会事业各个方面。在改善贫困地区基本生产生活条件方面：兴修基本农田 67.83 万亩；解决 108.7 万人、81.8 万头大牲畜饮水困难；兴修乡村公路 4773 公里；架设输电线路，解决 130 多个村的通电难问题；解决 2000 多户特困农户的移民搬迁；修建沼气池 4100 多个等。在贵州贫困地区新建和改建学校 1898 所，新建和扩建县、乡医院 373 所，资助 25.37 万名失学儿童和特困学生就读；培训县、乡、村干部、医护人员和农民 17.2 万人次，并选派 379 名干部赴贵州贫困地区挂职帮助工作。组织 399 名中小学骨干教师、474 名青年志愿者赴贵州贫困地区支教。引导和组织企业家赴贵州贫困地区投资兴业，组织实施了一批科技、教育扶贫项目。开展产业合作和经贸合作，共达成经济合作协议项目 815 个，协议资金 2298.81 亿元，项目涵盖工业、农业、商贸、文卫等领域，已落地项目 342 个，完成投资 872.72 亿元。

截至 2015 年，8 城市对口帮扶贵州的主要情况：深圳市捐助贵州各类扶持资金共 12.22 亿元，其中援助毕节、黔南两地（自治州）修建乡村道路、人畜饮水、农田灌溉、民房改造、教育卫生等基础设施及公益项目 1389 个，对口帮扶黔南自治州 13 个县（市、区）共 47 个项目，帮扶资金 2950 万元，19 个项目完成建设任务并顺利通过州级验收。为毕节新建改扩建学校 294 所，资助贫困中小学生累计 15 万余人次。

青岛市共投入对口帮扶资金 4.22 亿元。重点投向帮扶地贫困乡镇的现代农业园区、农田水利、乡村公路、中小学危房改造、乡镇卫生院建设、人畜饮水工程建设等方面。青岛市各区（市）、企业和社会各界人士有 500 多批约 3000 多人赴贵州安顺、铜仁考察、对接洽谈，实施相关合作项目。青岛与贵州经济合作项目资金总额达 53 亿元，与安顺市、铜仁地区共同建设经济合作项目 1076 个。

2006 年，深圳市对口扶持办援建卡罗提灌站灌溉渠

宁波市共计向黔东南自治州和黔西南自治州新建和改扩建学校 1453 所，改善贫困地区的办学条件，资助 89878 名失学儿童和特困学生入学就读。宁波市共计向黔东南自治州和黔西

南自治州捐赠资金 10.61 亿元，助推贵州贫困地区经济社会发展。支持黔东南自治州和黔西南自治州发展一批特色农业开发项目，帮助晴隆县实施的波尔山羊养殖项目涵盖全县 14 个乡镇，4 万余人从中受益；扶持的优质杨梅种植项目覆盖到 14 个乡镇的 100 多个村，面积达 4 万多亩，推动农民增收致富。为黔东自治州和黔西南自治州免费办培训班、安排贵州省干部到宁波挂职锻炼等办法，为贵州省培训县、乡、村干部和农民 4 万多人次，双方相互挂职锻炼交流干部 393 人，贵州有组织地向宁波输出劳务人员 3 万多人；宁波市政府引导或自发到贵州拓展业务的客商已达 6000 多家，项目涉及服装、电器、餐饮、建筑建材等诸多领域，成立贵州省宁波商会，成员已有 130 多家。

2008 年，宁波市经委援建的黄平县红梅小学教学楼

大连市共向遵义市、六盘水市援助资金 2.79 亿元，共实施扶贫项目 797 个。兴修乡村公路 809.73 公里，资助兴修基本农田 1.76 万亩，解决 22.26 万人、18.75 万头大牲畜的饮水困难问题；大连市共为遵义市、六盘水市新建和改造公路、桥梁、渠道等 57 处，改善 48 个重点扶贫乡（镇）47 个重点扶贫村交通状况，新建人畜饮水工程 48 处，解决 13 万贫困农户 53 万人和 47 万头大牲畜的饮水困难问题。共为遵义市、六盘水市新建和改扩建乡（镇）卫生院、村卫生室 102 所，缓解贫困地区群众看病就医难问题。为遵义市和六盘水市培训专业技术人员 798 名，先后吸收两市 197 名干部到大连市挂职锻炼；大连市也派出 216 名干部赴六盘水市和遵义市贫困地区挂职锻炼。

上海市投入遵义市的 28 个项目全部开工，涉及帮扶资金 5400 万元，其中已完工项目 5 个，涉及帮扶资金 1735 万元，占帮扶资金计划的 32%。其中务川县已“减贫摘帽”，上海市仍在该县安排新农村建设项目 8 个，安排资金 1650 万元；产业发展项目 7 个，安排资金 960 万元；社会事业项目 11 个，安排资金 2350 万元；人力资源开发项目安排资金 365.4 万元；援黔项目库建设项目安排资金 74.6 万元。是年，遵义—上海产业园开发建设推进协调会召开，上海航天局、上海振华重工集团、中国海诚工程科技股份有限公司等 5 家国有企业赴遵义参加会议。上海市经信委副主任马静组织 40 多家上海中小企业及行业协会赴遵开展“上海中小企业遵义行”等活动。在招商引资上，遵义市和上海市合作项目已达 58 个，投资总额 306.7 亿元，到位 184 亿元，项目涵盖工业、农业、商业、旅游、文卫等诸多领域。上海浦发银行、海通证券、国泰君安证券、申银万国证券等总部在上海的银行证券机构入驻遵义，遵义市电子商务小镇有 60 多家网站入驻，主要销售遵义茶叶、辣椒等土特产品。2015 年，实施对口帮扶项目 48 个，涉及帮扶资金 6920 万元，主要投向基础设施建设、产业发展、社会事业等方面。

杭州市对口帮扶黔东南自治州，围绕“产业合作、教育合作、人才培养合作、旅游合作、现代农业合作、文化合作、民生合作”等 7 个方面展开，共向黔东南自治州捐赠对口帮扶资金 9000 多万元。浙江企业（客商）到黔东南自治州投资的项目达 150 多个，投资总额近 250 亿元。其中，杭州企业（客商）投资项目 25 个，投资总额约 50 亿元，累计到位资金 25 亿元。康恩贝

上海市援建的正安县土坪镇幼儿园

2014 年，杭州市滨江区帮扶丹寨县食用菌种植项目

苏州市援建的铜仁交通学校一号教学楼

集团、浙江华东医药集团、浙江华东林业产权交易所等知名企业，都和黔东南自治州签订投资协议。

苏州市与铜仁市合作，举办招商引资活动 10 余次，成功签约 40 家优强企业入驻铜仁，签约金额达 60.8 亿元，建成投产沿河广发烟花爆竹批发中心、印江民兴驾校培训中心、中州精英幼儿教育中心和沿河县革底茶叶加工厂等 14 个项目。

广州市共向黔南自治州捐赠市级财政资金 9600 万元，在黔南自治州 13 个县（市、区）实施项目 76 个。受领到对口帮扶贵州省黔南自治州道路项目 46 个，校园基础设施项目 4 个，人畜饮水及灌溉项目 5 个，农房改造项目 1 个，村庄治理项目 2 个，其他项目 18 个。共扶持 50 个贫困村。2015 年年底，项目全面启动，已完工 4 个，工程总体形象进度达 55%。黔南自治州与广州市卫生监督所共同制定《2014—2020 年广州市卫生监督—黔南自治州卫生监督对口帮扶方案》，由广州市在都匀市举办第一批对口帮扶黔南卫生监督员培训班。随后调研团 13 名成员赴黔南自治州 12 县（市）开展调研和现场指导培训工作。黔南自治州中医院挂牌成为广州中医药大学的教学医院。

1996—2012 年“四城市”对口帮扶贵州分工表

表 8

帮扶城市	贵州省受扶地县名单	
大连市	遵义市所属贫困县： 务川、正安、道真、习水、凤冈	六盘水市所属贫困县： 六枝、盘县、水城
青岛市	安顺市所属贫困县： 紫云、关岭、镇宁、普定	铜仁地区所属贫困县： 沿河、德江、印江、石阡、松桃、思南、江口
宁波市	黔东南自治州所属贫困县： 黎平、从江、榕江、黄平、施秉、岑巩、台江、雷山、麻江、丹寨、剑河、天柱、锦屏、三穗	黔西南自治州所属贫困县： 望谟、册亨、贞丰、安龙、晴隆、普安、兴仁
深圳市	毕节地区所属贫困县： 威宁、纳雍、赫章、织金、大方	黔南自治州所属贫困县： 罗甸、长顺、平塘、三都、荔波、独山

2013—2015年8城市对口帮扶贵州省贫困县名单一览表

表9

帮扶城市丨贵州省受帮扶市（州）	帮扶区、单位	贵州省受帮扶县（市、区）	帮扶区、单位	贵州省受帮扶县（市、区）	帮扶区、单位	贵州省受帮扶县（市、区）
上海丨遵义	杨浦区	正安县	奉贤区	务川县	普陀区	习水县
		道真县		余庆县		桐梓县
		湄潭县		凤冈县		赤水市
大连丨六盘水	西岗区	钟山区	旅顺口区	水城县	甘井子区	六枝特区
	金州新区	盘县				
苏州丨铜仁	张家港市	沿河自治县	常熟市	思南县	太仓市	玉屏县
	昆山市	碧江区	吴江区	印江自治县	吴中区	德江县
	相城区	石阡县	姑苏区	江口县	苏州工业园区	松桃县
	苏州高新区	万山区				
杭州丨黔东南自治州	萧山区	从江县	余杭区	台江县 天柱县	上城区	雷山县
	西湖区	镇远县	下城区	黎平县	富阳市	锦屏县
	杭州市	凯里市	拱墅区	黄平县	江干区	三穗县
	临安市	施秉县	桐庐县	榕江县	滨江区	麻江县 丹寨县
	建德市	岑巩县	淳安县	剑河县		
宁波丨黔西南自治州	鄞州区	兴义市	北仑区	兴仁县	慈溪市	安龙县
	市委农办		市外经贸局		市贸易局	
	海曙区	贞丰县	镇海区	普安县	宁海县	晴隆县
	宁波银行协会		市住建委		市交通委	
			市工商局			
	江北区	册亨县	余姚市	望谟县	象山县	义龙新区
	市发改委		市财政局		市经信委	
	市教育局					
	江东区	兴贞新区	奉化市	蔗香临港经济开发试验区	宁波市卫生局	黔西南自治州州卫生局
	市委宣传部		宁波港集团			
	宁波市旅游局	黔西南自治州旅游局				
青岛丨安顺	市南区	平坝县	市北区	西秀区	胶州市	镇宁县
			莱西市			
	即墨市	紫云县	城阳区	关岭县	崂山区	普定县
	黄岛区					
广州丨黔南自治州	天河区	罗甸县	越秀区	平塘县	萝岗区	都匀市
	黄埔区	龙里县	番禺区	独山县	荔湾区	福泉市
	白云区	荔波县	花都区	瓮安县	海珠区	三都自治县
	南沙区	长顺县	增城市	贵定县	从化市	惠水县
深圳丨毕节	宝安区	纳雍县	南山区	威宁自治县	光明新区	黔西县
	福田区	赫章县	罗湖区	七星关区		
	盐田区	织金县	龙岗区	大方县		

1996—2015 年 8 城市帮扶贵州资金物资统计表

表 10 单位：万元

帮扶城市	援助资金	援助物资折款	合计
大连市	14699.16	2680.10	17379.26
青岛市	21364.89	6878.61	28243.50
宁波市	57471.70	11171.41	68643.11
深圳市	76874.02	15981.72	92855.74
上海市	20320.00	1865.60	22185.60
杭州市	9000.00	0	9000.00
苏州市	15579.40	0	15579.40
广州市	11407.80	0	11407.80
8 城市总计	226716.97	38577.44	265294.41

说明：1. 此表数据来源于省扶贫办和有关市州年终工作总结材料
2. 上海、杭州、苏州、广州市的数据为 2013—2015 年数据

第二节 定点帮扶

1984 年 9 月，中共中央、国务院发出《关于尽快改变贫困地区面貌的通知》。1986 年年初，中共中央、国务院做出“中央和省级国家机关、企事业单位定点帮扶贫困县”部署，中直机关和企事业单位选派人员投入贵州扶贫工作。1988 年 6 月，国务院批准建立贵州毕节“开发扶贫、生态建设”试验区，应贵州省委、省人民政府邀请，在中央统战部协调下，8 个民主党派中央、全国工商联参与毕节试验区探索试验、改革建设。2002 年，国务院扶贫开发领导小组等 6 部门联合下发《关于进一步做好中央、国家机关各部门和各有关单位定点扶贫工作的意见》，调整安排中央统战部、新华社等 24 家单位到贵州扶贫重点县展开工作。2012 年 11 月，国务院扶贫开发领导小组办公室、中组部、中央统战部等 8 部委下发《关于做好新一轮中央、国家机关和有关单位定点扶贫贵州的通知》，明确在原有 23 个中央单位定点扶贫贵州 37 个重点县的基础上，新增 9 个中央单位（后调走 1 个）定点扶贫 13 个重点县，第一次实现 31 个中央单位对贵州 50 个重点县定点扶贫全覆盖。2015 年 8 月 21 日，国务院扶贫开发领导小组办公室、中组部、中央统战部等 9 部委联合下发《关于进一步完善定点扶贫工作的通知》，对派驻贵州定点扶贫的中央单位再次调整充实，从原 31 个中央单位定点扶贫 50 个重点县基础上，新增 11 家中央单位（后又调走 3 家）赴贵州考察调研，指导扶贫的干部有 6174 人次，其中部级干部 387 人次，司局级干部 518 人次，处级干部 5269 人次。1986—2015 年，中央国家机关 39 个单位共选派 828 名干部到贵州贫困地区挂职扶贫，先后向贵州贫困地区直接投入帮扶资金 16.4 亿元，帮助引进资金 594 亿多元，实施 1236 个扶贫项目，资助 9738 名贫困学生入学就读，举办培训班 652 期，培训基层干部和农民群众 9.2 万余人次，帮助输出贫困户劳动力 1388 人。

一、中直部门定点帮扶

1991 年，中国农科院茶叶研究所派出专家赴石阡县指导茶叶生产，推出制茶厂房设计，按优秀工艺要求，完成茶机的选型搭配，同时对高源、电丰、新山、乐桥、枣园等茶厂的机械设备进行重新

搭配和维修，通过综合改造，使设备综合利用率提高到 70% 以上，年加工能力净增 50 倍，提高产品质量，市场信誉和价格大幅度提高。1992—1995 年，种植 3400 亩高标准茶园。1996 年改造茶园进入初产期时，年产干茶仅 75 吨，2000 年生产干茶达 300 余吨。成功研制“泉都云雾茶”和“泉都碧龙茶”。“泉都云雾茶”1993 年通过国家鉴定，同年获得全国“中茶杯”知名茶评比一等奖；“泉都碧龙茶”1997 年获得全国第二届“中茶杯”名优茶评比优质茶称号；1998 年在中国国际茶博览交易会上又荣获“中华文化名茶”称号和银奖；1999 年在第二届国际茶叶博览交易会上被评为金奖、“99 中茶杯”特等奖，提高了石阡茶叶的知名度和市场竞争能力。

1993 年，中共中央统战部、新华社、农业部、林业部等 20 多个单位到贵州定点扶贫。1995 年，新华社扶贫工作队争取将息烽县发展磷化工和铝加工项目列入国家计划，引进资金 6700 万元，兴办年产量 1.2 万吨的黄磷厂；1995 年和 1996 年，新华社两次邀请全国十大扶贫状元、军中养猪状元龙呈祥深入息烽乡村传授“龙氏养猪法”。1997 年 4 月，邀请全国养牛状元李福成到息烽传授技术。利用县职业教育中心，兴办“反贫困职业技术教育”，请省、市农业专家授课、现场培训，培养出一批复合型科技扶贫人才。1997 年，新华社针对息烽县贫困乡村的水、电、路、电信、广播等基础设施严重落后的状况，采取动员干部职工捐资、下属单位资助等办法，筹措资金 20 多万元，先后为永靖镇河坎村、九庄镇新沙村等 18 个少数民族村寨修建人畜饮水工程，解决 5980 多人、7500 多头大牲畜的饮水困难问题；为西山乡联合村和猪场村、流长乡甘溪村和青山乡冗坝村、鹿窝乡和温泉镇大山村修建 10 公里通村公路。2002—2008 年，新华社向思南县捐赠了价值 400 多万元的各类设备。新华社从技术局选派工程师到思南，先后举办 9 期远程教育站点操作人员培训班，共计培训 1600 多人次。扶贫工作队与第三军医大学合作，投入价值近 20 万元的设备，帮助县人民医院开通现代远程教育医疗系统，并和中国电信贵州公司初步达成合作协议，在思南县乡镇医院和县医院之间建立二级远程医疗系统。2015 年，新华社在思南县共建成党校系统远程教育 C 级站 1 个、清华大学教育扶贫现代远程教育站点 1 个、乡镇站点 27 个，覆盖 100% 的乡镇和行政村。

2006 年年初，水利部与贵州省人民政府会商，联合出台《关于在铜仁地区开展社会主义新农村建设水利扶贫试点工作的意见》，确定 2006—2010 年在铜仁地区开展社会主义新农村建设水利扶贫试点。试点期间，全地区共计投入各类水利建设资金 39.78 亿元，先后启动实施骨干水源、农村饮水安全、病险水库治理、灌区续建配套与节水改造、小型农田水利、防洪整治洼地排涝、中小河流治理、水土保持、农村水电及电气化、山洪灾害防治、城乡供排水等 14 类工程，新解决 173 万人、184 万头大牲畜饮水困难和 513 所中小学校师生的饮水安全问题，新增节水灌溉面积 1.8 万亩，改善和恢复灌溉面积 4.9 万亩，全区农民人均耕地有效灌溉面积从 2006 年试点前的 0.36 亩提高到 2010 年的 0.51 亩，同时，治理水土流失面积 54.05 平方公里，新增小水电装机 1.56 万千瓦，治理河道 51.7 公里，防洪保护人口 8.2 万人，保护耕地 7 万多亩，新建和改造渠道 177 公里，新增供水能力 5.5 万立方米 / 日。水利部、贵州省人民政府于 2011 年 10 月 18 日再次联合批复《铜仁地区开展社会主义新农村建设水利扶贫规划报告》，确定 2011—2015 年在该区实施新一轮水利扶贫，计划总投资 128.75 亿元。

2006 年，来自林业部的柏章良挂任黔东南州自治州长助理，他提出加快林业产业化建设的意见，争取到投资 4135 万元，在黔东南建成年产 1.5 万立方米中密度纤维板厂。挂任六盘水市市长助理的中国农科院茶叶研究所专家柳荣祥，经过调查研究，做出《六盘水 1998—2010 年茶叶发展规划》，市政府批准实施，仅两年就建成 1300 亩高标准茶园。曾担任过中国驻外经济商务参赞的商务部退休干部朱敏才和妻子孙丽娜（北京市小学英语教师），自愿到贵州义务支教。2005—2014 年，先后到望谟县第二小学、兴义市尖山苗寨小学、花溪区孟关乡世华小学、遵义县龙坪镇裕民小学和中心小学等 5 所小学任教。两人除教授语文、数学、音乐、体育、美术等课程外，自编教材《六合图》，有效提升学生学习英语兴趣和口语对话能力。针对学生们站在四壁穿风、房顶漏雨、稀泥满地的简易食堂中吃免费午餐，孙丽娜从北京赛晶集团募集到的10台电脑也无处安置等问题，两位老人把募捐到的350多万元善款，为学校新建学生食堂和电脑教室。朱敏才、孙丽娜夫妇被评为“2014感动中国十大人物”和“最美乡村教师”。

2008年，水利部和贵州省人民政府签署《共同推进毕节试验区水利重点扶持对口支援工作合作备忘录》。2010年，水利部批复《毕节地区水利重点扶持对口支援实施规划》（下简称《重点扶持规划》），投入水利资金60.41亿元是投资计划总额的113.9%。其中，《重点扶持规划》内项目投入资金40.31亿元（其中：中央资金25.79亿元、省级资金8.8亿元、地县配套资金4.28亿元、银行贷款及其他资金1.44亿元），是计划投资总额的76%。2014年年底，建成中型水库3座（金沙县胜天水库、织金县大新桥水库、加高扩建毕节倒天河水库）、开工在建6座中型水库（纳雍县金蟾水库、大方县岔河水库、加高扩建黔西县附廓水库、威宁自治县小米水库、黔西县樱桃坪水库、金沙县油沙河水库），开工在建5座小（一）型水库（威宁自治县马家水库、赫章县珠市水库、黔西县百里杜鹃米底河水库、赫章县河头上水库、织金县铁厂坝水库）；已完成治理病险水库83座；实施完成2处中型灌区（红旗灌区、金东灌区）。全地区8个县被批准列为国家小型农田水利重点县和专项县；实施完成贵州省乌江河威宁段二塘河治理工程、49条中小河流治理工程、8个县（区）山洪灾害非工程措施治理项目、2个排涝工程；治理水土流失面积580.94平方公里；共解决302.16万农村群众和46.42万农村学校师生的饮水困难。

2014年，国家投入5722万元专项资金，用于贵州定点扶贫的10个重点县实施“林业扶贫”。新华社捐助资金和设备，在思南县实施“现代远程教育工程”；水利部帮助望谟县完成《望谟县水利定点扶贫专项规划》编制与审定；全国工商联实施“招工扶贫”，吸纳农村贫困人口到民营企业就业；国家开发银行签署《开发性金融支持扶贫攻坚合作备忘录》，在信贷资金安排上向定点县倾斜；中国石油工业总公司在新建和续建加油加气站项目，全力确保地方经济发展的油气供应；北京邮电大学确定长顺县民族高级中学为“北京邮电大学优质生源培养基地”。

1987—2015年，农业部把武陵山区定为长期扶贫联系点，累计投入铜仁地区扶贫资金8560万元，援建项目206个。帮助引进联合国粮食计划署“贵州武陵山区农业综合开发”项目，援助1565.7

2013年5月7日，国家发改委对口帮扶贵州工作启动会在贵阳召开

万美元，覆盖铜仁、万山、玉屏、江口等县（市、特区）的17个贫困乡镇、121个贫困村、5.8万贫困户、25万贫困人口；帮助引进“日本政府粮食增产援助”项目，援助1亿日元，覆盖沿河、德江、印江等三个贫困县的8个贫困乡镇、83个贫困村、2.64万贫困农户，9.93万贫困人口。投入资金646万元，铜仁地县两级配套341.5万元，援建项目41个。良种供应由1986年的100多万公斤增加到1996年的4000多万公斤；新建6个畜禽良种繁育基地、7个鱼苗种场，生产出优质畜禽和鱼苗；新建蚕种场年供蚕种10万张，填补养蚕业的一项空白。投入资金639万元，地方配套164万元，援建项目34个，主要有粮食、花生、中药材、畜牧和特种经济林木等。援建印江绿茶种植及加工基地，创出“梵净翠峰”和“梵净雪峰”等部优、省优名牌茶，产品供不应求。投入资金416.9万元，地方配套167.7万元，援建项目18个。培训农技人员由1986年的17万人次增加到1999年的56万人次。针对武陵山区的气候特点发展“玉米营养钵育苗定向移栽”和“水稻两段育秧栽培技术”等良种良法综合配套技术，使全区粮食总产量由1984—1986年的平均产量79.05万吨，增加到1994—1996年的平均产量121.2万吨，增长53.3%。

1996—2015年，中国农业科学院等6家中直部门从26个研究所选派8批68位科技人员赴铜仁地区、遵义市、黔东南自治州和所属部分县参与地方农业发展规划制订，帮助引进农作物及畜禽优良品种300多个、生物制剂20多个；举办培训班3000期，培训农技人员和农民29万人次，印发各类技术资料26万份，配合各地引进项目资金和助推完成科技合作项目。

二、省直部门帮扶

贵州省直机关单位下派工作队赴贫困县扶贫始于1986年。是年2月，省委、省政府印发《关于从省、地、县三级党政机关和部分事业单位中抽调千名干部到贫困地区加强基层工作的决定》，省直党政机关和部分事业单位及时抽调536名干部（其中厅级26名、处级52名）组成26支工作队，分赴26个贫困县开展定点扶贫。每支工作队都由一名厅级干部担任队长、一至两名处级干部担任副队长，队长挂职定点帮扶县的县委副书记，副队长挂职副县长，队员分别挂任副区长、副乡长等职。扶贫工作队实行任期一年，一年一轮换。加上地、县两级抽派2764名干部，全省共抽调3452名干部投入定点扶贫工作。省直机关扶贫工作队经一周培训，于2月26日分赴26个贫困县开展定点帮扶工作，拉开贵州有组织、有计划的大规模扶贫开发序幕。

1986—2010年，贵州从225个省级机关、企事业单位和人民团体中累计抽调12525名干部（其中厅级1140人，处级2269人，处级以下9116人），组成3320支扶贫工作队，每年年初全部进驻到各贫困县的重点贫困乡镇开展定点扶贫工作。25年中，国家在对贵州贫困县名单的认定上，每隔几年就有所调整，既有退出，也有增加。因此，贵州每隔几年派出扶贫工作队的数量、队员人数和定点帮扶县也相应发生变化。基本情况是：1987—1990年，省直机关派出扶贫工作队由26个增至31个。4年中，坚持每年都向毕节、印江等31个贫困县派驻定点扶贫工作队。4年共抽派干部2604人，加上地、县两级派出的11664名机关干部，省、地、县三级4年下派扶贫干部达14268名，平均每年下派扶贫干部3567名。

1991年6月，国务院扶贫开发领导小组、财政部、中国人民银行、中国农业银行联合发出《关于新增5亿元扶贫专项贷款有关事项的通知》，确定在保持19个国家级贫困县不变的基础上，把12个省级贫困县也纳入国家扶持范围，同时新增加贞丰、安龙、晴隆、镇宁、平塘、长顺、麻江、施秉、岑巩、三穗、黎平、松桃、石阡、凤冈、正安等15个县享受国家级贫困县待遇，至此，贵州省的国家级贫困县达46个，同时，省直机关派出扶贫工作队也由31个增至46个（即毕节、大方、织金、纳雍、威宁、水城、六枝、关岭、紫云、普安、兴仁、望谟、罗甸、三都、从江、剑河、黄平、沿河、务川、赫章、盘县、普定、册亨、独山、荔波、丹寨、榕江、台江、雷山、德江、印江、贞丰、安龙、晴隆、镇宁、平塘、长顺、麻江、施秉、岑巩、三穗、黎平、松桃、石阡、凤冈、正安)。1991—1993年，省直部门共派出干部2070名，加上地、县两级派出的11187名干部，全省3年共派出定点扶贫干部13257名，平均每年派出干部4419人。

1994—2000年，是实施《国家"八七"扶贫攻坚计划》阶段。国家对贵州省贫困县名单作适度调整，因毕节县撤县建市，退出贫困县行列；新增习水、息烽、天柱3个贫困县，贵州省贫困县调整为48个。省委每年从省直机关和部分企事业单位抽调干部478名，组成48支扶贫工作队进驻扶贫攻坚县开展定点扶贫，7年共向48个贫困县派出扶贫工作队员3317名，加上地、县两级派出的扶贫干部，省、地、县三级7年累计派出扶贫干部达36000余人。

2001—2010年，凤冈、息烽两县各项经济指标已进入全省中等县行列，退出贫困县行列；新增加道真、思南、锦屏、江口等4个县为贫困县。贵州贫困县增至50个，此间省委每年派出干部335名，组成50个扶贫工作队派驻贫困县，后于2003年起，贫困县中的威宁彝族回族苗族自治县被列入全国喀斯特地区扶贫开发综合治理试点县，对该县加派2支定点扶贫工作队，全省每年从省直机关、企事业单位和人民团体中抽调干部，组成定点扶贫工作队，分赴全省扶贫开发工作重点县开展定点扶贫，8年共派出干部12525人。

2011—2015年，省直机关共向50个贫困县派出265支工作队，派出扶贫队员3187人，其中：省级干部48人，厅级干部265人，处级干部530人，一般干部2392人。

贵州省副省级以上领导干部扶贫联系县和定点扶贫乡镇名单

表11

序号	姓名	职务	扶贫联系县和定点扶贫乡镇
1	钱运录	省委书记	2005—2006年定点扶贫惠水县摆榜乡
2	石秀诗	省长	2005—2006定点扶贫丹寨县排中村
3	石宗源	省委书记	2007—2009年定点扶贫黔西县太来民族乡
4	林树森	省长	2007—2009定点扶贫丹寨县杨武乡
5	栗战书	省委书记	威宁自治县迤那镇
6	赵克志	省委书记	2010年定点扶贫丹寨县扬武乡、2011年定点扶贫丹寨县兴仁镇和长顺县长寨镇、2012年定点扶贫长顺县营盘乡、2013年定点扶贫威宁自治县雪山镇、2014年定点扶贫威宁自治县玉龙乡、2015年定点扶贫威宁自治县迤那镇
7	陈敏尔	省委书记	丹寨县兴仁镇
8	王富玉	省委副书记、省政协主席	2010年定点扶贫江口县太平乡、2011年定点扶贫黎平县双江镇、2012年定点扶贫黎平县孟彦镇、2014年定点扶贫黎平县水口镇、2015年定点扶贫黎平县孟彦镇
9	王正福	省政协主席、省纪委书记	2010年定点扶贫印江县新业乡、从江县往洞乡
10	李　军	省委副书记	2010年定点扶贫开阳县南江乡、2011年定点扶贫从江县往洞乡、2012年定点扶贫从江县光辉乡、2014年定点扶贫从江县下江镇、2015年定点扶贫从江县光辉镇
11	谌贻琴	常务副省长	2010年定点扶贫务川县茅天镇、2011年定点扶贫务川县濯水镇、2013年定点扶贫务川县大坪镇、2015年定点扶贫务川县茅天镇
12	宋璇涛	省纪委书记	2010年定点扶贫印江县新业乡、2011年定点扶贫雷山县方祥乡、2012年定点扶贫雷山县郎德镇、2014年定点扶贫雷山县望丰乡、2015年定点扶贫雷山县郎德镇
13	刘晓凯	副省长	2010年定点扶贫习水县桃林乡、2013年定点扶贫赫章县可乐乡、2014年定点扶贫赫章县平山乡、2015年定点扶贫赫章县可乐乡
14	石　晓	副省长 省军区政委	2010年定点扶贫剑河县观么乡、2011年定点扶贫剑河县敏洞乡、2015年定点扶贫剑河县观么乡

续表 11

序号	姓名	职务	扶贫联系县和定点扶贫乡镇
15	孙永春	省委组织部长	2010年定点扶贫望谟县打尖乡、2011年定点扶贫望谟县麻山乡、2013年定点扶贫望谟县油迈乡、2015年定点扶贫望谟县油迈乡
16	喻红秋	省委宣传部长	2011年定点扶贫正安县乐俭乡、2012年定点扶贫正安县土坪镇
17	秦如培	副省长	2013—2015年定点扶贫长顺县敦操乡
18	廖国勋	省委秘书长	2010年定点扶贫三都县交梨乡、2011年定点扶贫三都县三合镇、2013年定点扶贫三都县九阡镇
19	陈　刚	省委常委、贵阳市委书记	2010年定点扶贫开阳县南江乡、2011年定点扶贫开阳县宅吉乡、2014—2015年定点扶贫开阳县禾丰乡
20	龙超云	省委常委、统战部长	2010年定点扶贫晴隆县马场乡、2013年定点扶贫兴仁县百德镇、2014年定点扶贫兴仁县回龙镇、2015年定点扶贫兴仁县百德镇
21	张群山	省人大常委会副主任	2013年定点扶贫台江县施洞镇、2014年定点扶贫台江县老屯乡、2015年定点扶贫台江县施洞镇
22	傅传耀	省人大常委会副主任	2010年定点扶贫正安县乐俭乡、2011年定点扶贫平塘县克度镇、2013年定点扶贫平塘县白龙乡、2015年定点扶贫平塘县白龙乡
23	谢庆生	省人大常委会副主任	2010年定点扶贫望谟县打尖乡、2011年定点扶贫江口县闵孝镇、2015年定点扶贫闵孝镇
24	袁　周	省人大常委会副主任	2011年定点扶贫册亨县冗渡镇、2013年定点扶贫普安县龙吟镇、2014年定点扶贫普安县江西坡镇、2015年定点扶贫普安县龙吟镇
25	周忠良	省人大常委会副主任	2011年定点扶贫石阡县龙井乡、2012年定点扶贫石阡县石固乡，2015年定点扶贫石阡县龙井乡
26	黄康生	省人大常委会副主任	2010年定点扶贫六枝特区陇脚乡、2011年定点扶贫六枝特区梭嘎乡、2015年定点扶贫六枝特区陇脚乡
27	禄智明	省人大常委会副主任	2010年定点扶贫水城县玉舍乡、2011年定点扶贫水城县杨梅乡、2013年—2015年定点扶贫水城县玉舍乡
28	蒙启良	副省长	2010年定点扶贫关岭县板贵乡、2011年定点扶贫关岭县普利乡、2015年定点扶贫关岭县板贵乡
29	慕德贵	副省长	2010年定点扶贫紫云县水塘镇、2011年定点扶贫紫云县宗地乡、2013年定点扶贫紫云县猴场镇、2015年定点扶贫水塘镇
30	刘远坤	副省长	2011年定点扶贫册亨县冗渡镇、2012年定点扶贫册亨县巧马镇、2014年定点扶贫册亨县丫他镇
31	陈鸣明	副省长	2013年定点扶贫思南县孙家坝镇、2014年定点扶贫思南县张家寨镇、2015年定点扶贫思南县孙家坝镇
32	王江平	副省长	2013年定点扶贫普定县猴场乡、2014年定点扶贫普定县坪上镇、2015年定点扶贫普定猴场乡
33	何　力	副省长	2013年定点扶贫德江县长堡镇、2014年定点扶贫德江县泉口乡、2015年定点扶贫德江县长堡乡
34	孙国强	省政协副主席	2010年定点扶贫纳雍县姑开乡、2013年定点扶贫岑巩县羊桥乡、2014年定点扶贫岑巩县大有镇、2015年定点扶贫岑巩县羊乡
35	陈海峰	省政协副主席	2011年定点扶贫镇宁县马厂乡、2012年定点扶贫镇宁县六马乡、2015年定点扶贫镇宁县马厂乡
36	左定超	省政协副主席	2013年定点扶贫锦屏县河口乡、2014年定点扶贫锦屏县固本乡、2015年定点扶贫锦屏县河口乡
37	谢晓尧	省政协副主席	2013年定点扶贫松桃县盘石镇、2014年定点扶贫松桃县兴堡镇、2015年定点扶贫松桃县盘石镇
38	陈　敏	省政协副主席	2010年定点扶贫习水县桃林镇、2011年定点扶贫黎平县双江乡、2013年定点扶贫习水县仙源镇、2015年定点扶贫习水县仙源镇
39	班程农	省政协副主席	2011年定点扶贫安龙县笃山乡、2012年定点扶贫安龙县平乐乡、2015年定点扶贫安龙县笃乡
40	李汉宇	省政协副主席	2013年定点扶贫沿河县沙子镇、2014年定点扶贫沿河县中界乡、2015年定点扶贫沿河县沙子镇
41	蔡志君	省政协副主席	2013年定点扶贫大方县理化乡、2014年定点扶贫大方县果瓦乡、2015年定点扶贫大方县理化乡

续表 11

序号	姓名	职务	扶贫联系县和定点扶贫乡镇
42	黄家培	省政协副主席	2013 年定点扶贫织金县桂果镇、2014 年定点扶贫织金县黑土乡、2015 年定点扶贫强金县桂果镇
43	王晓东	常务副省长	2010 年定点扶贫务川县茅天镇
44	辛维光	副省长	2010 年定点扶贫紫云县水塘镇
45	唐世礼	省人大常委会副主任	2010 年定点扶贫荔波县驾欧乡
46	顾　久	省人大常委会副主任	2010 年定点扶贫罗甸县云干乡

2005 年 12 月，贵州省农民工银行卡特色服务试点开通仪式

贵州省直属机关单位扶贫工作队（简称省直扶贫工作队），在进驻扶贫地党委、政府的领导和派出单位的支持下，深入调查研究，吃透贫困县县情、乡情、村情、民情，在找准扶贫切入点的基础上，充分发挥各自优势，本着有资金出资金、有物资出物资、有技术出技术、有信息出信息的原则，围绕加强贫困地区基层组织建设、帮助改善生产生活条件、指导调整农业和农村经济结构、推广普及农业实用技术、提高劳动者科技文化素质、多渠道争取扶贫项目和资金、向弱势群体送温暖献爱心、救助失学儿童上学等，为贫困县、乡、村和贫困农民排忧解难，多做好事、办实事。据不完全统计，1986—2015 年，多渠道争取资金累计 31.07 亿元，实施了 5477 个扶贫项目；帮助引进各类技术人才 1172 人，引进技术 503 项；举办各类培训班 3976 期，培训 31.4 万人次，帮助输出农村劳动力 7.75 万人次；资助 3.77 万名贫困学生入学。

协助开展村级组织阵地建设　到 2010 年，省直扶贫工作队使用工作队专项资金 766.8 万元，向上级部门争取 7146.9 万元，协调厂矿企业捐赠 587.7 万元，加上地方配套和群众投工投劳，为 738 个贫困村新建了集村支“两委”办公室、会议室、党员活动室、图书文化室、农村党员干部现代远程教育室、卫生室、计划生育服务室、民事调解室等于一体的村级综合办公楼；对 107 个村的破旧办公室进行了翻修、改建和扩建。省直扶贫工作队帮助各村建立起《村务公开专栏》，定期公布党的富民政策、上级下达的扶贫项目和资金、救济粮款发放和低保对象公示、计划生育指标、村级重大事务、村级财务收支等，确保村民对村级事务享有知情权、参与权和监督权。

协助抓农村基础设施建设　针对驻点帮扶村“饮水难”“行路难”“过河难”“农田灌溉难”“看病就医难”等贫困群众反映强烈的问题，各省直扶贫工作队使用省安排自己掌握的专项扶贫资金 766.8 万元、向上级有关部门争取资金 7.93 亿元、争取社会捐赠资金 1294 万元、地方配套资金 987.9 万元，用于修建人畜饮水工程 889 处，解决 53.7 万人、46.5 万头大牲畜的饮水困难问题；修建县乡公路 1847 公里，乡村公路 8106 公里，新建、改扩建和水泥硬化村组公路、串寨路、连户路 10879 公里、桥梁 89 座，解决 151 万多群众行路难的问题；修筑拦河坝和提灌站 311 处、溶洞暗河提灌站 53 处，开挖引水沟渠 1998 公里、铺设输水管道 59899 米，解决 15.98 万亩农田灌溉问题，还使 8693 亩

旱地改成了有水源保证的梯田。协调省电网公司对6391个无电村寨进行电网延伸改造，使48.8万户、189.94万贫困人口用上电；为38个贫困县新建县医院综合服务楼，并新购置部分先进医疗仪器设备，引进一批素质较高的医务人才；联系省广播电视部门在4987个村修建卫星电视广播地面接收装置。

指导农业和农村经济结构调整　给村支"两委"当参谋、出主意，在决不放松粮食生产的前提下，积极发展多种经营。省直扶贫工作队使用自己掌握的680万元专项资金，从上级有关部门申请到5.97亿元扶贫项目资金，从金融部门申请到9.99亿元政府贴息贷款，组织贫困村大力发展种植养殖业。截至2015年，50个贫困县累计种植经济林、果、药、茶、桑597万多亩，反季节蔬菜1088万多亩。先后举办农民致富技术培训班4728期，培训基层干部和农民群众23.96万人次。资助部分村兴办农副产品加工房、砖瓦厂、水泥厂、石料加工厂等，使贫困地区突破了传统的"粮猪型"单一经济结构。

推广普及先进农业实用技术　一是狠抓杂交水稻、杂交玉米、杂交油菜和脱毒马铃薯等优质良种的推广应用。二是抓先进栽培技术的应用普及。紧密配合当地党政干部和农技人员采取先办样板示范点、组织各村干部召开现场培训会、分头深入各乡村田间地头督战等办法，使水稻温室育秧、两段育秧、旱育稀植等实用技术得到普及；在旱地作物栽培上，重点推广麦肥分带轮作、杂交玉米肥球育苗移栽、玉米地膜覆盖等先进技术；在农作物田间管理上，重点推广了种植绿肥、测土配方施肥、中耕追肥、喷施叶面肥和农作物病虫害群防群治等先进技术。到20世纪90年代末期，50个贫困县基本实现粮食自给。

助推教育事业发展　一是配合各县教育局向省教育厅、省财政厅、省扶贫办和工作队员派出单位主动汇报，驻50个县的省直扶贫工作队先后共筹集资金6.89亿元，在贫困乡村新建"希望小学"教学楼439幢，维修、改建、扩建教学楼579幢，配套修建了图书室、篮球场，购置相应的课桌凳、教学用具、中学实验仪器。二是抓师资力量培训，贵州大学、贵州师范大学、毕节学院等派驻贫困县的扶贫队员，充分发挥自身专长，除定期到农村中小学听课外，还定期组织学校教师集中开会学习，定期组织观摩教学，培训教师队伍。三是联系工作队员派出单位向定点帮扶的贫困乡村中小学"送温暖、献爱心"。省直扶贫工作队先后从省直机关部门、厂矿企业募捐到助学资金65.8万元，使167名贫困学生圆了"大学梦"。

2014年8月18日，省经信委务川县红丝乡先进村开展金秋助学慰问帮扶活动

参与社会主义新农村建设 多渠道争取资金治理脏乱差，改善人居环境。省直扶贫工作队先后从省发展和改革委员会、省财政厅、省扶贫办、省社会主义精神文明建设办公室、省农业厅、省文化厅、省体育局等部门争取资金 7896 万元，加上地、县两级配套资金 2199 万元，共计投入资金 10310 万元，重点用于对 10045 户农户的茅草房和 2455 户危房进行改造；为部分村修建文体活动中心及其广场；对部分乡镇街道和村广场、进村公路、串寨路、连户路进行硬化；修建沼气池 2.7 万个，并配套改建厕所、厨房、节能灶。

贵州省烟草专卖局（公司）援建的威宁自治县迤那镇芙蓉王新村

开展"送温暖献爱心"活动 从各个渠道争取筹集资金 6100 万元，在 198 个重点帮扶乡镇新建敬老院 173 所，使 4114 名孤寡老人得到赡养。省直各机关部门和企事业单位累计向贫困地区和受灾县捐赠资金（含慰问金）3.7 亿多元，捐赠衣服、棉被 59 万多件（套）。协调省有关文艺演出团体、贵州省人民医院、单位开展"三下乡"活动。

三、各民主党派中央、全国工商联定点扶贫

1986 年 3 月，在中国农工民主党中央的组织协调下，农工党川、滇、黔、桂、渝四省（区）五方咨询服务协作会议在广西壮族自治区南宁市召开第一次会议。会上，农工党中央宣布将贵州省作为重点支援的地区之一，会议决定将贵州省毕节地区威宁自治县作为重点支援县，5 月初，农工党中央召开主席会议，主席卢嘉锡，副主席荣欣、章师明等强调把帮扶贵州及毕节作为重点工作来抓，并向全党发出《关于支持贵州的通知》。8 月 1 日，农工党中央组成支黔工作组，深入贵州药材公司、各大制药厂、中药厂等单位考察，帮助解决技术问题，并提供大量国内外信息，对拥有"中国四大药材基地"之称的贵州药材资源保护问题给予高度重视，将《保护药材资源紧急呼吁报告》报送国家有关部委。工作组还与贵州省烟草公司、各卷烟厂、电机厂等单位达成协议，协助引进捷克 AC-II 型卷烟机 40 套、捷克开发型小型虹吸式水轮发电机组样机和捷克弯管轴伸式机组的软件资料等，提出开发建设地方电网的建议，还向贵州 6 个食品厂及食品开发加工公司提供技术咨询。

自 1988 年毕节试验区建立起，中共中央统战部、各民主党派中央、全国工商联和毕节试验区专家顾问组除参与试验区各项建设外，中央统战部和台盟中央与赫章县、民革中央与纳雍县、民盟中央和致公党中央与毕节市（现七星关区）、民建中央与黔西县、民进中央与金沙县，农工党中央与大方县、九三学社中央与威宁自治县、全国工商联与织金县先后建立定点帮扶关系。1990 年 4 月，农工

党中央主席卢嘉锡率领考察组深入毕节地区大方、织金等县进行全面考察，提出“扶贫先扶智，致富先育人”的战略主张，撰写《关于加强开发扶贫、生态建设试验区领导和重点扶贫的建议》，引起中共中央和国务院的重视。针对毕节地区氟骨症严重流行，导致患者四肢扭曲、丧失劳动能力，造成极度贫困的状况，农工党中央起草并向国家卫生部报送关于“加速开展毕节地区氟骨症防治工作”的建议意见，国家卫生部即责成贵州省卫生厅、毕节地区卫生局对地区性氟中毒防治工作做出具体安排与实施方案，经过多年努力，氟骨症防治收到实效。1993年，农工党中央组织8名多学科的专家深入大方县，对工业、医卫、文教等方面进行全面、深入和细致考察，提出许多意见和建议，得到大方县委、县政府的重视和采纳。之后经过多次深入调研，将考察成果报送国务院扶贫开发领导小组办公室，1994年，经国务院扶贫开发领导小组办公室批准，把大方县确定为农工党中央的定点扶贫县。以1994年国家实施“八七”扶贫攻坚计划为契机，中央统战部、各民主党派中央、全国工商联与试验区8个县市建立对口扶贫制度，实行分片负责，定点帮扶到县，扶贫进村入户。中央统战部和台盟中央与赫章县、民革中央与纳雍县、民盟中央和致公党中央与七星关区（原毕节市）、民建中央与黔西县、民进中央与金沙县、农工党中央与大方县、九三学社中央与威宁自治县、全国工商联与织金县逐一建立定点帮扶关系，全面参与试验区扶贫攻坚大决战。

1996年4月30日，中央统战部帮扶赫章县“砂石至可乐输变电工程”动工，工程总投资800万元，其中中央统战部投资100万元，国家电力部投资300万元，其余400万元由省扶贫贷款、地区信托投资公司借款及受益乡自筹解决。12月工程竣工，解决7个乡、135个村、10万多贫困农户的用电困难。随后，中央统战部协调国家电力总公司投资5200万元，对赫章县乡镇电网进行改造，2000年完成投资3800万元，改造22个乡镇电网，新增12个村通电，解决2.3万人的用电问题。中央统战部协调南京爱德基金会援助赫章县实施山区综合发展项目。1999年1月启动实施一期工程，涉及粮食安全、山区开发、教育、卫生、小额信贷等领域，共26个子项目，投资1522.1万元，其中爱德基金会援助702.1万元，政府配套437万元，群众自筹383万元。至2003年年底，完成一期工程项目实施、监测和评估，项目覆盖的河镇乡6881户、3万多人受益。2005年，二期工程项目17个子项目开始实施，2007年12月完成。项目投资1653.8万元，其中爱德基金会援助737.5万元。项目覆盖的3964户、1.59万人受益。

2000年年初，协调为极贫户改建住房的计划开始实施，统战部投资450万元，争取社会援助300万元，省、地、县财政配套229.6万元，计划建房2449套，当年解决27个乡镇、384个村、1000户极贫户的住房困难，户均住房面积达到50.99平方米。2001年对1449户极贫户的住房进行改造，当年全部建成。2010年3月，统战部捐抗旱救灾款226.8万元，帮扶农业、水利等基础设施建设。同年与水利部合作，在赫章县建设一批集中供水项目，解决2.85万人的饮水安全问题，工程概算投资2137.28万元，其中中央资金1709.82万元，地方配套427.46万元；协调农业部在毕节试验区建沼气池5000个，其中赫章县建2000口。2004年7月，民盟中央名誉副主席厉以宁将个人荣获的日本福冈亚洲文化奖金300万日元捐献给毕节建1所希望小学。2000年10月，民革中央协调总投资43.5亿元、一期装机120万千瓦的纳雍火电厂，被国家计委批准立项并破土动工；2003年6月，二期装机180万千瓦的火电厂又落户纳雍。

2004年，致公党中央投资3万元，在毕节市青场镇青坝村修建鱼池32口，实施稻田养鱼，每年产鱼0.75万公斤左右，创产值15万元，协调资金20万元在青场镇修建沼气池200个，每年为每个农户节省燃煤支出860元。还组织专家对毕节市青场镇红岩河谷3000亩耕地的土质、水、空气进行检测，测定结果符合无公害蔬菜生产要求，指导农户按照“基地+农户+协会”运作模式，成立果蔬互助合作协会，当年入会108户。通过协会带动，发展3000亩无公害反季节蔬菜、建立300亩优质果园。当年生产无公害反季节蔬菜6200吨，创产值近1000万元，每亩平均纯收入达2600元，为种植常规作物的4倍。2005年，青场镇被国家有关部门定为无公害蔬菜基地。2006年，全镇销售水果200吨，创产值160万元。

2006年9月，民进中央主席许嘉璐代表民进中央致信国务院总理温家宝，建议在毕节率先启动石漠化治理试点项目，得到总理温家宝、副总理回良玉等领导的批示，国家发改委等6部门联合制定《岩溶地区石漠化综合治理规划大纲》，在全国确定100个综合治理试点县，毕节试验区8个县市全部纳入试点范围。国家林业局为金沙县各类林业建设项目共投资631.2万元，其中天然林保护工程176万元，退耕还林工程396.2万元，其他林业建设项目59万元。2006年，厉以宁协调北京大学光华管理学院董事长、台湾大学伊衍梁教授向大方、织金、威宁、赫章4县捐资120万元，修建4所希望小学，并在毕节学院设立光华奖学金，每年对300名品学兼优的贫困大学生实行奖励；协调民盟上海市委引资25万元，兴建毕节市梨树镇二堡小学。

2006—2007年，九三学社中央投资9万元，在威宁自治县草海镇白岩村河边组建设杂交肉牛养殖示范小区项目，建成占地面积1886平方米、建筑面积1175平方米的畜牧养殖基地，规模养牛120头。协调农业部“生态家园富民计划”项目资金1126万元，共建沼气池1.12万多个，其中重点支持威宁自治县150万元，建成沼气池1500个；协助威宁自治县争取国家投资800万元，用于支持发展畜牧业和保护天然草场，使威宁自治县成为中国南方最大的草地畜牧大县。为威宁自治县争取粗锌冶炼环保支持项目，实施净化粉治理燃煤烟尘和二氧化硫实验，治理环境污染取得较好效果。协调国家有关部门投资3000余万元，实施草海保护、石漠化治理、草原建设等项目建设。其中，农业部投资500万元在盐仓镇凉水村、麻乍乡启夏梁子、雪山镇话梅梁子、板底乡板底村和雄英村等地实施草地生态建设项目；国家林业局投资1030万元，用于草海保护区的基本建设；安排专项林业建设资金1000万元，用于帮助开展石漠化治理示范建设和中幼林抚育及林业有害生物防治；安排农业综合开发专项资金240万元，在威宁等3个县开展石漠化治理试点示范工作；科技部投资20万元，实施“星火计划”课题即草海镇科技种草养牛示范项目。2007年4月，厉以宁建议毕节试验区申请设立产业投资基金和村镇银行，得到中共贵州省委、贵州省人民政府的高度重视，落实总规模100亿元的基金发起人、管理人、出资人、托管人。是年，民盟中央帮助赫章县招商引资5.5亿元，引进长城电器集团和本部矿业集团的项目投资。在民盟中央主席蒋树声和常务副主席张梅颖的协调下，总投资2亿元的金沙县胜天水库和织金县大新桥水库建设先后在水利部和国家发改委立项。

1994—2008年，全国工商联共捐资1190万元，建成14所光彩学校；联系清华大学无偿提供设备建立远程教学点，并捐赠教学电脑和图书，资助贫困家庭大、中、小学生7300余人，培训教师262名。1995—2008年，农工党中央通过各种渠道捐赠、引进、协调投入资金1亿多元。引进百万元以上的项目有：引进4800万元社会资金落户大方县创办企业；协调贵州省投资4300万元在威宁、大方两县实施地下水开发项目；引进国际CBM组织近1000万元，连续15年实施免费白内障复明手术项目；引进

2007年，农工民主党中央经济工作委员会向大方县鸡场乡捐赠药品

670万元在大方县实施中草药、刺梨、半夏种植项目；引进中国红十字会、中国初级卫生保健基金会捐赠700余万元医疗设备项目；引进爱德基金会530万元在大方县星宿乡、大山乡、鸡场乡开展综合扶贫项目；资助370多万元，组织百名地县级干部到清华大学培训和资助百名贫困大学生读书的项目；引进中国残疾人联合会资助建设残疾人住房项目、毕节特教学校高中项目和残疾人康复中心项目，总投资260多万元；协调国家林业局投资240万元，实施贵毕公路两侧生态建设项目；协调中华环保基金会投资100万元，对大方县城饮用水源进行环境治理和生态扶贫；协调农业部将大方县列为全国秸秆养牛示范县，争取100万元实施畜牧秸秆氨化养殖项目；争取贵州省投入4300多万元，在毕节开展地下水合理开发利用试验；联系企业在试验区建立中草药基地，促成投资540万元、3年种植刺梨3000亩的科技示范项目。2008年4月，民盟中央致函贵州省银监局，建议支持在毕节试验区设立村镇银行。6月9日，民进会员任董事长的贵州青利毕节氯碱磷煤生态工业园签约仪式在毕节举行，项目总投资106.3亿元。9月19日，贵州第一家总资本5000万元的毕节发展村镇银行正式挂牌营业。2008年，在科技部的支持下，各民主党派在各自帮扶点实施农业科技示范项目。致公党在毕节市海子街镇大湾村选择开展优质肉牛科技养殖示范项目。是年，民革中央共组织各类专家300多人次，培训干部、农民5万多人次。

2009年5月中旬，中央统战部先后召开3次会议，听取各民主党派中央、全国工商联、国家有关部委和毕节试验区贯彻落实“4·14”会议精神的情况汇报，建议将毕节试验区工作纳入国家建设总布局。7月14日，牵头组织试验区招商引资团到南京举行招商引资项目推介会，威宁自治县达成10亿元的投资项目，涵盖医院、交通、水利水电、火电、风力电站建设等领域。7月18日，牵头组织试验区招商引资项目推介团到山东省烟台市推介试验区相关投资项目。山东省110多名企业家参加推介会，就部分意向投资项目与试验区各县市（区）进行具体接洽。推介会成功推介工业、农业、基础设施、矿产资源、旅游、房地产开发等项目393个，总投资1200多亿元。8月24—26日，率全国知名企业家到毕节试验区开展考察和投资签约活动，香港、北京、上海、广东等18个省、市、区420多名企业家参加签约仪式，签约涉及基础设施建设和房地产、服务、煤及煤化工、矿产加工、制造、农业、旅游、化工能源、建材等10多个产业，共签约93个项目，签约金额366.77亿元。中央统战部、各民主党派中央、全国工商联和试验区专家顾问组共投入和协调资金2.3亿元支持试验区加强农村基础设施建设，直接帮助试验区建成沼气池200多个，小水窖2176个、自流井饮水工程9处、协调联系维修水库2座、改造油路90.5公里；帮助完成通村公路建设近100公里，实施输变电站工程、农村电网改造工程各1处。5月25日，全国政协副主席、全国工商联主席黄孟复率民营企业家考察团赴毕节试验区考察期间，在织金县举行招商引资座谈会。经过推介洽谈，企业家与毕节试验区共签约项目11个，总投资额达21.6亿元。5月26日，举行全国工商联帮扶织金捐赠项目签约仪式，与织金县政府签署《中华全国工商联合会支持织金县经济社会发展框架协议》，全国工商联扶贫工作委员会向织金县提供扶贫滚动资金1000万元、捐赠价值650万元的物资支持重点贫困乡的发展；京澳港集团捐资50万元用于修建村卫生所；广西北海喷施宝有限责任公司捐赠价值500万元的农资产品；重庆小康汽车产业集团捐赠扶贫项目用车3辆。12月，从中央统战部机关和直属单位抽调31人组成考察团，赴赫章对极贫户进行专题调查。调查组走访27个乡镇、457个村、3万户农户，对其中的1.2万户进行卡册登记。2009年5月，致公党中央调研组赴毕节市调研，深入青场镇青坝村和海子街镇大湾村优质肉牛养殖基地、观音桥办事处高寒山区设施农业项目基地进行考察，对大湾村优质肉牛养殖基地的农户进行肉牛饲养技术培训。至2009年，民建中央共援建18所希望小学、1个教学点和1个“爱心家园”教师宿舍；帮助转移农村富余劳动力720人。帮扶黔西县实施扶贫项目70个，无偿捐助资金1500万元，协调资金近1000万元，带动当地投资1000万元，累计为黔西县修建沼气池500多个、小水窖683个、人畜饮水工程8个。至2009年，民建中央协调交通部、贵州省交通厅投资800万元，黔西县政府配套200万元，修建新仁至化屋村油路，建成黔西县第一条通村油路；发动会员企业家捐资30万元，为仁慕村修建村级公路，解决11个村民组、3000多群众的行路难问题。发动会员企业家捐资100万元，对化屋村175户茅草房、院坝和户间便道进行改造；引资20万元，对12户贫困户的住房进行改造。引资64.8万元修建自流井工程。引资134万元，在5个乡镇援建8处人畜饮水工程和1个水库维护配套工程，解决4500人、1400头匹大牲畜的饮水困难，结束人背马驮取水的历史。引资48万元修建500多个沼气池。捐资50万元在化屋村修建80个小水窖。

2010年，农工党中央联系帮扶威宁自治县竹园乡沙坝村、东关乡半冲村、羊场乡桶井村等7个乡镇、15个村实施“整村推进”脱贫项目，共投入半夏种植资金30万元、脱毒马铃薯种植资金8万元、种草养畜资金12万元、其他项目资金5万元；在大山乡援建小水窖50个、沼气池100个，受益群众2200多户、9400多人。同时在大山乡开展种养殖技术培训，培训农民500多人。协调中国MBA联盟向竹园乡捐赠价值1.5万元的抗旱救灾物资。联系香港乐施会捐资23万元，援建八堡乡引水沟渠。民革中央派员到纳雍考察调研，向阳长镇博爱小学、核桃寨小学和龙场镇兴中希望小学共捐赠助学资金7万多元、图书4000多册。1—9月，为赫章县举办中小学教师培训班9期、思想教育专场讲座6场，培训3200多人。民建中央在试验区遭受特大旱灾期间，通过中华思源工程基金会捐资100万元、民建会员企业贵州北极熊实业公司捐资30万元，支援黔西县抗灾救灾；民建会员企业天津庆达投资集团有限公司、天津正方科技发展有限公司向新仁乡捐赠价值35万元的轻型移动式自动吸水泵10台、正方牌1000型净化直饮水设备1台，并派技术人员帮助安装调试；江苏智思机械集团有限公司向素朴镇捐资30万元，援助修建小水窖100个；民建中央协调上海烟草集团公司捐资120万元，在黔西县林泉镇瑶坪小学建设“上海希望小学”；北京大学光华管理学院向锦星一小捐赠价值10万元的7000多册图书；北美永新能源有限公司和瑞尔齿科集团向黔西县捐赠价值13万元的小学生学习用品；贵州水务公司向锦星一小36名贫困学生捐赠1800元慰问金。民建中央还向黔西县捐赠价值20万元的医疗设备。是年，民进北京市委为金沙县举办培训班21期，培训校长、骨干教师、医务工作者2000多人次；投资100多万元，在北京、上海、杭州、深圳、湖南、厦门、济南、南京、常熟等地为金沙县培训校长、骨干教师237名。民进中央为金沙县争取到中央财政投资2120万元的国家高标准农田建设示范县，项目总投资1696万元，建设高标准农田1.23万亩；协调资金25万元为金沙县桂花乡修建乡村公路；组织民进企业家投资5000万元，在金沙县成立投资担保公司，为全县中小企业提供融资服务。九三学社中央组织眼科专家到威宁开展“亮康工程”行动，免费为940名贫困白内障患者实施了复明手术。10月25日，九三学社中央支教团在威宁启动支教活动，对炉山、黑石、金钟、哲觉、中水、二塘6个乡镇及县直学校1000多名中学教师进行培训。

1988—2015年，中央统战部、各民主党派中央、全国工商联和试验区专家顾问组共安排321批2880人次的领导、专家、学者、企业家赴毕节试验区调研指导工作，撰写有关试验区发展的调研报告119篇，提出合理化建议140条。中央统战部先后7批次派出27名干部到毕节地区挂职；各民主党派中央和全国工商联先后派出10多名干部到毕节地区行署或对口帮扶县挂职。累计直接投入各类资金1.2亿元，协调引进资金和捐赠物资折款4.01亿元，引进帮扶项目160多个，涉及金额300多亿元。通过中央统战部、各民主党派中央、全国工商联和试验区专家顾问组帮助呼吁、协调和联系，使一批重大项目得到及时审批立项和开工建设，投资3350.65万元的毕节倒天河水库大坝加高加强固工程；总投资1000万元的毕节市塘坊村“高寒山区农业技术研究与集成示范”项目；毕节市煤化工工程；引资1300万元的大方县凤凰山煤矿；总投资3300万元的大方县游沙河80公里旅游公路项目；总投资1800万元的大方县地下水开发项目；总投资1000万元的黔西县仁慕至化屋14公里的油路工程；总投资9000万元的金沙县胜天水库项目；总投资1000万元的织金洞天谷山庄项目；总投资1000万元的织金县“洋码图书”项目；总投资88.18亿元的纳雍火电一厂、二厂项目；总投资3000多万元的纳雍“农业综合开发试点县”项目；内昆铁路威宁北站由两股道增至四股道项目；总投资3352.3万元的赫章县“山区综合发展”项目；总投资2300万元的赫章锌厂二三期工程等。

全国统一战线在贵州省开展定点扶贫和受扶县名单一览表

表12

单位名称	定点扶贫县名单	帮扶时间
中共中央统战部	赫章县	1995—2015年
民革中央	纳雍县	1991—2015年
民盟中央	毕节县（七星关区）	1988—2015年
民建中央	黔西县	2004—2015年
民进中央	金沙县	1988—2015年
农工党中央	威宁自治县	1986—2015年
致公党中央	毕节试验区	2004—2015年
九三学社中央	威宁自治县	1993—2015年
台盟中央	赫章县	2006—2015年
全国工商联	织金县	1994—2015年

四、贵州各民主党派省委、省工商联定点扶贫

1983—2000年，各民主党派贵州省委和省工商联，共建立支边联系点200多个，组织省内外专家学者5.6万人次参加智力支边活动，完成支边扶贫项目10148个，咨询扶贫项目2400多个；举办各类培训班、讲座1300多期，培训各级各类技术人才193万余人次，推广农业实用技术500多项，引进资金2.14亿元、技术40多项；兴建希望小学57所，先后兴办20所大、中专学校，资助培训1.27万名中技人才、高中生和大专生等；实施科教兴农项目502个；为贫困农民、灾区群众义诊3万多人次。1994年4月，贵州省工商联组织刘永好、张芝庭等10位民营企业家在全国工商联七届二次常委会上发出“光彩事业”倡议，呼吁一切有实力的民营企业家，到贫困地区投资办企业、开发资源、培训人才，先富帮后富，向贫困地区献一份爱，与当地群众共谋发展、共同致富。中共中央统战部、全国工商联把“光彩事业”活动的第一站选定在贵州，并于同年10月组织了“光彩事业赴贵州考察团”，由全国工商联副主席张绪武带队，全国各省知名的19位民营企业家考察毕节、安顺等地。

1983—2006年，民建贵州省委员会为全省贫困县引进无偿捐赠资金3184万元，援建希望小学201所；为毕节试验区招商引资109.28亿元，引进无偿援助资金2566万元，开展37个帮扶项目。1993年，贵州省委批准省委统战部《关于开展智力支边活动的请示报告》后，省委统战部及时组织推动贵州省各民主党派、工商联和无党派人士开展对少数民族地区、边远贫困地区的智力支边和科技扶贫。2000年，贵州省委统战部召开统一战线“同心同行”行动推进会，将“同心工程”推向全省。省委明确把“同心工程”纳入年度目标考核。省委统战部组织动员全省统一战线开展“同心”品牌培育行动，重点实施“同心同行·助推发展、四帮四促、促进开放、人才培育、三学两比”五大行动，至2010年年底，共涉及资金、物资133.21亿美元、2792.16亿元人民币，培训各类人员7.11万人，资助贫困学生6564人，捐赠图书11210册。

2006年，民盟贵州省委员会在毕节上小河村开展莱茵鹅示范推广养殖，帮助发展农家乐，发展大棚早熟蔬菜种植；协调资金240万元为该村新修并硬化等级公路11公里；协调资金170万元，援

助白族民居改造和老年公寓建设；协调资金近240万元在毕节修建希望小学10所；联系香港新世界集团向毕节地区各县市捐赠14个总价值760万元的多媒体教室，配备卫星数字电视系统；协调资金23万元对毕节市青场镇卫生院进行改扩建；2008年民盟贵州省委员会通过民革中央协调国土资源部、科技部820余万元在核桃寨村实施石漠化治理项目和“毕节试验区新农村建设示范项目”。通过民革中央协调在纳雍县建设4×30万千瓦火力发电厂，彻底改变了纳雍县的穷财政面貌；协调国家各类建设资金2520万元；通过民革中央协调企业家在贵州签订意向性投资协议资金246亿元。2009年，民盟贵州省委员会实施“明眸工程”，联系温州医学院附属眼视光医院在毕节免费为白内障患者实施复明手术200余例。

2007—2010年，民建贵州省委员会累计引进无偿援助资金7324.62万元，招商引资项目资金109.28亿元，实施各类帮扶项目200余个。民进贵州省委员会累计开展医疗、教育、农牧、工业、经济、企业管理等方面专题讲座及义诊718场次，惠及民众8.46万人次；援建学校9所；向贫困农村、灾区以及学校捐赠衣物2万余件、学习用具上万余套、书籍4万多册以及电脑、速印机、电视机等办公用品200余件（台）；价值120.45万元的医疗设备及物品；面包车2辆；协调贫困地区民族文化发展专项资金21万元；为抗冰雪及抗旱捐款70余万元、向地震灾区捐赠“特殊会费”13.66万元，捐款（含捐物折款）近300万元；帮助黔西南自治州引进芭蕉芋种植、引种北京金樱园艺研究中心研制的“早熟、密植、高产”桃树，协助建设金银花基地30万亩。民进经济界会员共在毕节试验区投资近100亿元。农工党贵州省委员会组织开展医疗、教育、农牧、工业、经济、企业管理等方面的专题讲座及义诊1428场次，惠及民众达11.89万人次；新建和改扩建小学7所，捐赠资金86万元；与农工党上海市委等发达省区一道共同资助贵州贫困学生1081人，捐赠助学款物151.11万元、各类教学用具2432套、图书5717套、电脑52台；引进巴西旱稻、高产玉米等科技兴农项目41项；联系中国

贵州农工民主党扶贫援建项目

致公党贵州省委“致福送诊”活动

初级卫生事业基金会向大方县、贞丰县、赫章县乡镇卫生院捐赠价值215万元的医疗器械；协助实施农工党中央投资540万元的农村综合发展项目；申请政府专项资金117万元开展半夏规范化种植项目。致公党贵州省委员会先后在贵州贫困地区开展社会服务项目153项，引进海内外捐资2008.5万元，协调资金1390万元，建成少数民族乡镇健华图书馆13所、希望小学9所、学校宿舍3所、教学楼1幢，培训教师1355名，资助700余名贫困学生继续上学。2008年，联系贵州文化薪火乡村发展基金会捐资20万元，在丹寨县雅灰乡建设文俭希望中学女生宿舍楼；与贵州文化薪火乡村发展基金会共同引进陈一丹公益慈善事业有限公司捐资40万元，在丹寨县雅灰乡送陇村、排调镇刘家村等10个村寨建成10所新农村卫生室。2009年，陈一丹公益慈善事业有限公司继续向10所新农村卫生室捐赠10台小型医用电冰箱和价值10万元的医疗器械；2009年—2010年，与民进贵州省委共同执行由贵州文化薪火乡村发展基金会牵线搭桥，由腾讯基金会捐资126万元举办6期乡村教师培训班，培训黔东南自治州、黔南自治州乡村教师678人。九三学社贵州省委员会在贫困地区开展医疗、教育、农牧、工业、经济、企业管理等方面的专题讲座及义诊1212场次，惠及民众10.52万人次；普定、威宁援建学校2所；向贫困村、灾区及学校捐助衣物3万余件、学习用具千余套、书籍4592册以及乒乓桌、速印机等办公用品；培训下岗职工400余名；无偿开展白内障手术1000余例；为抗冰雪灾害捐款30余万元、向地震灾区捐款68.32万元；为地方经济社会建设协调捐赠资金1790.5万元。针对重点帮扶的威宁自治县，为在草海治理项目上积极争取国家政策和资金支持；争取到铁道部的支持，同意内昆铁路威宁站增加一条到发线、一条牵出线，投入资金1000余万元。

截至2010年，省工商联组织引进省外民营企业家260多人次到贵州考察，协议投资扶贫项目32个，协议资金2.5亿元，到位资金近2亿元。联系南京爱德基金会、香港川彦社等非营利性民间社团和友好人士，引进无偿资金3000多万元，帮助普定、惠水、长顺、关岭、镇宁、赫章、独山等县实施“坡改梯”、人畜饮水、医卫人员培训、学校建设等项目，实施“坡改梯”面积1.5万亩，新建和改建中、小学150多所，免费培训农村实用技术人才20多万人次。省内民营企业家张芝庭在荔波瑶山地区投资80多万元实施黑山羊养殖项目，帮

九三学社帮扶援建的威宁自治县雪山村团岗组三百亩草场

扶养羊户摆脱了贫困。贵州巨星集团为保证6条方便卷粉生产线的生产，在全省33个县种植99万亩魔芋，使不少农民走上了致富路。1994—2010年，省内参与“光彩事业”活动的民营企业家达180名，实施“光彩事业”项目190个，到位资金4.25亿元，捐赠1572万元，兴办和扩建光彩小学20多所，组织劳务输出2500多人，帮助5.82万人脱贫，安排1.03万人就业。联系香港主力电器制品有限公司董事长、贵州省政协常委李国基向毕节地区和黔东南自治州捐资1000多万元实施了“主力贵州教育发展计划”：帮助重建搬迁后的雷山县民族中学，资助特困高中学生2800余人，资助贵州籍贫困大学生完成学业，资助职校贫困学生，表彰奖励边远山区优秀教师，修建光彩小学。还联系香港万裕集团有限公司出资200多万元在贵州民族学院设立“黄夏生奖学金”。联系广东银丰实业有限公司董事长朱德义捐款160多万元建学校。贵阳神奇制药有限公司董事长张芝庭先后捐款400多万元在贫困地区发展教育事业，针对贵州农村的常见病和多发病，贵州神奇集团在全省实施“安康工程”。贵州工商联系统共参与实施扶贫项目4001个，其中有4个项目被列为全国“光彩事业”重点项目。协议投资总额235.47亿元，到位资金159.51亿元。免费培训各类实用技术人才20多万人次；帮助近万名学生获得各类资助。通过光彩事业的形式帮助30.21万人基本解决温饱和11.77万人解决就业。培训各类人员14.15万人，修建各类光彩学校200余所。至2010年年底，投身于贵州“光彩事业”的省内外非公有制经济人士、境外工商界人士共96754人。张芝庭、吴向党、李国基等8位实施“光彩事业”的民营企业家获得中国“光彩事业奖”或“光彩事业贡献奖”。

五、部队定点帮扶

1978年开始，省军区部队在全面完成自身战备、训练、执勤、处突等任务的同时，积极组织军区部队、预备役人员和广大民兵投入驻地扶贫开发，在产业扶贫、基础设施建设扶贫、生态建设扶贫、医疗卫生扶贫、教育扶贫、维护稳定和抢险救灾等方面做大量工作。1990年至1992年4月，武警贵州总队参加地方农田水利建设、生态环境建设、大型工程项目建设。共出动33190人次，投工投劳38179个，派出车辆999台次，修理渠道11000米，为农民插秧播种568亩，收庄稼467亩。武警黔西南支队针对定点扶贫点兴义市乌沙镇普梯村地理位置不占优势，但土地资源丰富的实际，帮助村民适时调整产业结构，加强交通、农田水利等基础设施建设力度，大力发展经果林、反季节蔬菜、中药材种植和养殖业，建立集贸市场和石材加工厂，形成产销“一条龙”的经营管理模式。通过警地双方的共同努力，村民人均年收入由不足500元增加到2015年的9000元。至1993年，在大规模扶贫初始阶段，省军区积极投入扶贫工作，全区共建立扶贫联系点1760个，共派出扶贫工作组288个、3100人（次）帮助民兵和群众脱贫致富，联系扶贫贷款50万元发展生产，军队无偿资助贫困点5万余元，组织民兵扶贫小组2787个，共扶持1.38万个贫困户，使3119户脱贫。其间，全省各级军事机关建立扶贫联系点2891个，有245名师团干部、500多名营以下干部到扶贫点工作，帮助14万名民兵和群众努力发展粮食生产，率先解决温饱问题。1994—2000年，省军区、各军分区均成立“参建参治”领导小组和办公室，共创办扶贫企业830个，接收贫困家庭劳动力10万人，使这些家庭经济收入年平均增加200元，向“麻山、瑶山”贫困地区捐款捐物，共捐款146.19万元、捐物近1.87万件。省军区机关在麻山特困地区长顺县敦操乡建立扶贫点，共投入资金90余万元，组织民兵20余万人参加4万个扶贫帮困小组，组织群众搞坡改梯1000亩。举办农业科技知识培训班10期，培训500余人（次），使30多万群众脱贫。1994年，武警贵州总队开展向麻山、瑶山等边远贫困山区送温暖、献爱心活动。部队官兵自发为“两山”少数民族群众捐款8万元，物品6499件。还将望谟县麻山镇牛场小学、荔波县瑶山民族小学定为扶助的希望工程对象，资助两所小学学杂费8万元，送去书包1000个。1995年，武警贵州总队两次到定点扶贫单位麻山镇牛场小学慰问学校师生，送去慰问金1.3万余元，和地方政府一道为学校修建起一栋教学大楼，使儿童入学率由原来的20%上升到

80.3%，女童入学率由5%上升到49%。1997年，省军区坚持教育扶贫，新建、改建、扩建希望小学122所，资助1100名失学儿童入学。1999年，省军区各级在113个扶贫联系点投入资金100余万元，协调解决资金200余万元，改善贫困点的交通、输电和教育设施。组织群众种植芭蕉芋300亩，银杏树1500亩，金银花1200亩，板栗树1026亩。为使民兵和群众掌握种植经济林木的技术，工作队先后举办培训班20余期，培训骨干2000余人（次）。2000年，全区部队共投入或协调资金600余万元，捐赠物资价值77万元。

2001—2010年，省军区共计投入或协调资金近1000万元，捐赠物资180余万元，实施40个扶贫项目，建立科技示范基地9个。2001年，省军区新建希望小学5所，引资或协调资金改（扩）建、维修小学76所，资助1564名失学儿童入学。全区各级共出动兵力8万多人（次），车辆机械2452多台（次），支援地方工程建设542项，其中省以上重点工程13项。修乡村公路1700余公里，高等级公路46公里，修水渠350余公里，坡改梯90余万亩。2003年，开展基地化、产业化、规模化、效益化扶贫，全区协调投入扶贫项目资金818.2万元，捐款43.2万元，捐物价值30余万元，实施扶贫项目81个，建立科技示范基地13个。省军区机关捐款3.28万元、衣物9487件。筹资20万元用于资助扶贫点无房或危房户建房。2004年，省军区本级协调资金960余万元，实施扶贫项目56个，指导全区建立13个科技示范基地。全区捐赠资金和物资折款近60万元。2006年，全区师级单位确定17个帮扶乡、人武部（预备役团）联系318个村作为帮扶点、乡（镇）人武部和民兵预备役连以上单位与904个村民组（寨）结成帮建"对子"、民兵预备役班与11091户贫困户结对帮扶。协调投入资金3600多万元，实施项目118个。2007年，省军区启动"十乡百村千组万户"结对帮扶工程，全区114名现役干部开展驻点扶贫，协调项目资金4800万元，各级实施帮扶项目近780多个。为特困群众捐款83万元、物资6532吨、衣物12.7万余件（套）。2008年，省军区落实各类扶贫项目39个、资金1400余万元。广泛开展"军民共建百个红色历史文化景点活动"，配合解放军总后勤部对口援建7个红色旅游点，与66个红色历史文化景点结成共建对子，协调投入资金3200多万元。向贵州、四川灾区捐款、缴纳特殊党费577万元，捐棉衣、棉被等物资1.3万套（件）。2009年，省军区深入开展以"不忘烈士亲属、关爱革命功臣"为主题的"三百工程"（资助100名烈士的后代上学读书，帮助100户烈士家庭脱贫，为100户烈士家庭送温暖办实事）系列关爱活动，与206户烈士亲属结成共建对子，实现全省无一名烈士遗属低于当地平均生活水平目标。同年，协调投入资金1720万元，实施扶贫项目57个，毕节军分区投身试验区建设的做法被成都军区转发。至2010年年底，武警安顺支队投入30余万元，完成村大门规建、村支两委办公区设施改造、村容院落绿化改造、水利设施添建4个大的建设项目。毕节支队投入扶贫经费3.5万余元给乡镇老百姓购买水泥，平整道路2.5公里，帮助协调经费35余万元，争取种养殖项目1个，引进经商考察团2个，帮助6名退伍军人返乡创业。协调帮助解决115人的农村剩劳动力外出和进城务工就业。还开办农村夜校、举办科普知识培训，帮助贫困地区群众转变观念，掌握致富技能。持续援建16所贫困乡村小学、27个"春蕾女童班"和"希望班"，坚持开展"1+1""1+2"助学

2006年2月16日，省军区组织24名医务人员到平塘县墨冲镇河西村送医下乡

活动，捐赠图书5200余册、桌凳1200余套、文体设施400余套，建成10个乡村小学电教化室。

2010—2015年，省军区先后拿出家底经费560余万元用于剑河县观么乡主大街建设和乡政府大楼维修、剑河县观么乡卫生院综合楼整治、新建牙么村小学校舍、新建兴义市万峰林办事处纳灰村村支两委党建活动场所、新建晴隆县碧痕镇东风村支汆小学食堂及教师公寓等项目。遵义军分区以黔北武陵山区“四在农家”为定点扶贫抓手，先后派出工作组43批次，驻点帮扶干部120人次，组织带领广大民兵和群众完成107个援建点任务，使12万余农民得到真正实惠，其间，全区各级定点联系扶贫25个乡、114个村，实施扶贫项目1639个、资金近5亿元，植树造林370万亩，绿化荒山210万亩，整修农村道路7800公里，修筑渠道1240公里，整治农田180余万亩，举办农民科普技能培训班5874班（次）、培训14.68万人次，带动30余万人脱贫致富。2013年，省军区协调三所部队医院为民族自治州培训乡镇医生84人，完成楼纳“八一爱民学校”电教室帮建项目建设，启动少年军校建设项目。2014年，援建“八一爱民学校”21所、乡村卫生院（室）3个，为贵州3个民族自治州培训医务骨干174名，实施带富项目967个，联创共建180个农村基层党支部，筹建并命名遵义航天中学少年军校，实施军民共建农村安全饮水工程51个，解决10余万群众饮水难题。2015年，按照中共贵州省委“精准扶贫、精准脱贫”的要求，组织全区各级主官、领导干部进村入户开展遍访贫

2008年，省军区官兵把致富政策送到田间地头

2010年3月，思南人武部组织民兵科技抗旱员指导群众科技抗旱

2014年10月17日是第一个国家扶贫日，省军区政委谢武忠（中）看望剑河县观么乡牙么小学学生

困村贫困户活动260余次，遍访115个贫困村，320余户贫困户，先后实施各类援建项目97个，投入资金近400余万元，选派98名干部职工分批驻点帮扶，带动近1200余名贫困群众脱贫致富。截至2015年，省军区先后建立扶贫联系点16404个，派出扶贫工作组1.12万个，协调投入资金6.96亿元，累计出动兵力3560万余人次（含民兵和预备役人员），参与植树造林1297.22万亩、各类抢险救灾7936次，援建学校320所，资助贫困学生9035名，使2659万名贫困群众直接受益。

第三节 企业和基金会帮扶

一、国企帮扶

1995—2015年，有驻黔央企按照国家和贵州省的扶贫工作规划，主动参与贵州扶贫济困工作，其中国家开发投资公司、华侨城集团公司、中国烟草工业总公司贵州省分公司、国家招商局集团有限公司等企业，为贵州扶贫攻坚做出贡献。

国家开发投资公司 1995—2010年，国家开发投资公司承担对口帮扶黔南自治州罗甸、三都、平塘3县定点扶贫，共计投入资金6564.2万元，援建项目23个，其中修建人畜饮水项目解决9个乡镇、15个村、181个自然寨、7029户、2.98万人的饮水困难；累计慰问贫困农户3800户。扶贫项目建成投产后，推动3县经济社会发展、提高贫困农户就业和收入水平。其间，国家开发投资公司在罗甸县累计投入有偿资金2370万元，分别投入信邦公司970万元、雷公滩电站建设500万元、雷公滩至龙坪110千伏输变线路260万元、县水泥厂技改150万元、辉绿岩矿山开采330万元、铁厂技改50万元、黑山羊基地建设110万元。捐资40万元兴建罗羊希望小学。2006年，公司投入无偿资金500万元，兴建“罗甸县青少年宫”。到2010年年底，公司累计投入无偿资金600万元、先后在罗甸县董架乡东跃村、云干乡道角村、栗木乡干洞村和深井村兴建一批人畜饮水及水利工程，解决3000多人的饮水困难和266亩脐橙灌溉；发放慰问金40万元，慰问贫困农户2000户；提供抗旱救灾资金50万元。2004年，信邦制药有限公司处于创业初期，国家开发投资公司给予370万元资金，支持信邦公司进行技改，给予信邦公司300万元贷款支持，信邦公司从2008年起成为罗甸县的纳税大户，每年上缴税收3000多万元，被国家命名为重点扶贫龙头企业。国家开发投资公司采取“有偿使用，滚动投入”方式，投入有偿资金1279万元帮助三都自治县建设三合镇页岩砖厂、县植物油厂、县硫铁矿厂3个扶贫项目。2004—2015年，国家开发投资公司累计向平塘县投入无偿资金3885.9万元，重点对平塘县少儿活动中心建设、贫困村人畜饮水、贫困大学生资助、贫困户春节慰问和抗灾救灾5个方面进行帮扶，资助224名高校贫困学生完成学业；建成7685平方米的少儿活动中心，新建农村小学1所；帮助建成掌布乡高寨村、白龙乡新全村、者密镇甲青村、谷硐乡翁片村4个人畜饮水工程；支持300万元作为县政府资本金，实施产业化扶贫。

华侨城集团公司 2004年，华侨城集团公司定点帮扶天柱、三穗两县，华侨城集团公司向三穗县累计捐赠资金1031万元，实施帮扶项目27个主要项目有：一是新建三穗县民族高级中学、雪洞小学学生食堂、雪洞小学学生宿舍楼，改扩建黄海小学教学楼并添置桌椅40套，资助贫困学生1242人次。二是新建八弓镇卫生院业务楼、给9个乡镇医院配置救护车及相关的医疗器械。三是为千户苗寨—台烈寨头、上坪，千户侗寨—长吉赤瓦、司前等8个村安装有线广播电视，覆盖农户共1646户。赠送彩电132台、接收播放设备104套。四是投资培训干部、能工巧匠，先后培训170人。五是投资搞凝灾害和抗旱为灾区群众恢复生产、重建家园增强信心。华侨城集团公司在天柱县实施扶贫项目2个，捐赠资金105万元，重点用于白市镇中心卫生院综合楼建设，帮助改善旅游设施、资助困难学生就读、农民技能培训和慰问贫困户；无偿捐赠旅游渡船1艘、彩色电视机172台。到2015年集团公司在科技、文化、教育、卫生、广播电视、技能培训、劳动输出、旅游开发等方面，先后援建帮扶项目38个，累计投入资金3446万元，修建学生校舍及食堂13栋、卫生院门诊楼5栋，捐赠旅游渡轮1艘，彩电304台，安装有线电视3686户、安装村文化室电视接收播放设备214个，资助种类培训520人次，资助困难学生3218人。

中烟公司和省烟草分公司　2012—2015年，中国烟草工业总公司和贵州省分公司联合，在贵州省贫困地区实施“贵州烟草扶贫新村建设示范项目”。项目主要在全省有扶贫任务的烤烟生产区内实施，总投资6亿元，其中：中国烟草工业总公司投资3亿元，中国烟草工业总公司贵州省分公司投资1.5亿元，贵州中烟工业有限责任公司投资1.5亿元，分3年在全省有扶贫任务的300个烤烟生产村（点）实施，每个村投入200万元。贵州省人民政府成立由投资方（三家）和省扶贫办、省财政厅、省审计厅、省监察厅、省住建厅等部门主要负责人参加的“贵州省烟草扶贫新村建设领导小组”，由副省长刘远坤任组长、中烟公司主要负责人任副组长，制定下发《贵州省烟草扶贫新村示范工程项目和资金管理办法（试行）》和《烟草扶贫新村示范工程总体实施方案》。项目于2012年2月启动，烟草扶贫新村示范项目以“生产发展、生活宽裕、乡风文明、村容整洁、管理民主”为指导。至2015年年底，有35个县（市、区）圆满完成建设任务，并通过合格验收。

国家招商局集团公司　2002—2015年，国家招商局集团有限公司（简称集团公司）参与定点帮扶贵州省威宁彝族回族苗族自治县。2003年11月，威宁自治县玉龙乡在4天之内连续发生3次地震，房屋震裂和倒塌较为严重。集团公司无偿援助20万元帮助受灾户维修或新建住房。2008年年初，威宁自治县遭受冰雪凝冻灾害，集团公司捐赠50万元定点扶贫乡帮助抗灾救灾。2004—2015年，集团公司已累计向威宁自治县无偿捐赠资金2500多万元。2005年，集团公司无偿援助107万元，省配套财政扶贫资金37万元，共计144万元，在整村推进村实施了乡村公路、人畜饮水工程、村小学危房改造等5个项目。2006—2008年，共计实施整村推进扶贫项目26个，总投资673万元，其中：集团公司无偿援助638万元，省扶贫办配套35万元。2005年4月，集团公司印发《关于设立教育扶贫基金，向威宁自治县贫困学生捐款的倡议书》，建立教育扶贫基金，计划连续捐款10年，每年捐赠20万元，共计200万元。用于奖励优秀教师、班主任和教育工作者100名；每年出资6万元资助贫困大学生30名；资助100～300名贫困中学生。至2015年年底，奖励优秀教师（班主任、教育工作者）1200名，资助贫困大学生360名，资助贫困中学生2400名。资助金额已达240万元。2005年，招聘威宁籍保安员和码头工人40多名到深圳招商局下属公司工作。2007—2015年，集团公司加大实施威宁劳务输出项目力度，在威宁招收农民工1207名，平均每年招收100名左右。各企业为农民工免费提供吃住，月工资1600—3000元。

2013年，招商局集团公司投资建设的威宁自治县草海镇银龙村“银龙幸福小镇”一角

二、民间企业助贫

贵州企业　“千企帮千村”，是根据全国工商联、中国光彩会的有关精神，以中央、省扶贫规划为实施依据，以同步小康为主要目标，以民营企业为帮扶主体，以贫困村为帮扶对象，以签约结对、村企共建、互利合作为主要形式，在1年内，动员全省1000家以上民营企业结对帮扶1000个以上贫困村，助推贫困村在“十三五”时期加快脱贫进程，增强发展后劲，服务贵州省大扶贫的战略行动。

按照省委、省政府主要领导的指示，2015 年 12 月初启动了贵州民营企业“千企帮千村”的精准扶贫行动，并成立了领导小组及办公室。于 2015 年 12 月 9 日召开“千企帮千村”动员大会，省委书记陈敏尔做出重要批示，省长孙志刚出席并作重要讲话。会上动员和组织了 52 家民营企业和 107 个贫困村签订结对帮扶协议。

宏立城集团及基金会整体帮扶赤水市，无偿投入经费 700 万元，开展产业扶贫，以养殖乌骨鸡、竹笋、金钗石斛三大产业，用 5 年时间帮助赤水市全部贫困村、贫困户、贫困人口脱贫，实现赤水市贫困人口全覆盖，涉及 51 个村、1.1 万户、2.32 万人。

兴伟集团帮扶秀水美丽乡村建设项目，累计完成投资 3 亿元以上，具体包括山地旅游产业、现代生态高科技农业产业、基础设施建设、农家旅馆休闲产业。

香港企业　2007 年 9 月，贵州省扶贫办外资项目管理中心与香港乐施会在昆明合作签订《贵州省扶贫办农村参与式自主发展试点示范项目协议书》，该协议书规定：该项目由香港乐施会资助，贵州省扶贫办外资项目管理中心负责统一协调管理，纳雍县农业办公室和扶贫开发办公室具体组织实施。该项目由乐施会资助 84.62 万元，其中资助纳雍县扶贫办负责实施的雍熙镇坐勒村村级道路建设和人畜饮水工程 44.47 万元；资助纳雍县农办负责实施的姑开乡引底河村便道、庭院硬化建设和茅草房改造 40.15 万元。项目实施前，先后 6 次组织了参与性 TOT 培训和参与性实践培训，了解乐施会的财务管理原则和要求，明确工作职责。

福耀玻璃集团曹德旺父子捐赠贵州 5000 万元，图为善款项目农户正在审议受助名单

乐施会在坐勒村的扶贫项目由纳雍县扶贫办负责组织实施，建设内容主要是农田灌溉用水和人畜饮水水利工程建设。该项目于 2008 年 5 月中旬启动，村民迅速投入到水利建设工地上来。8 月 13 日竣工，使长期严重干旱缺水的坐勒村全村 3800 多人口、3290 头匹大牲畜从此饮用上安全卫生的自来水，还解决了 3200 多亩田土的农田灌溉。乐施会在姑开乡引底村扶贫项目于 2007 年 3 月立项，项目内容分为两个部分：茅草房改造项目和庭院、便道硬化项目。其中，茅草房改造项目主要由县农办投入，12 月份全面完工。庭院、便道硬化项目计划于 2007 年 10 月启动到 2008 年 3 月全面完工。庭院硬化 6140 平方米，便道硬化 8215 平方米。2009 年秋，中国西南地区遭遇历史罕见的特大旱灾，香港福耀玻璃集团董事局主席曹德旺以曹德旺、曹晖父子个人名义，向中国扶贫基金会捐款 2 亿元，用于支持西南五省（自治区、直辖市）受灾贫困村农户抗灾自救，恢复生产。贵州获得捐款 4850 万元，贵州根据各县贫困状况和旱灾程度，确定水城、望谟和雷山县为项目区，在省政府和中国扶贫基金会的指导下，按照民主推选确定项目乡、村、户的原则及程序，贵州项目区涉及 17 个乡镇、234 个村、1775 个村民组。经过中国扶贫基金会审核，贵州项目区确认项目受助农户 24250 户，按每户 2000 元标准资助重灾贫困农户，截至 2009 年 11 月 9 日，共办理和发放接收项目资助款的存折 24250 户，共拨付项目资助金 4850 万元，完成计划的 100%。

台湾企业　2003 年 6 月，台湾企业家朱英龙经宁波市政府和宁波市对口扶贫办、宁波市台办引荐，到贵州扶持贫困地区教育事业，先后 10 多次赴贵州贫困地区实地考察，捐资 2.7 亿多元，向黔西南自治州、黔东南自治州、黔南自治州、毕节地区、铜仁地区修建大、中、小学校，2003—2010 年期间，捐建校舍项目 1408 个，捐助 6811 名困难学生（其中大学生 2501 人、中学生 1655 人、小学生 2655 人）继续就读。其中捐建黔东南自治州校舍项目 635 个，资助困难大学生 1143 人次、中学生 910 人次、小学生 875 人次，总捐资 12363.86 万元；捐建黔西南自治州校舍项目 402 个，资助困难大学生 143 人次、中学生 745 人次、小学生 1790 人次，总捐资 6126.01 万元；捐建毕节地区校舍项目 240 个，资助困难大学生 1214 人次，总捐资 5407.2 万元；捐建铜仁地区校舍项目 128 个，总捐资 2712 万元；捐建黔南自治州校舍项目 23 个，总捐资 345 万元。还根据贵州实际情况，捐资修建寄宿制小学、中学，解决农村外出务工人员留守儿童就学问题，为教育事业发展提供试验和示范。朱英龙不仅个人捐资助学，还动员其父亲拿出 1000 多万元为贵州办教育事业。朱英龙还在宁波市开展的“万人助学”活动中，帮助 301 名贵州籍困难学生完成学业。到 2010 年 3 月底，朱英龙捐建的助学项目完成 1054 个，尚有 354 个项目正在建设中。

2016 年 6 月 8 日“千企帮千村”脱贫攻坚行动现场会在普定县举行

三、基金会助贫

中国扶贫基金会　1997—2001 年 7 月，中国扶贫基金会三次捐赠贵州 300 万元，分三期安排劈石造地。第一期捐赠 100 万元，贵州配套 150 万元，扶持关岭县 5 个乡镇、37 个村、3965 户、19254 人，辟石造地 1.17 万亩，新修乡村公路 3.63 公里、排水沟 6.1 公里、田间便道 54.2 公里、小水池 30 个。第一年增产粮食 150 万公斤。第二期由中国扶贫基金会组织深圳富源实业集团有限公司董事长缪寿捐赠 100 万元，贵州配套 150 万元，扶持关岭自治县 5 个乡镇、45 个村、3800 户、1.75 万人劈石造地 1.06 万亩，新增耕地面积 1579.4 亩，土变田 500 亩，修筑田间便道 5.32 万米、小水池 27 个，新修和维修乡村公路 27.6 公里，在规划区内种植板栗、核桃、枇杷、花椒等经济林木 0.6 万亩，通过造地，使粮食平均亩产由 200 公斤提高到 250 公斤以上，第一年增产粮食 84.8 万公斤，人均增收 127.7 元。第三期由中国扶贫基金会捐赠 100 万元，关岭、镇宁县各配套 75 万元，扶持 2 个县 3 个乡镇、10 个村、1508 户、5830 人、共辟石造地 4158 亩，配套修建小水池、引水渠、乡村公路等设施，还发展花椒、花生、板栗、梨树等经济作物和林木，关岭项目区当年亩均粮食产量由 220 公斤增加到 334 公斤，净增粮食 85.8 万公斤，人均占有粮食由 449 公斤增加到 753 公斤，农民人均纯收入由 751 元增加到 1201 元。镇宁项目区当年增产粮食 13.45 万公斤，人均占有粮食 383.7 公斤，比上年增加

43.7 公斤，户增增收 357 元。

2000 年 6 月至 2005 年 1 月，中国扶贫基金会捐赠 450 万元，省财政扶贫资金配套 100 万元，六枝特区农村信用社提供小额贷款 300 万元，在晴隆县和六枝特区的 5 个乡镇、42 个村，采取无须抵押、五户联保、技术支持和市场引导服务等短期小额贷款扶贫方式，扶持贫困农户发展以种植业、养殖业和农副产品加工业为主的多种经营，增强“造血”功能。5 年中累计发放小额贷款 1200 余万元，使贷款农户自我积累、自我发展能力明显提高。

2007 年 3 月至 2008 年 10 月，中国扶贫基金会引入中国民生银行的捐赠资金 78.5 万元，地方政府配套资金 43.05 万元，在普定县和西秀区各实施一所民生小学建设项目，新修教学楼及水泥操场，购置课桌凳，共解决 500 多名儿童读书难的问题。6—8 月，中国扶贫基金会联系福建莆田红十字会和中国江铃汽车集团，在威宁自治县和赫章县实施“江铃行动”扶贫援助项目，向两个县的 4500 多名贫困中小学生捐赠 3000 多双运动鞋和一批衣服、棉被、学习用品等。中国扶贫基金会引入江铃汽车集团捐赠资金 65 万元，地方政府配套 14.91 万元，在威宁自治县、长顺县实施“江铃溪桥工程项目”，在两个县的深山区修建 12 座便民桥，解决 8000 多户农民生产和学生上学过河难、过河险的问题。

2008 年 1—3 月，中国扶贫基金会援助资金 288 万元，物资折款 403.17 万元，在贵阳市、雷山、石阡、赫章、望谟、长顺和纳雍县等地，实施了“抗冰救灾紧急援助”。5—8 月，中国扶贫基金会引入深圳华为集团捐资 50 万元，法国阿海珐公司捐资 38 万元，在冰灾严重的大方县、施秉县实施“冰灾受损恢复重建”项目，援助灾区人民恢复生产，重建家园。4—7 月，中国扶贫基金会联合中央电视台、联合国开发计划署等单位共同发起，通过中央电视台新闻频道为主的多家新闻媒体开展募捐活动，投资 72 万元，在施秉县、六枝特区、天柱县、镇远县实施“圆梦 2008”大型公益行动项目，共为上述 4 个县（特区）援建 18 个“阳光球场”（篮球场）和 36 座乒乓球台，并捐助部分体育器材。2010年1—4月，贵州省部分县发生特大旱灾，中国扶贫基金会及时捐赠资金767.13万元，在兴义市、安龙县、望谟县、贞丰县、普安县、晴隆县、册亨县、三穗县、岑巩县、施秉县、长顺县、六枝特区实施“甘霖行动”抗旱救灾援建项目。发放受灾农户补贴 110 万元、发放饮用水折款 657.06 万元、修建人畜饮水工程投资 70 万元。

省扶贫基金会　1996 年 8 月 15 日，贵州省扶贫基金会是由贵州省人民政府原省长王朝文、原副省长罗尚才、农业厅原厅长赵庆儒等离退休老干部发起，经中国人民银行贵州省分行和省民政厅批准成立的全国公募性基金会。通过开展社会扶贫活动，促进贫困地区经济社会发展。1997—2001 年，省扶贫基金会从中国扶贫基金会争取到捐赠资金 300 万元，省配套 150 万元，关岭县配套 250 万元，在关岭自治县 13 个贫困乡的 89 个村搞坡改梯 2.57 万亩，配套修建小水池 70 个、小山塘 1 个、拦山沟和引水渠 10 公里、乡村公路 22 公里，坡改梯农户人均产粮由 449 公斤提高到 753 公斤；投入镇宁自治县 125 万元，镇宁配套 50 万元，在马厂乡 3 个村搞坡改梯 3970 亩，新修公路 8 公里，新修和维修沟渠 13.6 公里，坡改梯农户人均占有粮食从 340 公斤增加到 384 公斤。

2000 年，省扶贫基金会争取到中国扶贫基金会出资 100 万元，贵州配套 100 万元，协调华夏银行提供无息贷款 200 万元、农业银行贵州省分行提供贷款 100 万元，在晴隆县采取短期小额信贷方式，帮助贫困户发展多种经营；争取到中国扶贫基金会和华夏银行出资 210 万元，农行贷款 300 万元，用 10 年时间在六枝特区实施贫困户“自立能力建设”项目，发展种植、养殖业和农副产品加工业。

省扶贫基金会还协调争取从赤天化集团等公司、基金会、使馆及爱心人士共募集资金（含实物提款）347.64 万元，受援地政府适当配套资金，在关岭、普安、镇宁、水城、威宁、三穗、兴仁、清镇、三穗、凯里等贫困县（市）农村，兴建以坡改梯为主的基本农田建设，配套建设小水窖、人畜饮水工程、硬化村寨道路、修建沼气池（含改灶、改厨、改圈、改厕）、发展种植、养殖业等，改善贫困乡村生产环境和贫困农民生活条件，逐步增加贫困农民收入，助推脱贫致富。募集到捐款1620多万元，加地方政府配套资金，投放到六枝特区、水城、兴仁、施秉、长顺、紫云、独山、荔波、雷山、台江、镇宁、赫章、丹寨、锦屏、黎平、玉屏、三穗、威宁等贫困县，帮助新修或改扩建学校、配套、电脑、图书、教学设备和仪器，学生宿舍楼、运动场、食堂等配备设施，帮助培训贫困地区教师和校长，组织中国社会科学院、北京师范大学、中央音乐学院等科研院校的教授、老师到贵州贫困地区支教，资助家庭困难学生入学，改善贫困地区的教育条件，还捐款新建或改建了一批乡镇中心卫生院、村卫生站，捐赠一批医疗设施和设备，组织总政医疗队边远贫困山区乡镇开展义务治病，改善贫困地区医疗卫生条件。

1986—2010年，贵州省扶贫基金会累计组织、协调为全省贫困地区募集扶贫资金6687万元（含物资折款），惠及全省60多个县（市）的近百个乡（镇），受益贫困人口80余万人。

2013年2月23日，省扶贫基金会在天柱县开展“慈善+”计划——献爱心·送温暖活动

2014年5月26日，省扶贫基金会到三穗县桐林镇新场村向受灾群众开展捐赠活动

第四节 国际组织帮扶

1986—2015年，贵州省的各级党委、政府解放思想、更新观念，在扶贫开发过程中，逐步走出去，引进来，学习借鉴国际减贫事业发展的先进理念和成功经验，开展国际协作，对接国际援助项目、资金和贷款，运用国际援助项目设计理念和管理经验组织实施合作项目，管好用好国际援助项目资金，高标准、高质量实施合作项目，获得国际上有关专家的赞赏，国际援助组织和受援贫困地区党委、政府满意，广大贫困群众受益。

一、综合项目帮扶

纳雍社区项目 纳雍县社区扶贫示范项目是1998年亚洲开发银行（简称亚行）与中国政府合作开展的技援项目TA3150——“中国农村扶贫方式研究”中“基础设施发展”分项目的试点项目。亚行投入19.9万美元，其中10.5万元用于基础设施建设，3万元用于社区综合能力建设（包括社区发展基金），1.5万元用于项目监测和分析，4.99万元作为咨询专家服务费。为配合亚行项目在千秋村的实施，地方政府配套100万元，在千秋村和新民村安排160万元科技扶贫资金，用于发展果园。纳雍社区扶贫示范项目经过5年实施，全面完成项目计划任务：建立6个饮用水供应系统，解决千秋村除9户农户以外其他所有农户的饮水问题；修建2.4公里灌渠，使千秋村3个村民小组获得比较稳定的灌溉用水；修建3.8公里连接4个村民小组和外部的公路；在千秋和新民村安装供电设施，解决2个村农民的用电问题；安排9次实用技术培训、13次现场技术指导和2次外出考察；到2004年3月，千秋和新民村为46户发放社区发展基金5.11万元。项目实施后，有项目的村与无项目的村之间，农民收入增长差距区域明显扩大。1999—2003年，实施项目的千秋村和新民村农民人均纯收入分别增长97%和86%，而没有项目的堆窝河村只增长27.7%。三个村之间的增长差异导致他们之间收入差距的较大变化。1999年，堆窝河村农民人均纯收入相当于千秋村的94%，到2003年这一比率降到61%。1999—2003年，项目村粮食亩产提高155公斤，而对照村只提高131公斤。3个村之间最大的变化来自收入结构变动，千秋村和新民村农民收入中来自工资性收入的比重较1999年提高约23个百分点，而堆窝河村提高不到10个百分点。同时，3个村之间农民收入分配状态也发生了变化。1999年千秋、新民和堆窝河村农民人均纯收入低于1000元的人口分别占91%、90%和85%，到2003年分别变为17%、52%和75%，千秋村人均收入低于1000元农户的下降速率显著快于另外2个村。

1999年和2003年农民收入来源结构变化表

表13

	1999年			2003年		
	千秋村	新民村	堆窝河村	千秋村	新民村	堆窝河村
人均纯收入（元）	727.33	610.42	682.20	1434.63	1135.60	871.26
种植业（%）	54.61	42.37	40.88	36.68	39.55	45.99
养殖业（%）	5.63	9.36	18.84	6.79	12.78	16.27
工资性收入（%）	25.52	22.99	24.98	48.38	45.33	34.82
私营活动（%）	5.56	9.82	5.97	5.00	0.31	0.17
转移性收入（%）	1.99	10.78	3.00	0.58	3.46	2.67

1999年和2003年农户人均纯收入水平分布变化表

表14

单位：%

	1999年			2003年		
	千秋村	新民村	堆窝河村	千秋村	新民村	堆窝河村
200元以下	0.0	3.4	0.0	0.0	0.0	0.0
200～<300元	2.2	10.3	2.1	0.0	0.0	0.0
300～<400元	2.2	6.9	8.3	2.2	0.0	2.1
400～<500元	13.0	10.3	22.9	2.2	3.4	2.1
500～<600元	19.6	27.6	22.9	2.2	0.0	12.5
600～<800元	39.1	24.1	20.8	2.2	20.7	31.3
800～<1000元	15.2	6.9	8.3	8.7	27.6	27.1
1000～<1200元	2.2	6.9	4.2	17.4	20.7	10.4
1200～<1500元	2.2	0.0	4.2	21.7	13.8	10.4
1500～<2000元	0.0	3.4	2.1	23.9	6.9	2.1
2000元及以上	4.3	0.0	4.2	19.6	6.9	2.1

1999 年和 2003 年项目村与对照村贫困发生率变化表

表 15　　单位：%

	项目村		对照村	
	1999 年	2003 年	1999 年	2003 年
贫困 I 发生率	48.00	6.67	58.33	20.83
贫困 II 发生率	82.67	20.00	81.25	62.50
贫困 III 发生率	78.67	29.33	85.42	60.42

1999 年和 2003 年千秋村、新民村、堆窝河村农户住房条件变化表

表 16

		1999 年			2003 年		
		千秋村	新民村	堆窝河村	千秋村	新民村	堆窝河村
砖木	农户（%）	6.52	6.90	12.50	13.04	6.90	12.50
	人均面积（平方米）	20.33	6.60	12.12	16.30	6.89	14.74
竹草	农户（%）	0.00	0.00	0.00	0.00	0.00	2.08
	人均面积（平方米）	0.00		0.00	0.00	0.00	3.75
土坯	农户（%）	32.61	34.48	4.17	13.04	34.48	2.08
	人均面积（平方米）	9.73	9.28	3.50	6.00	8.86	5.00
混凝土	农户（%）	13.04	13.79	2.08	26.09	20.69	14.58
	人均面积（平方米）	13.44	13.44	21.60	16.04	16.25	22.54
其他类型	农户（%）	45.65	44.83	81.25	45.65	37.93	68.75
	人均面积（平方米）	11.55	8.72	9.27	13.37	10.81	9.69

1999 年和 2003 年千秋村、新民村、堆窝河村百户拥有耐用消费品情况表

表 17　　单位：台 / 百户

	1999 年			2003 年		
	千秋村	新民村	堆窝河村	千秋村	新民村	堆窝河村
收音机	8.70	0.00	4.17	6.52	0.00	0.00
收录机	6.52	0.00	0.00	15.22	0.00	14.58
电视机	0.00	0.00	0.00	32.61	24.14	6.25
影碟机	0.00	0.00	0.00	4.35	0.00	4.17
缝纫机	4.35	3.45	12.50	8.70	10.34	4.17
洗衣机	0.00	0.00	0.00	8.70	3.45	0.00

全民参与综合扶贫项目　项目由日本国际协力机构提供资金和技术援助，中方提供项目配套资金，中国计划生育协会为执行机构实施的贵州三都自治县全民参与综合扶贫试点项目，自 2002 年 3 月至 2005 年 2 月，在三都水族自治县的普安镇、塘州乡 2 个乡镇及 37 个村实施。项目总投资约 437 万元，直接受益群众 3.8 万人，其中少数民族人口占 98.5%。项目旨在为中国较为贫困的农村建立全民参与家庭保健、生活改善与生态农业相结合的综合性扶贫样板。

在普安镇、塘州乡及 37 个村开展的家庭保健活动，修建计划生育服务站，增添医疗设备；通过实施改厕、改圈和沼气池建设，使项目区群众对人畜粪便作无害化处理的知晓率提高到 90.8%，施用经过无害化处理的农家肥的比重提高到 87.4%；育龄妇女对经期保健、孕期保健、哺乳期保健和更年

期保健等方面的知识已基本普及，项目乡镇在校学生寄生虫检出总阳性率从 2002 年的 73.4% 下降到 2004 年的 43.4%，下降 30 个百分点；项目区人口自然增长率从同期的 17.3% 下降到 14%，下降 3.3 个百分点。

在普安镇新华村、塘州乡丁寨村开展参与式生态农业扶贫子项目，包含为参与村制订发展规划、建设沼气池、改厕、改圈、整修乡村公路和便道、改善人畜饮水、粮食增产活动、推广蔬菜种植和大田养鱼技术、发展养猪、改善农田灌溉条件、建立农具加工场等内容。两个生态农业示范村参加改厕的农户达 833 户，其中有 471 户把改厕、改圈同建沼气池相结合，实行粪便无害化处理率已达 55.8%。不少农户安装沼气灶、沼气灯。在两个村修建一条长 1.5 公里、宽 7 米的乡村公路；投资 10.2 万元，硬化长 10 公里、宽 4 米的村组便道和串户路；投资 32.11 万元，修建一批蓄水池和输水管网，使 420 多户、2000 多人饮用上了安全卫生的自来水；投资 22 万元，修建一批小型微型水利实施和引水沟渠，解决 720 多亩农田灌溉问题。实施科学种田。实施以推广良种良法、增施有机肥和强化田间管理为主要内容的水稻、玉米高产示范工程 2392 亩（次），使水稻平均亩产由原 350 公斤提高到 500 公斤左右，整个项目区两年净增产稻谷 35.88 万公斤；玉米平均亩产也由原 200 公斤提高到 400 公斤以上。同时，无偿捐助贫困农户 39.98 万元，养殖生猪 1457 头、养牛 38 头、稻田养鱼 490 亩；无偿捐助贫困农户 7.74 万元，种植花椒 208 亩、葡萄 243 亩。

世界银行贷款助贫项目　1993 年 7 月，贵州省人民政府受领中国政府与世界银行议定的“世界银行贷款中国西南扶贫项目”建设任务。此项目涵盖云南、贵州、广西三省（区）的 35 个贫困县。这是中国利用外资实施的跨地区、跨行业综合性扶贫开发项目。贵州项目区涵盖长顺、罗甸、晴隆、贞丰、册亨、望谟、织金、大方、普定、紫云、关岭、盘县、六枝等 13 个县（特区）所辖的 117 个乡、826 个村、19.7 万户、82.67 万贫困人口。贵州项目区于 1994 年年底完成可行性研究报告并经世界银行专家评估通过。1995 年 1 月开始实施先导工程，当年 7 月全面启动实施，2002 年全面完成任务。项目资金来源由世行贷款、国内配套、自筹 3 块资金组成。其中：国内配套资金部分由中央、省、地（州、市）、县三级资金组成；自筹部分又由受益乡镇、受益农户（主要是以劳抵资）出资组成。贵州项目区投资概算 10.788 亿元（按当时汇率 1 美元 =8.7 元人民币折算），折合美元为 1.24 亿美元。其中：世行贷款占 50%，国内配套占 50%。国内配套资金由中央、省、地（州、市）、县四级按比例分级承担。项目投资计划执行结果为 10.2233 亿元，比投资计划少 5%。具体目标是按 1990 年不变价格计算，项目区农民人均纯收入达到 400 元以上，有劳动能力的贫困户占项目区总农户的比例不超过的 10%，人均半亩基本农田和一亩以上经济林，项目区农户户均有一人掌握一项以上非农技能；小学入学率和教师合格率达到省内同期水平；婴幼儿死亡率、碘缺乏病发病率和多种病发病率控制在省内同期水平，乡村卫生网点建设、新法接生和计划生育指标接近本省目标和控制水平；90% 的项目乡通公路，大多数项目村通简易公路，解决饮水最困难农户的人畜饮水困难，具备集市贸易功能的乡镇通电。在项目内容上体现综合性。此项目包括八类分项目，涵盖教育、卫生、劳务输出、基础设施建设、土地与农户开发、乡镇二三产业、项目和贫困监测、机构建设等。

2002 年 7 月，贵州利用世界银行贷款扶贫项目全部完成并顺利通过世界银行专家组验收。实际完成投资 10.22 亿元（世行贷款 5.11 亿元，国内配套 5.11 亿元）。项目完成后，取得了良好的经济效益、社会效益和生态效益：贫困程度减轻，1995—2001 年，项目区人均占有粮食由 205 公斤增至 229.5 公斤；贫困发生率由 36.49% 降至 12.62%；贫困深度由 5.8% 降至 2%；贫困强度由 1.18% 降至 0.65%；农民人均纯收入由 733.4 元增至 1202.1 元；贫困人口总数由 198693 人减至 73210 人；安全饮水人数比重由 43.8% 提高到 68.8%；通公路村比重由 51.4% 提高到 72.1%；人均基本农田由 0.066 亩增至 0.083 亩；适龄儿童入学率由 73.8% 提高到 94.5%；小学升学率由 56.4% 提高到 92.9%；婴儿死亡率由 8.04% 降至 5%。

产业助贫示范项目 该项目是中国政府和世界银行合作实施的农村扶贫开发项目。项目范围为乌蒙山、六盘山两个片区涉及四川、贵州、甘肃三省下辖的10个市（州）、27个县（市、区）、134个乡（镇）、537个村。贵州项目区涵盖遵义市、毕节市集中连片的习水、赤水、桐梓、大方、织金5县（市）的30个乡（镇）、98个村、49841户、农业人口194384人。其中，贫困户20305户、64706人。贵州项目区总投资4.8亿元。项目以市场为导向，以农业专业合作组织为平台，探索撬动社会力量共同建立从产业链源头做起，生产、加工、物流、市场推广、营销等环节综合发展的安全链模式，从而增加农民收入，提高农民自我发展能力和组织化程度，促进可持续发展，为全国连片特困地区产业发展提供试点示范。项目在产业化扶贫方式上坚持创新。

农村发展项目 项目总投资85713万元，其中：世界银行贷款1亿美元（折合人民币6.1亿元），国内配套24713万元。项目区覆盖贵州省内乌蒙山、武陵山两个连片特困片区的毕节、遵义、铜仁3个市所辖的威宁、纳雍、赫章、正安、道真、绥阳、石阡、德江、印江、思南、沿河等11县的63个乡（镇）、238个村，惠及11.11万户、44.42万人。其中：贫困农户4.3万户，17.19万人。项目重点围绕贵州农村经济发展，通过扶持农户自发建立以市场为导向的农民专业合作社，同时为其提供与产业发展相配套的基础设施和服务支持体系，初步构建当地特色农业支柱产业体系，形成综合产业链，提高农民组织化程度和参与市场竞争、应对市场风险的能力，增加农户特别是参与合作社贫困户的收入，实现可持续发展。项目于2015年9月启动，将于2017年9月结束。

生态环境与扶贫开发项目 2004年12月，贵州省环境保护国际合作中心在美国福特基金会和贵州省环境保护局资助下组织“贵州省环境保护与可持续生计—政府与民间组织的合作”国际研讨会，“贵州农村生态环境保护与扶贫开发合作”项目建议成为研讨会的后续行动。美国福特基金会贵州农村生态环境与扶贫开发合作项目在黔西南自治州普安县江西坡镇白石村、黔南自治州罗甸县董当乡大井村、毕节地区纳雍县寨乐乡鹿山村和黔东南自治州榕江县三江乡乔尤村实施。通过“参与式村级综合发展规划”的制定和组织实施，探索跨扶贫工作部门和环保工作部门的项目合作新机制，寻求适合贵州贫困山区农村可持续发展的新途径，实现贫困山区的环境、经济与社会协调发展。试验探索省、县、乡（镇）、村各级环保和扶贫部门之间参与和协作的新机制新方法，以对农村发展进行有效干预；强化村为主体的管理能力；为政府提供决策建议。此项目总投资560万元，其中福特基金会160万元，贵州省环保局200万元，贵州省扶贫办200万元。项目县根据项目点规划需要，整合部门资金，增加投入，4个项目点共投资868.47万元，建设一批扶贫开发与环境保护相结合的项目：营造水土保持林、粮食高产示范工程、经济林果、蔬菜和中药材种植、生态畜牧业、村组公路建设、移民搬迁、农村危房改造、农田水利建设、沼气池建设等，兼顾经济效益、社会效益和生态效益。项目实施周期3年半，从2006年6月30日起至2010年1月31日结束。

福特基金会贵州农村生态环境与扶贫开发合作项目经各地申报和现场调研以后，确定4个各具特色的项目建设村：喀斯特地区石漠化环境型贫困村普安县江西坡镇白云村，生物多样性保护生态农业发展型贫困村罗甸县董当镇大井村、高海拔水土流失环境型贫困村纳雍县寨乐乡鹿山村，林业生态保护区生存与环保冲突型贫困村榕江县三江乡乔尤村。

白石村项目点共投入268.58万元，种植板栗、杨梅270亩，新辟茶园38亩，种植薄壳核桃200亩，种植绿肥200亩；移民搬迁15户；植物通丰营养液推广300亩；畜禽养殖污染管理培训和处理500人（次），建设沼气池117个，改厕、改圈、改厨117户；修排水沟3000米，村寨便道硬化5300米，修建垃圾池13个；修建人畜饮水渠工程4000米，修建小水池47个，建设基本口粮田133亩，修建乡村公路5000米、通组公路5000米，购置村村通电视设备20套，修建农家书屋和购图书，种植高产优质水稻78亩、优质玉米238亩，种植脱毒马铃薯59亩，种蔬菜53亩；饲养能繁母猪10头，养鸡5000只，养牛25头，养长毛兔80只，养羊450只；开展乡村环境教育培训500人（次），开展乡村环境管理能力教育培训500人（次），开展乡村自然资源管理和可持续利用能力教育培训500人（次），开展乡村社区项目实施管理能力建设培训40人，开展乡村合作组织（协会）能力建设培训30人，开展乡村项目工程管理能力建设培训40人。

大井村项目点共投入373.16万元，种植三角梅300亩、金银花10亩、一品红300亩；举办科学施肥技术培训班5期；河道治理6400米，种竹800笼；建沼气池64个，改厕、改圈135户；硬化村寨便道7500米，修建污水处理设施（人工湿地处理）220户，修建垃圾池9个；修建农用蓄水池68个；修建大湾人畜饮水工程1处，容积100立方米、管道1800米；修建公共厕所4个；种植早熟蔬菜200亩、葡萄30亩、柑橘50亩、桃子40亩、李子36亩、枇杷10亩、火龙果50亩；修建溶洞小水电站1座；开办农家乐10户；养鸡16312只、养猪847头、养牛98头、养马24匹；举办社区发展自治管理培训5期、社区环境保护教育培训5期、生产经营管理技术培训5期，资助10万元建立社区经济组织——营销协会1个。

鹿山村项目点投入87.83万元，实施河道治理，建筑河堤1200立方米；修建沼气池30个，改厕100户、改圈15户；硬化村组便道和院坝11000平方米，建垃圾池70个，建排污沟600米，硬化进村公路450米；种植板栗50亩、优质梨50亩、优质桃50亩、核桃50亩、布朗李60亩；开展社区环保与发展教育培训2000人（次），生产经营管理技术培训1500人（次）；资助社区经济组织建设3个。

乔尤村项目点共投入138.5万元，资助村寨沿河两岸种竹2000株；资助各村民组建垃圾焚烧池8个；资助4个村民组修建混凝土排水沟、排污管和利用湿地法处理生活污水设施；修建沼气池24口、改厕24户、改圈24户、改厨24户；硬化村寨便道3500米，为5个村民组修建人畜饮水工程，修建通村公路6000米；种脐橙120亩、杨梅100亩、脱毒马铃薯90亩；养猪375头、林下养鸡5400只、养羊100只；举办种养业技术培训班4期、社区环保与发展教育培训班2期、资助发展社区经济组织3个。

环境建设与社会发展综合性辅助项目　2006年12月，贵州省财政厅与中国进出口银行签订转贷协议，项目是贵州利用外国政府贷款开展综合性外资扶贫项目，由国家财政部与日本国际协力银行签订贷款协议，总投资91966万元，其中：日本政府贷款91.73亿日元（折合人民币67448万元），国内配套23147万元，合计8.99亿元。项目建设内容为教育、卫生、社区发展、小城镇供水、城镇垃圾填埋、项目管理及咨询服务等6大类，下设210多个子项目。2007年7月正式启动实施，于2015年12月已全部完成各项建设任务。覆盖武陵山片区内的贵州省铜仁市、黔东南自治州下辖的松桃、沿河、德江、印江、江口、思南、石阡、天柱、锦屏、三穗、施秉、岑巩等12个贫困县、200个乡（镇）、3584个村、100.02万户、449万人。

二、环保项目帮扶

联合国—中国3356项目　该项目是联合国世界粮食计划署以粮食援助方式，帮助织金县、纳雍县通过植树造林、综合治理等措施防止水土流失的一项生态建设工程。1988年11月7日，中国政府和世界粮食计划署签订项目实施计划，12月1日开工，1994年11月竣工验收。项目以植树造林为主，同时进行种草养畜，修筑石硬梯土、乡村道路等，旨在改善生态环境和农业生产条件，控制水土流失，促进山区经济发展和农户生活改善。项目区涵盖两县原64个乡、413个村、51万多人口。计划建立苗圃343公顷、植树造林3.43万公顷、人工改良草场2000公顷、修筑石硬梯土2000公顷、修筑乡村道路100公里、培训带工员2500人。完成上述计划目标后，联合国粮食计划署无偿援助小麦9.84万吨，国内配套资金2542.86万元（按省50%、地30%、两县各10%的比例匹配）。在项目实施中，织金、纳雍两县共组织数十万干部群众投入项目建设。共投工3730多万个，为计划用工的

129%；完成育苗 920.6 公顷，为计划目标的 273%；造林 4.44 万公顷，为计划目标的 129.4%；修筑石硬梯土 2040.4 公顷，为计划目标的 102%；种植人工牧草 2019 公顷，为计划目标的 101%；修筑乡村道路 203.7 公里，为计划目标的 204%；培训员工 2967 人，为计划目标的 118%；培训农民 8.59 万人，为计划目标的 125%。修筑石硬用土石方 135.77 万立方米，其中石方 84.27 万立方米，建成 7041 条总长 329.31 万米的石硬，新增耕地 85.4 公顷。项目区 4 万多公顷森林长势良好，发挥控制侵蚀、保持水土的功能；陡坡耕地退耕后，土壤侵蚀比退耕前减少 95% 以上；灌丛地造林后，土壤侵蚀比造林前减少 56% ～ 90%。修建乡村公路后，缓解山区交通闭塞的状况，促进农副产品交流和山区经济的发展。项目区建立的 2000 多公顷人工草场，为农户提供大量牧草，促进畜牧业发展和农户增收。仅纳雍县种植的 7563 亩草场就使 31 个村民组的群众受益。纳雍县龙场镇以支塘片区，过去因生态恶化，133 公顷良田常被山洪侵袭，每年损失粮食 35 万公斤以上。实施 3356 工程后，山上连片造林 2000 公顷，山腰栽地硬树 14 万株，山下缓坡地修筑石硬梯土 158.5 公顷，砌筑石硬 293 条，长 2.33 万米，修建拦山排洪沟渠 16 条、谷坊座、河堤 3360 米，根治山洪灾害，有效保护耕地 306.5 公顷，恢复扩大稻田耕地 18.4 公顷，粮食亩产由 1988 年的 120.5 公斤提高到 300 多公斤。

威宁草海生态扶贫项目 位于贵州省威宁彝族回族苗族自治县城郊的草海，总面积 45 平方公里，年蓄水量 1.4 亿立方米，海内生长着 142 属 178 种高等水生植物，栖息繁衍着 15 目 33 科 184 种鸟类，其中，有黑颈鹤等 7 种国家一级保护鸟类、灰鹤等 20 种国家二级保护鸟类、50 多种中日两国政府共同规定的保护鸟类和 100 多种其他鸟类。水域还养育着 43 种水生动物，其中威海细鱼驰名全国，历史最高年产量 15 万多公斤，享有“野生动物露天博物馆”之称。20 世纪 70 年代“围海造田”留下的危害引起林业、水利、气象等有关专家和相关部门的重视。1980 年，省政府经过科学论证，决定恢复草海。1985 年批准建成 96 平方公里的草海省级综合自然保护区。草海综合自然保护区经过建设和完善，不断提高管理保护水平，1992 年，国务院批准草海为国家级自然生态保护区，并作为综合管理示范自然保护区，先后投资 400 余万元，设置草海保护区管理处。

1993 年，草海保护处派人赴美国考察鹤类管理。当年草海保护处、国际鹤类基金会（ICF）、国际渐进组织（TUP）、贵州省环境保护局共同签订并开始实施草海国际合作项目。草海国际合作项目坚持把自然保护与发展村寨经济结合，把保护鸟类与保护滨海农民利益结合，国内外投资结合，专业保护与农民参与保护结合，环境保护与扶贫开发结合，兼顾经济效益、社会效益和生态效益，创新了扶贫开发与环境保护并举的草海生态扶贫模式。

为配合草海保护处实施好草海项目，威宁自治县自治扶贫办从 1994 年起，先后派 2 名干部在草海项目工作两年半时间。到 2001 年年底，共建成国际渐进组织小组 437 个，其中，有妇女小组 3 个，每组 10 ～ 15 户，项目内容增加兴办学校、扶助失学儿童入学；资金来源已扩展到香港乐施会、美国驻华大使馆等机构和钱琪红等 49 名华人和美籍华人的捐资助学和人员，已产生村寨发展基金近 80 万元。草海项目把自然保护与发展经济相结合、环境保护与扶贫开发相结合、专业保护与农民参与保护相结合，1997 年 11 月，在土耳其召开的国际环境保护会议认为，草海项目的经验优于孟加拉的 GB 模式。

1996 年 12 月 2—6 日，自然保护区“保护与发展”国际研讨会在贵州威宁草海国家级自然保护区召开。参会的有国际鹤类基金会、国际渐进组织和福特基金会的官员；我国著名的生态学家王献薄、郎慧卿等和直接帮助草海工作的云南省农村发展研究中心的代表以及保护区主管部门领导、省、地、县各级政府领导和相关保护区代表共 40 多人，在此次研讨会暨草海合作项目评估会上，中外专家把这一经验正式称为“草海模式”。

坡戛海雍综合发展项目 1994 年 7 月 4 日，省民政厅暨纳雍县人民政府与国际世界宣明会在贵阳签署《关于坡戛及海雍综合发展项目协议书》。省民政厅厅长杨序顺、纳雍县人民政府副县长胡伯

乐、宣明会项目官员刘志强分别在协议书上签字。协议项目是在纳雍县鬃岭镇坡戛村和海雍村维修和新建人畜饮水工程各一处，维修和新建小学各一所，举办农业畜牧业技术、卫生防疫及扫盲等培训班。通过改善饮水系统、教育和卫生设施、生产条件及技术，帮助两个村的苗族村民提高生活水平。项目总投资 105 万元，其中宣明会无偿援助人民币 87 万元、当地政府自筹资金 18 万元。全部项目于 1997 年 5 月通过验收并投入使用。

生态文明示范区建设　中共十七大提出建设生态文明推动绿色发展新理念，贵州在扶贫开发中探索生态文明发展新路径，开展生态文明示范区建设。2006 年，荔波县创建成为国家级生态示范区。2010 年，正安县小雅镇、市坪乡等 2 个乡镇创建成为省级生态乡镇，关岭县坡贡镇石莲村、锦屏县铜鼓镇乐安村等 27 个村创建成为省级生态村。2011 年，榕江县、黎平县创建成为国家级生态示范区，雷山县西江镇、正安县桴焉乡等 6 个乡镇创建成为环境优美乡镇，关岭县断桥镇木城村等 5 个村创建成为国家级生态村，石阡县甘溪乡、丹寨县龙泉镇等 5 个乡镇创建成为省级生态乡镇，思南县板桥乡郝家湾村等 21 个村创建成为省级生态村。2012 年，正安县小雅镇等 6 个乡镇创建成为国家级生态乡镇，正安县创建成为省级生态县，印江自治县木黄镇等 4 个乡镇创建成为省级生态乡镇，罗甸县板庚乡板庚村等 13 个村创建成为省级生态村。2013 年，三都自治县大河镇、黎平县茅贡乡等 16 个乡镇创建成为省级生态乡镇，修文县龙场镇平地村、钟山区月照乡双洞村等 37 个村创建成为省级生态村。2014 年，赫章县平山乡等 11 个乡镇创建成为省级生态乡镇，从江县贯洞镇宰门村、兴仁县李关乡保驹村等 30 个村创建成为省级生态村。2015 年，习水县三岔河乡等 60 个乡镇创建成为省级生态乡镇，罗甸县沐阳镇董当村等 53 个村创建成为省级生态村。

2008—2015 年，贵州坚持保护生态环境就是保护生产力，改善生态环境就是发展生产力理念，逐年加大农村环境综合整治力度，让群众在生态文明建设中得到实惠。

2008 年，争取到国家农村环保资金 2202 万元，支持毕节市纳雍县、黔东南自治州雷山县等 8 个县的 24 个建制村开展环境综合整治，直接受益人口逾 3 万人。2008 年雷山县进行旅游开发后，千户苗寨，依山而建，吊脚勾连，错落有致，活脱脱一处苗族文化“活化石”。2012 年的游客达 120 万人次，购票收入 4700 万元。苗家人吃上了旅游饭，景区从门票收入中拿出 18% 发给西江村村民，户均分红 1.4 万元。在麻江县蓝莓乌卡坪生态循环农业观光示范园，满山遍野的蓝莓进入收获期时，粒粒挂满枝头。为确保有机蓝莓品质，麻江采取“有机蓝莓园种草—养牛—牛粪还园”的模式，兼做食用蓝莓斗鸡养殖、蜜蜂养殖等产业，达到了生态、经济效益的最大化。2013 年，全县蓝莓种植 3.1 万亩，年产量 3200 吨，产值 1.28 亿元。

2009 年，争取到国家农村环保资金 1963 万元，下拨省级农村环保资金 160 万元，支持安顺市普定县、黔南自治州平塘县等 23 个县的 28 个建制村开展环境综合整治，直接受益人口逾 3.5 万人。

2010 年，争取到国家农村环保资金 1265 万元，下拨省级农村环保资金 336 万元，支持六盘水市水城县、铜仁市德江县等 21 个县的 33 个建制村开展环境综合整治，直接受益人口逾 4 万人。

2011 年，争取到国家农村环保资金 1592 万元，下拨省级农村环保资金 471 万元，支持遵义市道真县、六盘水市六枝特区等 30 个县的 40 个建制村开展环境综合整治，直接受益人口逾 6 万人。

2012 年，争取到国家农村环保资金 1398 万元，下拨省级农村环保资金 421 万元，支持遵义市道真县、六盘水市六枝特区等 39 个县的 78 个建制村开展环境综合整治，直接受益人口逾 11 万人。

2013 年，争取到国家农村环保资金 4245 万元，下拨省级农村环保资金 916 万元，支持六盘水市盘县、黔西南自治州兴仁县等 28 个县的 107 个建制村开展环境综合整治，直接受益人口逾 15 万人。

2014 年，争取到国家农村环保资金 1.1435 亿元，下拨省级农村环保资金 1338 万元，支持安顺市普定县、毕节市赫章县等 44 个县的 164 个建制村开展环境综合整治，直接受益人口逾 20 万人。

2014 年 6 月，国家发改委等六部门联合批复《贵州省生态文明先行示范区建设实施方案》，贵州也成为继福建之后第二个以省为单位建设全国生态文明先行示范区。贵州省制定了《贵州省生态文明先行示范区建设实施方案》，提出要将生态文明理念融入社会主义核心价值体系，着力培育生态文化，构建生态文化体系，营造生态文明，建设良好社会氛围。方案从弘扬优秀传统生态文化，倡导先进生态价值观、加强生态文明宣传教育，构建生态文明教育体系、培育生态文化载体，保护和开发生态文化资源、推行绿色低碳生活方式，构建人与自然和谐关系等方面，谋划绿色、循环、低碳发展的价值观和制度体系。

2015 年，争取到国家农村环保资金 2.422 亿元，下拨省级农村环保资金 2479 万元，支持黔西南自治州册亨县、铜仁市江口县等 40 个县的 304 个建制村开展环境综合整治，直接受益人口逾 35 万人。

第六章　减贫社会保障

贵州实施的减贫农村社会保障体系主要由最低生活保障、养老保险、基本医疗保险和社会救助以及住房保障等构成。主要内容是对贫困人员实施社会保障，对于“无业可扶、无力脱贫”的贫困人口，通过低保和社会救助等方式“兜好底”，稳定解决基本的生计问题。农村社会保障体系的构筑，发挥了较大减贫效应。全省享受低保对象由1999年的13.4万人增长到2015年的400多万人，人均享受保障金由2000年的147.71元增长到2015年的3600元；1996年，参加农村基本养老保险的只有42.5万人，到2015年，城乡居民基本养老保险参保人数达到1649.03万人；“十二五”期间，巩固完善新型农村合作医疗制度，逐步提高政府补贴标准，新农合参合率稳定在95%以上，基本实现门诊统筹全覆盖。

赫章县整合资源优化流程所实行的“三级兜底”医疗保障体系，创造了“三重医疗保障”的“赫章经验”，这种“城乡基本医疗保险+大病保险+医疗救助”的保障模式在全省推广。

第一节　农民工就业创业

贵州开发扶贫重视农民就业创业，建立健全培训制度和创新培训机制，使农民培训逐步走向规范化、制度化、常态化，提高农民就业创业技能和能力，收到“培训一人、转移一人、就业一人、脱贫一户、带动一村”的实效。制订一系列符合农业、农村、农民实际特别是符合武陵山、乌蒙山、麻山、瑶山、雷公山、月亮山和大娄山山脉集中连片特困地区实际，扶持贫困农民转移就业、自主创业、脱贫致富的优惠政策和激励机制，发挥“四两拨千斤”的作用。

一、劳务输出

1987年，贵州省开始有组织地开展劳务输出，省委、省政府先后出台一系列指导性文件和政策措施，是年2月，《贵州日报》刊发《有领导地向经济发达地区输出劳务：正安县300“娘子军”出师广东番禺县》的报道，《人民日报》加编者按转载，赞扬正安县敢为人先的做法。后由于正安女青年在番禺务工遇到诸多困难，省委书记胡锦涛指示正安县做好外出务工人员的思想工作，解决好她们的实际困难。省委、省政府高度重视劳务输出，省直相关部门密切配合，各地（州、市）、县党委、政府坚持做好劳务输出工作，主动与输入地省（市）和用工企业联系，协调解决困难，在全省推广正安县劳务输出经验，对全省劳务输出工作进行安排和部署。各级党委、政府都建立劳务输出领导小组，加强对劳务输出工作的领导。省、地、县政府（行署）都确定一位负责人分管劳务输出，并由同级劳动部门牵头，有关部门参加，组织实施劳务输出；区、乡有一位副区长、副乡长具体负责劳务输出；鼓励各级干部和农村能人担任劳务输出队长，带队从事劳务活动；建立街道、乡镇劳动保障工作机构，明确机构职能、人员编制和经费，做到机构、人员、经费、场地、制度和工作“六到位”。乡镇劳动保障事务所的建立，对于摸清农村富余劳动力的基本情况，为其建档建库，收集用工信息，组织外出务工、开展职业介绍、职业指导、职业培训和政策咨询、组织农村劳动力就地就近转移、引导有序流动发挥积极作用，推动劳务输出产业健康发展。加强跨省区劳务服务机构建设。省、地、县各驻外办事处都把劳务输出作为一项工作任务，提供劳务信息，维护劳务人员合法权益。根据劳务输出工作需要，劳动保障部门建立健全省外劳务办事机构和流动就业跟踪服务体系，在贵州籍农民工较多的地区建立劳务服务工作站，为贵州籍农民工提供就业指导、转厂转岗、劳动维权、突发事故处理等后续服务。贵阳、遵义、安顺、黔东南、黔南、毕节、铜仁等市、自治州、地以及正安、龙里、三穗等县在广州、深圳、东莞、苏州及上海等地设立劳务输出管理机构，派出干部对本地输出的农民工进行零距离服务，帮助排忧解难，让他们留得住，工作好，收入稳定，安心在经济发达地区实现人生价值，实现脱贫致富并带领更多的农民工共同发展、共同富裕。各地（自治州、市）、县纷纷学习借鉴正安县劳务输出经验，培植劳务经济，鼓励农民外出务工，扶持农民就业创业。1995 年，黔南自治州罗甸县制订“借地育才，人才兴县”发展战略，有计划、有组织地挑选一批批农村基层干部、优秀党团员、应届大中专毕业生和在职年轻干部，到经济发达地区打工锻炼，经受改革开放的洗礼，对外出务工人员提出“八个一”的要求：学会一门技术、建立一个关系、结交一个企业管理者、争取一个位子、引进一个项目、提出一条建议、带出去一批人并管好一批人、做一个合格的公民。先后选送农村基层干部和优秀党团员 4381 人、应届毕业待分配大中专学生 1139 人和在职年轻干部 202 人到沿海地区打工锻炼。1987—2006 年的 20 年间，贵州共计输出劳务人员 900.89 万人次，其中跨省输出

2006 年 12 月，贵州籍学员在东莞企业就业

574.53 万人次，有组织输出 118.01 万人次。全省外出务工人员劳务收入累计达 1000 亿元，由省外汇回劳务收入约 600 亿元。劳务输出为促进全省经济发展、农民增收做出积极贡献。

“十一五”期间，随着沿海地区“技工荒”的出现，贵州加大对农民工的技能培训，省政府把农民工技能培训列入贵州省每年的“十件实事”之一来抓。2002 年，省扶贫部门调整扶贫资金用于贫困地区农村劳动力非农技能培训，农业部门实施“阳光工程”农民工培训计划。2004 年，贵州制订“劳务输出基地设置标准”，按照基地县的设置标准，先后在 9 个地（州、市）建立劳务输出基地县 25 个，当年新增农村劳动力外出就业 80.81 万人，其中到省外就业 62.48 万人，在外就业总人数达 350.45 万人。2006 年，全省劳动保障、财政部门调整就业资金支付渠道，组织实施“五年百万农村劳动力技能就业培训工程”，2006 年完成培训任务 33 万人，支付培训补贴 1.37 亿元。2006—2010 年，平均每年实施农民工技能培训 21 万人，共培训 105 万人。贵州农民工在培训后输出的比例不断提高。

2006 年，全省成立由省政府有关部门和工会、共青团、妇联等 37 个单位 40 多位负责人组成的

2005 年 6 月，瓮安县经过技能培训的学员正奔赴就业第一线

省级农民工工作联席会议协调机制，全面督促落实农民工享有的各项政策。2010 年，正安、遵义、石阡、黔西、天柱和罗甸等 6 个县被评为国家级农村富余劳动力转移就业工作示范县。贵州根据全省劳务输出的特点，与“泛珠三角 9+2”地区、“长三角”地区以及对口帮扶城市大连、青岛、宁波、深圳开展劳务合作，加强区域间劳动力市场信息沟通，开展结对子、建基地、签订定向培训协议、定点招工协议等多种形式的合作。按照平等自愿、市场主导、优势互补、互利双赢的原则，推进区域间劳务交流与合作。“十二五”期间，省委、省政府出台优惠政策，改善农民就业环境。一是把支持城镇

居民创业的优惠政策延伸至农村、覆盖到农民，逐步形成城乡一体化的就业创业政策体系；二是放宽市场准入，降低创业门槛；三是实行税收减免扶持政策：对农民工创办的小型微利企业，按20%的税率征收企业所得税，小规模纳税人按3%税率征收增值税；四是实行工商免费扶持政策；五是实行社保补贴扶持政策：农民工创办的企业招用的城镇就业困难人员与企业签订劳动合同并缴纳社会保险费的，给予社会保险补贴。同时，还取消了对农村劳动力进城就业的职业工种限制，省劳动保障部门公共职业介绍机构实行免费职业介绍；在劳动关系方面，明确规定用人单位招用进城务工人员必须签订劳动合同，规范劳动用工管理；在社会保障方面，规定与用人单位签订劳动合同的进城务工人员必须依法参加社会保险，按规定缴纳社会保险费，并按有关规定享受社会保险待遇。同时，建立健全农民工工作长效机制。2011年，全省新增外出就业的农村劳动力为104万人，农村劳动力在外就业总规模达704万人，其中在省外就业536万人。"长三角""闽三角""珠三角"和成渝地区，甚至华北地区都加大在贵州招工的力度。为加强劳务输出地和输入地劳务合作关系，促进全省劳务输出持续稳定发展，贵州一方面继续履行《泛珠三角劳务合作协议》，巩固与"珠三角"的劳务合作；另一方面，积极拓展"长三角"地区劳动力市场，开拓与周边省市劳务合作。2015年，全省在外就业人数865.05万人，其中跨省人数617万人，省内就地就近转移就业248.05万人。

附：正安县劳务输出工作纪实

1987年2月，正安县政府组织300名农村女青年南下广东省番禺县务工，开创贵州省有组织劳务输出的先河。由于赴番禺务工的正安女青年出现水土、饮食和方言的不适应，以及技术不熟练等难题，不久纷纷返回，只剩下112人。省委书记胡锦涛为此批示："正安县第一次有组织地向省外劳务输出，缺乏经验，出点问题在所难免。只要认真总结经验，坚持下去，就一定能闯出一条路子来。希望正安县一方面做好劳务输出人员的思想工作，另一方面协商解决存在的实际困难，不要半途而废。"正安县正视第一、第二产业贫弱、第三产业薄弱、财政脆弱的县情，面对既无区位优势、又无资源优势，人均耕地只有0.8亩的严峻挑战，坚持把劳务输出作为改变贫困落后面貌的一项战略措施来抓，从观念转变、劳动力市场信息网络建设、劳动力转移培训、降低农民进城"门槛"、调整农业和农村经济结构、加快小城镇建设、扩大农村就业容量等方面入手，扶持劳务输出产业做大做强。进入新阶段扶贫开发以来，正安县逐步建立、完善劳务输出和转移培训工作机制。

搭建"三个平台"，优化劳务输出环境。一是组织保障平台。制定《关于进一步做好劳务输出工作的意见》等文件，成立县、乡镇、村三级劳务输出工作领导小组，将农村劳动力转移就业培训工作列入县政府"为民办实事"工程，确保劳务输出质量。二是供需交流平台。县人力资源市场定期发布劳务用工、劳动保障、技能培训等信息，以开展"春风行动""就业援助月"等活动为契机，举办各类招聘会，使求职人员与企业供需见面交流。三是宣传引导平台。开展送劳动力转移理念下乡、送用工信息下乡、送就业技能下乡等活动，通过电视、报刊、标语、墙报等各种宣传媒介和举办"中国·正安农民工节"等大型活动，宣传劳务输出典型、劳务创业能人，激发外出务工人员的积极性和返乡创业热情。

1987年2月，正安县300娘子军下南粤，揭开了贵州有组织劳务输出的序幕

开展"三类培训"，提高劳务输出质量。一是"订单式"培训。

根据企业劳动用工需求，由人力资源和社会保障（简称人社）部门与用工企业签订用工培训订单，依托县劳动服务培训中心、职业教育培训中心、远程教育站（点）和企业生产加工基地，定向开展农民工技能培训，结业后统一颁发“职业技能等级资格证书”，由用工企业定向安置。二是“储备性”培训。对初中毕业生和农民工进行劳动技能培训，考试合格后颁发全国通用的“职业资格证书”，将其纳入县劳务人才储备库，优先推荐就业。三是“引导性”培训。整合农牧、扶贫、财政、教育、劳动等部门资源，引导劳动者更新就业观念，提高综合素质。

强化“三项服务”，助推劳务输出发展。一是劳动维权服务。发挥人社、工会、司法等部门作用，为外出务工人员协调解决劳务纠纷和提供政策法律咨询等服务，保障外出务工人员的合法权益。二是动态管理服务。建立以县劳动就业局为龙头、以乡镇人力资源社会保障服务中心为纽带、村信息联络员为基础的三级劳务输出网络，搭建用工信息发布平台，使群众能够及时、准确地掌握务工信息。按照年龄、知识、技能和求职意向等内容，建立劳务输出人员档案 12.4 万人。三是跟踪后续服务。由县人社与劳务输出地人社部门联系，采取慰问、函电咨询、实地察看、座谈交流等方式，及时了解务工人员工作和生活情况，帮助解决困难和问题。实施“三关工程”，解除外出务工人员后顾之忧，即关心外出务工人员，使其安心务工；关爱“留守儿童”，使其健康成长；关怀“空巢老人”，使其安度晚年。

打造劳务品牌，“十一五”期间，全县累计实现劳动力转移就业 11.44 万人。2006 年以后，加快劳务输出进程，全县在外务工人数由 2006 年的 14.6 万人增加到 2010 年的 20.7 万人，增长 41.78%。劳动力输出比例由 2006 年的 43% 增长至 2010 年的 55%。劳务输出地从以沿海区域为主向全国各地拓展，遍及全国 33 个省、市、自治区、直辖市。全县劳务经济由 2006 年的 15 亿元增加到 2010 年的 20 亿元，增长 33.33%；务工人员月均收入由 2006 年的 904 元增加至 2010 年的 1967 元，增长 117.59%。

正安县务工人员整体素质得到提升，部分务工人员完成资本积累，学会经营管理，实现由务工型向管理型、经营型转变，特别是在皮革加工、特色养殖、机械加工、建筑施工等行业，涌现出一批正安籍技术人才、经营业主、企业高管。随着务工资本的积累，务工人员返乡创业热情不断高涨，截至 2010 年，共有 6000 余名务工人员返乡创业，促进运输物流、农产品加工、特种养殖等行业快速发展，带动 2.4 万人实现就地转移就业，返乡创业农民工逐渐成为正安农村经济社会发展的主力军。2007 年、2010 年举办两届“中国 · 正安农民工节”，2007 年和 2010 年，正安县先后获得“全国劳务输出工作示范县”和“全国农村劳动力转移就业工作示范县”称号。

二、创业援助

贵州省从 2002 年开始实行农村计划生育家庭就业创业援助行动。各级扶贫部门与各级人口与计划生育管理部门对接，对农村实行计划生育家庭的人员，特别是独生子女户、二女户和诚信计生户的家庭人员，优先开展职业技能培训，优先给予产业扶贫项目支持。全省在启动对 10 万户计划生育农户进行帮扶的同时，开展“幸福工程”援助行动，通过对实施计划生育的贫困母亲提供发展生产所需经费，帮助贫困母亲发展种养殖业、加工业等经济项目，以实现脱贫致富目标。

2006 年，贵州省明确将农村贫困妇女作为小额贷款优先扶持对象，黔南自治州首批获得小额贴息贷款的 58 名妇女，是各县（市）妇联精选出来致力于发展种植、养殖、加工等产业的妇女，分别获得 5 万元、8 万元或 10 万元的贷款扶持。毕节地区赫章县由县妇联牵头实施妇女小额担保贷款，重点向党员创业带富家庭倾斜，共发放贷款 7020.6 万元。平山乡中寨村女党员杨琼抓住乡村旅游业蓬勃兴起的机遇，利用妇女小额担保贷款开设农家乐，年收入达 20 余万元，带动农家乐向产业化方向发展，为近百名农村妇女找到脱贫致富路子。平山乡长冲村村民杨祝先以小额担保贷款发展半夏 160 亩，年收入近 30 万元，并成立长冲村半夏专业合作社，带动妇女种植中药材，长冲村成为全县主要中药材基地之一。赫章县在平山乡试点取得成效，逐步向达依、六曲河、威奢等 11 个乡镇推开。2008 年，受到国际金融危机冲击，贵州外出务工人员开始返乡创业，各级地方党委和政府及时制订鼓励和扶持返乡创业的优惠政策，表彰返乡创业先进人物，选拔返乡创业人员充实基层干部，鼓励扶持外出务工人员返乡创业。全省各地逐步形成返乡创业潮，返乡创业人数达 35 万人。

2010 年 1 月，省财政厅、人力资源和社会保障厅、中国人民银行贵州省分行和省妇联联合印发《贵州省就业小额担保贷款实施办法》，在全省 9 个市（自治州、地）开展妇女小额担保贷款工作，把发展种、养、加工及乡村旅游等项目的农村妇女作为贷款扶持对象，对农村女能手、绿化女状元、妇女经济合作组织带头人优先提供项目贷款。对自谋职业、自主创业者申请的小额担保贷款，担保贷款的最高额度不超过 8 万元，符合条件的妇女合伙经营和组织起来就业的，人均贷款额度最高可达 10 万元，经办金融机构对符合条件的城镇和农村妇女发放的微利项目小额担保贷款，由中央财政据实全额贴息。为调动喀斯特贫困山区贫困农户参与开发草地生态畜牧业的积极性，各地扶贫、财政、畜牧、人口与计划生育等相关部门，采取小额扶贫担保贷款贴息、计划生育家庭就业创业援助行动、“借牛还牛”“以羊放贷”“以鹅放贷”等多种政策扶持措施，促使草地生态畜牧业方兴未艾。遵义市委、市政府出台促进农民创业就业的优惠政策，对农民创业视同招商引资，享受招商引资的各项优惠政策，帮助农民解决创业资金困难，是年，向 500 余名创业农民工提供小额信贷资金 2000 多万元。省总工会困难职工帮扶中心联系近千家招聘单位，开办专场招聘会，吸引近万名农民工参加，达成就业意向 5347 人。贵阳市总工会深入全市国有企业、私营企业，搜寻用工信息，将岗位送到农民工手中。开发园林、绿化、环保、河道维护等新岗位，建立一套经常化、制度化的新型工作岗位储备制度，扶持农民创业就业。黄平县总工会挂牌帮扶 20 余家农民工创办的实体。

2014 年，贵州启动“双百工程”，评选认定 7 个省级创业孵化示范基地和 6 个省级农民工创业示范园，推动省级创业型城市创建工作的同时，向下延伸至经济强县，实现全省 31 个经济强县创建创业型城市工作全覆盖，新增毕节市为省级创业型城市。

全省各级政府加强小额担保贷款工作，为创业提供方便、快捷的金融支持，扶持自主创业和帮助劳动密集型中小企业稳定就业。新增发放就业小额担保贷款 36.4 亿元，扶持 5.56 万人创业，带动 19.1 万人实现就业。各地对返乡农民工自主创业，应届、往届高校毕业生自主创业，以及其他自主创业人员，在进行创业培训的基础上，提供小额扶贫贴息贷款。强化创业培训与小额担保贷款、税费减免等扶持政策衔接。组织实施世行贷款“农民工培训与就业”项目，在威宁、大方、纳雍县开展国务院扶贫办“黔深雨露直通车”试点，为创业培训合格人员，优先提供小额担保贷款支持；对获得小额担保贷款的创业者，优先提供创业技能培训。2015 年，贵州省出台《精准帮扶留守儿童困境儿童家庭劳动力返乡创业就业工作方案》和《贵州省 2015 年扶贫生态移民民就业工作实施方案》和《关于贯彻落实〈“雁归兴农”促进农民工返乡创业就业行动计划〉》等新一轮促进农民工返乡创业就业政策，同时坚持政府推动、社会支持、市场导向、统筹规划、整合资源、合理布局的原则，加快创业孵化基地和农民工创业园（点）建设。是年年底，全省创建国家级创业型城市 2 个，省级创业型城市 2 个，省级创业孵化示范基地 18 家，省级农村劳动力转移就业工作示范县 34 个，农民工创业示范园 13

2015 年 9 月，贵州省“雁归援助行动”返乡农民工创业示范企业贴息贷款启动仪式

家，充分就业星级社区82个，全省返乡农民工达116.85万人，返乡就业创业80.9万人，其中返乡创业10.33万人。全省76个县、1288个乡镇完成基层就业和社会保障服务设施公共服务平台建设。

第二节 生活保障与养老保险

农村居民最低生活保障和养老保险，是政府对贫困人口按最低生活保障标准进行差额救助的新型社会救济制度。这项制度将家庭人均收入低于当地保障标准的居民都纳入保障范围，与传统的社会救济相比，在救济范围、救济标准、救济资金、救济程序、管理体制等方面都发生根本变化，是适应社会主义市场经济体制的一道“社会安全网”。

一、农村居民最低生活保障

贵州省全面建立和实施农村居民最低生活保障始于20世纪末。其后由点到面迅速发展。1999年，全省的86个县（市、区、特区）建立农村低保制度，其中，有79个县（市、区、特区）兑现保障金1603.3万元，享受低保的13.4万人。2000年，全省有68485人享受农村最低生活保障金；农村最低生活保障资金1011.6万元，人均享受保障金147.71元。2001年，人均享受保障金165.65元。2002年，全省农村低保共保障5.44万人，人均享受保障金171.66元。全省农村救济13.8万人，传统定期定量救济8.4万人。2003年，全省农村低保共保障5.77万人，年人均最低生活保障金195.93元。年末全省传统救济和农村救助试点共救助15万户、28.56万人。2006年，贵阳市全面实施农村低保制度，遵义市农村特困群众救助、农村低保两项制度并行，全省共有低保对象81257人，人均低保金季度补差75.06元。2007年，全面建立实施农村低保制度被列为2007年全省“十件大事”之一。5月，省委、省政府先后制定下发《关于全面建立实施农村居民最低生活保障制度的意见》和《关于全面建立农村居民最低生活保障制度有关问题的通知》，对全省全面建立实施农村低保制度做出具体安排和部署。7月，在全省范围内全面实施农村低保制度。是年，全省平均农村低保年保障标准为742.5元，保障人口256.65万人，季人均补助89.25元，全年共支出农村低保资金5.17亿元。

2007年8月3日，水城县农村低保金在发箐乡清塘村举行首发仪式

2008年，全省认真落实民政部、财政部关于提高城乡低保对象补助水平的要求，先后两次按每人每月10元的标准提高农村低保对象补助水平。在此基础上，省委决定按3个月计算，给全省农村低保对象每人每月增加5元的临时补助。4月中旬到5月下旬，贵州在全省范围内开展农村低保核查工作。配合核查工作，省政府下发《贵州省农村居民最低生活保障申请人家庭收入核算评估暂行办法》，组织督查组赴各地督促检查。通过实地调研对比分析，综合考虑统计口径的差别和雪凝灾害等导致常年救助人口增加的因素，最后测算确定需全省财政补助的农村低保人口基数。是年，全省农村

低保对象由 256.65 万人增长到 323 万人，平均年保障标准由年人均 742.5 元提高到 856 元，季度人均补助水平由 89.25 元增加到 145 元，全年共支出农村低保资金 15.5 亿元。

2009 年，省民政厅会同省统计局、国家统计局贵州调查总队制作《贵州省农村居民最低生活保障申请人家庭基本情况及收支情况入户调查表》，调查表共涉及 139 项指标，涵盖农户的家庭成员基本情况、家庭财产状况、家庭经营收入、工资收入、转移性收入、财产性收入等收入情况以及生产费用支出情况等，通过表格反映出家庭的人均纯收入。8 月 20 日至 9 月 20 日，由省民政厅、省统计局和国家统计局贵州调查总队等部门参与的两个工作组分赴惠水县大龙乡、麻江县谷硐镇，对两个乡（镇）17 个村原有的 1181 户农村低保对象、43 户拟新增的对象和 37 户困难家庭收入状况进行入户调查核实，为全省开展大规模家庭收入核查工作积累经验，探索方法。11 月 5 日，省政府召开全省农村低保工作会议对进一步健全完善农村低保制度进行安排部署，明确提出在全省建立“科学规范、公平有效、可持续的农村低保制度”。会后，全省各级政府对进一步健全完善农村低保制度工作进行专门部署，各地以县为单位，开展科学合理确定农村低保保障标准、农村低保申请人家庭收入核查，以家庭收入为依据确定低保对象等工作。2009 年，全省农村低保平均年保障标准为 861 元，有农村低保对象 322.59 万人，人均年补助为 570.48 元，全年共支出农村低保资金 21.64 亿元。2009 年年底至 2010 年年初，全省县、乡两级政府共组织抽调工作人员 13.27 万人，对全省 283 万户、791.01 万农村低保申请人进行家庭收入核查。

2010 年 2 月 10 日，省政府办公厅印发《关于印发贵州省农村居民最低生活保障工作规程（试行）的通知》，建立包含制订保障标准、核查农村低保申请人家庭收入、组织民主评议、确定农村低保对象、适时公示、补差确定基本保障金和增发特殊困难保障对象补助金等内容的农村低保工作管理方式，确定“三环节、十步骤”（申请核评、审核、审批三个环节，申请受理、调查核实、民主评困、一榜公示、经办机构审查、乡镇政府审核、二榜公示、县级民政部门审批、三榜公示、待遇批准十个步骤）的农村低保对象审核审批流程，严格申请、审核、评议、公示、审批、发放、监督各环节工作程序，及时将符合条件的人员纳入农村低保保障范围，真正实现以县为单位动态管理下的“应保尽

农民领取低保金

保”“按标施保”。是年，全省农村低保平均年保障标准为1288元，有农村低保对象534.43万人，人均年补助金额为552.22元，全年共支出农村低保金31.7亿元。

2011年年初，省民政厅在平坝县和黔西县蹲点调研、统计调查的基础上，组成由61名干部参加的9个工作组，分赴9个市州地的9个“四帮四促”帮扶县，地县乡400余名干部参与，对农村低保户开展入户调查。对照《农村低保对象家庭自产自食粮食缺粮情况调查表》，对15个乡镇38个村的农村低保对象6355户、17473人进行逐户调查。通过认真开展入户调查，扎实掌握农村低保对象家庭年人均纯收入、长期共同生活的家庭成员人均耕地和自产主粮情况、家庭年度经济作物、季节性缺粮情况、家庭非正常支出情况等基本经济状况和生活状况，并对缺粮原因进行了深入剖析。4月22日，省政府印发《关于建立农村低保季节性缺粮户粮食救助制度的通知》。经省政府同意，4月26日，省民政厅印发《贵州省农村低保季节性缺粮户粮食救助制度实施办法》。粮食救助制度作为农村低保的特殊分类施保制度和农村低保的有效补充，对耕地少、劳动力缺乏、自产粮食不能满足基本口粮且不能通过自身能力或其他途径解决基本口粮的农村低保对象，按特别困难户、中等困难户、一般困难户分别给予每年每人45公斤、30公斤和15公斤粮食的补助，于每年6月、7月、8月发放到位。这项在社会救助工作历史上首次进行的开创性的制度设计，得到中共中央总书记习近平等中央领导的充分肯定，习近平做出“省政府探索建立农村低保季节性缺粮户救助机制有针对性，解决实际问题，类似地区可以借鉴”的批示。是年，全省纳入粮食救助范围的农村低保对象91.7万人，占全省农业人口总数的2.61%，占农村低保对象总数的17.13%，全年共发放救助粮3.10万吨，全省支出购买救助粮资金1.55亿元。全省农村低保平均年保障标准为1468元，有农村低保对象530.81万人，人均年补助金额为709.44元，全年共支出农村低保金48.03亿元。

2012年，贵州省创建低保工作问责机制和低保工作绩效考核机制。省委办公厅、省政府办公厅于11月印发《贵州省城乡居民最低生活保障工作党政领导干部问责办法（试行）》，将“未做到动态管理下的‘应保尽保’、‘按标施保’”，“将不符合条件的人群纳入低保保障范围，将符合条件的人群排斥在保障范围之外，错保漏保、保人不保户”，“不按政策要求和程序及时启动低保标准与物价上涨挂钩联动机制”，“不按规定对城乡低保申请人家庭和已保对象进行入户核查”，“不按要求及时足额划拨、匹配城乡低保资金，导致保障资金不足，不按规定及时足额发放低保金，造成严重后果”和“不加强监管，导致所辖区域发生重大或多次贪污、截留、挪用、冒领、克扣、套取城乡低保资金情况”等列为需要问责的情形。省民政厅立即相应制定下发《贵州省城乡低保工作绩效考核办法（试行）》和《贵州省城乡低保工作绩效考评指标体系（试行）》，并采取交叉检查的方式对全省各地的城乡低保工作进行了绩效考核。将国家和省关于低保工作的有关要求整合为五项长效机制，即对象认定机制、低保标准合理调整机制、资金筹集管理机制、监督检查机制、组织保障机制，确定考核内容，将考核内容分解细化为收入核查、民主评困、张榜公示、审核审批、标准调整、资金筹集、资金管理、资金发放、监督检查、组织领导、责任分解、能力建设等31个量化考核项目，在31个基本考核项目的基础上，对各地工作中的创新举措进行考核，确有成效的适当加分。绩效考核采取交叉检查的方式进行，通过入户抽查、走访群众、查阅资料、听取汇报后进行现场打分。从全省民政系统抽调16名低保工作业务骨干，组成4个检查组，由市州民政局的分管局长带队，每组由4人组成，并分别明确1名厅领导负责指导，通过随机抽取方式对9个市州进行检查。全省低保工作机制的创新做法得到民政部领导的充分肯定。是年，全省农村低保平均年保障标准为1635元，有农村低保对象512.84万人，人均年补助金额为840.61元，全年共支出农村低保金54.08亿元。全省纳入粮食救助范围的农村低保对象88.59万人，占全省农业人口总数的2.5%，占全省农村低保对象总数的17.1%，全年共发放救助粮2.98万吨。2014年，全省有农村低保对象416.80万人，比上年年末减少60.20万人，减少12.63%。全年支出农村低保资金610283.20万元，增加1952万元，增长0.32%。

二、农村养老保险

贵州农村居民养老问题，较长时期内均是通过《中华人民共和国婚姻法》《中华人民共和国继承法》《中华人民共和国老年人合法权益保护法》等相关法律明确子女应当肩负起对父母进行赡养的法定义务，加上农民拥有的集体土地承包权、经营权和收益权，基本形成以家庭养老、土地保障为基础的农村养老模式。1992 年，贵州省开展农村社会养老保险试点。省政府根据国务院文件精神，发出《关于开展农村社会养老保险工作的通知》，安排部署全省农村的社会养老保险工作，决定在息烽、福泉和花溪等 10 个县（市、区）开展试点。各级领导把养老保险列入重要议事日程，亲自过问。到 1992 年年末，开展农村社会养老保险的试点县已达 31 个，未列入试点的部分县也选择一两个乡镇开展试点。1993 年年末，有 34 个县、市开展农村社会养老保险，收取保费 303.3 万元；1995 年，全省有 42 个县（市、特区、区）开展农村社会养老保险，投保人数 54.13 万人，收取保费 612.1 万元，1996 年，开展此项工作的有 52 个县、市，581 个乡镇，参加保险的达到 42.5 万人，积累养老保险基金 3890 万元。1997 年，全省有 65 个县（市、区、特区）开展农村社会养老保险，参加投保的人数为 43.76 万人，占全省农业人口的 1.41%，积累农村社会养老保险基金 5723.6 万元。

2000 年，参加农村养老保险的人数为 36 万人，收缴养老金 500 万元，年末累计节余 6300 万元。2007 年 10 月，中共十七大提出“到 2020 年基本建立覆盖城乡居民的社会保障体系”，十七届三中全会又进一步确定新型农村社会养老保险实行“个人缴费、集体补助、政府补贴相结合”的筹资原则。2008 年 6 月，经国家批准，贵阳市率先开展新型农村社会养老保险试点，全市 10 个县（市、区）全部纳入制度范围，并建立各级新型农村社会养老保险经办机构，当年试点地区参保人数就达到 37000 多人。

2009 年 6 月，国务院决定在全国 10% 的县开展新型农村社会养老保险制度试点工作。9 月，国务院印发《关于开展新型农村社会养老保险试点的指导意见》。11 月底，贵阳市有 12.3 万人参保，其中 3.4 万人领取养老金，月平均标准为 118.7 元，市、县两级财政共拿出 3417 万元，用于养老金发放。这是贵州省首次建立对农民参保的财政投入机制，也是贵州省构建统筹城乡养老保障体系的发端。是年，根据国务院新农保文件精神，贵州省向国家申报的 11 个县（开阳县、修文县、息烽县、遵义县、平坝县、钟山区、铜仁市、福泉市、兴仁县、凯里市、金沙县）为全国新农保试点县获得批准。参照国家组织机构模式，贵州省成立以副省长孙国强为组长的新农保试点工作领导小组，成员单位由省人力资源社会保障厅、省委组织部、省委宣传部、省编办、省发改委、省公安厅、省财政厅、省民政厅、省国土厅、省农委、省卫计委、省残联共 12 个部门组成。11 月 24 日，贵州省新型农村社会养老保险试点工作领导小组召开第一次会议，原则通过《省人民政府关于开展新型农村社会养老保险试点的意见》，对开展新型农村社会养老保险（新农保）试点工作的指导思想和基本原则、任务目标、参保范围、个人账户及资金筹集、基础养老金及资金筹集、养老金待遇、养老金待遇领取条件、基金管理、基金监督经办服务、信息系统建设、相关制度衔接、加强组织领导、做好舆论宣传、试点具体办法和养老金发放安排等作具体部署，制发《贵州省新型农村社会养老保险信息系统建设方案》，根据国家统一的新农保管理信息系统应用软件，着手本地化开发招标工作，并开始与省农信社合作共建工作。12 月 3 日，省政府下发《关于开展新型农村社会养老保险试点的意见》，明确新农保试点的基本原则是“保基本、广覆盖、有弹性、可持续”；从农村实际出发，低水平起步，筹资标准和待遇标准与经济发展及各方面承受能力相适应；个人（家庭）、集体、政府合理分担责任，权利与义务相对应；政府主导和农民自愿相结合，引导农村居民普遍参保；新农保基金由个人缴费、集体补助、政府补贴构成，实行社会统筹与个人账户相结合，与家庭养老、土地保障、社会救助等其他社会保障政策措施相配套，保障农村居民老年基本生活。并在修文县、息烽县、开阳县、遵义县、平坝县、兴仁县、金沙县、福泉市、凯里市、铜仁市、钟山区等 11 个县（市、区）试点，以后逐步扩大。保障政策对年满 16 周岁

（不含在校学生）、未参加城镇职工基本养老保险的农村居民，可以在户籍地自愿参加新农保。养老金待遇由基础养老金和个人账户养老金组成，支付终身。2010 年，经国务院批准，贵州新增湄潭县、西秀区、都匀市、镇远县、麻江县、贞丰县、思南县、六枝特区、威宁自治县和清镇市等 10 个县（市、区）纳入试点。截至 9 月 30 日，全省首批试点县参保人数 142.57 万人，参保率为 67%，其中 60 岁以上领取养老金人数 43.51 万人，参保率为 93%，加上贵阳市 7 个自费试点县，全省参保人数总计 158.07 万人，完成全年 160 万任务数的 98.7%，全省 88 个县区市中已有 28 个县建立了新农保制度。10 月份，清镇市、六枝特区、湄潭县、西秀区、威宁自治县、思南县、镇远县、麻江县、都匀市、贞丰县等 10 个县（市、区）被列为国家 2011 年扩大试点县。至此，贵州省纳入国家试点和自费试点的县共有 28 个，全省近三分之一的县实现新农保的制度覆盖。10 月，贵州新型农村社会养老保险扩大试点会议在贵阳召开。省人力资源社会保障厅对新农保试点工作进行总结并部署下一步试点工作，新农保领导小组各成员单位领导，省农业银行、省邮政储蓄银行、省农村信用合作联社等金融机构相关负责人，全省各市（自治州、地）、首批试点县（市、区）及新增试点县（市、区）政府领导、人力资源社会保障部门及社保经办机构主要负责人、财政部门主要负责人共计 160 余人参加会议。贵州 50 个国家扶贫开发工作重点县实现新型农村社会养老保险全覆盖，60 岁以上农村贫困人口每人每月可领取 55 元养老保险金。是年年末，全省列入国家新农保试点的县有 21 个，加上自费试点的 6 个县，开展新农保试点的县达到 27 个，参保人数达到 223.87 万人，享受待遇人数 63.47 万人，全年新农保基金收入 6.94 亿元，待遇支出 3.53 亿元。2011 年，新农保试点工作取得突破，新型农村和城镇居民社会养老保险新增试点县 52 个，总数达到 73 个，纳入国家试点的覆盖面位居全国前列。

2010 年 1 月 28 日，平坝县发放贵州省实行全国新型农村社会养老保险试点以来的首批养老金

2011 年，国务院发布《国务院关于开展城镇居民社会养老保险试点的指导意见》。7 月 7 日，省政府办公厅下发《关于开展城镇居民社会养老保险试点的实施意见》，正式启动城镇居民社会养老保险。按照加快建立覆盖城乡居民社会保障体系的要求，逐步解决城镇无养老保障居民的老有所养问题。是年，全省城乡居民社会养老保险参保人数达到 849.74 万人、享受待遇人数 277.79 万人，城乡居民社会养老保险基金收入 30.39 亿元，其中个人缴费 5.06 亿元，基金支出 21.38 亿元。

2013 年，城乡居民社会养老保险参保人数达到 1487.22 万人，其中 60 周岁以上参保人数 425.47 万人。2014 年 2 月，国务院下发《关于建立统一的城乡居民基本养老保险制度的意见》，在总结新型农村社会养老保险和城镇居民社会养老保险试点经验的基础上，决定将两项制度合并实施，在全国范围内建立统一的城乡居民基本养老保险（简称城乡居民养老保险）制度，至“十二五”期末，在全国基本实现新农保和城居保制度合并实施，并与职工基本养老保险制度相衔接。6 月，省政府印发《贵州省城乡居民基本养老保险实施办法》，从 2014 年 1 月 1 日起，将城镇居民社会养老保险和新型农村社会养老保险合并为城乡居民基本养老保险，坚持全覆盖、保基本、有弹性、可持续的原则，实行个人缴费、集体补助和政府补贴相结合，筹资标准、待遇水平与经济社会发展水平相适应，权利与义务相对应的原则。凡年满16周岁（不含在校学生），非国家机关和事业单位工作人员以及不属于职工基本养老保险覆盖范围的城乡居民，可以参加城乡居民基本养老保险。新农保或城居保制度实施时，距规定待遇领取年龄不足15年的城乡居民，可以补缴养老保险费，累计缴费不超过15年。是年，城乡居民社会养老保险参保人数达到1586.64万人，其中60周岁以上参保人数为446.80万人。2015年，城乡居民基本养老保险参保人数达到1649.03万人。

2010—2015年贵州省城乡居民基本养老保险一览表

表18

单位：万人

年份	参保人数		备　注
起始年	当年新参保数	年末数	
2010	224	224	
2011	625.74	849.74	参保人数为新农保和城居保合计人数
2012	411	1260.74	参保人数为新农保和城居保合计人数
2013	226.48	1487.22	参保人数为新农保和城居保合计人数
2014	99.42	1586.64	
2015	62.39	1649.03	

第三节　基本医疗保障

贵州农村医疗卫生保障，因农村经营体制变革，合作医疗基本解体，农民看病难、看病贵，农民因病致贫、因病返贫现象严重，以建立新型农村合作医疗制度为主体，同时，进一步采取措施，加强农村基本医疗和公共卫生服务建设。农村医疗卫生保障和医疗救助保障体系的建立，有效遏制城乡贫困人口看病难、看病贵，因病致贫、因病返贫的问题。

一、医疗卫生保障

（一）新型农村合作医疗

1977年，贵州省以生产大队为单位的合作医疗在全省的覆盖率达83.7%，对解决农民缺医少药的问题发挥着重要作用。农村实行家庭联产承包责任制以来，农村经济核算单位发生很大变化，导致集体经济对合作医疗的投入锐减。由于新旧体制转轨，农村卫生资金的筹集渠道和方式也未能及时调整，导致合作医疗基本解体。1978年，实行合作医疗制度的乡村逐年减少，到1983年，全省以大队为单位的农村合作医疗覆盖率下降到2.7%，1985年，全省24556个行政村中，仅有18个村继续举办合作医疗。农村卫生经费投入不足，筹资机制不健全，三级卫生网功能不全，乡村卫生保障条件差，使得传染病、地方病、慢性病仍然严重威胁着贵州省农民的健康，因病致贫、因病返贫现象比较严重。一些贫困地区因经济困难看不起病者达64%，应住院治疗而未住院者达72.6%，农村有病无钱治的情况还很严重，这种状况延续到20世纪90年代末。

1998年，贵州省人民政府《关于发展和完善全省农村合作医疗的意见》，明确提出在全省多数行政村建立多种形式的合作医疗制度的贵州农村合作医疗总体目标。1999年3月，省卫生厅举办全省合作医疗培训班，要求实施农村贫困地区基本卫生需求服务的县，合作医疗以乡为单位，覆盖率要达30%以上；以村为单位要达75%。12月上旬，省卫生厅在独山县召开合作医疗现场会，推广独山县经验，年末全省举办合作医疗的村发展到1617个，占全省行政村总数的6.25%。

2003年8月29日，省委、省政府颁发《关于进一步加强农村卫生工作的意见》。确定以纳雍、息烽、赤水、平坝、凯里、独山、普安、铜仁等8个县（市）为实施新型农村合作医疗制度（以下简称“新农合”）试点，筹资办法为：中央财政按参加农村合作医疗的农村居民数，每人每年补助人民币10元；省及地（自治州、市）、县（市）三级按4∶3∶3的比例，为每名参加合作医疗的农村居民补助10元；参加合作医疗的农村居民每人自筹10元。11月3日，省政府办公厅转发省卫生厅、省财政厅、省农业厅、省计委、省民政厅、省审计厅、省扶贫办联合制定的《贵州省新型农村合作医疗管理办法（试行）》，提出“新农合”是由政府组织、引导和支持，农村居民自愿参加，个人、集体和政府多方筹资，以大病统筹为主的农村居民医疗互助共济制度。通过建立“新农合”，重点解决农村居民因患大病而致贫、返贫的问题；帮助农村居民抵御因疾病带来的医疗费用风险，保障农村居民身体健康。省、地（自治州、市）政府（行署）成立由分管卫生工作的领导为组长，卫生、财政、农业、民政、扶贫等部门参加的新型农村合作医疗协调领导机构。县级政府成立由政府牵头，卫生、财政、农业、民政、扶贫等部门和参加合作医疗的农村居民代表组成的农村合作医疗管理委员会，负责有关组织、协调、管理和指导工作。委员会下设合作医疗管理中心，负责制定合作医疗实施方案、管理章程、发展规划并实施，与合作医疗管理相关的具体工作。省卫生厅成立“新农合”领导小组，下设办公室，加强试点和经验推广工作；全省合作医疗从以往单纯依靠农民筹资，经费少、服务层次低的旧模式，转向个人、集体、政府多方筹资，以大病统筹为主的“新农合”。是年，8个试点县中央财政补助2342万元，省级财政安排合作医疗补助资金926.6万元。到2006年年底，全省有34个试点县，通过提高报销比例和封顶线、降低起付线和药品价格、加强对医疗机构监管等措施，增加参合

2007年，石阡县中坝镇举行新型农村合作医疗补助首发仪式

2007 年，新型农村合作医疗结算报销

2011 年 3 月，新农合宣传

农民受益面，减轻农民医疗费用负担，惠及 330 万人，初步缓解农民“看病难，看病贵”的问题。为使“新农合”制度能够真正帮助农民抵御医疗费用风险，中央和省逐年加大对这项工作的投入。2003—2007 年，每位农民每年参合费用从 30 元提高到 50 元，其中，农民自己缴纳的 10 元不变，而中央、省、地（自治州、市）、县各级财政补助资金总数从 20 元提高到 40 元。4 年间全省共为参合农民报销门诊和住院费 2.5 亿元，资金使用率已超过 60%。贵州还通过采取提高报销比例和封顶线，降低起付线和药品价格，提高医疗服务质量，加强对医疗机构的监督管理等措施，大大降低农民就医经济负担。

在建立“新农合”制度的过程中，贵州不断完善相关制度，使“新农合”成为“农民得实惠、农村卫生事业得发展、党和政府得民心得信誉”的“德政工程”。各地普遍采取门诊、住院医药分段按比例补助和设立家庭定额门诊及住院按比例补助等便民措施，不断完善农村合作医疗县乡经办机构的管理体制，采取管理与服务分离的做法，绝大多数试点县均在其区域内的定点医疗机构实行现场减免，为参合农民兑现补助提供简便、快捷的服务。各地和各有关部门还积极开展多种形式的宣传动员活动，使更多农民了解合作医疗的相关政策；切实加强合作医疗资金监管，实行“收支两条线”和财政专户管理制度，有效保证合作医疗资金的安全。到 2010 年，全省参加“新农合”的农民由 2003 年的 113 万人增加到 3029.17 万人，增加 2916.17 万人，全省“新农合”参合率提高到97.86%，“新农合”筹资水平提高到每人每年140元，其中，中央财政按人均60元的标准补助，地方财政补助标准相应提高到 60 元，农民个人缴费 20 元。新农合医疗保险基金最高支付限额达到 4.8 万元，超过当年农民人均纯收入的 6 倍。“十二五”期间，巩固完善新型农村合作医疗制度，逐步提高政府补贴标准，“新农合”参合率稳定在 95% 以上，门诊统筹全覆盖基本实现。

（二）保障设施建设

乡镇卫生院建设 贵州乡镇卫生院建设长期滞后，到 1979 年，全省农村乡镇卫生院共 3711 所、病床 7964 张，平均每院 2.14 张；有专业卫生人员 15459 人，其中，卫技人员 15176 人，平均每所乡镇卫生院仅有卫生技术人员 4.01 人。1984 年，省人民政府批转《贵州省卫生厅关于贯彻中央 1 号文件加强农村卫生事业建设的意见》，全省各级政府加大乡镇卫生院建设力度。1986 年，为保证城市医疗卫生机构支援贫困地区卫生建设工作的落实，省卫生厅制定《关于城市支援农村卫生建设的十条规定》，要求城市医院派到贫困地区的技术人员，不得少于单位职工总数的 3%，凡完不成扶贫任务的单位，减扣定额补助费 2%。到年底，省级医院派出技术干部 369 人，下到贫困地区举办培训班，向基层卫生人员传授新知识、新技术。1989 年，省人民政府安排专款 500 万元，用于农村乡镇卫生院的危房改建和扩建，以改善基本工作条件。

1992 年 8 月，省委、省政府召开全省农村卫生工作会议，要求各地“以 2000 年人人享有卫生保健为目标，以初级卫生保健为中心，狠抓县、乡、村三级卫生保健网建设，促进农村卫生事业全面发展”。会议根据撤区并乡建镇后乡镇卫生院基础薄弱，危房多的实际，决定从当年起每年安排专款500万元，对乡镇卫生院进行危房改造。1993年8月，中国政府与世界银行签订《贵州农村卫生人力开发项目信贷协定》，向世行贷款1839万美元，用于遵义、黔南、六盘水等6个市、州、地农村卫生事业建设。1994年，贵州省引进世行扶贫贷款项目，在其中列入一些贫困县的卫生建设内容。当年，世行通过了覆盖晴隆、罗甸、紫云等13个贫困县的“卫生综合扶贫项目”，项目总投资金额为837.48万美元（折合人民币7286.10万元，占全省扶贫贷款项目的6.75%）。项目覆盖13个县的117个乡镇卫生院、828个村卫生室，受益人口82.67万。1995年，省财政安排100万元专款，用于麻山、瑶山地区等25个极贫乡镇的卫生院建设。1997年，省卫生厅利用世行西南扶贫项目卫生子项目贷款，在清镇市犁倭、新沟、流场、卫城和福泉市地松、牛场等乡镇开展合作医疗试点；在卫生部初保基金会的支持下，在毕节市、大方县开展贫困地区农村合作医疗试点；在“中国卫生经济培训与研究网络课题组”的支持下，选定独山县麻万镇、尧梭乡为合作医疗试点。

2000年，贵州农村三级医疗卫生网络基本形成。在全省农村医疗卫生网中，有乡镇卫生院1457所，病床14307张，卫生人员23008人，平均每千农村人口中，有乡镇卫生院病床0.44张、卫生人员0.71人。2004年，中央投资5.41亿元，省财政配套5295万元，用于贫困地区县、乡、村三级卫生服务网络基础设施建设。2006年初，省政府、省卫生厅与9个市（州、地）政府（行署）分别签订了公共卫生目标责任书，启动实施“2005年国债资金建设合作医疗试点县395个乡镇卫生院建设项目”。2007年，贵州启动《二级以上医疗机构对口支援乡镇卫生院项目实施方案》，全省三级医院每年派出450名医师到乡镇卫生所驻点扶贫；96所二级以上医疗机构的648名医师到50个贫困县的160多个乡镇卫生院帮扶。是年，全省建成332所乡镇卫生院。2009年，中央新增贵州卫生建设项目1539项。其中，建成标准化县级医院（含中医医院）36所、乡镇卫生院133所、社区卫生服务中心27所，改扩建基层卫生机构480所、农村卫生机构中医特色专科42个，为基层医疗和妇幼保健机构购置一批仪器设备。贵州省、地、县三级医院选派250名主治医师以上的医师到50个扶贫工作重点县医院驻县扶贫；从二级以上医疗机构组织900名卫生人员赴50个贫困县的300个乡镇卫生院开展为期一年的对口技术扶贫；从32所县医院选派100名技术人员到省级三甲医院进修一年。2010年，省委、省政府提出建设100个乡镇卫生院和10个县医院的任务，到年底，2个县医院建设项目通过竣工验收，8个县医院建设项目的主体完工；10个乡镇卫生院建设项目通过竣工验收，13个乡镇卫生院建设项目基本完工，77个乡镇卫生院建设项目的主体完工。10个县医院建设项目总规模40380平方米，总投资3734万元。100个乡镇卫生院建设项目总规模65580平方米，总投资3894万元。2005—2010年，贵州启动《万名医师支援农村卫生工程项目实施方案》，省、地、县三级医院坚持每年派出副主任医师以上人员或主治医师250多名，到全省50个扶贫工作重点县医院扶贫，实行一年一轮换。

2012年，省政府主要领导提出“要有计划、有步骤、高标准地建设好乡镇卫生院，先把有条件的建起来，要建设一所配套一所，建设一所完善一所，建设一所管用一所”。按照省委、省政府的安排部署和要求，2012年起，全省对所有乡镇卫生院按照国家标准实施改扩建或新建。2013年，贵州制定《贵州省中心乡镇卫生院建设规划（2013—2015）》，省级财政安排专项资金2亿元，启动中心乡镇卫生院达标建设，并列入省委省政府十大民生工程。按照“整体规划、分年实施，整合资源、合理布局，深化改革、配套推进”的原则，对553所中心乡镇卫生院实施达标建设。2015年9月，省委、省政府印发《关于大力推动医疗卫生事业改革发展的意见》，提出：“以大力实施医疗卫生五大建设工程为抓手，强化基础设施建设，着力完善省市县乡村五级医疗服务网络”。将“乡镇卫生院标准化建设工程”列为医疗卫生“五大建设工程”之一。要在每个乡镇建成1所标准化乡镇卫生院，将有条件的乡镇卫生院建成中心乡镇卫生院。截至是年年底，全省1445所乡镇卫生院中完成达标建设1116所，

开阳县城关镇温泉村农村合作医疗卫生室

国家投资建设的兴义市翁本村卫生室

所有中心卫生院完成达标建设。

村卫生室建设 1978年，由于贵州农村经营管理体制变革，村级卫生组织逐渐削弱，村级合作医疗相继解体，合作医疗室逐渐消失。1980年，贵州实行合作医疗的生产大队由1975年的19390个（占生产大队总数的95.5%）减少至7327个（占生产大队总数的29.28%）；生产大队卫生员由同期42569人减少到18301人（平均每个生产大队0.6人），农村缺医少药问题相当严重。1992年，省卫生厅制发《贵州省村卫生室建设标准》及《村卫生室基本药物要求》等文件，农村卫生室建设和管理逐渐有所改善。1993年，省卫生厅与爱德基金、滋根基金会等国际民间组织合作，引进无偿援助项目，举办村医培训班、村医复训班、村医提高班，为农村培训卫生员。1994年，贵州引进世行贷款“农村卫生人力开发项目”后，建设农村卫生室和培训村级卫生员，成为项目建设的重要组成部分。在农村初级卫生保健和农村卫生人力开发等项目实施中，农村卫生所（室）迅速发展、逐步健全。到2000年年底，全省建成村卫生室（所）21925个，覆盖率达82.67%；乡村医生和卫生员增加到38567人，平均每村1.44人。

2003年，全省农村村卫生室覆盖率提高到85.59%；县、乡、村三级医疗卫生保健服务网络基本建成，农村群众的基本医疗、卫生保健等有基本保障，农村缺医少药现象得到缓解。2008年，《贵州省2008年村卫生室建设项目实施方案》出台，省委、省政府安排2亿元农村卫生服务体系建设资金，按每个村卫生室投资5万元的建设标准，新建4000所村卫生室；申请国债资金870万元，建成村卫生室177所；利用中国医药卫生事业发展基金会援助的885万元，建成村卫生室183所；5062所村卫生室全部建成并投入运营。2009年，省政府投入专项资金新建村卫生室4000所，村卫生人员3.14万人，村卫生室覆盖率达91.7%，比上年提高3.4个百分点，平均每千农业人口有乡村医生和卫生员0.88人。2011年，贵州成为全国第一个实现每个行政村都有村卫生室的重大跨越的省份，每个村卫生室实现诊断室、治疗室、药房、值班室四室分开，建筑面积达60平方米，实现“一村一室全覆盖、统规统建标准化”的基本目标，农村基本卫生服务条件差的问题得到根治。2012—2015年，贵州继续争取中央资金27.4亿元，对4569所村卫生室加强建设。2015年，全省共有村卫生室20945个，覆盖全部行政村和部分自然村，标准化村卫生室17565个，占全省村卫生室总数的83.88%。

（三）医疗技术支援

1978年，全省有县卫生学校57所，按照省卫生厅颁发的教学计划、大纲和《乡村医生》教材，对从事护理、卫生防疫、公共卫生等相关工作的人员及“赤脚医生”进行培训。1986年，省级医院派出技术骨干369人，到农村开展技术支援；举办培训班、参加医疗卫生实践，进行传、帮、带，向基层卫生人员传授新知识、新技术。遵义医学院附属医院派出13名技术骨干，在德江县举办培训班34个，接受内、外、儿、妇产、传染、护理、B超等学科培训的基层卫生人员达680人次。

万名医生支援农村卫生工程

2005年，贵州省实施“万名医师支援农村卫生工程”，全省三级医院每年向50个国家扶贫开发工作重点医院派驻5名副主任医师以上人员或主治医师，连续工作一年后轮换。2007年制定《“万名医师支援农村卫生工程”项目实施方案》，三级医院每年派驻450名医师到县级以下医院，96所二级以上医疗机构的648名医师到50个国家级贫困县的160个乡镇卫生院帮扶。2008年12月，省卫生厅下发《贵州省2009年万名医师支援农村卫生工程项目管理实施方案》，要求继续在三级医院选派250名主治医师以上职称医生支援50个国家扶贫开发工作重点县医院。2009年，为实施“万名医师支援农村卫生工程”和卫生部西部卫生人才培养项目，安排16家三级医院选派250名医务人员对口支援省内50个国家级贫困县医院。组织900名二级以上医疗机构卫生人员，赴50年贫困县的300个乡镇卫生院，开展为期一年的对口技术帮扶，帮助32所县级医院培养技术骨干，受援医院选派专业技术人员到省级三甲医院进修学习一年。是年，培训乡镇卫生人员5800人次、村卫生室人员8000人次。2010年，省卫生厅继续组织900名二级以上医疗机构卫生人员，赴50个贫困县的300个乡镇卫生院，开展为期一年的对口技术帮扶；省内17所三级医院对口支援51个国家级贫困或省级贫困县医院，明确每所三级医院对口支援3所县医院，到2011年达到二级甲等水平的目标。通过集中学习和实地考察相结合的方式完成乡镇卫生院管理干部培训1451人，乡镇卫生院内儿科人员培训1451人，乡镇卫生院技术人员培训2902人；委托专业培训机构（好医生网）采取视频教学方式组织村卫生室人员在乡镇卫生院集中培训18356人次。同时完成对全省476位县医院院长的岗位培训，为全省县级医院培训258名临床医疗技术基本功扎实的骨干医师。鼓励医学大中专毕业生到贫困地区县以下医疗机构就业，支持现有人员参加提升学历教育。“十二五”期间，通过全科医生转岗培训，有2225名卫生技术人员获得全科医生资格，平均每个乡镇卫生院有1.54名全科医生，稳定医疗卫生队伍，改善工作条件和生活待遇，逐步提高村医补助标准。

（四）农民工工伤保险

2004年1月1日《工伤保险条例》颁布并实施，同年6月，贵州省制发《贵州省实施〈工伤保险条例〉办法》，贵州省全面启动工伤保险工作。2006年5月17日，国家劳动和社会保障部印发《关于实施农民工“平安计划”加快推进农民工参加工伤保险工作的通知》，决定在全国实施农民工“平安计划”。以农民工较为集中、工伤风险程度较高的矿山、建筑等高风险企业为重点，统筹规划，分步实施，全面推进农民工参加工伤保险工作，切实保障农民工工伤保险权益。用3年左右时间，将矿山、建筑等高风险企业的农民工基本覆盖到工伤保险制度之内。6月，贵州《实施农民工〈平安计划〉工作方案》。2006年7月，省劳动和社会保障厅、省经济贸易委员会和省总工会联合印发《贵州省关于大力推进农民工参加工伤保险的意见》，规定各类企业和有雇工的个体工商户（以下简称用人单位），都应当为与之形成劳动关系的农民工办理参加工伤保险手续，缴纳工伤保险费。用人单位办理参加工伤保险手续时，要据实报送人员名册，企业用工发生变动的，应按月及时向社会保险经办机构申报变动人员名单，用人单位在省内的生产经营地参加工伤保险的，农民工的工伤认定和劳动能力鉴定由统筹地区有管辖权的劳动保障行政部门受理，并由统筹地区工伤保险基金支付其工伤保险待遇。用人单位未给农民工缴纳工伤保险费，或者未按规定的标准支付工伤保险待遇的，农民工可以向有管辖权的劳动保障监察机构举报。因此而与用人单位发生争议的，农民工可以向有管辖权的劳动争议仲裁委员会申请仲裁。同月，省劳动和社会保障厅、省安全生产监督管理局、省煤炭管理局还印发《关于推进煤矿和非煤矿山企业以及农民工参加工伤保险有关问题的通知》，强调贵州省是西南煤炭和矿产资源较丰富的省份，矿山采掘业是安全事故高发行业，也是农民工较集中行业，优先解决好煤矿和非煤矿山等高风险企业农民工工伤保险问题，保障农民工生命安全，促进企业安全生产，事关全省经济发展，必须充分认识做好这项工作的重要性和紧迫性，统一思想，加大力度，积极推进全省煤矿和非煤矿山企业及其农民工参加工伤保险工作，确保用 3 年左右时间将全省煤矿、非煤矿山等高风险企业农民工纳入工伤保险制度之内，合理确定企业工伤保险缴费费率。建立企业农民工参保按月报备制度。据实核定企业农民工参保人数。同月，省劳动和社会保障厅、省建设厅联合下发《关于印发贵州省关于加快推进建筑施工企业参加工伤保险的意见的通知》，明确全省建筑施工企业（含以承建工程项目参保的建筑施工企业）应按照《工伤保险条例》和《建筑施工企业安全生产许可证管理规定》的规定，依法为本企业建立工伤保险制度；对只参加意外伤害保险而未参加工伤保险的建筑施工企业或不能提供社会保险经办机构出具的《企业工伤保险参保证明》的，不予发放安全生产许可证或不予办理安全生产许可证延期手续；建筑施工企业办理参加工伤保险手续时，应向社会保险经办机构申报所有职工名册，包括使用的农民工。各级劳动保障部门要积极主动为建筑施工企业办理参加社会保险的手续，并出具参加工伤保险证明。企业优先为农民工办理工伤保险的要积极予以支持，是年年底，农民工参加工伤保险人数为 13.5 万人。

2007 年，农民工当年参加工伤保险 15.33 万人，截至年底，农民工参加工伤保险人数为 28.87 万人。2008 年 8 月，省劳动和省社会保障厅、省商务厅、省总工会联合下发《关于推进商贸、餐饮、住宿等服务业农民工参加工伤保险的通知》，要求全省各类商贸、餐饮、住宿（包括各类商场、超市、餐饮、住宿、洗浴、娱乐等服务性企业）等服务性企业依法为农民工缴纳工伤保险费，参加所在地区工伤保险社会统筹。贵州省规定，用人单位可根据职工人数为农民工参保，职工人数在 150 人以内的，可按“定额缴费”或“分段费额”的方式为农民工缴纳工伤保险费。对参加工伤保险农民工的工伤认定和劳动能力鉴定申请、工伤救治相关手续、工伤保险待遇的核定和领取等进行明确规定。对未参加工伤保险农民工发生工伤的，或者用人单位欠缴工伤保险费期间职工发生工伤的，经亲属或本人自愿提出申请的，可以一次性支付其工伤保险待遇。是年，农民工当年参加工伤保险 9.6 万人，截至年底，农民工参加工伤保险人数为 38.47 万人。2009 年 3 月，贵州制订实施农民工平安计划二期工作方案，提出到 2009 年，在巩固和全面覆盖煤矿、非煤矿山和建筑施工企业参保基础上，及时覆盖新开工建设项目（包括铁路、公路和水利等建设项目），全面推进商贸、餐饮、住宿、文体、娱乐等各类服务业性企业参保，实现半数以上有较稳定劳动关系的服务业性行业农民工参加工伤保险。2009 年，农民工当年参加工伤保险 10.7 万人，截至年底，农民工参加工伤保险人数为 49.17 万人。2010 年，在巩固 2009 年工作成效的基础上，以商贸、餐饮、住宿、文体、娱乐等各类服务性企业为重点，将扩面工作继续延伸到农民工就业集中的其他用人单位、有雇工个体工商户，实现有稳定劳动关系的农民工全部参加工伤保险。至 2015 年，农民工参加工伤保险人数为 89.13 万人。

2011 年，贵州制定《关于贯彻实施新修订〈工伤保险条例〉有关问题的意见》，明确工伤职工住院治疗工伤的伙食补助标准及交通、食宿标准，提高工伤职工一次性工伤医疗补助金和一次性工伤就业补助金标准。是年，农民工当年参加工伤保险 13.23 万人，截至年底，参加工伤保险农民工数 70.06 万人。2012 年，进一步规范有职业危害行业工伤保险工作的通知，督促用人单位依法为职工进行职业病体检。是年，农民工当年参加工伤保险 10.13 万人，截至年底，参加工伤保险农民工数 80.19 万人。2013 年，省人社厅、省财政厅印发《贵州省工伤保险基金省级统筹管理实施意见》，建立贵州省工伤保险基金省级统筹管理制度，增强全省工伤保险基金调控能力，提高运行效率，提升服务水平，促进全省工伤保险制度健康发展。是年，农民工当年参加工伤保险 7.04 万人，截至年底，参加工伤保险农民工 87.23 万人。2014 年，贵州省全面启动工伤保险省级统筹工作，逐步开展工伤预防、工伤康复等工作。是年，农民工当年参加工伤保险 2.44 万人，截至年底，参加工伤保险农民工 89.67 万人。2015 年，贵州省印发《关于进一步做好建筑业工伤保险工作有关问题的通知》，结合建筑业实际情况确定工伤保险缴费方式、对职工实行实名制管理等，有效促进建筑业参加工伤保险。同月，印发《贵州省推进建筑业参加工伤保险工作方案》的通知，明确以合法在建、新开工施工项目为重点，开展推进建筑业参加工伤保险专项行动，在三年内基本实现省内建筑、交通建设项目从业人员全部参加工伤保险，并逐步将铁路、水利等建筑施工企业纳入工伤保险。截至年底，参加工伤保险农民工 89.13 万人。

2006—2015 年贵州省农民工参加工伤保险表

表 19 单位：万人

年份	参保人数	
	当年新参保数	年末数
2006 年		13.5407
2007 年	153311	28.8718
2008 年	95967	38.4685
2009 年	107034	49.1719
2010 年	76588	56.8307
2011 年	132357	70.0664
2012 年	101293	80.1957
2013 年	70402	87.2359
2014 年	24348	89.6707
2015 年	−5388	89.1319

2007—2015 年贵州省农民工参加城镇职工基本医疗保险表

表 20 单位：万人

年份	城镇职工基本医疗保险参保人数	
	年末数	其中农民工
2007 年		8.79
2008 年	257.35	20.2
2009 年	279.53	17.7
2010 年	293.52	14.01
2011 年	314.06	14.76
2012 年	329.27	13.79
2013 年	344.72	17.83
2014 年	354.76	16.79
2015 年	372.78	17.78

二、医疗救助

贵州有规模、制度化的医疗救助始于21世纪初。2003年冬，为开展城乡医疗救助工作，省民政厅先后派出工作组，到贵阳市的修文县、息烽县、开阳县和乌当区开展城乡居民医疗状况调查。工作组先后深入到修文县的龙场镇、扎佐镇，息烽县的永靖镇，开阳县的城关镇、冯三镇，通过开座谈会和入户调查走访等方式，了解21户城乡居民生病就医情况并经过研究分析，发现城乡居民大病就医存在患大病（如患癌症、肝炎、肺结核等）无钱就医、因病致贫的家庭比例大（21户被调查的家庭中，有9户向信用社贷款、向亲友借钱治疗导致生活贫困）、因无钱治病导致病人死亡或终身残疾等三大问题。工作组撰写《关于修文、息烽、开阳、乌当城乡居民就医问题的调查报告》。2004年4月，省民政厅、省卫生厅、省财政厅联合印发《贵州省农村医疗救助实施方案》，要求在全省范围内全面建立实施农村医疗救助制度，确定息烽县、盘县、钟山区、水城县、赤水市、铜仁市、思南县、石阡县、纳雍县、凯里市、从江县、贞丰县等12个县（市、区）作为农村医疗救助制度的示范县，明确救助对象、救助标准、救助资金来源。2005年8月，省政府办公厅根据《国务院办公厅转发民政部等部门关于建立城市医疗救助制度试点工作实施方案的通知》，制定下发《贵州省人民政府办公厅转发省民政厅等部门关于建立城市医疗救助制度试点工作实施方案的通知》，确定云岩区、南明区、小河区、钟山区、红花岗区、汇川区、遵义县、铜仁市、石阡县、兴义市、贞丰县、毕节市、金沙县、西秀区、关岭县、凯里市、麻江县、都匀市、福泉市等19个县（市、区）作为试点单位，正式启动全省城市医疗救助试点工作，并对救助对象、救助标准、资金来源、申请和审批程序做出详细规定。2006年10月底，在这19个县（市、区）建立城市医疗救助制度试点县出台本地城市医疗救助制度实施方案。2008年5月，省民政厅制定下发《关于进一步加强城乡医疗救助制度的通知》，就扩大救助范围、提高救助水平、提供方便快捷服务、加大资金投入、加强与有关医疗保险制度的衔接等方面提出明确要求。6月底，全省88个县（市、区、特区）全面建立、实施城乡医疗救助制度，全省累计救助城乡医疗救助对象443.14万人次，累计支出救助资金1.55亿元。其中，农村医疗救助437.03万人次，支出救助资金1.39亿元；城市医疗救助6.11万人次，支出救助资金1646.32万元。2009年，各地结合贯彻落实民政部、财政部等4部门《关于进一步完善城乡医疗救助制度的意见》精神，采取7个措施完善城乡医疗救助制度：合理确定救助范围，在将城乡低保家庭成员和五保户纳入医疗救助范围的基础上，将其他经济困难家庭人员纳入医疗救助范围；认真落实国家、省政府《关于将在校大学生全部纳入城镇居民基本医疗保险范围的决定》，对符合资助参保条件的贫困大学生需个人自付的个人参保费，由学校所在地的民政部门从城市医疗救助资金中列支资金资助缴纳；坚持以住院救助为主，实行多种方式救助；完善医疗救助补助方案，逐步降低或取消起付线，提高封顶线，进一步提高救助比例；进一步简化医疗救助操作程序，积极推行定点医疗机构即时结算医疗救助费用的办法，进一步规范工作流程，完善服务管理；加强医疗救助和城镇职工基本医疗保险、城镇居民基本医疗保险、新型农村合作医疗在经办管理方面的衔接，改进各项制度的结算办法，探索实行“一站式”管理服务；多渠道筹集资金，强化基金的管理，提高救助资金使用效率。2009年，全省共有239.15万农村困难群众得到救助，支出资金1.68亿元。

2010年12月，省民政厅、省财政厅、省卫生厅、省人力资源和社会保障厅联合印发《关于进一步规范完善城乡医疗救助制度的实施意见》，明确规范完善城乡医疗救助制度的基本原则和总体目标，对救助范围、救助方式、救助标准、救助程序、资金投入和管理以及医疗救助工作的组织领导做出具体规定。救助范围为城乡医疗救助实行属地管理，救助对象为具有当地常住户籍的农村“五保”对象、城市“三无”对象、20世纪60年代初精减退职老职工、城乡低保对象、家庭经济困难大学生、在乡重点优抚对象（不含1～6级残疾军人）、城乡低收入家庭重病患者、县级政府规定的其他经济困难家庭人员等。是年，全省共支出医疗救助资金约 3.93 亿元，共对 464.23 万人次城乡困难群众实施医疗救助。2011 年，贵州进一步修订完善本地医疗救助方案，采取逐步取消起付线，提高救助封顶线和救助比例，将低收入家庭中的老年人、重病或重残的人员纳入救助范围，推行一站式医疗费用服务，开展医疗救助示范创建活动等措施进一步健全完善医疗救助制度，充分发挥城乡医疗救助制度在保障民生中的重要作用，医疗救助的可及性、实效性进一步增强，医疗救助缓解困难群众看病就医难的重要作用进一步发挥。6 月 22 日，省卫生厅与省民政厅联合印发《关于启动贵州省 2011 年试点工作试点县的通知》《关于印发贵州省提高农村儿童重大疾病医疗保障水平试点工作实施方案的通知》，对开展提高农村儿童重大疾病医疗保障水平试点工作的指导思想、基本原则、试点疾病、定点医疗机构、诊疗规范、救治费用标准及补偿标准、工作程序做出明确规定，确定云岩区等 78 个县作为试点县，开展提高农村儿童重大疾病医疗保障水平试点工作。8 月 18 日，省卫生厅与省民政厅联合印发《关于调整〈贵州省提高农村儿童重大疾病医疗保障水平试点工作实施方案〉部分内容的通知》，对提高农村儿童重大疾病医疗保障水平试点的补偿标准、救治申请、费用结算作出部分调整。9 月 4 日，省民政厅印发《关于深入推进医疗救助制度建设加强医疗救助资金监管的通知》明确，各地要严格医疗救助范围、明确医疗救助标准、规范操作程序，加强监督管理，确保资金安全运行。是年，全省共有 562.5 万农村困难群众得到医疗救助，支出医疗救助资金 6.4 亿元。2012 年 4 月 19 日，省卫生厅与省民政厅联合印发《关于进一步做好农村儿童两病医疗保障工作的通知》，扩大救助范围，增加救助病种，调整救治费用标准，使这项政策惠及更多的农村重大疾病患儿，有效减轻农村重大疾病患儿家庭的经济负担。5 月 14 日，省民政厅联合省财政厅、省人力资源和社会保障厅、省卫生厅转发《民政部、财政部、人力资源和社会保障部、卫生部关开展重特大疾病医疗救助试点工作的意见》，并结合贵州实际提出试点工作的实施意见，确定小河区、息烽县、普定县、雷山县、福泉市为重特大疾病医疗救助试点单位，正式启动全省重特大疾病医疗救助试点工作。是年，全省共有 597.15 万城乡困难群众得到医疗救助，支出救助金 8.9 亿元。2013 年，全省医疗救助范围扩大到城乡低收入家庭老年人、重病、重残人群以及艾滋病患者和艾

2010 年 4 月 26 日，贵阳中医二附院心胸外科专家到镇宁自治县城关镇锦贤小学校开展儿童先心病筛查活动现场

2010 年 8 月，中国眼科流动手术车“复明 11 号”仁怀项目正式启动

滋病机会感染者，救助水平逐步提高，全年实施医疗救助 520.49 万人次，支出救助资金 8.99 亿元，救助封顶线和救助比例稳步提升。2014 年 2 月 14 日，省民政厅制定下发《关于认真解决当前医疗救助工作存在问题的通知》明确进一步明确医疗救助范围，确保困难群众享受基本医疗卫生服务，要求坚持保基本、保重点、保大病的原则，筑牢医疗保障底线，合理设置低收入家庭和支出型贫困家庭医疗救助条件，进一步明确医疗救助范围。认真落实医疗救助政策，切实维护困难群众基本医疗权益，积极开展重特大疾病医疗救助，切实减轻困难群众重特大疾病医疗负担。加快推进“一站式”即时结算服务，提高救助效率和加强资金监管，确保资金安全运行。是年，全年实施医疗救助 478 万人次，支出医疗救助资金 8.9 亿元。

从 2013 年开始，赫章县以深化医药卫生体制改革为核心，以新型农村合作医疗为基础，通过整合城乡医保并轨、大病保险、医疗救助等资源，破解“因病致贫、因病返贫”难题，探索出了一站式医疗“兜底”服务的“破除瓶颈”之路，为患有大病的城乡贫困家庭织了三道“安全网”，得到国务院领导的肯定。

2015 年 10 月 16 日，为进一步建立完善基本医疗保险、大病保险、医疗救助“三重医疗保障”体系，切实提高农村贫困人口医疗救助保障水平，遏制和减少农村“因病致贫、因病返贫”，省委办公厅、省政府办公厅制定下发《关于提高贫困人口医疗救助保障水平推进精准扶贫的实施方案》，对明确救助保障对象范围、资助参合（保）政策、基本医疗保险补偿政策、大病保险报销政策、民政医疗救助政策和医疗救助保障结算等做出明确规定。实施方案还对各级政府和有关部门的职责分工进行明确，并就组织领导、监督检查、宣传引导等工作提出具体要求。12 月 28 日，省政府办公厅转发省民政厅等单位《关于进一步完善医疗救助制度全面开展重特大疾病医疗救助工作的实施意见》。提出进一步完善相关政策的意见。是年，全省共资助参保参合 321.3 万人，实施住院救助 21.3 万人（次），支出医疗救助资金 8.72 亿元。

附：“三重医疗保障”的“赫章经验”

2015 年 5 月 6 日至 9 日，中共中央政治局委员、国务院副总理汪洋到贵州省考察扶贫开发工作，在了解到赫章县三年有 60 万农民参加新农合，1.8 万人享受到医疗“兜底”，很多人没有因病返贫后，汪洋高兴地肯定：“赫章这样一个贫困县实行医疗兜底的做法，具有很好的示范意义，值得认真总结。”

赫章作为毕节“开发扶贫、生态建设”试验区的发祥地，是全省 50 个国家级贫困县中最困难的 10 个县之一，是全省 13 个同步小康经济发展困难县之一，同时也是全省 12 个扶贫开发结对帮促发展重点县之一。然而，就是这样一个贫困县，却创造了提高贫困人口医疗救助保障水平，促进精准扶贫的“赫章经验”，不仅在整个贵州省尚属首创，也走在了全国同行的前列。

（一）“三重医疗保障”确保病有所医

针对医疗救助保障水平低，城乡困难家庭灾难性医疗支出额度较大，“因病致贫、因病返贫、因贫致病”等现象突出的状况，近年来，赫章县以深化医药卫生体制改革为核心，以新型农村合作医疗为基础，通过整合城乡医保并轨、大病保险、医疗救助等资源，探索出了一站式医疗“兜底”服务的“破除瓶颈”之路，让广大贫困群众能够切实分享到医疗改革的红利，感受到医疗救助的福利。

“赫章经验”是赫章县整合资源优化流程所实行的“三级兜底”医疗保障体系，称为“三重医疗保障”的“赫章经验”，也即“城乡基本医疗保险 + 大病保险 + 医疗救助”的保障模式。从 2013 年开始，赫章县为患有大病的城乡贫困家庭织了三道“安全网”，三管齐下，最后的报销比例达到了 95% 以上。其报销比例共分为三个层次：第一层是城乡居民基本医保报销；第二层是城乡居民基本医保报销后，政策范围内自付费大于 4000 元的，到人寿保险公司（大病保险经办机构）进行大病补充保险补偿，1 万元的报销比例是 54%、1 万元至 7 万元每增加 1 万元报销比例增加 5 个百分点、7 万元以上部分按90%报销，分段累加合计得出补偿金额；第三层是在前两道“保险”报销后，个人负担医疗费仍然较高且影响家庭基本生活的，由民政医疗救助资金按60%的标准进行救助。依不同的保障对象，报销比例高达95%—100%，从2015年4月起民政医疗救助资金救助标准提高到70%。此举使得该地贫困户“病有所医”，一举破解了多年困扰我国医疗体制中贫困户“因病致贫、因病返贫”的痼疾。据统计，赫章县新农合参保人数达642913人，参保率100%。3年来，220万余人次从大病医保“三级兜底”制度中受益。

（二）统筹城乡医保提升经办能力

实现新型农村医疗保险和城镇居民基本医疗保险并轨是确保城乡居民基本医疗保险基金平稳运行、提升经办管理能力的关键，是实现城乡居民医疗保障公平性的制度保障。赫章县自2007年起开展新型农村合作医疗，但因城镇居民基本医疗保险和新型农村合作医疗报销比例和起付线设置不一样，其管理成了“老大难”问题。2011年，赫章县率先开展了城乡统筹试探和尝试，将城镇居民基本医疗保险与新型农村合作医疗有机整合，统一筹资标准、补偿标准，统筹人员力量等。其目的是为了缩小城乡差距，加快城乡一体化建设，解决城乡居民筹资和报销标准不一致的问题，旨在构建和谐满意的医疗服务体系。

实现城乡统筹后，城乡居民基本医疗保险实行统一的信息管理系统，实现了信息共享，避免重复参保，节约财政医保补贴。有效解决了原来城镇和农村居民的筹资和补助标准不一及广大城镇居民个人参保缴费标准高、补偿比例低的问题。实现了医疗保险基金、经办管理机构、制度运行机制的统筹，管理成本大幅降低。真正实现“两保合一”和城乡居民待遇无差异，增强医保体系的公平性，城乡居民在医保目录、报销比例、保障范围等方面享受到同等待遇。

（三）“一站式”之服务增强就医便捷

为给广大群众提供“优质、便捷、高效、简化”的医疗服务，有效解决手工计算、手工报销和农民看病先付全款等问题，从2008年4月起，赫章县对新农合实行县、乡、村三级网络化管理和网络直补，充分利用农业银行开发的“一卡通”网络信息系统，保证了参保人员信息和参保患者补偿的正确性，简化操作程序，提高工作效率，有效地避免了农民补偿手续烦琐、影响农民参保积极性等问题。2010年赫章县实行以卡代证措施，在毕节市率先实现了城乡居民医保县、乡、村三级“一卡通”。实现省、市、县、乡、村五级医疗机构“一卡通”现场直补和外出就医报账补偿网银支付，不但方便城乡居民就诊，还丰富了监管渠道，提高村卫生室、县外定点医疗机构现场直补工作的准确性、真实性、安全性，确保新农合资金的安全运行。

此外，其在县合管中心和县医院分别设立“一站式”服务窗口，整合城乡居民基本医疗保险、大病保险和医疗救助等资源，实行“两保两助”四个保障政策“一站式”服务。参保城乡居民外出就医，在县外住院（含慢性病）只需按规定提供完整病历、住院发票、费用清单、参保“惠农卡”、患者户口簿（或身份证），到县合管中心通过审核后，直接将补偿款通过网上银行转付到患者“惠农卡”上，次日患者即可自行取款，规范了定点医疗机构补偿行为和资金监管，避免现金支票带来的风险，给城乡居民带来了基本医疗保障的实惠，改变以往先垫全款后看病再报账的弊端，报账平均时限从原来的1个月左右减少至目前的即时结算，群众交口称赞。

第四节 社会救助

社会救助是国家为保障困难群众基本生活做出的一项基本性制度安排。贵州省基于减贫的社会救助主要包括城镇贫困市民救济、农村贫困群众救济、农村“五保”供养、自然灾害救济、残疾人救助、临时救助等内容。本节记述的主要内容是农村救助。

一、贫困群众救济

1984年，由民政部门定期定量救济的农村贫困人口6198人，平均每人59元；作临时救济的27775人次，平均每人次17元。1985年，全省民政部门予以救济的农村贫困人口10390人，支出救济费99.8万元。是年，国家拨救济费371.4万元，救济贫困户65505人。1986年，全省共支出农村贫困户救济费410万元，其中，享受定期定量救济的11365人，平均每人全年救济费90元。1987年，全省农村困难户救济费支出344万元，其中，国家定期定量救济10.5万元，救济1694人。扶持困难户生产自救资金26.8万元，扶持2596户，户均103元。困难户临时救济费支出306.7万元。1988年，全省临时救济50.1万元；定期定量救济69.6万元，救济9761人，人年均71元。支出贫困户救济费415.3万元。其中，临时救济374.4万元，定期定量救济14万元，救济1306人，人年均107元。1989年，动员离境迁居外省的农民返回原籍。安顺市、黔西南自治州农民56户、267人。

1990—1993年，全省为农村贫困户每年分别发放救济费439.7万元、314.9万元、363.7万元和469.1万元。1993至1994年，向麻山、瑶山送温暖、献爱心。麻山、瑶山"两山"地区共有25个乡镇，世代居住着苗、布依、汉等民族。这里峰峦叠嶂，沟壑纵横，交通闭塞，土地贫瘠，生产力低下，人民群众生活十分贫困。据对20个乡镇调查，在5.62万户、28.57万人中，1992年人均产粮223.45公斤，人均纯收入255.24元。其中人均口粮不足200公斤，人均纯收入不足200元的极贫户有2.53万户、11.45万人，分别占46.2%、41%。许多村寨人民群众缺衣少被，缺少油盐的现象极为普遍。1993年3月10日，共青团贵州省委、省总工会、省妇联、省民委、省民政厅联合发出《关于开展"向麻山和瑶山群众送温暖，献爱心"活动的倡议书》，3月18日，省委办公厅、省政府办公厅将《倡议书》转发全省各地。3月23日起，省会贵阳及各地、州、市、县纷纷利用广播、报刊、墙报、电视宣传《倡议书》，很快在全省掀起了向麻山、瑶山送温暖、献爱心的热潮。3月30日，省"向'两山'送温暖，献爱心"活动领导小组在省人民政府会议室举行捐赠仪式，省四大班子和省军区的主要领导带头捐物、捐款。广大干部、职工、学生、个体工商业者、人民解放军和武警官兵积极参与，踊跃捐赠，外省的一些单位和个人从报纸上、电视上得知向麻山、瑶山送温暖，献爱心这一消息后，也主动捐款、捐物。省直各部门和贵阳市各机关以及中央在黔机关、各企事业单位、各民主党派、各社会团体、学校、部队，都把向"两山"送温暖、献爱心当成责无旁贷的义务，捐钱、捐物，奉献一片深情厚谊。至5月23日，历时两个月的"向麻山和瑶山送温暖，献爱心"活动基本结束。省活动领导小组办公室共收到省、市500多个单位和系统、50多万人捐赠的物品157.47万件，捐赠金额55.51万元（不包括部分单位自己直接送到"两山"的数额）。这些捐赠物品从4月12日开始，均按省领导小组安排陆续送到麻山、瑶山地区的罗甸、望谟、紫云、惠水、长顺、平塘、荔波7个县的25个贫困乡（镇），由当地政府将衣物类物资发给贫困群众，书籍、文具类安排给乡文化馆、站和学校。所捐现金安排给罗甸、紫云、望谟、长顺4个县各修建一所"希望小学"。

1995年，农村社会救济费支出696.7万元，其中，农村贫困户定期定量救济费支出40.4万元，救济3220人，人年均125元。1996年，农村社会救济费支出556.4万元，其中，贫困户救济费204.1万元。1997年，农村社会救济费支出630.3万元，其中，"五保"户救济费支出218.2万元，贫困户救济费支出260.6万元，麻风病人救济费支出151.5万元；1998年，农村困难户347.9万人，占社会困难户的91%，有5616人享受定救。国家临时一次性救济194.5万人次，集体补助资金203万元。

2000年，全省农村救济对象305.6万人，农村有9058人享受定期救济，7.7万人次得到国家临时救济。2001年年底，全省共有农村救济对象266.6万人，其中有9860人享受定期救济。国家临时救济10.1万人次的农村困难人口，共支出国家救济资金632.5万元，集体补助资金4411.3万元。全省积极开展扶贫救济经常性社会捐赠工作，共募集捐赠款181.4万元，捐赠衣被66万件，捐赠物资衣被折款704.4万元（不含接收对口帮扶贵州四城市的捐赠款物）。2002年，全省扶贫救济经常性社会捐赠工作共直接募集捐赠款942.8万人、衣被140万件、其他捐赠物资折款218万元。社会捐赠接收工作站（点）增至410个。2003年，中共贵州省委九届三次全会通过的《关于加大新阶段扶贫开发工作力度的决定》对鳏寡孤独、因病因残丧失劳动能力的107.6万特殊贫困人口，通过建立和有步骤地实施特困群众救助制度的办法给予长期社会救助，10月，全省建立农村特困群众定期救助制度，按照属地管理和分步实施的原则，对100个一类扶贫重点乡镇因病、因残丧失主要劳动力的13.18万农村特困人员实施定期救助。贵州扶贫救济经常性社会捐赠工作步入稳定发展阶段，共募集捐赠款1031.9万元，捐赠衣被130万件，其他捐赠物资折款30.3万元。社会捐赠接收工作站、点数增至652个。2004年8月，省政府办公厅下发《关于进一步做好农村特困群众救助工作的通知》，要求突出重点，逐步推进，农村特困群众救助工作开始启动。贵州农村当年低于当地最低生活水平的各类特困家庭及其成员共有65万户、195万人。其中孤寡人员13.9万人；因病、因残丧失主要劳动力，难以维持基本生活的有94.5万人；因灾害或其他原因造成家庭生活常年困难的各类人员有87.4万人。在特困群体中有近25万人长年居住在贵州最贫困的麻山、瑶山、乌蒙山、雷公山、月亮山等深山区和石山区，耕地少而贫瘠，缺水、缺电，交通不便。为确保这部分特困群体的基本生活，根据党中央、国务院"解决困难群众生产生活问题"和中共贵州省委九届三次全会通过的《关于加大新阶段扶贫开发工作力度的决定》中，关于"建立和逐步完善农村社会救助制度，努力保障特困群众的基本生活"精神，全省各级民政部门对因病、因灾、因残致贫的农村特困户及"五保"供养对象进行排查摸底和登记造册，根据摸底排查结果，制定《贵州省建立农村特困群众救助制度实施方案》。方案从全省的实际出发，合理确定特困群众定期救助对象每人每年不低于200元的救助标准，规范救助对象的确定、审批、发放等程序。各级民政部门积极筹集资金，从10月份开始，按照属地管理和分步实施的原则，对全省100个一类扶贫重点乡镇因病、因残丧失主要劳动能力的24.6万农村特困人口实施定期救助，按每人每季度50元的标准发放第四季度的定期救助金。

2005年春节，中共中央总书记胡锦涛到贵州考察工作，强调"对那些丧失劳动能力的特困群众，要及时把他们纳入社会救济范围，通过建立健全社会救助制度，保障他们的基本生活"。3月下旬开始，贵州各级民政部门在全省范围内组织开展农村特困群众定期救助对象复查工作，切实摸清全省农村特困群众和各地农村社会救助工作进展情况，并及时将复查工作情况向省委、省政府作汇报。省委、省政府作出决定，提前两年对全省94.5万农村特困群众全面建立实施农村特困群众救助制度，由省财政从今年起按每人每年补助200元的标准将1.89亿元定期救助补助经费纳入财政预算并长期固定。在做好全面建立实施农村特困群众定期救助制度的同时，贵阳市根据自身实际，积极推进农村居民最低生活保障制度建设，市政府颁布《贵阳市农村居民最低生活保障暂行办法》，对享受农村低保待遇的条件，申请低保待遇家庭人口的认定，以及低保申请审核审批程序作出规定。2006年，全省各地在2005年全面建立实施农村特困救助制度的基础上，进一步加大工作力度，健全和完善农村特困救助申报

2010年6月，兴义军分区为岗乌镇受灾群众送食物

制度和审核办法，规范救助申请、审批、发放和监督程序，建立规范化的救助档案管理和救助对象家庭备案制度。全省共有农村特困群众92.66万人享受到定期救助，全省有578个乡（镇）实现农村特困救助金社会化发放。到2007年在全省全面建立和实施农村特困群众救助制度。对因病、因残丧失劳动能力，难以维持基本生活的困难群众，每人每年200元，给予定期救助，全省所需救助专项经费由省地县三级按4∶2∶4的比例分级负责筹集。是年，全省在巩固对100个重点乡镇农村特困群众实施定期救助的基础上，将救助范围扩大到50个扶贫开发工作重点县的二类乡镇。全省计划救助41.12万人，实际救助47.28万人，支出救助金5055.25万元，人均年107元。2010年，农村传统救济1.7万人，支出定期救济资金1.5亿元。2012年起，农村贫困群众救济逐步纳入城乡低保救助范畴。

二、农村"五保"供养

（一）分散供养

1980年，全省农村共有"五保户"5.17万余户、8.1万余人，多数"五保"对象得到保障，但有的公社和生产队由于遭受自然灾害等原因，对"五保户"安排不够落实，造成有的"五保"户实际处于生活无着的境地，甚至发生乞讨等现象。1982年，全省农村普遍实行家庭联产承包制，对"五保户"供给形式发生一些变化。有的社（乡）队（村民组）继续坚持集体供给的办法，由社（乡）队（村民组）统一提留，供给"五保户"粮食、菜金；部分社（乡）队（村民组）则分给"五保户"一份责任田，由亲友或他人代耕、包养。"五保"户的寒衣、棉被等仍由国家救济。是年12月9日，民政部发出《关于开展农村"五保户"普查工作的通知》，要求各地在1983年6月底前对农村"五保户"工作进行一次普查，要求做好对"五保"对象的登记、评定、颁发"五保证"，落实群众供养等工作。省民政厅于12月28日转发该通知，要求全省各地、自治州、市、县，在1983年3月中旬前搞好普查试点，取得经验，5月底完成"五保"普查。为促进"五保户"普查工作的进展，省民政厅于1983年2月22日召开各地、州、市和部分已搞完普查试点县民政局长会议，总结交流经验。全省87个县（市、特区、区）有39个县（市）已经开始试点，其中20多个县已全面铺开。开展普查的地方，经过对群众的宣传教育，提高认识后，落实"五保"对象的供养措施，改变社会风尚，群众反映较好。但全省还有40多个县（市、特区）未进行普查，为加快"五保户"普查工作，保质保量完成普查任务，省民政厅对如何加强领导、宣传工作和如何掌握政策等方面提出具体意见，要求各地贯彻执行。1983年，经过普查，全省农村符合"五保"条件的有6.13万户、7.36万人。其中老年人64937人，孤儿3974人，残疾4776人。集体供养的散居在群众中的"五保户"5.1万人，其中老人4.52万人，孤儿2679人，残疾3127人，集体供给折合金额254.58万元；亲友包养的1.67万人。1985年，全省农村有"五保户"6.29万户、7.61万人，其中集体分散供养的有4.95万人，供养金额307.1万元。民政部门予以救济的1.03万人，支出救济费99.8万元。春节期间，省民政厅组成两个慰问组，赴遵义、安顺两地区重点对"五保户"进行慰问。各地、自治州、市、县也分别组织慰问组慰问"五保户"，检查落实救济工作。

1986年，全省集体供养的"五保户"人数为5.14万人，占69%，供给金额332.8万元，人均64.7元。1987年，全省有农村"五保户"5.90万户、7.27万人。集体供养人数为5.23万人，供养金额350.1万元，人年均66.89元。国家支出"五保户"救济经费为125.9万元，比上年增加6.9万元。其中定期定量救济9529人，救济费61.4万元，人年均64元。1988年，全省有农村"五保户"6.02万户、7.3万人。1989年，全省农村有"五保户"5.97万户、7.34万人。集体供养4.72万人，占农村"五保户"总人数的64.3%。供养金额474.4万元，人年均100.3元，比上年增加13.1元。国家支出"五保户"救济经费为127.9万元，比上年增加8.2万元，其中定期定量救济9148人，支出救济费65万元，人年均71元。临时救济支出62.9万元。1991年，全省农村有散居"五保"对象5.86万户，7.22万人。其中老人5.49万人。集体供养4.9万人，集体供给金额766.64万元，国家给予定期定量救济 8831 人。1992 年，全省农村有散居“五保”对象 4.71 万户，5.73 万人，其中老人 4.55 万人。集体供养 3.83 万人，其中老人 3.41 万人。集体供给金额 535.79 万元，国家给予定期定量救济 7379 人。1993 年，全省共有农村“五保”对象 7.79 万人，其中分散供养 5.73 万人，年供养标准为 440 元。1994 年，全省农村有散居“五保”对象 4.89 万人属于集体供养，其中老人 4.40 万人。集体供给金额 1498.8 万元。国家给予定期定量救济的 7593 人。

1995 年，全省社会散居孤老幼残“五保”对象集体供养的有 6.72 万人，其中老人 5.41 万人，集体供给金额 2754.9 万元。国家定期定量救济 1.12 万人。农业人口中集体供养 6.01 万人，其中老人 4.88 万人，集体供给金额 2303.9 万元，国家定期定量救济 7585 人；非农业人口中集体供养 7078 人，其中老人 5306 人，集体供给金额 271 万元，国家定期定量救济 3622 人。在群众中进行分散供养的“五保户”，其经济来源主要有三种：一是集体提留款中开支一部分，二是受委托的抚养人或集体经济组织提供一部分，三是民政部门下拨的救济款中安排一部分。全省分散供养的“五保”对象和集体经济组织、受委托的抚养人签订“五保”供养协议率达 85%，其余部分虽未签订书面协议，但均有村委会和村民小组领导在场、供养双方承诺的口头协议。无论是书面和口头协议，自始至终都是供养双方享有权利，承担义务的行为准则，因此，在很大程度上保证了“五保”供养的落实。1996 年，全省共有农村“五保”对象 8.52 万人，分散供养年供养标准 601 元。1997 年，全省共有农村“五保”对象 8.93 万人。1998 年，全省共有农村“五保”对象 7.84 万人。

2001 年，全省农村“五保户”、贫困户定期定量救济费支出 262.25 万元。2002 年全省实行农村费税改革试点，取消“三提五统”，“五保”供养经费来源渠道改由从财政转移支付中解决。2002 年，全省纳入“五保”供养保障范围的“五保”对象 6.59 万人，其中分散供养 5.92 万人，分散供养全省年人均供养标准为 486.8 元，全省共筹集“五保”供养资金 3534 万元，其中中央转移支付 3240 万元，地县财政安排 294 万元。所筹集资金中，用于分散供养资金（实物）2882.5 万元。2003 年，全省有“五保”对象 13.95 万人，其中分散供养对象 9.05 万人。7 月，根据中共贵州省委九届三次全会通过的《关于加大新阶段扶贫开发工作力度的决定》精神，贵州省将解决农村鳏寡孤独对象生活困难问题纳入定期救助范围。2004 年全省有农村“五保”对象 12.02 万人，其中分散供养 10.61 万人，年人均供养标准 535 元。有 42 个县（市、区）做到按不低于 625 元的标准以现金形式供养“五保”对象。

2005 年，全省共有“五保”对象 10.94 万人，其中分散供养对象 9.79 万人。2005 年 6 月，省民政厅下发《关于切实做好全面建立实施农村特困群众救助制度工作的通知》，要求继续认真贯彻落实《省人民政府办公厅关于进一步做好农村特困群众救助工作的通知》，进一步规范农村“五保”供养，切实做到“应保尽保、按标施保”，确保财政渠道转移支付现金供养不低于每人每年 625 元。全省各级民政部门为适应农村税费改革后新形势下的“五保”供养模式，进一步完善农村“五保”供养制度，将落实“五保”供养经费、提高“五保”供养水平作为工作重点，狠抓落实。2006 年全省开展两次农村“五保”对象摸底排查工作。6 月，按照民政部统一部署完成农村“五保”对象一次性调查工作。10 月，再次对农村“五保”对象调查数据进行排查核实。经核查，全省共有农村五保对象 16.16 万人。全省分散供养标准平均达到 1429 元，比旧标准增加 622 元，基本接近全省上年农民人均消费支出指数 1552 元和农民人均收入指数 1887 元的水平。全省共落实“五保”供养待遇 10.60 万人，其中分散供养 9.92 万人。全年累计支出五保供养金 6774.20 万元，其中支出分散供养金 5798.28 万元。农村“五保”供养资金社会化发放工作逐步推开，全省 1543 个街道（乡镇），有 580 个实现农村“五保”供养金社会化发放，全省供养资金社会化发放率达到 40%。2008 年，全省共有“五保”对象 15.89 万人，其中分散供养对象 15.07 万人，分散供养水平 1153 元 / 年。全年共支出“五保”供养资金 14244 万元。2009 年，全省共有“五保”对象 14.77 万人，其中分散供养对象共 13.86 万人，分散供养水平 1175 元 / 年。

2010 年，全省共有“五保”对象 14.87 万人，其中分散供养对象共 13.84 万人，分散供养水平

1429元/年。2011年，全省共有“五保”对象13.88万人，其中分散供养对象12.06万人，分散供养水平1453元/年。2012年，全省共有农村“五保”对象12.9万人，其中分散供养对象共11万人，分散供养水平1515元/年。2013年，全省共有“五保”供养对象12.59万人，其中分散供养标准为1618元/人/年。2014年，全省共有“五保”供养对象11.70万人。

（二）集中供养

1975年年底，全省有敬老院70所，入院孤寡老人882户、953人。1978年，中国共产党第十一届三中全会以后，全省农村敬老院又逐步得到恢复和发展。1980年，贵州省人民政府批转省民政厅《关于提高农村五保户生活水平的意见》，要求各县（市）要“积极办好农村敬老院（或福利院）”，“已办有敬老院的县要认真总结经验，进一步办好，对五保老人创造一个舒适的环境。”1983年，省民政厅在《关于进一步搞好农村五保户普查工作的意见》中强调“五保户”供养可采取集中和分散供养的办法。到1984年，全省有39个县（市、特区、区）办有敬老院76所，收养“五保”对象706户、755人。其中贵阳市5所，入院41户、47人；六盘水市2所，入院29户、30人；遵义市35所，入院367户、400人；安顺地区15所，入院87户、90人；毕节地区3所，入院22户、24人；铜仁地区7所，入院84户、85人；黔南自治州4所，入院38户、39人；黔东南自治州4所，入院31户、33人；黔西南自治州1所，入院7户、7人。有的县敬老院未分农村和城镇，收养“五保”老人农村、城镇都有。

1985年，全省共有46个县（市、特区、区）办有敬老院101所，收养“五保”对象802户、817人。敬老院最多的是遵义地区，全区除余庆县外，其余12个县（市）都建有敬老院。贵阳市也达到每个区有一所敬老院。贵阳市白云区自1987年，投资60万元，全区5个乡都建起敬老院，收养60位“五保”老人，由乡政府按每人每月50—60元标准拨给生活费，社会各界给敬老院捐赠了冰箱、彩电等。1988年，全省有64个县（市、特区、区）办有敬老院147所，收养“五保”对象1037户、1067人。毕节地区和六盘水地区也实现县县有敬老院。1989年，全省有敬老院161所，收养“五保”对象1143户、1179人。供养金额22.3万元。每院平均供养7.1人，人月均15.6元。

1990年，全省集体办的敬老院有232所，床位2538张，收养“五保”老人1586户，1702人。入院人数占“五保户”总人数的1.9%。集体供养金额48.02万元，国家补助74.4万元。1991年7月9日，省政府办公厅转发省民政厅《关于大力发展敬老院的几点意见》。要求各地对“五保户”在逐年提高分散供养水平的基础上，“必须有计划有步骤地建立和发展农村敬老院”。“兴办农村敬老院以乡（镇）办为主，同时也可以村或联村合办，企业单位或个人也可以兴办。要贯彻‘依靠群众，依靠集体，民办公助，以养为主，民主管理，勤俭办院’的方针，坚持‘入院自愿，出院自由’的原则；敬老院的经费来源，坚持以‘集体和群众筹集为主，发动社会捐赠，国家给予适当的补助’。”乡（镇）人民政府应安排适当比例的公益金用于兴办敬老院。地、县财政每年应安排一定数量的社会救济费用扶持敬老院；要落实敬老院的供养措施。供养所需款物由乡（镇）人民政府统一筹集，统一管理，专款专用，不得挪用和拖欠。入院“五保”对象的生活标准不能低于当地群众的一般水平。敬老院的经费来源一是入院“五保”对象所在村组织按供养合同规定提供，二是乡（镇）财政或乡（镇）企业提供，三是建院时国家给予一定补助。是年起，省财政每年都安排农村救济款200万元，分拨各地、自治州、市、县，扶持兴办敬老院。1992年，全省共有敬老院703所，床位8442张，收养“五保”对象5474人，其中老人5506人。

1993年，全省敬老院发展到866所，床位10542张，收养“五保”对象6653人。集体供养金额226.4万元，年供养标准340.3元。院办经济收入165.7万元，贵阳市白云区和遵义市、清镇市、江口县、玉屏县实现乡乡（镇）有敬老院。各县在兴办敬老院过程中出现许多感人事迹，如清镇市政府实行以市统筹，以乡（镇）建院，先后筹集资金21万元，新建敬老院8所，加上原来的2所，共10所，实现了各乡（镇）都有敬老院。在敬老院内配有彩色电视机、洗衣机等。“五保”老人入院时，村民给老人戴上大红花，吹着唢呐，燃放鞭炮送行。遵义县乐山镇不盖办公楼，先建敬老院，筹集资金

罗甸栗木中心敬老院

12.5 万元，划拨土地 3 亩修建敬老院。镇政府为敬老院买电视机，为入院老人缝制新衣，还专门请厨师为老人做饭菜。与之形成鲜明对比的是镇党委、镇人大、镇政府、镇人武部的干部仍挤在几间旧房子里办公。乐山镇的人民群众说：“孤寡老人们住的房子比政府办公的地方洋多了。”1994 年，全省有 721 个乡（镇、街道）兴办敬老院 885 所，覆盖率达 47%。共设床位 11632 张，收养“五保”人员 6713 人（其中老人 6498 人）。集体供养金额 289.7 万元，人均月生活费 36 元。许多敬老院都逐步向经营性转变，创办了各种经营实体，全年院办经济收入达 115 万元，平均每所敬老院 1299 元，极大改善了“五保”老人的生活条件，愉快幸福安度晚年。1995 年，全省有 780 个乡（镇、街道）办了敬老院 932 所，设床位 1.24 万张，收养“五保”人员 6564 人（其中老人 6315 人）。集体供养金额 460.8 万元，其中全省有乡镇敬老院 436 所，收养“五保”老人 2908 人，集体供养金额 84.3 万元，服务管理人员 539 人。另外，民政部门还为“五保”老人定期定量救济，支出 196.3 万元，其中定期定量救济 98.7 万元。1996 年，贵州省集中供养年供养标准 829 元，共有农村敬老院 991 所，床位 13561 张。

2000 年，全省集中供养 6.38 万人，供养金额 5080 万元。2001 年，全省集中供养 5.79 万人，供养金额 4411 万元。2002 年，集中供养 6693 人，年人均供养标准为 973.4 元。2003 年，全省共有乡镇办敬老院 732 个、村办敬老院 111 个、民办敬老院 19 个，有床位 9144 张。供养对象 4642 人。2004 年 8 月 23 日，省政府办公厅下发《关于进一步做好农村特困群众救助工作的通知》，要求“对于农村五保供养对象，要按照国务院《农村五保供养条例》规定，将符合条件的及时纳入供养范围，给予定期救助，并通过救济、帮扶等措施，确保其实际供养标准不低于当地一般群众生活水平”“五保供养所需经费，各级要按照每人每年补助不低于 625 元的标准，从财政转移支付资金中统筹解决，确保落实”。部、省两级福利金共安排 295 万元（部 107 万元、省 188 万元）资助 31 个新建和改扩建敬老院项目。全省共有敬老院 862 所，床位数 9502 张，年人均集中供养标准 1346 元。

敬老院老人的娱乐生活

2006 年 10 月 9 日，省民政厅下发《贵州省农村五保供养服务机构建设基本规范（试行）》，明确提出全省农村“五保”供养服务机构建设的“十有”标准和“三无”要求。为加强敬老院管理，解决“重建设、轻管理”的问题，本着“建好一所、用好一所”的原则，全省各地积极开展以“抓入院人数，上规模；抓设施齐全，上档次；抓院务管理，上水平”的“三抓三上”活动，并对部分规模小、管理差、入住率低的敬老院进行撤并和改扩建，整合资源，使敬老院逐步向规范化、标准化、规模化的方向发展，改变了部分地方单纯追求数量，忽视建院质量的状况，敬老院硬件设施得到加强，服务功能与生活环境得到完善，“五保”对象的生活水平有很大提高。2006年，遵义市下发《遵义市星级敬老院评定暂行标准》和《遵义市星级敬老院评定暂行办法》，将敬老院评定分为三个星级，从规章制度、院办经济、建设规划等方面进行综合评定，细化工作标准，成效明显，得到民政部肯定。2008年，全省集中供养“五保”对象8176人，集中供养水平1790元/年。2009年，全省集中供养“五保”对象8831人，集中供养水平1920元/年。2009年6月18日，省民政厅联合省住房和城乡建设厅下发《关于做好农村“五保户”危房改造集中建房工作的通知》，要求各地切实摸清底数，做好规划，密切配合，共同做好农村“五保户”危房改造集中建房工作。全省共组织实施农村“五保户”危房改造集中建房项目239个，其中新建项目184个、改扩建项目55个，新增集中供养床位9181张，惠及农村“五保”危房户6624户。

2010年，全省集中供养五保对象1.02万人，集中供养水平2002元/年，共有农村敬老院893所，床位22677张，共配备管理服务人员1307人。从2010年开始，省级福利彩票公益金每年预算安排2000万元用于补助全省农村敬老院建设。2011年，全省集中供养水平2169元/年。共有农村敬老院967所，床位3.02万张。全年共支出“五保”供养资金19352.4万元。是年，省委省政府进一步加大对农村“五保”供养工作的重视和支持力度，将“全省‘十二五’期间新改扩建农村敬老院750所，新增床位6.5万张”纳入《贵州省国民经济发展和社会发展第十二个五年规划纲要》，并纳入省委、省政府组织实施的“十大民生工程”和“十六件民生实事”进行安排部署，全省共新改扩建农村敬老院180所，新增集中供养床位1.25万张。2012年，全省集中供养“五保”对象1.90万人，集中供养水平2211元/年。共有农村敬老院1026所，床位3.53万张。全年共支出五保供养资金21128.5万元。2012年全省共新建、改扩建农村敬老院139所，新增供养床位1.26万张。是年，省民政厅制发《贵州省星级农村敬老院评定办法（试行）》《贵州省星级农村敬老院评定标准（试行）》，全省开展以“关爱·责任·形象”（关爱“五保”对象、强化保障责任、树立良好形象）为主题的星级农村敬老院争创活动，推动敬老院“建设标准化、管理规范化、服务人性化”。在争创活动中，推动各地一是在硬件上创星。按照国家养老服务设施建设有关要求，敬老院做到布局合理、设施配套、功能完善，床位不少于40张，做到既有基本生活设施，又有基本生产娱乐设施。二是在管理服务上创星。做到管理规范、服务优质、床位得到充分利用，使“五保”对象老有所养、老有所为、老有所乐。在各级共同努力下，全省涌现出一大批设施完善、管理规范、床位率高的敬老院，很好地发挥示范带动作用。2012年，全省评定出首批107个星级敬老院。2013年，省级投资1亿元，各级投入3.4亿元，新建和改扩建150所农村敬老院，新增集中供养床位1.2万张，集中供养27481人，“五保”对象集中供养率达21.1%。全省“五保”对象集中供养标准为2501元/人/年。2014年，敬老院建设管理水平大幅提升。120所农村敬老院主体工程基本完成。“五保”对象集中供养率增至33.5%、敬老院法人登记率增至45%、床位利用率增至76.7%。“十二五”期间，省级财政每年预算安排1亿元用于补助全省农村敬老院建设。截至2015年年底，贵州省共有农村“五保”

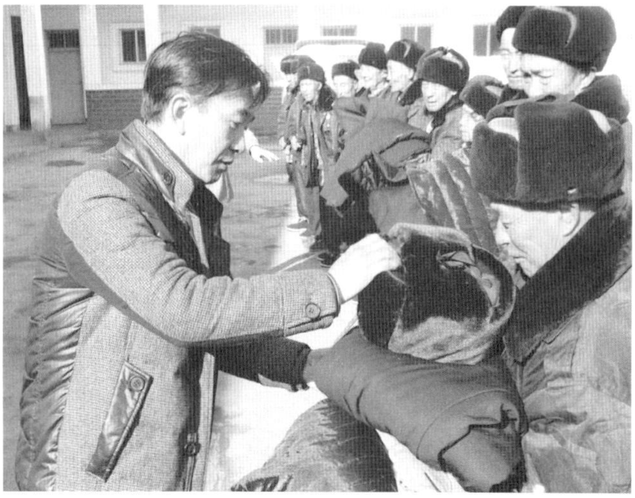

威宁自治县兔街乡为敬老院29位“五保”老人送去温暖

对象 11.12 万人，其中集中供养对象有 4.55 万人，集中供养平均水平达 7680 元 / 年、分散供养平均水平达 4978 元 / 年。

三、自然灾害救济

1984 年，贵州 86 个县（市、区、特区）均遭受程度不同的自然灾害，受灾的有 2965 个乡的 121983 个村民小组。受灾农业人口 1292 万人。农作物受灾面积 1642.5 万亩。因灾减产粮食 59790.5 万公斤，棉花 3.95 万公斤，油料 4448 万公斤，烤烟 1108.5 万公斤。全省因灾死亡 460 人，死亡大牲畜 37809 头，因灾倒塌房屋 11515 间，损坏民房 102936 间。灾后，各级政府认真贯彻“依靠群众，依靠集体，生产自救，互助互济，辅之以国家必要的救济和扶持”的救灾工作方针，积极组织群众生产自救，及时发放救灾款物，在保证灾区救济对象基本生活的前提下，扶持救济对象发展生产，增加收入。全年发放救灾款 2669.9 万元，救济粮 5000 万公斤，共救济灾民 91.1238 万户、497.7 万人。其中，用于口粮救济的 1571.8 万元，用于衣被救济的 98.3 万元，用于住房救济的 354 万元，用于抢险救灾和灾民转移安置的 13.7 万元，扶持灾民生产自救的 472.1 万元，其他 160 万元。各地民政部门在救灾、救济工作中，把过去单一的救济改变为救灾与社会保险相结合，动员农民积极参加社会保险。对无力支付保险金的贫困户，由民政部门垫支，一旦发生天灾人祸，由保险公司负责赔偿，使有限的救灾费发挥更大的效益。同时实行救灾与扶贫相结合，用部分救灾费扶持贫困户治穷致富，增强防灾抗灾能力。

1987 年，贵州旱灾、水灾、风暴灾、冰雹灾、病虫害等交错发生，尤以旱灾严重。因灾减产粮食 9.78 亿公斤，减产油料 0.669 亿公斤，死亡 617 人、大牲畜 3982 头，损坏民房 21.8 万间，倒塌民房 1.8 万间。成灾人口 1388.6 万人，其中，特重灾民 182.4 万人，重灾民 406.8 万人，轻灾民 799.4 万人。各级民政部门认真执行救灾的方针、政策，解决灾民的吃饭、穿衣、住房问题。救灾工作中，实行三项改革和试点：一是改革发放粮款办法，试行无息有偿救济；二是开展救灾合作保险试点；三是救灾扶贫互助储金试点。1987 年，全省共发放自然灾害救济费 4944.3 万元，其中，生活救济费 4027.6 万元，救济灾民 535.21 万人次。在广泛扶持的同时，省民政厅从自然灾害救济费中安排 540 万元，重点扶持 8 个多灾贫困县（特区）。其中，毕节 100 万元，沿河、盘县各 80 万元，紫云 70 万元，丹寨 60 万元，普安、剑河、罗甸各 50 万元。

1988 年，以旱灾为主的多种自然灾害频繁发生，属重灾年。农作物受灾面积 2976 万亩，占播种面积的 59.7%。成灾面积 1973 万亩，占播种面积的 39.6%。基本绝收面积 347 万亩。荒芜田土 48.11 万亩。因灾减产粮食 14.47 亿公斤，油料 0.92 亿公斤，烤烟 4393.17 万公斤，棉花 7.41 万公斤。受灾人口 1829 万人，成灾人口 1531.39 万人。其中，重灾民 497.63 万人，特重灾民 244.34 万人。因灾死亡 523 人，死亡大牲畜 9909 头，损坏民房 16.17 万间，倒塌民房 1.53 万间。当年，共拨自然灾害救济款 4630.6 万元，救济 132.91 万户，604.276 万人。救灾救济工作进行了以下改革：一是救灾粮款的发放工作由单纯靠国家无偿救济变为有偿借助与无偿救济相结合。全省有 54 个县（市、特区、区），265 个区，1265 个乡镇开展了有偿借助，发放有偿借助粮食 1104.5 万公斤，救济款 144.8 万元。至年底，已收回粮食 245.15 万公斤，救济款（包括部分粮食折款）250.83 万元。二是建立救灾扶贫互助储金会。全省有 9 个地、市（自治州），23 个县（市、特区、区），81 个乡镇建立了互助储金会 143 个，入会农户 3.49 万户。通过会员入股、集体资助、社会捐助、民政部门扶持，共筹集资金 80.62 万元，粮食 49.02 万公斤。储金会的建立，使群众增强防灾备荒、抗灾度荒能力。三是开展救灾合作保险。湄潭县在试点的基础上，对农房、耕牛、劳动力、水稻 4 个项目开展救灾合作保险。农房保险：投保 80399 户，房屋 8.98 万栋；耕牛保险：投保 56340 户，56300 头；劳动力 16.44 万个；水稻 28 万亩。共收保险费 15.16 万元。在执行保险过程中，劳动力死亡 12 人，耕牛死亡 16 头，农房损失 26

栋。3 项共计赔偿 2 万余元。

1989 年，旱灾、风雹灾和病虫害都有发生，特别是乌江、南北盘江、赤水河、清水江、牛栏江沿岸的县市较为严重。中央拨救灾款 5500 万元，地方财政安排 1032 万元，救灾化肥 2.91 万吨，汽油 3100 吨，柴油 7600 吨，购买救济粮 1.37 亿公斤，及时妥善安排了灾区群众的生产和生活。因受自然灾害得到救济的，有 751 万人。1989 年，全省共建立储金会 675 个，入会农户 10 万户，筹集资金 335 万元，粮食 330 万公斤。全省的储金会为村民办三件事：一是借出资金 37 万元，粮食 141 万公斤，帮助 26309 户受灾农户解决了吃饭、治病、住房等困难；二是有偿投资资金 111 万元，扶持 26670 户贫困户发展生产；三是办经济实体和服务项目 72 个，投入资金 25 万元。在搞好无偿救济、保证灾民生活前提下，全省 78 个县市、2400 个乡（镇）开展有偿借助，借助粮食 3426 万公斤，救济款 686 万元，帮助 50 万户、229 万灾民解决生产、生活困难。省民政厅、省财政厅、中国农业银行贵州省分行联合制定《贵州省救灾基金筹集使用管理暂行办法》下简称办法，使省、地、县三级建立救灾基金有法可依。该办法规定，将贵州各级政府年度预算中用于救灾专项经费的一部分，有偿借助的一部分，“双扶周转金”回收的一部分，救灾经济实体投资回报和利润分成资金作为救灾基金，用于安排灾民生产、生活，举办救灾工程项目或经济实体，有偿扶助农村救灾扶贫互助储金会和农村救灾合作保险等。年内，三级救灾基金已积累 1000 万元，增强各级抗灾救灾的调剂应变能力。全国农村救灾合作保险试点县之一的湄潭县，年内，劳动投保 15015 个，收保费 91436 元，覆盖面 8.9%；农房投保 32585 间，收保费 77672 元，覆盖面 87.3%；耕牛投保 15681 头，收保费 132794 元，覆盖面 28%。执行过程中，劳动力死亡 101 人，占劳动力投保数的 0.67%，理赔 22360 元；耕牛死亡 121 头，占耕牛投保数的 7.7%，理赔 40685 元；农房受损 76 户，占投保的 0.69%，理赔 16872 元，合作保险增加村民互助互济、抗灾救灾能力。年末，全县保险费盈余 20.7 万元，加上国家拨给的垫底资金，共有基金 91 万元，成为村民救灾理赔资金的“蓄水池”。

1990 年，贵州出现以旱灾为主的重灾年份，全省共支出自然灾害救济费 6073 万元。其中，民政部下拨包干经费 4500 万元，借支 1000 万元，地方财政自行安排 573 万元。用于购买救灾粮支出 5102.7 万元，救济灾民 642 万人；扶持灾民生产自救 372 万元，扶持 115600 户；有偿扶贫 238 万元，扶持 17099 户；用于抢险搬迁 60.7 万元，转移安置灾民 23137 人；用于接送外流灾民、运送救灾物资支出 36 万元。全省 9 个地、市（自治州），46 个县市建立救灾基金。总金额 2579 万元，其中，省级 700 万元，地、市（自治州）979 万元，县级 900 万元。增强了各级政府的救灾调节能力。全省有 72 个县（市、特区、区）建立农村救灾扶贫互助储金会 2232 个，入会农户 51.6 万户，筹集资金（含实物折款）982 万元，平均每个互助储金会有储金 4400 元。农村救灾合作保险有发展，投保 68.34 万元。

1991 年，全省先后发生水、旱、冰雹、滑坡、病虫、霜冻和梅雨等自然灾害；6 月中旬至 8 月上旬，全省降大雨、暴雨、大暴雨、特大暴雨，为清道光十一年（1831 年）以来的 160 年间未遇的特大洪涝灾害。23 个县市遭重灾。全省因洪涝灾害造成的直接经济损失折款 24.35 亿元，其中，人民群众直接经济损失折款 16.5 亿元，为全国八个重灾省份之一。是年，交通、铁路、农业、粮食、银行等部门互相协调，投入抗洪救灾的柴油机械 13 万台次，排涝 450 万亩，发放救灾水泥 25396 吨，木材 7139 立方米，钢材 9756 吨，汽油 9000 吨，柴油 11995 吨，化肥 39500 吨，煤油 540 吨，轮胎 10000 套，救灾资金 2.67 亿元，银行发放救灾贷款 2.69 亿元，保险公司赔付 1773 万元。同时，采用议销、借销、返销、借助、救济等形式，安排灾民生活。全省灾区共安排回销粮 3.5 亿公斤，议价粮敞开供应。绝收户每人每天救济 0.5 公斤口粮，一次性安排到下年春接夏粮。因灾毁损的房屋，采取自力更生为主、群众互助、民政部门重点补助的办法，恢复损坏民房 35 万间，修复倒塌民房 3.3 万间，发放自然灾害救济费 4343 万元，购救济粮 13.659 万吨，救济灾民 148.5 万户、668.34 万人。省、地、县救灾基金不断巩固发展，各地、市（自治州）、县都建立了救灾基金。全省有救灾基金 5780.22

万元。农村救灾扶贫互助储金会 4727 个，入会农户 67.58 万户，筹集资金 1447.06 万元、粮食 990.98 万公斤。农村救灾合作保险发展到 12.24 万户，投保 86.72 万元，已理赔 49.45 万元。省、地、县民政局分别成立救灾捐赠接收办公室，办理捐赠款物的接收和发放。全年共接收捐赠款 5846.63 万元，接收物资折款 1092.63 万元，粮票 27.925 万公斤，衣服 73 万件。

1992 年，民政部门认真贯彻执行国家关于“依靠群众，依靠集体，生产自救，互助互济，辅之以国家必要的救济和扶持”的救灾工作方针，坚持保重点的原则和“四公开、一监督”（政策公开、救济对象公开、救济标准公开、救济数量公开，群众监督）、挂牌救济等办法，深入灾区察看灾情，组织、指导灾民生产自救。省民政厅 5 次下拨自然灾害救济款共 5633 万元，全省购买救济粮 97190 吨，救济 152 万户、974.1 万人次，妥善地安排灾区群众生活，确保灾民没有发生非正常死亡、逃荒和疫病流行等现象，使灾区群众平稳地渡过灾荒。下拨 372 万元建房补助费，帮助 1991 年重灾地区 51 个连片建房点建房 8274 间，使 1843 户灾民在入冬前迁进新居。是年年末，全省救灾基金有 8115 万元，其中，省级救灾基金 1620 万元，地、县两级救灾基金 6495 万元。各级民政部门将救灾基金的投放使用与当地经济发展结合起来，扶持灾区群众发展种植业、养殖业、加工业及采矿业等。省民政厅投放救灾基金 1017 万元，扶持石阡、平塘等 13 个县（市）发展烤烟、粮食等生产项目，取得显著效益。石阡县借用省级救灾基金 70 万元发展烤烟生产，在该县增加投入和其他部门的支持下，当年增收烤烟 4.16 万担。农村救灾扶贫互助储金会发展到 6938 个，入会农户 267 万户，储积资金 2299 万元，粮食 1655 万公斤。开展农村救灾合作保险试点的湄潭县，投保达到 96173 户，投保金额 68.3 万元，理赔 52 万元。

1993 年，贵州自然灾害频繁。年内，省民政厅先后 4 次下拨自然灾害救济款 4980 万元，省、地、县财政安排救济粮差价补贴 2936 万元。共救济 151.33 万户、598.6 万人。是年，全省救灾基金大幅度增长。救灾基金的主要来源是：救济粮款发放中的有偿借助回收部分，投放“救灾扶贫周转金”回收的资金，扶持救灾扶贫经济实体（企业）的投放回收和利润分成资金，地方财政年预算投入，社会各界的捐赠款等。年末，全省有救灾基金 9633.5 万元。救灾基金有灾救灾、无灾扶贫，发挥了很好的社会效益。以应急解难、扶持灾民和贫困户发展生产、发展村级经济的农村救灾扶贫互助储金会发展迅速。年末，全省有互助储金会 9236 个，入会农户 145.4 万户，储积资金 3813.1 万元，储粮 1218 万公斤。1987—1993 年，储金会用于救灾 598 万元，救助灾民 25 万元，用于扶持贫困户安排生活 830 万元，搞生产自救 1891 万元，用于帮助群众应急解难 348 万元，用于其他 114 万元；储粮投放 1793 万公斤，帮助 96 万户灾民和贫困户克服了生活困难。

1994 年，民政部门共下拨自然灾害救济费 4780 万元，省、地、县三级拨救济粮差价补贴款 2236.5 万元。其中，用于购买救济粮 4.64 万吨，直接发放口粮款 682.11 万元，用于转移安置灾民和维修、恢复灾民住房 352.49 万元。发放救济棉被 2 万床，衣服 4.58 万套。发放社会募集、捐送的衣被 600.39 万件，其中，省外捐送的 394.41 万件，省内捐送的 205.98 万件，下拨捐赠款 258.98 万元。全年得到国家救济的共有 581.91 万人。

各地为滞留旅客、特别是返乡农民工发放食品

1995 年，贵州省获得拨款、贷款

7.421 亿元，其中，财政部和其他有关部、委拨款性质的救灾资金 3510 万元，资金调度增加 8000 万元，中国人民银行、中国农业银行、中国工商银行、中国建设银行贷款 6.2 亿元。为贵州省追加救灾柴油 1 万吨，救灾化肥 500 吨，救灾棉花 800 吨。在整个灾害救济中，坚持救灾分级管理，救灾经费分级负责的责任制，强化自然灾害救济费管理，实行救灾款物发放工作的“政策公开、救济对象公开、救济标准公开、救济数量公开、张榜公布、接受群众监督”的原则，使有限的救灾款物都用到灾区和灾民身上。1995 年，全省自然灾害救济费共计支出 9634.3 万元，其中，生活费救济支出 8755.1 万元，救济灾民 416.46 万人；扶持灾民生产自救支出 542.8 万元，扶持 10.42 万人；临时安置、转移灾民支出 336.4 万元，安置转移灾民 7.24 万人。民政部门在及时下拨自然灾害救济费的同时，遵照捐赠者的意愿和有关政策的规定，将在洪涝灾害期间省内外 353 个单位、165 万人以及国际友人、国际民间组织捐赠的 906 万元和价值 242.98 万元的衣物，全部转送、发放给受灾单位和灾区人民。是年，全省救灾基金积累 1.2 亿元。全省农村救灾扶贫互助储金（储粮）会 12648 个，入会农户 135.9 万户。储积资金 7681.6 万元，储粮 1319.7 万公斤。

1996 年是贵州的重灾年。国务院在资金和物资上对贵州省给予重点支持，拨给各项抗灾救灾资金 5910 万元，下达以工代赈、用于救灾的资金 2.72 亿元，增加贷款规模 5 亿元、资金 3 亿元，安排救灾化肥 6000 吨、柴油 1.7 万吨。年内，全省财政共安排自然灾害救济费 1461.95 万元。其中，省级 600 万元，地级 455.15 万元，县级 406.8 万元；安排救济粮差价补贴款 3001.65 万元。其中，省级 1205.5 万元，地级 1103.65 万元，县级 692.5 万元。全省自然灾害救济费支出 13809.8 万元，救济 502.87 万人次。其中，转移安置灾民支出 820.6 万元。灾民住房恢复重建支出 1271 万元，恢复灾民住房 61.44 万间，新建灾民住房 3.56 万间。用于衣被救济开支 691 万元，救济 619 万人（含部分捐赠衣被）。用于治病救济支出 184 万元，救济因灾伤病的人员 2.6 万人。年内，全省民政部门共接收捐赠款 3272 万元，接收捐赠救灾物资折款 1.84 亿元。其中，省救灾捐赠接收办公室接收捐赠款 2240 万元，接收救灾物资折款 1500 万元。年末，省救灾捐赠接收办公室累计安排下拨捐赠款 1685 万元。共安排灾民连片建房项目 135 个，建房 1.29 万间、24.38 万平方米，有 5036 户、2.26 万人受益。全省有 173 万户、695 万人得到衣被救助。是年，农村救灾扶贫互助储金（储粮）会发展到 13808 个，入会农户 168.27 万户，储积资金 10982.62 万元，储积粮食 1366.67 万公斤，分别比上年增长 9.17%、23.81%、42.97%、3.56%。储金（储粮）会用于救灾救济的资金 2759.16 万元，用于扶持灾民和贫困户发展生产的资金 2757.89 万元；用于解决灾民和贫困户生活困难的粮食 997.47 万公斤。

1997 年，国家民政部、财政部先后 5 次累计下拨贵州省自然灾害救济费 7950 万元，紧急调运 200 个救灾帐篷。贵州省坚持救灾工作分级管理、救灾经费分级负担责任制，落实地方自然灾害救济费预算指标和救济粮差价补贴款。省、地、县共安排自然灾害救济费预算指标和救济粮差价补贴款 5177.5 万元，地方财政安排自然灾害救济费预算指标 2036 万元（省级 638 万元、地县 1398 万元）；落实救济粮差价补贴款 3141.5 万元（省级 1205.5 万元、地县 1936 万元）。全省有 8 个地（自治州、市）、66 个县（市）列支“217 科目”经费预算和救济粮差价补贴款，除贵阳、安顺、黔东南自治州外，其余地、州、市、县级 100% 列支。地方各级救灾经费的投入，初步改变了单纯依靠中央和省财政拨款的状况。全省共落实救灾救济经费预算指标（含救济粮差价补贴款）14954.5 万元。其中，上年结转 1827 万元，中央下拨 7950 万元，省地县地方财政安排 5177.5 万元。到 11 月底，全省救灾救济经费支出 7161 万元。发放救济粮 5732 万公斤，350 万人得到口粮救济；紧急转移安置灾民 8.3 万人；恢复农房 39 万间；实施“民政安居工程”修建新村 152 处，受益 4574 户、19837 人。全省县以上城市广泛开展扶贫济困送温暖活动，共接收捐助衣被 681.4 万件，价值 8821 万元，其中大连、青岛、深圳、宁波对口帮扶城市捐助 623.01 万件，省内捐助 58.39 万件，接收捐赠款 1500 万元。捐赠款物已全部发放到灾民、贫困户手中，全省得到救助的有 380 万人。是年，农村救灾扶贫互助储金（储粮）会发展到15353个，储金（含储粮折款）1.5亿元，比上年分别增加1023个、4773.8万元，分别增长7.1%、46.7%。1998年全年，中央下拨贵州救灾救济经费10785.5万元，其中，自然灾害救济费6600万元，救灾捐赠款4185.5万元。全年省地县地方财政共安排救灾经费5028.17万元，其中，自然灾害救济费1930.52万元（省级700万元，地县1230.52万元）；救济粮差价补贴款3097.65万元（省级1205.5万元，地县1892.15万元）。全省救灾救济经费累计支出11786万元，其中用于灾民口粮救济6874万元，发放救济粮4.16万吨，救济246万人。用于灾民转移安置支出355万元，用于灾民住房恢复重建3401万元，用于衣服1002万元，用于治病救济154.1万元。是年，按照民政部文件要求，对全省救灾扶贫互助储金（储粮）会（简称双储会）进行全面清理整顿。撤销了1862个资金不足、违规运行的双储会，对3155个管理不善的双储会限期整改。经过清理和整顿，全省有双储会11974个，储金37640万元。1999年，落实救灾经费13922万元。其中，中央下拨自然灾害救济费7100万元，救灾捐赠款2108万元；省地县安排救灾经费4714万元。共支出救灾经费11133万元。各级严格坚持专款专用、重点使用的原则和政策公开、对象公开、标准公开、数量公开、群众监督的“四公开一监督”办法、充分发挥了救灾资金和物资的积极作用。结合救灾实施了186个灾民建房项目和32个敬老院恢复重建项目，建房2.7万间、44.48万平方米，为7582户、3.27万人解决了住房困难。

2000年，全年共落实救灾经费15587万元。其中，中央下拨自然灾害救济费和中国福利彩票赈灾专项募集资金8600万元。省、地、县三级财政安排救灾经费5432万元，救灾捐助款安排769万元。支出救灾经费12382万元，335万人得到救济。实施102个灾民建房项目和28个敬老院恢复重建项目。建房1.3万间、17余万平方米，为2830余户、1.28万人解决住房困难。根据中共贵州省委办公厅、省人民政府办公厅《关于转发〈省民政厅关于开展“扶贫济困送温暖”捐助活动意见〉的通知》，10月，全省开展“扶贫济困送温暖捐助”活动。共接收捐款6230万元，捐赠衣被88.4万件，价值1112万元。其中省直部门捐款247万元，捐赠衣被230件，捐赠其他物资折款53.97万元。2001年，全年共落实救灾救济经费1.78亿元（其中，中央下拨1.24亿元，省级安排1629万元，地州市县安排3766万元）。共支出救灾经费1.69亿元，救济灾民315万人。其中，灾民口粮救济9700万元，发放救济粮5.39万吨，灾民转移安置救济356万元，灾民建房补助1756万元。恢复因灾倒塌房屋2.2万间，恢复因灾损坏房屋12.51万间，治病和衣被救济686万元，并给各地调拨救灾帐篷1500顶，下拨棉被2.54万床、棉衣2.36万件，发放捐赠衣被586.9万件。全年共接收捐款181.4万元，捐助衣被649.9万件（其中对口帮扶四城市捐助衣被583.9万件），其他捐物折款556.2万元，救助120万人。2002年，全省共落实救灾经费18540.1万元（其中，中央下拨9000万元，省级安排2509万元，地县安排4193.6万元，上年结转2837.5万元）；累计支出救灾经费17588.34万元；发放救济粮8.94万吨，重灾区政府开仓借粮3.6万吨；发放衣被521.8万件，救助灾民417.5万人；安排建房点334个，建房2.9万间、61.5万平方米，受益0.97万户、3.97万人，确保了灾区群众的基本生活。

2010年，“6·28”关岭灾害临时安置灾民点之一

2003年，全省共安排救灾经费18354万元，其中，中央下拨9400万元，省级安排2409万元，地县安排5122万元。坚持专款专用、

重点使用原则支出救灾经费17685万元，发放救灾粮7.1万吨，下拨救灾衣被和捐赠衣物428.4万件（床），调拨救灾帐篷2500顶，救助灾民399.5万人。在重灾区推行“开仓借粮”、“借销”等措施解决灾民吃粮问题。组织3次社会捐助活动，为灾区募集捐款1031.9万元、衣被130万件。筹集资金3749.9万元为灾民建房2.8万间，受益0.96万户、4.1万人。

2010年，全年共投入自然灾害救助资金6.13亿元，救助受灾群众1150万人（次），其中，中央下拨3.48亿元，省级安排1.62亿元，地县两级投入1.03亿元。共调拨救灾帐篷3000顶、衣被15万件（床）；发放灾民口粮救助款17748万元、救助粮3.71万吨；下拨资金14578万元用于解决灾民临时饮水困难；紧急转移安置受灾群众52.7万人；投入资金20395万元用于因灾倒损民房恢复重建，恢复重建民房11.24万间，受益4.84万户。全省接收救灾捐赠资金29514.92万元，帮助灾区受灾群众解决恢复重建以及生活困难。

2011年，全省累计投入各类自然灾害生活救助资金13.7亿余元，省级下拨救灾衣被27.97万件（床），紧急调拨救灾帐篷5500顶，紧急转移安置受灾群众50.31万人，累计救助受灾群众837.07万人。

2012年，面对严重的自然灾害，各地按照预案要求及相关工作部署，做好备灾和灾害应急处置，扎实开展受灾群众应急救助、过渡性安置期间的生活救助以及民房恢复重建等工作。省财政厅、省民政厅下拨救灾资金9.61亿元（含中央补助），省民政厅向灾区调拨救灾帐篷3500余顶、救灾衣被12.8万余件（床）。全省共发放救助粮19.8万吨、衣被48.75万件（床）。紧急转移安置31.07万人（次），救助受灾群众673.71万人（次）。补助重建和修复因灾倒损农房5万户、13.35万间。

2013年，省财政厅、省民政厅下拨救灾资金61860万元，向灾区调拨救灾帐篷7520顶、救灾衣被10.25万余件（床）。全省共发放救助粮7.69万吨、衣被50.85万件（床）。紧急转移安置14.37万人（次），救助受灾群众379.1万人（次）。补助重建和修复因灾倒损农房15.2万户、46.3万间。

2014年，省财政厅、民政厅下拨灾害救助资金82761万元，其中，中央应急资金26900万元、春荒生活救助资金9100万元、冬寒生活救助资金36640万元，省级应急资金2291万元，冬春救助资金7830万元。地方各级投入救灾应急资金12300万元，发放衣被6.84万套，搭建帐篷4974顶，紧急生活救助45.67万人次，转移安置灾民和受灾害影响群众79万人次。全省投入恢复重建资金2.43亿元，开工建设因灾倒损房屋18852户、63626间，修复一般损坏房屋34149户、82787间。在全省全面实施政策性农房灾害保险，由省政府统一安排部署，采取“政府补助保费保基本，农户自愿参保保增量”的全新政策性保险模式。即由省、市、县三级政府安排资金提供基本保费补贴，统一为全省所有农户提供不低于1万元的农房灾害事故基本保险。

四、临时救助

2007年6月，民政部《关于进一步建立健全临时救助制度的通知》下发后，省民政厅及时将文件转发，要求各地结合本地实际认真贯彻执行，切实解决城乡困难群众因临时性、突发性原因造成基本生活出现的暂时困难。如贫困家庭因孩子考上大专院校交不起学费、书费、伙食费的；农村危房改造中农户已尽力出资自己必须支付的经费的，除享受低保外，仍无法正常生活的；遭受水灾、火灾等自然灾害，政府及时救助后，生活仍极度困难的等等，都需要临时救助。

2009年1月，贵州省十一届人大二次会议审议通过的《政府工作报告》明确提出要“建立健全临时救助制度，帮助低保边缘群体、低收入群体解决特殊困难”，为全省社会救助工作拓展新的思路和内容。

根据省人民政府的安排，各级民政部门在规范完善城乡低保制度的同时，建立临时救助制度。初步确定救助对象为：一是家庭成员中有人患危重疾病，在领取各种医疗保险、新型农村合作医疗保险、城镇居民基本医疗保险、医疗救助报销和其他社会帮困救助资金后，因个人负担医疗费数额较大，直接导致家庭基本生活难以维持的；二是家庭成员中有人遭遇车祸、溺水、矿难等人身意外伤害，在领取各种赔偿、保险、救助补助资金后受害者家庭基本生活仍难以维持的；三是因火灾等突发意外事件，造成家庭财产重大损失，导致家庭基本生活暂时难以维持的；四是因支付子女或法定赡养人非义务教育阶段教育费用，导致家庭基本生活难以维持的；五是其他临时特殊原因造成家庭生活特别困难的城乡困难家庭，经其他救助措施帮扶后，基本生活仍然难以维持的。临时救助的资金来源为：以政府财政投入为主，鼓励和引导社会力量和个人出资出力。各级民政部门可从留存的福利彩票公益金中安排一定比例应予临时救助。省级财政对各地给予适当补助。

2011 年 6 月，领到季节性粮食救助的农村低保老人

至 2010 年 12 月，全省 88 个县（市、区）全面实施临时救助制度。全省共支出临时救助资金 3868.9 万元，共对 54383 户困难群众实施了临时救助。其中贵阳市支出 157.5 万元，救助 1820 户；六盘水支出 53.02 万元，救助 364 户；遵义市支出 912.94 万元，救助 8339 户；安顺市支出 91.15 万元，救助 498 户；黔东南自治州支出 1737.7 万元，救助 20754 户；黔南自治州支出 128.8 万元，救助 2283 户；黔西南自治州支出 52.5 万元，救助 663 户；毕节地区支出 217.17 万元，救助 4787 户；铜仁地区支出 646.88 万元，救助 14875 户。

2011 年 6 月 30 日，习水县发放救助粮

2011 年 11 月，省政府办公厅下发《关于建立健全城乡困难群众临时救助制度的通知》，对临时救助的目标任务、基本原则、救助范围、救助标准、审核审批程序等做出详细规定，各地重新修订临时救助实施方案和细则。是年，全省共支出临时救助资金 5137.62 万元，其中省财政预算安排临时救助资金 1200 万元，市县两级财政预算安排 3525.17 万元、福彩公益金安排 303.49 万元、社会捐助 108.86 万元。全省共对 9.43 万户城乡困难群众实施了临时救助。2012 年，全省共支出临时救助资金 4859.61 万元，其中省财政预算安排临时救助资金 1200 万元，市县两级财政预算安排 3521.55 万元、福彩公益金安排 130.99 万元、社会捐助 7.06 万元。全省共对 71835 户城乡困难群众实施临时救助。2013 年，临时救助制度进一步完善，全年对 6.5 万人次城乡困难群众实施临时救助，支出救助金 3900 万元。2014 年，共实施临时救助 7.9 万人次。2013—2014 年冬春救助工作列入省委、省政府 2014 年保障和改善民生要重点办好的“十件民生实事”，全省投入救助资金 62747 万元，其中国家级 45600 万元、省级 7000 万元、市州级 1580 万元、县市区级 8567 万元，共救助 122 万户、379.13 万人，有效缓解受灾困难群众的基本生活困难。

第五节　住房保障

贵州通过实施民政减灾安居工程、农村危房改造、残疾人危房改造和城镇保障性安居工程，创造条件为贫困群众提供住房保障，逐步解决贫困群众住房困难。

一、民政减灾安居工程

贵州贫困群众住房普遍较差，住房困难的占贫困人口的三分之一以上，高山地区多数是土墙和茅草房，有的还居住在杈杈房和窝棚里。“灾与贫”紧密相连，成为贵州救灾救济工作的一大特点。在长期的救灾救济工作中，各级民政部门通过对救济对象类型的总结分析得出结论：在给予生活救济的灾民和贫困户中住房困难户占相当大的比例，相当一部分非生活救济对象一遇天灾人祸，也成为住房困难户。

从 1991 年开始，全省民政部门在保证灾民基本生活的前提下，开始进行群众自力更生、互助互济为主，多方筹集资金补助受灾户和住房困难户维修、改造和新建住房的探索。“八五”期间，全省新建修复灾民和贫困群众住房 67 万间，受益 16.75 万户、72 万人。其中新村点（连片住房）158 处，建房 2.1 万间 27.6 万平方米，受益 0.48 万户，2.16 万人。省民政厅在总结“八五”工作时认为，重点帮助灾民和贫困户解决住房问题的救灾救济工作思路符合贵州省情，提出在全省农村实施“民政安居工程”计划，并将其纳入《贵州省民政事业发展“九五”计划和 2010 年远景目标纲要》。民政安居工程实施对象是灾民和贫困户中的住房困难户，重点是“五保户”、特困户、重灾户。工作方针是群众自力更生，亲邻相帮，社会互助，政府给予政策扶持和适当经费补助。1996 年、1997 年，全省共新建修复灾民和贫困群众住房 95 万间，受益 23.75 万户、102.12 万人。其中新村点 368 处，建房 4.42 万间、66.46 万平方米，受益 1.12 万户、4.92 万人。

全省“民政安居工程”的实施，得到各级党委、政府的重视和支持，将其列为安排好群众生活、扶持到户的实事和重要措施来抓。省政府办公厅发出通知，就需要落实的各项优惠政策做出具体的规定。县（市）成立以分管民政工作的政府领导为组长、民政、财政、城建、土管、税务、银行、监察、审计等部门负责人为成员的“民政安居工程”领导小组，涉及的乡镇也相应建立领导机构，建立起分级负责的责任制。分片包干，任务到人，层层签订责任状。做到层层有人抓，户户有人管。

各地采取“几个一点”的办法（即群众自筹一点、亲邻相帮一点、村组拿一点、乡镇和县市政府各安排一点，救灾款和捐赠款补助一点），明确群众自筹资金和当地政府安排资金不少于总投资的60%，较好地解决资金问题。1991—1997年，全省用于修建新村投入10864万元，其中群众自筹5441万元，当地政府安排2249万元，救灾款补助2156万元，捐赠款补助3174万元。

江口县官和乡江溪屯新村

各级政府按照省政府规定，落实各项优惠政策。建房土地由当地政府统一划拨，并免收规划管理费、城乡建设费、设计费、配套费、土地管理费、耕地占用费等。林业部门允许就地就近从国有林、集体林中砍伐一部分木材用于建房，免收育林基金、工商税、特产税等。当地生产砖瓦、石灰、水泥等建筑材料的企业，其产品用于灾民和贫困群众建房的，以成本价供应。1991年以来，全省通过落实各项优惠政策，帮助“民政安居工程”的受益群众共节约费用1800万余元，户均1200余元，镇宁、黎平、剑河等县户均达1500余元。在实施安居工程的过程中，基层政府和基层组织的动员和组织社会捐赠、亲邻相帮、社会互助等活动。建房户向亲友和邻里借资金、献物料、义务投工，建房户之间互换物料、互换劳力。一些重灾乡镇、村（组）还把农村的能工巧匠组织起来，组成临时施工队，自带粮食，不要报酬帮助建房。共青团、妇联等群众组织和民兵组织，开展义务建房酬工活动。

江口县官和乡江溪屯新村全貌

“民政安居工程”项目由县（市）提出，书面申请（附图纸和地质论证等有关资料）报地、州、市审查、汇总，再报省批准后实施。实行统一规划，统一筹资，统一施工；落实“六定四到位”（即定对象、定补助标准、定建房面积、定施工质量、定完工时间、定建房负责人；领导到位、优惠政策到位、思想教育和宣传工作到位、当地政府补助和群众自筹资金到位）后，省民政厅才予批准，安排补助资金。每一个新村建设项目审批前，领导要亲自或派人到现场实地查看，一旦批准实施，定期督查、检查，加强指导，项目完工后，进行专项审计。每年经省民政厅批准的项目，纳入民政系统目标管理考核。

由于经费有限，各地在工作中坚持做到统筹规划，保证重点，分步实施。在项目安排上，先保重建点，再考虑改造；先保连片倒塌的房屋重建点和需紧急转移的安置点，再考虑存在隐患点和异地安置点；先保因灾倒房户中无自救能力的“五保户”、特困户、重灾户，再考虑其他住房困难户。建房经费坚持专款专用，不平均分配。补助标准根据当地房屋造价、群众自身承受能力、地方政府财力等因素确定。乡镇民政办公室建立专账管理，严格审批，按建房进度拨付使用。对于有偿还能力的住房困难户，通过借助予以扶持。对于可以自筹解决经费的住房困难户，予以政策扶持。

帮助贫困群众解决住房困难纳入《贵州省扶贫攻坚计划》，省政府工作报告内容。各级党政机关对上级部门安排的各项工作任务也非常重视。1997 年，全省地方财政安排自然灾害救济费和救济粮差价补贴款 4900 万元，是中央下拨救灾经费的 61.63%，9 个地、州、市和 66 个县（市）列支 217 科目预算经费，不少乡镇也安排了救灾救济专项经费。

“民政安居工程”的实施，为灾民和贫困户中的住房困难户解决了生产生活中的一大难题，使他们能集中精力发展生产，大大提高自我保障能力和自我发展能力。新建房屋由于科学选址、科学规划、科学施工，质量得到保证，加上多数是砖房或砖木结构房，大大提高了房屋抗灾能力，可保证“安居乐业”几十年，避免“倒房—建房—再倒房”的恶性循环。罗甸县罗羊乡平堡新村，采取“先治坡，后治窝”的移民搬迁方式，异地安置该县董王乡交足村灰洞和猫寨两个村民组居住在高山上，

2008 年 8 月，黔东南自治州农村安居房建设

不具备基本生存条件，在石头缝中抠粮食的50户235位极贫群众。1996年冬至1998年春，基层政府和民政部门组织村民开垦田200亩、土76亩，并全部种上了水稻和玉米，1998年收获粮食10万公斤，人均425公斤，实现当年开发，当年解决温饱。习水县三岔河乡大白塘村23户67名群众长期居住岩山区，以打猎、采药为生，生活极其艰难。大白塘“民政安居工程”经省民政厅批准立项后，县政府同时将其列为1997年“县长工程”，从县217科目中拨出7万元，动员和组织县城居民户捐款1万元，民政渠道补助12万元。当年安排，当年建成，当年搬迁。

在“民政安居工程”建成的这些新村点中，有140个就是通过对口帮扶贵州的深圳、宁波、青岛、大连四城市及香港世界宣明会、香港中国星火基金会等香港同胞的捐款建成的。深圳市的干部在实地考察纳雍县寨洛乡“民政安居工程”新村点后，再捐120万元，为纳雍县再建新村。2000年，全省实施100多个灾民建房项目和28个敬老院恢复重建项目，建房1.3万间、17余万平方米，受益2830余户、1.28万人。“民政安居工程”的实施，对贵州省农村社会救济制度、社会互助制度和救灾扶贫服务网络建立起到积极的推动作用。

二、农村危房改造

贵州农村危房改造始于2000年。省委、省政府指示，农村茅草房改造工作率先在经济条件较好的贵阳市试点，取得经验后，在全省贫困地区面上铺开。

2001年年初，贵阳市针对农村3万余农户仍然居住茅草房或危房的实际，市委、市政府决定举全市之力，率先在农村实施“茅草房和危房改造工程”（以下简称“改茅”工程），明确在“十五”期间全部解决农村贫困农户居住茅草房和危房的问题。3月29日，贵阳市委、市政府召开“改茅”动员大会，出台《关于帮助农村贫困户解决茅草房的实施意见》，分解了任务，明确帮扶的对象、资金筹措办法、施工安全、建房质量标准、验收程序和其他具体要求，明确规定必须坚持以农户自力更生、投工投劳为主，国家适当补助的原则，建房面积每户不得低于80平方米，政府每户补助4000元以上。“改茅”工程启动后，为防止出现优亲厚友、讲人情、拉关系等不正之风，选择“改茅”的对象基本上是长期居住在茅草房中的贫困农户。在审批程序上，各县（市、区）必须坚持“四要”：一要农户提出申请，自愿投工投劳；二要经过乡、村审批同意后报县（市、区）扶贫办备案；三要张榜公布实行民主监督和民主管理；四要对独生子女户和计划生育户实行优先考虑。“改茅”建房图纸统一由市建委提供，面积最低为50平方米，在实际操作中，根据家庭人口数量及筹资情况，面积可达80平方米。2001—2004年，贵阳市共完成“改茅”3.76万户，累计投入资金4.46亿元。其中，市级财政投入4968万元，市和各县（区）帮扶单位及社会各界投入8696.41万元，农户自筹3.09亿元。共建新房面积304.41万平方米，人均20余平方米，15万农村人口改善了居住条件。

2008年，在贵阳市农村“改茅”“危改”（农村危房改造）工程试点获得成功后，贵州省委、省政府启动全省贫困地区危房改造工程。是年年初，贵州遭受百年不遇的特大雪凝灾害，大量公共基础设施和农村住房受损严重。全国人大常委会委员长吴邦国、国务院总理温家宝、中共中央政治局常委、国家副主席习近平、国务院副总理曾培炎等先后到贵州视察，指导抗灾救灾工作。2月5日，温家宝在贵阳听取贵州省委、省政府工作汇报时，强调要把灾后倒塌、损坏房屋的重建和修复工作与推进农村危房改造工作结合起来，改善困难群众居住条件。根据中央领导指示精神，贵州省在积极开展恢复重建农村因灾毁损房屋的同时，即开始谋划农村危房改造工作。3月2日，成立省农村危房改造工程领导小组及办公室（简称领导小组、危改办），3月4日召开全省农村危房改造电视电话会议，安排部署前期各项工作。5月19日，中共中央总书记胡锦涛批示：“同意在贵州进行农村危房改造试点。要尽快做出规划，制定政策，开展工作，务求实效。”为认真贯彻总书记胡锦涛、总理温家宝的重要指示精神，贵州于2008年7月启动农村危房“万户试点”工程，试点改造10869户。中央和省

2007年，平塘县甲茶村民房改造中

级财政补助资金4.67亿元，市县两级匹配资金0.49亿元，共计5.16亿元。11月24日，省长林树森主持召开省长办公会议，研究对贵州最具地质灾害危险的2.65万户农房和69所学校实施搬迁事宜。2009年1月4日，省政府颁发《农村危房改造工程扩大试点实施方案》，共投入资金4.65亿元，对3.25万户危房进行改造。同时发布了《贵州省农村危房改造工程建设实施方案》。2月25日，省委、省政府召开全面启动实施全省农村危房改造工程动员大会，省委书记石宗源、省长林树森作动员部署，提出了明确要求，印发《中共贵州省委、省人民政府关于全面启动实施农村危房改造工程的决定》。至此，贵州农村危房改造工程进入全面实施阶段。4月22日，贵州举行"贵州省农村危房改造工程整市、县推进责任书签字仪式"，由省农村危房改造领导小组副组长、副省长辛维光与贵阳市、遵义市和黔南自治州政府签订责任书，要求3市（自治州）在责任书签订后12～18个月内完成全部8.3万户农村危房改造任务，在有条件的地方结合村寨整治实施危房改造。4月30日，省委办公厅、省政府办公厅印发《关于建立有关部门农村危房改造工程联系点的通知》，由200余个省级单位负责和部门分片定点负责全省88个县（区、市）的农村危房改造，形成多方齐心协力抓农村危房改造的局面。

2007年12月12日，长顺县危房改造项目

10月17—19日，中共中央政治局常委、国务院副总理李克强在贵州考察，在黔西南自治州雨樟镇并嘎村了解到在国家支持下，当地正在着手改造茅草屋时，叮嘱当地干部，住房是老百姓最基本的需求之一，一些困难群众的住房条件很差，甚至不能遮风挡雨，解决民生问题首先要着眼于解决群众最迫切的困难，要加快农村危房改造步伐，使群众住得安稳、住得踏实、生活改善。他在充分肯定贵州农村危房改

造工作取得的成绩时指出:“贵州以解决农村危房改造为重点的民生问题取得新进展,贵州的农村危房改造为全国提供了新鲜经验。”贵州省民族事务委员会于2006年安排少数民族建房资金304万元,为少数民族贫困县的986户危房户每户都新建一幢80平方米以上的砖混结构住房。2007年安排民族教育专项资金,在少数民族地区农村改造学校教学楼危房201间,为26所寄宿制初中民族班改造危房26间。2010年,安排农村危房改造资金300万元,帮助600户少数民族贫困户改造危房,全省累计完成60.17万户农村危房改造。2013年,全省累计完成192.48万户农村危房改造。2014和2015年,中央分别向贵州下达18.9万户和28.7万户农村危房改造任务,贵州自加压力,各级财政匹配资金,充分发挥和协调各行业力量,有效组织实施,两年共完成70万户农村危房改造任务。

三、残疾人危房改造

为切实帮助贫困残疾人解决住房困难,进一步改善他们的生活状况,国务院从中央彩票公益金中,安排专项资金用于农村贫困残疾人的危房改造工作。2004—2013年,贵州省实施农村贫困残疾人彩票公益金危房改造项目,部分农村贫困残疾人住房条件得以改善。

2004年,贵州省残联制定《贵州省专项彩票公益金农村贫困残疾人危房改造项目实施方案》。同年,全省第一次农村贫困残疾人危房改造工作会议在六盘水市召开。2004年,中残联下达贵州省2004年度项目国家彩票公益金危房改造项目资金150万元,贵州省匹配资金150万元,地方财政资金和群众自筹资金427.48万元,当年中残联下达任务400户,实际完成655户。2005年,中残联下达贵州省年度项目国家彩票公益金危房改造项目资金55万元,贵州省匹配资金150万元,地方财政资金和群众自筹资金758万元,当年中残联下达任务400户,实际完成686户。2005年5月,全省第一次危房改造工作总结会在毕节地区召开。中残联教就部主任尚春英到会指导。2006年,省财政厅拨给省残联危房改造资金150万元,地方财政资金118万元,群众自筹资金438.9万元,任务数400户,当年实际完成529户。2007年度全省“残疾人事业专项彩票公益金农村贫困残疾人危房改造项目”是自2004年这项工作开展以来任务最多、每户补助资金最少的一年,绝大多数实施县是第一年开展这项工作,缺乏经验,同时又遭受雪凝灾害,时间紧、任务重、难度大、困难多。各项目实施县残联克服困难、因地制宜、精心组织、全力推进,不仅按时完成了危房改造任务,还总结了许多好经验、好做法。2007年,国家专项彩票公益金危房改造项目经费500万元,省财政匹配225万元,市、县两级配套资金共计585.208万元。全省共实施残疾人危房改造2605户,3500多名残疾人受益。

2008年中残联下达贵州省年度项目国家彩票公益金危房改造项目资金300万元,贵州省匹配资金176万元,地方财政资金397万元,群众自筹资金1287万元,当年中残联下达任务2000户,实际完成2040户。是年全省共完成农村贫困残疾人危房改造2042户,为中国残联下达任务数的102.1%,2409名农村残疾人直接受益。全省共投入农村贫困残疾人危房改造资金5794万元。其中中央下拨300万元、省级匹配176万元、市级匹配96万元、县级匹配718万元、乡(镇)、村投入65万元、社会捐助65万元(含物资折款)、群众自筹3595万元。2009年贵州省国家彩票公益金农村残疾人危房改造任务数为2000户,全省实际完成2094户,2310名农村残疾人直接受益。全省共投入资金7392.04万元。其中:中央和省下拨475万元,市、县乡(镇)村投入1031.9万元,社会捐助(含物资折款)44.8万元,群众自筹4654.45万元,群众投工投劳折合971.7万元,减免税收15万元。完成数占全年任务数的104.7%。从2009年开始,农村贫困残疾人危房改造统一使用残疾人人口数据库管理系统,管理更加规范。

2010年,下发《关于加强我省残疾人事业彩票公益金农村贫困残疾人危房改造“阳光安居工程”项目的通知》,对项目实施要求更加严格,县农村贫困残疾人危房改造项目领导小组负责项目检查验收,验收合格后,残联与项目实施对象按照协议办理交接手续入住新房,并在新房显著位置悬挂“彩票公益金资助——中国福利彩票和中国体育彩票”标识。验收不合格的，责令村委会限期重建或改建。省残联会同财政厅对项目执行情况进行阶段抽查与年度检查，并将检查结果予以通报。年终工作总结必须提供残疾人事业专项彩票公益金农村贫困残疾人危房改造“阳光安居工程”责任书、项目标识、登记表、年度执行报告等材料。2010 年，中残联下达贵州省年度项目国家彩票公益金危房改造项目资金 350 万元，贵州省匹配资金 175 万元，当年中残联下达任务 2500 户，实际完成 2501 户。

2011 年，投入危房资金 553.12 万元，完成 1083 户农村贫困残疾人危房改造，受益残疾人 1223 人。2013 年 7 月，省人民政府通过《贵州省农村贫困残疾人扶贫开发规划（2011—2020 年）》。8 月，省残联会同省住建厅联合印发《关于优先支持农村贫困残疾人家庭危房改造的通知》，在新一轮的农村危房改造中贫困残疾人将享受更加优惠的政策。最终有 10.69 万贫困残疾人得到扶持，其中 6.89 万人通过扶贫开发实际脱贫；接受实用技术培训的残疾人达到 1.37 万人次。康复扶贫贴息贷款扶持 454 户农村残疾人，585 个单位和 18442 个人对贫困残疾人开展结对帮扶。残疾人扶贫基地达到 134 个，安置 975 名残疾人就业，完成 2306 户农村贫困残疾人危房改造，各地投入危房资金 1,224.74 万元，3226 名残疾人受益。

2015 年，残疾人扶贫开发工作成效显著，贫困残疾人生产生活状况得到进一步改善。66958 名贫困残疾人得到扶持，其中 48120 人通过扶贫开发实现脱贫；接受实用技术培训的残疾人达到 11315 人次。完成 442 户农村贫困残疾人危房改造，各地投入危房资金 445.3 万元，637 名残疾人受益。

第七章　贵州试验

贵州省一直是全国扶贫开发的主战场。在长期的减贫工作实践中，立足帮扶贫困地区、贫困农民求生存，谋发展，发扬“不怕困难、艰苦奋斗、攻坚克难、永不退缩”的“贵州精神”，以开发式扶贫理念为指引，通过调动政府、市场和社会多方力量，构建了一个扶贫主体开放、扶贫领域开放、扶贫资源开放、扶贫方式开放的全方位开放式扶贫治理结构，探索出开放式扶贫的多种地方模式。“十二五”时期以来，特别是中共十八大以来，贵州省委、省政府认真贯彻落实习近平总书记关于扶贫开发的一系列重要指示精神，把扶贫开发作为贵州最大的民生工程来抓，创新机制、突出重点、整体推进，走在全国前列。习近平总书记在2015年6月18日《在部分省区市扶贫攻坚与“十三五”时期经济社会发展座谈会上的讲话》多次充分肯定贵州扶贫开发的做法。国务院副总理汪洋指出，贵州扶贫开发不是“盆景”，而是“风景”，许多经验和做法可信可行、可学可用、可复制可推广，可作为“样板”在全国推广。

第一节　先行先试的减贫实践

一、毕节“开放扶贫、生态建设”试验

20世纪80年代初，联合国有关专家到贵州省毕节地区喀斯特山区考察居民生存环境后，结论为此地“不具备人类基本生存条件”，建议中国政府大规模移民外迁。

毕节地区山高坡陡，河谷深切，地形破碎，土地贫瘠，可溶性碳酸盐岩分布面积达1.97万平方公里，占毕节地区国土总面积的73.5%。1978年中共十一届三中全会以后，全区经济迅速恢复发展，社会事业全面进步，但由于历史、自然、地理、人文等因素影响，20世纪80年代中期，该地区仍处于经济基础薄弱、社会发展滞后、农民生活贫困的境地，是贵州乃至全国农村最贫困的地区之一。

1988年6月9日，国务院批准建立中国第一个，也是唯一一个国家级“开发扶贫、生态建设”毕节试验区，立足毕节区情，以开发扶贫、生态建设、人口控制为减贫理念，为类似贫困地区经济社会发展探路，实施综合改革试验。

1988—2015年，毕节试验区开发与扶贫并举、生态恢复与重建并进、控制人口过速增长、提高人口素质并重，初步实现人口、经济、社会、环境和资源协调发展、科学发展。

2014年3月7日，“两会”期间，习近平总书记到贵州代表团参加讨论，关切毕节试验区的改革发展，谈及开发扶贫时，向贵州代表团念了1985年时任中共中央政治局委员、中央书记处书记习仲勋对新华社关于毕节地区赫章县农村部分农民缺粮断炊报道的批示：“有这样好的各族人民，又过着这样贫困的生活，不仅不埋怨党和国家，反倒责备自己‘不争气’，这是对我们这些官僚主义者一个

严重的警告！！！请省委对这类地区，规定个时限，有个可行措施，有计划、有步骤地扎扎实实地多做工作，改变这种面貌。”

2014年5月15日，习近平总书记在贵州省委上报的《关于毕节试验区建设发展情况的报告》上批示：“毕节曾是西部贫困地区的典型。毕节试验区创办26年来，坚持扶贫开发与生态保护并重，艰苦奋斗，顽强拼搏，实现了人民生活从普遍贫困到基本小康、生态环境从不断恶化到明显改善的跨越。全国政协、中央统战部和各民主党派中央、全国工商联长期支持，广泛参与，创造了中国共产党领导的多党合作助推贫困地区发展的成功经验，充分体现了社会主义制度的优越性。建设好毕节试验区，不仅是毕节发展、贵州发展的需要，对全国其他贫困地区发展也有重要示范作用。希望有关方面继续关心支持毕节发展，希望试验区进一步深化改革，锐意创新，埋头苦干，同心攻坚，努力实现人口、经济与资源环境协调发展，为贫困地区全面建成小康社会闯出一条新路子，同时也在多党合作服务改革发展实践中探索新经验。”

2014年6月24日，习近平总书记将中共中央办公厅呈报的《为加强贫困地区生态文明建设探路——来自毕节生态文明先行区的调研报告》批转中共中央政治局常委、国务院总理李克强，中共中央政治局常委、全国政协主席俞正声，中共中央政治局常委、国务院副总理张高丽阅，李克强、俞正声、张高丽分别做出批示。

2014年9月10—12日，中共中央政治局常委、全国人大常委会委员长张德江在贵州调研期间，深入毕节试验区指导工作。中共中央要求毕节试验区坚持扶贫开发与生态保护并重，进一步完善政策措施，加强贫困地区生态文明建设，促进人口、经济与资源环境协调发展，走出一条贫困地区全面建成小康社会的新路子。

2015年6月18日，习近平总书记在贵州省召开部分省市区党委主要负责同志座谈会，要求谋划好“十三五”时期扶贫开发工作，确保农村贫困人口到2020年如期脱贫。多年来，省委、省政府认真贯彻落实党中央重要指示精神，大力推进毕节试验区建设，走出了一条具有时代特征、贵州特色、毕节特点的扶贫开发新路，为全省同步小康建设积累了宝贵经验。

（一）做法

在省委、省政府的强力推动下，毕节试验区落实领导责任，做到精准扶贫，强化社会合力，加强组织领导，在扶贫对象、项目安排、资金使用、措施到户、因村派人、脱贫成效精准上想办法，出实招，见真效。

实施开发式扶贫，突出重点加大帮扶投入。创新产业扶贫机制。坚持把促进贫困农户增收作为中心任务，整合扶贫资金和涉农资金，发展马铃薯521.1万亩、特色经济果林313.5万亩、蔬菜360万亩、草地生态畜牧业120万亩、茶叶107.24万亩、中药材50万亩，将产业发展链接到农户、科技、合作社、教育培训、特色品牌、龙头企业、融资、基地、园区等九大发展要素之上，形成全产业链式的扶贫机制。创新教育扶贫机制。把教育作为拔穷根的治本之策，大力实施教育“9+3”计划，实现农村学生营养餐计划全覆盖，到2016年基本普及12年基础教育。对“两后生”实行三年免费中职教育，对建档立卡的贫困户子女接受职业教育培训再给予每年1500元的补助。创新金融扶贫机制。深入开展信用农户、信用村组、信用乡镇等农村信用工程建设，对贫困农户使用小额信用贷款给予扶贫资金贴息和利率优惠、授信倾斜，信用等级越高，获得信用贷款额度越大，只要提供信用证和身份证，农信社5—10分钟就可办结一笔贷款。2014年，全市评定信用农户130多万户，农户小额信用贷款100多亿元。

实施参与式扶贫，发挥优势凝聚帮扶力量。从毕节试验区筹建开始，就在中国共产党的领导下，中央统战部协调民革、民盟、民建、民进、农工党、致公党、九三学社、台盟等8个民主党派中央、全国工商联、中央国家机关多个部委和试验区专家顾问组长期参与试验区建设，促成重大项目1100

个，引进各类资金1900多亿元，组织培训各类人才32.9万余人次，新建或改扩建各类学校近200所，组织实施“同心”五大工程，投入2.7亿元建成9个“同心新村”。2009年，北京“4·14”会议后，中央有关部委支持协调项目88项，涉及资金287亿多元。2010年，国务院扶贫办、农业部等17个部委和单位启动“威宁试点”，开展针对性的政策支持和项目扶持，2014年，威宁自治县实现了省内整县“减贫摘帽”。随着形势的发展，中央统战部组织协调东部北京、天津、河北、辽宁、上海、江苏、浙江、福建、山东、广东等10省（市）党委统战部门，携手对口帮扶毕节的深圳市，长期坚持不懈地参与支持试验区建设，形成了各民主党派中央、全国工商联和中央有关部委参与，凝聚各方力量长期支持，实现多重优势叠加，统一战线服务贫困山区科学发展的“毕节模式”，彰显了中国共产党领导的多党合作和政治协商制度的巨大优越性。

实施制度化扶贫，强化责任，形成帮扶合力。强化定点联系机制。建立市、县、乡党政“一把手”负总责的“集团帮扶”责任制，推行领导定点联系扶贫工作制度，将机关单位定点帮扶贫困乡村和干部职工结对帮扶贫困户制度化。3个省级领导定点联系帮扶毕节的3个贫困县、3个贫困乡镇，20个市级领导联系、110个市直部门帮扶20个一类贫困乡镇，232个县级领导联系、765个县（区）直部门集团帮扶173个贫困乡镇，不脱贫、不脱钩。实行帮扶到村机制。通过瞄靶子、梳辫子、结对子、理路子、想法子、找票子、甩膀子、强班子、凑份子、造册子的“十子工作法”，确保扶贫资源真正用在扶贫对象上。按照“一村五人”的安排和“一人驻村、单位全员帮扶”的原则，选派2197个扶贫工作队、11058名干部开展驻村帮扶，并按每村2万元标准建立帮扶资金，配套安排食堂、宿舍，使工作队员住得下，生活的安稳，不“走读”。建立内生发展机制。把扶贫开发同基层组织建设有机结合起来，加快乡镇党委书记、村支部书记、农村致富带头人“三支队伍”建设。威宁自治县658个村支部，用近4年时间调整了526个支部书记，选拔有本事、有热情、能带领群众致富的“能人”。

实施精准化扶贫，创新机制提高帮扶成效。明确识别标准。对贫困户的识别，坚持以农户收入低于2300元国家扶贫标准（2010年不变价）为基本依据，综合考虑农户住房、健康、教育等情况；对贫困村的识别，按照贫困发生率高于27%，农民人均纯收入低于全省平均水平的70%，村集体无经济收入的标准执行。威宁自治县迤那镇采取的“四看法”（一看房、二看粮、三看劳动能力强不强、四看家中有没有读书郎）并用百分值识别贫困的办法，因实际效果好、群众认可度高，在全省范围内进行推广，得到了习近平总书记、汪洋副总理的充分肯定。规范识别程序。按照公开、透明、公正的原则，识别出贫困村1981个、贫困人口167万人，做到户有卡、村有册、乡有簿、县有档、市有数据库。建立“谁审批、谁负责”的权责匹配制度，按照“乡镇申报、县级审批、乡村实施、乡镇初检、县级验收、乡级报账”的原则，实现规范统一的项目资金“七流程、十步骤”动作流程。加强督查监管。对立项审批、资金拨付、监管验收、绩效评估等重点环节实现有效监督，着力推进“制度+科技”监管模式，建立县级扶贫项目库，推行项目乡村公示、“民生项目监督特派组”和第三方评估制度。完善信息系统，对扶贫项目和资金实行全流程监控、信息化管理。

（二）成效

20世纪80年代，毕节是贵州水土流失最严重的地区，也是全国最贫困的片区之一。突出表现在：一是经济实力极弱。1987年，全区人均工农业总产值只有288.9元，仅相当于全省平均水平的54.7%、全国的22.9%，8个县中有5个属国家级贫困县，人均产粮不到200公斤，每年需国家调配1.5亿公斤粮食予以救济。二是人民生活极贫。按当时贫困标准，尚有315万人未解决温饱问题，占总人口的56%，农民人均纯收入226元，仅为全省人均的52.9%、全国的38%。三是人居条件极苦。有147万人和120万头牲畜饮水困难，群众大多住茅草房，甚至是用树枝简单搭起的“杈杈房”，人畜共居，环境脏乱。四是生态环境极差。陡坡开荒严重，垦殖指数高达46.4%，森林覆盖率仅14.9%，水土流失面积占总面积的52.6%，侵蚀模数高达4927吨/平方公里，裸石山地230多万亩。毕节成为全省解决贫困问题和生态问题最难啃的一块“硬骨头”。

试验区建立以来，在党中央、国务院的亲切关怀下，在国家有关部委和统战系统的大力支持下，毕节试验区干部群众艰苦奋斗、顽强拼搏，整个试验区发生了翻天覆地的变化，实现了“两个跨越”。第一个跨越，是人民生活从普遍贫困到基本小康的跨越。1988—2014 年，生产总值增加了 53 倍，城镇化率从 6% 提升到 33.9%，农民人均纯收入从 226 元增加到 6223 元，贫困人口减少了 522 万人，人民生活质量和水平大幅提升。第二个跨越，是实现了生态环境从不断恶化到明显改善的跨越。森林覆盖率从 14.9% 提高到 46.23%，治理石漠化面积 2406 平方公里、水土流失面积 9060 平方公里，人口自然增长率由 19.91‰下降到 6.04‰，人与自然环境矛盾突出的问题得到基本解决。这“两个跨越”，突破了毕节发展严重滞后、生态日益恶化的“恶性循环”，实现了综合经济实力和人民生活水平的大幅上升，把毕节推向了全面小康建设的“快车道”。

经济实力大幅提升。生产总值从 2011 年的 601 亿元增加到 2014 年的 1266.7 亿元，固定资产投资从 2011 年的 452 亿元增加到 2014 年 2061.3 亿元，财政总收入从 2011 年 127.6 亿元增加到 2014 年 357.6 亿元。建成 12 个工业园区、27 个省级和 33 个县级现代农业科技示范园，云南力帆、重庆兴国等一批工业优强企业落户毕节。

城乡面貌日新月异。黔西北城市群和小城镇建设加快发展，新增城市新区面积 108.67 平方公里。“四在农家·美丽乡村”全面推进，完成 90 万户农户院坝和 124 万户连户路“两个硬化”工程，被刘云山称赞为“连心路”、“连富路”。

生态建设加快推进。森林覆盖率 2014 年比 2011 年提高 6 个百分点，完成营造林 451.8 万亩。治理石漠化和水土流失力度进一步加大，水土保持良好，主要污染物排放逐年下降，环境空气质量达到二级以上，百里杜鹃国家森林公园森林覆盖率 2014 年高达 80%，成为国家 AAAAA 级景区。

纳雍县不断加大天然林保护力度，森林覆盖率得到了大幅度提高，林业的生态环境建设取得实效

生活水平明显提高。2011—2014 年改造农村危房 54.68 万户，扶贫生态移民搬迁 1.2 万户，建成“黔西北民居”92 万套，昔日茅草房难觅踪影。减少农村贫困人口 144.46 万人，3 个县、125 个乡镇“减贫摘帽”，农民人均纯收入增加了 3449 元。曾经“苦甲天下”的赫章县海雀村，如今林茂粮

丰、生机勃勃，成为西部地区扶贫开发的一个范例。

社会事业全面发展。2014年实现教育“两基”全覆盖，建成学生宿舍和教师周转房195万平方米。乡乡有文化中心、敬老院，村村有卫生室、图书室。新型农村合作医疗参保率99.7%，率先在全省统一了城乡居民医保标准。赫章县实行医疗兜底的做法，副总理汪洋认为具有很好的示范意义，值得认真总结。

基础设施显著变化。铁路、高速公路路网框架基本形成，成贵铁路加快建设，公路里程 2.8 万公里，基本实现乡乡通油路、村村通公路，县县通高速公路、村村通水泥（油）路。飞雄机场建成通航，年客流量突破 37 万人次。建成瓦斯电站 44 个、风力发电基地 8 个。解决 400 多万农村人口饮水安全问题，夹岩水利枢纽工程建设加快推进。

（三）经验

毕节试验区坚持“开发扶贫、生态建设、人口控制”三大主题不动摇，把探索贫困地区全面建设小康之路作为历史使命，坚守发展和生态两条底线，以时不我待的担当精神，努力推动人口、经济与资源环境协调发展。

定准目标，坚持全面小康与扶贫开发两大使命同步。在全面建设小康社会中，不让贫困群众掉队，是贫困地区共同面临的迫切问题。毕节从“决战贫困、同步小康”的高度，深入推进以县为单位开展的同步小康创建活动，通过扶持生产和就业发展一批、移民搬迁安置一批、低保政策兜底一批、医疗救助扶持一批，集中力量大力实施结对帮扶、产业扶持、教育培训、农村危房改造、扶贫生态移民、基础设施“六个到村到户”。对有劳动能力的贫困户实施开发式扶贫，扶持发展山地特色农业，有针对性地进行技能培训和创业培训，确保培训一人、就业一人、脱贫一户；把居住在深山区、石山区的群众搬迁到产业集聚区、生活方便区，引导农村人口向城镇合理集聚，统筹解决好低保、医保、养老等社会保障问题；对无劳动能力的贫困户实施救助式扶贫，不断提高最低生活保障水平，完善低保标准增长机制。农村“五保”对象的生存状况不仅涉及民生，而且关系社会管理，毕节多措并举，破解建设资金、管理服务等难题，积极探索农村敬老院建设“六化模式”，即组织化保障、多元化筹资、标准化建设、规范化管理、人性化服务、自助化发展，其成功经验在全省推广运用。

选好产业，坚持加快发展与生态保护两条底线同守。毕节是贫困地区，群众思发展盼发展的愿望强烈。同时，毕节又是生态环境脆弱敏感地区，是长江、珠江上游生态安全屏障，承担着维护区域、国家生态安全的战略任务。毕节坚持扶贫开发与生态保护并重，既要金山银山，更要绿水青山。从生态治理入手，发挥山地气候多样、立体生态优势，念好“山字经”、打好“生态牌”，建设了一批无公害绿色有机农产品基地，在全国率先探索创建“山顶生态林戴帽子，山腰经果林系带子，坡地种绿肥铺毯子，基本农田收谷子，多种经营抓票子”的“五子登科”生态经济发展模式。高起点、高标准、高水平建设煤电精深加工基地，推动“黑色煤炭、绿色开发、就地转化、吃干榨尽”。以产业园区、标准厂房建设为平台和路径，着力发展新能源汽车、新医药、新材料、电子信息等战略性新兴产业，使工业逐渐由弱变强，发展方

百里杜鹃风景区位于贵州省毕节市大方县、黔西县交界处

式发生重要转变。发展服饰、食品、烟酒等劳动密集型特色轻工业，推动传统产业生态化、特色产业规模化、新兴产业高端化。突出推进服务业集聚发展和文化旅游深度融合，以百里杜鹃、织金洞、草海等精品旅游景区为龙头，着力塑造“洞天湖地、花海鹤乡、避暑天堂”的品牌形象，将旅游休闲产业发展成为振兴区域经济、富裕一方百姓的支柱产业。

夯实基础，坚持交通网络与城镇建设两个工程齐抓。基础设施特别是交通设施建设滞后，是制约毕节发展的重要因素。毕节紧紧扭住交通、水利、城乡等基础设施建设不放松，持之以恒开展攻坚，积蓄长远发展能量。破解交通、水利瓶颈，以改革的办法，创新交通基础实施建设投资融资模式，多渠道筹集资金，推进构建高速公路、铁路、机场为核心的立体交通网络，变黔西北交通末梢为川滇黔渝区域枢纽。开展骨干水源工程、引堤灌工程和地下水（机井）利用工程水利建设“三大会战”，加快构建以夹岩大型水利枢纽工程为龙头的供水保障体系，基本解决农村饮水安全问题。探索以人为核心的山地城镇化模式，推动路网先行、设施配套，促进产城一体、发展壮大中心城市，建设城市综合体和特色小城镇，打造城乡统筹发展平台，提高城镇辐射带动能力。以致富田园、绿色庭院、特色庄园、文化乐园、和谐家园“五园新村”为载体，深入实施“四在农家·美丽乡村”基础设施建设六项行动计划，实施小康水、电、路、讯、房和优美环境综合治理，切实改善农村基本生产生活条件。从人民群众最关心、最迫切的问题入手，采取“一事一议”的办法，加快农户院坝和连户路“两个硬化”建设，闯出了一条决策体现群众发展诉求、建设体现群众主体力量、工作体现群众路线方法的新农村建设之路。

鼓足干劲，坚持改革创新与构筑“精神高地”两大动力并进。贫困地区发展既不能固守旧的条条框框，也不能照搬发达地区模式，必须解放思想、实事求是、大胆试验。毕节坚持用改革的办法解决前进中的问题，按照“超前探索、先行先试、封闭运行、大胆创新”的思路，开展土地流转试点、农村产权制度改革、小城镇综合改革、国有林场体制改革、农村金融体系改革、农民讲师团、三级联动视频接访、以民生项目监督特派组为突破口的基层纪检监察体制改革等50多项改革试验。发挥统战系统参与试验区建设优势，引进优势企业、实施重点项目、促进跨越式发展。推进招商引资和招才引智，探索承接产业转移利益共享机制，推进东西部共建产业园。同时，毕节人民始终不甘落后、始终艰苦奋斗、始终坚韧不拔，以良好的精神状态攻坚克难、努力奋斗，积小胜为大胜，塑造了凝心聚力、苦干实干、攻坚克难、勇于争先的“威宁精神”。在改革试验中，涌现了很多感人的事迹。比如，带领乡亲植树造林、脱贫致富而鞠躬尽瘁的焦裕禄式好干部赫章县海雀村老支书文朝荣，通过石漠化治理种植中药材，带动群众致富的大方县羊场村“药王”蒋云明。

附 1：整村推进典型——海雀村

1986年前，风沙肆虐着海雀村。彝族党支部书记文朝荣响应政府“要想富，少生孩子多栽树”的号召，带领群众植树造林，绿化荒山，连续奋战3个冬天，造林11600多亩。1995年，海雀村被评为“全国绿化千佳村”。文朝荣带领村民加强林地管护，使有林地增加到12800多亩，森林覆盖率由1985年的5%提高到2015年的70.4%。

海雀村党支部、村委会从本村地处高海拔山区的实际出发，推广地膜覆盖栽培技术和使用杂交玉米良种、发展脱毒马铃薯，玉米亩产由200～300斤提高到500～600斤；脱毒马铃薯亩产由1500斤增加到3000多斤，全村1870亩土地，靠推广科学栽培技术和使用良种，实现产量翻番。

海雀村党支部、村委会发动群众寻找治穷致富门路，山区适合发展畜牧业，当地苗族、彝族农民有饲养家畜的习惯和技术，全村实现猪、牛、羊大发展，牛存栏272头，户均1.3头；存栏猪840多头，户均4头；存栏羊480多只，户均2.3只。种植中药材半夏100亩，亩产值4000元。林下种植中药材茯苓，发展核桃等果树。鼓励青年走出大山，全村80多人外出安徽等地打工，人均月收入2000多元。

2006年，村党支部、村委会带领村民建设生态文明新村，有110户建起了沼气池；5个村民组中有2个通了公路，硬化了5公里串户路；实施水改工程，清洁水流进了家家户户。全村农户都用上了电，彻底告别了点煤油灯的历史。全村有190户全部住进了文明家园。几栋破烂不堪、摇摇欲坠的杈杈房、茅草房是党支部、村委会特意保留下来，教育干部群众珍惜幸福生活，建设生态文明家园。

赫章县海雀村种植的半夏

海雀村在村党支部书记文朝荣的带领下，实施整村推进扶贫开发，打破了“经济贫困、人口膨胀、生态恶化”的恶性循环，经济社会实现健康、协调、可持续发展。全村人均年收入从1985年的33元，增加到2015年的6810元，超过全县平均水平；1985年一年辛劳不够半年粮，2015年发展到人均占有粮食395公斤，已越过温饱，迈向小康。海雀村党支部被评为“全国先进基层党组织”。文朝荣被中中中央宣传部表彰为“时代楷模”，被中共中央组织部追授“全国优秀共产党员”称号。

海雀万亩林场

附2:“五子登科”治理水土流失

“九山半水半分田”的毕节地区，毁林开荒、毁草开荒、陡坡开荒、生产到顶（山）情景随处可见。不少喀斯特山区原本十分稀缺的泥土冲刷殆尽，岩石裸露，石漠化步步紧逼。从1959年到1979年的21年间，全区平均每年冲毁耕地11万亩，以后水土流失愈演愈烈，自然灾害频繁，比较突出的1982年，全区粮食作物受灾340万亩，其中，冲毁耕地26.57万亩，粮食减产5亿多斤，受灾农户31.1万户，占总农户的三分之一，因灾死亡220人，房屋倒塌1万多间、损失牲畜1万多头。干部群众渐渐醒悟：人剃山头，水毁地头，人与自然对抗，遭到自然报复。中共毕节地委书记禄文斌深入偏僻山区调查研究，看到不少溪河断流，河床一年比一年抬高，河滩上横七竖八地卧满石头；许多昔日浓荫蔽日的山头被剃得精光；20度、30度，甚至60度的陡坡也被开垦种粮；坝子上的田园被水打沙壅，留下滚滚乱石，堆堆沙丘。生态环境日趋恶化，农民靠救济过日子，国家每年调给毕节地区的粮食达2亿多斤。

毕节地委、行署正视农民面临生活无着的现实困难，倾听各民主党派中央、全国工商联派出专家、教授对试验区进行调查研究提出的建议，集思广益，逐步明确并统一了指导思想：生态建设不注重经济效益和社会效益，生态建设就不可能持久。必须考虑群众吃饭问题，既要考虑生态效益，又要兼顾经济效益和社会效益，才能促进粮食增产、农民增收、农村发展，恢复重建生态才有经济基础和群众基础。在作生态建设规划时，注意以短养长，长短结合，立足长远；在组织实施时，避免脱离实际、脱离群众的“一刀切”、简单化，不再强令农民把25度以上的陡坡地统统退下来，而是充分考虑农民的眼前利益和现实生活困难，允许林粮间作，林经套作，林草混作，先植树造林，逐步发挥保持水土的功能，实现“以退求进”的目的，一改过去“山上连年毁林开荒，山下连年恢复农田”本末倒置的做法，立足于“治好山上保山下，山下增收保山上”。结合毕节实际，明确提出“走自己的路，叫‘五子登科’”的水土流失综合治理方案。

“五子登科”生态建设模式是：山顶“戴帽子”：在35度以上的陡坡地上封山育林，植树造林，退耕还林，退耕还草，使山顶常青；山腰“系带子”：在25～35度的坡埂上，带状栽培刺梨、玫瑰、花椒等矮秆植物，营造生物墙，既能防止水土流失，又能较快地获取经济效益；坡地铺“毯子”：在15—25度的坡耕地上，横坡聚垄，绿肥免耕，保持水土，培肥地力；基本农田种谷子：在15度以下的基本农田上，推广杂交良种和地膜覆盖栽培技术，实行集约经营，弥补山上退耕减少的粮食；山下抓“票子”：发展以烤烟为主的经济作物和蔬菜、水果、药材、畜禽等产品的同时，发展以开发本地优势资源煤、铁、铅锌为主的乡镇企业，促进农村剩余劳动力就地转移，推动小农经济向商品经济发展。

“五子登科”生态建设模式是从毕节喀斯特山区实际出发产生的，兼顾生态效益、粮食生产、经济效益和社会效益，被广大农村工作干部和农民群众所接受，全地区每年植树造林以50万亩的速度向前推进。1988年按“五子登科”思路先行试点的毕节县（今毕节市七星关区）清丰村、何官屯等地，已山清水秀，林茂粮丰。到2015年，全市森林面积由1988年试验区建立时601.8万亩扩大到1935万亩，扩大3.22倍；林木蓄积量由872万立方米增加到2729.3万立方米，增加3.13倍；森林覆盖率由14.94%提升到48%，提升33.06个百分点。

附3：植树造林带头人——杨明生

金沙县平坝乡是大娄山脉与乌蒙山脉的交汇处，属典型的喀斯特山区。1984年以前，境内到处是荒山，年年遭旱涝。“再不种树，留住水土，大家都会饿死在石头山上！”平坝乡党委书记杨明生发出严重警告。他目睹年年植树不见树，山越来越秃，地越种越薄，粮越打越少，人越来越穷的景况，毅然决定辞官去农村种树。中共金沙县委组织部批准他“留职带薪”到农村植树造林。杨明生立下“军令状”：5年造林6000亩。

杨明生走村串户，游说“要想富，少生孩子多栽树”的道理。1985年11月，他组建了27户、127名苗族农民参加的高原营林生产合作社，制定了章程，实行“四统一分”双层管理：统一领导，统一规划，统一服务，统一管理，分户经营，自负盈亏。当年冬天，他带着妻儿，率领第一批入社的社员，冒着严寒，踏上挑战石漠化、绿化荒山的征程。

杨明生逐步摸索出适宜喀斯特山区植树造林的方法：根据每个石旮旯的特点，一窝一窝地种树，而不是一行一行地栽树，保留原有的灌木林、残次林，以利保持水土。每遇大雨过后，挨株察看，土冲薄了，及时培上。夏天，从几里地外提水浇灌。每户社员承包的山头他都跑遍，遇到困难逐一帮助解决，使合作社植的树成活率高达97%以上。6000亩造林任务，短短两年就完成了。

1987年，杨明生被评为贵州省劳动模范。1989年，杨明生被评为全国绿化劳动模范。同年，他当选为金沙县人大常委会副主任后，依旧留守山林，将主要精力用于带领村民继续植树造林。

林业生产周期长，见效慢。杨明生明确了“以短养中、以中保长、以长为本、林粮兼作、多种经营”的发展思路。短期发展粮食生产和养殖业，解决群众吃饭、花钱问题，同时培育社会造林所需商品苗木，发展金银花、香菇、竹荪等短期产生经济效益的种植业；中期以五倍子、杜仲、黄柏、生漆、泡桐等见效相对较快的经济林木为主；长期则大面积营造松、杉、水杉等林木。

杨明生率领高原营林生产合作社制定科学发展规划，探索积累经营管理经验，全体社员齐心协力，通过20多年艰苦奋斗，使裸露的234个石头山变成了连片森林，封山育林8000多亩，人工造林4.5万亩，森林覆盖率达75.5%，直接经济价值达数亿元。

良好的生态环境成了野生动物的乐园。在平坝乡林区，繁衍生息着国家保护珍稀野生动物白冠长尾雉、金钱豹、云豹、锦鸡、山猫、野兔、野猪等。

平坝乡大规模植树造林，森林涵养了水源，保住了土壤，调节了气候。1994年以来，再没有发生洪涝灾害，原来要到几里路外去找水喝的农家，家家户户直接引山泉水到家。家家户户建起了新房，许多家庭购买了彩电、洗衣机、摩托车、电冰箱等。

附4：多党合作治理贫困的试验田

毕节试验区从1987年筹建以来，在中央统战部的协调下，得到各民主党派中央、全国工商联的一致扶助和支持。

1988年，中央智力支边协调小组研究决定，由著名科学家、全国政协副主席、民盟中央副主席钱伟长率领各民主党派中央、全国工商联选派工业、农业、教育、医学、商业等多学科的专家、学者组成专家工作组，赴毕节地区深入调查研究，全面、系统了解毕节区情，立足毕节，着眼中国西部欠发达地区，面向未来，帮助制定试验区改革试验中长期发展规划。

由中共中央统战部牵头的8个民主党派中央、全国工商联、试验区专家顾问组，毕节试验区建立28年来，坚持与各级党委、政府和各族人民一道，共同实践中国共产党领导的多党合作和政治协商制度，把参与试验区建设作为多党合作的重要平台，充分发挥各自优势，广泛调动各方资源，形成多方联动、上下互动、共同推动试验区发展的格局。充分发挥政治优势，利用好反映情况的“直通车”，把服务毕节科学发展作为参政议政的切入点，及时将发展过程中遇到影响大、涉及面广、具有典型意义的重大问题，通过提案、议案等形式进行反映，与有关部门加强沟通，切实解决制约试验区发展的重点、难点问题。在参与试验区建设过程中，形成、加深了良好的政治互信关系，探索建立了一套高效、便捷、机动的联动工作机制。

各民主党派中央、全国工商联、试验区专家顾问组紧扣试验区“三大主题”，为试验区改革发展建言献策，促进了试验区各级干部和各族人民群众的观念更新，开发扶贫、生态建设、人口控制“三大主题”不断取得阶段性成就，为推动试验区人与自然、人与资源、人与环境协调、和谐发展、可持续和科学发展，做出了重要贡献，在实践中不断丰富了新时期执政党与参政党增强政治互信、团结合作、共谋发展的内涵，积累了新鲜经验，使多党合作、长期共同推进区域经济社会发展的“毕节模式”，成为中国执政党与参政党共同的宝贵财富。

2009年4月14日，中共中央在北京召开各民主党派中央、全国工商联出席的毕节试验区建设座谈会，全国政协副主席、中央统战部部长杜青林主持会议，中共中央政治局常委、全国政协主席贾庆林出席并讲话，指出建立毕节试验区是一个具有全局意义和长远眼光的重大创举。20多年来，毕节试验区坚持开发与扶贫并举、生态恢复与建设并进、人口数量控制与质量提高并重，取得了经济社会发展的重大成就。

毕节试验区充分发挥多党合作和统一战线在试验区改革发展中的作用，中共中央统战部组织协调各民主党派中央、全国工商联充分发挥智力密集、人才荟萃、社会联系面广的优势，为试验区改革试验建言献策，实现自然资源、社会资源、智力资源与政治资源的有机整合。中国共产党领导的多党合作与政治协商制度在毕节试验区的实践，成为执政党与参政党合作、共谋发展的生动实践，成为统一战线围绕中心、服务大局的成功范例，被称为“毕节模式”。

二、安顺市“多种经济成分共生繁荣”试验

安顺减贫试验是以“多种经济成分共生繁荣”为主题的减贫试验区。针对贵州生产力水平低，所有制结构单一，重国营、轻集体、挤个体，仍有大量贫困人口的状况，1998 年 4 月，经中共贵州省委、贵州省人民政府批准，在安顺建立了“多种经济成分共生繁荣”试验区。

1987 年，中共十三大作出“在公有制为主体的前提下继续发展多种所有制经济”的战略决策，为抢抓机遇、深化改革，贵州省委书记胡锦涛同志多次到安顺深入开展调查研究，提出真正树立起在公有制为主体的前提下发展多种经济成分的观念，决定在商品经济相对发达、轻工业基础扎实、交通较为便利的安顺建立“深化改革，促进多种经济成分共生繁荣，加快发展”的试验区。

1988 年 4 月，“安顺深化改革促进多种经济成分共生繁荣加快发展”改革试验区经省委、省政府正式批准在贵州腹地安顺正式成立。5 月，安顺试验区制定《发展城镇集体经济改革方案》《保护和发展城镇私营企业的暂行规定》等 8 个配套文件，初步搭建完成安顺经济改革试验良好的政策环境基础框架。

在前三年的发展中，集体工业企业总产值比 1987 年增长 87%，比全省同期增幅高 43%，私营企业从无到有发展到 97 户，工业总产值比 1987 年增长 49%。省委、省政府充分肯定安顺试验区三年的改革试验成效，要求在全省推广安顺试验区的经验。

1992 年，邓小平同志视察南方重要讲话后，省委批准成立省级安顺经济技术开发区，赋予安顺开发区改革试验、对外开放和超前探索等一系列政策。试验区和开发区在发展多种经济方面大胆地进行了前瞻性探索，把国企改革改制作为突破口，鼓励非公经济、股份制经济等参与国企改组改制。

1996 年 5 月，中央政治局常委、书记处书记胡锦涛视察贵州时，再次到安顺了解试验区的发展情况，提出“要通过多种经济成分的共同发展，培育更多经济增长点”。9 月，省人大常委会通过了《贵州省安顺经济技术开发区管理条例》，提出按照建立社会主义市场经济体制改革目标，深化安顺多种经济成分共生繁荣改革。

2000 年，安顺撤地设市。2003 年年底，中共安顺市委一届七次全会把“多种经济成分共生繁荣”改革试验区扩大到全市范围。

安顺试验区进行“多种经济成分共生繁荣”改革试验，以大力发展集体经济和私营经济为突破口，促进了多种所有制经济的共生繁荣。在国有中小企业改制中，原则上不设国家股和国有法人股，将国有资产从一般竞争性行业中撤出，实现了战略转移；鼓励经营者和“能人”持有大额股份，并创造了安置费折股、承担债务折股、负债持股、货币资金配股等多种入股方式，使试验区微观经济主体在所有制调整中实现股权结构合理化、多元化，促进了多种经济成分的共同发展，非公有制经济增加值占全市生产总值的比重由 1988 年的 6.94% 上升到 2007 年的 50.51%；在商业中的比重，1988 年为 35.9%，2007 年达到了 78.9%。

试验区把发展非公有制经济作为改革试验的重要内容，政策上给优惠、发展上给支持、政治上给地位，大力表彰非公有制经济纳税大户。截至 2011 年年底，全市个体工商户达到了 56046 户，注册资金 159656.92 万元，私营企业 3480 户，注册资金 1162605.14 万元；全市非公有制经济组织上缴国税 16.25 亿元；上缴地税 18.64 亿元。民营经济占全市生产总值比重 53.9%，年均拉动经济增长近 10 个百分点。2011 年，安顺民营经济增加值完成 153 亿元，民营经济占全市生产总值比重 53.9%。涌现了贵州百灵制药、贵州金星王啤酒、牛来香食品加工和管元村小商品市场等一批具有代表性的典型。

试验区在全省率先创造了“建立基金，择优扶持，记国家股，暂缓分红或分红再投入”等经验。

平坝县以盘活存量土地和存量资产为突破口，通过土地置换和税收分成，为国有企业的改革发展找到了新路子，避免了国有土地和资产的闲置浪费，解决了当前工业用地的困难，也较好地改善了民生，为处理改革、发展、稳定三者关系提供了好的经验。

试验区把扩大开放作为加快发展的重要途径，充分发挥资源等优势，引进了一大批外来企业，极大地加快了经济社会的发展。镇宁县充分利用军工搬迁企业的存量资产，引进青岛红星化工集团，成立了股份有限公司，很快做大做强，其碳酸钡产销量占了世界市场份额的 1/2，居世界第一位，同时有力地带动了当地采掘、运输和服务业的发展，被温家宝誉为“东西合作的成功典范”。

安顺试验区建立的前 3 年，经济发展处于全省领先水平，工业产值增幅超过全省平均速度 43 个百分点。改革试验促进了安顺试验区的产业结构优化。产值、收入快速增加。1988 年，安顺试验区生产总值仅 12.23 亿元，2007 年，生产总值达到 142.03 亿元；工业产值则从 1988 年的 6.4 亿元增长到 2007 年的 110.03 亿元。

试验区建立了全国第一个白酒集团；成立了贵州第一个县级信托投资公司；在贵州最早放开个体、私营经济发展领域，安顺小商品市场成为贵州最早推行“谁建谁有，共建共有”“谁投资，谁经营，谁受益”的个体、国有、集体、政府联办的市场；在贵州最早成立了个体劳动者协会和私营企业协会；在贵州最早实施承包经营、租赁经营。

2000 年，兴伟企业投资 1.8 亿元，在安顺开发区建起以品牌家具为龙头，集灯具、旅游商品、花卉盆景、奇石根艺销售为一体的兴伟国际家具装饰材料城。通过 10 余年的发展，兴伟企业业务涵盖了房地产、商贸、旅游、文化、服务等行业，并把触角延伸到了北京，“兴伟古生物化石博物馆”被授予青少年爱国主义教育示范基地、光彩事业重点项目、重点文化产业发展项目等称号。

2006 年 3 月，安顺市委、市政府正式启动了安顺试验区申报全国新一轮综合配套改革试点工作，是申报国家新一轮综合配套改革试点的西部地区中最早的地区。11 月，安顺市第二次党代会确定举全市之力积极做好安顺“多种经济成分共生繁荣”改革试验区综合配套改革工作。

2007 年，安顺被贵州省委、省政府确定为“贵州加快发展的经济特区”，省委、省政府明确提出争取和赋予安顺试验区“超前探索、先行试验、封闭运行、大胆创新”的权力，要求安顺试验区要“在加快民营经济发展、重塑国有经济新优势、促进军地结合、扩大开放、统筹城乡发展上取得新突破，全面开创安顺试验区改革发展的新局面”，安顺试验区踏上新的发展征程。

2008 年 8 月 22 日，安顺“多种经济成分共生繁荣”改革试验区成立 20 周年，省委、省政府出台《支持安顺多种经济成分共生繁荣改革试验区进一步深化改革加快发展的意见》，进一步推进安顺试验区发展。

2011 年，安顺市下发《中共安顺市委安顺市人民政府关于贯彻落实〈中共贵州省委、贵州省人民政府关于进一步加快全省民营经济发展的意见〉的实施意见》和实施意见任务分工方案，进一步优化全市投资环境。

2012 年 1 月 12 日，国务院颁布《关于进一步促进贵州经济社会又好又快发展的若干意见》（国发〔2012〕2 号文件）。5 月，省委、省政府颁布《中共贵州省委贵州省人民政府关于进一步支持安顺加快经济社会发展的意见》，对贵州和安顺的发展从国家到省的层面，提出了一系列具体支持政策。

“十二五”期间，安顺“多种经济共生繁荣”试验区内各项改革扎实推进。2010—2015 年，生产总值由 232.92 亿元增加到 620.36 亿元；财政总收入和一般公共预算收入分别由 34.5 亿元和 19.84 亿元增加到 97.6 亿元和 69.86 亿元；城镇和农村居民人均可支配收入分别由 14504 元和 3526 元增加到 22957 元和 7436 元。三次产业结构从 2010 年的 17.3∶38.1∶44.6 调整为 2015 年的 14.9∶33.5∶51.6。工业增加值从 2010 年的 76.39 亿元增加到 2015 年的 159.66 亿元。2015 年第三产业实现增加值 320.17 亿元，民营经济占生产总值比重达 64%。

平坝县羊昌乡大陈寨 3 万羽灰鹅养殖

三、黔西南自治州“星火计划、科技扶贫”试验

黔西南自治州属于典型的喀斯特岩溶山区，石漠化总面积 5029 平方公里，占全州面积的 29%，是贵州省石漠化分布最集中、面积最大、程度最高的地区，生态环境脆弱，贫困人口众多，减贫难度大。针对黔西南自治州的实际情况，1990 年成立了“星火计划、科技扶贫”试验区。

1990 年，中央统战部、国家科委、国家民委和各民主党派中央、全国工商联共同成立联络组，联合推动黔西南自治州成立“星火计划、科技扶贫”试验区。从 1990 年 5 月起，与国家科委、国家民委和中央国家机关有关部门确定 12 个项目作为黔西南试验区“八五”期间启动的科技扶贫项目，扶持黔西南试验区以科技扶贫、智力支边为抓手，以项目扶贫为载体，以“多党合作，智力扶贫”为主题，探索振兴中国南方岩溶地区生态恢复重建、地方经济发展的新路，促进了经济社会健康协调发展。随着试验区工作的不断深入和推进，参加联合推动的民主党派由启动时的 3 个扩大到 8 个，参与部门逐渐增多。

试验区成立后，积极探索产业化扶贫之路，坚持以科技扶贫为特色、联合推动为路径、示范项目为载体、工作机制为保障，发挥独特优势，积极献计出力，智力扶贫成效显著，重大项目成功落地，有效模式广泛运用，先后探索总结出了“晴隆模式”“坪上模式”“顶坛模式”“者楼模式”等经济型、生态型石漠化治理新模式，为探索石漠化地区科学发展之路提供了可资借鉴的经验，形成了科技扶贫推动地方经济社会发展的新路子。

2002 年，九三学社协调和帮助贵州争取到国家“草地畜牧业建设扶贫”等项目，在“阳光工程”“新型农民科技培训”等项目的引进和实施过程中，协助当地党委、政府加快贫困地区生态治理与恢复，改善生产生活条件，促进农民增收。

2005 年，各民主党派中央、全国工商联按照全国政协主席贾庆林，全国政协副主席、中共中央统战部部长刘延东等中央领导人关于民主党派、工商联开展智力支边扶贫工作的指示、批示精神，继续深入帮扶黔西南“星火计划，科技扶贫”试验区，加大智力扶贫力度。在中央统战部的统筹协调下，先后有 26 批 245 人（次）的领导、专家、学者、企业家到毕节试验区和黔西南试验区开展智力扶贫工作。由中共中央统战部五局牵头，各民主党派中央、全国工商联派员参与，深入到试验区开展考察调研，对在试验区建立长效帮扶机制和工作运行机制展开深入调研。

2013 年 5 月 16 日，统一战线参与黔西南“星火计划、科技扶贫”试验区建设联席会议第一次全体会议召开，会议强调要努力把黔西南试验区建设成为统一战线科技扶贫试验区和民族团结繁荣进步发展示范区。这标志着统一战线参与黔西南试验区建设联系会议平台正式运行，黔西南试验区建设站在了新的起点。8 月 30 日，黔西南“星火计划、科技扶贫”试验区建设联合推动暨项目推进大会召开，贵州省统战系统和省直单位联合推动黔西南“星火计划、科技扶贫”试验区建设工作组在会上宣告成立。

2013 年，科技部将黔西南自治州列为国家农业科技示范园区；农业部将黔西南自治州纳入“全国 1000 个美丽乡村建设”计划，将兴义市万峰林、兴仁县鲤鱼坝和义龙新区民族村作为全国美丽乡村创建试点单位；在中央电视台农业频道主办的“2013 寻找最美乡村推介活动”中，兴义市万峰林街道办纳灰村入选“中国最美十大村庄”，成为荣膺“自然生态之美”的唯一西部村庄。

2015 年 12 月，黔西南自治州美丽乡村——兴义市万峰林办纳灰村新貌

2013 年，试验区生产总值完成 558.91 亿元，财政总收入完成 126.3 亿元，全面小康实现程度达到 74%，生产总值和财政总收入分别是 1990 年的 50 倍和 154 倍，在全省市、州和全国 30 个自治州中排名显著上升。

2014 年，黔西南试验区除了形成在全国、全省推广的石漠化治理成功经验外，还在政治建设、经济建设、文化建设、社会建设、生态文明建设方面系统形成了“五位一体”的“黔西南模式”，探索出了一条依靠科技进步推动经济社会发展的新路。

2015 年，黔西南试验区已初步形成了“北京—贵州—黔西南”三级有效联动、整体推进的试验区建设新格局，招商引资、重大项目建设、基础设施建设等方面取得了重要突破。

6 月 6—8 日，民革中央社会服务部副部长、黔西南“星火计划、科技扶贫”试验区联合推动组办公室主任张长宏率国家铁路局科技与法制司综合处调研员韩采华，中国铁路总公司规划统计部高级工程师邓立红，中国铁路经济规划研究院高级工程师黄庆佑等组成的调研组，赴黔西南自治州开展铁路规划建设专题调研。

11 月 27 日，由中央统战部、各民主党派中央、全国工商联、黔西南“星火计划、科技扶贫”试验区联合推动组、国务院扶贫办开发指导司、国家旅游局规划财务司、省扶贫办、省旅游局、省体育局和黔西南自治州政府联合主办的黔西南试验区“山地旅游与旅游扶贫”研讨会在北京举行。

12 月 12 日，省委副书记、代理省长孙志刚在黔西南自治州调研期间，会见了出席黔西南“星火计划、科技扶贫”试验区成立 25 周年座谈会的统一战线联席会议各成员单位领导、嘉宾。他强调，用好中央统战部、各民主党派中央、全国工商联、国家有关部委支持黔西南试验区建设机遇，采取超常规举措，挂图作战，挂牌督办，逐一销号，把中央和省委、省政府脱贫攻坚决策部署落细、落小、落实。

1990—2010 年，各民主党派中央、全国工商联与国家科委、国家民委在黔西南试验区共引进智力支边项目 1329 个，投入农业科技和农民培训资金 6100 余万元，培训农民 340 万人次；实施星火计划和科技扶贫项目 341 项，项目总投资 30 多亿元，培育了优质粮食、烤烟、金银花、油桐、花椒、蔬菜、茶叶、水果、中药材等区域特色产业，通过试验区推动，黔西南自治州绝对贫困人口从1990年的134.9万人减少到2009年的49.22万人，贫困发生率由57.62%下降到16.9%。全州国民生产总值达300亿元以上，比1990年增长26倍；财政收入实现50亿元，同比增长40倍以上，城镇居民人均可支配收入实现15000元，比20年前增长超过8倍；农民人均纯收入比1990年增长了11倍。

在中央统战部、科技部、国家民委、各民主党派中央、全国工商联、国家其他有关部门和试验区联合推动下，试验区先后实施了“粮食高产栽培技术示范”“百万亩旱地粮食丰产工程示范”“石漠化治理与发展生态产业”“30万亩金银花基地”“草地畜牧业”等一系列符合黔西南实际的产业发展和石漠化综合治理项目，扶持了一批龙头企业，激活了非公经济健康发展；石漠化治理取得了生态效益和社会效益双丰收，生存条件恶劣的喀斯特地区正逐步探索出一条可持续发展的良性循环路子；多党合作制度建设在试验区与民族地区与自治制度结合，政治优势推动试验区发展得到加强。

望谟县乐康村万亩甘蔗种植基地

2015年，试验区生产总值完成780亿元，财政总收入345.8亿元，与1990年的11.5亿元和0.82亿元相比，分别增长了66.7倍和421.7倍；全州贫困发生率由57.62%下降到16.75%。

“十二五”期间，黔西南自治州生产总值年均增长14.9%，全州排名从2010年的第8位跃居至2014年第2位，增速明显；兴仁、安龙、贞丰、普安4个国家级贫困县、42个贫困乡镇实现“减贫摘帽”，减少贫困人口51.24万人。2014年，全州全面小康综合实现程度为76.5%，同比增加4.1个百分点，增幅位列贵州省第1位。黔西南自治州农民人均可支配收入从1990年的436元增加到2015年的7400元，增长约16.9倍；城镇居民人均可支配收入从1990年的1236元增加到2015年的23800元，增长约19.2倍。

黔西南自治州依托实验区平台，实施大扶贫、大旅游、大数据化科技扶贫、多党合作、民族团结的联合推动机制，抓住国家大数据战略+精准扶贫契机，创造性地提出“黔西南试验区精准扶贫云平台”，助力产业发展、异地搬迁、绿色贵州、教育医疗、社会保障、基础设施等“六个一批”精准实施，为中国早日实现科学治贫、精准扶贫、有效脱贫探索道路。

四、麻山、瑶山扶贫开发试验

麻山、瑶山地处偏僻，自然环境恶劣，是贵州省极贫地区，为改变麻山、瑶山贫困落后的面貌，1994年省委、省人民政府决定建立涵盖黔南自治州、黔西南自治州和安顺地区的惠水、长顺、罗甸、平塘、荔波、望谟、紫云7个县的麻山、瑶山扶贫开发实验区。

1986年1月25日，中共贵州省委书记胡锦涛关注麻山、瑶山的极贫情况，在省顾问委员会副主任金风《关于帮助麻山地区发展经济、尽快脱贫致富的建议》上批示：“金风同志的建议很好。请老同志就贫困地区的开发进行调研和咨询十分有益。我看可以在麻山地区搞一个点，请老同志组织研究，提出开发方案，由有关部门确定后，落实到5个县分别组织实施。”为落实胡锦涛批示，省委农村工作部于3月10日在贵阳召开麻山地区经济和社会发展问题座谈会，就帮助麻山地区尽快脱贫致富需要采取的一些政策进行讨论。

1993年，贵州省政协副主席蒙素芬、王思明率政协委员对黔南自治州、黔西南自治州、安顺地区集中连片的麻山、瑶山“两山”极贫地区深入调查研究后，向省委、省政府反映了“两山”地区的贫困情况。麻山、瑶山极贫问题再次受到关注。

1994年3月，省政协组织有关领导进北京，分别向国务委员陈俊生和中共中央统战部副部长李德洙汇报了贵州“两山”贫困调查情况，引起了中央有关领导对贵州扶贫工作的高度重视。4月，贵州省政协七次会议通过了《关于加快我省麻山极贫片区社会经济发展的建议案》。

1994年8月，省委、省政府成立麻山、瑶山地区扶贫开发试验区。试验区范围涉及望谟、罗甸、紫云、长顺、惠水、荔波等6个县的25个乡镇，总人口39万人，其中，农民人均纯收入在200元以下、人均口粮200公斤以下的极贫人口有31万人。布依、苗、瑶、壮等少数民族人口比重占87.3%。

1994年11月17日，省委、省政府成立麻山、瑶山地区扶贫开发试验区领导小组及其办公室，领导小组组长由省委常委、副省长袁荣贵兼任；副组长由省农办（省扶贫办、省农业综合开发办）主任张明新兼任。试验区办公室设在省扶贫办。

1994—2000年，贵州省投入“两山”实验区的扶贫资金达3.45亿元，重点用于解决贫困群众基本生产生活条件、拓宽基本增收门路、提高基本素质“三个基本”问题。经过连续七年的重点扶贫，“两山”地区的25个极贫乡镇基本消除极贫状态，农民人均占有粮食由198公斤增加到388公斤，农民人均纯收入由176元增加到726元。

1994—2000年，贵州省对“两山”地区的扶贫攻坚，重点抓了以下工作：一是开展部门承包，坚持不脱贫不脱钩。省计委、经委、教委、民委、科委、农委、财政等7个部门分别承包罗甸县罗苏乡、望谟县麻山乡、荔波县瑶山乡和瑶麓乡、平塘县新塘乡、紫云县水塘乡、惠水县王佑乡、长顺县代化镇。有关地（州）、县机关负责承包另外的17个乡。坚持每年从机关抽调2—3名干部驻乡任职，一年或两年一轮换；帮助理清发展思路，寻找解决温饱问题的突破口，发挥部门优势，积极为极贫乡镇争取项目和资金，帮助开展农民技术培训，组织机关干部向极贫乡镇送温暖、献爱心、办实事。二是实行资金投入倾斜，省直接戴帽下达到25个极贫乡镇，加大扶贫攻坚力度。三是减免农业税费，让农民休养生息。四是组织劳务输出，增加劳务收入。

为实现扶贫攻坚目标，贵州省采取减轻负担、增加投入、科技扶贫、部门承包、配套服务、以工代赈、兴办经济实体等综合措施，建立了“集中投入，综合治理”机制。

在“集中投入”上，1994—2000年采取了如下政策措施：1. 把国家和省用于扶贫的各项财政资金、信贷资金继续安排到2000年，并根据开发项目的生产周期等合理确定贷款期限。省和市、自治州政府、地区行署把扶贫开发列入财政预算，每年安排一定的资金用于扶贫，并随着经济的发展逐年增加扶贫投入。2. 国家和省的扶贫资金集中投放到贫困县，把贫困县中的极贫乡作为资金投放和项目覆盖的重点。非贫困县零星分散的贫困乡、村和农户，继续由所在地、自治州、市、县安排资金扶贫。3. 扶贫贷款主要用于经济效益显著的种植业、养殖业和相关的加工业、运输业安排到贫困县的支援不发达地区发展资金和以工代赈资金主要用于基础设施建设。4. 改革扶贫资金管理使用办法，建立约束和激励机制，提高资金使用效益。省扶贫领导小组每年根据各贫困县贫困人口、贫困程度和上年资金使用效益等情况，研究决定各项扶贫资金的分配方案，各级扶贫办协助银行抓好贷款回收工作；各县扶贫办会同有关部门做好扶贫项目的规划、筛选，按程序审批立项，然后由银行组织评估和筛选出效益好的项目发放贷款；未经扶贫办审批的项目，资金管理部门不得投放扶贫资金；从1994年起，扶贫信贷规模的80%切块到县。种植业、养殖业项目贷款总额在100万元以上的，报地、市、自治州扶贫办批准立项；100万元以下的由县扶贫办批准立项。工业项目贷款总额在50万元以

罗甸县麻山腹地高效蔬菜产业园工人在装运蔬菜

长顺县紫王葡萄扶贫产业园

上的，报省扶贫办批准立项；50 万元以下的，报地、市、自治州扶贫办批准立项。凡属财政扶贫资金，按财政信用资金管理办法办理。5. 实行财税优惠政策。对 1993 年农民人均纯收入 200 元、口粮 200 公斤以下的极贫乡的极贫农户，减免农业税和粮食定购任务。减免税收部分，由省、地（市、自治州）、县三级各负责三分之一。贫困县新办的企业，经主管税务机关批准，减征或免征所得税 3 年。1994—2000 年主要是对贫困地区进行了全方位开发。

在种植业方面：坚持以解决贫困地区温饱问题为中心，每年实施扶贫“温饱工程”600 万亩以上，其中，地膜栽培玉米 150 万亩、杂交玉米 100 万亩、杂交水稻 250 万亩，每亩补助平价尿素 5 公斤，共计补助平价尿素 3 万吨。1994—2000 年，累计实施扶贫“温饱工程”4317 万亩（次），平均每年增产粮食 3 亿公斤，广大贫困户人均口粮从 1993 年的 214 公斤提高到 2000 年的 326 公斤。同时引导贫困农户大种烤烟、油菜、中药材、茶叶、蔬菜、脱毒马铃薯等，使贫困地区脱贫增收的渠道逐年拓宽。

在养殖业方面：1994—2000 年，采取发放小额信贷、增加科技投入等方式，帮助贫困户大养家禽家畜，同时兴办养殖小区 3.8 万多个，使贫困地区的家禽家畜出栏率、存栏率显著提高。

在农村工业方面：1994—2000 年，采取发放扶贫信贷资金方式，引导有条件的地方和农户兴办了 1.98 万家水泥厂、机制砖瓦厂、采煤厂、炼焦厂、炼锌厂、农副产品加工厂等乡镇企业，拓宽了贫困农民就业增收空间。

在农村富余劳动力转移就业方面：各贫困县列入重要日程，由县劳动人事部门负责抓转移就业培训、信息收集。1994—2000 年，全省贫困地区每年输出农村劳动力 380 多万人，其中，向省外输出 260 万人以上，省内转移 120 万人左右。300 多万贫困户实现了“一人打工，全家脱贫”。

在农田水利建设方面：1994—2000 年，累计完成坡改梯面积 389 万亩，配套修建小水池（窖、塘）14 万多口、乡村公路和田间便道 5380 公里、营造水土保持林 4.2 万多亩；通过水利部门投资，累计新增、恢复农田灌溉面积 36 万余亩。累计解决人畜饮水困难 673 万余人、496 万头大牲畜。贫困地区农业生产条件显著改善后，农民人均基本农田从 1993 年的 0.19 亩提高到 2000 年的 0.48 亩。

在公共服务设施建设方面：1994—2000 年，在 48 个贫困县新修和改扩建公路 5789 公里，实现了县县通油路，乡乡通公路，92% 的村通公路；通过实施农村电网改造延伸工程，48 个贫困县全部被纳入国家电网，实现了乡乡通电，农户通电率由 69.7% 提高到 97.8%。通过实施农村广播电视“村村通”工程，48 个贫困县农户电视覆盖率由 58.9% 提高到 97.8%。

在文化教育和医疗卫生方面：1994—2000 年，使用财政扶贫资金、国家有关部门下拨的专项资金、社会各界捐赠资金，在 48 个贫困县新建、改建和扩建农村中小学 393 所，新建了电化教学室、图书阅览室、实验室，使适龄儿童入学率由 1993 年的 87.36% 提高到 2000 年的 98.77%，48 个贫困县的教育全部通过了国家“普九”验收；新建、改建和扩建贫困县医院48所，新建、改建和扩建乡镇卫生院417间，村卫生室1079间，并新购进大批先进医疗设备，广大贫困地区“看病难、看病贵”问题得到缓解。

在综合治理过程中，省委、省政府加大了对省内极贫地区的“集中投入、综合治理”力度，特别加大了对麻山、瑶山“两山”最极贫地区的扶持力度。

2001年3—4月，贵州省政协副主席吴嘉甫率领省政协民族与宗教委员会组织的两个调查组，历时一个多月，对“两山”地区7年来扶贫攻坚的情况进行了跟踪调查，形成了《关于继续加大“两山”扶贫开发力度的建议案》，一些重要意见和建议被中共贵州省委吸纳进《贵州省委、省人民政府关于切实做好新阶段扶贫开发工作的决定》，贵州省有关部门、“两山”试验区所属安顺、黔南、黔西南3个市（自治州）和7个县，对“两山”贫困地区从思想观念、基础设施、产业发展、教育事业、医疗卫生、计划生育等方面实施综合治理，经过扶贫攻坚和新阶段持续扶贫开发，使“两山”地区的基础设施、社会事业、群众生产生活等方面得到明显改善。

2008年，省通信管理局组织电信贵州公司、移动贵州公司、联通贵州分公司、贵州农经网联合在黔西县太来乡等21个乡镇的40个行政村开展农村信息化试点建设，推动信息扶贫工作，使试点乡镇电话普及率提高3%，30%的行政村能通过宽带访问互联网，乡镇政府所在地建有无线LED电子显示屏，下辖每个行政村都建有农村信息采集发布点，至少有一部免费农村信息机终端或手机，农户能方便快捷地获得农经信息服务并享受资费优惠。

麻山、瑶山“两山”地区还把农村劳动力转移培训作为扶贫开发的重要措施，将农村劳动力转移培训工作落到实处。荔波县为切实抓好这项工作，提高农民劳务市场就业能力，增加农民收入，以实施“阳光工程”为契机，广泛宣传国家对农村劳动力转移培训的政策，形成全社会关心和重视农村劳动力转移培训的舆论氛围，促进了农村劳动力转移培训和有序转移，实现了农民增收。自1995年以来，全县累计向省内外输出农村劳动力20.17万人，劳务经济收入累计达9.72亿元，有10万贫困人口的温饱因此而得到解决。长顺县从2005年起采取订单式培训，按照市场和用人单位的需要，开展农村劳动力转移培训工作。全县先后完成农村劳动力转移培训17期1533人，其中技能性培训640人，引导性培训893人，转移输出1395人，转移输出率达91%。输出稳定率保持在75%左右，输出人员月工资收入1100元左右，基本达到“输得出、稳得住、能增收”的目的。紫云县2001年以来先后开展农村劳动力转移引导培训近万人，促进了农村劳动力的有序流动。为加强农村劳动力有序输出体系建设，主动与安顺市劳动力资源开发促进会连为一体，成立了“安顺市劳动力资源开发促进会紫云办事处”，与县、乡（镇）劳动力转移培训机构共同开展农村劳动力转移培训组织管理工作。该县每年转移输出劳动力5000人，寄回现金8000万元，约为全县财政收入的2倍。2006—2010年，加大了转移培训力度，到2010年全县农村劳动力转移输出规模近8万余人。

五、六盘水市“三变”发展模式

六盘水市地处贵州西部乌蒙山脉深处，是以能源原材料为主要产业的重工业城市，农业生产条件恶劣，城乡二元结构矛盾突出。长期以来，农业一直是六盘水发展的短腿，农村村集体没有收入，无法实现发展。统计数据显示，2013年，六盘水市共有1017个行政村，其中无集体收入的“空壳村”有548个，占比达到53.8%。

为解决好50.99万农村贫困人口的脱贫，2014年以来，六盘水立足贫困山区实际，探索出了一条具有普遍指导意义的“资源变资产、资金变股金、农民变股东”的农村“三变”改革新路。

“资源变股权”，即村集体、居委会将荒山荒林、林地、山塘、河流等集体资产以及固定资产中的闲置门面、房产等，通过估价或评估，入股企业、合作社或农村致富带头人等经济实体，村集体获得股份收益。截至 2015 年年底，全市共有 56.88 万亩个人承包地、36.79 万亩集体土地、19.09 万亩“四荒地”、40.9 万平方米水域、2.75 万平方米房屋入股企业。

“资金变股金”，即村集体、居委会将征地提留、各级各部门下拨的办公经费、公共维护经费、社抚费返还款等集体资金，以及上级下拨的除应急资金、救济资金、救灾资金等项目资金以外的资金入股企业、合作社以及农村致富带头人等经济实体，村集体获得股份收益。截至 2015 年年底，全市共整合财政资金 4.51 亿元投入到经营主体，撬动村级集体资金 1.04 亿元、农民分散资金 1.91 亿元、社会资金 33.96 亿元入股到 189 个龙头企业、280 个合作社、32 个家庭农场等经营主体。

“农民变股民”，即通过农村产权制度改革，明晰产权，将农民承包的土地、林地以及房产和集体分配的自留地等，在产业发展中，将产权通过评估、估价或协商流转等方式入股企业、合作社、致富带头人等，或将各级下拨的扶贫资金、自身投资等以个人身份入股企业、合作社或农村致富带头人等，农民自身获得股份收益。截至 2015 年年底，全市参与“三变”的股东人数达到 15.87 万户 57.06 万人，带动了 22 万贫困群众脱贫。其中，共有贫困户 5.13 万户 16.6 万人参与“三变”改革成为股东，通过股权收益脱贫 5.63 万人。贫困发生率从 2014 年的 23.5% 下降为 19.55%，“空壳村”全部消除。

经过近两年的深入推进，“三变”改革取得了初步成效。不但有效破解了“三农”发展难题，突破了贫困山区发展困局，丰富了贫困群众增收的渠道，加快了六盘水农村贫困人口脱贫致富步伐，同时为贫困地区注入了新的发展元素，推动了农村经济社会持续快速发展，更得到中央和省委领导的充分肯定，在全国范围内引起了强烈反响。

（一）做法

守住两条底线，推进资源变股权　为加快村级集体经济发展，六盘水市出台了《关于加快村级集体经济发展推进农村经济转型升级的实施意见》，采取“十条”措施，积极培育集体经济市场主体，不断壮大村级集体经济实力，推动农村经济升级发展。

一是开展确权颁证。2014 年以来，六盘水市启动了农村产权制度改革，并在 39 个乡镇开展确权登记颁证试点工作，已确权登记集体土地所有权 1416 万亩、集体林权 54 万亩、集体建设用地使用权 3495 亩、宅基地使用权 63842.85 亩、农村房屋所有权 21.39 万平方米。推动了农村集体土地所有权、集体建设用地使用权、宅基地使用权、土地承包经营权、林权、房屋所有权等资产确权登记颁证工作，做到了农民个人财产和农村集体财产权属清晰、权能明确、管理规范、保障充分。

二是积极推进股份制运作。在遵循市场经济规律的前提下，通过采取对农村资源核查清理、资源评估、登记备案等程序，对农村可经营性的资产进行量化并通过协议的方式，采取存量折股、增量配股、土地入股等多种形式和全额股份、控股经营、参股经营三种模式开展股份合作，将农村资源转换成企业、合作社或其他经济组织的股权，积极探索出了土地承包经营权股权化、集体资产股份化、农村资源资本化的发展模式，有效地盘活了农村闲置资源，增加了农民收入。2014 年以来，全市共完成土地流转 60.85 万亩，仅 2014 年，就有 22 万农民通过土地流转和务工实现人均收入 7000 元以上。

三是搭建制度性交易平台。坚持政府引导与市场运作相结合，搭建社会资本进入农村、农村资源向资本转变的制度性交易平台，建立了县、乡、村三级流转服务体系，将农村房屋、土地、集体经济组织股权、增减挂钩项目指标等产权纳入交易范围，逐步形成了城乡一体、开放规范的农村产权流转市场。全市 1017 个村，有集体经济积累的村达 469 个，高于全省平均水平 9.8 个百分点，村级集体经济积累达 9776 万元，比 2013 年年底增加了 1295 万元，共消除空壳村 125 个。

聚集分散资金，推进资金变股金　加快农村发展需要大量的资金，而各级财政投入到农村的各项资金基本上是一次性投入、一次性使用，且点多面广、投入分散，实施效果不佳，效益不好，作用不明显，未能充分发挥财政资金“四两拨千斤”的效应。为解决这一问题，六盘水市采取“集中投入、产业带动、社会参与、农民受益”的方式，把分散的资金聚集起来，实现资金使用效益最大化，推动农村加快发展。

一是强化财政资金的杠杆作用。在坚持不改变财政资金的使用性质及用途的前提下，将财政投入到村的除补贴类、救济类、应急类之外的发展类资金，原则上均转化为村集体和农民持有的资金，并将其投入到企业、合作社或其他经济组织，形成村集体和农户持有的股金。同时，明确村民委员会以及村集体领办、创办或控股的企业、农民合作社作为各级财政投入到村的发展类资金承接主体，可以独立发展，也可以将资金投资到企业、合作社或其他经济组织，实行市场化运作，撬动更多社会资本投入农村经济发展。2014 年，六盘水市通过采取“规划引领、政策扶持、资源整合”等方式，整合中央、省、市、县财政投入的农业、林业、水利、扶贫等资金共计 15 亿元，撬动社会投入 30 亿元参加农村水利基础设施、农业综合开发、生态移民搬迁、精准扶贫等建设，全面推动了农村各项事业的发展。

二是强化产业的带动作用。坚持生态产业化、产业生态化的思路，围绕实现经济、社会、生态、旅游等价值最大化的目标，采取财政和社会投入、农民入股等方式，大力发展蔬菜、茶叶、核桃、刺梨、葡萄、蓝莓、火龙果、猕猴桃、红豆杉、中药材等具有比较优势的山地特色农业。2014 年，建成茶叶基地 35.99 万亩、油茶基地 19.29 万亩、核桃基地 84.13 万亩、刺梨基地 20 万亩、猕猴桃基地 12.84 万亩、中药材基地 23.04 万亩。整合各类资金 94.6 亿元，高标准建设了 26 个省级现代高效农业示范园区，累计完成投资 98.84 亿元，实现园区总产值 38.66 亿元。2014 年，第一产业增加值达 75.75 亿元，增长 7%，名列全省第一。2015 年一季度，全市农村居民人均可支配收入 2044 元，位列全省第 4；增速 12.7%，位列全省第 5，较 2014 年上升 2 个位次。

三是强化利益分配导向机制。坚持“股权平等、风险共担、利益共享”的原则，按照企业、村集体和农民各占 55%、5% 和 40% 的分配模式，建立和完善了企业、村集体和农民利益分配机制。2014 年，参与“三变”改革的 20 余万农民人均增收 3936 元。

多种方式并存，推进农民变股民 传统种植面积大、产出低以及农民财产性收入和工资性收入低是农民增收难的主要症结。为破解这些难题，六盘水市坚持产业化、规模化、市场化发展，把生态做成产业、把产业做成生态，“立足农村，跳出农民抓农民增收致富”，把农民从传统农业中解放出来，让资金在市场中流动起来，提高农民在入股企业及土地增值收益中的分配比例，实现增收致富。

一是通过土地流转入股增加农民收入。积极推进农村土地资源向产业和园区集中，通过土地流转和入股，使土地资源转化为农民的股权和股金，让农民在收取租金以及参与企业分红中实现股权收益。据不完全统计，2014 年，全市参与土地流转的 2.86 万户、10.1 万农民通过土地流转，户均增收 4434 元、人均增收 1128 元。

二是通过资金入股分红增加农民收入。村集体和农民将财政产业扶持资金、劳动力技术、集体和个人资产通过评估折价入股，按照占有股份参与企业分红。2014 年，全市共有 8 万农民通过入股分红，人均增收 1020 元以上。全市 56682 贫困人口受益于扶贫资金变作资本金入股，30789 人因此脱贫。

三是通过创业就业增加农民收入。坚持把龙头企业、农业园区和农民专业合作社等作为农民创业、就业的平台，在鼓励农民通过资金入股参与分红的同时，组织农民就地、就近务工，积极参与农业经营和管理，并按劳动力 50—100 元 / 人·天支付工资，增加了农民的工资性收入。2014 年，全市共有 20 余万农民通过创业、就业，人均工资收入达 5000 元以上，成为真正的产业工人。

（二）成效

资源变股权——让沉睡资源变为活动资本 通过股份制这一形式，2013 年以来，六盘水市共计

流转60.85万亩土地，其中：土地入股19.53万亩、土地租赁41.32万亩。2014年，有15.5万亩集体土地、7.4万亩荒地和6.3万平方米水面转变为村集体持有的股权。此外，通过“资源变股权”，农民既能从合作社和企业获得股份分红，又能通过在企业务工增加收入。2014年，六盘水市共有22万农民通过土地流转和务工实现了人均收入7000元以上。

六枝特区牛场乡牛场村是一个地处偏远的纯农业村，村党支部、村委会将资源变股权，激活村级集体土地资源，将村内350亩集体荒地出租给个体户，开发种植林木，牛场村每年收取6000元的承包费作为村集体经济收入，此外还按1∶9的比例进行效益分成，其中10%的利润归村民、90%的利润归承包开发户，形成了村级、农户、个人“三方共赢”、分享红利的局面。同时，牛场村还将临街的两个门面出租，收取租金，为村集体每年增加约5000元的经济收入。六枝特区新华乡村集体充分利用集体预留的耕地、草地、荒地及林地作为入股合作社的资源，保证了茶叶种植的连片性和集中性，为发展旅游业夯实了基础。截至2015年，项目已覆盖该乡的新平村、田坝村、鼠场村、新寨村、新田村和王家冲村6个村，共实现13800亩资源变股权。

盘县普古乡舍烹村原来是一个远近闻名典型的穷村，2012年5月，在外经商30余载的当地农民企业家陶正学回乡创业并成立了“盘县普古银湖种植养殖农民专业合作社”，投资3.667亿元、流转土地20060亩，通过土地入股、流转倒包、合作入股、资金整合等形式，种植猕猴桃、蓝莓、刺梨等特色水果18300亩，现已形成一定的产业规模。一些村民用自己的土地入股并参与分红，同时，参与务工的农民每月还可以拿到固定的务工工资，这一方式吸引了不少外出务工的村民回乡参股。“盘县普古银湖种植养殖农民专业合作社”现有社员465位，吸收农户1161户，实现了村民由传统农耕方式向现代农业转型和以产业发展带动村民共同富裕。此外，“盘县普古银湖种植养殖农民专业合作社”还与贵州娘娘山高原湿地生态农业旅游开发公司合作，全力打造“贵州娘娘山高原湿地生态农业示范园区”，并出资200万元聘请有关单位对园区项目进行规划，规划面积181.4平方公里，包括盘县普古乡154.9平方公里和保基乡、淤泥乡19.8平方公里，水城县的龙场乡、顺场乡、花嘎乡6.7平方公里，规划设计了农业项目——“贵州娘娘山高原湿地生态农业示范园区”、旅游项目——“贵州娘娘山高原湿地生态农业旅游观光园”等两个项目。完成了总投资11.3亿元的“盘县娘娘山高原湿地生态农业示范园区”高效农业园区的规划设计。“普古银湖种植养殖农民专业合作社”以合作入股和资金整合等形式，带动周边8个村、2327户、7725人入股。2014年，当地农民人均收入从2013年的7760元提高到11260元，同时还带动了普古乡及周边乡镇12600户、4.2万余人脱贫致富。由于成效显著，“盘县娘娘山高原湿地生态农业示范园区”项目被确定为贵州省“5个100工程”中重点打造的100个现代高效示范园区之一。普古银湖种植养殖农民专业合作社理事长陶正学获2013年贵州省首届返乡农民工“创业之星”荣誉称号，2014获“全国五一劳动奖章”。

盘县普古娘娘山高原湿地生态农业示范园，通过“三变”让村民在家门口实现了创收和就业

资金变股金——让分散资金有效积聚　截至2014年，六盘水市采取规划引领、政策扶持、资源整合以及集中投入、产业带动、社会参与、农民受益等方式，变资金为股金，使分散的资金聚集起来，整合各类资金94.6亿元，高标准建设了26个省级现代高效农业示范园区；整合中央、省、市、县财政投入于农业、林业、水利、扶贫等各类资金15亿元，撬动社会投入30亿元参与农村精准扶贫、农田水利基础设施、农

业综合开发、生态移民搬迁等建设，实现了资金使用效益的最大化，全面推动了农村各项事业的发展。六枝特区新华乡将“3155 工程”项目的各级财政投入到村的发展资金 800 元 / 亩转变为村集体持有资金投入到合作社，形成村集体持有的股金。2015 年 4 月，已实现 287.167 万元的股金嬗变。钟山区大湾镇幸福社区共有 6 个村民组、778 户、4639 人，其中贫困户 350 户 980 人，占比达 21%。每年省市区均有不少资金下拨，但由于过去采取的是“撒胡椒面”的方式，社区变化不大。2014 年，幸福社区用省级财政下拨支持村集体经济发展试点村补助资金 80 万元与钟山区供销社合作，在大湾镇大湾花苑小区设立了农业物资销售服务部销售肥料等农业物资，同时还设立了可再生资源回收站收购废旧物品。社区将所得利润的 20% 作为村集体公益金用于社区基础设施建设以及贫困人口扶贫解困等方面，将 20% 用于扩大生产经营、弥补经营亏损或转为增加资本，将 60% 作为村集体的积累用于发展壮大村集体经济，以此推进资金变股金，让分散的资金聚起来，推进农民变股民，增加了农民的收入。钟山区大桥社区强健蛋鸡场是入驻大桥社区的一家养殖企业，社区从村集体积累中拿出 10 万元入股该养殖场，占股 2.5%，村集体每年可从养殖场保底分红 2 万元，实现了村集体和企业的共同发展。大地社区成立的聚昌合作社于 2014 年年底开始发展土鸡养殖和鹌鹑养殖，通过与合作社业主协商，合作社以资金入股，村集体入股 10 万元，占股 50%，已存栏土鸡 15000 羽，出栏 20000 多羽，项目发展良好，使村集体获利 4 万元。

农民变股民——让贫困农民增收致富 六枝特区新华乡的农户通过将自己的土地经营权或闲置的资金入股合作社参与“3155 工程”茶叶项目的实施，其身份由此转变为合作社的股民。入股后，农户在自己的土地上进行茶叶种植及管理，前三年入股农户不仅可以得到茶地套种农作物的收入，而且还可以获得合作社支付的 200 元 / 亩的劳务费。据悉，茶叶项目产生效益后，将按“1+3+6”的比例进行效益分成。从茶青到初加工，除去项目的生产成本，所获利润的 10%、30% 和 60% 分别归集体、入股农户和合作社所有。截至 2015 年 4 月，该项目已覆盖 3126 户、13445 人，其中贫困户 648 户、2268 人。六枝特区郎岱镇采取农户承包土地入股到产业园区的方式，3000 余户农户实现农民到股民的转变。水城县发耳镇双井村采取村集体 + 基地 + 小微企业 + 农民入股方式，流转土地 2000 亩种植车厘子，农民转股民 400 户、1600 人，资金转股金 230 万元，产权转股权 163 万元，村级集体积累已达 15 万元。盘县淤泥乡淤泥村按照平等自愿、风险共担的原则，组织 285 户村民集资入股 3000 万元异地置业，购置 49 亩工业用地，兴办食品加工厂，每年门面租金及经营收益等收入达到 4000 万元，入股农户户均每年增收 5 万元。

六盘水市钟山区大河镇辖 7 个行政村、2 个居委会、56 个村民组、8736 户、33099 人，大河镇积极探索实施“产权变股权、资金变股金、农民变股民”的发展模式，成立社区经济合作社等组织，让村民共同参与村级经济的发展，行使集体资产所有权获取“分红”，实现农民收益的“倍增”。同时，大河镇还鼓励合作社通过镇共享发展基金，以村村联合、村镇联合、村城联合等方式增加收益，促进了村级集体经济的发展壮大，使贫困村脱贫致富。特别是该镇的裕民社区通过村集体入股 30 万元，注册成立了“乡村美农民专业合作社”，鼓励农户以土地、土地流转金等入股，板栗基地农户以土地和种植的板栗树入股，盘活了全村 2000 多亩经济林和 800 多亩板栗基地。板栗基地由乡村美合作社进行规范经营和管理，每年创收近 75 万元，所得收益村集体和农户按比例分红，入股农户人均可增加 2 万余元的工资性收入。此外，“乡村美农民专业合作社”还返聘农户参与村里的生产和管理，以此增加农民收入，实现了社区集体与农户个人的互利双赢。

10 年前还是一个“空壳村”、现已拥有 300 万元集体资产的大河镇小康村——渡口村，早在 2003 年就投资集体资金 10 万元入股钟山联社大河信用社，每年可获得 8% 的固定收益。2014 年，渡口村利用集体积累注册资金 50 万元，吸纳社区两委干部入股及民间资本，由社区集体注册成立了“贵州凯御置地房地产开发有限责任公司”，公司成立运营后，吸纳民间闲散资金 1000 万元，带动村民800余人实现就业和发展。

2014年，渡口社区村集体经济积累达300余万元，并且以每年20万元的速度递增。钟山区双戛乡的河沟村在总投资400万元的河沟二期过渡房建设工程中，发动农户自愿投资购买股权，积极推动农户利用手中闲散资金入股河沟村成立的建筑工程队，为村集体经济增加收入40万元。现村集体经济经营性收入已达180万元，入股村民获利30万元。通过股份合作，不仅盘活了集体土地和农民手中的闲钱，也为农民从“股份红利”中实现了多渠道增收，村级集体经济自身“造血”功能也得到进一步增强。钟山区委组织部提供的数据显示：截至2014年5月，钟山区辖区集体经济积累有4个行政村在50万～100万元、有8个行政村在100万～500万元、1个行政村在500万～1000万元，43个行政村全部摘除“空壳村”牌，村集体经济积累呈现出不断增多的趋势。

在“资源变股权、资金变股金、农民变股民”的“三变”改革的引导下，2013年，全市生产总值为882.11亿元，比上年增长15.9%。其中，第一产业增加值为58.06亿元，增长6.5%。农民人均纯收入达5934元，比上年增长14.5%。2013年，15.26万农村贫困人口脱贫，为贵州省下达任务12.06万人的126.53%，占六盘水市下达任务的100.39%；20个贫困乡镇“减贫摘帽”和52个村实现“整村推进”。2014年，全市村集体经济积累达10958万元，比2013年增加2477万元，增长22.6%；共消除157个“空壳村”，“空壳村”占比从2013年的53.8%降至38.4%，2015年全面消除“空壳村”。2014年，全市1017个村中有集体经济积累的村达到626个，占62%。15个贫困乡镇“减贫摘帽”，52个贫困村“整村推进”，减少农村贫困人口14.55万人，实现农村居民人均可支配收入6803元，位列全省第四。2014年，全市15.6万农民通过“三变”改革受益，人均增收3936元，贫困发生率从2013年的23.5%下降为17.9%。

盘县哒啦仙谷农业扶贫产业园区

第二节　减贫范例

一、则戎之路

黔西南布依族苗族自治州兴义市则戎乡由1992年贵州行政区划建并撤前的敬南区则戎乡、下五屯区安章乡和洋坪乡组成，面积108平方公里，境内85%为石山、半石山区，石漠化面积达33984亩，辖11个行政村、6138户、22938人，耕地面积16350亩，其中，25度以上陡坡耕地占8671亩，人均耕地0.75亩。1978年以前，全乡平均亩产粮食193公斤，人均口粮100公斤左右，每年消耗国家返销粮11.5万公斤，是远近闻名的极贫乡。

20世纪70年代“农业学大寨”热潮中，则戎公社率领广大社员因地制宜，向穷山恶水宣战，开山炸石，抠土造田，在怪石嶙峋的石旮旯里，开辟出一层层梯田；在田边地角修建小水窖、蓄水池，在山上修筑拦山沟、引水渠；在乱石堆里植树、种草；在新开辟的梯田里实行科学种田；在村寨间修通公路，初步改变“出门就爬坡，遍地乱石窝，亩地一大坡，吃水贵如油”的贫困面貌。

1977年3月14日，《贵州日报》刊载《贵州的沙石峪——兴义县则戎公社农业学大寨纪实》的长篇报道。把则戎与当年河北省遵化市沙石峪对比，赞扬则戎人自力更生、艰苦创业、劈石造田、改造恶劣生存环境的事迹，从此以“北有沙石峪，南有则戎”闻名省内外。“贵州沙石峪”不仅成为则戎的代称，而且成了“自力更生、艰苦奋斗、改天换地、自强不息”的“则戎精神”的代名词。

1977 年 3 月 21 日，中共兴义地委向全区各县委、区委、公社党委发出《关于向则戎学习，进一步推动我区农业学大寨运动的通知》，则戎成为兴义地区各地农村学习的榜样。则戎公社干部王芝龙、刁大富率领炸石造土中涌现的“八大英雄”“千锤姑娘”和广大农民群众为求生存、吃饱饭、谋发展，坚守穷乡僻壤，年复一年“猛攻千古石，细抠万年土”，从岩石缝隙、石旮旯里，把泥土一锄锄、一撮撮掏出来，把一座座石山、一根根石柱炸开砸碎，然后依次从大到小一层层铺平夯实，砌成地基，回填泥土，改造成梯土梯田。则戎人 20 多年坚持不懈地与恶劣环境、贫困落后抗争，终于实现了将几千亩乱石山改造成米粮川的梦想，并种上杂交玉米、杂交水稻，彻底告别“吃粮靠救济”的年代。

2009 年 8 月以来，黔西南自治州发生严重旱灾，则戎乡冷洞村旱情尤为严重。持续 200 多天的大旱，没有一场有效降雨，山塘见底、水窖干涸、农田龟裂、草木枯死、大片农作物绝收，2200 多亩金银花几近枯死，就连群众饮水也极为困难。大旱面前，村党支部书记朱昌国、村委会主任杨友兵成为全体村民的主心骨，在干涡的金银花地里，尝试使用矿泉水瓶装水给金银花滴灌的节水抗旱法获得成功。经测算，滴灌 2200 多亩金花需要 10 万个矿泉水瓶。朱昌国带领村组干部和村民到兴义市区搜集，并通过黔西南自治州电视台向社会求援。短短 5 天，兴义市社会各界支援的 10 余万个矿泉水瓶源源不断地送到冷洞村。村民夜以继日地向 10 万多个矿泉水瓶装水 80 多吨，挽救了枯黄的金银花，以 2000 元的代价挽回 15 万元的损失，成为科学抗旱、有效抗旱的成功范例。

则戎乡农民种植金银花

2010 年 4 月 3—5 日，中共中央政治局常委、国务院总理温家宝赶赴贵州旱灾最严重的黔西南自治州慰问灾区各族群众，下到田间地头察看灾情，与干部群众共商抗旱救灾大计。4 日下午，他察看兴义市则戎乡抗旱现场，将干部群众在长期生产生活和抗旱中涌现出“不怕困难、艰苦奋斗、攻坚克难、永不退缩”的精神概括为“贵州精神”。

截至 2015 年，则戎乡累计完成坡改梯 1.1 万亩，土变田 3235 亩，新增耕地 2800 亩；人均占有粮食由 20 世纪 70 年代不足 100 公斤，增加到 400 公斤，过去常年吃玉米饭的农民，90% 以上换成了大米饭，80% 的农户有自产余粮出售；人均纯收入由 70 年代的 250 元增加到 3255.37 元；80% 的农家实现“四个一”：一口小水窖、一口小水池、一口沼气池、一亩良田；全乡生产总值完成 6800 万元，比 2010 年增加 400 万元；财政总收入实现 104.5 万元，实施天然林保护工程 1.36 万亩、珠江上游防护林工程 8515 亩，荒山造林 2044 亩，退耕还林治理石漠化 8000 亩，全乡森林覆盖率达 48.6%；修建封闭式水窖 4290 个、总容积 202465 万立方米，水池 2100 个、总容积 22.13 万立方米，引水沟渠 60 余公里，铺设自来水管道 253.35 公里，兴修山塘 2 个，总容积 8 万立

则戎乡冷洞村修建的蓄水池和坡改梯田

方米，解决了4080户、1.75万人的饮水和3000多亩农田的浇灌问题；修通村公路300公里，路面硬化100公里，村通公路率达100%，组通公路率达90%，景湖大道—江平大道穿境而过，拱桥—红椿码头四级旅游公路建成通车；有中小学校13所，入学率达99.5%；独具民族风情的“八音坐唱”得以传承。

则戎乡被贵州省委、省政府授予“全省两个文明建设先进乡镇”“文明乡镇”等荣誉称号，受到中共中央组织部、国务院扶贫开发领导小组、国家民政部、解放军部总政治部及省、州党委、政府表彰100多次。“贵州沙石峪”“贵州精神”在黔西南自治州、贵州省广为传播。

二、“大关精神”

黔南布依族苗族自治州罗甸县云干乡大关村坐落在海拔900多米的崇山峻岭之中，境内层峦叠嶂，沟壑纵横，岩石裸露，“土稀如金，水贵如油”，耕地破碎。1978年中共十一届三中全会以前，大关村是以贫穷闻名黔南自治州的“三缺”“三靠”村：缺粮、缺水、缺钱；吃粮靠返销、用钱靠贷款、穿衣靠救济。

1980年实行农业生产责任制时，全村1332亩耕地，只有62亩“望天田”，其余全是贫瘠的陡坡地，分布在180个山垭、窝凼和陡坡上，80%不能牛耕；粮食总产仅有16.8万公斤，人均只有130公斤粮、50元钱；253户人家仅有25栋瓦房，其余全是茅草房、“杈杈房”。

为养家糊口，村民何元亮常年在外奔波，辗转都匀、贵阳等地，住过山洞，睡过马路，吃过不少苦头，但还是两手空空。同村的安作品赶着马车浪迹四方，王明光扛着锯子走南闯北。村民们作过各种各样的努力，始终不得温饱。

1983年，何元亮走上村党支部书记岗位。当时，“搬迁是大关仅存的希望”的呼声越来越高。面对苍凉贫瘠的石旮旯和善良淳朴的乡亲，何元亮始终难下外迁的决心。他与村干部再三合计，决定最现实的仍是立足本村，尽快为群众寻找一条能够生存发展的路子。

1983年冬天，罗甸县组织群众修建云干到猴场的公路，何元亮和村民们一起去修路。民工开山放炮，砌石夯土，在悬崖峭壁上修出平坦的公路。何元亮边修路边琢磨：“半山上都能凿出马路来，用同样办法就不能开出田来？”他与同伴商量，决定先做试验。何元亮率先在自家门前的石窝里点燃劈石造田的第一炮。当年冬天，又与李必先、李必兴、何光伦4户人家在大关的石旮旯里，劈石抠土，造出大关村历史上从未有过的4分水田。1984年春天，何元亮带头学种水稻，从山外的云干、东风村一带，拣回别人剩下的秧苗插在自己新造的田里，精心照管。这年风调雨顺，几户人家在4分田里破天荒地收获100多公斤稻谷！祖祖辈辈靠玉米糊口度日，连铺床的稻草也得到山外去讨的大关人，第一次吃到自种稻谷做成的米饭。初步尝试使看到石旮旯里希望的何元亮立即动员大家走劈石造田的道路：“我们大关虽然坡大石头多，土层薄，可气候不错，只要动脑筋，想办法，愿苦干，不愁建不成米粮川、花果山！”但有人嘀咕有人嚷嚷：“老祖宗都治理不好，我们有这个本事？”“穷得四壁空空，哪来钱物造田？”连续三天的争论，终于统一意见，定出奋斗目标：自己投工、投劳、投资，苦干5个冬春，人均造半亩田。何元亮又召集党支部开会，决定采取支部委员包组、党员包户的办法，确保计划实施。从1984年冬开始，大关人揭开了劈石造田的序幕。

在石旮旯里造田，先得把十分稀缺的泥土，一点点从石头缝隙里抠出来，搬运堆放在一旁，再抡锤打眼放炮，爆破石头，用大石垒埂、回填、找平，铺上细砂，夯实以后，再铺上厚厚的泥土，才算造成田。

1984年秋收刚结束，何元亮率先点响开山炮。为了将他家门前的乱石丛造成田，全家老少齐出动，月亮当灯星当烛，开石回填深达3米多，连院坝和山上石头缝中的泥土，都抠出背来造田。全家干了一年，投工3000多个，终于造出1.8亩稻田。共产党员梁应昌为了造田，从3处仅有1米多宽的岩缝中掏土，每处挖下去5米多深，搭着木架把土背上来，取尽了岩缝中的最后一捧土，终于造出1.1亩稻田。村组干部和党员个个带头苦干实干，村民们争先恐后跟上来。村民王明华家没钱买雷管炸药，夫妻俩造田心切，砍来木柴，点火烧烫顽石，再用冷水浇，使石头炸裂，然后用木棒撬开造田。用原始办法，一个冬春投工150多个，从石旮旯里造出3分田。此后夫妻俩奋斗不息，共造出7亩田。

大关村农民劈石造良田

大关最珍贵的是泥巴，造田必需的泥巴，都是村民们一点点从岩石缝隙、石窝窝里抠出来的，造一亩田平均搬石800立方米，铺土150立方米，投工600个。

每到造田季节，村里家家户户都上山，男的抡铁锤，妇女掌钢钎。青壮年搬石砌埂和回填，老人小孩从岩石缝隙间抠土，全村看不到闲人。老茧磨穿了，虎口震裂了，手指砸破了，扯根布条缠着继续干。

早年感到大关无望出走他乡的王明光，从大关发生的变化中看到了希望，毅然回到故土，大年三十和正月初一都在山上干活。有的夜晚没星没月，他把煤油灯挂在岩壁上，夜以继日地干活。由于过度劳累，有一次点燃导火绳后，撤离时挪不动脚步，被炸瞎一只眼睛，炸断4根手指。在何元亮和乡亲们的照料下，他治好了伤又上山造田。

在劈石造田过程中，大关村的党员干部不仅自己身先士卒，还动员大家帮助“五保户”、困难户。寡妇王顺英拖带3个年幼的孩子，加上疾病缠身，无力造田。何元亮和党员们商量，动员每户凑10个鸡蛋换钱，为她家买来雷管、炸药；又动员每个劳动力出3个义务工，花一个冬春为她家造了一亩新田，使她家生活有了改善。

大关村在劈石造田过程中，黔南自治州和罗甸县、云干乡党委和政府给予一定资金和物质补助，指导帮助总结出“当槽谷地开田，两山栽树，以粮食安家，靠多种经营发家”的发展路子。初步解决粮食问题后，何元亮又带领全村大力发展经济林木。1987年，他自己掏钱从四川买来杜仲苗，除自家示范栽种外，还背起苗木挨家挨户动员栽种。到1996年，早期栽种的杜仲陆续开剥，出售后共收入10多万元。村里发展的杜仲、黄柏、椿树、泡桐等经济林和用材林，给裸露的石山披上了绿装，遏制了水土流失，改善了生态环境。

大关村注意农、林、牧、副全面发展。1996年，户均养猪5头，养鸡20只以上。全村年均出售活鸡5000只以上，出栏肥猪900多头，户均3.6头，仅畜牧业一项，年收入37万元，人均收入282元。

有了经济收入，大关村集资14.4万元，架通了输电线路，有20多户购置了打米机和饲料粉碎机。在国家扶持下，修通了乡村公路，建起了卫星地面接收站，一些农家添置了电视机、收录机，让山里人与山外的世界联系起来。

大关村还注意把发展生产与抑制人口增长相结合，严格实行“生育一个小孩必须先开一亩田”的村规民约，有效遏制了人口过速增长，全村人口自然增长率已降到1‰以下。与此同时，还注意抓教育、卫生，人口素质逐步有了提高。

1991年12月19—26日，中共中央总书记江泽民在贵州视察工作。21日，江泽民在遵义宾馆接见全国劳动模范遵义县龙坑镇共青村党支部书记杨炳友、兴义县则戎乡党委副书记刁大富、罗甸县大关村党支部书记何元亮时说：“像罗甸县大关村这样连续搞坡改梯二十年，我们国家吃饭就没有问题了。”接着，江泽民到遵义县石板乡坡改梯工地视察并参加劳动时说：“坡改梯是愚公移山大无畏精神同实事求是科学态度相结合的产物。”1994 年，大关村党支部被中共贵州省委授予“双带”先进党支部的光荣称号。

1984—1995 年的 12 年间，全村累计投工 55 万个，投资 45.9 万元，翻石 73 万立方米，抠土 13.8 万立方米，在乱石嶙峋的石旮旯里造出 918 亩稻田；配套修建 255 个蓄水池。全村实现人均 0.75 亩基本农田、1360 株经济林木、占有 400 公斤粮和 800 元纯收入。人均占有粮食和纯收入分别增长 2 倍和 15 倍。仅仅 10 多年的艰苦奋斗，实现家家丰衣足食，一改“姑娘外嫁，媳妇难娶”的窘境，人口不仅没有外迁，30 多个光棍先后从山外娶进了新娘。

大关村党支部带领全村农民群众发扬艰苦奋斗、自力更生精神，从根本上改善了极其恶劣的生存环境和生产条件，在贵州同类极贫村中率先摆脱了贫困，党支部书记何元亮被人们誉为“当代愚公”。1995 年，何元亮被评为全国劳动模范，5 月 1 日在北京出席全国劳动模范表彰会期间，受到党和国家领导人的接见。

1996 年 11 月 1 日，国务委员、国务院扶贫开发领导小组组长陈俊生率国家机关有关部委领导，冒雨考察坚持 10 年劈石造田的大关村，强调贫困地区尤其是自然条件恶劣的石山区，一定要把建造基本农田作为扶贫攻坚的首要内容。扶贫工作要向以“两造（造地、造田）两改（坡改梯、土改田）一建（建水窖）”为主要内容的基本农田建设倾斜，扶贫资金也要向基本农田建设倾斜，贵州扶贫虽然有困难，但也有潜力，有优势，有榜样，有路子，有保证，扶贫工作大有希望。并为大关村题词：“向大关村学习，苦干、实干致富。”

大关村在与生态环境恶化、生存条件恶劣、贫困落后的抗争过程中，磨砺意志，铸就了“自力更生、艰苦奋斗、坚韧不拔、苦干实干”的“大关精神”，在实践中找到岩溶山区从根本上改善农业基本条件、稳定增加粮食产量和经济收入、改善生存环境、稳步脱贫与快速发展相结合的成功之路。1996 年 12 月 23 日，中共贵州省委、省人民政府作出《关于广泛开展学大关活动的决定》，要求“在全省上下、各行各业中，广泛深入开展学大关的活动”。全省各地、各级、各部门和广大各族人民群众响应省委、省政府的决定，广泛、深入、持久地开展学习“大关精神”的活动，克服畏难情绪，大兴“坡改梯”工程，奋起向贫困宣战。

1997 年 3 月 9 日，在全国“两会”期间，全国人民代表大会常务委员会委员长乔石说，“大关精神”很好。改变贵州贫困面貌，就是要发扬这种人定胜天的精神。7 月，国务院总理李鹏视察贵州时指出：“发扬‘大关精神’，石头缝里来造田，增产粮食的潜力还是不小的。”1998 年，中共中央组织部授予大关村党支部“全国农村基层组织建设工作先进党支部”称号。2005 年，大关村被评选为全国文明村镇。

截至 2015 年，大关村实现人均基本农田 0.8 亩，比 2005 年增加 0.2 亩；人均占有粮食 240 公斤，比 2005 年增加 60 公斤，人均纯收入 6027 元，比 2005 年增加 51%，森林覆盖率由 2005 年的 40% 增加到 70%。

2006 年 7 月 19 日，大关村新貌

贵州山地面积达 92.5%，耕地破碎，不少地块“挂”在陡坡上，农村人均基本农田仅 0.26 亩。生存环境恶劣是导致贫困的重要原因之一。学习“大关精神”，走坡改梯之路，在陡坡地上、乱石丛中求生存、谋发展，成了岩溶山区背水一战的选择。2005—2010 年，各级干部在学习“大关精神”的活动中，深入坡改梯

工程第一线，累计领办样板6498个，面积达126万亩，对广大农民起到激励、鼓舞和推动作用。

“十二五”期间，“大关精神”持续鼓舞贵州各级干部和各族人民深入开展扶贫开发、脱贫攻坚，吹响向绝对贫困发起“总攻”的号角。

三、晴隆模式

晴隆县对农业结构作战略调整，依靠科技支撑，退耕还林还草，瞄准市场需求，发展岩溶山区草地生态畜牧业，将草地生态畜牧业培植成各族农民增收致富的一大支柱，冲破“人口膨胀—生态恶化—经济贫困”的怪圈，创新了中国南方草地畜牧业可持续发展、生态建设与扶贫开发并举，实现经济与人口、资源、环境协调发展的“晴隆模式”。

晴隆县地处南方典型的岩溶山区，境内山高坡陡，沟壑纵横，75%的耕地呈条状分布在陡坡上，农民生产、生活条件极其恶劣，2000年年末，全县经济社会多项指标在全国592个贫困县中居倒数第一位。

国家实施“八七”扶贫攻坚计划以来，尽管晴隆县基础设施有了较大改善，但由于受传统农业思想束缚，农村产业结构单一，陷入“越穷越垦—越垦越穷”的恶性循环，人地矛盾突出，25度甚至50度以上的陡坡上，也要种植玉米、豆类、红薯等粮食作物。农民抱怨“天晴三日，包谷卷叶；一遇暴雨，全部冲光”。暴雨过后，禾苗、泥土、草木随山洪直奔北盘江，清澈的江水顿时变成浊浪黄汤。喀斯特山区地表附着的植被、泥土被山洪卷走，裸露的岩石横七竖八，旱涝灾害交相为害，贫穷落后愈演愈烈。

2001年，贵州省扶贫办向国务院扶贫办申报将晴隆县列为种草养羊科技扶贫试点，国务院扶贫办批准晴隆为试点县。晴隆县委、县政府成立了晴隆县草地生态畜牧业领导小组，由县长任组长，县发改委、财政局、畜牧局等有关部门负责人为成员，正式启动种草养羊、科技扶贫试点项目，拉开了中国南方喀斯特地区治理石漠化、发展草地畜牧业，开发扶贫，探索生存发展新路的序幕。

县委、县政府聘请有关专家深入各乡镇调查研究和科学论证，制订了试点项目实施方案，把草地畜牧业开发扶贫项目与生态建设列为全县经济社会发展的重中之重，实行“政府引导、市场运作、以场带户、产业推动”的工作机制，先行试点，取得经验，逐步推开。

晴隆试点以科技为支撑、项目为载体、产业化为方向，采取公司建基地、基地带农户的做法，利用雨热同步、温凉湿润的云贵高原热带季风气候资源和拥有上百万亩草地资源的自然优势，发动农民群众在25度以上的坡耕地和石漠化严重的山区，退耕还林，林下种草，草羊结合，发展草地生态畜牧业。

各乡镇针对石漠化的不同程度，走草地畜牧业产业化发展与石漠化治理相结合的路子。首先在水土流失严重的陡坡耕地上停止耕作，宜林则林，宜草则草，将修复生态、保持水土放在首位。与此同时，充分考虑农民群众要吃饭、要花钱、要住房、要上学、要就医的现实需求，科学利用退耕地资源，引进红三叶、白三叶、黑麦草、皇竹草等优良草种和波尔山羊、杜泊羊、南江黄羊等良种羊，以养羊为主，适当发展牛、马、鹅等草食动物，实行科学种草和养畜，让农户在石漠化治理过程中获得经济效益，实现生态效益与经济效益双赢，化解石漠化治理与农民增收之间的矛盾，颠覆以往“石漠化治理是一个无解方程式”的论断。

县委、县政府以财政扶贫资金为引子，以科技扶贫项目和岩溶治理项目为载体，统一领导和协调指挥，要求有关部门本着“渠道不乱，用途不变，统筹安排，集中使用，各负其责，各记其功”的原则，开发扶贫项目涉及的部门和单位，要人给人，要钱给钱，要技术提供技术服务，明确各部门职责，重点整合发改、交通、水利、农业、林业、畜牧等部门的项目和资金，加大配套基础设施建设投入力度。财政、金融部门明确对种草养羊试点项目的财政扶贫资金、小额信贷资金，确保按计划、按进度、足额按时投放，提供试点项目资金保障，全县累计投放小额信贷资金 3000 多万元。

追踪国际、国内畜牧产业先进技术，以引进、消化、开发、推广优良畜牧品种、先进饲养管理及疫病防治、优质高产牧草种植及草地科学管理等先进实用技术为重点，采取“请进来，走出去”的办法，先后与中国农业大学、山东莱阳农学院、贵州大学动物科学学院等大专院校签订草地种植与改良、杂交羊繁殖、养殖新技术使用、标准羊的饲养管理等 7 个方面的技术合作协议，与澳大利亚等国合作开展胚胎移植项目，提高选种技术水平。选派 10 名畜牧专业技术人员和农民技术骨干到澳大利亚等国参观考察和培训，学习、借鉴、吸收、消化和推广先进畜牧科学技术。

为把科学技术转化为现实生产力，加强畜牧和草地建设技术培训、指导和服务工作。第一，抓好草地畜牧业开发有限责任公司自身的技术培训和提高，对畜牧专业技术人员及时进行知识更新，确保技术输出不变形、不走样，定期或不定期聘请畜牧专家到晴隆开展现代畜牧业养殖技术专题讲座，在技术人员之间开展互学互帮活动，不断提高畜牧技术人员的业务水平和管理能力。第二，抓好科技示范户的技术培训工作，定期或不定期举办培训班，建立技术培训和辐射基地。派技术人员到项目实施村、点对示范户开展技术培训，传授种羊饲养管理及草地种植管理技术，指导科学养殖及疫病防治，帮助熟练掌握种草养羊全套实用技术，帮助扩大饲养规模，提高经济效益，成为种草养羊技术推广应用的带头人。第三，注重普通养羊户的技术培训，发动千家万户种草养羊，走产业化扶贫路子。普通饲养户在实施种草养羊前，必须进行技术培训，学会对羊群的日常管理，常见疾病防治，人工草场种植和管护等。技术培训合格后，落实技术人员负责跟踪指导和技术服务，确保教会一户、发展一户、见效一户。先后举办不同类型、不同技术层次的种草养羊培训班 404 期，培训 1.88 万人（次）。第四，在农业部、中国农科院、贵州省农业厅派出畜牧专家的指导下，在各民主党派中央“星火计划”和科技扶贫项目的扶持下，加强与新西兰、荷兰、比利时和澳大利亚等国的畜牧经济技术合作，组织以农民技术人员为主的团队，前往新西兰考察草地畜牧业，多次聘请国内外专家对各级干部和畜牧人员进行培训和现场指导，培养了一批发展草地畜牧业的带头人，全县技术人员和聘用技术人员近 100 人，加上这些年培训成长起来的 400 多名农民技术人员，全县拥有的技术人员已超过 500 人，向县外输送的技术人员达 170 多人。

农民掌握种草养羊的技术和标准，将种草保持水土、防治石漠化与养羊增加收入、脱贫致富有机地结合起来，过去没人瞧得上的石旮旯地，种草养畜每亩收益至少是种粮的 3 倍以上。种草养羊起步较早的光照镇新益村猫猫井组，原来是典型的穷山村，当地农民大发“羊财”，家家拔除茅草房、“杈杈房”，都搬进了砖混结构的新楼房。村民李大碧多年外出打工没找到钱，甚至陷入无钱买车票，走路回家的窘境。2009 年，政府扶持她草种养羊，当年收入 1.8 万元，2010 年收入 3.5 万元。具有初中文化的黎族青年杨真龙，种草养羊技术学得快，第一年收入 4 万元，第二年收入 8 万多元，第四年收入 16.8 万元，2010 年羊群扩大到 460 多只，收入增加到 20 万元，成为远近村民学习的榜样。

晴隆模式——赶着羊群奔小康

晴隆县在实施草地畜牧业产业化扶贫的过程中，创新“公司带农户”“草场带农户”“基地带农户”等运营机制，既带动农户种草养畜，增收致富，又推动草地畜牧业产业化发展，公司壮大了实力，实现了公司与农户双赢。草地畜牧业开发有限责任公司采取“龙头建基地，基地带农户”的形式，形成“风险共担，利益共享”的联运机制，即公司向农户无偿发放种公羊和基础母羊，农户在公司的指导下，负责建设草场和饲养管理，年底结算时，增加的羊群公司与农户按 2∶8 分成。公司分成所得的羊和收回的基础羊群，再放贷给其他农户饲养，实行滚动发展。

莲城镇江满村五组有 20 多户农民，因岩溶地貌破碎，长期贫困落后，一些有门路的农户，争先恐后地迁往他乡。2002 年，公司组织动员和扶持种草养羊，养羊户年收入高的达 2.8 万元。起步早的许多农户卖羊买大米、盖新房、添家电。外迁的农户纷纷回来谋发展。彝族村民李清武说：“过去我靠卖血为生，老婆外出打工，女儿 13 岁还读不起书。种草养羊以来，年均收入 2 万多元，盖起了新房，看上了彩电，女儿已经上学了。”

草地畜牧业示范基地的建设和发展，直接影响项目实施的成效和发展战略目标的实现。县委、县政府要求规划先行，典型示范，连片推进，科学发展。一是做到“四统一”：统一规划、统一管理、统一实施方案、统一技术要求，包括品种、圈舍布局及技术服务；二是实行“三结合”：每个示范点均要建优质牧草基地，与羊群配套改良草地，优良肉羊育肥基地，做到示范、生产、推广“三结合”；三是做到“四配套”：每个示范基地水、电、路等基础设施配套，技术人员配套，生产设施配套，技术设施、设备配套，从而达到资源共享，节省投资，实现效益最大化。

为充分发挥项目的示范带动作用，晴隆县草地畜牧业开发有限责任公司建立五种发展模式和四个利益联动机制：一是土地入股建基地，基地带农户模式：对农民入股土地评定等级，农民以土地入股，参与生产经营，按股分成；农民的土地评定等级后，也可按面积一次性给予补偿，由公司统一经营，吸纳农民到基地打工就业。全县土地入股的农户达 1000 多户，入股农户占养羊农户的 10%。二是“公司 + 养羊协会 + 农户”的联合发展模式：由公司无偿提供草种和以羊代现形式，向农户发放种公羊和基础母羊，负责技术服务和农户的商品羊销售。三是集体转产草地畜牧业模式。四是小额信贷扶持种草养羊模式。五是自我发展模式。四个利益联动机制：一是公司与农户利益联动机制；二是扶贫资金以羊放贷，滚动发展机制；三是公司与职工、农户建立利益共享激励机制；四是瞄准贫困群体，重点帮扶机制。

为确保晴隆畜牧产品的品质优良，不断占领市场，拓展市场，县草地畜牧业公司分别与新西兰瑞梅克斯公司、中国农业大学、山东莱阳农学院、贵州大学动物科学学院、贵阳克尔索生物工程有限公司合作，探索创新，先后成为州级、省级重点龙头企业和国家扶贫龙头企业。草地畜牧业公司的优质肉羊生产已通过 ISO 9001：2000 国际质量管理体系认证。2004 年 9 月获“国家星火计划农村科技服务体系建设示范单位”称号。2005 年 4 月被国务院扶贫工作领导小组批准为国家扶贫龙头企业。同年，晴隆县被贵州省农业厅评审为“无公害肉羊产地”。2009 年，农业部授予晴隆优质肉羊“无公害农产品”证书。

山地农业——“晴隆模式”之桃园草场一角

晴隆县从 2001 年引进 46 只纯种波尔山羊、54 只南江黄羊、起步建设人工草场发展到 2010 年，已拥有草地 146 万亩，其中，优质人工草场 32 万亩，改良草场 20 万亩，天然草地 94 万亩；肉羊存栏量达 32 万只，建成 35 个肉羊基地，3 个育种场，19 个人工授精点，1 个胚胎移植中心。种草养羊创造的总产值累计达 3.7 亿多元，项目促进全县畜牧业占农业总产值的比重由 2001 年的 31% 提高到 2010 年的 52%，项目区农民人均收入从 630 元增加到 3300 元，全县农民人均纯收入由2000年的1156元增加到2010年的2918元。草地畜牧项目累计扶持贫困农户1.18万户，覆盖贫困人口5万多人，75%以上的养羊贫困户已经脱贫。全县退耕还林、退耕种草治理水土流失面积20万平方公里，25度以上坡耕地每年每亩减少泥沙流失量1.26吨，人工草场每年增加有机质2个百分点，改良草场每年增加有机质1个百分点，全县每年减少泥沙流失近40万吨。

“晴隆模式”得到国务院扶贫办和贵州省委、省政府的肯定，受到国内外草地畜牧业专家的赞赏。“晴隆模式”形成了现代农业的雏形，形成“政府主导，龙头带动，协会组织，多方支持”的运作模式和可持续发展的运行机制，实现经济效益、社会效益、生态效益的三赢。

2006年，贵州省将喀斯特山区草地生态畜牧业试点县由晴隆县扩大到10个县，2007年扩大到20个县，2008年扩大到33个县，2009年年底扩大到全省9个市（自治州、地）的43个县，其中扶贫开发工作重点县占86%。

2006年6月22日，国务院扶贫办与中央智力支边协调小组联合在贵州省晴隆县召开“科技扶贫（南方草地畜牧业）现场经验交流会”，会议认为“晴隆经验”探索了喀斯特地区扶贫开发与生态建设有机结合，依靠科技脱贫致富的成功之路，探索促进农村就业结构和生产结构调整的有效途径，探索农村专业经济合作组织发展的有效形式，探索农村综合改革的有效做法，是农业科学技术应用的整合，是基层农技推广的改革，也是贵州省新农村建设的成功实践。2006年11月，国务院扶贫办下发了《关于做好种草养畜科技扶贫工作的通知》，要求南方8个省（区）学习推广“晴隆经验”。

2010年9月14日，国务院扶贫办在晴隆县召开石漠化地区种草养畜产业化扶贫贵州试点工作会议，国务院扶贫办主任范小建在会上强调说：“滇黔桂石漠化区是扶贫开发重点县集中连片的地区。在这样的地区开展扶贫工作，必须找准最困难的群体和最突出的制约因素，采取最有效的措施。晴隆经验正是体现了这个原则，集中力量，持续攻坚，取得了比较明显的成效。晴隆县根据当地自然和气候条件、生态环境特点，因地制宜，改变传统耕作模式，摒弃传统做法，用草地畜牧业取代传统的粮猪农业，变多年不变的种玉米养猪为种草养畜，变山区农民为牧民，局面为之一新。草地畜牧业适合南方喀斯特地区的生态特点，产业链长，附加值高，较好地解决了扶贫产业开发与生态治理之间的矛盾，使当地群众从‘环境脆弱—生活贫困—掠夺资源—环境恶化—贫困加剧’的陷阱中走了出来，实现了历史性的突破，一举多得。”范小建说：“贵州种草养畜产业化扶贫试点，不仅大幅度增加了农民收入，使贫困山区迅速摆脱了贫困，而且较好地保护了生态，探索了双赢的路子。贵州的做法得到了各方面的充分肯定，胡锦涛总书记、温家宝总理、吴邦国委员长和曾庆红同志等中央领导给予了高度评价。任继周、洪绂曾等知名院士、专家也多次实地考察指导，倾注了大量心血。”

2011年晴隆县委书记姜仕坤对“晴隆模式”再升级，解决了群众种草养羊动力不足之困。2011年之前，“晴隆模式”主要依靠项目资金支持，县草地畜牧中心通过打造养殖小区和大户养殖示范，给群众分发基础母羊，繁育羔羊后与群众分成。基础母羊仍归县草地中心所有，群众没有完全产权，发展种草养羊动力不足。姜仕坤提出，“晴隆模式”的目的是让农民脱贫致富，产业根基一定要放在养殖户身上，鼓励群众独立散养。农户有了全部产权，也有了压力，压力迅速转发成了种草养羊的发展动力。正是这一举措，使“晴隆模式”真正走上了社会化产业发展的升级之路。

2006—2015年，先后有27个省市、1.86万人次到晴隆考察学习喀斯特地区发展草地生态畜牧业的成功经验。

四、印江经验

印江土家族苗族自治县地处武陵山脉主峰梵净山西麓，1998年被贵州省划定为革命老区，面积1969平方公里，辖17个乡镇、365个行政村、3个社区、6个居委会，2010年年末总人口43万人，其中土家族、苗族等少数民族人口占71.15%。

由于社会历史、自然环境、基础设施等多种因素叠加，导致贫困落后长期困扰着印江各级干部和各族群众。1986 年，印江被列入贫困县，农民人均纯收入 173 元，人均产粮 274 公斤，365 个行政村中，贫困村 220 个，占 60% 以上，贫困人口 21.87 万人，占农业人口的 58.9%。1994 年，印江自治县被确定为国家“八七”扶贫攻坚重点县。2001 年，印江自治县被确定为国家新阶段扶贫开发工作重点县。

2007 年 12 月，印江自治县被国务院扶贫开发领导小组办公室、财政部列为全国首批“县为单位、整合资金、整村推进、连片开发”的 8 个试点县之一。成立由县长任组长的试点工作领导小组，派出由县直有关部门负责人任组长的 14 个工作组进驻扶贫开发整乡推进试点杉树乡，县、乡共抽调 150 多人进驻各村进行调查摸底，逐村逐户制定帮扶措施，建立“一村一策一干部”的工作机制，强力推进试点工作。

“杉树乡，穷地方，守着大山闹水荒，姑娘小伙去刹广（广东打工），老爹老妈等皇粮（救济）。”这首民谣是杉树乡开展试点前贫困交加的写照。

杉树乡地处印江、德江、沿河三县交会处，自然条件恶劣，交通、水利、通信等基础设施薄弱，经济结构单一，粮食产量长期低而不稳，农业生产水平低。全乡 17 个行政村，159 个村民组，贫困村 14 个，占 82.3%，居全县各乡镇之首，2006 年，农民人均纯收入 1615 元，只及全县平均水平的 89.5%，人均占有粮食 280 公斤，只及全县平均水平的 78%。17 个村中有 8 个不通公路，占 47%。

杉树乡坚持把产业发展、基础设施建设、社会事业发展和基层组织建设同步推进，把群众增收摆在各项工作的首位；通过财政扶贫资金与部门涉农资金整合、基层组织建设与扶贫开发工作结合、基础设施建设与产业化扶贫配合、整村推进与连片开发融合、企业发展与基地建设联合，因地制宜地规划和实施粮食自给工程、基础设施建设、农业产业化发展、社会事业建设和产业配套服务等建设，实施 5 大类 190 个子项目，整合资金 4624.3 万元，项目覆盖 14 个贫困村、137 个村民组、4104 户、17177 人。按照“渠道不乱，用途不变，各负其责，各记其功”的原则，调动一切可用的财力、物力、人力资源，实行“统一规划项目、统一下达资金计划、统一调度整合资金、统一报账审核”等“四统一”管理机制。

在两年多的试点时间里，通过各级各部门和广大干部群众的共同努力，整合资金 6443.9 万元，共实施 5 大类 203 个子项目，壮大了产业基础及规模，全乡新植茶园 7500 亩，建成经果林 4100 亩，形成“村村有产业、户户都参与、人人能受益”的产业化扶贫新格局，农民人均纯收入从 1615 元提高到 3005 元；贫困人口由 6685 人下降到 3250 人，贫困发生率由 38.9% 下降到 20%。

县委、县政府及时将杉树乡整乡推进的成功经验推向全县，搞好顶层设计，制订近期工作计划和中长期发展规划，形成开发扶贫工作路线图和基本消除绝对贫困时间表，做到有的放矢，有计划、有步骤地实施“整县推进”发展战略。

印江自治县制订工业强县、城镇化带动和旅游产业牵动发展“三大战略”，带领全县各级干部和广大人民群众推动工业发展，促进人流、物流、资金流、信息流等现代发展要素整合，激发内在动力；促进运输、商贸等行业加快发展，为农村劳动力转移提供空间，带动传统农业向现代农业转变；加快城镇化步伐，为城乡人民创造就业岗位；吸纳更多农村人口进入城镇安居乐业，另谋生路，置换出土地、森林、水、电等更多可供发展的空间；发挥地处梵净山风景名胜区的旅游资源优势，将旅游产业列为第三产业发展的重点，随着交通等基础设施的逐渐改善，旅游产业逐步形成最具发展潜力、带动能力的一大产业。

新上工业项目不搞遍地开花，而是以县城为中心科学规划、合理布局，尽量不占基本农田，在县城边新开工建设绿色轻工业集聚区、建材及加工制造业集聚区，总投资 128.8 亿元，其中，园区产业项目总投资 110.8 亿元，基础设施建设投入 18 亿元，规划 2020 年建成。建成后可带动 3 万人就业，

印江自治县畜牧业龙头企业——总投资达5000万元的鑫隆肉联厂

聚集人口6万人。到2010年年底，已完成总投资3.88亿元，其中，基础设施1.06亿元。进驻工业园区的人员，大多数直接从事生产和管理，其余在工业园区从事饮食、文化、卫生等服务。引进投资5000万元兴建的鑫隆肉联厂，建成投产后可形成年分割50万头生猪的能力，已吸纳60多个当地有一定文化的青年农民进厂，通过技术培训后，已经走上生产岗位。

建设中的两大工业园区，吸引各个集镇上、一部分乡村里有条件入园就业和谋发展的居民和农民入驻园区打拼，为集镇腾出了生产、经营、生活和发展空间，农村里有能力、有条件不依靠土地生存，而愿到集镇求生存、谋发展的农民，有序向集镇转移，促进了集镇的发展空间。而一些不具备基本生存条件，需要易地搬迁扶贫的农民，组织有序搬迁到集镇，腾出发展空间的村庄，改善了水、电、路、通信、信息、住房、土地等生产条件和生存环境，降低了政府的扶贫成本，扶贫效果事半功倍。

新业乡在开发扶贫过程中，加强小城镇建设，以吸引农民向小城镇聚集。这个乡重点突破基础设施这一制约发展的瓶颈，抓住梵净山风景名胜区环山公路建设的机遇，兴建三条干线油路，基本实现村村通油路，全部硬化村寨联户路面。着力解决6450人的饮水安全问题。兴建了160个沼气池，加快了农村清洁能源的开发利用。为发展乡村旅游，投资1000万元，改造了680户民居，在集镇修建一条宽9米、长3.5公里的河滨大道。小城镇的面貌日新月异，吸引农户进入集镇，有57户需要易地搬迁扶贫的贫困户，已经搬迁到集镇安居乐业。

实施统筹整合，资金“黏合”是关键。打破部门壁垒，把试点资金作为“酵母”，将各部门分散的各类涉农资金，统筹整合用于连片开发建设，形成“目标跟着计划走、资金跟着项目走、项目定在连片区”的资金整合捆绑机制。在充分整合部门项目、资金的基础上，把民间资本作为生产要素进行整合，鼓励和支持民间资本参与扶贫开发，最大限度地增加投入，实行区域推进，使项目和产业相互配套，互相支撑，最大限度地发挥项目效益，避免重复建设，重复投入。

2010年以来，坚持基地建设、技术培训、企业发展、品牌打造、市场培育“五位一体”，同步发展产业化的工作思路，以实施“农村居民增收致富行动计划”为平台，按照“统一规划、分步实施、区域推进、连片开发、试点先行、以点促面、长短结合、统筹兼顾”的原则，整合资金3亿元，集中投入全县农村产业发展，努力实现户有经营项目、村有主导产业、区域有整体规模。

围绕产业发展布局，实施连片开发，整县推进，促使产业上规模，上档次，出效益，遇到千家万户分散承包经营土地的挑战，如何整合土地资源，实现有限的土地资源向能人集中、向大户集中，土地转出后的农民，如何实现能增收，能脱贫，能致富，这是产业化发展不可越逾的一道坎。各乡镇在实施产业化发展的过程中，不断探索，深化对农村土地制度的认识，通过激活土地流转制度，逐步实现土地资源自愿、有偿、有序向产业经营能人、大户集中，农民自愿从各家各户分散经营的小块土地上转移出来，政府及时组建各类专业合作社，推行公司和能人领办、大户带农户开发项目等方式，引导农民群众广泛参与兴办产业，有力地推进了产业发展，有效地提高了土地资源的利用率、产出率和经济效益，推进了产业化发展，提高了组织化程度。截至2010年，全县农村土地流转面积已达

48540 亩，占承包地总面积的 19%，涉及流转农户 19510 户，占承包户的 22%。

增加农民收入的有效途径，主要是组织发动农民发展产业。在产业选择上，从各乡村实际出发，因地制宜，选择烟、茶、果、药、蔬菜等种植业、食用菌栽培业和猪、牛、羊、鸡等畜禽养殖业，以专业乡、专业村、专业组、专业户等形式，形成规模化发展，产业化经营，烟、茶、畜禽、食用菌等出现了产业集群发展势头。在产业化发展过程中，着力提高群众的生产组织化程度，组建各种专业合作社，发展特色产业，抓住“中国名茶之乡”的品牌优势，茶叶产业正在做大做强，全县茶园面积已突破 23 万亩。茶产业的蓬勃发展，靠大户带农户上规模，靠大户与茶叶经销商建立产销纽带，牢牢占领市场，解除了产业化发展的后顾之忧。

产业化发展战略的实施，促使烤烟产业焕发生机。全县农村有限的耕地逐渐向种田能手集中，种烤烟的农民被称为“种烟主体”。过去烟农户均种植 1～2 亩，而“种烟主体”户均种植 28 亩，有的种植 100 多亩，规模大的种植达 500 亩。规模化种植，不仅提高产出率，提高效益，还吸纳当地农民打工，稳定地增加了农民的收入。全县烤烟按计划种植 33005 亩，分布在 15 个乡镇，146 个行政村，392 个村民小组，“种烟主体”达 1163 户，他们与烟草公司签订种植合同，严格按合同生产、交售。种烟农户大大减少了，实现烤烟产业规模不减，规范化种植水平提高，质量效益提升，农民收入增加。

在产业化发展规划图上，猪、牛、羊、禽等畜牧产业覆盖全县各乡镇。各乡镇的自然环境、资源情况、农民饲养习惯等都适宜发展畜牧业，县委、县政府不仅满足各族农民发展畜牧产业的愿望，而且加强技术指导、产业集群和市场导向等工作，加快了畜牧产业化发展。

印江自治县试点立足“能人示范、群众参与、政府支持、合作共赢”的思路，动员能人做表率，引进龙头企业带动产业发展。大云种猪场饲养规模已达 2000 头，负责为本县农户提供三元杂交仔猪，种猪场的繁殖能力可覆盖 18 个乡镇。全县类似的种猪场共 5 个，按东、西、南、北、中合理布局，为全县农民提供三元杂交仔猪，既保证供给优良品种，又能有效防控疫病。太阳牛业有限公司投资 2000 多万元兴建的现代化养牛场饲养规模已达 1000 头。肉牛销往香港、广州、深圳等地。公司与 200 多户农户签订牧草种植合同，并按合同收购牧草。就近到饲养场打工的农民达 60 多人，月工资 1000 多元。公司带动农户种草、打工直接受益的农民，将近 2000 人。

印江自治县湄坨村茶农采茶忙

2007—2010年，全县捆绑涉农资金3亿元，打造39个农民增收致富行动计划示范村，启动东西南北4个万亩茶区，建设“峨岭—板溪”5000亩无公害蔬菜示范基地、“新寨—沙子坡—缠溪—木黄”1万亩蔬菜、峨岭镇500亩萝卜基地，“杉树—沙子坡”5000亩优质核桃基地，扶持梵净山周边乡镇发展“农家乐”，使区域有规模产业、村有引导产业、户有经营项目。2010年，全县农民人均纯收入比上年增加425元，试点村平均增加612元，最多的增加1100多元。2010年3月15—17日，贵州省扶贫开发现场会在印江自治县召开，试点工作得到广泛关注和充分肯定。

2015年，印江自治县农民人均纯收入达6701元，比试点前的2007年增加4606元，增长219.9%；农村贫困人口由2007年的8.35万人（识别标准2095元）减少至5.93万人（识别标准6701元），贫困发生率由22%（现行识别标准）降至14.69%。

五、长顺做法

长顺县地处典型的喀斯特山区，面积1565.03平方公里，其中，喀斯特面积占93.9%，石漠化面积占77.9%。极为恶劣的生态环境，加剧了人与资源、人与环境的矛盾，制约经济社会的可持续发展。2008年，全县总人口25.83万人，农村贫困人口5.33万人，将近占农村总人口的四分之一；所辖17个乡镇，其中扶贫开发重点乡镇13个，占76%，148个行政村中，88个属扶贫开发重点村，占59.46%。长顺县被国家列入新阶段扶贫开发592个重点县之一。

2008年，中共中央总书记胡锦涛从新华社的报道中了解到长顺县长寨镇竹子托村农民仍然处于贫困状态后，作了“要探索因地制宜，开发扶贫的路子”的批示，引起国务院扶贫办、贵州省委、省政府和黔南自治州州委、州政府等各级党委、政府的高度重视。长顺县先后被列为国家“县为单位、整合资金、整乡推进、连片开发”试点县、全国100个石漠化综合治理试点县，以及贵州43个草地生态畜牧业试点县等三大项目试点县。县委、县政府率领全县各有关部门和各族群众，在国务院扶贫办和省、自治州党委、政府和扶贫办、农业、林业、畜牧、水利等有关部门的指导下，从岩溶山区实际出发，对三大试点项目统筹兼顾，捆绑实施，整村、整乡、连片推进，在喀斯特地貌极为典型、石漠化日趋加剧的贫困山区，探索出“一业为主，多品共生；种养结合，以短养长；连片开发，综合治理；生态恢复，农民增收”的山地农业综合开发扶贫新路子。到2010年，三大类试点项目和9个子项试点内容基本完成，试点区产业化发展、生态重建、基础设施建设及社会事业全面推进，开始收到生态效益、经济效益与社会效益三赢的效果，初步走出“越穷越垦—石漠化加剧—越垦越穷”的怪圈。2010年，贵州省石漠化综合治理现场会、产业化扶贫工作现场会和“红十字绿色家园行动”现场会先后在长顺召开，推广“长顺模式”。

长顺县三大试点项目启动以来，新打造的上百公里绿色产业带，在石漠化最集中、最典型的中部、南部山区延伸扩展。石旮旯里见缝插针栽种的核桃树，树下混播黑麦草、三叶草、紫苜蓿、皇竹草，放养狮头鹅、白鹅、绿壳蛋鸡；舍养南江黄羊、黑山羊和圈养杂交牛。项目区内，水、电、路、林、草、牧和新农村建设配套推进。

长顺县从观念更新和体制、机制创新入手，扭转以往各部门各自为战、单打独斗，导致资源、项目、资金、物力、人力分散，难以形成开发扶贫合力的被动局面，树立全县一盘棋的全局观念和大扶贫理念，构建资源大整合、项目大集中、连片大开发的产业化扶贫格局。

在实施“县为单位、整合资金、整村推进、连片开发”试点项目的过程中，把分散在发改、扶贫、农业、林业、交通、水利、电力、畜牧、民政等各有关部门手中的项目、资金、技术、管理等要素，整合安排在集中连片贫困程度最深的长寨、中坝2个乡镇，集中财力、物力、人力，将打捆资金投放产业发展、基础设施建设和社会事业发展3大类、9个子项目，采取统筹兼顾、整合资源、集中项目、整合资金、连片开发、合力攻坚的大扶贫做法，大规模推进植树造林、种草养畜、林下养禽，实行草树、草水、草畜、草禽、草路、草电配套实施，整体推进，林地、草场、牛栏、羊舍、鸡鸭鹅圈建到哪里，蓄水池、水塘、水库、输水管道、公路、农电就通到哪里，打开了恢复和重建喀斯特生态系统、产业化开发扶贫的新局面。

长顺绿壳蛋鸡已获得农业部地理标识和原产地产品资源认证。中坝乡林下养鸡已达 6 万只，户均 20 只，其中绿壳蛋鸡 12 只，一只绿壳蛋鸡年产蛋 100 枚，12 只产蛋年收入可达 2000 多元。全乡已栽种核桃 8.8 万株，发展林下种草养羊，2010 年全乡存栏基础母羊 6800 只，畜牧业收入已占农民收入的 30%。全乡外出打工 3477 人，年汇回现金 2500 万元，占农民收入的 20%。

从提高农民生产技能入手，整合农业、林业、扶贫、畜牧、教育、劳动等各个方面的培训资源，加强对农民群众科学文化、市场经济、实用技术、劳动保护、法律法规等各个方面的培训，加大科技扶贫培训力度。县、乡依托现代远程教育网络、农业产业化示范基地，以及“七彩农业公司”等龙头企业，把农业、林业、水利、畜牧等各个方面的实用技术、管理经验和市场营销等信息，循序渐进地传授给农民，使每户至少掌握一至二门实用技术，并且在生态重建和产业化建设中用得上、会经营、能增收，实现脱贫致富。2008—2010年，全县培训农民20多万人（次），培养出一批土专家、田秀才、种养大户和致富带头人，用技术培训和生产扶持的致富典型引路，带动千家万户投入三大试点项目。

注重发挥“典型带动，示范引路”作用。在不同类型的村启动试点项目，实行县委、县人大、县政府、县政协四家班子领导牵头抓点、县直相关部门包点实施的办法，加大试点建设力度，确保规划一个，实施一个，建成一个，带动一片。

试点项目启动两年多时间，全县共整合投入到新农村建设的各种资金达 1.2 亿元，建成了羊角屯、格道等 21 个新农村示范点；打造了一批种草养羊、养鹅村、绿壳蛋鸡村、核桃村、苹果村等专业村；农业设施、村庄整治和新农村建设取得明显成效，贫困群众的生产、生活条件得到较大改善。

在培养农民群众主体意识、调动农民群众投入试点项目建设积极性的同时，同步展开社会大参与，连片大开发，积极探索喀斯特山区生态建设与开发扶贫并举的新路子，整合发改、扶贫、农业、林业、水利、交通、民政、畜牧等各个方面的项目、资金，充分发挥项目、资金在开发扶贫中的集合效应，重点抓好“四个结合”：一是将开发扶贫与打造产业相结合，集中支农惠农资金，引导农民发展增收产业；二是将开发扶贫与石漠化治理相结合，积极探索生态、水利、石漠化治理“三位一体”的生态建设模式，坚持石漠化治理、水利建设、生态建设和产业培育并举；三是将开发扶贫与村庄整治、新农村建设相结合，抓好农民居住环境条件的改善；四是将开发扶贫与交通、水利、电力等基础设施建设相结合，增强贫困山区自我发展能力。

为了使财政扶贫资金产生集合效应和发挥最大效益，按照“渠道不乱，用途不变，统筹安排，各负其责，各记其功”的原则，做到任务落实，措施落实，责任落实，搭建整合项目、整合资源、整合资金平台，以财政扶贫资金为“黏合剂”，将分散于各部门涉农项目的资金进行有效整合，使试点项目资金从 1000 万元扩大到 4443 万

游客购买高钙苹果

元，惠及农户 4132 户、17865 人。政府财政扶贫资金的杠杆作用，有效地激发了农民群众建设三大试点项目的热情，吸引民间资金投入三大试点项目，群众投资达 417 万多元。

产业化扶贫的关键，在于为贫困农民找到一条有效的、可持续发展的增收路子，并且做给农民看，靠示范引路，让农民乐意接受，变“长远扶”为“扶长远”，变“要他富”为“他要富”。长顺作为典型的山区农业县，发展的出路在山，潜力在山，希望在山，关键在必须转变发展农业就是发展种植、养殖业的传统农业观念，用现代农业理念拓宽视野，引导农民发展现代农业产业。

用现代农业理念抓发展，挤出 400 多万元资金，邀请有关专家和业内人士到长顺县作实地考察，编制了《长顺县农业产业化规划》《产业化扶贫规划》和《“185”工程规划》。“185”工程要求在一个农业生产年度内，每亩耕地生产的农产品产值分别要达到 10000 元、8000 元和 5000 元以上，是以货币量化体现山地现代高效农业的种养殖模式，是一种产、供、销一条龙的经营方式，是现代农业种养殖业的“牛鼻子”。三个规划根据全县不同区域的自然环境、条件和资源禀赋，重点打造四条产业带：一是北部白云山—广顺—马路—新寨优质烤烟产业带，集中连片种植优质烤烟 5 万亩；二是中北部威远—种获—广顺“果—猪—沼”立体循环农业产业带，规划种植优质苹果 5 万亩；三是中南部羊角屯—中坝—敦操喀斯特山区立体生态农业开发扶贫产业带，以林下种草，种草养畜、种草养禽为主；四是中北部威远—种获—广顺农副产品加工产业带，延长产业链，走农副产品加工增值的路子。试点项目启动以来，共新增经济林 6.46 万亩，新增养牛 2.59 万头，新增养羊 4.3 万只，新增养猪 3.45 万头，累计种植烤烟 34 万亩，产值 19.6 亿元。

项目区以核桃一业为主，在核桃林下混播优良、高产的皇竹草、紫花苜蓿、三叶草、黑麦草，在产业带沿线 4 个乡镇 16 个村，已连片种植牧草 2.4 万亩，做到草畜、草禽配套发展，种草养羊、养牛，林下草地养鹅、养鸡，发展草地生态养牛羊和林下养鸡鹅农户 1600 多户（场），羊存栏 8.8 万只，山地养殖示范区建草地面积 2938 亩，放养 20 万羽绿壳蛋鸡，养鹅 3.1 万只。在草畜配套的水塘、水池中放养草鱼，鸡、鹅、鱼当年饲养，当年见效；成片栽培的佛手瓜，当年栽培，当年受益；一年栽培，多年受益。农民种草养畜、种草养禽、水池养鱼和栽培佛手瓜，一株佛手瓜年产量至少 250 公斤，每公斤收入 0.3 元，每株年产值就是 300 元。每户农家在房前屋后种 10 余株，年收入就是 3000 元。

在长顺 120 公里喀斯特山区开发扶贫产业带上，呈现出“山地织绿毯，岩山变林园；满坡牛羊壮，遍地鸡鹅肥”的景象。已经尝到甜头的农民说：过去“养猪为过年，养鸡为挣盐巴钱”，如今“喂好一只鸡（绿壳蛋鸡），胜种一亩地”；过去“烧一坡，种一坡，收成不到一背篓”，如今“养好一只羊，胜过开荒半匹坡；一亩草养鹅，胜过种十亩包谷坡”。2010 年，全县农民人均纯收入 3555 元，净增 553 元，产业化带来的收益占 62.6%。

建立结对帮扶机制。制定“百村万户帮扶计划”，县直部门建立挂乡包村制度，全县 70 个部门均与贫困村建立结对帮扶的关系；实行“5321”结对帮扶制度，明确县级领导干部每人帮扶 5 户，科级和乡镇班子成员每人帮扶 3 户，股站级干部每人帮扶 2 户，普通干部职工每人帮扶 1 户，县内企业和个体工商户每人帮扶 1 户，确保帮扶贫困户当年脱贫，做到不脱贫不脱钩。全县共有 851 名机关党员干部与贫困家庭结成了帮扶对子。通过对口帮扶争一点、机关单位出一点、党员干部帮一点、社会各界捐一点等办法，截至 2010 年，全县共投入到农村的帮扶资金达 1000 多万元。

领导保障体制和管理运行机制的建立和完善，使开发扶贫工作统筹兼顾，整体推进。一方面引导群众利用现有土地资源自行种植核桃、苹果、牧草、佛手瓜、烤烟、辣椒、蔬菜，鼓励散户养殖鸡、鸭、鹅、猪、羊、牛。对发展产业缺乏起动资金的贫困农户，实行“借鸡还鸡”“借鹅还鹅”“借羊还羊”等方式，先借后还，滚动扶持，滚动发展，扩大规模；另一方面建立各种专业协会，由协会对产业发展项目的生产管理、市场信息和销售，进行跟踪指导、管理和全程服务，项目产生效益后，协会与农户按 2∶8 分成；对部分没有产业发展计划、没有劳力实施产业发展的困难户，实行土地入股，交由有能力的农户承包生产、销售，项目产生效益后，按 1∶3 分成，以此吸引民间资金，推动产业发展；鼓励土地向种植大户或龙头产业自愿、有偿、有序流转，吸引具有一定经济实力和经营能力的能人到试点项目区兴办产业，在产业没有产生效益前，由县财政参照国家退耕还林补偿标准，每亩补贴 239 元，支持产业发展，仅此一项，县财政每年拿出补贴资金 250 万元。同时提供技术服务，搞好技术培训，让农民懂得和掌握发展相关产业的基本技术，推动产业做大、做强，增强产业化扶贫的实力。至 2009 年 9 月，全县投入 1199 万元财政扶贫资金，整合 3025 万元涉农资金，强力推进试点工作。经过 1 年多的艰苦努力，找到解决“水土流失—石漠化加剧—生活贫困”难题的钥匙，探索出在喀斯特山区发展山地农业开发扶贫的新路子。

2010 年 9 月下旬，贵州省在长顺县召开全省山地农业扶贫开发工作现场会议，长顺做法得到省委、省政府的肯定。长顺山地农业综合开发扶贫试点说明，解决山区贫困问题的希望在山、潜力在山、出路在山、致富在山。

中国农业大学首席科学家张英俊到长顺实地考察石漠化综合治理试点项目后表示：石漠化治理方式多种多样，关键在于因地制宜，要注重资源配置，争取达到治理成效最大化。

贵州省确定长顺、罗甸、荔波、威宁、大方、织金、印江、石阡、江口、兴仁、从江、三穗、盘县、务川、正安、普定、黎平等 17 个县为 2010 年度全省“县为单位、整合资金、整乡推进、连片开发”重点县，学习借鉴“长顺试点”做法，不断提高连片开发整体水平。

长顺县山地农业扶贫开发的实践，培育了心系群众、服务基层的“背篼精神”。敦操乡是边远贫困的少数民族聚居乡，自然条件恶劣，文化观念落后，62 个村民组有 17 个不通路，“扛一袋肥料累倒一个壮汉，买一包盐巴要走一整天”是真实的生活写照。为了增进民族感情、融洽干群关系，从 20 世纪 90 年代开始，敦操乡干部利用下村入组的工作机会，帮助群众捎带生活用品。最初是带一两包烟，后来是盐、酱油和药品等，随着长顺县山地农业扶贫开发的深入，任务增加，带的东西也越来越多，帆布挂包变成印有“为人民服务”字样的轻便背篼。2011 年，乡党委结合贵州省开展“四帮四促”活动，在全乡推行“三定五帮一创建”（定服务地点、定服务时间、定服务人员，帮助贫困家庭找致富路子、帮助外出务工人员照顾家庭、帮助急病家庭解决用车难和协调医药费、帮助刑释解救人员重树信心、帮助边远群众捎带生产生活物资，创建文明和谐乡镇）的工作方法，形成为群众服务的长效机制。全乡 62 个村民组划分为 11 个片区，由 30 名干部包村包片全权负责，每个村组都挂上《为民服务责任牌》，公布责任人姓名、电话，公开承诺有困难找干部，只要群众需要必须第一时间响应。同时也规范和推广“背篼干部”的做法，肩上驮着责任，心中装着百姓，用满腔热情投身扶贫，用拳拳诚心赢得民心。于是在敦操乡的大山深处出现了一群“背篼干部”，他们走村串寨，访贫问苦，通过“民情日记”记下群众的诉求，立足实际出主意、想办法，办实事、解难题。背篼成了移动的办公室，干部成了群众的贴心人，“背篼干部”的名片得到上级部门和社会各界的关注和赞誉。随着精准扶贫的深入，生态移民、小水池建设、村组道路硬化、危房改造等工程相继实施，就业创业培训、产业结构调整、关心留守老人儿童等工作渐成常态，敦操乡的贫困面貌发生了根本变化。路通了，电通了，水通了，住房新了，基本实现户户有产业、村村连基地，近年来人均增收 1600 元。“背篼精神”随之逐步升级，由送物资向送科技、送信息、送项目转变；由项目到村到户向能人带富、企业带动转变；由注重水、电、路向着眼产业发展转变；由单一服务向全方位服务转变；由组织生产向做品牌找销路转变。“背篼精神”是贵州“精神高地”的重要元素，“背篼干部”成了贫困乡村最受欢迎的人。2012 年 3 月，敦操乡“背篼干部”事迹连续五天在中央电视台《新闻联播》系列播出，中央电视台又在《朝闻天下》走基层栏目连续五天系列播出《麻山深处的背篼干部》。2012 年 4 月 1 日，中央政治局委员、书记处书记、中组部部长李源潮作出重要批示：“‘背篼干部’当邮差、装民生、背

长顺县南部边远的敦操乡，走在山路上的“背篼干部”

民心，他们的事迹和精神很感人，应大力宣传和提倡”。时任中共贵州省委书记栗战书、省长赵克志也相继作出批示，“背篼干部”的事迹写进了中共贵州省第十一次党代会工作报告。敦操乡党委先后获得2012年全国、全省“创先争优先进基层党组织”荣誉称号和“感动中国之感动贵州”十大人物称号，2013年获得全国“人民满意公务员集体”荣誉称号。“背篼精神”是“长顺做法”的一大亮点，引领了全省山地农业扶贫开发的纵深发展，在一定意义上也诠释了贵州党建扶贫的深刻内涵。

2015年，长顺县森林覆盖率由试点前2007年的41.11%提高到52.3%；GDP由2007年的9.8亿元增加到46.01亿元，增加3.69倍；农民人均纯收入达7512元，比2007年增加5302元，增长2.39倍；农村贫困人口减少至5.04万人，贫困发生率降至19.88%。

六、威宁试点

威宁彝族回族苗族自治县坐落在云南、贵州两省结合部的乌蒙山区腹心地带，是贵州面积最大、海拔最高、人口众多的民族自治县，有“贵州屋脊”之称。全县面积6296.3平方公里，平均海拔2200米，2009年总人口已超过140万人。由于自然地理、人文环境与社会历史等多种因素叠加，导致贫困面大、贫困人口多、贫困程度深，1986年被国务院认定为首批全国贫困县，1994年被确定为国家“八七”扶贫攻坚县，2001年再次被确定为全国新阶段扶贫开发工作重点县。

2009年9月，新华社记者周芙蓉在威宁自治县农村调研时发现，当地部分农民因贫困陷入“三大怪圈”：有的靠卖血维持生计，越卖越穷；有的盗采国家煤炭资源，越盗采越穷；有的越穷越超生，越超生越穷。中共中央总书记胡锦涛、中共中央政治局常委国务院总理温家宝和中共中央政治局委员国务院副总理回良玉看到报道后，高度重视，分别作了重要批示。

胡锦涛批示：“认真研究部署，采取有力措施，经过几年艰苦努力，帮助贫困群众切实脱贫。”

温家宝批示：“要重视加强威宁的扶贫工作，对每个乡、每个村都要作出科学而具体的规划和措施，并狠抓落实。”

回良玉批示：“进一步提高思想认识，细化实化政策措施，坚决打好扶贫攻坚战。”

一周后，胡锦涛、温家宝在国务院扶贫办对威宁自治县的调查情况上作出批示，将威宁自治县列为全国喀斯特地区扶贫开发综合治理试点县。

针对威宁自治县承担全国喀斯特地区扶贫开发综合治理试点任务和存在“三大怪圈”等问题，2010年9月20日，省委书记栗战书、省长赵克志共同深入威宁自治县调查研究和现场办公，解决威宁自治县最紧迫的“三穷”问题；之后，栗战书率省直有关部门负责人赴威宁自治县，深入边远、贫困的迤那镇农村，深入了解县情民情，与省、地、县、镇干部和村民共商综合治理、开发扶贫、加快发展大计，要求威宁自治县“两年提速，三年交卷。”

为了贯彻落实党中央、国务院领导对威宁自治县批示的精神和省委对“威宁试点”的要求，从2009年年底开始，从中央国家机关有关部委到省、地、县党委、政府纷纷由负责人带队或派得力干部和专家组成调研组，深入威宁自治县县城镇乡村、机关学校、各行各业和各族人民群众中间，调查了解自然资源、经济社会、民族文化历史和现状，摸清底数，尊重历史，把握现状，顺应自然，指导和帮助威宁自治县制订全国喀斯特地区扶贫开发综合治理试点战略目标，明确具体任务、实施路径和操作方法，组织实施，力求试点经验具有可操作性和指导性。

2009年年末，威宁自治县农村贫困人口达24.37万人，占农村总人口的19.3%；全县有66533户农村危房没有改造，45.6万群众饮水安全没有解决，35个乡镇中有12个不通油路，610个村中有115个不通公路；农村教育、科技、文化、卫生条件落后，群众看病难、看病贵问题突出；人均受教育程度低，劳动力素质低。社会治安形势严峻，城乡“脏乱差”现象严重。一些基层干部履责与群众的要求差距大，导致赴省、进京信访百姓络绎不绝；有的干部不顾群众意愿，决策脱离实际；干部中庸、懒、散问题突出。

县委、县政府和有关部门积极配合中央、省、地调研组开展调研40多次，相互沟通信息，交换意见，看到了威宁自治县贫困落后的症结，找到了影响发展的深层次原因，共商深化改革、开发扶贫、综合治理、加快发展的大计。开展“千名干部进村入户摸实情、听民意、解民忧”活动，明确提出以“四在农家”破解“三农”难题，即“富在农家增收入、学在农家长智慧、乐在农家爽精神、美在农家展新貌”；以“五心教育”提升全民素质，即把忠心献给祖国、把孝心献给父母、把诚心献给他人、把爱心献给社会、把信心留给自己；以“六风建设”营造有利于改革发展的环境，即正党风、清政风、淳民风、浓学风、转作风、优行风；以“七个坚持”谋发展，即坚持以“威宁试点”为契机助推发展、坚持以新型工业化引领发展、坚持以城镇化拉动发展、坚持以合理利用资源科学发展、坚持以改善环境支撑发展、坚持以构建和谐社会协调发展、坚持以党的建设保障发展。

威宁自治县被党中央、国务院列为全国喀斯特地区扶贫开发综合治理试点，使威宁自治县不仅在自然环境上是块高地，而且成为全省、全国关注的“政治高地”。中央有关部委从项目、资金、干部上支持威宁试点，贵州举全省之力扶持威宁试点，毕节地委、行署直接指导威宁工作，各级党委、政府和组织人事部门及时提供威宁试点组织保障。国务院扶贫办、农业部、九三学社中央、国家开发银行、招商局集团、贵州省直相关各厅局和毕节地直有关部门，纷纷选派得力干部到威宁自治县委、县政府及有关政府部门挂职、任职；国务院扶贫办专门设立“威宁试点办”；贵州省扶贫办、毕节地区扶贫办相应设立“威宁试点办”，负责协调威宁试点工作，强力推进威宁试点。

为切实加强对试点工作的组织领导，威宁自治县成立了由县委书记任第一组长，由县长任组长的领导小组，下设综合文秘组、项目规划组、督查调研组、信息宣传组等职能组和办公室，把试点工作实绩列为干部考核的主要内容，全县各乡镇相应建立了领导小组及办公室，形成了县、乡（镇）、村联动的工作机制。

威宁试点规划与国民经济与社会发展“十二五”规划既有紧密联系，又有各自特色，威宁试点规划定位突出扶贫主题，坚持开发式扶贫方针，以贫困村为单元，以贫困户为主攻对象，以稳定解决贫困群众温饱为首要任务，以培植特色产业、增加贫困人口收入、改善生产生活条件、保护生态环境、提高贫困人口自我发展能力为重点，以消除贫困为最终目的。县、乡、村层层远谋近施，既突出特色，又处理好和其他工作的关系。县直各部门、各行业积极参与试点，尤其是教育、交通、水利、电力、卫生、城建等部门，标本兼治、远近结合，强力推进试点。

各乡镇坚持做到“四到村”“四进户”。“四到村”是扶贫规划到村、项目安排到村、扶贫资金到村、跟踪管理到村，做到每一个村都有切实可行的规划，切实按照“项目跟着规划走、资金跟着项目走、管理跟着资金走”的原则，扎实开展扶贫开发工作；“四进户”是政策扶持进户、技术服务进户、产业培植进户、扶贫效益进户。

对新阶段的开发扶贫工作抓细、抓实、一抓到底，制定了《贫困农户脱贫收入倍增计划》，将增收目标、实施项目、计划措施、实现路径等逐一“规划到户，责任到人”，做到每一户都建档立卡，明确责任人，负责产业培植、跟踪管理和技术服务，贫困户不脱贫，责任人不脱钩，确保每一户贫困家庭都成功脱贫。

针对威宁自治县既是一个劳动力资源大县，又有着农民受教育程度不高、基本素质相对较差、就业门路窄、增收渠道少的实际，着力强化劳动力就业培训，逐步提高农民素质，拓宽农民就业门路和增收渠道，帮助农民脱贫致富。2009—2010年，全县培训农民逾10万人次。2010年实现农村剩余劳动力转移16.7万人，占农村剩余劳动力的47.7%，城镇登记失业率为3.3%，“就业难”的问题得到缓解，全县创劳务收入达25亿元以上。随着农村劳动者素质的不断提高，依靠劳务输出实现脱贫致富的农民明显增多。

中直机关、国务院有关部委、深圳对口帮扶单位以及省直、地直有关部门，纷纷从政策、信息、项目、人才、智力、技术、资金等各个方面，全面支持展开威宁试点，形成资源大整合、对外大开放、资源大开发的大扶贫格局。

中央统战部、中央政策研究室等中直机关，国务院扶贫办、农业部等各相关部委，纷纷派干部到威宁自治县指导工作，农业部、国务院扶贫办派干部到威宁自治县挂职，开展有针对性的政策支持和项目、资金扶持。2010年，农业部安排威宁试点资金1亿元，国务院扶贫办下达威宁自治县财政专项扶贫资金1.3亿元，并在2015年前累计安排1.15亿元威宁试点专项资金，协调国家各有关部委对威宁自治县上报的部分项目已列入国家计划，有的项目需纳入“十二五”规划，进行统筹安排。财政部将威宁自治县列为“一事一议”财政奖补项目试点县。九三学社中央组织华东六省市九三学社省级组织进行对口支援，在威宁自治县开展义诊复明“亮康行动”；深圳市对口办、深圳市南山区和招商局工业集团加大对口帮扶威宁力度。

为避免重复资源、项目、资金、技术、人力分散，“撒胡椒面”式扶贫的老路，及时整合从中央到地方的各种扶贫资源，着力构建从中央到地方还有全社会关心、支持、参与威宁大扶贫的格局，将来自各个方面的项目、资金、技术、人力等要素捆绑使用，整县推进，力求最大限度地产生聚合效应，努力实现省委、省政府要求“两年提速”的近期试点目标。

在整合资源、整合项目、整合资金的过程中，坚持大扶贫的理念，全方位推进开发扶贫和综合治理：启动新型农村养老保险项目试点，确保年满60周岁以上的农业人口农村养老保险全覆盖；实施农村危旧房改造整体推进项目试点，确保全面完成全县55597户农村危旧房改造任务；实施农村安全饮水项目试点，确保全面解决农村饮水安全问题；实施小型农田水利建设项目试点，确保小型农田水利工程持续发挥效益；实施新型农村合作医疗项目试点，实现农民参合率达100%；实施村村通油路项目试点，实现所有乡镇和50%以上的村实现路面硬化；实施“一事一议”财政奖补整县推进项目试点，确保更多的农民享受更多的实惠；实施村级债务化解项目试点，切实解决人民群众最关心、最直接、最现实的利益问题。

2010年，省委书记栗战书确定以威宁试点为自己的扶贫定点联系县，以威宁自治县贫困乡镇迤那镇为自己的“集团帮扶，整乡推进”试点乡镇，明确帮扶目标，落实省、地、县直相关部门的帮扶责任，明确不脱贫不脱钩，在全县范围形成各级部门、社会各界共同参与试点的大扶贫格局。

“十二五”期间，栗战书和赵克志两任省委书记先后7次深入迤那镇驻村蹲点考察调研，指导开发扶贫，精准减贫，给迤那镇带来“发展机遇最好、发展力度最大、发展速度最快”的黄金时期。威宁自治县先后投资2600万元扶持2133户实施危旧房改造、建设8247户生态文明家园。

曾因贫困陷入“三大怪圈”而远近闻名，引起党中央、国务院关注的么站镇新飞村、东风镇元木村和炉山镇新庄村，被威宁自治县委、县政府列为威宁自治县试点重点帮扶村。县里专门成立了“三村”开发扶贫规划编制领导小组，在省发改委、省扶贫办相关专家的指导下，完成了《三村参与式扶贫整村推进规划方案》编制工作，并通过了县有关部门的评审。规划涉及基础设施、产业发展、生态环境整治、农民技能培训等多项内容，规划投入资金3亿多元，其中，新飞村规划建设资金9000多万元，元木村、新庄村规划建设资金各1亿元以上。

在实施扶贫过程中，整合扶贫资源，创新了一系列扶贫机制。顶层设计机制：从县委、县政府层面实行项目统一设计，集中整合，防止“撒胡椒面”；全民动员机制：横向到边，纵向到底，直接发动到农户；全过程参与机制：平等对待、尊重农民、积极沟通，防止项目实施与农民增收“两张皮”；合作社和大户带动机制：实施项目要有合作社或大户带动；资金整合机制：发挥国家项目“四两拨千斤”的作用，整合水利、电力、交通、扶贫等各类项目向其集中，打造示范基地；企业、农户利益联结机制：农民通过入股、土地流转、给企业打工，企业对农民进行培训、按保底价收购农产品、建基地等方式，构建农民与企业利益共同体；农牧循环机制：推行“畜—沼—菜”,“畜—沼—果”等循环模式；“反弹琵琶”机制：建立企业从市场切入带加工，再带基地、合作社、农户的机制；项目管理与考核机制：群众全程参与项目建设，建立村级发展互助资金民主管理和督察考核机制；科教和产业联动机制：向贫困户渗透先进适用技术，为贫困户提供各类技术服务，打破贫困的代际传递；贫困人口瞄准机制：以贫困线为界，实行分类建档管理，制订比较完善的动态测算内容和指标；产业化扶贫资金投向机制：政府担保拉动金融部门投入，鼓励企业围绕产业投入，集中力量解决较大面积的贫困；扶贫资金放大市场化机制：引入市场机制，引入银行、企业、其他社会团体的资金，有效解决贫困农户发展资金不足的问题，将贫困农民融入市场经济大潮，帮助解决长期发展问题。

把项目建设作为全县经济建设和社会发展的主旋律，努力实现项目建设从少到多、投资总量从小到大的根本性转变。通过创新招商引资方式，组织专业小分队定点招商、定项招商、以商招商，营造亲商、爱商、安商、扶商、敬商的良好氛围，努力为企业提供精细化服务，打造良好的招商引资环境，促使引进项目早落户、早投产、早见效。

推进重大绿色能源项目建设。威宁自治县风能和太阳能资源丰富，加快风能、太阳能、生物能源及其他可再生能源等新型能源的开发利用，是“十二五”期间及以后新能源发展的重点项目。威宁县依托梅花山、乌江源、马摆大山、西凉山、百草坪的风能资源，强力推进总投资20亿元的乌江源风电场项目建设、总投资10亿元的马摆大山风电场项目建设、总投资10亿元的西凉山风电场项目建设，继续扶持规划中的马摆大山、雪山风力发电项目，使全县风电总装机容量达100万千瓦，总投资达100亿元。依托牛栏江、可渡河、洛泽河丰富的水能资源，加快推进象鼻岭水电站、格闹河水电站、拖洛河水电站的水电开发项目建设。积极开发太阳能资源，推进太阳能光伏发电项目建设。

加快推进重大交通基础设施建设。毕（节）威（宁）高速公路威宁段2014年全线贯通，加快环城公路建设进度，启动威宁—六盘水65.6公里、威宁—昭通86公里高速公路建设，推进威宁火车站广场扩建工程。积极争取昭（通）黔（贵州）铁路建设、威宁—宣威高速公路立项建设，以形成区域性综合交通枢纽，融入昭通、六盘水、宣威、毕节1～2小时经济圈。做好威宁机场建设前期工作，制订具有前瞻性的机场建设规划，构建对外开放的空中走廊。

推进重大水利基础设施建设。按照“宜引则引、宜提则提、宜蓄则蓄”的原则，以突破水源性缺水和工程性缺水为重点，加快建设一批大中型骨干水源工程、灌区节水配套工程和民生水利工程。加快推进草海镇鸭子塘片区、金钟镇夸都片区、雪山镇新街片区总投资1600万元的小型农田水利工程；加快推进杨湾桥、赖毛冲、乐溪、新村和林场5座病险水库除险加固工程；完成威西草海灌区在建项目，使灌溉面积达27万亩。

推进重大电力基础设施建设。不断完善电网结构，加快推进总投资1.12亿元的威宁220千伏变110千伏送出工程建设，全面完成黑石、金钟、猴场100千伏变电站和东风、羊街35千伏变电站建设，以及总投资1.27亿元的农村电网改造升级工程项目，实现城乡电网同网同价，保障经济社会发展用电需求。

威宁自治县引资30余万元在百草坪、马摆大山、西凉山建设3个风电场，装机容量达40万千瓦，已正式并网发电

推进城镇化进程。威宁面临城镇化进程滞后、科学规划滞后、思想观念滞后和城镇路网、通信、供电、供水等基础设施滞后等“四个滞后”，而且特色不突出、功能不完善、品位欠高雅、内涵不丰富。不仅城市发展滞后，农村面貌落后，而且城乡差距大。为改变落后面貌，作出城镇化建设“一核、两轴、四片区”的空间布局规划。“一核”：以县城中心为核心，2015年，基本建成面积18平方公里、承载20万人口规模的县城；到2020年建成面积30平方公里以上、承载30万人口的中等城市。“两轴”：建成黑石、迤那、金钟、中水4座次中心城市，以六盘水—昭通高速公路形成横向发展轴；以毕威高速公路形成纵向发展轴。“四片区”：以4座次中心城市及中心镇雪山、东风、哲觉、黑石、迤那、金钟、中水带动一般镇发展，形成以雪山为中心的北部城镇区，以中水、迤那为中心的西北部城镇区，以黑石、哲觉为中心的西南部城镇区和以金钟、东风为中心的东南部城镇区。

随着城镇化建设步伐的加快和对外开放力度的加大，人气、财气的聚集和投资吸引力随之增强，海内外客商纷纷前来投资创业。近年来单是县城外来人员就增加近2万人。2010年面向全国招聘300名教师，有6200多人报考。

加大招商引资力度，承接中东部发达地区的产业转移，把资源优势推介到中东部发达地区去，将资源优势转化为经济优势。引进一批增效快、质量好的优势、强势企业入驻，将威宁工业经济由小做大、由弱做强。加大职业技术教育力度，建设一个能容纳万人的职业技术教育城，确保每年向发达地区输送5000以上的劳动力，用外出“捞金”的方式来带动致富，把人口压力转化为人力优势。向发达地区、全国乃至海外推介威宁独具特色的高原湿地旅游资源，实施“旅游活县”战略。随着投资环境的改善，为经济社会发展提供了有力的保障，全国各地的投资商纷纷涌来考察和投资兴业，2010年共引进31个大型投资项目，签约51.29亿元，落地22个项目，到位资金25.53亿元，全社会固定资产投资44亿元，同比增长122.8%。

推进农业产业化进程，用现代工业意识取代传统农业意识。立足农产品资源优势，合理挖掘、配置农业资源，围绕“两带十八园”，实施“2135”工程：即发展两个100万亩：100万亩生态畜牧业基地、100万亩特色经果林基地；3个50万亩：即50万亩反季节蔬菜、50万亩中药材基地、50万亩茶叶等特色农业基地。扶持农业深加工龙头企业，不断延伸产业链条，向产品终端要效益，提高农产品附加值。用新型工业化的理念发展现代农业，大力培育壮大马铃薯、中药材、魔芋、干鲜果品等7大支柱产业，推动形成产业集群。

威宁自治县马铃薯规模化、产业化发展

加大喀斯特山区生态恢复和石漠化治理力度，投入2280万元，实施石漠化综合治理47.79平方公里；投入5500万元，由农牧、水利、林业、扶贫等部门共同参与，综合治理水土流失面积215平方公里；实施退耕还林还草工程，三江源保护工程，使草场面积扩大到323万亩。其中天然草场285万亩，人工草场38万亩；万元GDP能耗降低了22.14%，规模工业增加值能耗降低了25.62%，节能减排任务超额完

成。通过实施植树造林、封山育林、天然林保护等工程，全县森林覆盖率 2010 年达到 33.6%，比 2008 年上升 7.14 个百分点。威宁自治县环境质量明显提高，生态环境明显改善。2010 年获得了“贵州省绿化先进集体”荣誉称号。

金源科技有限公司在威宁自治县海拉乡海元村建设金银花育苗基地

2010 年，全县地区生产总值同比增长 26%，全社会固定资产投资同比增长 123%，财政总收入同比增长 28%，农民人均纯收入增幅达 15%，超过全省重点县平均水平约 5 个百分点；净减少贫困人口 8.49 万人，相当于过去十年脱贫人口的总和。

2015 年与试点前的 2009 年对比，威宁自治县地区生产总值达 189.37 亿万元，增长 2.74 倍；全社会固定资产投资总额达 249.3 亿元，增长 11.6 倍；财政总收入达 21.36 亿元，增长 3.26 倍；农民人均纯收入达 6945 元，增加 4490.22 元，增长 1.83 倍。2009—2015 年净减少农村贫困人口 44.11 万人，贫困发生率由 21.46% 降至 15%。

七、迤那实践

威宁自治县迤那镇是贵州省委书记栗战书和赵克志直接联系挂帮的扶贫联系点。受气候条件差、资源利用不合理、开发效益低、基础设施落后老化、生态环境脆弱、石漠化面积较大、农业产业基础薄弱、产销矛盾突出等因素的影响，农民收入增长缓慢，经济社会发展相对滞后，2011 年以来，在中央的关心支持下，在省、市、县的全力帮助下，迤那镇举全镇之力，聚社会之财，集全民之智，在产业扶持到村到户、教育培训到村到户、农村危房改造到村到户、扶贫生态移民到村到户、基础设施到村到户、结对帮扶到村到户方面不断探索、不懈拼搏，精准扶贫工作取得了阶段性成果，闯出了一条喀斯特地区精准扶贫的新路子。贫困发生率由 2010 年的 16.14% 下降到 2014 年的 11.28%，下降了 4.86 个百分点；农民人均纯收入由 2010 年 3036 元增加到 2014 年 7200 元，年均增加 1041 元，年均增长 24.09%，增幅高于全县平均水平 3.85 个百分点，高于全省平均水平 11.32 个百分点；生产总值由 2010 年的 1.26 亿元增加到 2014 年的 5.10 亿元，增长了 3.3 倍，年均增长 45.57%，高于威宁自治县 23 个百分点、高于全省 21.28 个百分点；人均生产总值由 2010 年的 3668.89 元增加到 2014 年的 11567.86 元，增长了 2.7 倍，年均增长 37.15%，高于威宁自治县 16.86 个百分点、高于全省 21.73 个百分点。

（一）主要做法

瞄准贫困对象和贫困成因，责任到人 一是瞄准贫困对象，建账立卡。根据国家、省制定的贫困标准，采取农户（村）自测，农户（村）申请，入户（村）调查，村级评议，回访统计，审核确认 6 个环节确定贫困村、贫困户，并张榜公示，保证扶贫对象公开、公平、公正。同步小康驻村工作组与村支“两委”紧密配合，开展深入调查，采取一看房、二看粮、三看劳动力强不强、四看家中有没有读书郎的方式到贫困村、贫困户摸底调查核实基本情况，保证贫困村、贫困户的情况准确真实。按照“户有卡、村有账，镇有簿”的工作要求，对贫困村、贫困户登记造册，建立迤那镇精准扶贫结对帮扶明白卡和贫困村、贫困户帮扶台账，使每一个贫困村、每一户贫困户的基本情况和帮扶单位、帮扶责任人情况一目了然。二是瞄准贫困成因，责任到人。按照规划到村，责任到人的工作要求，同步小康驻村工作队员配合村“两委”人员深入贫困村、贫困户摸底调查，了解贫困村集体经济发展情况以及贫困户生产、生活情况，找出贫困原因，为县、镇两级党委政府制定扶贫规

划和措施提供可靠依据。针对迤那镇自然条件和基础设施较差、产业结构单一、经营手段欠缺、教育科技落后、农民知识技能薄弱、主要劳动力缺乏、扶贫资金利用效率低的实际，整合省、市、县、镇和科研院所、学校等资源挂钩帮扶，开展结对帮扶到户，确保13个贫困村都有驻村工作组，每户贫困户都有帮扶责任人，不留死角，形成工作到村、帮扶到户、责任到人、措施到位的精准扶贫新格局。

规划到村，扶持到户　迤那镇根据13个贫困村和每一户贫困户的不同情况，按照“一村一策、一户一法”的要求，制定13个贫困村同步小康发展规划，明确贫困户的帮扶计划和帮扶措施，使帮扶工作有目标、有规划、有步骤、有措施。按照脱贫计划到户、项目规划到户、资金落实到户，帮扶责任到人、项目实施到人、工作联系到人的方式，着重抓四个方面的工作：一是安排专项帮扶资金。2011年以来，先后安排省、市财政扶贫资金3379.60万元，对登记造册的扶贫户进行专项扶持。二是坚持扶贫资金打卡到户。为了让扶贫对象明明白白知道自己得到了什么扶持、得到了多少扶持，把种植中药材补助资金、养牛补助资金等各级帮扶资金打卡到户，做到扶贫对象“手上有卡，卡中有钱，钱到项目”。三是建立扶贫结对帮扶明白卡。把明白卡发到贫困户，让贫困户明白谁联系帮扶他（她），帮扶的项目、资金，解决了“谁去扶贫”“扶谁的贫”“怎样扶贫”的问题。四是因地制宜发展项目。围绕生产发展和素质提高两条主线选择中药材种植和生态畜牧业项目，着力打造集“产、加、销”为一体的特色产业扶贫体系，探索“特色基地、专业村群＋扶贫龙头企业＋专业合作社＋贫困户”的“产业链式扶贫”新机制，通过项目运作、产业带动帮助扶贫对象脱贫致富。4年来，共启动大小项目485个，总投资9.5亿元，基本做到了家家有项目，户户搞开发，户年均增收达1000元以上。

大力实施“三个一”工程，确保“六个到村到户”　大力实施一户一策一干部的“三个一”工

2009年，迤那镇村民陈杰采取“党支部＋公司＋合作社＋基地＋农户”的运作模式，图为合作社社员在田间劳作

2012 年 5 月，威宁自治县迤那镇的烤烟种植基地

程，确保产业扶持、教育培训、结对帮扶、农村危房改造、扶贫生态移民、基础设施“六个到村到户”。一是产业扶贫到村到户。根据迤那镇土壤、气候等特征，按照“宜烟则烟、宜药则药、宜果则果、宜薯则薯、宜畜则畜”的原则，从生态种养殖业入手，着力发展山地特色高效农业，大力实施稳定 2 万亩以上烤烟种植、稳定 2 万亩以上玉米高产创建、实施 2 万亩优质马铃薯种植、实施 2 万亩经果林种植、实施 2 万亩以上蔬菜和中药材为主的特色产业种植、实施大牲畜存栏 2 万头和生猪出栏 2 万头的“七个两万”工程。2011 年以来，共种植烤烟 12.5 万亩、中草药 4.1 万亩、经果林 1.2 万亩、高产玉米 4.5 万亩，脱毒马铃薯 15 万亩，粮食和经济作物种植比例由 2010 年的 8∶2 调整为 2014 年 4∶6。二是教育培训到村到户。采取 1 户 1 人接受中职以上学历教育、1 户 1 人接受培训后转移就业、1 户 1 人掌握农村实用技术的方式，有针对性地进行了“二传手”、“土专家”、“田秀才”、田间地头、专家讲堂等培训，基本做到贫困户脱贫致富需要什么就教什么，4 年来举办了计算机基础培训、中药材种植培训、脱毒马铃薯栽培技术培训、烤烟栽培技术培训、食用菌栽培技术培训、焊工培训、厨师培训等培训 171 期，共培训 16000 人次，确保培训一人、就业一人，脱贫一户。三是结对帮扶到村到户。实施科级干部帮 4 户、副科级干部帮 3 户、股级干部帮 2 户、一般干部帮 1 户的“4321”工程，选派 165 名干部与贫困户进行结对帮扶，把 13 个贫困村和 2011 年 2092 户贫困户、2012 年 3133 户贫困户、2013 年 2279 户贫困户、2014 年 1610 户贫困户的帮扶任务具体分配落实到省、市、县、镇和科研院所、学校，进行定点、定人、定责帮扶。四是危房改造到村到户。采取农户（村）自测—农户（村）申请—入户（村）调查—村级评议—回访统计—审核确认的方式确定危房改造户，并张榜公示，保证扶贫对象公开、公平、公正。建立贫困户危房改造台账，对贫困户建房时间、房屋结构、房屋面积等情况进行调查回访，在评议小组 1 人评议 1 户的基础上，确定危房改造户，先后有 3428 户贫困户的危房得到改造，惠及群众 13712 人。五是扶贫生态移民到村到户。把小城镇建设与扶贫生态移民结合起来，完善小城镇功能，把小城镇建设成宜居、宜业、宜商的移民新村，对居住在深山区、生态环境脆弱区，生产生活条件极差的贫困农户进行登记造册，对贫困户建房时间、房屋结构、房屋面积等情况进行调查回访，在民主评议的基础上，认真做好移民搬迁户思想工作，充分考虑移民生存发展的要求和愿望，先后有 424 户生态移民户搬迁至迤那小城镇，惠及群众 1863 人。六是基础设施到村到户。以“四在农家·美丽乡村”创建活动为抓手，强力推进“小康路、小康水、小康房、小康电、小康讯和小康寨”建设，用基础设施支撑产业发展，民生改善。4 年来，建成通村公路 134.5 公里，通组路 331.62 公里，建成水利工程 12 个，修建小水窖 1100 口，实施农村电网升级改造工程，9231 户用电户全部实现“同网同价”，建成文化服务中心 300 平方米，生态公园、文化广场 14 个。

“七制”并举，建立精准扶贫长效机制 打靶瞄准靶心，扶贫找准重心。为了确保“七个两万”工程落到实处，迤那镇建立了精准扶贫攻坚工作分片联系制、分村负责制、分组包保制、分户帮扶制、分段突破制、分类动态管理制和分层设岗定责制“七制并举”的精准扶贫长效工作机制，将精准扶贫工作与“百名干部下基层、扎扎实实帮群众”进行有机结合，形成了“镇党委 + 党工委 + 党支部 + 党员 + 农户”的工作运转机制和“党组织 + 公司 + 基地 + 农户 + 市场”的产业发展模式，通过制度机制保障精准扶贫工作深入开展。采取选派党政干部到难村、政法干部到乱村、经济干部到穷村、专业干部到产业村的“四类”干部到“四类”村任职方式，选派15名党员干部到村任名誉支部书记，确保村支部书记“带头跑”谋发展。实行项目党风廉政建设责任制，成立迤那镇扶贫项目党风廉政建设领导小组，设立办公室，配齐工作人员，每一个村明确一名村支两委成员作为该村的项目建设挂钩负责人，对挂钩到村到户的领导干部和村支两委干部实行党风廉政建设责任管理，签订党风廉政建设责任书。采取“一个项目、一名领导、一套班子、一个方案、一抓到底”工作措施，对项目的规划、实施、管理都严格按照“四议两公开”工作法组织实施，确保一个项目一名干部一份党风廉政建设责任书，形成人人有目标，个个有责任的项目建设工作氛围。

（二）取得的成效

贫困人口大幅减少　4年来，迤那镇贫困人口大幅度减少，贫困发生率下降。2011年减少贫困户1188户、4266人；2012年在贫困标准提高到2300元的情况下，依然减少贫困户867户、3894人；2013年减少贫困户1842户、5661人；2014年减少贫困户1560户、5533人；4年共减少贫困人口19354人。贫困发生率由2010年的16.14%下降到2014年的12.28%，下降了3.86个百分点。

农民收入持续稳定增长　农民增收渠道拓宽，收入持续稳定增长，农民人均纯收入由2010年3036元增加到2014年7200元，增幅高于全县平均水平3.85个百分点。

经济发展步伐明显加快　地区生产总值快速增长，人均生产总值大幅度提升。地区生产总值由2010年的1.26亿元增加到2014年的5.10亿元，增长了3.3倍，年均增长45.57%，高于威宁自治县23个百分点，高于全省21.28个百分点；人均生产总值由2010年的3668.89元增加到2014年的11567.86元，高于威宁自治县16.86个百分点，高于全省21.73个百分点。

社会事业不断加强　到2014年年底，新型农村合作医疗常住人口参合率达到100%，有卫生室的行政村达到100%，贫困村缺医少药、看病难的状况得到明显缓解；每个行政村建有农家书屋，群众文化生活需求得到一定满足；新型农村养老保险参保率达93.15%，有1938户、5765最低生活保障人口受益；4年共建设通村公路450公里，100%的贫困村实现了村村通公路；新建教学楼18428平方米，改造薄弱学校、寄宿制学校2所，完成九年义务教育1411人，有510人获得专业技能、115人获得专科以上学历，文盲减少2738人。

基础设施进一步完善　修建小水窖1100口，钻探开凿地下水井9口，启动实施马家水塘水利工程、大山村提灌饮水工程、茨营防洪排涝工程等19个水利工程，群众生产、生活用水难问题基本得到解决；实施农村电网升级改造工程，使9231户用电农户全部实现抄表到户，“同网同价”率达100%；建成通村柏油路134.5公里，建成通组路203.72公路，实施“一事一议”财政奖补道路硬化112.62公里，村、组路进一步改善。

农户在分级晾晒党参

农业结构进一步优化　大力实施“七个两万”工程，农业产业呈现出传统粮食作物减少，经济作物和经果林业增加，农业结构不断优化，生态畜牧业发展加快，烤烟、中草药、优质马铃薯、高产玉米种植面积逐年提高，经果林种植面积达到1万余亩。

八、“四在农家，美丽乡村”

2000年前后，余庆县罗家坡、大屯、高寨三个小山村的农民自发“兴产业、求新知、树新风、改环境”。2001年，县委在“三个代表”重要思想学习教育活动中将群众的需要凝练为“富、学、乐、美”，确立了“富在农家增收入、学在农家长智慧、乐在农家爽精神、美在农家展新貌”的基本内涵，率先点燃了“四在农家”的火种。随后，“四在农家”创建迅速形成燎原之势，最终覆盖贵州，影响全国，成为新农村建设的“西部模式”和全国新农村建设的重大典型。余庆县自2001年开展“四在农家”创建活动以来，至2015年，累计建成872个创建点，成功打造了阳光水岸、白沙水乡、赵家沟和博士寨等34个精品示范点，惠及23.4万余人，全县受益人口达94%以上，农村居民人均可支配收入从2001年的2143元增长到了2015年的8061元，农民生活水平显著提升，农村面貌日新月异，2012年获得了“中国十佳最美乡村”称号。

（一）“富”为基础，加快发展农村经济

一是推动传统农业转型升级。落实“保粮、稳烟、增茶、促林、扩果蔬”的产业发展战略，先后建立了龙溪苹果桃基地、松烟藏宝现代烤烟工场等农业示范园，培育了凤香苑茶业、官仓米业等一批农副产品加工企业，大力发展农民专业合作社，促进农民增收致富。2015年，全县农业生产总值达到了16.99亿元，农村居民人均可支配收入达到了8883元，比“四在农家”创建初期增长了314.5%。二是着力发展乡村旅游。将“四在农家”建设与乡村旅游相结合，创新提出了“旅居农家”建设模式。先后打造了“余庆坊·红渡”“余庆坊·玉河”等“旅居农家”示范点，激活乡村旅游，带动其他产业发展，开启了脱贫攻坚、同步小康的新路。三是重点发展农村电商。依托电子商务产业园和全县43个电商服务网点，精心打造“乡愁”产品，将红金橘、小叶苦丁茶、优质大米和有机蔬菜等特优农产品线上销售，打通了“黔货出山”和“网货下乡”的双向通道。

（二）“学”为条件，提升农民文化素质

一是不断完善学习教育平台。“四在农家”创建点建设文化广播室、农家书屋和宣传栏、村务公开栏等文化阵地，成为农民群众提升素质的“加油站”。创建点的农家书屋藏书均在500册以上。二是大力开展学习教育培训。利用道德讲堂、“农民夜校”、“群众故事会”等平台开展各类培训，“送文明、送科技、送法律”进村入户，提升群众的素质。“十二五”期间，全县共培训农民11万余人次，培养乡村技术人才800余名，农村技术拔尖人才60余名，累计有8200余名农民获“绿色证书”。三是着力发展农村义务教育。“十二五”期间，全县累计投入教育发展经费超过7亿元。各乡镇公办幼儿园实现了全覆盖。小学、初中入学率分别达99.89%和95.96%，高中阶段毛入学率达89.30%，基本普及十五年教育。率先在全省通过“全国义务教育发展工作基本均衡县”认定。仅在松烟博士寨，就有博士8人，硕士9人，本科生50余人。

（三）“乐”为动力，提高农村社会和谐程度

一是广泛开展基层文化活动。挖掘和培育黔北打闹歌、高矮人舞等非物质文化遗产，打造百里乡村文体长廊，经常性开展“乡村文化节”“茶海山地自行车赛”等群众性文体活动，实现了“村村有文体协会、镇镇有精品节目、周周有文体活动”的目标，营造了幸福和谐的生活环境。二是不断加强基层民主建设。村委会换届推行海选，在村组成立产业协会、文体协会、计生协会等自治组织，大力推行村民自治标准化管理，将文明办酒、丧事简办等纳入村规民约，增强了村民民主自治意识。全县党务、政务、村务“三公开”率达100%，荣获“全国村务公开民主管理示范县”称号。三是创新推进农村社会事业。创新探索“小事不出村、大事不出镇、难事不出县、矛盾不上交”的基层矛盾纠纷多元化解“余庆经验”，全县93%以上的矛盾纠纷在镇村两级得到化解，平安建设覆盖面达97%，群众安全感连续9年稳居全省前列。全面启动了新型农村合作医疗，切实解决了农民“看病贵”“就医难”等问题。2015年新农合参合率达到了99.99%。大力推行新型农村养老保险制度，实现了乡镇养老机构全覆盖。农村部分计生家庭奖励扶助政策惠及6万农村计生家庭。

（四）“美”为目标，全面改善农村环境面貌

一是着力建设环境美。深入实施小康路、小康水、小康房、小康电、小康讯和小康寨“六项

余庆县大乌江镇南岸新村

余庆县白泥镇和景湾新村

行动计划”，农村生产生活面貌极大改善。截至“十二五”期末，全县镇村全部通油（砼）路；解决了11万人的饮水安全问题，农村自来水普及率达85%；农村一户一表改造率达100%，实现了“户户通电”；建设黔北民居3万多幢，改造农村危房7805户；“三改三治”34624户、庭院硬化45409户，村庄环境整治率达82.9%。二是着力建设生态美。把守住生态底线、促进人与自然和谐作为“四在农家”提档升级的重要元素，努力打造“看得见山、望得见水、记得住乡愁”的秀美乡村。2015年，全县森林覆盖率达55%，人均占有绿化率稳居全省前列。建成了“都市第三地”、大乌江苦丁茶园区2个省级农业示范园区。三是着力塑造心灵美。深化“五心教育”活动，围绕“忠、孝、爱、诚、信”，大力开展“五心魂·中国梦”巡演、“五心道德模范”宣讲、身边好人好事、积德榜、笑脸墙等活动，引导农民践行社会主义核心价值观，形成了健康向上的村风民俗。

“四在农家·美丽乡村”创建在实践中探索形成了四大机制，即：党政引导、村组自治、部门联动、资源整合的运行机制，科学规划、分类指导、尊重意愿、循序渐进的工作机制，财政补助、单位帮助、群众自助、社会资助的投入机制，领导挂点、单位包村、干部入户、群众自主的推进机制。抓好新农村建设必须做到“六个坚持”，即：坚持党政引导，群众主体创建；坚持全面发展，“五位一体”创建；坚持统筹规划，循序渐进创建；坚持整合资源，各方参与创建；坚持尊重自然，突出特色创建；坚持分类指导，精准帮扶创建。

余庆县自2001年开展“四在农家”创建活动以来，先后获得全国文明县城、全国社会治安综合治理“长安杯”、全国绿色小康县、全国村镇建设先进县、“中国十佳最美乡村”等50余项全国性殊荣。

第三节 精准帮扶

贵州实施的精准扶贫是常规扶贫的升级版，是在农村最低生活保障制度与扶贫开发政策两项制度有效衔接的基础上，以结对帮扶干部到村到户、产业扶贫到村到户、教育培训到村到户、农村危房改造到村到户、扶贫生态移民到村到户、基础设施到村到户等“六个到村到户”为抓手，以“对象要准、投入要准、措施要准”为准则，以促进就业、增加收入、改善民生、加快发展为核心，以贫困乡镇、贫困村、贫困人口为帮扶对象，以村为单位建立村级民主评议小组，编制精准帮扶实施方案，充分整合资源，对贫困农户实施精准扶贫，实现“漫灌式”扶贫到“滴灌式”精准扶贫的转变。全省贫困人口从2011年的1149万人减少到2015年的493万人，减少农村贫困人口656万人（按2011年不变价2300元标准），农村贫困发生率从33.4%下降到14.3%，下降19.1个百分点。

一、精准识别帮扶对象

1986年，贵州启动扶贫工作一直以贫困县、乡、村区域性开发扶贫为主导，实行大范围、宽领域的“漫灌式”扶贫，在有组织、有计划、大规模开发扶贫阶段、“八七”扶贫攻坚阶段和新阶段扶贫开发时期，探索积累成功经验，取得一定成效。贵州在总结扶贫开发经验和取得成就的基础上，正视“漫灌式”扶贫存在针对性不强、精准度不高的问题，各级党委、政府及扶贫部门，从各地实际出发，逐步改“漫灌式”扶贫为“滴灌式”扶贫，把贫困农户的发展意愿、个性需求、项目选择、资金、物资、技术、信息、联系干部等扶贫资源配置到户。2007年，贵州建立健全科学有效的农村低保人口和贫困人口瞄准机制，提高识别农村贫困人口中的低保对象和扶贫对象的有效性、科学性、准确性，从划定贫困县、乡、村和贫困人口，到对贫困户建档立卡，扶贫到户、扶持到人，拓宽扶贫开发领域，工作重点下沉，防止发生贫困人口、贫困程度底数不清，扶贫对象不明，扶贫工作“脱靶”现象。

贵州抓农村低保与扶贫开发“两项制度”的有效衔接，建立健全贫困人口识别机制重点把握4个关键问题：一是标准。国家几次调整贫困线标准，2008年制订的标准，农民人均纯收入低于1196元为贫困人口；低保标准以县为单位测算，根据当地保障最低生活水平的资金需求来确定。二是规模。一方面，结合国家和省统计、调查部门公布的各县贫困人口数、贫困发生率为依据来测算；另一方面，结合进村入户进行收入、支出等方面的调查、民主评议和审核结果为依据来测算，由县确定乡、村的扶贫对象，依据低保标准逐步测算低保人口规模，低保人口和扶贫人口的规模、分布及构成，以县为单位有效衔接。三是指标。各市（州、地）、县各不相同，主要采用2009年国家规定的指标体系，保证满足对象识别需要，尽可能做到科学合理、准确实用、方便操作、群众认可。四是方法。在建档立卡的基础上，省、市、县、乡四级联动，全面开展遍访贫困村贫困户活动，摸清贫困情况、致贫原因、帮扶需求，建立贫困人口监测体系。坚持走好群众路线，将入户调查统计和群众民主评议有机结合，较为合理准确地识别农村低保对象和扶贫对象。

2016年3月，思南县孙家坝镇龙王山村驻村工作队开展扶贫对象的建档立卡工作

贵州制定《精准识别建档立卡工作方案》，

由户主申请，村民小组摸查提名，村民代表评议，村、镇两级公示，群众全程参与和监督，将所有贫困村、贫困户信息录入数据库。同时，围绕贫困人口家庭成员、家庭收支、家庭社会保障情况等，精心做好贫困人口分类管理、贫困退出工作。贵州2014年建成省级精准扶贫信息平台，运用GPS技术等信息化手段，对扶贫项目进行全过程监管，对扶贫项目、贫困人口和扶贫资金实行精准管理。2014年，共计识别出一、二、三类贫困村9000个，贫困人口745万人。

二、精准安排扶贫项目

在安排扶贫项目方面，根据资源优势，把产业项目与贫困农民意愿相结合，“造血式”扶贫与“输血式”救济相结合，近期脱贫与长远致富相结合，根据市场，把贫困户吸入产业，实施短期、中期、长期项目配套措施，以短养长，长短结合，使近期脱贫与长远致富一脉相承。2013年11月，贵州部署“四在农家·美丽乡村”基础设施建设，从各地农村实际出发，精准安排扶贫项目，全面启动小康路、小康水、小康房、小康电、小康讯、小康寨“六项行动计划”，部署用5到8年时间，将广大农村特别是贫困地区农村建成生活宜居、环境优美、设施完善的美丽乡村、幸福家园。按照因地制宜、因村施法、因户施策的要求，结合“区域发展带动扶贫攻坚，扶贫攻坚促进区域发展”和精准扶贫到村到户“两轮驱动”的要求，谋划一批重大基础设施建设项目、社会公共服务项目、产业发展增收项目。同时，开展片区扶贫攻坚重大事项推进行动，有效推动区域经济、产业扶贫和到村到户三者有机统一和高度融合。

2015年4月，贵瓮高速公路施工现场

在精准安排扶贫项目过程中，坚持把解决农村交通的项目作为重点，优先安排。2008年，贵州提出“交通优先发展”战略，在全国率先提出“县县通高速公路”的目标。2013年启动“高速公路建设三年大会战”，全力破解交通“瓶颈”。2008—2015年，贵州县县通高速公路建设总投资4111亿元，建成高速公路4206公里，为冲出“经济洼地”、总攻“绝对贫困”、实现与全国同步全面建成小康社会提供坚实的交通运输保障。全省88个县、市、区于2015年12月31日全部贯通高速公路。贵州成为中国西部第一个县县通高速公路的省份，也是全国实现县县通高速公路为数不多的省份之一。至此，全省高速公路通车里程达5100公里，在为全省城市、工业、国民经济发展加速交通运输现代化建设的同时，为长期处于封闭半封闭状况的贫困山区资源开发、经济发展、精神文化建设和社会文明进步打开山门，为贫困地区铺就了走向大世界、联结大市场，畅通人流、物流、资金流、信息流的交通运输大动脉。瓮安县2011年筹备修一条直达贵阳的高速公路，改变区位，拉动经济社会发展。同时，加快贵阳至瓮安、道真至瓮安、江口至瓮安、瓮安至马场坪4条在境内交汇高速公路、马场坪至瓮安铁路支线和乌江航运瓮安港及航道建设，打通瓮安外联大通道。2014年，瓮安至马场坪高速公路建成通车，2015年，贵瓮、道安、安江3条高速公路年底陆续建成通车，形成4条高速公路在瓮安境内交汇。

三、精准安排扶贫资金

在精准使用扶贫资金方面，2011—2015年，国务院及有关部委投入贵州财政专项扶贫资金232.54亿元，省级投入财政专项扶贫发展资金38.48亿元。中直机关、对口帮扶城市累计安排贵州省转移支付9540多亿元。贵州加强财政专项扶贫资金管理，精准使用，防范使用管理违规违纪，省政府办公厅2015年印发《关于建立财政专项扶贫资金安全运行机制的意见》，明确财政专项扶贫资金使用坚持“六个必须”原则：必须坚持目标、任务、资金和权责“四到县”原则；必须坚持集体讨论原则；必须坚持规范运作、程序管理原则；必须坚持“乡镇申报、县级审批、乡村实施、乡镇初验、县级验收、乡级报账，五公告二公示”运作原则；必须坚持抓“大”（产业扶贫）不放“小”（产业培育和扶持到村到户）、规范利益联结机制原则；必须坚持主体责任、“一岗双责”、接受监督原则，做到公开透明、阳光扶贫、公正扶贫、廉洁扶贫。贵州从落实主体责任制、强化资金管理、加强项目管理、构建监管体系四个方面着手，保障财政专项扶贫资金安全、有效运行，精准使用，发挥财政专项扶贫资金的效益，支持贫困地区经济社会发展，帮助扶贫对象增收脱贫。

四、精准落实帮扶措施

2010年，贵州对有资源、有劳动力但无门路的“两有户”，对因学、因病致贫的“两因户”，对无力脱贫、无业可扶的“两无户”，对缺基础设施、缺技术资金的“两缺户”，明确具体帮扶措施精准到村到户。黔东南自治州对全州贫困农户进行个案管理，实行州级干部帮5户、县级干部帮3户、科级干部帮2户、一般干部帮1户的“5321”帮扶方式。铜仁市玉屏县结合“干群连心·同步小康”干部驻村活动，开发民情信息电子管理系统，帮扶措施精准到村到户。2006年在纳雍县针对维新镇红星村的致贫原因和拥有的资源条件，实施整村推进开发扶贫。一是创办“绿证进百户培训学校”，聘请具有养牛、养猪、养鸡、果树栽培、食用菌栽培等专业特长的技术人员授课外，利用广播、电视、图书、远程教育等向村民传授实用技术、就业指南等。组织村民到陕西省、毕节市等地参观学习经果林栽培、畜牧养殖等知识，全村90%以上的农户掌握一门以上实用技术。二是引资200万元，创办铁厂、页岩砖厂、食用菌种植基地、农产品加工厂、砂石厂等实体，带动饮食服务、运输等其他产业发展。三是利用10万元财政扶贫资金，贷款30万元，建立养牛小区，引进152头秦川牛作基础母牛，采取“分户饲养、集中管理”方式，扶持贫困户养牛。四是向银行贷款29万元，按照养牛模式发展养猪，引进100头二元杂交母猪，扶持32户饲养，户均年获利6000元。红星村实现户户养猪、养牛，畜牧业年总产值达94.5万元，为农民人均增收400元。红星村实施整村推进到2010年，人均纯收入达2870元，比2001年增加4.6倍，超出全县农民平均水平；人均占有粮食340公斤，集体经济从“空壳村”发展到每年有5万元以上的稳定收入。全村实现组组通水、电、路，就学就医条件得到较大改善，社会和谐稳定。2013年，全村人均纯收入达5284元。红星村被国务院扶贫办命名为“全国整村推进先进村”。

2013年，毕节市启动精准扶贫工作，选择赫章县河镇乡海雀村作为精准扶贫联系点，探索建立精准扶贫“十子”工作机制（瞄靶子，建识别机制；梳辫子，建分类机制；结对子，建驻村机制；理路子，建规划机制；想法子，建帮扶机制；找票子，建配置机制；甩膀子，建动力机制；强班子，建引领机制；凑份子，建联动机制；造册子，建管理机制），全市7个县、区（不含省直管的威宁自治县）按照市委提出市、县、乡、村“四级联动”“四个具体”（目标具体、责任具体、进度具体、措施具体）的要求，全部完成“1+7”（市、县、乡、村四级分别制定一个包含“六个结合”“四个具体”的总方案，加结对帮扶到村到户实施方案、产业扶持到村到户实施方案、教育培训到村到户实施方案、危房改造到村到户实施方案、扶贫生态移民到村到户实施方案、基础设施到村到户实施方案及“四个具体”任务分解方案七个子方案）工作方案，完成率达100%；219个乡镇完成“1+7”工作方案，完成率100%；2267个村完成“1+7”工作方案，完成率99%。一是结对帮扶到村到户。整合集团帮扶、同步小康驻村等各类载体，在已有工作基础上，继续从市、县、乡各级机关和企事业单位选派干部，组建驻村工作队和落实干部到贫困村、贫困户开展结对帮扶工作。市、县、乡三级共明确

贵州精准扶贫云平台

1854个单位，抽调18239人，组建2273支驻村工作队进驻贫困村开展工作；抽派干部86147人，通过“1+N”“N+1”方式，分别与年度拟减贫的11万户、45万贫困人口结成帮扶对子。二是产业扶持到村到户。全市发展特色经果林62万亩、林下经济90万亩，中草药70万亩，脱毒马铃薯350万亩、反季节蔬菜100万亩，新增养猪12万头、养羊4万只，建设高效农业产业园区55个，发展市级重点龙头企业200家。三是教育培训到村到户。开展农村劳动力培训57.63万人次。筹集5310万元资金资助贫困学生。职业院校（含技工院校）“9+3”计划招生确保招录1000名以上贫困家庭子女。四是危房改造到村到户。完成农村危房改造6万户，改造对象政策符合率、竣工率、质量合格率、资金兑现率、危旧房拆除率、信息录入率、照片录入准确率达100%，档案错误率为“0”，存疑率控制在1%以内。五是扶贫生态移民到村到户。实施扶贫生态移民搬迁4109户、17837人，建设移民住房4832套。六是基础设施到村到户。小康路：到位资金4.44亿元，完成通村油路887.3公里，项目覆盖144个村。小康水：全面启动解决39.43万农村学校师生饮水安全问题和扩大灌溉耕地13.38万亩项。小康房：启动建设2500户，已完成1035户。小康电：新建及改造电网线路1037公里，新增变电容量24万千伏安，改造农村一户一表17267户，实现一户一表率100%，农村居民端电压合格率95%。小康讯：全面启动实施98.95%以上自然村通电话、76.55%行政村通宽带、122个空白乡镇邮政局（所）补建网点建设工程，实现乡镇100%的邮政网点覆盖和“乡乡通邮”。小康寨：全面启动建设2190个小康寨，新增覆盖受益人口57万人，累计覆盖受益人口287万人。各县、区按照培育产业、将农户分散产业与产业链9个要素进行链接的要求，发展生态畜牧草场300万亩、特色经果林300万亩、蔬菜300万亩、有机茶100万亩、中药材100万亩。建设10个5万亩以上特色农业示范带，103个5000亩以上的特色农业产业示范园。加强农民专业合作社建设，建设优质烟叶、马铃薯、核桃、反季节蔬菜、草地生态畜牧业、中药材、高山茶叶、精品苹果、特色杂粮“九大产业”。

五、精准因村派人

进入新阶段扶贫开发，贵州在落实因村派人（第一书记）精准方面，按照“一村一同步小康工作队，一户一脱贫致富责任人”的要求，主要从优秀大学生村班干部、创业致富能手、复退军人、返乡农民工或各级机关优秀年轻干部、后备干部和国有企事业单位优秀人员中选派，实现对贫困村、贫困户驻村帮扶“两个全覆盖”。省委明确坚持精准选派贫困村第一书记、精准选派成建制驻村工作队，精准选派乡镇党委书记，将得力干部选派到贫困乡村。

团省委、省体育局驻村工作队在安龙县开展精准扶贫调研

2015年，省扶贫办与省委组织部在年初安排1亿元资金，开展“百乡千村党建扶贫示范工程”，年底再将增加1亿元资金，明确连续5年每年增加1亿元资金，为贫困村发展合作经济、消灭“空壳村”以及贫困村出列打下坚实基础。创建“百乡千村党建扶贫示范工程”由省、市、县、乡四级分级负责、分级培训，在限定时间内完成任务，分阶段开展工作。第一个阶段为样板示范点创建阶段，在全省9个市（州）分别选择1个县的2个乡镇，在贵安新区选择1个乡镇，在仁怀市、威宁自治县各选择2个乡镇，共23个乡镇，由省扶贫办统一培训后，各市（州）组织力量，按照统一要求开展工作，使23个样板示范点率先实现精准扶贫工作规范化、标准化和常态化，树立真实具体、可学可比的标准化参照样板；第二阶段由各县按照样板示范点的标准，组织所辖乡镇力量，各选择本县2个乡镇开展示范点创建工作；第三阶段创建工作在全省有扶贫任务的乡镇全部推开。

六、精准考核减贫成效

2005年，贵州建立对贫困人口实行动态管理的监测机制，以此作为贫困县、乡镇“减贫摘帽”评估的重要依据，建立贫困县、乡镇进退精准管理机制。贵州各级扶贫部门在对贫困人口信息建档立卡管理的基础上，每年对贫困人口变化进行跟踪监测，定期完成脱贫人口识别、信息更新登记等工作；对每年因灾、因病、因学等各种原因返贫的人口进行及时登记。同时，建立健全组织保障机制。各级扶贫、民政部门在分别规范完善各自工作对象信息台账的基础上，每半年召开一次专题会议，将双方台账进行衔接，对低保扶贫对象进退进行会商、评估和认定，每次联席会议结果及时报上级“两项制度”有效衔接工作领导小组，由领导小组检查督促落实。

扶贫部门和民政部门整合基层工作力量，每年第一季度开展定期复核，按照农村低保和扶贫对象相关政策规定，对农村低保和扶贫对象实行动态管理，使农村低保和扶贫对象根据生活水平变化情况，有进有出，公开透明，公平合理，使各级财政有限的社会救济专项资金和扶贫专项资金用在刀刃上，实现精准扶贫，发挥最大效益。

2015年8月1日，榕江县栽麻乡归柳村侗族农民杨秀辉正在喂鸡

2011年，贵州在全国率先推出“减贫摘帽”激励政策以来，到2015年，全省实现35个贫困县、744个贫困乡镇“减贫摘帽”，全面建成小康社会指数提高到82%左右。2014年5月，贵州在全国率先出台《贫困县扶贫开发工作考核办法》，建立以精准扶贫为导向的考核机制和差异化考核评价指标体系，把减少建档立卡贫困人口数量、提高建档立卡贫困人口收入和改善贫困地区生产生活条件作为考核50个扶贫开发工作重点县党政班子和领导干部的重要内容。12月，考核办法作修改完善，弱化GDP指标权

重，对地处重点生态功能区、不具备新型工业化发展条件的10个贫困县取消GDP考核。

贵州一系列精准扶贫措施取得显著成效，农村贫困人口占全国比重从2011年的9.4%下降到2014年的8.9%，农村贫困发生率从33.4%下降到18%；全省农民人均纯收入从2010年的3472元提高到2014年6146元，50个国家扶贫开发工作重点县农民人均纯收入相应从3153元提高到5909元。2015年，全省农村人均纯收入达7383元，比2014年增长10.7%，贫困发生率降至14.3%。

第四节　党建扶贫

1986年，贵州首次从省、地（市、自治州）、县机关选派干部组建第一批农村扶贫工作队，下到贫困县、区、乡帮扶发展经济、治穷致富，协助基层党委抓好农村基层组织建设。在30多年的减贫工作实践中，贵州一以贯之地坚持“围绕扶贫抓党建、抓好党建促扶贫”的指导思想，并从组织保证、队伍建设、制度建设、作风建设等方面，不断探索，总结提高，创造性地形成独具特色的党建扶贫方式。

一、基层组织建设

农村党建扶贫工作以农村党组织建设为抓手，在抓好扶贫项目落实的同时，突出抓好村级党组织建设，抓好村民委员会、团支部、妇代会、民兵连、新经济组织和新社会组织建设。

从20世纪80年代开始，建立驻村党建指导员制度，将指导农村基层党的组织建设制度化。在此基础上，指导建立完善村党支部书记和村委会主任“一肩挑”和村支“两委”成员交叉任职、“党员服务承诺制”“农村无职党员设岗定责”和发展党员公示制，使农村基层党组织生活实现制度化。2000年开始，以指导制订和完善村民大会、村民理事会、监事会“三会制”、建立完善各种管理章程，推进农村基层管理民主为重点，为党支部发挥战斗堡垒作用和党员发挥先锋模范作用提供制度保障。实施农村党员和干部群众教育培训工程。全省每年对近百万农村党员和农村实用人才进行短期培训，帮助提高领导农村经济发展、带领群众脱贫致富的能力。充分发挥现代远程教育网络对乡镇全覆盖的资源优势，采取“支部＋协会＋远教”等模式，抓好农村富余劳动力转移培训和农业实用技术、职业技能、创业等培训，实施“一户一技能”培训工程，激发群众脱贫致富的内在动力，增强了治穷致富的能力。采取各种形式，提高党员素质：一是坚持党校培训与各类培训相结合。按照分级负责、分期培训的原则，发挥各级党校培训党员、干部的主阵地作用，明确党校在培训工作中的职责和任务。利用职业技术学校、农广校、电大以及村级组织活动场所等培训阵地，加强农村实用人才的现代农业科技知识和实用技术培训，提高带头致富、带领群众共同致富的能力。各地在培训过程中，建立了具有理论知识和实践经验的农民培训教师队伍和辅导员队伍，邀请组织、纪检、科技、农办（扶贫办）、农业、林业、水利、民政等部门负

印江自治县烟草专卖局党支部在洋溪镇帮扶村，开展党建扶贫工作

2014年11月，沿河自治县举办农村实用人才培训
——空心李栽培技术培训

责人作专题辅导，请熟悉“三农”工作的干部和专家授课，不断提高培训层次，增强培训工作的系统性、针对性和实效性。二是集中授课与现代远程教育相结合。在充分了解经济社会发展不同类型村的实际情况和基层干部群众所思、所想、所盼的基础上，有针对性地安排授课内容和制作教学课件，丰富教学内容，做到授课事例充分、贴近实际、学用结合、学以致用，增强培训效果。利用农村党员干部现代远程教育站点开展培训，乡（镇）、村合理安排时间，组织农村党员、基层干部和农民群众集中收视，提高参与率和培训实效。三是坚持典型引导与讨论互动相结合，聘请本地的“土专家”“田秀才”“致富能手”现身说法，现场示范，发挥典型示范的带动作用。运用案例式、互动式、启发式教学，有针对性地进行培训和引导，增强农村党员、基层干部和实用人才参与学习培训的积极性。通过召开座谈会、专题研讨会、现场交流会等形式，组织参加培训人员集中讨论和互动交流，取长补短，相互提高。有的地方还组织培训人员外出参观、考察和学习，帮助开阔眼界，增长见识，吸取经验，改进工作，推进发展。

按照贵州省委的要求，各级党委都把农村党员、基层干部和实用人才培训工作的落实情况，列为领导班子党建工作考核内容。各级组织部门加强对培训工作的督促检查，及时了解培训情况，及时发现问题和解决问题，推动培训工作深入、扎实、持久展开。

2007年，针对贵州是西部欠发达地区农业大省，农村党员、基层干部和实用人才素质较差，对社会主义新农村建设、加快发展、消除绝对贫困、全面建设小康社会不适应现实需要的问题，省委组织部制定“大力实施农村党员和干部素质培养工程，培训50万名农村党员、40万名农村基层干部和30万名农村实用人才”的培训计划。各级党组织采取多种形式、多种渠道，深入持久地开展培训工作，不断提高综合素质，稳步实现培训目标。截至2010年，全省三分之一的贫困农民掌握了一门致富技术。2011—2015年，贵州加大党建扶贫力度，强化农村党员、基层干部和农民素质提升，2015年，全省农村党员、干部及各类人才培训项目财政补助资金达5960万元，全部用于支持整体推进示范市、部省示范县新型职业农民培训工作，全省培训农村党员和各类人员35974人，其中，生产经营型11813人，专业技术型13689人，社会服务型10472人。

农村党组织班子建设方面，各级党建扶贫工作队协助帮扶地党委培养、选拔年轻村干部，选好配强村党支部书记，优化村支“两委”班子结构，加强对新任村干部的教育培训和管理，围绕工业强省、城镇化带动和农业产业化发展战略，组织乡、村干部到发达地区培训，开阔眼界，拓展思路，打造政治素质好、致富能力强、带富能力强的“一好双强”基层党组织带头人队伍。党建扶贫工作队既做“送”的工作，又做“种”的工作，既把上面的政策、项目、资金送下去，又帮助政策、项目、资金落地生根。实施“党员创业带富”工程，建设带头创业致富有实际本领、带领群众致富有奉献精神的高素质党员队伍，为实现脱贫致富提供组织保证和人才支撑，激发党员、群众脱贫致富的内在动力。党建扶贫工作队协助帮扶地党委采取“两推一选”方式，着力选好、配强村级党组织领导班子，特别是选好党支部书记；探索从优秀村党支部书记、村委会主任中考录乡镇公务员、选任乡镇领导干部的有效途径，为乡镇领导班子输送“新鲜血液”，改善乡镇领导班子结构，加强基层政权建设。

从2006年起，加大优化基层班子结构力度，在全省实施“一村一名大学生工程”，每年选拔

1000名左右高校毕业生到村和社区工作。2008年，全省选拔2500名高校毕业生到村（社区）工作。到2010年，全省基本实现每个村、社区至少有1名大学生。毕节地区为选好配强村级领导班子，积极推进村党支部书记与村委会主任“一肩挑”、村支“两委”成员交叉任职，试行村干部“考任”“跨村任职”等办法，加强村级领导班子建设。1997—2010年，全区共有163个村实现支部书记、村委会主任“一肩挑”，1671个村的4529名村支“两委”成员交叉任职。推行村干部候任制，加强村级后备干部队伍建设，全区共有村级后备干部16919名，平均每个村有4.3名。

贵州各级党委和组织部门在坚持按地域、建制村为主设置农村党的基层组织的基础上，调整和规范乡村党组织设置，探索在产业链上、专业协会中建立党组织；探索村村联建、村企联建、村居联建党组织方式，拓展农村基层党组织的活动内容、活动方式和活动载体，完善和加强农村基层党组织建设。各地党建扶贫工作队结合第八届村（居）“两委”换届选举，协助当地党委、政府选好、配强村级领导班子，增强基层班子科学规划、领导发展、促进和谐的能力。省委组织部指导威宁自治县迤那镇14个村的村支“两委”换届选举，产生28名村支书、村主任，当选村支“两委”负责人平均年龄35岁，学历普遍达到高中以上。党建扶贫工作队根据迤那农业产业实际，指导成立22个专业合作社，仅2010年就落实129个产业发展项目。在专业合作社721名社员中，有党员145名，其中党员示范创业致富能手48名，申请入党积极分子70名，2个专业合作社单独组建产业党支部，提升了村级基层干部、农村党员的影响力、凝聚力和战斗力。威宁县根据产业发展和规模状况，在35个乡（镇）下设109个片区党工委、村企联建党支部35个、村村联建党支部13个，在产业聚集区设置5个“党员创业带富”服务部，形成“乡镇党委+片区党工委+产业型党支部”的农村基层党建“网格化”工作模式。

2011—2015年，省委根据农村经济社会发展的阶段性特征，提出以建设发展型党组织为引领，扎实推进大规模轮训行动、“四帮四促”全覆盖行动、党内基层民主建设行动、党员质量提升行动、典型引领行动、强化基层基本保障行动、机关党建创新行动、贫困地区和少数民族地区党建行动、非公有制企业和园区党建行动、城市社区党建行动等“十项行动”为基层组织建设重点，每项行动都提出了具体任务、目标和要求。各地紧紧围绕扶贫开发来谋划和推动党的基层组织建设，帮助建设善于领导发展、服务发展的基层党组织，建设想发展、能发展的党员队伍，坚持用扶贫开发的成果来检验党的建设工作成效，把党的组织优势转化为扶贫优势、发展优势。推进发展型党组织建设，使基层党组织和广大党员在推动科学发展、统筹发展、创新发展、和谐发展以及实现自身发展的实践中，发挥应有作用。

农村基层民主建设方面，帮助乡镇、村基层组织建立和完善公推直选制度，村民代表会、理事会、监事会“三会”制度，村支“两委”工作运行机制、议事规则、决策程序、党务公开、村务公开、“一事一议”、民主监督等制度，建立完善村民自治机制，保障村民的知情权、参与权、表达权和监督权，丰富民主形式、拓宽民主渠道，提高农村基层民主政治建设水平。2005年，遵义市红花岗区、赤水市、余庆、桐梓、道真、正安等县经过试点，把在乡镇、村基层推行民主选举、民主决策、民主管理、民主监督“四民”作为破解农村基层民主政治建设的切入口，通过试点，取得经验，逐步推广，实现全市各县（市、区）农村基层“四民”民主政治建设全覆盖。2007年，贵阳、遵义、毕节、黔东南、铜仁等市（自治州、地）及其县（区）在抓党建扶贫工作中，逐步搭建和完善“民主共事、民主议事、民主理事”三个平台，加强农村基层民主政治建设。

民主共事平台。规范村支“两委”依法理政职责：一是明确党支部和村委员“两委”职责，本着村党组织管方向性、政策性、全局性大事，村委会管事务性、技术性、具体性事务的原则，明确村党组织和村委会行使职权的范围；二是理顺村支“两委”关系，本着党支部领导村委会的原则，要求村委会必须在党支部的领导下，依法开展村民自治工作，依照有关法规召开村民大会或村民代表会议

2013年6月，盘县淤泥乡岩博村村级重大事务民主表决现场

讨论决定村级事务；三是引导村支“两委”干部和谐共处，要求包村干部、村党支部书记随时掌握村干部思想动态和班子整体情况，从思想上引导村支“两委”干部和谐共处，从制度上消除不团结的根源，从情感上化解存在的积怨，从活动中增进友谊，实现村支“两委”民主共事的目标。

民主议事平台。健全村支“两委”依法决策机制，搭建民主议事平台：一是建立健全村党支部和村委会联席会议制度、村民代表会议制度、党员议事制度等一系列民主决策、科学决策制度，对涉及村级经济和社会发展规划，村集体收益管理和使用，集体经济项目立项及公益事业建设承包方案等村内重大事项，均在村党组织领导下，村民委员会召开村民代表会或村民大会进行民主议事，实行民主决策、科学决策和效能决策，实现村务由少数人决策向多数人决策转变，促进村级事务规范化管理；二是建立工作责任追究、绩效考核、民主评议等工作机制，把村支“两委”、村干部完成工作情况“晒”出来，制止“一言堂”“家长制”等不民主行为，追究不执行民主决策的干部，为推进“依法决策、民主议事”提供制度保障。

民主理事平台。落实群众享有的民主监督权利，搭建民主理事平台：一是扩大群众对村务大事和村干部考核评议的参与权、知情权、监督权，建立健全村委会重大事项向村党组织报告，大额度资金使用集体决策、村理财小组监督财务开支等制度；二是坚持村务公开、党务公开。

二、干部能力建设

2004年8月，省委书记钱运录深入到扶贫联系点黔南自治州惠水县摆榜乡调查研究，发现导致农民长期贫困的重要原因，在于农村基层干部、党员和农民群众基本生产生活条件长期没有得到改善，生活在封闭、半封闭的贫困山区；农民长期固守传统农业生产方式，走不出自给自足小农经济的圈子，基本增收门路狭窄；农村基层干部、党员和农民群众受教育程度普遍不高，思想观念守旧，基本素质较差。找到导致农村贫困的症结所在，省委、省政府对扶贫开发做出围绕改善基本生产生活条件、拓宽基本增收门路、提高基本素质“三个基本”的战略部署。钱运录强调“这是省委、省政府把中央推进新阶段扶贫开发的方针政策与贵州贫困地区实际紧密结合起来，深入调查研究，认真总结出来的行之有效的扶贫开发路子”。贵州各级、各部门以党建扶贫为抓手，着力提高农村基层干部、党员和农民群众的基本素质，推进扶贫开发不断向纵深发展，加快贫困地区群众脱贫致富步伐，努力实现与全国同步消除绝对贫困的战略目标。

“三向”培养　农村党建扶贫工作队协助帮扶地党委、政府实施把致富能人培养成党员、把党员培养成致富能人、把党员中的致富能人培养成村干的“三向培养”工程,“三向培养”工程成为党员带动群众共同致富的有效载体，各地涌现出一批“双带”村干部典型。赫章县河镇乡舍虎村村委会主任周靖便是其中的代表。2008年，25岁的共产党员周靖被选聘为赫章县舍虎村的大学生村干部，他通过对村情的深入调查研究，帮助村民找到利用高寒山区特殊的自然环境和气候资源，发展中药材半夏产业脱贫致富之路。

乌蒙山区心腹地带的赫章县，以山高谷深、自然环境恶劣而闻名。然而，赫章特产中药材半夏，却以国际免检而驰名全国。周靖看到村民“守着金山讨饭吃”的现状，打定主意发动群众种好半夏、卖好半夏，带领贫困农民靠发展半夏特色产业脱贫致富。为掌握半夏种植技术，周靖经常五更起、半夜回，逐户走访，广泛调研，多次登门县中药材办、科技办等单位学习半夏科学种植技术。为打消村民发展半夏的顾虑，他先租1亩多坡地示范种植，白天和村民一起下地摸索，晚上向书本学习，有不懂的就请教省、地、县专家。艰辛努力使他逐步掌握种植半夏选地、选种、标准化培植、生产管理等系列知识和生产技术。在他的示范带动下，全村半夏种植面积逐步发展到300亩。半夏种植面积、产量、效益逐步上来了，能不能将规模种植的半夏卖出好价钱，一时成了亟待解决的问题。为打开销路，周靖拿出1200元建立合作社网站，及时发布产品信息。成都、重庆、湖北、云南、广州、山西、北京、上海等地的半夏经销商纷纷前来，有20家单位、16个经销商到舍虎村实地考察，有效拓展了市场。为提高产量，他引进四川省中医药科学院、贵州省农科院、贵州大学、毕节市农科所等10多家科研机构和高等院校，先后到舍虎村建设半夏种植试验示范基地，有效地提升了半夏种植的科技含量，亩产效益比传统种植高出12%左右。几年间，舍虎村半夏专业合作社示范基地面积由300多亩扩大到700多亩。全村1236户全部以种植半夏为主要经济来源，有10户种植半夏年收入达10万元以上，全村人均纯收入从2007年的1309元，增加到2010年的6800元以上。同时，带动周边乡镇1816户种植半夏，创造价值1000多万元。

2006年9月19日，省委组织部、省扶贫办联合向各市（州、地）党委组织部、扶贫办下发《关于对全省一类贫困村党支部书记、村委会主任进行集中教育培训的通知》。各市（州、地）、县党委组织部、扶贫办认真落实《通知》精神，加强对一类贫困村党支部书记、村委会主任培训工作的领导，有序推进培训工作，并按通知要求如期完成对全省5486个一类贫困村党支部书记、村委会主任的培训任务。贵州省一类贫困村党支部书记和村委会主任共10972人，培训内容主要是中央和省委有关扶贫开发的方针政策、建设社会主义新农村的要求、有关法律法规、村党支部书记和村委会主任工作职责及工作方法和农村实用技术等。每期培训集中学习时间一般不少于5天。一些有条件的县（市、区）还组织学员到扶贫开发及建设社会主义新农村示范点参观学习。

省委从2008年开始，连续三年开展“基层组织建设年”活动，采取抓项目的方式，帮助基层党组织、党员群众解决关心的实事32件，建立党的基层组织省级示范点100个，着力培养、选拔、任用优秀年轻村干部，为基层领导班子注入“新鲜血液”，提升基层组织带领群众发展经济、脱贫致富、建设小康的能力。各地按照思想政治素质好、带富能力强、协调能力强“一好双强”目标，采取“两推一选”“公推直选”等方式，把一批“双带”（带头致富、带领群众共同致富）能力强、办事公道、群众拥护的优秀党员选拔到村党支部书记岗位；实施“一村一名大学生工程”，先后选聘13229名高校大学毕业生到村任职，改善农村基层干部队伍结构，提升基层干部队伍的综合素质。贵州第八届村（居）委换届后，新一届村党组织书记队伍平均年龄降为42.8岁，比上届降低1.4岁，本科及以上547人、比上届增加25.02%。8103名致富带头人走上村党支部书记岗位。

培养实用人才　实施农村党员和干部培养工程，帮助制订和完善党员、基层干部和农民培训规划，抓好实用人才职业技能和创业培训。发挥农村职业学校、成人文化技术学校和各种农业技术推广培训机构作用，培养实用人才。贵州利用作为全国农村现代远程教育试点省、网络覆盖100%的乡镇和99.8%的行政村的优势，开展“支部＋协会＋远程教育”和建立农村远程教育综合服务站等模式，使农村剩余劳动力转移培训和农村专业经济协会、龙头企业、农村经纪人队伍的培训上档次、上规模、上台阶。金沙县采取加强培训、建立机制、鼓励创业等方式，开发农村实用人才，使农村能人在经济转型升级中率先起跑，截至2010年年底，已有初级以上技术职称的农村实用人才13138人，其中农民技师33人，助理农民技师169人，农民技术员12936人。9873名农村实用人才获得“绿色证书”，250人获得省工商行政管理局颁发的“经纪人资格证”。1708名农村实用人才担任村组干部，占全县农村实用人才总数的13.1%。是年起，金沙县组织人事部门牵头，依托县委党校、农广校，县、乡镇职业中学，乡、村农民文化技术学校，培训农村各类实用人才37694人，其中，农业培训 11449 人，扶贫开发培训 1166 人，畜牧培训 9522 人，林业培训 3757 人，农机培训 1370 人，职业技术培训 100 人，“绿色证书”培训 9889 人，“一村一名大学生”学历提升培训 441 人。

2012 年 12 月，省直机关赴石阡县龙井乡党建扶贫工作队指导茶叶种植技术

2001—2010 年，贵州培养青年农民技术骨干近 8 万人，辐射带动农户 80 余万户；实施“新型农民科技培训工程”，培养有一技之长的农民近 8 万人；投入资金 4.5 亿元，开展农村劳动力转移就业培训 80 万人次；实施“阳光工程”，以全省 5486 个一类贫困村为重点，利用农村党员干部现代远程教育网开展培训，通过选送村干部到江苏省华西村农村党员干部教育培训基地培训等多种方式，先后培训 57 万人次，通过考核颁发“绿色证书”近 2 万份。2011—2015 年，贵州形成以“新型农民科技培训工程”“农村劳动力转移培训阳光工程”“农民创业培训”等各类农民工培训为主体，多种形式为补充的培训格局，建立完善统一的农民培训统筹管理体制，累计培训 100 万人，转移就业 69 万人。

三、党建帮扶方式

“双带”模式　1986 年年初，省委、省政府启动有组织、有计划、大规模扶贫工作，各级扶贫工作队在贫困县、乡承担党的基层组织建设和农村基层组织建设任务，依靠党支部发挥战斗堡垒作用和党员发挥先锋模范作用，带头致富和带领贫困群众共同致富。瓮安县委、县政府号召农村党员敢于带头致富，敢于带领贫困群众共同致富，并且获得突破性进展。县委、县政府及时总结、完善提高，逐步形成党员带头创业致富和带领贫困群众共同致富的“双带”机制。省委书记胡锦涛发现和肯定了瓮安县农村党员“双带”的典型经验，省委和省委组织部将瓮安“双带”经验及时向全省各市（地、自治州）、县推广。20 世纪 90 年代，各地党建扶贫工作队突出重点，协助帮扶地党委、政府培育一批党员创业致富带头人，帮助实施“党员创业带富工程”，协助开展“十佳村党组织书记”和“十佳创业带富之星”推选工作。省委组织部要求每名党建扶贫工作队员，至少联系 1～2 名党员创业致富带头人，重点培育一批符合农村实际、符合农民需要的“短、平、快”生产、经营项目，促进农村发展、农业增效、农民增收。2001 年，进入新阶段扶贫开发以来，省委、省委组织部注重党建、扶贫“两个轮子”一起转，把加强农村基层组织建设、提高农村基层组织领导发展能力作为脱贫致富的根本任务来抓，形成基层党组织和农村党员围绕中心（扶贫开发）、建设核心（村党支部）、贴近民心的工作格局，不断增强农村党员、基层干部和农民群众自我发展的能力，努力实现在党建扶贫工作结束后，能留下一支依靠自身力量、不断推进发展、永远不走的“工作队”“突击队”。

2002 年 11 月 8 日召开的中共十六大提出中国全面建设小康社会、加快推进社会主义现代化的宏伟目标。省委结合贵州省情，提出 2005 年、2010 年、2020 年全省小康建设分阶段目标，围绕农村全面建设小康社会的战略目标，探索建立农村党员带头致富、带领群众共同致富的“双带致富”模式。贵州有针对性地制定“双带致富”发展规划，出台相应的扶持政策和措施，组织协调项目扶持、资金扶持、技术扶持、人才扶持和信息扶持，在全省农村大规模实施“双带致富”工程。为扎实推进“双带致富”工程，如期实现全省小康建设的阶段性目标，省委要求各级党组织始终围绕全心全意为人民服务这个根本宗旨，时刻把群众的冷暖挂在心上，把为农民群众脱贫解困的各项政策措施落到实处，不断改善和提高群众生活，加快扶贫开发、脱贫致富步伐，让群众长期得实惠，消除绝对贫困现象，力争与全国同步建成全面小康社会。省委、省政府在创新“双带致富”工作机制和推进“双带致富”工程的同时，启动“党员创业带富”工程，各级党组织认真组织，真抓实干，广大党员积极参与，踊跃带动群众创业致富。各级党组织把实施“党员创业带富工程”与新阶段扶贫开发、农业产业化发展结合起来，探索对农村党员进行项目扶持的方法和途径，形成多渠道、多形式帮助农村启动创业发展项目的局面。采取项目滚动发展方式，在省农委实施的农业发展“四大工程”（草地生态畜牧业工程，蔬菜产业工程，中草药、干果、竹产业工程，油茶产业工程）中划出一定数量的项目纳入“党员创业带富工程”来实施。对参与“党员创业带富工程”的党员，给予优惠政策，加大扶持力度，为他们铺好路、服好务，提升创业带富能力。如黔东南自治州把培养“双带致富”型村干部作为抓农村基层组织建设的重要举措，培养造就了一批新农村建设的“领头雁”。在全州3183个行政村中，“双带”型村支部书记、村委会主任、村文书分别为1651人、2120人和856人，分别占51.9%、66.6%和26.9%，在苗乡侗寨形成示范一方百姓、促进一方致富、引领一方发展的中坚力量。

贵州各级党委加强“双带”队伍建设，培养村级党组织带头人，努力建设一支高素质的带头人队伍。注重建强村级组织领导班子，从致富能手、回乡大中专毕业生、退伍军人中选拔村党支部班子成员，选好、配强村级领导班子。全省各地实施“双带工程”以来，先后协调项目2310个、资金4.8亿元，组织1.04万名党员、带动3.15万人创业致富。各地加大实施每个村培育2～3名创业带富能手计划的力度，依靠致富能手在农村一线带领农民群众共同致富。

新阶段扶贫开发期间，全省共建立综合培训及创业实践基地657个，建立创业带富示范点1229个，协调项目1675个，涉及资金27.61亿元，协调贴息贷款9333.31万元，带动14.28万户、61.37万名群众共同参与工程，已帮助5.62万户、20.76万名群众脱贫致富。“十二五”期间，贵州各地党建扶贫工作队协助帮扶地党委、政府规划符合当地经济发展需求的“党员创业带富工程”，重点在具有创业带富积极性和相应能力的农村党员、村组干部、退伍军人、到村任职高校毕业生、外出务工返乡人员、回乡的大中专毕业生和退休离岗后到农村发展的机关、企事业单位干部职工中的党员以及有创业意愿、能团结和带领农村群众共同致富的入党积极分子、有入党意愿的农村致富能人、青年团员中培养创业带富工程带头人。全省88个县（市、区、特区）每县每年扶持党员开展创业带富的规模不少于200户，并逐年铺开。参与创业的党员每年每户人均纯收入增长速度一般在15%以上。

结对帮扶　坚持把农村党建工作与推进扶贫开发结合起来，派驻农村党建扶贫工作队，建立党员领导干部党建扶贫工作联系点，采取开发式、搬迁式、救助式等扶贫措施，逐步形成组织资源、社会资源与自然资源良性互动，城乡统筹、协调发展，省、市（自治州、地）、县、乡、村五级联动的抓党建、促扶贫新格局。2007年，为扎实推进社会主义新农村建设和新阶段扶贫开发工作，省委组织部、省委直属机关工作委员会、省委教育工作委员会、省政府国有资产监督管理委员会、省委国防科技工业工作委员会、省扶贫开发办公室共同研究，决定在过去开展党建扶贫工作的基础上，加大对贫困农村的帮扶力度，在全省开展“万个支部结对，万名党员帮扶”活动（以下简称“双万”），全省各地、各部门和各帮扶单位迅速行动起来，加强领导，以点带面，重点突破，整体推进。

贵州明确“双万”结对帮扶活动的对象主要是全省5486个一类贫困村的党组织和困难党员。一些有条件的地方和部门，将帮扶范围扩大到其他贫困村和城市社区、贫困企业的党组织和困难党员。参加“双万”结对帮扶活动的单位和部门是：省、市（自治州、地）、县（市、区、特区）各级机关、企事业单位、人民团体，中央在黔单位中的党支部和党员。其中，二级单位较多的单位和部门，在本部门本单位结对帮扶的同时，组织二级单位分别承担结对帮扶任务。

省直机关工委、省委教育工委、省国资委党委、省委国防科工委具体负责组织、协调本系统的单位、企业参加结对帮扶活动；9个市（自治州、地）党委负责组织管理地、县（市）机关及企事业单位结对帮扶活动。各地参加“双万”结对帮扶活动的单位和部门紧密联系农村基层党组织和党员干部群众的实际，采取有效的措施，组织好本单位党组织和党员的结对帮扶活动。在帮扶活动中，各地结合帮扶对象的实际，组织机关和所属党组织帮助农村党支部按照“五个好”标准，抓好自身建设、改进工作方式、创新活动载体、丰富活动内容；帮助抓好党员队伍建设，推行党员承诺制、无职党员设岗定责，切实发挥好作用；帮助农村党支部查找工作差距、理清发展思路、找准发展路子、制订发展规划，增强“造血”功能和自我发展能力；帮助农村党支部建立健全各项规章制度，总结完善好经验、好做法；帮助村党支部和村委会抓基层民主政治建设，推行党务公开、村务公开，提高村级民主管理水平。围绕提高村支书、村主任贯彻执行党在农村各项政策的能力，民主管理、依法办事的能力和带领群众发展经济、增收致富的能力，有针对性地帮助制订村支“两委”成员培训计划，每年安排2名以上机关党员或外聘专家，为农村党员干部和农业技术骨干讲课；每年与有关部门配合，组织村支“两委”成员和党员集中培训1次，培养2～3名具有示范带动能力的村“双培双带”能手。协助各级组织抓好“一村一名大学生”、农村青年提升学历等工作，为当地培养过得硬、留得住、能力强的实用技术人才。各级各部门按照省委的部署和安排，组织所属党组织与结对村党支部签订帮扶协议，落实具体帮扶任务和措施。帮扶活动根据实际情况采取不同方式进行，有的单位按年度轮流派支部（处室）到帮扶点进行帮扶，有的单位派二级单位党组织到帮扶点进行帮扶。支部（处室）或二级单位党组织一般做到定期或不定期安排党员干部到帮扶点帮扶。省直部门二级单位较多的机关、企业和高校，充分调动二级单位的积极性，组织二级单位帮扶1～2个一类贫困村。各帮扶单位健全和完善结对帮扶的具体措施，逐步形成工作例会、信息反馈、表彰激励等制度，促进结对帮扶工作规范化、制度化。省委、省政府组织全省各级党政机关、企事业单位、人民团体、中央在黔单位中的党支部和党员，采取城乡党支部“1+1”结对、城乡党员“N+1”帮扶等形式，深入开展“万个支部结对，万名党员帮扶”活动。通过开展“双万”结对帮扶，一方面发挥结对帮扶单位的职能优势，为农村带去急需的资金、项目、技术和信息，为农村贫困党员和群众带去党和政府的关心和温暖；另一方面，通过组织机关党员干部深入基层，促使在帮扶活动中了解社情民意，在联系基层中提高素质，在服务群众中转变作风，锻炼提高了党员干部工作能力。全省共有16273个党支部、20.5万名党员参加结对帮扶，帮扶范围覆盖7929个建制村的党组织和369万名困难党员群众。举办各类培训班3.52万期，培训各类技术人才181万人，帮助发展党员1.96万名，为帮扶点捐款捐物折合人民币1.91亿元，实施大小项目4.47万个，初步形成城市反哺农村、工业反哺农业、城乡互帮互助的格局。省委、省政府明确结对帮扶时间原则上为5年，5年后，根据实际情况作适当调整。

“四帮四促” 2010年，省委决定在全省开展以帮助基层学习领会精神、促进思想统一，帮助理清发展思路、促进科学发展，帮助解决实际问题、促进增比进位，帮助化解矛盾纠纷、促进和谐稳定发展为主要内容的“四帮四促”活动，组织动员各级领导干部、机关党员深入贫困乡村和贫困群众最需要帮助的地方去，寻找发展路子，协调发展项目，筹集项目资金，落实帮扶措施，解决实际问题。省委明确94家省直单位对全省88个县（市、区、特区）进行整体挂帮联系，围绕经济发展、改善民生、社会稳定等问题挂钩联系帮扶，集中人力、物力、财力，努力帮助贫困地区加快脱贫致富和科学发展步伐。

“四帮四促”活动开展仅一年多时间，全省各级领导干部深入重点企业5.7万人（次）、重点园区4.2万人（次）、重点项目6.7万人（次）、一类贫困村11.7万人（次）、街道社区7.5万人（次）。参加帮促的领导干部，通过实行全程代理、“帮办式”服务，制订实施一企一策、一村一策、一居一策帮扶措施，帮助基层解决实际困难和具体问题，严格做到问题不解决帮促不脱钩、人员不撤退。群众过去反感到基层“围着轮子转”“隔着玻璃看”的领导干部少了，带着热情和真诚下基层，住在农家、走在田间、解决困难的干部多了。

“十二五”期间，省直各部门制订党建扶贫帮扶乡镇3年规划和年度实施方案，一年接着一年干，一任接着一任干，不脱贫，不脱钩。各帮扶单位在保持规划连续性的基础上，根据新形势的要求，结合实际进行完善和提高，使规划更加符合帮扶单位的自身优势和行业特点，从被帮扶乡镇的实际情况出发，细化年度实施方案，制定详细帮扶措施和工作目标，把责任和任务落实到人头，帮扶措施落实到项目实施全过程，确保帮扶项目按期完成。贵州深入开展“四帮四促”活动，按照“四议”（党支部会提议、“两委”会商议、党员大会审议、村民代表会议或村民评议）、“两公开”（决议公开、实施结果公开）的程序决策和实施。探索建立党员议事会、民情恳谈会、集中诉求会议及党员信箱、政策明白卡、干群连心卡、党务政务公开卡等“一箱三卡”制度，把党员群众的知情权、参与权、监督权落到实处。构建省、市（地、自治州）、县（市、区、特区）、乡、村五级便民、利民服务体系，在乡镇（街道）和村（居、社区）建立便民、利民党务、政务综合服务中心（站、点）2万多个。在具有行政审批以及面向基层群众服务的部门和单位，设立“首问责任”窗口0.8万个，在其他部门和单位设立“服务接待”窗口1万余个，办理审批事项88.8万件，解决实际问题166.2万件，改进了机关作风，密切了党群、干群关系。各地还采取组织设岗、党员选岗、群众评岗方式，开展无职党员设岗定责活动，80%以上的农村无职党员参与设岗定责活动，为维护农村和谐稳定发挥积极作用。

第五节　人口控制

中华人民共和国成立后，贵州的人口增长速度明显加快，致使人口总量不断扩大。除了1959—1961年的三年自然灾害期出现的特殊情况外，贵州人口增长都处于高速之中，1949—1958年，总人口从1416.4万人增长到1710.02万人，年均增长率为21‰；1962—1975年，出现第二次人口增长高峰期，年均增长率达到了32.8‰，每年平均净增66.66万人。人口总量给经济社会发展、资源环境带来的压力明显增大。面临严峻的人口形势，贵州省委于1975年作出《关于开展计划生育工作的决定》，全面开展人口计生工作。

1975年8月，省委作出《关于开展计划生育工作的决定》，要求各级党委主要负责人亲自抓计划生育工作，县和县以上都要设置计划生育工作机构，生育政策实行“晚、稀、少”。计划生育工作在全省各地包括农村逐步开展，取得了实际成效。到1978年，人口出生率从1975年的40.11‰降到28.62‰，自然增长率由29.58‰降到21.24‰，但多孩率仍高达47%，每年出生人口仍高达80万人以上。

1979年，针对全省计划生育形势依然严峻的实际情况，省革委会出台《贵州省计划生育暂行办法》，对提倡晚婚晚育、生育政策、奖励独生子女、计划生育纳入国民经济计划、加强宣传教育等方面作出规定。此后几年又逐步加以充实完善。各地县也按该《暂行办法》的要求，相应制定了适合本地区的人口政策规定，推动计划生育工作在全省普遍开展。

1980年，中共中央《公开信》“提倡一对夫妇只生育一个孩子”，做出从紧从严的政策安排。1981年全省广泛开展中央《公开信》宣传活动，并且下发贯彻中央《公开信》的意见，引导各级正确理解、坚决贯彻中央决策，要求全体共产党员、共青团员带头实行计划生育。

1982年，省政府根据全省少数民族人口发展情况和计划生育实践作出“少数民族也要实行计划生育”的决定，使计划生育工作在少数民族地区得到初步开展。全省开展大规模计划生育集中宣传活动，层层开展“人口、土地、粮食和收入”算账对比活动，不断强化干部群众“人均意识”，使计划生育基本国策和“两种生产一起抓”的要求深入人心、付诸实践。同时，实行“书记挂帅、全党动手、重在实行、典型引路、群众路线”的指导方针，落实计划生育工作责任制，推广分类指导的工作方法，在1983年开展大规模计划生育宣传活动中，使全省计划生育发生突破性进展。

1979—1985年，全省增加人口285.78万人，年均增加40.82万人，比1975—1978年的年均增长80万人，每年少增39.17万人；妇女总和生育率下降到2.66。

1986年起，贵州省跨入第三次长达15年的人口生育高峰。在此期间，全省在中华人民共和国成立后第二次生育高峰的人口相继进入婚育阶段，从1986年起，育龄妇女逐年增加，其中生育旺盛期妇女从1982年“三普”时的183.16万人增加到1990年“四普”时的306.87万人，10年间净增123.71万人。强大的生育惯性使1986年人口出生率从1985年的20.33‰，上升到24.11‰，形成第三次人口生育高峰的峰值。全省计划生育工作面临前所未有的巨大压力。

在第三次人口生育高峰的头五年，省委、省政府面对严峻人口形势，坚决贯彻执行计划生育基本国策，出台多项措施，严格控制第三次人口生育高峰的强大增势。1987年6月，省委作出7条规定，把继续抓好计划生育工作作为全省经济社会发展方针之一，制定了“人口、粮食、生态全面规划，综合治理，协调发展”的方针，对全省计划生育工作产生了重大影响。1987年7月，省人大常委会通过《贵州省计划生育试行条例》，标志着计划生育工作走上了法制轨道，保证政策措施的稳定实施。1988年6月9日，国务院批准建立中国第一个，也是唯一一个国家级“开发扶贫、生态建设”毕节试验区，以开发扶贫、生态建设、人口控制为减贫理念，把“人口控制”作为毕节“三大主题”之一，实验综合改革试验区。这些强有力的措施，使已经上升的人口出生率逐年下降到1990年23.09‰。虽然抑制了过快增长的势头，但是仍然突破了“七五”人口计划。

从1991年起，全省人口生育高峰压力不断加大。省委、省政府把控制人口数量、提高人口素质放在经济、社会发展的首要地位，从1991年起，一直坚持在每年省人大会议结束后，召开各地、自治州、市主要领导参加的计划生育座谈会，研究部署当年计划生育工作。在实际工作中，坚持现行计划生育政策不变，人口控制计划不变，党政一把手负总责、亲自抓不变的“三不变”要求和实行计划生育工作思路和工作方法的“两个转变”。从1995年起，省政府向地、自治州、市一把手签订当年计划生育工作责任书，对地、自治州、市计划生育进行年度考核，没有完成考核指标的实行“一票否决”。继续认真贯彻计划生育工作以“宣传教育为主、避孕为主、经常工作为主”的“三为主”方针，制订并落实贯彻“三为主”方针相关平台建设规划。全面实施有一个坚强有力的领导班子、有一支素质优良的计生工作队伍、有一套行之有效的管理制度、有一个配套完善的服务阵地和人员落实、责任落实、经费落实的“四有三落实”为主要内容的“合格村”建设，广泛开展“婚育新风进万家”活动，开展以计划生育与扶贫开发相结合、与建设幸福文明家庭相结合、与农民群众脱贫致富相结合为内容的“三结合”活动，出台一系列对农村独生子女、双女节育户的优先优惠政策。各级党政机关、事业单位在主动抓好本部门、本单位计划生育的同时，层层与政府签订“三结合”活动责任书，落实各种利益导向机制，从而形成综合治理第三次人口生育高峰带来的人口增长过猛势头的强大合力。

1994年是20世纪90年代人口出生率最高的一年，为22.60‰。尽管育龄妇女连年大幅增长，但十年间人口出生率都稳定在21.86‰～22.60‰之间，没有超过1986年本次人口生育高峰的峰值，而且连续十年完成国家下达的年度人口计划。至此，全省自1975年计划生育全面开展以来，少生人口近1000万人，对全省经济社会发展起到巨大的促进作用。

尽管20世纪全省计划生育工作取得了辉煌成就，但是由于贵州经济发展滞后，农村人口占大多数，少数民族人口比重大且生育政策较宽松，人们的文化水平较低，加上全面开展计划生育工作比全国滞后十年左右，全省计划生育主要指标落后于全国平均水平，到2000年全省计划生育整体水平处于全国末位，人口形势依然严峻。

2000年7月省委召开八届五次全会，专题研究计划生育工作，作出《关于加强人口与计划生育工作严格控制人口过快增长的决定》，提出今后五年要确保人口出生率和自然增长率逐年降低0.5个千分点以上，到2010年年末全省出生率力争降到16‰左右，人口自然增长率控制在9‰以内，对计划生育工作的综合治理、依法行政、利益导向、社会保障、宣传教育、队伍建设、基层基础建设、流动人口管理、优质服务、经费投入等作出规定，要求各级党委政府加强对人口与计划生育工作的领导，强调坚持党政一把手亲自抓、负总责，坚持完善目标考核管理责任制。省委八届五次全会的召开为贵州进一步控制人口过快增长，逐步进入和稳定低生育水平的新时期开辟了道路。

进入21世纪以来，省委在八届五次全会对21世纪的人口计生工作作出全面安排之后，又先后通过省委九届七次全会、第十次党代会等会议，对“把人口与计生工作纳入新阶段扶贫开发重要内容”“加快建立综合治理机制”“力争2010年左右人口自增率接近全国平均水平”“努力走出一条人口与资源、环境、生态相和谐的发展路子”“进一步做好新形势下人口资源环境工作”“全面加强人口和计划生育工作、创新人口工作机制和管理服务体系”等工作作出部署。

在省委、省政府一系列重大决策的推动下，各级党委、政府和人口计生部门坚持人口与发展综合决策，不断完善人口计生目标管理责任制；实施“十五”期间人口计生财政投入按每年16%的比例递增；2001年起连续八年把改扩建基层计划生育服务站、室列入全省必须办好的“十件实事”之中；2002年基本实现村（居）民自治；全面实施出生缺陷干预工程；完善和推进利益导向机制，推广余庆县建立农村独生子女户和双女户养老金制度；出台《贵州省农村计划生育特殊家庭救助试行办法》，对独生子女伤残、死亡和手术并发症、后遗症导致家庭经济困难的家庭实行救助；继续投入“三结合”资金，努力改善党群关系，促进群众婚育观念的转变；完善并实施《贵州省人口与计划生育条例》《贵州省计划生育管理办法》《贵州省社会抚养费征收管理办法》《贵州省禁止非医学需要的胎儿性别鉴定和选择性别终止妊娠的规定》，推进依法行政；广泛开展以“关爱女孩与社会性别平等”为主题的宣传活动；开展“新农村、新农家、新农民”活动，引导农村群众树立现代文明的生产、生活、生育观念；探索建立省内区域协作责任，加强流动人口计生服务管理工作；推进信息化建设，提升人口计生管理和服务水平。这些举措的实施，确保进入21世纪以来，全省人口和计划生育工作取得新的进展，进入稳定低生育水平新时期。

“十二五”时期，省委、省政府将人口计生工作摆在更加重要的位置，明确提出以“双降”为主要目标的“十二五”总体要求，制定出台《中共贵州省委贵州省人民政府关于全面加强人口和计划生育工作确保实现“双降”目标的意见》，主要领导亲自安排部署人口和计划生育工作，连续四年亲自出席全省人口和计划生育工作座谈会，为全省人口和计划生育工作明思路指方向，全省上下形成了依法管理、利益导向、强化监督、综合施治的强有力的工作格局，人口和计划生育工作全面加强，极大地推动了全省人口和计划生育工作有序有力有效开展。到2015年，“十二五”人口与计划生育事业发展规划目标全面完成，实现人口出生率和自然增长率“双降”，人口出生率、自然增长率分别为13‰和5.8‰，进入稳定的低生育水平时期，人口过快增长的势头得到有效控制。

附　录

一、扶贫工作重要文件选编

《关于划分贫困户和极贫户标准的意见》的通知

各自治州、市、地区、县（特区、区）党委，省委各部委，省直国家机关各部门党组，省军区党委，各人民团体党组：

省委农工部《关于划分贫困户和极贫户标准的意见》，已经省委同意，现转发给你们，请遵照执行。（此件发至县团级，农村可翻印发至乡）

中共贵州省委办公厅

一九八五年十月三十日

关于划分贫困户和极贫户标准的意见

省委：

最近，各地区反映对贫困户的标准掌握很不一致，根据锦涛同志 9 月 1 日的批示，我们请省政府经济研究室、省计委、经委、民委、农业厅、民政厅、粮食局、统计局等单位的同志，座谈了关于划分贫困户和极贫户标准的问题，认为统一贫困户的标准，并把贫困户区分出来，有利于分别轻重缓急，采取有效措施，有计划地帮助他们摆脱贫困。座谈会参照 1984 年中央书记处农村政策研究室划分集中连片贫困乡的标准，结合我省实际情况，对划分贫困户和极贫户的标准提出如下意见：

（一）贫困户的标准是：以户按年计算，人均纯收入在 120 元以下；人均口粮，水稻主产区在 400 斤以下，包谷主产区在 300 斤以下，兼产区在 350 斤以下。

（二）极贫户的标准是：以户按年计算，人均纯收入在 80 元以下，人均口粮在 250 斤以下。

（三）确定贫困户、极贫户的两条标准，一般应同时具备，如果口粮与纯收入两条，只有一条符合标准时，应以人均纯收入为主要标准来确定。

（四）人均口粮的计算，是将社员承包地和自管地所产的全部粮食，加上出售各项农副产品所得的奖售粮，减去公粮、定购粮和集体提留粮、种子、饲料粮后，除以家庭人口，即为人均口粮。

人均纯收入的计算，是将承包部分、自营部分生产经营的总收入，减去各项生产费用、税收和集体提留等支出后的纯收入，除以家庭人口，即为人均纯收入。

（五）农业总收入和人均纯收入的实物折款，按当年的现行价格计算。社员自给部分按国家平均收购价格计算，商品部分按实际所得收入统计。

以上意见如无不当，请转发各地执行。

中共贵州省委农村工作部

一九八五年十月十日

关于加快贵州贫困地区经济开发的报告

〔85〕省通字第54号

党中央、国务院：

今年以来，我们省委、省政府的几个同志先后到贫困地区作了一些调查，七、八月间，又组织400多人的调查组，对集中连片的1238个贫困乡涉及的26个县，进行了一次比较系统的调查，十一月省委扩大会议后，又召开了有九个地、州、市书记和26个县的县委书记参加的贫困地区工作座谈会。

现将我省贫困地区的情况，加快经济开发的意见以及需要中央帮助解决的问题，报告如下。

一、党的十一届三中全会以来，我省农村经济发生了历史性的转变，农业长期停滞不前的局面开始突破，大多数农民基本上解决了温饱问题，贫困地区的经济也有发展。但是由于多种原因，现在全省还有30%左右的农业人口，约800多万人，人均纯收入不到120元，口粮不到400斤，一遇灾年，连简单再生产也难以维持。其中300多万农民人均纯收入80元、口粮250斤以下，仍处于十分贫困的境地。贫困地区的主要困难有以下几方面：

1. 经济发展水平低。一九八四年26个县人均工农业总产值224元，只相当于全省平均水平的48%，全国平均水平的22%；人均工业产值仅34元，相当于全省平均水平的14%，全国平均水平的5%；人均占有粮食465斤，相当于全国平均水平的60%。26个县一九八四年人均财政收入13元，加上国家补贴，人均财力也只有27元，仅相当于全省平均水平的36%，除了支付职工工资和办公费用外，对发展生产基本无力投入，财政靠补贴过日子。

2. 衣食严重不足。据21个县统计，一九八四年人均纯收入110.58元，相当于全省平均水平的42%、全国平均水平的31%。据调查，这些地区的贫困户约占总农户的70%，他们一般缺粮5个月左右，只有靠洋芋、红薯、蔬菜和救济渡日，有的甚至用野菜充饥。饭都不够吃，就更无力购置衣被，有些十多岁的娃娃还没有裤子穿。据水城特区兰花、台沙乡4个村民组67户的调查，一九八四年人均纯收入33.7元，口粮153斤，平均4.7人才有一床被子，10户无被子，有的户全部家当仅值二、三十元。

3. 居住、饮水十分困难。据纳雍、大方、赫章、织金4个县362个乡的统计，住房困难的有34698户，占总农户的5.1%。其中：住岩洞的92户，住“爬地棚”的3270户，住“杈杈房”的15854户，无房屋的5473户。所谓“爬地棚”、“杈杈房”，根本就称不上房屋，只是一些“晴晒太阳雨成塘，风来扫地月照床”的栖身地。据21个县统计，饮水困难的有139.88万人，占农业人口的20%。普定县窝子乡，58个自然村寨中有44个村寨，每家要占用一个强劳动力背水吃，不少妇女因长期爬山背水，中年就成驼背。

4. 缺乏卫生医疗条件。由于长期营养不良，身体素质差，抵抗力弱，加之缺医少药，在一些山村，只有鬼师没有医生，发病率和死亡率都比较高。望谟、三都、榕江、雷山、沿河、印江等县的地甲病患病率高达10%以上。

二、我省集中连片的贫困乡分布在乌蒙山、武陵山、九万山和黔南山区四片，自然资源并不贫乏，有的虽然地面生态平衡受到破坏，地下资源却十分丰富，都属于待开发的山区。自然资源的丰富与经济文化的落后、人民生活的贫困形成了鲜明的对照。造成贫困的原因是多方面的。

从自然地理、生产条件看：长期毁林毁草开荒，生态环境遭到严重破坏，水土流失加剧，有的地方生存条件濒于丧失。如纳雍县从一九五八年到现在，耕地由78万亩上升到166.6万亩，垦殖指数由21.3%上升到45.5%；森林面积由124万亩下降到13.2万亩，复被率由33.9%下降到3.6%，水土流失面积193万亩，占总面积的52.8%，石化面积每年达8785亩。由于自然生态环境恶化，生产条件越来越差，土层越来越薄，地力严重下降，水源缺乏，自然灾害频繁，严重制约着农村经济的发展。

从社会历史原因看：我省集中连片的贫困乡多属边远偏僻、少数民族聚居的山区，30%的乡和60%以上的村寨不通公路，人们长期处于封闭的社会环境，活动范围十分狭窄，文化教育极其落后，传统意识和陈规陋习禁锢着人们的思想。据21个县统计，12岁以上的文盲半文盲占57.6%。榕江县八开区990名村组干部中，有56.5%的文盲，科学技术传不进去，不少地方还处于刀耕火种的原始状态。这些地方至今还是集中全力抓吃的，传统的单一农业结构基本没有改变，商品生产十分落后。赫章、望谟、三都、荔波、榕江、从江、雷山、丹寨8个县平均170平方公里范围才有一个集市，从江县平均366平方公里范围才有一个集市。边远山区的农民赶一次场要走几十里，甚至百多里，需要的东西买不到，许多山货变不成商品。

从工作方面看：我们深入这些地区调查研究少，对它的特殊规律认识不足，缺少相应的特殊政策和措施，工作一般化，具体指导不力。

三、贫困户和贫困乡村的比重较大，而且多数集中在少数民族地区，是我省省情的一个重要特点。帮助这些地区尽快脱贫，直接关系到我省经济的持续、稳定、协调发展和民族团结、社会安定，不仅在经济上具有紧迫性，而且在政治上具有重要意义。我们决心把贫困地区的经济开发作为一件大事来抓，并明确提出，贫困乡集中连片的县，要把领导群众脱贫致富作为首要任务，整个“七五”期间都要下大力抓好这件事情

从我省贫困地区的现实基础出发，我们确定近期的奋斗目标是：经过五年左右的努力，主要资源，起步开发，自然优势，初步发挥，农民人均纯收入达到200元以上，温饱问题基本解决，并有一部分农户先富裕起来。

为了实现这一奋斗目标，我们在指导思想上明确，坚持从贫困地区的实际出发，切忌一般化的指导；坚持自力更生为主，国家扶持为辅的方针；坚持以发展生产力为中心，正确处理吃饭与开发的关系；坚持在改革、开放中治穷，在治穷中促进分工分业和商品经济的发展。在发展方向上，要以国家计划为指导，根据市场需要和因地制宜的原则，首先建立投资少、技术要求不高、见效快的起步产业，然后按照商品经济发展的要求，逐步建立配套产业系列，有计划地增加和建设乡场、集镇，促使产业结构走向合理，同时努力恢复生态平衡。在政策上，狠抓落实和进一步放宽，以利于贫困地区和贫困户休养生息，逐步增强自我改造、自我发展的能力。对1238个集中连片贫困乡取消粮食征购任务，减免农业税三至五年；对贫困乡集中连片的26个县的乡镇集体企业，除国家规定不能免税的产品外，免交所得税五年、产品税三年；外地外商到26个县兴办开发性产业，免交所得税、营业税五年；26个县烤烟、卷烟超计划征收的税款，省不再分成，留县用于贫困乡的开发事业；增加26个县的平价化肥供应指标；农业银行给贫困乡和贫困户列出专项贷款指标，灵活掌握自有资金比例，执行优惠利率。在人才问题上，采取内培外引、长短结合的方针，多层次、多渠道、多形式、多学科地培养本地本民族的乡土人才，逐渐建设起一支素质不断提高的山区开发队伍。对边远贫困乡以下小学，贫困户子女入学实行“双免”义务教育（免学杂费、书本费）；适当增加贫困地区民办教师转公办教师指标，只要经过教材过关考试及格的民办教师，可逐步转为公办教师；从明年起，省内大专院校对26个县适当增加“定向招生”和在职人员代培指标，适当减免代培费。同时采取优惠政策，引进省内外科技人才，鼓励企业，特别是大、中型企业与贫困地区开展经济技术协作或联营，促进先进技术向贫困地区转移。在资金投入上，我们决定从明年起，省机动财力每年拿出2,000万元，加上适当集中各部门掌握的支农资金，构成省级贫困地区开发基金，集中投到26个县，连投几年，有偿投放，限期脱贫。在领导力量上，首先是稳定和培训当地干部，同时从省、地两级抽调一批优秀中青年干部到贫困地区任职或帮助工作。

四、贵州是一个穷省，财力薄弱，而贫困面又比较大，为了尽快解决这类地区各族人民的温饱问题，要求党中央、国务院进一步给予大力支持。

1. 这 26 个县还担负着三亿斤的粮食征购任务，实际上基本都是“过头粮”。为了恢复生态平衡，25 度以上的陡坡耕地又不得不退耕还林还草。取消这类贫困地区的粮食征购任务后，全省就出现三亿斤粮食缺口，省内无力解决。因此，请求中央、国务院在原定 1986 年给我省调进粮食 15 亿斤基础上，增调三亿斤平价粮，“七五”期间每年调给我省平价粮 18 亿斤。

2. 请求中央、国务院“七五”期间，每年给我省增加特贫地区经济开发资金 5,000 万元，并增加贫困地区低息贷款指标二亿元，以帮助贫困地区开发当地资源。

3.26 个县集中连片的贫困乡，在党的十一届三中全会以前，积欠呆滞贷款近 6,000 万元，请求给予豁免。同时，请求中央取消我省贫困地区外运超计划煤每吨铁路运费加价 10 元和出口煤税 40% 的规定。

4. 为了吸引外地到贫困地区投资开发，请求中央准许：凡是到我省 26 个县兴办企业，不受基建投资规模控制。

5. 我省贫困地区土层瘠薄，肥料施用量很少，农作物丰产很低。要求中央每年增拨计划内平价化肥 10 万吨，以帮助这些地区发展生产，治穷致富。

以上报告妥否，请予批示。

中共贵州省委

贵州省人民政府

一九八五年十二月十五日

关于加强贫困地区工作的指示（节选）

省发〔1986〕9 号

（一九八六年三月一日）

一、充分认识加强贫困地区工作的重要性和紧迫性

党的十一届三中全会以来，我省农村经济发生了历史性变化，大多数农村居民基本上解决了温饱问题。但是，我省农村经济水平仍然很低，至今还有相当一部分农民群众的生活处于贫困状态。

贫困乡和贫困户多数集中在乌蒙山、九万山、武陵山和黔南山区等少数民族地区，这是我省省情的一个重要特点。帮助这部分乡和户尽快脱贫，直接关系到我省经济的持续稳定协调发展，关系到民族团结和社会稳定，是一个重要的战略问题。各级党委和政府务必把扶贫工作纳入“七五”计划，并列入重要议事日程。省对赫章、威宁、毕节、大方、纳雍、织金、普定、水城、盘县、普安、紫云、册亨、望谟、罗甸、独山、三都、荔波、丹寨、从江、榕江、雷山、剑河、台江、沿河、印江、德江二十六个县集中连片的一千二百三十八个贫困乡，要采取特殊政策和有力措施，坚持不懈地狠抓落实，促使其首先解决温饱问题，进而在农业的专业化、商品化、现代化进程中，发挥自己的优势，逐步走向富裕。地、州、市、县对于分散的贫困乡、村、户，也要采取类似的政策和措施，帮助他们尽快脱贫致富。

二、奋斗目标和指导思想

从我省贫困地区的现实经济基础出发，我们的主要奋斗目标是：经过五年左右的努力，做到主要资源起步开发，自然优势初步发挥，农村居民人均纯收入达到二百元以上，温饱问题得到基本解决，并有一部分户先富裕起来。在此基础上，继续努力改变生产条件，提高生产能力，发展商品经

济，到本世纪末，使我省贫困地区的农村产业结构趋于合理，经济水平接近全省平均水平。

扶持贫困地区的指导思想是，提高贫困地区自力更生的能力，增强贫困地区自身“造血”的功能，具体来说，必须坚持以下几点：

第一，制定政策和措施，一定要从贫困地区的实际出发，因地制宜，扬长避短，发挥优势。

第二，坚持自力更生为主、国家扶持为辅的方针，运用典型示范的方法，依靠先进榜样的力量，消除贫困地区人民由于祖祖辈辈贫困所造成的精神上的负担，调动和发挥他们发展生产的积极性。既要看到脱贫致富的艰巨性，又要树立信心。急躁情绪不可有，翻番信心不可无。

第三，要认真贯彻“决不放松粮食生产，积极发展多种经营”的方针。在解决吃饭问题的同时，量力而行地开发自然资源。在开发中，要注意长短结合，首先抓住投资少、周期短、见效快的项目。

第四，要坚持对内搞活、对外开放的政策，努力改变贫困乡封闭和经营单一的状况。要通过实行特殊政策，促进内部活力的增强，同时，打开寨门，接受外界蓬勃发展的商品经济的冲击，促进农村产业结构的调整和自然资源的开发。

三、选准脱贫致富的突破口

我省贫困乡比较集中的地区，地下资源十分丰富。只要把自然资源优势变为产品优势，进而变为商品优势，这些地区贫困面貌的改变就大有希望。从现在起，必须抓紧做好五个方面的工作：

1. 组织各级干部和广大群众认真学习中央连续发出的五个一号文件，认真分析造成贫困的原因，总结典型经验，开展脱贫致富大讨论，制订脱贫致富的计划和措施。

2. 我省贫困乡集中连片的县，多数曾被中央或省的有关部门定为牛、羊、猪、木材、油桐、生漆、水果、茶叶、油菜、烤烟等商品生产基地。各有关厅、局和地、州、市，要运用农业区划的成果，落实开发计划和措施，抓紧商品生产基地县的建设。

3. 运用价值规律和市场机制，因地制宜地选准突破口，调整农村产业结构。要首先抓住种植业这个基础产业，逐步形成种植、养殖、加工一条龙。

4. 有计划地发展和建设乡场、集镇，逐步形成分布合理、具有一定辐射力和吸引力的商品集散地和乡镇企业、技术服务、文化教育中心，带动周围农村商品经济的发展。

5. 要积极帮助群众改变饮水、居住、上学、就医等方面的实际困难，帮助他们修筑乡、村公路，并加强对自然灾害的预测和预防，为他们脱贫致富创造起步条件。同时要搞好计划生育，实行优生优育。

四、不断提高山区开发队伍的素质

1. 智力开发，是实现脱贫致富的一项带有根本性的战略措施。要采取内培外引、长短结合的方针，多层次、多渠道、多形式、多学科地培养本地本民族的乡土人才和引进外地人才。各级有关业务部门要定期在贫困地区举办各种类型的技术培训班，有计划地推广应用技术。要组织省、地科技人才和教师轮流到贫困地区定期工作或巡回讲学。

2. 边远贫困乡和乡以下小学，对贫困户子女入学，实行“双免”义务教育（免学杂费、书本费）。可从国家增拨的教育经费中拿出一部分用于这些地方改造学校危房，购置书籍、教学用具和补贴民办教师的工资。

3. 根据资源开发和发展商品经济的需要，要有计划地兴办职业技术学校或在普通中学中开办职业班。

4. 从今年起，省内大专院校对二十六个县的定向招生指标要有所增加，并适当降低录取分数线，学生毕业后，不得改变他们的原定去向。在职人员的代培指标也要有一定增加，代培费要适当减免。

5. 鼓励企业，特别是大、中型企业与贫困地区开展经济技术协作或联营，并在贷款、税收、税后利润分成等方面给予优惠。城乡科技、经营管理人员，包括在一技之长的农村“五匠”，到贫困地区传授技术或承包经营，使贫困户的收入有显著增加的，要予以奖励。

五、认真落实和进一步放宽政策

对贫困地区的政策，中央和省已有一些规定，现在的问题是必须狠抓落实。根据当前的情况，有些方面还要继续放宽。

1. 认真落实对集中连片贫困乡减免农业税三至五年的规定，并减免粮食定购任务。

2. 各级各部门在贫困地区举办各项事业，要量力而行，要清理和取消对贫困户的一切不合理负担。

3. 二十六个县的乡、村集体企业，除国家规定不准免税的产品外，从投产之日起，可以免交所得税五年、产品税三年；城镇街道集体企业生产经营有困难的，报经县税务局审查、县政府批准，可免交所得税三年。

4. 外地外商到二十六个县兴办开发性产业（种植业、林业、养殖业、电站等）五年内免交所得税、营业税；新办采矿、冶炼等企业有困难的，也可以酌情减免所得税、营业税，减免数额和年限由县政府确定。

5. 二十六个县的“两烟”超计划征收的税款，除按规定上交中央部分外，省不再分成，留县掌握，用于贫困乡的开发事业。

6. 增加二十六个县的平价化肥供应指标。国营（集体）商业、供销企业要按照保本微利的原则，积极组织计划外化肥和其他农业生产资料的供应，对经营计划外化肥的免征营业税。

7. 各级劳动部门要有计划地组织贫困地区输出劳务。矿山、森工等劳动密集型部门，要适当安排一部分招工指标给贫困地区，招收够条件的贫困农民作合同工、轮换工。

8. 任何部门在二十六个县兴办工程，除当地不具备技术条件的外，要尽可能让当地建筑队伍承包，其中土石方工程一般由当地农民承包。国营、集体、个人兴办的企业，要尽量招收够条件的困难农民，招收的贫困农民在企业职工中占多数的，在贷款、利率和纳税等方面予以优惠。

9. 农业银行要给贫困户列出专项贷款指标，灵活掌握自有资金比例，执行优惠利率。只要有民政或其他单位担保，也可不强调自有资金比例。有的贷款还可以由民政部门贴息、垫息。区营业所和信用社的干部，要分别包干帮助贫困户用好贷款。

六、适当集中国家对贫困地区资金的投入

各级政府要适当集中财力、物力和技术力量支持贫困地区，投入要十分讲究效益，避免浪费。

从一九八六年起，省和有关地、州、市、县分别建立贫困地区开发基金。切块下去的支援不发达地区发展资金、支援农村合作生产组织资金、少数民族机动金、小型水利补助费，以及各级机动财力要适当集中，构成地、县贫困地区开发基金。省机动财力每年拿出二千万元，加上省掌握的上述几项资金中集中的部分和“老、少、边、穷”地区贷款，构成省级贫困地区开发基金，集中投到二十六个县，连投几年，限期脱贫。民政部门要按照有灾救灾、无灾扶贫的原则，每年从民政救济款中拿出一部分用于向贫困户有偿提供良种、化肥、仔猪等生产资料，帮助他们发展生产。

贫困地区开发基金，由县统筹掌握，有偿使用，滚动发展。主要以低息、无息贷款或贷款贴息等形式扶持集体企业和合作经济。贷款项目必须经过可行性论证和审批，并建立项目责任制，有专人负责。

七、切实加强领导

各级党委和政府必须下决心、下大力把贫困地区的脱贫致富作为一件大事来抓。要选准目标，集中力量，每年都要使贫困地区的绝大多数群众实实在在地增加一些收入。

第一，省和有关地、州、市成立贫困地区工作领导小组，负责统筹扶贫的财力、物力、人力和检查督促各项措施的落实。省贫困地区工作领导小组由省委或省政府的一位领导同志牵头，有关部门负责人参加，下设“救灾扶贫”办公室，由有关部门抽调得力干部组成，赋予统筹协调扶贫救灾的财力、物力、人力和检查督促各项措施落实的职能。二十六个县县委、县政府则要把这项工作作为长期的中心任务，集中领导精力，认真抓好。省委、省政府对贫困地区的工作，要经常检查，发现问题要及时解决。要根据不同情况，进行分类指导，掌握重点，点面结合。

第二，实行脱贫目标责任制。集中连片贫困乡涉及的县、区和贫困乡、村党政组织，要层层制订脱贫计划，按脱贫目标进行承包，二十六个县的县委、县政府，每年年初都应向省委、省政府报送脱贫计划，年底写出总结。要定期检查评比，对带领群众改变贫困面貌成绩显著的单位和个人，要给予奖励；对工作不负责任者，要给予批评教育，并追究责任。省级有关厅局要在搞好面上服务的同时，结合本部门的具体业务制订帮助贫困地区脱贫致富的服务措施，搞好服务。

第三，进一步加强县和基层领导班子的建设。对贫困地区的干部，要加强思想政治工作，鼓励他们安心工作，为振兴山区经济，改变贫困面貌贡献力量。要在近两年内，对他们进行一次培训。从今年起，每年从省、地、县三级党政机关和部分事业单位中，抽调三千名中青年干部到贫困山区任职，加强这些地区的领导力量。先进地区对贫困地区要“一带二帮”，搞好协作，传授技术和管理经验，使贫困地区尽快脱贫致富。

各级领导要转变作风，深入实际，深入群众，勤于调查研究，勇于进行创造性的工作，使贫困地区尽快出现一个新的局面。我们坚信，只要各级领导以满腔热忱的态度，团结广大干部和各族人民，进行百折不挠的努力，脱贫致富的事业就一定能够胜利，兴黔富民的目标就一定能够实现。

本指标下达后，省级各部委厅局和有关地州市县要根据自己的实际情况，迅速提出具体实施意见，狠抓落实。

（此件发至县、团级）

胡锦涛在毕节试验区工作会议结束时的讲话

（1988 年 6 月 8 日）

省委、省政府召开的毕节地区开发扶贫、生态建设试验区工作会议开了三天。会上，毕节地委、行署的负责同志汇报了建立试验区的准备工作情况。省、地两级的同志本着发扬民主、集思广益的精神，就建立试验区的总体设想、建设思路问题展开了热烈的讨论，对配套政策进行了认真的审议，对加快试验区建设的步伐提出了许多好的意见。会议开得是好的，达到了预期的目的。

通过这次会议，首先使我们进一步深化了建立毕节试验区必要性的认识。建立开发扶贫、生态建设试验区的设想，是在学习、贯彻十三大精神过程中逐步形成的，是进一步解放思想、深化改革的产物。我省是全国最贫困的省份之一。党的十一届三中全会以来，我省经济社会有了很大的发展，但由于经济基础薄弱，各种客观条件的制约，再加上我们工作的原因，使我省与全国特别是东部地区的差距越来越大。就省内而言，一个贫困，一个生态恶化，仍然是严重困扰我省经济社会发展的两大突出问题。实践告诉我们，在同样的政策条件下，贫困地区与发达地区在经济社会发展上存在着效益上的差距，其结果将是地区间差距的扩大，如果不清醒地看到这一点，并相应采取有力措施的话，贫困地区将会更加落后。面对这一现实，通过对过去工作的反思，提出了用灵活的梯度政策来弥补日益扩大的效益差距，探索我省经济社会发展新路子的问题，也就是说，要以改革总揽全局，坚持从贵州的实际出发，坚持生产力标准，采取一切有利于消灭贫困落后的特殊措施。探索解决贫困和生态恶化的新途径。为此，省委、政府决定变全面推进为重点突破，选择典型地区进行改革试验，提出把毕节地区作为开发扶贫、生态建设试验区。

这次我到黔西、大方，正威同志到了织金、纳雍，无论是沿途接触到的干部，还是这次到会的地区领导和部门同志，大家都赞成、拥护建立毕节地区开发扶贫、生态建设试验区。特别是基层的同志反响很强烈，要求很迫切。这说明，建立试验区的决策是符合毕节地区实际的，是反映了毕节地区广大干部、群众的愿望的，正在成为鼓舞干部、群众向贫困和生态恶化作斗争的精神力量。

这次会上，我们也回顾、总结了几个月来围绕建立试验区所进行的各项准备工作。总的来看，试验区的准备工作过程，是深入学习、贯彻、落实党的基本路线，进一步解放思想的过程，是宣传干部群众、组织干部群众的过程，是发扬民主，充分酝酿，科学论证的过程。地委、行署根据省委、省政府关于建立试验区决定的精神，在全区范围作了广泛的宣传发动，促进了广大干部、群众思想的进一步解放，加深了大家对地情、县情的认识，进一步明确了建立试验区的指导思想、试验内容和目标，调动了大家参加试验区建设的积极性。在此基础上，毕节地委、行署又组织有关方面的同志着手制定了一系列配套政策。同时，在深化农村改革、推行企业承包责任制和研究政治体制改革方案等方面作了大量工作，为试验区工作的全面展开创造了较好的条件。省委、省政府参加会议的同志对毕节地区这一段的工作是肯定的、满意的。

这次会上，大家还认真审议了试验区的一系列配套政策。由于坚持了“进一步解放思想、进一步深化改革、进一步发展生产力”的总思路，本着“发扬民主，协调一致，各方配合，互相默契”的精神，着重在政策的用足用好、灵活变通上下功夫，工作进展比较顺利，各方面也都比较满意。总的看，已经审定的各项政策体现了十三大加快改革开放的总方针，体现了贫困地区要实行更加灵活、更加优惠的政策的思路，比较符合毕节的实际，有利于毕节生产力的发展。当然，由于建立开发扶贫、生态建设试验区是一项开创性的工作，我们也尚处在摸索之中，所提方案自然不可能尽善尽美。还需要在实践中进一步充实，进一步完善。特别是有利于扶贫和生态建设方面的政策还需进一步强化，但只要我们敢于实事求是，大胆探索，勇于实践，就一定能够逐步探索出一条贫困山区开发扶贫、生态建设的新路子。

同志们：经过前段时间的酝酿准备，加上这次会议所做的工作，建立试验区的条件已经基本具备，序幕已经拉开。这次会议后，毕节试验区就要由准备阶段转入起步阶段。如何把试验区的工作迅速展开？如何加快试验区的建设步伐呢？刚才，省里几位领导同志讲了许多好的意见，下面我再讲几点看法：

第一，牢牢把握开发扶贫、生态建设这个主题

毕节地区是开发扶贫、生态建设的试验区。这是毕节地区的情况所决定的，也是毕节试验区与全国的其它特区、开放区所不同的。全国的所有的特区、开放区都是作为对外开放的前沿地带、采取出口导向的经济战略，以发展外向型经济为目标；而毕节地区作为内陆边远山区，则是以市场为导向，发挥资源优势，以发展商品经济为目标；特区、开发区是解决经济起飞、先富起来的问题，而我们则是改变贫困面貌，继续解决温饱问题。我们必须对毕节试验区的目标、任务，特别是对自身的特点有清醒的认识，牢牢把握开发扶贫、生态建设这个主题。在学习、借鉴先进地区的经验时，不可能，也不应该照抄照搬沿海开放地区的做法和模式，这不仅仅是思想方法、工作方法问题，从某种意义上说，也是决定试验区工作成败的关键问题。

牢牢把握开发扶贫、生态建设这个主题，就要针对全地区还有三百万农村人口温饱问题没有彻底解决这一现实，采用一切有利于摆脱贫困、落后的政策和措施，加快资源开发，加速劳动力转移，大力发展商品经济，逐步实现绝大多数农民脱贫的目标。要针对全地区水土流失面积已占总面积的一半以上的现实，采取强有力的措施，全面规划，综合治理，把生态建设和经济开发紧密结合起来。尽快停止人为的生态破坏，并逐步走向生态的良性循环。如果这两大目标都能如期实现，那就表明试验区的改革试验是成功的，工作是卓有成效的。如果没有实现，那就说明试验区的任务没有完成。

要实现这两大目标，任务是很艰巨的，这就需要在统一认识的基础上，强化对开发扶贫、生态建设工作的领导；强化有利于开发扶贫和生态建设的政策；有倾斜度地安排开发扶贫和生态建设的资金投入和技术投入；动员各方面的力量，努力把开发扶贫和生态建设的工作落到实处。

第二，以改革总揽全局，加快改革的步伐

开发扶贫、生态建设的试验区，首先必须是加快和深化改革的试验区，要实现自然经济向商品经济的转变，必须改革束缚商品经济发展的僵化体制；要实现由救济扶贫向开发扶贫的转变，就要改革扶贫方式和扶贫工作；要实现生态恶性循环向良性循环的转变，就要以改革的精神推进生态建设，因此，改革是加快经济发展的动力，也是开发扶贫、生态建设的动力。

在制定、落实更加灵活和更加优惠的政策，改善外部环境的同时，必须引导企业和有关方面，把注意力放在深化内部改革，激发内在活力，改善经营机制。没有这一点，再好的政策也难以发挥出应有的效益。

经济体制改革，包括农村、企业、金融、外贸、宏观经济管理等各个方面。省委、省政府都有了部署，这里不再重复，只想强调一下运用价值规律的问题。

我省的生产力发展水平低，不仅表现在人均生产水平上，而且表现在商品化的程度上，商品经济不发达，在农村仍然是自然经济和半自然经济占主体，这也是我省经济的一个重要特征，这方面毕节地区恐怕就更为突出，因此发展社会主义商品经济的任务就更加艰巨。这就更加需要注意发挥价值规律的作用。认为商品化程度低，价值规律起不了作用的认识是不正确的。价值规律是最有效的指挥棒，愈是商品经济不发达，就愈要自觉地借助于价值规律的力量，去推动和激发商品生产的发展。由于我们在价值规律的运用上还不熟悉，这就有必要进一步提倡学习价值规律，运用价值规律，上好价值规律这所大学校。

还有发展多种所有制经济的问题，已经作为试验区建设的重要指导原则确定下来，能不能取得突破性的进展，固然有政策引导的问题，这一方面应该说已初步得到了解决，更重要的是解决观念和习惯势力的问题，首先把各级干部的思想观念问题解决好，特别是领导干部，只要不再两眼盯着全民，多种经济成份就可以发展起来。

第三，注意智力开发和培养、引进人才

党的十三大明确提出了“使经济建设转到依靠科技进步和提高劳动者素质的轨道上来”，这也是建设试验区必须坚持的战略思想。从毕节的实际情况看，技术落后，管理落后，劳动者素质较低是导致经济落后的重要原因。反过来说，进行智力开发，提高科技和管理水平，又是提高经济效益的决定性因素。在试验区工作逐步展开后，能否有效地解决人才短缺的矛盾，将从根本上制约试验区工作的进程。因此，加强智力开发，注重培养人才、引进人才已经到了刻不容缓的程度了。

这次会上，已经审议了关于人才问题的两个暂行规定，一个是引进人才的；一个是鼓励行政、事业单位人员下基层、到企业去的，希望通过这两个文件的贯彻，在全地区进一步造成尊重知识、尊重人才的环境，充分调动广大知识分子和各类人才的积极性。

随着城乡商品经济的发展，各地都涌现出了一批有胆略、有魄力、懂生产、会经营的商品生产经营者，他们当中的一些人已经成长为名副其实的企业家，他们是发展社会主义商品经济的带头人，是新的生产力的代表。一定要正确对待他们，充分肯定他们在改革和发展商品经济中的开拓精神，对他们的缺点和失误，要真心诚意地教育和帮助。要善于发挥“能人效应”，力求用好一个能人，带动周围一片，形成一个有利于改革探索，有利于发展社会主义商品经济的良好社会环境。

要十分注重提高全体劳动者的素质。在企业，要加强职工的全员培训，特别是新建企业，一定要对新职工提前进行必要的政治、业务培训，不符合条件的不准上岗。在农村，要加强应用科学技术知识的普及，加强乡土科技人才的培养和使用，促进农业生产由粗放经营向集约经营的转变。

要把发展教育事业放在突出的战略位置上来，从毕节的实际出发，要在大力加强基础教育，努力提高教学质量的同时，重点发展职业技术教育，培养大批的初级技术人才，以适应试验区建设的需要。

第四，要全方位扩大开放

从实现开发扶贫、生态建设的目标出发，从大力发展社会主义商品经济的要求出发，从全国发展外向型经济战略的形势出发，都必须彻底改革长期形成的封闭格局，实行全方位开放。只有这样，才能缓解开发、建设过程中人才、资金、信息短缺的矛盾，借助外力，加快开发扶贫、生态建设步伐。

要进一步解放思想，树立全方位开放的意识。坚决抛弃满足现状、夜郎自大、自我封闭的自然经济观念；坚决克服“怕吃亏”、“怕当殖民地”、“怕肥水流入外人田”的小生产狭隘观念；从思想上解决好让利于外、让利在先的问题，形成有利于扩大开放的舆论环境。

实行全方位开放，当然包括向国外开放。从目前毕节的实际出发，要着重抓好投资环境的改善，同时对已确定的援助项目和外商有投资意向的项目，要加快科学论证，搞好协调服务，提高办事效率，力求搞一个，成一个，以树立良好的信誉，为今后进一步扩大对外开放创造条件。

实行全方位开放，当前主要还是向国内、省内开放，要充分利用已经制定的优惠政策；充分利用地区的优势资源；充分利用已有资金作导向，大力发展多层次的横向经济联合，特别是发展和沿海地区大跨度的横向经济联合。要充分发挥现有渠道的作用，例如中央统战部、国家民委、各民主党派中央、全国工商联已确定把毕节地区作为智力支边联系区，愿意提供扶持和服务；国务院贫困地区开发办，也成立了服务中心，进行项目评估，并安排解决发达地区和贫困地区联合开发项目所需贷款；工会系统也在大方搞技术扶贫。所有这些，都要逐项落实，务求实效。

第五，要发扬艰苦奋斗、扎实苦干的精神

随着试验区工作的逐步展开和生产力的发展，要基本解决贫困人口的温饱问题，广大群众的生活也会进一步得到改善，这是毫无疑问的。但必须向广大干部、群众讲清楚，我们是在全国最贫困的地区搞试验，是在进行开发扶贫的试验，绝不能期望像沿海发达地区那样，经过不太长的时间就能使大家都富裕起来。各级干部、特别是领导干部要树立长期艰苦奋斗的思想，带领群众谱写毕节地区艰苦创业的历史。要集中更多的资金用于开发扶贫、生态建设，用于包括电力、交通在内的基础设施建设。对楼堂馆所的建设，一定要按照规定严格管理。各项管理权限下放以后，地、县的权力大了，但责任也重了。一定要坚持民主决策、科学决策，完善必要的议事程序，坚决防止盲目决策、瞎指挥，防止乱铺摊子，防止铺张浪费。

中央领导同志多次强调，经济要繁荣，党政机关要廉洁。这是一条重要的指导方针，一定要全面理解，正确把握。为了有利于生产力的发展，我们从贵州的实际出发，制定了一系列的政策、措施，鼓励党政机关和事业单位的科技人员、干部，以调离、停薪停职、留薪留职、退职、辞职等方式去承包、租赁企业和承包、领办、创办乡镇企业，从事开发性生产，这是繁荣经济的需要。同时，我们也坚决反对和制止以权经商，以权牟利，以权谋私的行为，坚持政企分开、官商分离的原则，树立廉洁奉公，全心全意为人民服务的思想。

要鼓实劲，办实事，讲实效，体现试验区的工作效率和作风。要少说多做，说了就做，做就做好。不搞花架子，不做表面文章，不图虚名。要勇于探索，奋力进取，知难而进，坚韧不拔，不要遇到一点风吹草动，就犹豫迟疑，发生动摇。

最后，我们相信，有党的十三大精神的指引，有建立试验区所产生的巨大精神力量，毕节地区的广大干部群众一定会团结一致，齐心协力，发扬开拓创新、艰苦奋斗的精神，尽快打开试验区工作的局面，努力把毕节的改革、建设提高到一个新的水平。

国务院批复通知

国办通〔1988〕38号

省政府：

你省报来的《关于建立毕节地区开发扶贫、生态建设试验区请示》收悉。国务院原则同意你省建立毕节地区开发扶贫、生态建设试验区，其中请求中央帮助解决的具体问题，请你省同有关部门具体商定。

中华人民共和国国务院办公厅

1988年6月9日

关于在我省贫困地区实行以工代赈建设基本农田的决定

省发〔1991〕20号

（一九九一年六月二十六日）

根据《中共中央关于制定国民经济和社会发展十年规划和“八五”计划的建议》的有关精神，在贫困地区已经解决了大多数贫困群众温饱问题的基础上，国务院决定，“八五”期间，国家每年拿出一定数量粮食或部分等价工业品，采取以工代赈灾的方式，重点帮助西南、西北的贫困地区建设基本农田，改善基本生产条件，稳定地解决温饱问题。国务院的这一决定，充分体现了党中央、国务院对贫困地区经济发展的关怀和重视，非常切合我省贫困地区的实际情况。抓住这一机遇，采取切实有效的措施，管好、用好这批以工代赈粮食，在全省贫困地区坚持不懈、广泛深入地开展基本农田基本建设，不仅能够稳定地解决温饱问题，而且必将为贫困地区经济的长期发展，广大人民群众的脱贫致富奠定坚实的基础。为此，省委、省政府特作如下决定：

一、建设基本农田是现阶段改善贫困地区农业生产条件的主要奋斗目标

经过“七五”期间连续五年的艰苦努力，我省贫困地区大多数贫困人口的温饱问题已经解决。但全省扶贫开发的任务依然十分严峻，突出表现在：我省的贫困地区大多数是深山区、石山区、高寒山区和少数民族聚居区、库区和地方病高发区，生态环境恶化，水土流失严重，农业基础脆弱，抗御自然灾害能力差，粮食产量低而不稳，返贫率高。只有在贫困地区扎扎实实在开展以建设基本农田为主要内容的基础设施建设，才能从更大的范围内、更深的层次上解决我省的贫困问题。

根据我省贫困地区的现实需要和实际可能，改善农业生产条件应该量力而行，突出重点。“八五”期间，要把国家每年分配给我省的3亿斤以工代赈粮食集中用于以坡土改梯土为主要内容的基本农田建设，在贫困地区（国家重点扶持和省扶持的贫困县以及非贫困县的面上贫困乡）每年建成50万亩基本农田，并配之以小水窖、植树造林等措施，使贫困地区的稳产高产农田面积逐步扩大，粮食产量稳步增加。经过坚持不懈的努力，力争到“八五”期末，在我省贫困地区新增建成250—300万亩稳产高产田土，到本世纪末上升到550—600万亩，再加上其他工程的补充和原有的基础，使贫困地区人均拥有半亩稳产高产田土，达到稳定地解决温饱问题的目标，走粮食、人口、生态良性循环之路。

二、以工代赈建设基本农田的指导原则

——必须坚持发扬自力更生、艰苦创业的精神。本着国家支持与群众投工投劳相结合的原则，充分利用每年冬春农闲季节，广泛动员，精心组织，脚踏实地地把这项工作开展起来。

——实施以工代赈建设基本农田工程要以坡土改梯土为主要内容，并在此基础上平整土地，改良土壤，修建小水窖，植树造林，相应修建公路。为达到提高地力，增加粮食产量的目的，生物措施和工程措施要紧紧围绕坡改梯工程进行。省、地、县各级要采取措施，加强管理，保证以工代赈粮食和配套资金专物专用，专款专用。对于来自各方面的资金，要按照“用途不变，渠道不乱，统筹安排，适当集中，各尽其责，各记其功”的原则，使之与坡改梯工程综合配套，相互补充。

——要在统一规划的前提下，按照小流域综合治理。要有长远观点，树立整体观念，制定出各地、县的总体规划和分年实施计划，防止盲目性；要先易后难，循序渐进，分步实施。从交通方便的地方治起，逐步向深山区、边远地区延伸；要做到生物措施和工程措施结合，山上山下、上游下游兼顾，治理与开发同步进行，治坡改土与培肥地力并举。要严格质量，讲求效益，做到改一片、成一片、见效一片。

——以工代赈建设基本农田必须与解决群众的温饱问题紧密结合。水土流失严重，农业生产条件恶劣、贫困程度较深的乡、村，是实施工程的重点地区。要把建设基本农田与实施“温饱工程”相结合，通过建设基本农田，充分发挥“温饱工程”的增产效益，达到稳定解决温饱问题的目标。要通过以工代赈建设基本农田的有效开展，逐步缩小贫困地区民政救济的范围，使广大有劳动力的贫困农户通过参加工程实施得到补偿，变“坐着吃”为“吃着干”。

——以工代赈建设基本农田必须坚持在稳定和完善农村家庭联产承包责任制的前提下进行。实施坡改梯后，农民原承包地的使用权不变。对改造后扩大的耕地面积，实行谁投工、谁开发、谁受益的政策。实施坡改梯后，三年内土地承包使用费不变，上交集体提留不变。

三、以工代赈建设基本农田的办法

1. 选准实施地点。基本要求是：坡度在 10°—25°之间；施工石料，原则能够就地取材；相对集中连片。各县要根据以上要求，选准实施地点，制定实施方案。

2. 搞好以工代赈粮食和配套资金的投放。建成 1 亩坡改梯，需要投工 150 个，按每个工补助 3 斤粮食计算，每亩补贴以工代赈粮食 450 斤，并匹配一定的钢钎、炸药费用。3 亿斤以工代赈的粮食由省根据各县实际完成的亩数配发到县，再由县根据工程的难易和实际的用工量统一调剂，分送到乡，以乡为单位，按照实施工程的进度和“先治后补”的原则，先验收，后发放。与之相匹配的资金采取“省、地、县财政承担一点，职能部门相应配套一点，农民自筹一点”的办法解决。

3. 采取有效方式组织工程实施。以工代赈建设基本农田要以村为单位，采取联户、分户治理与专业队伍常年施工相结合的办法组织实施。凡变工互助的，均实行自愿互利、等价交换的原则，规划区内修路、造林、挖拦山沟等，由群众投义务工、积累工。要求每个劳动力每年投劳 30 个工以上。投义务工不足的，要折款交给集体。

4. 规范工程要求，搞好检查验收。坡改梯的统一技术规范和验收标准，由省农经委、省扶贫办会同有关部门研究制定。技术规范要达到“一定五有”的要求，即统一划定工程实施区域，有工程总体规划方案，有施工图纸，有工程负责人、有施工质量标准、有检查验收标准。检查验收的项目应包括地点的选择、施工的质量、配套措施和组织领导四个方面。各县必须根据省定的标准，严格施工质量，搞好检查验收。

5. 切实加强后续管护工作。坡改梯完工后，要建立管护责任制。对梯坎、护坡林、田间便道、拦山沟、水渠、水池、水窖等基础设施，要制定乡规民约，切实管护，防止破坏。还要建立培肥地力的制度，推广“以地定养，种养结合”（即以承包地面积确定养殖指标，既可增加有机肥料，又可促进养殖业的发展）、粮食与绿肥间作、秸秆还田等办法，提高土地肥力，增强发展后劲。

四、提高认识，加强领导，广泛动员，明确责任

（一）各级各部门要提高对以工代赈建设基本农田重要性的认识。以工代赈建设基本农田是解决我省贫困问题的关键性措施，是推动我省农业跃上新台阶的必不可少的基础性工作，是一件功在当代，造福子孙的大事。省、地、县各级、各部门要充分认识其重要意义，要把实施这一工程作为脱贫致富的一项重要任务来抓。各级领导要亲自部署，各部门要密切配合，使行政、技术、资金各方面的力量配套投入，形成合力。要大造声势，广泛动员，使广大干部群众积极投身于这一工程建设之中。要抓紧时间，及早动手，打好今冬明春第一仗。

（二）建立健全实施工程指挥系统。省、地、县三级都要建立统筹协调、指挥自如、精干得力的领导小组。领导小组组长由各级政府主要负责同志担任。下设坡改梯工程实施指挥部，由各级政府分管农业的领导同志任指挥长。坡改梯的计划由省计委与省农经委共同安排落实。

（三）充分发挥农村基层党组织的战斗堡垒作用和广大党员的先锋模范作用。实施以工代赈建设基本农田工程，是增强农村党组织的凝聚力和战斗力的重要措施，是壮大集体经济的重要步骤，是对广大农民群众进行社会主义思想教育的大好时机。要组织村干部、党员带头实施坡改梯工程，带领群众大干；要做好群众的思想工作和统筹协调工作，帮助他们排忧解难；要落实责任制，实行报酬与工程质量、数量挂钩，有奖有罚；要把完成坡改梯任务与加强农村党支部建设结合起来，与建设农村服务体系结合起来，与增加集体经济实力结合起来，与深入开展“双带”活动结合起来，与密切农村党群、干群关系结合起来，与开展社会主义思想教育结合起来

（四）实行以工代赈建设基本农田岗位目标责任制。省、地、县各级要建立领导干部岗位目标责任制，明确各级负责人和有关部门的目标、任务和职责，层层签订承包合同。分配到各县的任务，由县统筹安排，层层分解，明确责任，限期完成。接受任务的各区、乡和业务部门要分别与县政府和实施农户签订责任合同，以合同规定任务，按合同完成定额。要推广行政部门包任务、技术部门包技术的“双向承包责任制”，切实为科技人员、区乡干部创造工作条件。要制定工作运转程序、技术操作规程、考核评比制度，做到职责明确，分工具体，奖罚分明，保证按质、按量、按时完成任务。实施工程必要的服务费，从以工代赈的配套资金中按照3%的比例提取。

（五）各县对实施工程的粮食、资金必须严格管理，不准截留、挪用。对验收合格的工程，必须及时兑现以工代赈的粮食，不得拖延发放时间。对工程所覆盖的农户、投放的粮食、资金数目必须公开，接受群众监督。

省委、省政府号召：全省各级、各部门、贫困地区广大干部、群众和科技人员积极行动起来，明确方向，坚定信心，用愚公移山、艰苦创业的精神，抓住机遇，密切配合，脚踏实地，埋头苦干，在全省贫困地区大力开展基本农田基本建设，为彻底改变贵州的贫穷落后面貌，造福子孙后代而努力。

《国家八七扶贫攻坚计划》贫困县的通知

黔府发〔1994〕33号

各地（州、市）、县（市、区、特区）人民政府（行署），省直各有关工作部门、企事业单位和人民团体：

根据国务院扶贫开发领导小组《关于列入〈国家八七扶贫攻坚计划〉贫困县的通知》（国开发〔1994〕5号），现将我省列入《国家八七扶贫攻坚计划》的48个贫困县名单通知你们，请按《国家八七扶贫攻坚计划》精神和我省扶贫开发工作会议的要求，给予重点扶持，帮助他们抓好扶贫开发，尽快解决群众温饱，改变经济、文化、社会的落后状态，实现共同富裕。

一、遵义地区：

务川自治县、凤冈县、习水县、正安县。

二、安顺地区：

息烽县、关岭自治县、普定县、紫云自治县、镇宁自治县。

三、铜仁地区：

沿河自治县、印江自治县、德江县、石阡县、松桃自治县。

四、毕节地区：

纳雍县、织金县、大方县、赫章县、威宁自治县。

五、黔南布依族苗族自治州：

荔波县、独山县、三都自治县、罗甸县、长顺县、平塘县。

六、黔东南苗族侗族自治州：

从江县、雷山县、台江县、丹寨县、天柱县、黄平县、麻江县、榕江县、三穗县、岑巩县、剑河县、施秉县、黎平县。

七、黔西南布依族苗族自治州：

兴仁县、册亨县、晴隆县、贞丰县、望谟县、安龙县、普安县。

八、六盘水市：

六枝特区、盘县特区、水城县。

一九九四年五月十日

贵州省扶贫攻坚计划

（1994—2000年）

根据国务院制定的《国家八七扶贫攻坚计划》的要求，为加快稳定脱贫奔小康的步伐，力争用七年左右时间基本解决全省农村1000万贫困人口的绝对贫困问题，省政府特制定《贵州省扶贫攻坚计划》。这个计划是我省今后七年扶贫开发的指导性文件，是全省国民经济和社会发展计划的重要组成部分。

一、形势与任务

（一）扶持贫困地区尽快改变落后面貌，逐步消除贫困，实现共同富裕，是社会主义的本质要求。根据中央的部署，1986年以来，我省开展了较大规模的扶贫工作，各级政府采取减轻负担、增加投入、科技扶贫、部门承包、配套服务等措施，通过贫困地区广大干部群众的艰苦努力，各部门、各系统的通力合作，社会各界的积极支持，实现了由救济式扶贫向开发式扶贫的转变，全省贫困地区的基础设施建设得到加强，贫困状况明显缓解。这是一个历史性的成就，充分体现了社会主义制度的优越性。

（二）我省扶贫开发任务仍十分艰巨。目前全省贫困人口有1000万人，其中人均年纯收入不到200元的极贫人口有392万人，集中连片的贫困县48个。贫困人口主要分布在深山区、石山区、高寒山区、地方病高发区和少数民族地区，文化教育落后，人畜饮水困难，生产生活条件极为恶劣。要解决这些地区群众的温饱问题，必须集中力量打一场扶贫攻坚战。

（三）打好扶贫攻坚战既关系到贫困地区经济和全省国民经济的持续、快速、健康发展，还关系到社会安定和民族团结，具有重大深远的经济意义和政治意义。积极政府必须把尽快解决贫困地区群众的温饱问题、改变落后状况，作为一项历史责任，进而进一步加强领导和强化扶贫开发工作，动员广大干部群众，解放思想、振奋精神、直抓实干，齐心协力地完成全省扶贫攻坚计划。

二、目标要求

（四）到本世纪末全省基本实现解决贫困地区贫困人口的绝对贫困问题。极贫户要基本解决温饱，按1990年不变价格计算（以下同），人均纯收入达到或接近400元，生活有明显改善；贫困户人均纯收入达到500元以上，稳定解决温饱。

——以贫困县为单位，1993年农民人均纯收入为400元以上的18个县、300—400元的14个县和300元以下的16个县，要在1996年、1998年和2000年分别达到农民人均纯收入500元以上。

——以贫困人口计算，1994年和1995年分别要有80万和120万贫困人口越过温饱线；1996—1998年平均每年要有200万贫困人口越过温饱线；1999—2000年平均每年要有100万贫困人口越过温饱线。

（五）创造贫困户稳定解决温饱的基础条件。人均建成半亩稳产高产基本农田，户均建成一亩经济林木，户均向非农产业转移一个劳动力，户均饲养一个黄牛单位的商品畜，户均有一项比较稳定收入来源的家庭副业。

（六）加强贫困地区基础设施建设。基本解决人畜饮水困难；实现贫困乡镇和大多数有集贸市场、商品生产基地的地方通公路；消灭无电县，力争90%以上的贫困乡镇用上电；实现通程控电话，基本实现乡镇电话程控化。

（七）改变贫困地区教育文化卫生落后状况。

——基本普及初等义务教育，在偏远贫困山区普及初小教育，基本扫除青壮年文盲，通过开展农民扶贫培训和职业技术教育，达到每户至少有一名掌握1—2项适用技术的劳动力。

——积极发展合作医疗组织，绝大多数乡要有卫生院、村有卫生室、组有卫生员。地方病要得到有效控制。

——乡乡有文化站，大多数乡建起电视差转台。

——切实抓好计划生育工作，把人口自然增长率控制在国家规定的范围内。

三、基本方针

（八）围绕发展种植业、养殖业和相关的加工业，建市场、办基地，着力发展资源开发型和劳动密集型的种植业支柱产业和乡镇企业。坚持自力更生、艰苦奋斗精神，实现开发式扶贫和开放式扶贫。

（九）坚持开发式扶贫。组织贫困地区广大干部群众，在国家扶持下，以市场需求为导向，依靠科技进步，开发利用当地资源，发展商品生产，逐步稳定解决温饱、奔向小康。

（十）实行开放式扶贫。把山里开发与山外开发结合起来，把贫困地区的开发与省内外经济发达地区的发展结合起来，在更大范围内寻找脱贫致富的途径。

——在积极引导农村劳动力搞好山区综合开发的同时，加强对劳务输出的引导、服务和管理，县要建立健全劳务输出组织，提供信息，介绍职业，实施培训，开拓输出领域，提高输出效益。

——实行有计划的异地开发。引导没有办企业条件的贫困乡村，自愿互利，带资入股，带劳从业，到投资环境较好的城镇和工业小区兴办企业。在省内异地办企业的实行“一统四分”，既统一经营，按股份分利润、分税收、分产品、分劳动就业指标。

——对极少数生存和发展条件特别困难的村寨和农户，有关县要在上级的支持下，组织移民开发，异地安置。

四、政策措施

（十一）国家和省用于扶贫的各项财政、信贷资金继续安排到2000年，请根据开发项目的生产周期等合理确定贷款期限。省和地、州、市人民政府要把扶贫开发列入财政预算，每年都要安排一定的资金用于扶贫，并随着经济的发展增加扶贫投入。

（十二）国家和省的扶贫资金要集中投放在贫困县，把贫困集中的极贫乡作为资金投放和项目覆盖的重点。非贫困县零星分散的贫困乡、村和农户，继续由所在地、州、市、县安排资金扶贫。

（十三）扶贫贷款主要用于经济效益显著的种植业、养殖业和相关的加工业、运输业。安排在贫困县的支援不发达地区发展资金和以工代赈资金应主要用于基础设施建设。

（十四）改革扶贫资金管理使用办法，建立约束和激励机制，提高资金使用效益。

——省扶贫开发领导小组根据本计划的要求以及各贫困县的贫困人口、贫困程度和扶贫贷款的使用效益等情况，研究决定扶贫贷款、以工代赈资金的分配方案。项目承办单位应邀请银行和扶贫办参与项目前期准备工作。任何单位和个人不得强令银行发放贷款，各级扶贫办要协助银行部门抓好贷款回收工作。

——扶贫项目由县扶贫开发办会同有关部门共同规划，经筛选后，按审批程序，分别由各级扶贫办审批立项，然后由银行根据信贷管理的要求，组织评估，从中选择效益好的项目发放贷款。未经扶贫办审批的项目，资金管理部门不得投放扶贫资金。从 1994 年起，扶贫信贷规模的 80% 切块到县。种植业、养殖业项目贷款总额在 100 万元以上的，报地、州、市扶贫开发办批准立项；100 万元以下的，由县扶贫开发办批准立项。工业项目贷款在 50 万元以上的，报省扶贫开发办批准立项；50 万元以下的，报地、州、市扶贫开发办批准立项。属于财政扶贫资金的项目，按财政信用资金管理办法办理。

每年从支援不发达地区发展资金中拿出 5%，专项下达，用于扶贫项目的前期费用。

——扶贫项目一般由相应的扶贫经济实体承包开发，承贷承还扶贫资金。用扶贫资金兴办的工业项目，必须主要吸纳贫困户的劳动力，扶贫工业企业新招收的劳动力，应有 70% 是贫困户劳动力。

——用扶贫贷款安排的工业项目投产后，每年从纯利润中提取 15% 作为扶贫开发基金，由县扶贫开发办收取，按预算外资金管理，在农业发展银行专户专存，专项用于扶贫开发。

——扶贫资金的投放要与使用效益和贷款回收直接挂钩，实行严格的贷款使用责任制。各贫困县扶贫开发办要加强项目的跟踪管理和检查验收，保证顺利实施，并协助银行组织到期资金回收，努力减少呆账。从 1994 年起，新建项目呆账不得超过 10%，超过部分要扣减下年贷款规模。

——扶贫贷款地方财政贴息部分，由农业发展银行和扶贫开发办共同审查签章后，向省、地财政结算贴息。

——严禁挤占、挪用扶贫资金，严格审计制度。

（十五）实行信贷优惠政策。

——对贫困户和扶贫经济实体使用扶贫信贷资金，要从实际出发，在保证效益的前提下，贷款条件可以适当放宽。使用扶贫贷款的自有资金部分，可降低到项目投资总额的 10%；贫困户使用 1000 元以下发展生产的扶贫贷款，不需自有资金和担保。

——国有商业银行每年要安排一定的信贷资金，在贫困地区有选择地上一些效益好、能还贷的项目。

——1986 年以来投放到贫困县的扶贫信贷资金，应按规定到期收回；收回的扶贫信贷资金，财政不再贴息，按国家规定的基准利率计息，由当地农业发展银行或代理银行主要用于扶贫项目的短期贷款（流动资金）需要，确保扶贫项目正常生产。确保用于长期贷款（固定资产投资）的，由扶贫开发办立项，投资银行评估可行后给予贷款。

（十六）实行财税优惠政策。对 1993 年农民人均纯收入 200 元、口粮 200 公斤以下的极贫乡的极贫农户，减免农业税和粮食定购任务。减免税收部分，由省、地（州、市）、县三级财政各负担 1/3。贫困县新办的企业，经主管税务机关批准，可减征或免征所得税三年。

（十七）继续实施“温饱工程”。

——1990 年以来投入贫困县实施“温饱工程”的扶贫信贷资金，到期收回后仍留在贫困县，用作“温饱工程”发展粮食生产。

——1991 年后新增贫困县实施“温饱工程”的扶贫信贷资金，在省切块到县的资金中自行安排，到期收回后仍留在贫困县滚动使用。

——实施“温饱工程”所需的农业生产资料，由农资、种子等部门优先优惠供应。

——各贫困县要切实按照省扶贫办等部门联合文件的要求，建立“温饱工程”基金，严格基金的审批和使用。

（十八）抓好支柱产业开发。

——重点发展投资少、见效快、覆盖大、效益高、有助于直接解决贫困群众温饱问题的种植业、养殖业和相应的加工业。要面向市场，统一规划，户为基础，连片开发，形成商品基地。

——积极发展能够充分发挥贫困地区资源优势、又能安排贫困户劳动力就业的资源开发型和劳动密集型的乡镇企业，并逐步形成龙头企业，带动群众脱贫致富。

——通过土地有偿使用和转让、拍卖荒山使用权等方式，加快荒山、荒坡、荒水的开发利用，促进区域性支柱产业的建立。

（十九）抓好智力开发、科技扶贫，努力提高贫困地区劳动者和管理者的素质。继续围绕支柱产业和商品基地建设的需要，选用先进的科技成果和适用技术，发展各种类型的科技扶贫经济组织，大力开展农民技术培训，努力提高贫困户掌握和运用农业适用技术的能力。同时，加强干部培训，提高他们的科学管理水平。

五、社会动员

（二十）发扬扶贫济困的传统美德。各级政府要动员和组织各方面的力量，开创全社会扶贫济困的新局面。国家机关、人民解放军、民主党派、社会团体，以及一切有条件的企事业单位，都要一如既往地积极支持、参与扶贫工作，并积极争取国际援助。

（二十一）各有关单位、部门、行业，要根据省扶贫攻坚计划的要求，分别制定各自的扶贫攻坚计划，充分发挥各自优势，为贫困地区办实事。

（二十二）已开发定点扶贫的省直厅局和地、州、市、县机关，要继续选派精明强干、懂技术、会管理的干部，到贫困县、乡挂钩扶贫；没有定点扶贫任务的省、地、县机关部门，都应选择一个点挂钩扶贫。要实行“四定”（定对象、定任务、定时间、定成效）、“三帮”（帮助定规划、帮助落实扶贫优惠政策、帮助解决实际困难）、“一包”（包解决温饱）的扶贫责任制，坚持不脱贫不脱钩、脱钩不断线。

（二十三）各民主党派和工商联要继续发挥人才众多、技术密集、联系广泛的优势，进一步开发科技扶贫和智力支边，帮助贫困地区培训人才、推广技术、沟通信息，发展经济技术合作。

（二十四）各级工会、共青团、妇联要积极参与扶贫工作。工会系统要继续组织企业技术人员和技术工人到贫困地区传授技术、培训人才、发展乡镇企业。

共青团要动员和组织贫困地区青年带头学习技术，开拓脱贫致富门路。妇联要进一步组织贫困地区妇女参加“双学双比”竞赛活动搞好家庭副业，发展庭院经济，参加适合妇女特点的扶贫项目的开发。

（二十五）大专院校、科研单位要与贫困地区直接挂钩，通过科技承包、技术推广、选派科技副县长和副乡长等形式，帮助贫困地区农民提高水平。

（二十六）人民解放军和武警部队要继续发扬拥政爱民的光荣传统，帮助驻地群众脱贫奔小康，要继续组织民兵带头脱贫致富，帮助群众致富。

六、组织领导

（二十七）本计划的实施工作由各级政府领导，扶贫开发领导小组具体组织实施。领导小组的主要任务是：部署实施和督促检查计划的执行；抓好扶贫资金、物资的合理分配，提高使用效益；组织调查研究，总结推广经验；制定和完善政策措施，协调解决实施中的问题。

（二十八）扶贫攻坚坚持以省为主，责任到县的原则。

——实行省长负责制，各贫困县实行县长负责制，贫困面大的地、州、市实行专员、州长、市长负责制。

——各级领导同志要关心扶贫、抓好扶贫，及时解决实施中的重大问题；省扶贫开发领导小组要集中使用资金和物资，确保计划的实施。

——积极扶贫县要根据本计划的要求，结合县情制定攻坚计划和分年实施计划，及时研究解决扶贫工作中的实际困难和问题。

——省、地两级要重视并充实加强贫困县领导班子，做到相对稳定。各贫困县要签订责任状，明确任期内要达到的目标。要把扶贫工作的成效作为考核贫困县领导干部政绩的重要标准。

（二十九）对扶贫开发作出贡献的有功人员要给予奖励，有重大贡献的要实行重奖。对玩忽职守或延误本计划实施的，要追究有关人员的责任。具体奖惩办法，由省、地（州、市）、县三级政府分别制定。

关于加强省级党政机关定点扶贫工作的通知

省办发〔1994〕43号

各地（州、市）、县（市、区、特区）党委、政府（行署），省直各有关工作部门、企事业单位和人民团体党委（党组）：

为了尽快解决我省贫困地区群众的温饱问题，改变这些地区经济、文化、社会的落后面貌，确保我省扶贫攻坚计划的实现，根据国家和我省扶贫攻坚计划以及中共中央办公厅、国务院办公厅有关通知的精神，省委、省政府要求，省级党政机关以及有关单位和人民团体，要在连续八年挂钩扶贫、帮助贫困地区脱贫的基础上，进一步动员起来，以对人民高度负责的态度，动感情、动脑筋、动真格，积极参与定点扶贫工作，并把定点扶贫同选派科技副县长工作结合起来。为此，经省委、省政府同意，特通知如下：

一、省直机关和中央在省各单位和各人民团体，凡编制在50人以上的单位，都要在国家确定的我省48个贫困县中定点挂钩扶贫。编制在100人以上的单位，原则上帮扶一个大县；编制在50—100人的单位，帮扶一个中等县或一个小县；中央和省在贫困县内的大中型企业，要根据自己的实际，就近挂钩一个贫困乡帮带扶持。按照这一要求，各单位原定点扶持的贫困县要进行调整，调整的原则是：1.省级单位尽可能与中央单位在我省扶持的贫困县相一致；2.参与“两山”地区承包扶贫开发的单位，这次挂钩扶贫原则上是该单位“承包乡”所在的县；3.定点扶贫尽量与各贫困县对科技副县长的选派需求相一致（各单位定点扶持的贫困县详见附表）。

二、参加定点扶贫的单位，要针对贫困县扶贫项目，选派素质较好、年富力强、有开拓精神、有一定技术专长和管理能力的干部组成扶贫工作组。工作组每县一般3—5人，由一名组长和一名副组长带队。组长应是副处以上干部，到县后任县委副书记；副组长应是副处以上、有一定专业知识的干部，或有中级以上职称的科技干部，年龄45岁以下，到县后任科技副县长。科技副县长任期三年，其他的一年轮换一次。有的部门如有特殊原因、带队人选有困难的，至少要派一人带队，既任扶贫工作组长，又任科技副县长，参加县委常委，任期三年。任扶贫工作组长或副组长的科技副县长，除完成科技副县长的职责任务外，还应完成扶贫工作任务。对缺乏技术干部的单位，要积极主动与定点扶贫县联系，做好扶贫项目产前、产中、产后服务工作，为扶贫项目牵线搭桥、招商引资、从资金、物资等方面给予支持。定点扶贫工作组下去的时间，每年三月底前到县，次年农历大年初一前半月撤回（以后每年扶贫工作组到位及撤回时间不再另行通知）。

三、参加定点挂钩扶贫的单位实行“四定”、“三帮”、“一包”的扶贫责任制。“四定”，即定对象、定任务、定时间、定成效；“三帮”，即帮制定规划，帮落实扶贫优惠政策，帮解决群众实际问题；

“一包”，即包解决群众温饱。坚持不脱贫不脱钩，脱钩不断线。

四、加强对扶贫工作的领导。参加定点扶贫的单位，要明确一名领导同志分管机关扶贫工作，编制在 30 人以上的厅局，要有具体负责承办扶贫工作的处室。

五、对扶贫工作要实行奖惩制度。每年年终，各有关单位要对扶贫工作干部的工作情况进行考核评比，把考核结果作为考核干部的重要依据。对作出突出贡献的，可给予物质奖励。

六、各单位对选派下去定点扶贫干部的家庭要给予关心，帮助他们解决后顾之忧。对家庭经济确有困难的，要给予适当补助。定点扶贫干部的食宿补贴要适当增加。具体标准由省委组织部、省财政厅、省扶贫办另行文通知；因公出差的，其出差费由组长、副组长审签后，原则上回原单位报销。

七、省直机关、人民团体和中央在省单位的定点扶贫工作，由省委组织部、省扶贫办、省委直属机关工委、省政府直属机关工委共同组织、协调、指导、督促、检查、落实，总结交流经验，务求取得成效。

以上要求，同样适用于地、州、市、县各级党政机关。各地、州、市特别是贫困人口较多的地区，要参照以上要求，做好地县党政机关和有关方面的定点扶贫工作。

一九九四年十二月七日

对口帮扶我省贫困地区的通知

黔府发〔1996〕41 号

各地（州、市）、县（市、区、特区）人民政府（行署），省直各有关工作部门、企事业单位和人民团体：

根据国务院的部署，大连、青岛、深圳、宁波四个计划单列市对口帮扶贵州省。这是党中央、国务院对我省各族人民的关怀和支持，是实施《国家八七扶贫攻坚计划》，加快贫困地区脱贫致富步伐、推进经济社会全面发展、实现共同富裕目标的一项重大措施。我们一定要抓住机遇，做好工作，打好我省扶贫攻坚战。按照省委常委会讨论的意见，现就大连、青岛、深圳、宁波四个计划单列市对口帮扶我省贫困地区的安排意见通知如下：

一、对口帮扶地区的安排。本着统筹安排、相对固定、项目交叉的原则，确定大连市帮扶遵义地区、六盘水市，青岛市帮扶安顺地区、铜仁地区，深圳市帮扶黔南自治州、毕节地区，宁波市帮扶黔东南自治州、黔西南自治州。对口帮扶的地、州、市相对固定，项目实施地域上可以适当交叉。

二、对口帮扶的指导思想。坚持以邓小平建设有中国特色社会主义的理论和党的基本路线为指导，积极推进“两个根本性转变”，按照优势互补、互惠互利、长期合作、共同发展的原则，发扬自力更生、艰苦奋斗精神，大力开发优势资源，发展种植业、养殖业、相关加工业和其它二、三产业，不断加强与四个市的经济技术协作，拓宽合作领域，以加快我省稳定脱贫的步伐。

三、对口帮扶的主要内容。各地各有关部门要积极主动争取四个市对我省的帮扶，力求扩大帮扶范围。一是项目扶贫。发挥我省劳动力成本低、资源和能源丰富的优势，争取四个市在结构调整、产业升级中，把一批经济效益好、产品有市场的企业转移到我省贫困地区。同时，通过投资、合资等多种形式，兴办一批资源开发型和劳动密集型的项目。二是企业联姻。争取四个市的先进企业，帮助我省同类企业进行技术改造，推进产品上档次、上规模。三是科技扶贫。有组织、有计划地派出一部分党政干部、管理人员、技术干部到四个市挂职锻炼和接受技术培训。同时采取请进来的办法，结合项目实施进行就地培训，四是经贸合作。采取多种形式，与四个市沟通商品和物资交流，推动经贸活动的开展。五是劳务合作。通过兴办帮扶项目，吸纳贫困地区的劳动力就业；根据四个市的需要，有组织地向四个市输出我省贫困地区的剩余劳动力。六是社会扶贫。争取四个市组织和动员社会力量，在自愿的前提下，为我省贫困地区捐赠衣被、资金、医疗器械、文化教育用品和其它生产生活用品。

四、对口帮扶项目的准备。目前，先从现有储备的项目中，推荐一部分经济社会效益好的项目，供帮扶市选择。同时要抓紧做好新项目的前期准备工作，按照项目审批权限，建立省、地、县三级项目库。项目的选定，要立足于资源优势、技术可靠、优势互补和有市场、有后劲的原则，注意把对口帮扶项目与沿海向内地的产业转移结合起来，与资源开发、发展优势产业及产品结合起来，与扶贫项目结合起来，与世行贷款西南扶贫项目结合起来。

对口帮扶项目享受现有的有关扶贫优惠政策。省直有关部门和各地、州、市要从实际出发，制定更优惠的政策，吸引投资，加快资源开发步伐。凡实施对口帮扶项目增加的税利，主要用于扶贫开发，滚动发展。

五、加强对口帮扶工作的领导。为切实做好接受帮扶的工作，省和有关地、州、市扶贫开发领导小组要加强领导。省政府决定，由省委常委、副省长袁荣贵同志负责牵头协调有关对口帮扶工作，有关地、州、市也要明确一位领导同志负责这项工作。以省、地、州、市扶贫办为主，外协办等有关部门参加，承办对口帮扶的具体工作。省政府每年要召开一两次对口帮扶座谈会，省直有关部门要做好接受帮扶的指导、协调、规划和服务工作，按照我省国民经济和社会发展“九五”计划和2010年远景目标纲要，协助地、州、市要按照规划要求和产业政策做好项目的论证、立项和推荐工作，签订项目协议，做好项目实施的服务工作。

各级各有关部门要高度重视对口帮扶工作，做到快节奏、高效率办好帮扶的有关事宜；要热情做好接待工作，创造良好的工作条件；要加大宣传力度，介绍资源优势，宣传扶贫开发的优惠政策。

我省各级人民政府和各级干部，要在党中央、国务院的领导下，在四个市的帮扶下，带领广大人民群众苦干、实干，为加快扶贫攻坚进程，改变贫困面貌而奋斗。

一九九六年七月二十七日

关于广泛开展向大关村学习的决定

省发〔1997〕号

罗甸县大关村位于麻山腹地，地处海拔900多米的高山上，境内乱石林立，水源奇缺，耕地破碎，恶劣的生态环境使大关村连基本的生存条件也不具备。1984年以前，大关村人均口粮仅130公斤，人均年纯收入不到50元，但是，大关人并没有向困难低头。他们深深懂得，苦熬没有出路，苦干才有希望。他们决心依靠党的富民政策和自己的双手，改变家乡贫穷落后的面貌，走出一条脱贫致富之路。1984年以来，大关村群众在党支部书记何元亮的带领下，发扬当代新愚公精神，奋起向贫困宣战，同恶劣的生态环境抗争，劈开千古石，抠出万年土，凭着自己勤劳的双手，终于改变了那里的生产生活条件：在乱石嶙峋的石旮旯中建成高标准稻田918亩，实现人均基本农田0.8亩；建成小水窖、蓄水池255个，不仅解决了人畜饮水困难，还使80%的新造稻田实现旱涝保收；在逐步解决温饱的同时，立足本村山地资源，大力发展经济林和畜牧业，增加了收入，保持了水土、生态环境初步改善，使长期以来吃粮靠返销、花钱靠贷款、穿衣靠救济的极贫村面貌发生了变化。1996年，全村人均口粮410公斤、人均纯收入850元，全村农户都住上了砖木结构的新居；村里安装了地面卫星电视接收站，不少家庭添置了电视机。大关村在发展生产的同时，还注意提高村民素质，抓教育、抓计划生育，抓社会治安综合治理。九十年代以来，全村无超生户，未发生一起刑事案件。1995年，村党支部被省委授予“先进党组织”称号，何元亮先后被评为全国劳动模范和全国以工代赈先进个人。在成绩面前，大关人并没有停步不前，而是以高标准严要求、不脱贫不致富不罢休的坚忍不拔精神，继续向稳定脱贫奔小康的目标迈进。大关村的经验，具有典型的示范作用，不仅为我省极贫乡村脱贫致富探索了一条成功的路子，更使我们看到了贵州脱贫致富奔小康的希望。

“大关精神”具有鲜明的时代特点，贫困地区要学大关，全省都要学大关。为使“大关精神”在全省扶贫攻坚中发扬光大，在各行各业中结出丰硕的成果，省委、省政府决定，在全省上下、各行各业中，广泛深入开展向大关村学习的活动。

学习大关，就要像大关那样，切实加强以村党支部为核心的村级组织建设，选好领导班子和带头人，做到领导班子坚强有力，“班长”有强烈的责任心、事业心、使命感，有改革开放意识和开拓进取精神，带领群众脱贫致富，干出一个新天地。

学习大关，就要像大关那样，发扬人定胜天的当代新愚公精神，敢于同恶劣的生态环境抗争，用自己的双手，改善生产和生活条件；发扬自力更生、艰苦奋斗、苦干实干的精神，变苦熬为苦干，奋起向贫困宣战，依靠自己的力量，改变一穷二白的面貌；发扬高标准严要求、不脱贫不致富不罢休的坚忍不拔精神，成绩面前不停步，奋斗不息。

学习大关，就要像大关那样，以实事求是的科学态度，因地制宜，找准符合本地实际的扶贫开发路子，选好发展经济的支柱产业和优势产品，实行山、水、田、土、林、路综合治理，实现“人口、粮食、生态”协调发展。

学习大关，就要像大关那样，治穷治愚，努力发展教育，提高人口素质，坚持把发展生产与控制人口过快增长相结合，加强科学技术推广，大力培养科技示范户和科技带头人。

学习和发扬“大关精神”，对于全省扶贫攻坚乃至全省等方面的工作都具有重要的现实意义。只要全省各行各业都能像大关那样发扬自力更生、艰苦奋斗、坚忍不拔、苦干实干的精神，我们就一定能够大大加快扶贫攻坚的步伐，经济社会各方面的发展就大有希望。

一、学习“大关精神”，领导带头是关键。各级党委、政府，各部门、各单位，都要组织广大党员干部和群众，广泛深入地开展学大关活动，使“大关精神”在扶贫攻坚中发扬光大，在各项工作中结出丰硕的成果。尤其是领导干部要带头学习“大关精神”，这是保证学习活动取得成效的关键所在。领导干部要带头学，带头干，不能空谈，流于形式。要把学习同勤政务实、转变工作作风、秉公办事、廉洁自律等方面结合起来，身体力行，率先垂范，真正做到为官一任，苦干一场，造福一方。

二、联系自身实际，注重学习效果。学习大关，最根本的是要学习大关人自力更生、艰苦奋斗、坚忍不拔、苦干实干的创业精神。因此，各地各部门在学习“大关精神”时，一定要联系自身实际，融“大关精神”于实际工作之中，务求实效。贫困地区的学习，要同扶贫攻坚，围绕解决群众温饱问题结合起来，下最大的决心，花最大的力气，用最有效的措施，苦干、实干加巧干，坚决完成扶贫攻坚任务；非贫困地区的学习，要同加强农村基层组织建设、农村精神文明建设和农民致富奔小康结合起来，继续按照“五个好”的目标要求，进一步组织实施好“四个一”工程，引导农民群众苦干实干，加快农村经济社会的全面发展；企业的学习，要同建立现代企业制度和技术改造等结合起来，继续深入持久地开展“学邯钢、抓管理、增效益”活动，千方百计，战胜困难，增强活力，提高效益。机关的学习，要同勤政廉政建设结合起来，进一步增强服务群众、服务基层的意识，转变工作作风，提高工作质量。

三、要大力宣传“大关精神”，努力营造浓厚的社会氛围。各级党委新闻舆论单位，都要把宣传“大关精神”作为一项重要的政治任务来抓，认真组织，精心安排，以丰富多彩的形式，加大宣传力度；要深入基层，发现典型，宣传典型，讴歌典型，努力营造浓厚的社会氛围，促进学习活动的深入开展。宣传“大关精神”，要同弘扬“长征精神”结合起来，引导全省各族人民以更加高昂的姿态，更加饱满的热情，更加务实的作风，投入到我省的“两个文明”建设之中去。

当前，全省各族人民都在为实现“九五”计划和2010年远景目标而奋斗。各级党委、政府、各部门、各单位，以及广大党员干部和群众，要以邓小平建设有中国特色社会主义理论为指导，紧密团结在以江泽民同志为核心的党中央周围，认真贯彻落实党的十四届五中、六中全会和省委七届四次、五次全会、全省扶贫开发工作会议精神，以大关人的精神面貌和气魄，迎难而上，开拓前进，努力开创我省“两个文明”建设的新局面。

一九九七年三月十五日

关于切实做好新阶段扶贫开发工作的决定

黔党发〔2001〕16号

（2001年7月20日）

各地（州、市）、县（市、区、特区）党委、政府（行署），省直各有关工作部门、人民团体和企事业单位党委（党组）：

改革开放以来，特别是实施《国家八七扶贫攻坚计划》以来，我省扶贫开发取得了显著成效。进入新世纪，扶贫开发事业进入了一个新阶段。全省上下要以邓小平理论和江泽民同志“三个代表”重要思想为指导，深入贯彻落实中央扶贫开发工作会议精神，切实做好新阶段的扶贫开发工作。

一、“八七”扶贫攻坚的主要成就和基本经验

“八七”扶贫攻坚，是党中央、国务院为尽快解决农村贫困人口温饱问题、加快社会主义现代化进程作出的重大战略决策。在以江泽民同志为核心的党中央领导下，在中央国家机关和有关部门、对口帮扶城市和社会各界的大力支持下，全省积极党委、政府带领广大干部群众团结一致，奋力拼搏，基本实现了“八七”扶贫攻坚目标。48个贫困县先后越过温饱线，全省农村尚未解决温饱的贫困人口从1993年的1000万减少到2000年末的313万，占农村总人口的比重从34.4%下降到9.4%，除了生活在自然条件恶劣地区的特困人口和少数社会保障对象以及部分残疾人外，大多数农村贫困人口的温饱问题已基本解决。贫困地区交通、水利、电力、通讯等基础设施建设得到加强，实施“坡改梯”和“渴望工程”成效明显，生产生活条件有所改善，兴办了一批农产品生产基地和加工项目，实现了农村粮食基本自给，贫困地区自我发展的能力得到增强，贫困群众的生活水平有新的提高，科技、教育、卫生等事业有新的发展，贫困地区人口过快增长的势头得到初步遏制，农民的思想观念和精神面貌发生了积极变化。扶贫攻坚的七年，是我省贫困地区发展最快、群众生活改善最明显的时期之一。

在扶贫攻坚的实践中，全省广大干部群众把中央的扶贫方针政策与贵州实际相结合，创造性地开展工作，积累了丰富的经验。主要是：在党的领导下，把扶贫攻坚作为推动经济社会发展的全局性工作，实行政府主导，动员和组织社会各界参与扶贫开发；从解决贫困人口温饱这个最紧迫的问题入手，把极贫村、极贫户作为重点扶持对象，动感情、动脑筋、动真格，把扶贫攻坚政策落实到村到户；以经济建设为中心，以发展种养业和改善基本生产生活条件为重点，坚持走开发式扶贫和开放式扶贫的道路；紧紧抓住提高人口素质这个关键，积极发展科技、教育、文化、卫生事业，加强计划生育工作，促进贫困地区经济社会全面发展；充分发挥广大干部群众的积极性和创造性，广泛深入开展“学大关”活动，激励贫困地区干部群众自力更生、艰苦奋斗、坚忍不拔、苦干实干。

通过扶贫开发，提高了广大贫困群众的生活水平，促进了全省经济社会协调发展、民族团结和社会进步，充分体现了社会主义制度的优越性。“八七”扶贫攻坚的成功实践，探索了社会主义市场经济条件下扶贫开发的新路子，为做好新阶段的扶贫开发提供了宝贵经验，全省各族人民更加坚信，只有在中国共产党的领导下，坚持走社会主义道路，才能从根本上消除贫困，最终实现共同富裕。

二、新阶段扶贫开发的奋斗目标和指导方针

扶贫开发是实现富民兴黔宏伟目标的一项历史任务，大多数农村贫困人口基本解决温饱，只是完成了历史任务中的一个阶段性胜利。尽管我省扶贫开发取得了很大成绩，但农村生产力落后、贫困

面大、贫困程度深的头部并未根本改变。目前，我省在全国仍然是贫困人口较多的省份之一，而且这些贫困人口多数生活在自然环境恶劣的地方，解决温饱的难度很大，初步解决了温饱的群众，由于生产生活条件尚未根本改善，因灾因病返贫等现象比较普遍，巩固温饱成果的任务仍很艰巨。基本解决温饱的农户，其温饱标准很低，发展商品生产的能力不强，增收致富门路不多，要在这个基础上实现小康，进而过上比较宽裕的生活，需要一个较长时期的奋斗过程。至于从根本上改变落后面貌，缩小发展差距，实现共同富裕，更是一个长期的艰巨任务。全省上下要充分认识扶贫开发的长期性、复杂性和艰巨性，树立艰苦长期奋斗的思想，锲而不舍地把扶贫开发事业推向前进。

党中央、国务院决定：从 2001 年到 2010 年，集中力量，加快贫困地区脱贫致富进程，把我国扶贫开发事业推向一个新的阶段。根据中央的要求和部署，结合我省实际，省委、省政府提出，我省 2001 年至 2010 年扶贫开发总的奋斗目标和主要任务是：加大扶贫力度，力争用五年左右时间解决尚未越过温饱线的贫困人口的温饱问题；进一步改善贫困地区的基本生产生活条件，巩固温饱成果，提高贫困人口的生活质量和综合素质；加强贫困乡村的基础设施建设，改善生态环境，逐步改变贫困地区经济、社会、文化的落后状态，力争用十年左右时间实现稳定脱贫奔小康的目标。

新阶段的扶贫开发要按照集中连片的原则，重点扶持自然环境恶劣的深山区、石山区、高寒山区和少数民族聚居区、革命老区的贫困群众发展生产力，提高生活水平。除国家确定的扶贫开发重点县外，省将在非贫困县确定一批重点扶持的贫困乡村。坚持整体推进与重点突破结合，在继续巩固麻山、瑶山扶贫攻坚成果的同时，加大对月亮山、雷公山等地区贫困乡村的扶持力度，以点带面，推动全省扶贫开发。

帮助贫困群众脱贫致富，是履行党的宗旨、实践“三个代表”重要思想要求的集中体现，是实现社会主义现代化建设第三步战略目标的必然要求，这不仅是一个重大的经济问题，更是一个重大的政治问题。全省各级党委、政府一定要从政治和战略的高度，始终把扶贫开发作为事关经济发展、民族团结、社会进步的全局性工作，进一步增强搞好扶贫开发的紧迫感和责任感，切实加强领导，明确目标任务，加大工作力度，努力开创新阶段扶贫开发工作新局面。

在新阶段扶贫开发中，必须坚持以下指导方针：

——坚持开发式扶贫。以经济建设为中心，引导贫困地区群众进一步解放思想，开拓进取，以市场为导向，开发当地资源，发展商品生产，改善生产条件，走出一条符合实际的、有自己特色的发展道路。通过发展生产力，提高贫困农户自我积累、自我发展的能力。

——坚持综合开发，全面发展。把扶贫开发纳入国民经济和社会发展计划，加强水利、交通、电力、通讯等基础设施建设，重视科技、教育、文化、卫生事业发展，改善社区环境，提高生活质量，促进贫困地区经济社会的协调发展和全面进步。

——坚持可持续发展。扶贫开发必须与资源保护、生态建设相结合，与计划生育相结合，控制贫困地区人口过快增长，实现人口、资源、环境的良性循环，提高贫困地区的可持续发展能力。

——坚持自力更生、艰苦奋斗。充分发挥贫困地区广大干部群众的积极性、创造性，广泛深入开展“学大关”活动，激励广大干部群众自强不息、不等不靠、苦干实干，努力改变贫穷落后面貌。

——坚持政府主导，全社会共同参与。各级党委、政府要适应发展社会主义市场经济的要求，加强对扶贫开发工作的领导，不断加大工作和投入力度，同时要发挥社会主义的政治优势，积极动员和组织社会各界，通过多种形式，支持贫困地区加快发展。

三、新阶段扶贫开发的工作重点

新阶段的扶贫开发，是在初步建立社会主义市场经济体制、农产品供求关系发生重大变化和实施西部大开发战略的历史条件下进行的。新阶段的扶贫开发必须与实施西部大开发和“十五”计划紧密结合，始终坚持以发展为主题，以结构调整为主线，以改革开放和科技进步为动力，以提高贫困群众的生活水平为落脚点，集中力量抓好以下重点工作：

（一）因地制宜发展种养业。提高粮食生产能力，是稳定解决温饱的基本保证，必须毫不动摇地继续抓好。烤烟、油菜、辣椒等经济作物和畜牧养殖业，是贫困农户增加收入的主要来源和重要渠道。要继续增加投入，加大品种改良、疫病防治和技术指导力度，努力提高质量和效益。发展稻田生态渔业，既能稳定粮食生产，又能增加收入，凡有条件的地方都应大力推广实施。积极引导有条件的贫困户发展特色种植和特色养殖，提高种养业的经济效益。要加强冬季农业开发，提高复种指数，减少闲置土地。帮助农户发展种养业，一定要按照市场需求，因地制宜地选准主导产品和项目，增加科技含量，搞好信息、技术、销售服务，努力帮助农民增加收入。要尊重农民生产经营自主权，注重示范引导，防止强迫命令。

（二）积极推进农业产业化经营。立足优势资源，适应市场需求，连片规划建设，促进区域性特色农产品生产。加强信息、技术、流通服务，大力发展订单农业，带动贫困农户发展商品生产。按照“公司加农户加基地”模式，鼓励和帮助有市场开拓能力的大中型农产品加工龙头企业，到贫困地区建立原料生产基地，为贫困农户提供产前、产中、产后服务，形成贸工农一体化、产加销一条龙的产业化经营。围绕农副产品加工、销售，积极引导乡镇企业加快结构调整、技术进步和机制创新，以小城镇为依托，建设一批具有活力的乡镇工业小区。支持贫困地区搞活市场流通，在区域性物资集散地规划建设一批工农业产品贸易市场和农产品批发市场，逐步转变“马路市场”集市贸易。健全农村社会化服务体系，充分发挥基层供销社的作用，培育农村各类市场中介组织，鼓励农民经纪人参与搞活流通。

（三）进一步加强基础设施和生态环境建设。加强基础设施建设和生态建设，改善基本生产生活条件，是帮助贫困地区群众解决温饱、脱贫致富的治本之策。要抓住西部大开发的历史机遇，努力改变我省贫困地区基础设施的落后状况。

（1）加强水利设施建设。积极争取国家支持，规划建设一批水利骨干工程，广泛筹资建设好小水窖、小水池、小山塘，切实搞好现有水利设施的维护、改造和配套完善，大力推广集雨节水灌溉技术，不断增加有效灌溉面积。鼓励农户和社会力量建设和管理水利设施。加大“渴望工程”建设力度，着力改善饮水条件。到 2005 年基本解决农村人畜饮水困难，实现大多数乡镇所在地用上自来水，完成缺水县城的自来水改造工程。

（2）加强基本农田建设。认真贯彻保护耕地的基本国策。扩大基本农田保护区范围。严格控制基本农田保护区范围内的建设用地。加强耕地整治与保护，改进“坡改梯”办法，提高“坡改梯”质量。“坡改梯”必须在 25 度以下的坡耕地上进行。实事求是确定年度实施计划，增加单位面积投入。按照“稳、平、厚”要求，抓紧在已砌硬的地块上平整土地，配套完善灌溉设施和培肥地力措施，集中力量建成基本农田。安排部分经工代赈资金用于恢复水毁农田和中低产田土改造。积极推进农业综合开发，集中连片地进行“山、水、田、土、林、路”综合治理。到 2010 年，实现全省农村人口拥有半亩旱涝保收基本农田。

（3）加强交通、通讯设施建设。支持贫困地区加快以公路为重点的交通建设，两年内全部修完剩余 19 个乡的公路，五年内完成县际干线公路等级改造，到 2010 年，80% 的行政村通简易公路。加快支线机场建设和水运航道整治，基本建立适应贫困地区经济社会发展的综合运输体系。加强贫困乡村通讯设施建设，提高农村电话普及率，到 2005 年实现 80% 的行政村通电话；采取多种形式增加邮政网点，提高邮政通达深度和邮件传递及时率。

（4）加快农村电网改造步伐。抓紧把电网延伸到自然村寨，给予贫困户入户线路和电表安装适当补助，提高用电户覆盖率，到 2005 年实现 95% 的村、90% 的农户通电。改革农村电网管理体制，重视农村小水电建设，减少中间环节，降低运行成本，努力实现城乡同网同价。与农村电网改造同步推进广播电视“村村通”，进一步提高广播电视覆盖率。

（5）加强生态环境建设。把保护治理生态环境与帮助群众增加收入结合起来，积极稳妥地推进退耕还林还草。新增退耕还林还草任务主要安排给重点扶持乡村。制定和完善天然林保护政策，引导群众发展林副产品，采取措施帮助林区贫困群众解决温饱，实现稳定脱贫。积极实施长江和珠江中上游地区水土流失防治工程，加强速生丰产林和竹林基地建设，重视防治石漠化工作，在石漠化地区坚决实施封山育林育草。严禁放火烧山、禁止毁林开荒，切实保护植被，努力提高林草覆盖率。力争用五年左右时间基本遏制生态恶化的被动局面，十年实现农村生态环境明显好转。

建立实施沼气建设专项扶持资金，在重点旅游景区、无煤区、石漠化地区、退耕还林还草区和天然林保护区，补助贫困农户每年建成10万口沼气池，逐步改变上述地区群众的生活能源消耗结构。推进沼气池建设，要制定项目规划，科学合理布局，加强技术培训，由点到面逐步推开，确保实施一片，受益一方。要改革传统饲养方法，推广氨化饲料和青贮饲料，充分利用沼肥发展绿色食品，配套推广改厩、改厕、改水、改灶措施，逐步形成“养畜—沼气—种植”生态循环体系。在不适宜发展沼气的地方，要积极推广节能灶或使用其它能源，尽量减少对生态资源的破坏。

（四）加大推广先进农业适用技术力度。围绕农业增产和农民增收，因地制宜地推广良种使用与繁殖、水稻旱育稀植和两段育秧、玉米育苗移栽、旱地分带轮作、地膜覆盖增温、脱毒马铃薯种植、牲畜人工授精、人工种草养畜、秸秆氨化和青贮饲料、稻田生态渔业等先进农业适用技术，加快农业科技成果转化，积极引进一批先进农业技术，在经过试验的基础上，通过示范引导，逐步扩大推广面积，形成新的经济增长点。健全农业科技推广体系，建立激励机制，组织科技人员深入乡村，普及传授科技知识，推广适用技术，培训乡土人才。加大农业技术培训力度，从2001年起，新增财政扶贫资金用于农业技术培训的比例提高到5%，到2005年，大多数贫困户都有1—2名劳动力掌握1—2门农业适用技术。

（五）促进多种所有制经济共同发展。营造宽松、公开、良好的竞争环境，鼓励和支持贫困地区个体、私营经济健康、快速发展，引导和帮助有条件的民营企业逐步建立现代企业制度并不断发展壮大，提高整体素质和竞争能力。进一步改善投资环境，吸引多种所有制经济组织到贫困地区兴办能够提高产业层次、带动千家万户增加收入的农产品加工企业，能够发挥资源优势并改善环境的开发型企业，能够安排剩余劳动力就业的劳动密集型企业，能够帮助贫困群众解决买难、卖难的市场流通企业。适应国有经济战略性调整的需要，支持国有小企业加快资产重组步伐，重点帮助产品有市场、科技含量高的国有小企业焕发活力。认真落实支持集体经济发展的政策措施，对乡村兴办能够增加集体收入和农民收入的项目，要在工作指导、政策扶持上给予倾斜，鼓励和支持贫困地区各类所有制中小企业发展，建立和完善中小企业服务体系，切实为贫困地区中小企业提供资金融通、信贷担保、技术支持、管理咨询、信息服务、市场开拓、人才培训等方面的服务。通过强有力的政策支持，帮助贫困地区多种所有制经济共同发展，培育壮大新的主导产业。

（六）积极稳妥地推进劳务输出。高度重视劳务输出对增加农民收入、改善就业结构、提高劳动者素质的重要作用。在亲友带动、自我组织等主要输出形式的基础上，各级劳动部门要认真组织好劳务输出。在实施西部大开发中，交通、电力、城镇等基础设施建设工程，要尽量使用贫困地区的劳动力，增加贫困人口的现金收入。贫困地区兴建基础设施项目和兴办加工企业，要有组织地安排使用本地劳动力。继续深化小城镇投融资、土地、户籍、住房、用工等制度改革，认真落实小城镇建设的各项政策措施，积极引导贫困农民到城镇从业，改善产业结构和就业结构。政府有关部门要加强对口帮扶城市和省外其他地区的劳务协作，协调省内劳动用工，根据劳务输出需要，搞好就业技能培训。县乡政府及有关部门要在办理身份证和务工手续等方面为输出劳动力提供便捷服务，注重维护他们的合法权益。支持劳动服务中介组织发展，为贫困农民外出打工提供信息、咨询服务。

（七）大力发展教育事业。加大对贫困地区发展教育事业的投入，到2010年贫困乡村基本普及九年义务教育，基本扫除青壮年文盲。加强教育基础设施建设，继续实施“贫困地区义务教育工程”，五年内基本消除农村中、小学危房；国外银行教育贷款、对口城市援建资金、社会捐赠的“希望工程”资金等，要向贫困地区倾斜。到2005年，力争重点扶持的乡镇至少有一所初中，村有一所小学或一个教学点。省内大专院校尤其是师范院校要增加贫困地区定向招生数量，扶贫开发重点县要在新增财政供养人员名额中优先安排定向师范院校毕业生。大力推进“中小学教师继续教育工程”，到2005年把贫困地区中小学教师轮训一遍。积极支持贫困地区小学发展远程教育。鼓励青年志愿者到贫困地区中小学“支教”。统筹安排有关渠道的资金，在边远少数民族聚居区兴办寄宿制学校，对特困户儿童给予困难补助，切实解决好贫困儿童失学问题。实行农科教结合和普通教育、职业教育、成人教育统筹，办好农村职业学校和农民文化技术学校。

（八）积极改善农村医疗卫生条件。进一步推进贫困地区医疗卫生改革与发展。认真贯彻“预防为主”方针，逐步提高初级卫生保健水平。统筹安排人力、物力和财力，重点控制贫困地区传染病、地方病，预防非传染性疾病，做好基本医疗服务、妇女保健、老年保健、改水改厕等工作。大力开展爱国卫生运动。多渠道增加贫困地区卫生事业投入，以公有制为主导，鼓励多种经济成分卫生机构发展。乡镇卫生院由县管理，可以由政府和集体投资举办，也可以合资经营。村卫生室可以集体举办，村医联办，也可以个体承办。乡镇卫生院、村卫生室为非赢利性医疗机构。对政府举办的乡镇卫生机构给予定额和定向补助；村卫生室要坚持和完善合作医疗制度，资金以个人投入为主、集体扶持、政府适当支持。健全贫困乡村卫生服务网站，改善基础卫生设施，加强乡村卫生技术人员培训。到2005年基本健全农村合作医疗制度。

（九）严格控制人口过快增长。加强计划生育法制和政策宣传，教育贫困人口更新生育观念。全面贯彻执行计划生育的各项政策措施，加大对计划生育边远结合部地区的计划生育力度，切实改变“越穷越生、越生越穷”状况，提高贫困乡村的计划生育率。推行扶贫开发与计划生育相结合，扶贫资金、物资和项目要优先重点帮扶实行计划生育的贫困户，帮助他们增加经济收入，实现少生快富奔小康。健全基层计划生育体系，加快建立农村社会保险制度。到2003年基本完成村村有计生服务室。

（十）稳步推进移民搬迁扶贫。对目前生活在自然环境恶劣地方的部分贫困户，要结合退耕还林还草，逐步把他们搬到适宜发展的经济林和粮食作物的地方居住。结合小城镇建设和发展乡镇企业，引导有一定条件的农民到城镇从事二三产业。搬迁扶贫要在试点的基础上制定具体规划，有计划、有组织、分阶段地进行；坚持自愿原则，做深入细致的思想政治工作，使搬迁扶贫成为贫困农户的自觉行动，不能简单从事，更不能搞强迫命令；要因地制宜，量力而行，注重实效，不搞“一刀切”。我省“西电东送”水电工程和交通重点工程移民工作量大，任务十分艰巨。要把重点工程移民同搬迁扶贫移民结合起来，区分轻重缓急，妥善安排，稳步推进，确保搬得出来，稳得下来，富得起来。重点工程移民要做好耐心细致的思想政治工作，动员搬迁对象自觉服从和服务于国家建设大局的需要。要认真落实征地拆迁安置的政策措施，帮助被拆迁安置群众解决好生产生活问题，防止新的贫困人口产生。要做好拆迁后续工作，帮助移民解决好生产门路和生产条件。

（十一）进一步扩大对内对外开放。认真贯彻落实中央组织东西部地区对口协作扶贫的战略决策，进一步加强与深圳、宁波、青岛、大连四个对口帮扶城市的联系，以经济技术协作为重点，推进企业间的相互合作和共同发展；组织行政机关、事业单位、科研院所、大专院校以及民间人士的交流与合作，多层次开展结对帮扶，把东西扶贫协作提高到一个新水平。加强西南、华南部分省区和区域经济协作，积极参与东、中、西部经济联合和协作开发，鼓励和支持省界周边贫困地区参与邻省区域性联合与竞争。加强贫困地区对内开放，组织各地相互学习借鉴开发经验，鼓励多种形式的联合开发，支持地区之间、县乡之间、村组之间协作建设。下大力气改善投资环境，认真落实对外开放的各项政策措施，吸引省内更多的投资者参与贫困地区的开发建设；切实保护投资者的合法权益。积极争取并实施好国际组织和发达地区援助性扶贫项目，通过不同渠道，采取多种方式，争取海外、境外的华人、华侨和各种社团组织帮助和支持我省扶贫开发。

四、新阶段推进扶贫开发的政策保障

推进扶贫开发，政策是保障。各级各部门要立足于支持贫困地区发展，进一步制定扶贫到村到户的政策措施，努力把党和政府的扶贫方针政策落到实处。

（一）努力增加财政扶贫投入。为了有效地推进新阶段的扶贫开发，中央将进一步增加财政扶贫资金，加大财政转移支付力度；地方各级政府要把扶贫开发投入列入年度财政预算，调整支出结构，努力增加投入。中央和省的财政扶贫资金（含以工代赈资金），实行专户管理，围绕扶贫开发立项下达，落实到贫困乡村，推行项目报账制管理，重点用于改善基本生产生活条件和加强基础设施建设。对扶贫开发重点县兴建改善贫困群众生产生活条件的项目，其配套资金主要由省和市（州、地）协调解决。省将安排部分财政扶贫资金用于非重点县贫困乡村改善生产生活条件，地县两级要适当予以配套。

（二）继续安排并争取增加扶贫贷款。农业银行要按照“贷得出、收得回、有效益”的原则，积极争取增加扶贫贷款总量。重点支持贫困地区发展能够带动贫困人口增加收入的种养业、劳动密集型企业、农产品加工企业、市场流通企业和基础设施建设项目。要在保证资金安全的前提下，制定具体操作办法，适当放宽支持以上五类项目的资产负债比例、自有资金比例和抵押担保条件；根据产业特点和项目实际情况，适当延长贷款期限。小额信贷是帮助贫困农户发展生产的有效措施，县乡政府和农业银行要统一思想认识，明确各自责任，认真总结经验，遵循小额贷款的基本原则，改革投放方式，重点扶持有生产经营能力的贫困农户，提高使用效益和贷款回收率。充分发挥农村信用社在扶贫开发中的作用，治理和规范农村金融秩序，依法打击各种形式的高利贷行为。

（三）统筹安排使用各类扶贫资金。各级扶贫开发领导小组要加强对财政扶贫资金、以工代赈资金、信贷扶贫资金的统筹安排，协调其它可用于农村建设的各类资金投入扶贫开发，并保证各类扶贫资金及时足额到位。使用扶贫资金要以发展种养业和改善生产生活条件为重点，严格控制一般性的工业项目，避免重复建设浪费资金和破坏资源。对各类扶贫开发建设项目，要建立事权统一、职责明确的管理体制和实施机制，计划、财政、扶贫等综合部门要加强宏观管理，具体开发建设项目由专业职能部门按照规划组织实施。认真做好社会保障对象的民政救济工作，用好救济资金，妥善安排好因灾因病困难群众的生活。各级审计部门要定期对扶贫资金进行全面严格的审计。对挤占、挪用、贪污扶贫资金的违纪违法行为必须严肃查处。

（四）认真贯彻落实西部大开发的政策措施。用改革的精神积极推进体制创新，帮助贫困地区建立增强自我积累、自我发展能力的运行机制和管理体制。减少和简化行政审批，除有特殊规定的重大项目外，凡是企业用自有资金或利用银行贷款投资于国家鼓励和允许类产业的项目，项目建议书、可行性研究、开工建设报告可一次性审批。在贫困地区兴办的国家鼓励类产业的内资企业和外商投资企业，从建成投产之日起五年内按 15% 的税率征收企业所得税。民族自治地方的企业，经省政府批准，可以定期减征或免征企业所得税。对贫困地区新办交通、电力、水利、邮政、广播电视等企业，企业所得税实行两年免征、三年减半征收。退耕还林还草产出的农业特产品收入，可以在十年内免征农业特产税。在保证耕地占补平衡和按规定报批的前提下，适当放宽重点扶持地区的开发建设用地。公路建设用地可以免征耕地占用税，城镇建设用地的有偿使用收益由地方政府主要用于城镇基础设施建设。加大矿产资源的勘查和开发力度，地质矿产部门对贫困地区使用公益性、基础性的矿产资源调查资料实行低成本收费，省财政在基本建设前期工程费用中给予适当补助。重点扶持农田水利建设项目和农村人畜饮水建设项目。地方的县级政府可自主确定灌溉用水和城镇饮用水价格。对在城镇有合法住所、有稳定职业和有生活来源的人员，各市（州、地）、县（市、区、特区）可根据本人意愿办理常信人口户籍。鼓励和支持贫困地区以优惠政策吸引扶贫开发急需的各类人才。

（五）进一步加强党政机关定点扶贫工作。省直一个部门定点挂钩帮扶一个扶贫开发重点县，主要任务是帮助开发建设、密切联系群众、培养锻炼干部。省地县统筹安排扶贫开发工作队的领导力量，保证每个扶贫开发重点县有一名地厅局级干部、贫困乡有一名县处级干部、贫困村有一名科局级干部带队。认真贯彻落实《国家公务员管理条例》、《党政领导干部选拔任用工作暂行条例》，把选派干部下基层锻炼与下派扶贫工作队结合起来。县以上党政机关公务员，没有两年以上基层工作经历或未参加过扶贫、农村党建工作队和“支教”的，都应按照有关规定分期分批下基层锻炼，参与扶贫开发。要积极主动地配合中央国家机关、各民主党派中央和全国工商联在我省开展的定点帮扶工作，为这些单位来我省扶贫创造必要的条件。

（六）发扬扶贫济困的优良传统，广泛深入开展“送温暖、献爱心”活动。广泛动员社会各界开展“智力支边”、“光彩事业”、“送温暖、献爱心”等多种形式的扶贫济困活动。充分发挥民主党派、工商联、群众团体、大专院校、科研院所、人民解放军和武警部队在扶贫开发中的重要作用。加强和改进社会捐赠工作，坚持实行捐款捐物结合，在动员社会各界自愿捐赠资金的同时，把城镇居民更换下来又能继续使用的衣物、家具、家电等生活生活用品经过消毒处理或维修后送给贫困地区群众。各级党委、政府每年至少集中组织一次。各级要指定领导同志负责，建立经常性的要作机制，由各级民政和扶贫部门牵头，各人民团体参与，各部门密切配合，把这项工作作为一项制度坚持下去。

五、按照“三个代表”重要思想的要求，切实加强对扶贫开发的领导

扶贫开发是贯彻邓小平同志共同富裕伟大战略构想和江泽民同志“三个代表”重要思想的重大战略任务，是稳定脱贫奔小康、推进富民兴黔事业的重大举措。各级党委、政府要以高度的责任感和使命感，切实加强对扶贫开发工作的组织领导。

（一）坚持实行扶贫工作责任制。扶贫开发坚持省负总责，地县抓落实，工作到乡村，扶持到户，一级抓一级，层层抓落实。扶贫开发工作重点县，必须把扶贫开发工作作为党委、政府的中心任务，以扶贫开发统揽全局，真正把扶贫开发方针、政策、措施落实到贫困村、贫困户。非重点县的党委、政府，也要把扶贫开发摆到重要位置，帮助重点扶持贫困乡村的群众尽快解决温饱，稳定脱贫。要把扶贫开发效果作为考核工作实绩的重要依据。党政一把手对扶贫开发要亲自抓、负总责，班子其他成员要主动配合抓。各部门、各单位都要为扶贫开发尽职尽责。要充实和加强各级扶贫工作机构，稳定人员，改善条件，提高素质，增强履行职能的能力。要加强扶贫统计监测工作，制定科学、规范、符合实际的监测方案，增加贫困地区的监测点，收集客观准确的统计数据，建立全面、系统、动态反映扶贫开发情况的统计监测体系，为科学决策提供必要的依据。

（二）认真制定和实施扶贫开发规划。在市场经济条件下有效地实施扶贫开发，要以规划为基础，以项目为依托，科学有序地实施。制定扶贫开发规划是当前一项重要而紧迫的基础性工作，各级党委、政府要组织专门力量切实抓好。制定规划要以乡村为基础，以县为基本单位，各市（州、地）汇总，全省统一平衡，形成系统完整的扶贫开发规划。在制定规划时，要坚持群众路线，广泛急救贫困农户、基层干部、专家和有关部门意见，实行民主化、科学化决策。规划要突出工作重点，抓住关键环节，科学确定目标，合理布局建设内容，明确帮扶单位和资金来源，区别情况分类指导，因地制宜组织实施。规划要统一评估、统一论证、一次批准，分年实施，分期投入，分期分批地解决问题。各级的扶贫开发规划一经确认，要纳入国民经济和社会发展计划，并报同级人大常委会审议决定，不因领导人的变动而改变。

（三）加强领导班子和干部队伍建设。组织扶贫开发工作，重点在乡，关键在县。要把县乡领导班子建设放在突出位置，注重把同群众感情深、事业心强、不怕艰苦、乐于奉献的干部选进领导班子，特别是要把县委书记、县长和乡镇党委书记、乡镇长选配好。保持贫困地区领导班子和领导干部队伍的相对稳定，对任职时间比较长、工作确实离不开、政绩突出、群众公认的优秀县委书记、县长和乡镇党委书记、乡镇长，经考核符合提拔条件的，可分别提拔到上一级领导班子中兼任职务，有的可在上一级非领导职务中安排。增加的非领导职务职数由省、市（州、地）委另行核定。加大贫困地区干部培训工作力度，分期分批地选送扶贫开发重点县的县委书记、县长到高等院校进修学习，选送县、乡干部到对口帮扶城市或沿海省市挂职锻炼。要在省委党校、省属高等院校举办重点扶持县领导干部培训班；县、市（地、州）要做好乡镇和县直部门领导干部的培训工作。

（四）进一步加强以村党支部为核心的基层组织建设。村是扶贫开发的最基本单位，要把扶贫开发与农村党建工作紧密结合起来，扎实开展农村“三个代表”重要思想学习教育活动，按照创建“五个好”村党支部、“六个好”乡镇党委、农村基层组织建设先进县的要求，建立健全农村基层组织建设常抓不懈的工作机制。各县（市、区、特区）党委要采取在县委党校举办培训班、组织外出参观学习、选派县乡机关干部代职等多种形式，加强以党支部为核心的村级组织建设，提高村干部带领群众脱贫致富的能力，特别是要选配好贫困村党支部书记。关心村组干部生活，逐步提高村组干部待遇，适当增加财政对贫困村干部报酬的补贴，所需资金通过财政转移支付解决，乡镇财政按月足额发放。积极稳妥地做好农村党员发展工作，充分发挥共产党员的先锋模范作用。

（五）切实加强精神文明建设和民主法制建设。贫困地区各级党组织要加强思想政治工作，把党的方针政策与本地区实际情况结合起来，把需要与可能结合起来，把开拓进取与求真务实结合起来，把工作热情与科学精神结合起来，激励广大干部群众解放思想，实事求是，自力更生，艰苦奋斗，把扶贫开发和其它各项工作开展得更加富有成效。各新闻舆论单位要把扶贫开发作为经常性报道的重点，深入贫困地区总结典型经验，讴歌先进事业，加强舆论监督，搞好扶贫开发的宣传报道和舆论引导。加强贫困地区公益文化基础设施建设，加快县级文化馆、图书馆和乡镇文化站建设，支持发展综合性的“村活动室”；继续组织好科技文化卫生“三下乡”活动。积极开展以“文明村寨”、“十星级文明户”为主要内容的农村精神文明创建活动，大力普及科技知识，反对封建迷信，提倡移风易俗，倡导文明健康生活。切实保障农民的民主权利，认真落实民主选举、民主议事、村务公开三项制度。禁止各种形式的乱收费、乱集资、乱摊派，切实减轻农民负担。加强法制宣传和普法教育，严厉打击各种违法犯罪活动，切实维护社会治安秩序。充分发挥行政组织、村民自治组织和治保会、调解会的作用，疏导民事纠纷，化解社会矛盾，消除不安定因素。

（六）改进工作方法，加强督促检查，狠抓工作落实。各级领导干部要牢固树立群众观点，深入基层，深入群众，深入实际，急贫困地区之所急，帮基层工作之所需，全心全意为贫困地区谋利益，要针对扶贫开发的新形势和新特点，根据贫困群众提高物质生活的新要求，努力改进领导方式，创新工作方法。建立和完善领导干部扶贫联系点制度，深入基层调查研究，搞好扶贫开发指导工作。各级党委、政府要把扶贫开发开发列入重点督办事项，全面掌握动态情况，及时发现问题，纠正实施偏差，保证落到实处。各部门要把扶贫开发作为本部门的重要工作，认真履行职能，提高工作效率，简化办事程序，切实为扶贫开发搞好服务。

关于审核确定扶贫开发工作重点县的通知

国开办发〔2002〕4号

贵州省扶贫开发领导小组办公室：

经国家扶贫开发工作重点县审核会议认真审定，并报国务院批准，同意你省提出的国家扶贫开发工作重点县名单并予以备案。

专此通知

附件：贵州省扶贫开发工作重点县名单

2002 年 2 月 10 日

关于扶贫开发工作重点乡（镇）、村确定的通知

黔开办〔2002〕18 号

各地、州、市扶贫办：

根据黔扶领字〔2001〕4 号文件要求，各地、州、市落实上报的重点乡（镇）、村名单，经审核，现予公布。全省重点乡（镇)934 个，全省重点村 13973 个，其中：一类乡（镇)100 个，二类乡（镇）545 个，三类乡（镇）289 个；一类村 5486 个，二类村 7638 个，三类村 849 个。其中：

贵阳市重点乡（镇）18 个，重点村 449 个。其中：一类乡（镇）5 个，二类乡（镇）8 个，三类乡（镇）5 个；一类村 184 个，二类村 243 个，三类村 22 个。

遵义市重点乡（镇）116 个，重点村 2398 个，其中：一类乡（镇）18 个，二类乡（镇）58 个，三类乡（镇）40 个；一类村 946 个，二类村 1312 个，三类村 140 个。

六盘水市重点乡（镇）68 个，重点村 1013 个，其中：一类乡（镇）6 个，二类乡（镇）40 个，三类乡（镇）22 个；一类村 378 个，二类村 564 个，三类村 71 个。

安顺市重点乡（镇）54 个，重点村 991 个，其中一类乡（镇）6 个，二类乡（镇）31 个，三类乡（镇）17 个；一类村 400 个，二类村 529 个，三类村 62 个。

铜仁地区重点乡（镇）125 个，重点村 1781 个，其中：一类乡（镇）8 个，二类乡（镇）80 个，三类乡（镇）37 个，其中：一类村 671 个，二类村 993 个，三类村 117 个。

毕节地区重点乡（镇)173 个，重点村 2587 个，其中：一类乡（镇)20 个，二类乡（镇)102 个，三类乡（镇）51 个；一类村 1068 个，二类村 1373 个，三类村 146 个。

黔西南州重点乡（镇）88 个，重点村 1210 个，其中：一类乡（镇）10 个，二类乡（镇）53 个，三类乡（镇）25 个；一类村 504 个，二类村 634 个，三类村 72 个。

黔东南州重点乡（镇）155 个，重点村 2077 个，其中：一类乡（镇）12 个，二类乡（镇）95 个，三类乡（镇）48 个；一类村 751 个，二类村 1189 个，三类村 137 个。

黔南州重点乡（镇）137 个，重点村 1467 个，其中：一类乡（镇）15 个，二类乡（镇）78 个，三类乡（镇）44 个；一类村 584 个，二类村 801 个，三类村 82 个。

专此通知

附件：各地（州、市）扶贫开发工作重点乡（镇）、村具体名单（略）

二〇〇二年四月十四日

关于大力开展集团帮扶工作的实施意见

（黔扶领〔2010〕6 号）

二〇一〇年四月二十日

为了适应扶贫开发新形势，探索创新财政扶贫机制，整合资源，培育典型、树立样板，带动农民增收致富，经省委、省政府领导同意，决定从 2010 年起对省委、省政府领导同志扶贫联系点开展集团帮扶工作。为进一步提高扶贫开发成效，切实做好集团帮扶工作，特提出如下意见。

一、开展集团帮扶的重要意义

1. 开展集团帮扶是贯彻落实党中央、国务院关于扶贫开发指示精神的一项重要政治任务。扶贫开发是全党、全社会的事业。我国扶贫开发最主要的一条经验就是“政府主导”，国务院《中国农村扶贫开发纲要（2001–2010年）》序言指出：“缓解和消除贫困，最终实现全国人民的共同富裕，是社会主义的本质要求，是中国共产党和人民政府义不容辞的历史责任。”党的十七届三中全会《决定》指出：“要继续开展党政机关定点扶贫和东西部协作，充分发挥企业、学校、科研院所、军队和社会各界在扶贫开发中的积极作用”。

2. 开展集团帮扶是新时期扶贫开发工作的一项新要求。当前，随着统筹城乡发展、以工促农、以城带乡方针逐步在扶贫领域的贯彻，扶贫工作进入了开发和救助两轮驱动的新阶段，呈现出专项扶贫、惠农政策扶贫、行业扶贫、社会各界扶贫等多方力量、多种举措有机结合、互为支撑的“大扶贫”的新局面。为此，做好扶贫工作的一个新要求就是要重点推进专项扶贫和行业扶贫、社会扶贫的有机结合，充分发挥各部门在扶贫开发中的职能作用，搭建合作平台，构建“大扶贫”格局，形成强大的扶贫合力，共同推进扶贫开发。

3. 开展集团帮扶是落实我省“两个重中之重”战略思想的一项有效举措。进入新阶段以来，我省贫困面大，贫困程度深，返贫率居高不下，贫困差距不断扩大的问题仍然十分突出，目前我省还有50个扶贫重点县，贫困人口达585.38万人，占全国贫困人口的14.6%，要实现十七大和十七届三中全会提出的“到2020年基本消除绝对贫困现象、农民人均纯收入比2008年翻一番”的目标，时间紧，任务重，必须要把脱贫摘帽作为一项重要的政治任务。宗源书记在省委十届七次全会上深刻指出：“目前我省欠发达、欠开发的基本省情没有变，在全国农村贫困面最大、贫困程度最深的状况没有变，人民日益增长的物质文化需要同落后的社会生产之间这一社会主要矛盾没有变”。这“三个没有变”，凸显出扶贫开发在我省经济社会建设中的重要地位和作用，进一步强调了坚持“两个重中之重”思想毫不动摇的重要性。省第十次党代会强调指出，要“用五年左右的时间基本解决农村现有贫困人口的温饱问题，实现由温饱到总体小康的历史性跨越；再用十年左右的时间，努力实现由总体小康到全面小康的历史性跨越，全面建成小康社会”。为了确保实现这个工作目标，并根据2010年《政府工作报告》中明确提出“省级扶贫资金增量部分不再平均分配，集中用于培育典型、树立样板，带动农民增收致富”的要求，决定从今年起对我省19个省委常委及副省长的扶贫联系点开展集团帮扶。

集团帮扶，就是按照“党政领导、部门负责、群众主体、社会参与”的思路，本着“定点到乡、帮扶到村”的原则，对每个定点帮扶乡镇（15–20个村）集中投入1000万元财政扶贫资金，并以县为单位按照1∶3以上的比例整合各类资金，使每个村投入的资金平均在200–300万元。通过机制创新，整合资源，重点突破，板块推进，用2–3年的时间使定点帮扶的贫困乡镇（15–20个村）整体脱贫，做到“不脱贫、不脱钩”。开展集团帮扶工作对于探索扶贫开发新路子，加快我省扶贫攻坚进程，科学谋划下一阶段扶贫开发工作，抢占国家新一轮扶贫开发纲要政策制高点，具有重要意义。

二、集团帮扶的指导思想

以十七届三中全会和省委第十次党代会精神为指导，全面贯彻落实科学发展观，探索创新扶贫工作有效方式，以因地制宜科学规划为龙头，以扶贫开发综合治理为载体，以发展特色优势产业为重点，以县为单位进行统筹，充分发挥各行业部门的积极性，构建整合项目、资金的工作平台，推动“大扶贫”格局，集中力量，连片开发，重点突破，树立样板，带动农民积极、主动参与扶贫开发，努力增加贫困人口收入，提高贫困村和贫困户自我发展能力，尽快稳定解决扶贫对象温饱并实现脱贫致富。

三、集团帮扶的对象、范围

按照积极稳妥的原则，把省委常委和副省长联系的19个贫困乡镇作为集团帮扶定点乡镇，一定三年不变。同时，围绕“到2020年基本消除绝对贫困现象”的目标，在今后九年内分三批次对57个乡镇开展集团帮扶，每三年帮扶19个乡镇，渐次推进，力争到2020年，使57个乡镇中的1000个左右贫困村整体脱贫。

四、集团帮扶的目标、任务

把脱贫、增收和摘帽作为集团帮扶的基本目标，把坚持开发式扶贫方针作为根本保证，把尽快稳定解决扶贫对象温饱并实现脱贫致富作为首要任务，把提高农村贫困人口自我发展能力作为工作重点，抓住全省结构调整的机遇，加快体制创新，加快培育特色主导产业，加快基础设施建设，加快推进城镇化，通过连片开发，综合治理，使每年定点帮扶的19个贫困乡镇经济社会全面协调发展，自我发展能力不断提高，定点帮扶乡镇农民年人均纯收入增幅比全省重点县平均水平高2个百分点，定点帮扶三年后农民年人均纯收入达到或超过全省平均水平，实现跨越式发展，达到帮扶一个乡镇脱贫一个乡镇的目的。

五、集团帮扶的主要内容

集团帮扶工作要在总结、借鉴“印江试点”成功经验的基础上，进一步加大力度，提升水平，按照“生产发展、生活宽裕、村容整洁、乡风文明、管理民主”的社会主义新农村建设二十字方针来执行。

*一是把综合治理放在突出重要位置。*充分发挥集团帮扶集中力量打歼灭战的优势，通过资金和政策整合、机制创新，在整村推进基础上实施整乡数乡区域化连片开发，以财政扶贫资金为引导，吸引相关部门资金投入产业开发及配套项目，使整村推进与连片开发相结合、扶贫开发与区域经济发展相结合，促进定点帮扶乡镇经济社会协调发展和贫困农户稳定增收。

*二是大力扶持特色产业发展。*坚持把产业化作为集团帮扶的核心内容，从当地自然资源优势出发，着眼于转变农业增长方式，选准主导产业，制订产业发展规划，帮助贫困乡村、贫困农户按照市场需求和发展趋势，合理开发当地资源，动员和引导农民大力调整产业结构，培育发展特色优势产业，逐步形成专业化、规模化生产格局，推进产业化经营，努力开拓农民稳定的增收门路。

*三是不断加强基础设施建设。*各帮扶单位要根据自身职责，切实加强农村通路、通水、通电、通讯基础设施和文教卫等公共服务设施建设，按照缺什么补什么的原则，从各帮扶村实际出发，加强“水、电、路、气、房”等基础设施建设，不断改善帮扶村生产生活基本条件，着力优化发展环境。同时，积极推进“教、科、文、卫、保”等各项社会事业，提高农村公共服务均等化水平，构建和谐社会。

*四是着力提高农村劳动者素质。*大力培养新型农民，提高开发农村人力资源的能力，通过提高农民的科技文化素质和致富能力，为增产增收和改变村容村貌提供有力的人才保障。结合就业形势和产业发展，以初中毕业后、高中毕业后未入学的“两后生”为重点对象，围绕促进劳动力稳定转移开展职业技能培训，围绕产业化扶贫加强农民适用技术培训，切实提高培训质量和转移就业效果。拓宽就业渠道，把促进劳动力转移作为增加农民现金收入的关键措施来抓，积极为输出人员搜集、提供准确的用工信息，联系劳务基地，多渠道增加农民的现金收入。有针对性地对农村贫困家庭子女接受职业、技能教育实行再补贴。

*五是强化基层组织建设。*坚持集团帮扶与推进基层组织建设相结合，把对干部培训和选派干部锻炼提高素质作为集团帮扶的重要内容之一，积极开展支农、支教、支医活动，积极组织实施广播、电视、电信“村村通”工程，扩大电视、通讯、网络等现代传媒覆盖面。组织帮扶单位干部职工进村入户，体验生活、增进感情，开展各种健康有益的干群联谊活动，倡导健康、文明、科学的生活方式。采取公推直选等方式，进一步建好配强村级班子，发挥基层党组织的战斗堡垒作用和党员的模范带头作用，通过开展“双万结对帮扶”、“双百工程”、“村企共建”、“党员创业带富工程”等参与式扶

贫方式，全面提升基层组织执政能力和扶贫开发工作水平，确保扶贫政策落到实处。

六、集团帮扶的工作机制

把集团帮扶作为我省统筹城乡发展、缩小贫困差距的重要形式，不断探索和完善工作机制，注重“五个结合”，做到“五个坚持”。即：注重政府推动与市场运作相结合，外部帮扶与启动内部活力相结合，促进产业化与提高资金使用效益相结合，树立样板与面上推广相结合，减少贫困人口与抑制返贫相结合。做到坚持以构建大扶贫格局为统筹，发挥各行业部门在扶贫开发中的职能作用，共同推进扶贫事业；坚持以集团帮扶为载体，变“输血”为“造血”，推进产业化扶贫取得实效，增强贫困群众持续稳定增收的能力；坚持以集团帮扶为探索，改革和完善我省扶贫资金使用方式，提高存量资金使用效率；坚持以集团帮扶为突破口，培养典型，树立样板，做好示范，带动面上扶贫工作整体推进。坚持把贫困群众的根本利益作为工作的出发点和落脚点，促进党员干部作风的转变，提升为贫困地区、贫困群众服务的能力和水平，同时帮助贫困农户改变观念，树立致富信心，提高依靠自身能力脱贫致富的本领，真正把好事办好，实事办实。为此，必须强化以下工作机制：

1. 规划统筹机制：坚持以规划为龙头，在深入调查研究，摸清村情民意的基础上，结合整村、数村、整乡脱贫的要求，以产业扶持为重点，以项目实施为依托，研究制定集团帮扶的总体规划、村级规划和实施方案，充分利用现有政策，整合资金，集中投入，形成合力。每一轮集团帮扶既要有三年总体规划，又要有年度计划，做到定目标、定任务、定措施、定责任，提高规划的科学性、针对性和可操作性。

2. 资金整合机制：改革财政扶贫资金使用方式，提高扶贫资金使用效益。每个集团帮扶乡镇集中投入 1000 万元财政扶贫资金作为引导，并按照 1∶3 以上的比例整合相关部门涉农资金、对口帮扶资金、社会资金等各类资金。其中，财政扶贫资金主要用于产业化扶贫项目，在全省产业布局的框架下，重点支持贫困地区的主导产业和重点项目，确保稳定持续增加农民收入；整合资金主要根据各自用途，着重用于基础设施建设、社会事业等方面，在“渠道不乱、用途不变、各负其责、各记其功”的原则下，统筹各部门的力量，重点突破、协作推进，发挥不同渠道资金的“集聚效应”和财政扶贫资金的“黏合剂”作用。同时，各有关部门根据自身职责，把加强基础设施建设、改善生产生活状况、提升社会事业发展水平列入规划，优先保证集团帮扶乡镇发展项目的需要，尤其是农村最低生活保障、移民搬迁、农村小城镇建设、新农村建设、农村危房改造等政府已经出台的扶持政策要更多地向集团帮扶乡镇倾斜。

3. 绩效考评机制：把净减少贫困人口和促进群众增收作为主要权重，将集团帮扶成效纳入各级目标管理考核范围，并作为考核地方党政主要负责人的重要依据，实行绩效考核与奖惩问责并举的激励约束机制。加强对集团帮扶项目实施情况的监督检查、绩效考评，确保集团帮扶工作年初有部署、年中有检查、年底有成效。鼓励各帮扶乡镇加快发展，勇于摘掉贫困帽子，破除“贫困陷阱”，同时采取摘贫困帽子不取消扶贫政策的措施，将“脱贫”与“脱帽”结合起来，按照“激励减贫（人口）、脱帽不减政策、产业化以奖代补”的原则，努力减少贫困人口，减少贫困县，充分调动不同地区的积极性，提高扶贫开发工作水平。对在集团帮扶工作做出突出贡献的单位和个人，给予表彰奖励。

4. 部门责任机制：集团帮扶是我省新时期扶贫开发的一项重要工作，也是一个跨行业、大规模、综合性的一体化项目，必须加强领导，明确责任，建立和完善“省领导联系、牵头联络部门负责、帮扶县党政领导、乡镇组织实施、社会力量参与”的集团帮扶工作责任制，做到“不脱贫、不脱钩”。集团帮扶工作由省扶贫开发领导小组办公室、省委组织部、省直机关工委牵头，负责筹划、组织、协调和督促检查等工作。各市（州、地）、县（市、区）党委、政府要进一步加强和改善对扶贫开发工作的领导，根据《意见》要求制订科学合理、操作性强的实施管理办法，构建和强化县、乡党政一把手主抓扶贫开发项目的组织领导体系，充分发挥基层乡镇党、政的核心作用，村、支两委的战斗堡垒作用和贫困群众的主体作用，切实抓好组织实施。各牵头联络单位、省直党建扶贫工作队要把集团帮扶工作列入重要议事日程，加强对集团帮扶的监督、管理、联络、交流等工作，发现问题，及时处理，促进帮扶措施的有效落实。各有关责任部门也要以扶贫开发为己任，通力协作，密切配合，扎实工作，确保集团帮扶收到实效。

省委书记栗战书在统一战线参与毕节试验区建设座谈会上的发言

（2010年11月10日，根据录音整理）

尊敬的青林副主席、跃金副部长，东部十省市统战部各位领导，同志们：

在时隔不到一年的时间里，全国政协副主席、中央统战部部长杜青林同志不辞辛劳，再次莅临贵州，亲赴毕节，率中央统战部和东部十省市统战部领导同志和企业家代表到毕节试验区考察指导工作，召开统一战线参与毕节试验区建设座谈会，让我们十分感动，倍受鼓舞。在此，我谨代表贵州省委、省政府，向青林副主席和各位领导、民营企业家表示热烈欢迎和衷心感谢！

刚才，毕节地委书记秦如培同志代表毕节试验区作了简要汇报，江苏省政协副主席、省委统战部部长周珉同志代表十省市统战部作了很好的发言，超云同志也作了讲话，讲得都很好。接下来，青林副主席还要作重要讲话，会后我们将认真抓好学习和贯彻落实。今天是我和克志到贵州工作的第80天，对各方面情况还是在熟悉阶段。这里我把一些想法向青林副主席和各位同志作一个简要汇报。

一、加快推动毕节试验区发展是一项重大的政治责任

毕节试验区是胡锦涛同志任贵州省委书记期间亲自倡导建立的。胡锦涛同志到贵州工作后，用了一年半的时间，走遍了全省所有的86个（现为88个）县（市、区、特区），深入毕节地区调查研究，于1987年提出把毕节地区作为“开发扶贫、生态建设”试验区的战略构想。1988年4月胡锦涛同志在京邀请中共中央统战部、各民主党派中央、全国工商联对毕节开展智力支边工作。此后，中央智力支边协调小组前往毕节进行了为期13天的调研，组建了以全国政协副主席钱伟长同志为组长的“支援毕节试验区专家顾问组”。1988年6月9日，国务院正式批准建立“贵州省毕节地区开发扶贫、生态建设试验区”，成为全国第19个农村改革试验区。

试验区建立至今，胡锦涛同志始终心系贵州、心系毕节，多次对贵州、对毕节工作作出重要指示。离开贵州工作后，胡锦涛同志于1996年、2005年先后两次到贵州视察指导工作。2003年全国人大会议期间，胡锦涛同志在参加贵州代表团讨论时，详细询问了毕节地区的发展情况。去年4月30日，胡锦涛总书记在中央统战部上报的《关于推动各民主党派中央、全国工商联继续参与毕节试验区建设的情况报告》上批示“各民主党派中央、全国工商联20年如一日，积极支持和参与毕节试验区建设，取得了显著成绩。中央统战部深入调查研究，认真总结经验，加强对这项工作的指导，十分必要。望持之以恒，扎实推进，不断取得新的成绩。”去年9月6日，胡锦涛总书记在《贵州威宁彝族回族苗族自治县“农民陷入卖血、盗采、超生怪圈”（国内动态清样第3629期）上作出重要批示，明确要求我们“采取有力措施，经过几年艰苦努力，帮助贫困群众切实脱贫”。总书记在贵州工作时曾3次到威宁，一个省委书记在一个省任职三年多时间到一个县3次，这种情况恐怕不多。今年5月26日，胡锦涛总书记又在中央统战部呈报的《去年以来统一战线参与毕节试验区建设的情况报告》上批示“各民主党派中央、全国工商联和中央统战部积极支持毕节试验区的发展，取得了明显成效，积累了宝贵经验。希望有关方面继续努力，把各项安排落到实处，加快支持毕节科学发展步伐。”温家宝总理、贾庆林主席等中央领导同志也曾多次对贵州、对毕节的工作作出重要指示，庆林主席去年4月14日还亲自出席各民主党派中央、全国工商联参与毕节试验区建设座谈会并发表了重要讲话。我来贵州工作之前，总书记找我谈话时，也非常关心毕节地区的发展。

作为一个地区长期以来能够得到总书记等中央领导同志和各有关方面如此重视，这在全国可以说是不多见的。究其原因，我感到，主要有以下两个方面：

一方面，毕节试验区的建立和试验，是在贫困地区实现科学发展的率先重大探索。1988 年 6 月 8 日，胡锦涛同志在试验区工作会议上指出“全面规划，综合治理，把生态建设和经济开发紧密结合起来。尽快停止人为的生态破坏，并逐步走向生态的良性循环。”毕节试验区是当时国务院批准建立的各类试验区中唯一在贫困地区探索可持续发展的综合改革试验区。1990 年，国务院开发办行文指出“毕节试验区是具有国际意义的小试验、大方向，是贵州扶贫开发的一大创举，对我国贫困山区来说具有普遍意义。”回顾毕节试验区发展 20 多年来的历程可以看出，总书记当年的要求和试验区发展中所积累的宝贵经验，完全符合科学发展观的要求，使毕节地区和全省各族干部群众对贵州这样欠发达地区实现什么样的发展、怎样发展这一重大问题有了更加深刻的认识，为我们更加自觉、更加坚定地贯彻落实科学发展观、推动全省经济社会又好又快、更好更快发展指明了方向，开辟了更为广阔的道路。现在，有人说，毕节试验区的“三大主题”，实际上就是科学发展观的内涵。我感到，开发扶贫最终体现的是以人为本，生态环境体现的是可持续发展，人口控制体现了人与自然和谐、经济与社会的和谐，涵盖了科学发展观的内涵。

另一方面，毕节试验区所要解决的问题，就全省而言，也是带有根本性的战略问题。锦涛同志 1988 年 6 月 8 日在试验区工作会议上深刻指出“就省内而言，一个贫困，一个生态恶化，仍然是严重困扰我省经济社会发展的两大突出问题。”“如果这两大目标（开发扶贫、生态建设）都能如期实现，那就表明试验区的改革试验是成功的，工作是卓有成效的。如果没有实现，那就说明试验区的任务没有完成。”这两大问题是互相影响、相互交织的。正如中央农村政策研究室 1987 年 7 月 14 日的调研报告中所指出的，贵州农村正处于“生态恶化——贫困——生态再恶化——更贫困”的恶性循环之中。经过 20 多年的艰苦奋斗，解决这两大突出问题虽然取得了巨大成绩，但要从根本上加以解决仍需要作长期艰苦不懈的努力。从解决贫困问题来看，2009 年全省农村贫困人口为 555.3 万，贫困发生率为 16.5%；其中毕节地区为 125.28 万，占全省的 22.56%，贫困发生率为 18.9%。目前贵州仍是全国扶贫开发的主战场，毕节地区是全省扶贫开发的主战场。从解决生态恶化问题来看，目前，全省 88 个县（市、区）中有 78 个不同程度存在石漠化问题，石漠化面积达到 3.31 万平方公里，占全省国土面积的 18.8%。所以，我们认为，尽管毕节试验区取得了巨大成绩，但总书记提出的两大任务还没有从根本上解决。2005 年春节期间胡锦涛总书记视察贵州时，殷切期望我们要努力实现经济社会发展的历史性跨越。贫困问题不解决，生态环境得不到有效的治理，也就说不上实现历史性跨越。

二、中央统战部、各民主党派中央、全国工商联和各有关方面为建设毕节试验区倾注了大量心血，所创造的毕节模式不断完善，显现出了强大的创新力和生命力

自 1989 年 9 月 20 日“支援贵州毕节试验区规划实施顾问组”成立以来，中央统战部组织由各民主党派中央、全国工商联和无党派人士组成的专家顾问组，紧紧围绕“开发扶贫、生态建设、人口控制”三大主题，开展帮扶毕节试验区工作。22 年来，在中央统战部的组织协调下，各民主党派中央、全国工商联、试验区专家顾问组为试验区的改革发展谋大计、献良策，帮助制定发展规划，促成了铁路、公路、电厂、机场等一大批重大项目建设，帮助引进项目 160 多个、资金 300 多亿元，培训各类干部近 3 万人次，新改扩建各类学校 119 所，形成了以各民主党派、工商联为参与主体，以智力支持为主要内容和特点，以长期共同支持一个贫困地区为形式的统一战线服务科学发展的“毕节模式”，为推动毕节试验区经济社会发展作出了重要贡献，赢得了试验区和全省各族干部群众的广泛赞誉。

特别是青林副主席任中央统战部部长以来，在以前良好工作的基础上，推动支持毕节试验区建设各项工作进入了一个新的阶段。在中央统战部的精心组织下，去年 4 月 14 日召开了各民主党派中央、全国工商联参与毕节试验区建设座谈会和研讨会，庆林主席和青林副主席出席会议并发表了重要讲话，对毕节试验区的建设和发展提出了明确要求。去年11月19日至21日，青林副主席到毕节试验区考察调研，并在威宁县召开了省、地、县工作汇报会。今年6月28日，又召开“统一战线参与支持毕节试验区建设联席会议第三次全体（扩大）会议”，青林副主席出席会议并作了重要讲话，明确提出统一战线服务科学发展“毕节模式”和下一步统一战线参与支持毕节试验区建设的总体思路和主要措施。

目前，中央统战部正在实施《统一战线参与毕节试验区建设近期工作计划》，以“同心工程”为品牌，实施“智力支持、改善民生、生态建设、示范带动”四大工程。这次中央统战部又组织北京、天津、河北、辽宁、上海、江苏、浙江、福建、山东、广东等东部10个省市党委统战部参与支持毕节试验区的建设，今年先支持1亿元，援建赫章县的1.28万个小水窖和1个集中供水项目。正是由于有了中央统战部、各民主党派中央、全国工商联和兄弟省市的大力支持和帮助，毕节试验区改革发展才取得了巨大成绩，站在了加快发展新的起跑线上。可以说，这些年来，毕节试验区取得的每一点成绩，都与中央统战部、各民主党派中央、全国工商联和各有关方面的大力支持和帮助密不可分，凝结着中央统战部、各民主党派中央、全国工商联历任领导和同志们的心血。在此，我代表省委、省政府表示衷心感谢！

在今年“6·28”会议上，青林副主席提出的“三个转变”、“三个并重”（由定点扶贫向定点扶贫与定向扶贫并重转变、由建言献策向出主意与办实事并重转变、由各自行动向体现自身优势与形成整体效应并重转变）的思路，使统一战线支持毕节试验区建设的内涵更加深刻、内容更加丰富、领域更加拓展，在毕节试验区历史上具有里程碑意义。对于同心工程，我感到有这样几个特点：一是同心工程名字响亮、内涵深刻。同心工程是富民工程、合作工程，也是民心工程、德政工程、同心同德工程，是统一战线工作的创新，也是非公有制经济贡献社会的创新。同心工程把各族老百姓的心连在一起了，把人民群众和各级干部的心连在一起了，把各民主党派和共产党的心连在一起了，把各界人士的心连在一起了，把贵州与东部十省市的心连在一起了。我想了一句话，统一战线工作，说来说去，根本上就是做同心的工作，跟共产党同心同德。二是同心工程看得见、摸得着、抓得实、效果好。青林副主席提出的出主意与办实事相结合，推进产业项目，加强教育培训，发展卫生事业，等等，都是看得见摸得着的。三是同心工程有组织保障和组织支撑。中央统战部以挂职形式选派干部到毕节试验区与地方干部一起推动同心工程，效果非常好，推动了工作，也锻炼了干部，还加强了我省与中央统战部和各民主党派、全国工商联的联系。对于毕节模式，我认为总体目标是探索科学发展的路子，强大的动力是同心，有效的支撑是同力。我们一定要强力支持、配合中央统战部搞好同心工程，把同心工程实施好。

三、认真学习贯彻党的十七届五中全会精神，在加速发展、加快转型、推动跨越中全力推进毕节试验区的发展

贵州国土面积17.6万平方公里，有4000万人口，是全国唯一没有平原支撑的省份。2009年GDP在全国排第26位，人均GDP全国倒数第一，农民人均纯收入只比甘肃多25元，处在全国倒数第二位，人均财政收入和支出也都排在全国后面，的确是一个欠发达的地区。这些年来，我们自己和自己比，取得了巨大成绩，但与全国比，特别是与近年西部地区的发展速度比，有的指标是向后退的，有的原地不动。所以，贵州发展的压力很大。

今年10月28日至29日，省委召开了十届十次全会，认真学习贯彻党的十七届五中全会精神，研究制定我省“十二五”规划建议，明确了今后五年我省发展的总体思路和目标任务，确定“十二五”时期我省发展的主基调是“加速发展、加快转型、推动跨越”。我们认为要实现胡锦涛总书记提出的实现经济社会发展的历史性跨越，就是要在2020年与全国同步进入全面小康社会，实现了，就算是实现了历史性跨越，没有实现，就没有实现总书记提出的目标。为此，“十二五”期间，要“加速发展、加快转型、推动跨越”。我们定的目标是，到2015年全省生产总值确保实现8000亿元，力争翻一番、突破1000亿元。当然，也不是盲目追求高速度，而是要在经济发展方式得到有效转变的基础上实现快速发展。不能说发展快就不好，发展慢就好。要紧紧围绕转变发展方式，加快推进经济结构和产业结构调整，推进工业结构优化升级、工业经济快速壮大，推进传统农业向规模化、产业化经营转变，推进传统第三产业向现代服务业转变，推进政府职能向创造发展环境、提供公共服务、维护公平正义转变，推进社会管理向全覆盖、社会化转变，推进社会形态由二元结构向城乡经济社会发展一体化转变，推进人民生活由温饱型小康向高水平的全面小康迈进。与此同时，也要保护好生态。这里有几个问题，包括退耕还林、石漠化治理、提高人口素质等，希望青林副主席帮助我们呼吁一下。

推进毕节试验区建设是贵州工作的重中之重。我们将把中央统战部和各民主党派中央、全国工商联、东部十省市的支持当作动力、当作鞭策、当作示范、当作引导，发扬艰苦奋斗、长期奋斗的精神，依靠我们自己的艰苦努力改变贵州、改变毕节的面貌，以实际行动回报胡锦涛总书记等中央领导同志对我们的亲切关怀。

关于对国家扶贫开发工作重点县加快脱贫攻坚步伐进行奖励的意见

黔党办发〔2011〕1号

（2011年3月9日）

为切实加快我省集中连片特困地区、国家扶贫开发工作重点县和贫困人口脱贫步伐，鼓励国家扶贫开发工作重点县“减贫摘帽”，举全省之力向“绝对贫困”发起“总攻”，促进全省经济社会又好又快、更好更快发展，根据省委十届十次全会关于完善扶贫开发激励机制、研究制定“摘帽不摘政策”办法措施的精神，现提出如下意见。

一、我省扶贫开发工作面临的形势和任务

（一）发展现状。目前，全省有50个国家扶贫开发工作重点县、934个贫困乡、13973个贫困村；贫困人口绝对数量、贫困人口占全国贫困人口的比重、贫困发生率均居全国第一。农村贫困面最大、贫困人口最多、贫困程度最深、基本公共服务均等化历史欠账太多，是全国扶贫攻坚的主战场。2010年我省农民人均纯收入与城镇居民可支配收入差距扩大到10708元，50个国家扶贫开发工作重点县农民人均纯收入与全省城镇居民可支配收入的差距扩大到11075元，与全国农民人均纯收入的差距扩大到900元以上，3个自治州与全国30个自治州平均水平的差距扩大到500元以上。经济总量小、人均水平低、发展速度慢既是我省的基本省情，又是贫困地区面临的主要症结。我省贫困问题突出，既有经济、地理、历史、文化等多方面的客观原因，又有等靠要、贪恋“贫困帽”、惰性强的思想原因和对扶贫开发工作重要性认识不够以及事业心、责任感、危机感、能动性、执行力不强等主观原因。加快重点县、贫困乡又好又快、更好更快发展，形势十分严峻，任务十分繁重。

（二）形势任务。扶贫开发不仅是一个经济问题，而且是一个政治问题；不仅是一个局部问题，而且是一个全局性、战略性的问题。要实现党的十七大提出的到2020年“绝对贫困现象基本消除”、“全面建成小康社会”，《中共中央关于制定国民经济和社会发展第十二个五年计划的建议》提出的今后五年“贫困人口显著减少”和《中共贵州省委关于制定贵州省国民经济和社会发展第十二个五年计划的建议》提出的“到2015年贫困人口数量比2010年减少一半以上”的宏伟目标，我省肩负着重大使命。要使我省经济发展速度明显高于以往历史时期、高于西部地区同期平均水平、高于全国同期平均水平，必须把扶贫脱贫作为“第一民生工程”来抓，向绝对贫困发起“总攻”，为实现全省经济社会发展历史性跨越、全面建成小康社会打下坚实基础。

二、“摘帽不摘政策”的主要内容和阶段目标

（三）基本要求。各级党委和政府要从以人为本、立党为公、执政为民的高度，进一步提高认识，坚持三个“重中之重”的战略思想和开发式扶贫的基本方针，切实把工作重心和主要精力放在帮助贫困群众脱贫致富上，紧紧抓住国家继续实施西部大开发战略、启动实施“十二五”规划和新十年扶贫开发的机遇，加大扶贫工作力度，积极探索扶贫开发的新途径、新方式，按照“政府主导、统筹规划、社会参与、多元投入”的大扶贫思路，在对鳏寡孤独、丧失劳动能力的特殊困难人口给予长期社会救助的同时，敢于“摘帽惠民生”、敢于“摘帽”抓产业、敢于“摘帽”促发展、敢于“摘帽”奔小康，切实改变发展动力不足、依赖性严重、越扶贫越想保“贫困帽”的现象，让“减贫摘帽”是最大政绩的思想成为全省扶贫开发工作重点县的主流。

（四）考核对象。按照中央西部大开发工作会议关于“全力实施集中连片特殊困难地区开发攻坚工程”和省委十届十次全会关于实施“扶贫脱贫攻坚工程”的要求，考核对象为：2010—2018年期间，经国家确认的国家扶贫开发工作重点县（以下简称“重点县”）和省定的一类、二类、三类贫困乡。

（五）“摘帽”标准。重点县“摘帽”标准：以2010年为基期年，在确保该县贫困发生率每年下降3.3个百分点的基础上，考核农民人均纯收入、人均地方财政一般预算内收入两项指标。其中，农民人均纯收入占60%的权重，人均地方财政一般预算内收入占40%权重。贫困乡“摘帽”标准：以2010年为基期年，在确保该乡贫困发生率每年下降3.3个百分点的基础上，考核农民人均纯收入一项指标。

上述考核指标中，农民人均纯收入考核标准。以2010年全省重点县农民人均纯收入3105元为基点，按10%的增速逐年递增，超过3688元后，标准不再提高，并按3688元执行到2018年；人均地方财政一般预算内收入考核标准：以全省当年人均地方财政一般预算内收入为基数进行计算。

（六）阶段目标。按照量力而行、自加压力、先难后易、分阶段达标的原则，力争在“十二五”期间完成30个重点县和500个贫困乡“摘帽”，2018年重点县和一类、二类、三类贫困乡全部“摘帽”。阶段目标为：2011年完成2个重点县、7个一类贫困乡、29个二类贫困乡、22个三类贫困乡；2012年完成4个重点县、9个一类贫困乡、42个二类贫困乡、25个三类贫困乡“摘帽”；2013年完成5个重点县、9个一类贫困乡、48个二类贫困乡、29个三类贫困乡“摘帽”；2014年完成8个重点县、10个一类贫困乡、55个二类贫困乡、30个三类贫困乡“摘帽”；2015年完成11个重点县、19个一类贫困乡、115个二类贫困乡、51个三类贫困乡“摘帽”。

三、“摘帽不摘政策”的奖励措施

（七）奖励标准。按照“统筹兼顾、总量控制、动态管理”的原则，对主动“摘帽”的重点县，考核的是省定标准，不与国家层面挂钩，保持国家对我省重点县的扶持政策不减弱，确保对“摘帽”重点县、贫困乡的支持力度不减弱，奖励政策不动摇，鼓励“摘帽”促发展，鼓励“摘帽”作表率。对提前“摘帽”的重点县（全国小康县、全国百强县、省定经济强县除外），原有扶持政策不变，财政扶贫资金安排总量原则上以10%的增幅逐年递增（以该县前三年扶贫项目资金总量的年平均数为基数）、并从“摘帽”当年起至2018年，每年奖励1000万元。属于省定经济强县同时又是国家扶贫开发工作重点县“摘帽”的，一次性奖励1000万元。对不属于国家扶贫开发工作重点县的一类、二类、三类贫困乡，凡提前“摘帽”的，原有扶持政策不变。财政扶贫资金安排总量原则上以10%的增幅逐年递增（以该乡前三年扶贫项目资金总量的年平均数为基数），并从“摘帽”当年起至2018年，对一类、二类、三类贫困乡每年分别奖励100万元、50万元、20万元。对提前“摘帽”的重点县、贫困乡党政班子，“摘帽”当年分别一次性奖励50万元和10万元。

鼓励减贫人口。对减贫人口任务完成好的重点县、贫困乡实行目标奖励。凡重点县在本年度减贫人口达50%、40%、30%的（以2010年为原始测算基数，次年以上年数据为基数），当年度对应奖励500万元、400万元、300万元。对一类、二类、三类贫困乡，根据其减贫人口规划实行分段量化考核。即2013年以该乡2010年末贫困人口数量为基数、2015年以该乡2013年末贫困人口数量为基数分两个阶段进行考核。一类贫困乡凡在考核年度减贫人口比例达到50%、40%、30%的，当年度对应奖励50万元、30万元、10万元。二类、三类贫困乡按不同权重系数给予奖励。

（八）认定程序。建立由省委、省政府分管领导为召集人的“减贫摘帽”联席会议制度。拟“摘帽”重点县、贫困乡在次年1月份申报，由联席会议组成考评组进行考评、核实、公示，报省扶贫开发领导小组审定，经省委、省政府同意后，召开大会进行表彰。

（九）奖励资金来源及用途。重点县、贫困乡“摘帽”和完成减贫人口阶段目标任务的专项奖励资金列入省级财政预算。重点县“摘帽”后，对该县域内一类、二类、三类贫困乡的奖励，由该县纳入本县的以奖代补范围，奖补资金由县统筹安排。各类奖补资金用于扶贫开发新建项目或后续巩固提高工作。同时，省直部门要按照“摘帽不摘政策”的要求，加大对“摘帽”重点县、贫困乡的扶持力度，在产业发展、石漠化治理、水利设施建设、生态建设等项目上优先给予安排。

（十）激励措施。树立正确的发展观、政绩观，坚持激励与约束并重，实行“摘帽”绩效与政绩考评挂钩，使重点县、贫困乡“摘帽”政治上有荣誉，组织上受重用，经济上能受益。对发展成效显著，提前“摘帽”的重点县、贫困乡党政负责人，经考核评定合格，符合干部选拔作用条例的，优先提拔任用。对扶贫开发工作不重视、成效不明显、经济发展缓慢、贫困发生率上升、群众收入差距拉大或未按规划完成“减贫摘帽”任务的重点县、贫困乡党政主要负责人，除采取组织措施外，不得“评先选优”并取消年度目标绩效管理考核奖。对弄虚作假、欺上瞒下的，依照有关规定严肃处理。除重大自然灾害外，对巩固减贫成果不力、“摘帽”后出现反弹、贫困发生率不降反升的，停止奖励并追究责任。

四、“摘帽不摘政策”的组织保障

（十一）组织领导。按照“中央统筹、省负总责、县抓落实”的管理体制和“工作到村、扶贫到户”的工作机制，实行党政一把手负总责的扶贫开发工作责任制。建立由省委、省政府分管领导为召集人、省委组织部、省监察厅、省委政研室、省扶贫办、省目标办、省统计局、国家统计局贵州调查总队、省发展研究中心等部门负责人参加的“减贫摘帽”联席会议制度，定期研究有关工作。联席会议办公室设在省扶贫办，具体承担“摘帽不摘政策”的组织、规划、督办、考评等工作。联席会议成员单位要根据各自职能，共同研究制定鼓励重点县、贫困乡“摘帽”的扶持政策和措施，确保有部署有检查，有落实有成果。建立省直机关和地、县党委一把手负总责的定点扶贫工作责任制。实行党政机关和重点县、贫困乡联系挂钩制度，做到“不脱贫，不脱钩”。鼓励全省社会各界、各驻筑单位承担、参与定点扶贫工作，力争做到定点扶贫单位对重点县、贫困乡的全覆盖。组织部门要定期选派优秀干部到重点县、贫困乡挂职锻炼，加大对重点县、贫困乡干部的培养使用力度。

（十二）督促检查。县级以上党委、政府要把重点县的扶贫开发工作纳入年度目标绩效考核范围。省、地目标办要将“减贫摘帽”工作成效纳入对省直部门和地、县年度目标绩效考核内容。省委巡视组要把各地落实“摘帽”的相关工作作为巡视的重要内容。省委督察室、省政府督察室要从工作目标、执行责任、考核监督等方面分解、细化各级各部门任务。省监察厅要对“摘帽”工作实施有效监督。统计部门、扶贫部门要将农民人均纯收入统计台账延伸至贫困乡。扶贫部门要制定重点县和贫困乡脱贫规划、目标任务和考评办法。联席会议成员单位、省委督查室、省政府督查室要组成督查组，每年对“摘帽”县、贫困乡目标完成情况、省直部门扶持情况进行跟踪、督查、核实，定期总结经验，及时向省委、省政府报告政策措施落实和工作推进情况。

本意见具体实施办法由省扶贫开发领导小组办公室另行制定。

《中国农村扶贫开发纲要（2011—2020年）的实施意见》

黔党发〔2012〕3号

（2012年1月12日）

为认真贯彻落实《中国农村扶贫开发纲要（2011—2020年）》（以下简称《纲要》）和中央扶贫开发工作会议精神，加快我省贫困地区经济社会发展，确保到2020年与全国同步建成全面小康社会，结合我省实际，现就深入推进新一轮扶贫攻坚工作提出如下实施意见。

一、我省扶贫开发的主要成就、阶段特征和重要意义

1. 主要成就。

中央实施西部大开发战略和《中国农村扶贫开发纲要（2001—2010年）》以来，在党中央、国务院的正确领导下，省委、省政府先后作出《关于切实做好新阶段扶贫开发工作的决定》和《关于加大新阶段扶贫开发工作力度的决定》，始终坚持把"三农"工作作为全省工作的重中之重、把扶贫开发作为"三农"工作的重中之重、把农民增收作为"三农"工作和扶贫开发的"重中之重"，围绕改善基本生产生活条件、拓宽基本增收门路、提高基本素质"三个基本问题"，采取开发式扶贫、搬迁式扶贫、救助式扶贫"三类扶贫措施"，抓好整村推进、劳动力转移和产业化扶贫"三项重点工作"，推动扶贫开发上了新台阶。"十一五"期间，农村贫困人口从2005年的777.7万人减少到2010年的418万人；贫困发生率从23.9%下降到12.1%；50个国家扶贫开发重点县农民人均纯收入从1641元增加到3153元，年均增长17.7%，高于全省农民人均纯收入增幅；贫困地区基础设施明显改善，社会事业不断进步，最低生活保障制度全面建立，农村居民生存和温饱问题基本解决，为促进全省经济发展、民族团结、社会和谐发挥了重要作用，我省扶贫开发已经从以解决温饱为主要任务的阶段转入巩固温饱成果、加快脱贫致富、改善生态环境、提高发展能力、缩小发展差距的新阶段。

2. 阶段特征。

由于经济、历史、自然等多方面原因，我省2010年全面小康实现程度为62.4%，比全国低18个百分点，小康进程与全国大体相差10年左右。全省等级以上公路占公路里程比重仅为47.1%，位居全国最末一位；15岁及以上国民平均受教育年限仅为7.19年；石漠化面积3.31万平方公里，占国土面积的19%，居全国各省区之首，且近年来仍以每年1%左右的速度在继续扩大；2011年尚有975万农村人口存在饮水不安全问题；2010年全省农民人均纯收入3472元，仅相当于全国平均水平的58.7%，贫困人口占全国贫困人口总数的15%左右；全省少数民族人口数量居全国第四位，民族地区贫困人口占全省贫困总人口的60%以上。产业发育层次低，生态环境脆弱，人口素质不高，基本公共服务历史欠账太多，仍然是全国农村贫困面最大、贫困人口最多、贫困程度最深的省份，扶贫开发形势十分严峻、任务十分繁重，是全国新一轮扶贫攻坚的主战场和决战区。

3. 重要意义。

我省是革命老区、集中连片特困地区和多民族交汇融合的内陆山区，是长江、珠江上游重要的生态屏障，是西部生态建设的重要战略区域。扶贫开发是确保我省与全国同步建成全面小康社会的政治性、全局性和战略性问题，在经济社会发展中始终具有优先地位，在促进民族团结、社会和谐中始终具有基础地位，在实现可持续发展中始终具有特殊地位。中央深入实施西部大开发战略和新十年农村扶贫开发纲要，特别是随着我省加快发展重大政策的出台实施，扶贫开发面临着难得的历史机遇，各级党委、政府和各级各部门必须弘扬"不怕困难、艰苦奋斗、攻坚克难、永不退缩"的贵州精神和"开放创新、团结奋进"的贵州时代精神，保持昂扬向上、奋发有为的精神状态，再接再厉，永不懈怠，全面开创贵州扶贫开发新局面。

二、贯彻实施《纲要》的指导思想和总体目标

4. 指导思想。

以邓小平理论和“三个代表”重要思想为指导，深入贯彻落实科学发展观，以“加速发展、推动跨越”的主基调统领扶贫开发，以“三化同步”为主要抓手，以与全国同步进入全面小康社会为根本目标，集中资源打好扶贫脱贫攻坚战，推动贫困地区经济社会实现跨越式发展。

5. 总体目标。

深入实施工业强省战略和城镇化带动战略，在工业化、城镇化深入发展中同步推进农业现代化，实现工业化致富农民、城镇化带动农村、产业化提升农业，推动贫困地区经济社会“五年上台阶，十年大跨越”。

第一阶段：到 2015 年，按照国家扶贫标准，贫困人口数量比 2010 年减少一半；实现 30 个国家扶贫开发工作重点县、500 个贫困乡“减贫摘帽”；集中连片特困地区和重点县农民人均纯收入增长幅度高于全省农民人均纯收入平均增幅 2 个百分点以上，基本公共服务主要领域平均指标达到 2010 年省内先进地区水平。

第二阶段：到 2018 年，全面实现 50 个国家扶贫开发工作重点县、934 个贫困乡“减贫摘帽”。到 2020 年，稳定实现扶贫对象不愁吃、不愁穿，保障其义务教育、基本医疗和住房；集中连片特困地区和重点县农民人均纯收入增幅高于全国平均水平，基本公共服务主要领域指标接近全国平均水平，发展差距扩大趋势得到根本扭转，贵州与全国同步建成全面小康社会。

三、突出重点，深入实施扶贫脱贫攻坚第一民生工程

围绕《纲要》明确的 12 项主要任务，坚持把扶贫开发作为第一民生工程，按照专项扶贫、行业扶贫和社会扶贫“三位一体”国家扶贫战略的要求，着力强基础、扶产业、提素质、保民生、创机制、探路子，突出抓好以交通、水利为重点的基础设施建设，以增加农民收入为重点的产业化扶贫，以生态移民、培训创业就业等为重点的民生改善等工作。

6. 加快基础建设和生态环境建设，增强发展保障能力。

——构建完善的农村道路交通网络。大力实施农村通达畅通工程，加快通乡油路、通村油（公）路、通组公路建设。继续实施农村危桥改造、安保工程、农村客运站、渡口改造等工程。切实加强农村客运站点的建设和规范、简化农村客运班线审批手续。到 2012 年，实现 100% 的乡镇通油路（水泥路）和 100% 的建制村通公路。到 2015 年，70% 以上的建制村通油路（水泥路），基本实现县县通高速公路。到 2020 年，实现 100% 的建制村通油路（水泥路），推进村庄内道路硬化，实现村村通班车，农村公路服务水平和防灾抗灾能力全面提高。

——全面解决农村饮水安全问题。加快城乡水源工程等民生水利建设，农村自来水普及率逐年有所提高。发展城乡一体化供水，有条件的地方延伸集中供水管网。加强农村饮水安全工程运行管理，落实管护主体和维修资金，加强水源保护和水质监测。落实农村饮水安全工程建设的用地政策，确保土地供应。到 2015 年，解决 975 万农村人口饮水安全问题。到 2020 年，农村饮水安全保障程度和自来水普及率进一步提高。

——基本解决农村工程性缺水问题。大力推进《贵州省水利建设生态建设石漠化治理综合规划》的实施。今后五年内开工建设骨干水源工程 382 处，修建“五小”水利工程 31 万处，治理中小型病险水库 829 座。加大灌区建设和配套改造力度，扩大和加快小型农田水利重点县建设，继续实施烟水配套工程，新建一批灌溉水源工程。到 2015 年，工程性缺水状况得到有效改善，县城、乡镇生活用水得到全面解决。到 2020 年，初步建成适应经济社会发展对供水安全和生态安全需求的水利工程体系，水利工程年供水量达到 159.4 亿立方米，人均 389 立方米。

——显著改善农村人口居住条件。采取“原地分散重建”、“相对集中重建”、“地质灾害异地搬迁和原地治理相结合”、“五保户集中供养”、“局部改造”等方式，2014年前全面完成192.48万户农村危房改造任务。积极争取国家支持实施扶贫生态移民工程。到2015年，确保按年度完成对居住在深山区、石山区、高寒山区和地质灾害易发区35万户150万农村贫困人口的生态移民任务。合理解决历史遗留的库区移民安置及后期扶持问题。到2020年，贫困群众居住条件得到明显改善。

——全面解决生产生活用电问题。加大农村电气化县建设力度，大力实施农村电网改造升级工程，重点对农田灌溉、农村经济作物主产区和农副产品加工、畜禽水产养殖等供电设施进行改造。对少数特别边远、居住分散、线路成本过高的贫困村、贫困户，采取发展小水电、沼气工程、易地搬迁等办法逐步解决。到2015年，实现农村电网全面改造到位，全面取消县级供电企业“代管体制”，农村居民生活用电得到较好保障，农业生产用电问题得到基本解决。到2020年，初步建成结构合理、技术先进、供电质量高、电能损耗低，与城市电网、与主网协调发展的新型农村电网。

——加强农村能源工程建设。扩大小水电代燃料规模和范围，通过与社会主义新农村建设相结合，带动农村改厨、改厕、改水等农村基础建设。适当提高农村沼气池建设补助标准，提高配套能力。优先支持有条件的贫困户用上沼气。到2015年，新增建成40万口沼气池。到2020年，规划建设160万口沼气池，配备节能灶160万个。户用沼气池以1：1配备节能炉灶，在畜牧业发展较好地区，建立大中型沼气工程，完善沼气服务网点设施。

——加强基本农田建设。大力实施“土壤有机质提升工程”，加大中低产田土改造力度。严格保护耕地，加快农村土地整理复垦，推进高标准农田建设。继续实施洼地排涝工程，扩大测土配方施肥规模。深入实施以工代赈，加强乡村道路和人畜饮水工程建设，继续开展小流域治理和综合开发，每年开工建设一批生态建设重点工程。到2015年，规划实施的骨干水源工程将新增有效灌溉面积230万亩，结合大中型灌区续建配套与节水改造项目的实施将改善和恢复有效灌溉面积470万亩，基本建成农村人口人均半亩基本农田。

——加强生态环境建设。大力实施70个县石漠化综合治理工程，着力打造国家级石漠化综合治理示范区。推进实施退耕还林、天然林资源保护、长江珠江防护林等工程建设，构建“两江”上游重要生态屏障。切实保护自然保护区、风景名胜区、森林公园、地质公园等自然文化遗产和重要水源地。到2015年，新增治理石漠化面积1.6万平方公里，治理水土流失面积2.6万平方公里，新增退耕还林300万亩，荒山造林1000万亩等。建设湿地保护区4个，国家湿地公园5个。实施中幼林抚育及低质低效林改造2900万亩，森林覆盖率达到45%。到2020年，森林覆盖率达到50%，活立木蓄积量达到4.5亿立方米，自然保护区面积占国土面积的比例达6%以上。新增治理石漠化面积0.6万平方公里，治理水土流失面积1.5万平方公里。

7. 加大扶贫开发力度，促进农民持续稳定增收。

——实施扶贫攻坚重大事项推进行动。在武陵山区、乌蒙山区、滇黔桂石漠化集中连片特困地区在我省覆盖区域和麻山、瑶山、雷公山、月亮山、大娄山、乌蒙山等极贫地区，全面实施“十二五”集中连片特困地区扶贫攻坚重大事项推进行动。通过建立“省委省政府负总责、省扶贫开发领导小组统筹协调、省分管领导牵头负责、各厅局各司其职、市州具体负责、县乡狠抓落实，实施扶贫绩效考评挂钩、群众主体参与”的管理体制。省直部门、市（州）和县（市、区、特区）实行以双线量化考核为主要内容的“定目标、定任务、定时限、定奖惩”的责任机制，分年度分批次选择国家扶贫开发重点县作为扶贫攻坚整县推进示范县，加强跨区域合作，采取大会战方式，集中实施一批交通、水利、产业、教育、卫生、文化、就业和社会保障等民生工程，推动示范区经济社会发生根本性变化，人民群众生活水平有明显改善。到2015年，形成10个以上各具特色的扶贫攻坚示范区。

——构建特色优势扶贫产业体系。围绕建成“全国蔬菜大省、全国南方重要核桃基地、全国南方草地生态畜牧业重要省份、全国最大马铃薯产地、全国地道中药材主产省、全国南方油茶主产地、全国绿茶产业大省、全国大鲵产业大省”等目标，大力打造“菜薯烟油果药茶、畜加劳务乡村游”等扶贫特色产业。到2015年，蔬菜种植面积达到2000万亩（其中辣椒400万亩）、马铃薯1100万亩（其中菜用马铃薯300万亩）、烤烟320万亩、核桃1000万亩、油菜800万亩、精品水果500万亩、中药材500万亩、茶园500万亩、存栏羊（牛）各1000万只（头），力争做到每户贫困户都有一项增收项目。到2020年，建成优质核桃基地1500万亩、烤烟400万亩、油菜800万亩、茶园700万亩、马铃薯种植面积稳定在1100万亩、蔬菜2000万亩（其中辣椒400万亩）、油茶300万亩、干果（水果)500万亩、中药材500万亩、存栏羊（牛）各1000万只（头）以上，形成“东油西薯、南药北茶、中部蔬菜、面上干果牛羊”的扶贫产业主体布局。

——培育扶贫龙头企业集群。大力扶持产业关联度大、市场竞争力强、辐射带动面广的特色农产品加工、流通企业，延长产业链，形成各具特色的扶贫产业基地和扶贫产业加工集群。到2015年，形成一批年销售收入超过10亿元的产业化扶贫龙头企业，一批农产品加工示范园区，一批示范基地和知名新产品及品牌，省级扶贫龙头企业达到500家。

——建成乡村旅游扶贫产业主体功能区。实施乡村旅游扶贫倍增计划和品牌战略，着力打造乡村旅游精品线路，推动形成“红色旅游+民族风情+生态休闲+特色农业”四大主题功能区。组织开展乡村旅游景区对外招商活动。到2015年，打造10个以上具有较大影响力的乡村旅游扶贫示范区和各具特色的乡村旅游扶贫品牌，实现农民人均纯收入的20%来自乡村旅游、农村就业人员的20%来自乡村旅游、全省旅游总收入的20%来自乡村旅游。到2020年，形成种类丰富、特色鲜明、功能配套、服务规范的多元化乡村旅游扶贫产业体系。

——全面完成整村（乡）推进。加快编制实施整村推进规划。统筹农村安全饮水、农村用电、道路交通、危房改造、教育事业、卫生事业、文化事业、社会保障、计划生育、林业生态等资金，每年完成1000个整村推进任务。贫困村相对集中的地方，可实行整乡推进连片开发。到2015年，全面完成尚未实施整村推进的5000个贫困村的整村推进任务，基本实现“1户农户转移1人，掌握1门适用技术、发展1亩经果林（园）”的“三个一目标”和《纲要》“六到农家”的战略任务。

——健全农民与专业合作组织利益联结机制。依托扶贫主导产业，每年扶持发展一批各类农民专业合作组织和专业协会。积极引导农民实行劳动、土地和资本联合，规范发展“公司+农户”、“专业合作社+农户”、“能人大户+农户”等多种产业化经营模式。培育各类农产品交易专业市场，完善农户与龙头企业、农户与专业合作组织、农户与能人大户之间的利益联结和风险协调机制。到2015年，形成一批年销售收入超过5亿元的大型农产品市场，扶持新发展农民专业合作组织2000家。到2020年，形成形式多样、联结紧密、较为完备的利益联结机制，农民组织化程度进一步提高。

——大力实施农民就业创业工程。落实更加积极的就业政策，把促进城乡群众就地就近稳定就业作为最根本的民生和各级人民政府工作的优先目标，大力发展劳务经济。探索建立一批异地劳动力转移输出基地，确保每年向信誉度高的省外企业培训输出一批农村劳动力。鼓励通过转让、入股等土地承包经营权流转方式，每年就地就近转移农民就业。兴建的各类工业园区优先安置因建园区而被征地的农民。深入实施百万农民工、百万青年和百万妇女创业带动就业工程。围绕扶贫主导产业，在9个市（州）各建设一个农业实用技术培训基地。采取政府出资购买、企业“招工+培训+就业”的方式，每年培训转移10万名农村劳动力。以“两后生”为重点，实施“雨露计划：圆梦行动”、“雨露计划：助学工程”和初级技工培训，每年开展1万名劳动预备制培训。大力实施“阳光工程”，通过“送教上门”式培训，每年培训5万人次，实现“门口办班、就业培训、出门就业”。对返乡农民工、自主创业的贫困群众、应届高校毕业生等，提供小额扶贫担保贷款贴息。组织实施世行贷款“农民工培训与就业”项目。建立创业培训与小额担保贷款相互促进良性机制。积极开展“黔深雨露直通车”试点。

——继续开展扶贫试点。总结提高“晴隆模式”、“印江经验”、“长顺做法”、“威宁试点”等扶贫模式和毕节试验区“开发扶贫、生态建设、人口控制”的成功经验。全面推进山地农业扶贫工程，鼓励武陵山地区扶贫试点先行先试，大力开展“一企带一村”、“村企共建”试点，积极探索现代农业产业扶贫试点，整村整乡整县推进连片开发等试点，不断拓展扶贫开发的新途径、新方式。

——加快推进革命老区和人口较少民族发展。落实国家对革命老区县和人口较少民族的扶持政策，力争扩大中央彩票公益金扶贫项目在我省的实施范围。加大对人口较少民族的扶持力度。互助资金、整县推进等扶贫试点及重大产业化扶贫项目，同等条件下优先安排在革命老区县和人口较少民族实施。

8. 大力发展社会事业，着力保障和改善民生。

——建立促进农村教育发展的长效机制。科学调整农村中小学布局，加大贫困地区教育投入力度。全面实施农村寄宿制学校建设攻坚工程。大力发展贫困地区学前教育。扩大农村义务教育阶段家庭经济困难寄宿生生活费补助范围。完善家庭经济困难学生资助政策体系，在普通高中建立以国家助学金为主的家庭经济困难学生资助制度，农村独生子女家庭子女接受高中教育和职业教育优先享受国家助学政策。继续完善义务教育经费保障机制。免除中等职业教育学校家庭经济困难学生和涉农专业学生学费。扶持民族地区义务教育和中等职业教育发展。积极推进农村中小学课程改革、不断提高教学质量，促进农村义务教育均衡发展。关心特殊教育，加大对各级各类残疾学生扶助力度。按照有关编制标准，逐步配备农村寄宿制学校校医、安保、宿管人员。对长期在农村基层和艰苦边远地区工作的教师，在工资、津贴、职务、聘任、住房等方面实行政策倾斜；鼓励各级政府对长期在贫困地区从教、贡献突出的教师定期予以奖励。到 2015 年，贫困地区学前三年教育毛入园率有较大提高；九年义务教育巩固率达到 85%，高中阶段教育毛入学率达到 63%，高等教育毛入学率达到 27%；保持普通高中和中等职业学校招生规模大体相当。在 1840 所学校建设学生宿舍，使农村小学在校生寄宿率达到 70%；为 14.5 万农村教师建设周转宿舍 7.2 万套共 253 万平方米，实现农村教师“安居乐教”；逐步实施农村学生营养改善计划。实施全省突破高中阶段教育发展工程 167 个，建成一批办学规模较大的高中阶段学校。积极争取国家支持，使我省农村义务教育阶段家庭经济困难学生获生活费资助的人数从 80 万人增加到 177 万人。到 2020 年，基本普及学前教育，义务教育水平进一步提高，普及高中阶段教育，远程继续教育和社区教育水平不断提高。

——提高农村公共卫生服务均等化水平。加大贫困地区公共卫生事业投入。巩固完善新型农村合作医疗制度，逐步提高政府补贴标准，新型农村合作医疗覆盖率稳定在 97% 以上，基本实现门诊统筹全覆盖。加强贫困地区医疗卫生基础设施建设，基本完成国家扶贫开发工作重点县县级医疗机构、预防保健机构和贫困乡镇卫生院房屋改造和设备配备任务。重点加强乡镇卫生院建设。鼓励医学大中专毕业生到贫困地区县以下医疗机构就业，支持现有人员参加提升学历教育，逐步提高村医补助标准。继续推进实施基本药物制度，政府办基层医疗机构基本药物实行集中采购管理，基本药物实行零差率销售。加强重大疾病防控。到 2015 年，实现每个乡镇有 1 所政府举办的卫生院，每个乡镇卫生院有 1 名全科医生；县级医院的能力和水平明显提高；儿童重大疾病保障水平进一步提高，县、乡、村三级医疗卫生服务网点基本健全。重大传染病和地方病得到有效控制，消灭麻风病。到 2020 年，贫困地区群众获得公共卫生和基本医疗服务更加均等。

——推动公共文化资源配置向乡村倾斜。加快农村“三电合一”工程和农村“光纤宽带进乡入村”工程建设，继续推进广播电视村村通工程。加快建立健全应急广播体系。面向乡村开展数字文化信息资源服务。调动社会力量参与和支持贫困村村级文化建设。加强贫困村村级文化队伍建设，建立健全村级文化建设保障机制。继续推进农村党员干部现代远程教育。到 2015 年，力争建制村基本通宽带，实现 20 户以下已通电自然村通广播电视，乡镇数字化广电网络覆盖率达到 100%，力争实现每个县拥有一家数字电影院，每个行政村每月放映 1 场数字电影，自然村和交通沿线通信信号基本覆盖。到 2020 年，全面实现广播电视户户通，自然村基本实现通宽带。健全农村公共文化服务体系，基本实现每个国家扶贫开发工作重点县有图书馆、文化馆，乡镇有综合文化站，行政村有综合文化室。以公共文化建设促进农村廉政文化建设。

——健全农村社会保障体系。加快建设扶贫开发、农村低保、临时救助制度等有机融合的农村社会保障体系。瞄准扶贫标准下具备劳动能力的贫困人口主要实施产业扶贫，逐步提高农村最低生活保障水平，逐步提高对鳏寡孤独、因病因残丧失劳动能力贫困人口的救助标准。继续实施农村低保季节性缺粮户粮食救助制度，切实解决农村低保对象因季节性缺粮导致的生活困难问题。健全自然灾害应急救助体系。全面加强综合防灾减灾能力建设。对因灾因病、因祸或其它原因造成临时性生活困难的贫困人口实施临时救助。建立健全学生资助体系，对家庭经济困难学生采取减免学费、发放助学金和生活补助费等予以资助。健全完善最低生活保障和物价上涨挂钩的联动机制，切实保障困难群众的基本生活。进一步做好被征地农民的就业和社会保障工作。支持贫困地区建立健全社会养老服务体系。全面实施《贵州省残疾人事业“十二五”发展纲要》，在同等条件下优先对残疾人进行帮扶。关注留守妇女和留守儿童的贫困问题。到 2015 年，农村最低生活保障制度、五保供养制度和临时救助制度进一步完善，根据社会经济发展状况，适时提高补助标准。到 2020 年，农村社会保障和服务水平进一步提升。

——完善农村计划生育利益导向机制。坚持计划生育基本国策，严格实行计划生育一票否决制。全面加强人口和计划生育工作，确保实现“双降”目标。建立健全奖励、保障、救助等计划生育优惠政策机制。加强流动人口计划生育服务管理。继续实施农村“少生快富”工程，逐步提高农村独生子女保健费和教育奖励金等标准。实行农村独生子女家庭和二女家庭最低生活保障、危房改造、大学毕业生创业基金、农业直接补贴等优惠制度，在扶贫资金项目安排上，优先重点帮扶实行计划生育的贫困户。到 2015 年，贫困地区各县人口自然增长率控制在 6‰以内，妇女总和生育率在 1.8 左右，力争使所有县计生站和 90% 以上的乡镇服务站完成标准化、规范化建设。全省新增国家级优质服务先进县 15 个，实现省级优质服务先进县全覆盖。到 2020 年，贫困地区低生育率持续稳定，逐步实现人口均衡发展。

——提高科技扶贫成效。以产业为指导，项目为支撑，分门别类，配套引进一批专业技术人才。积极推广良种良法。加大科技攻关和科技成果转化力度，每年培育 100 家科技型扶贫龙头企业。加快科技扶贫示范村和示范户建设，继续选派科技扶贫团、科技副县（市）长、科技副乡（镇）长、科技特派员到重点县工作。

9. 加强社会扶贫和交流合作，探索扶贫新路子。

——实现定点扶贫全覆盖。建立健全与中央部委办和各民主党派中央、全国工商联定点扶贫沟通联系机制，力争实现中直机关（央企）对我省 50 个国家扶贫开发工作重点县定点帮扶的全覆盖。鼓励省内发达地区的县（区、市）结对帮扶发展相对滞后的贫困县。省内各部门各单位、各人民团体、参照公务员法管理的事业单位和国有大型骨干企业、国有控股金融机构、国家重点科研院校、军队和武警部队，要积极参加定点扶贫，承担相应的定点扶贫任务。定点扶贫单位要制定帮扶规划，积极筹措资金，定期选派优秀中青年干部挂职扶贫。把选派干部下基层锻炼与组建党建扶贫工作队结合起来，县以上党政机关公务员没有两年以上基层工作经历或未参加过扶贫、农村党建工作队或支教的，都应按照规定分期分批下基层锻炼，参加扶贫开发。鼓励和帮助各类非公有制企业、社会组织承担定点扶贫任务。

——扩大对口帮扶范围。在现有大连、青岛、深圳、宁波 4 个城市对口帮扶的基础上，继续争取国家增加经济发达城市对口帮扶人省，使全省除贵阳市以外的 8 个市（州）都得到经济发达城市的对口帮扶。积极探索与对口帮扶城市实现产业对接、劳务输出、人员培训、资源共享、互惠互利、发展共赢的新型帮扶机制，吸引更多的东部地区企业到我省投资开发。

——提升社会帮扶水平。加大招商引资力度，加快民营经济发展，壮大县域经济，大力扶持发展扶贫龙头企业和农民专业合作组织，不断提升社会化扶贫效益。鼓励和动员社会组织、个人通过多种方式参与扶贫开发，积极倡导扶贫志愿者行动，构建扶贫志愿者网络。深入推进“党员创业带富工程”、“春晖行动”、“双学双比”、“光彩事业”、“爱心包裹”、“同心工程”、“爱心午餐”、“西部之光”、“三支一扶”等活动，鼓励工会、共青团、妇联、科协、侨联等群众组织、海外华人华侨参与扶贫。

——切实拓宽减贫国际交流合作领域。加强国际反贫困领域交流，继续深化世界银行与我省扶贫项目合作领域，共同促进减贫事业发展。

四、强化政策保障，切实提高扶贫开发成效。

把武陵山区、乌蒙山区、滇黔桂石漠化地区在我省覆盖区域作为扶贫攻坚的主战场。把50个国家扶贫开发工作重点县作为主攻方向，把934个一、二、三类贫困乡（镇）作为核心区域（其中经重新审核认定的100个一类乡镇为重点区），把在扶贫标准以下具备劳动能力的农村人口作为扶贫工作主要对象，进一步加大扶贫攻坚力度，切实提高扶贫开发成效。

10. 加大扶贫资金投入使用监管力度。

——稳定增加财政专项扶贫资金投入。按照《纲要》精神和省委、省政府确定的我省新十年扶贫开发任务的要求，省、市、县三级财政要积极调整支出结构，全面落实国家《财政专项扶贫资金管理办法》（财农［2011］412号）的规定，地方各级财政根据各地减贫工作需要和财力情况，每年预算安排一定规模的财政专项扶贫资金，并逐年加大投入规模。省级财政安排的财政专项扶贫资金规模应达到中央补助我省财政专项扶贫资金规模的一定比例，有关资金投入情况作为绩效评价的重要因素。积极争取国家加大对我省的资金投入。整合资源、创新机制，加快形成吸引社会资金投入扶贫开发的格局。省级财政专项扶贫资金新增部分主要用于连片特困地区。进一步完善财政转移支付制度，加大对贫困地区的支持力度。大力推广小额扶贫贷款。各部门安排的各类专项资金、项目在同等条件下要向国家扶贫开发工作重点县和贫困村倾斜。

——调整财政专项扶贫资金使用投向。中央和省级财政专项扶贫资金的80%用于国家和省定的集中连片特困地区和扶贫开发工作重点县、重点乡镇、重点村支持发展特色优势扶贫产业和扶持贫困人口，统筹安排对口城市帮扶资金。各地各部门安排使用的以工代赈资金、民族发展资金、交通、水利、农网、沼气建设等种类资金都要向连片特困地区倾斜。

——探索建立扶贫投融资平台。加快建立服务扶贫开发的投融资平台，探索建立扶贫资金有偿使用、滚动发展、多元投入机制，实施信用担保试点，不断增加金融资本融通总量。

——强化财政专项扶贫资金项目监管。实行“竞争入围、绩效考评、以奖代补”的资金使用机制和“源头控制、程序规范、下管一级、全程监控”的资金监管机制。严格执行扶贫资金项目公示制、向纪检监察机关备案制、项目监管责任追究制、财政专户管理制、报账管理制和国库集中支付资金动态监控。推行扶贫项目资金运行情况中期评估和年底绩效考评制度。强化扶贫资金账户管理。探索扶贫资金有偿使用、滚动发展推进产业扶贫的运作机制。加强扶贫资金审计，加大查处挤占、挪用、贪污扶贫资金的违纪违法行为。

11. 切实做好“两项制度”有效衔接。

——切实明确工作对象。凡在扶贫标准以下且具备劳动能力的农村贫困人口为扶贫对象；凡家庭年人均纯收入低于当地农村低保标准的农村居民为农村低保对象。

——切实健全识别机制。以国家扶贫标准为定量依据，以“两不愁三保障”为定性依据。采取量化标准、定性指标与村民民主评议相结合的方法，合理确定扶贫对象。严格按照《贵州省农村居民最低生活保障工作规程》（试行）规定的程序确定农村低保对象。研究制定“两项制度”有效衔接的统计、监测、评估指标体系，建立扶贫、民政、统计等部门的信息共享网络平台，实现“两项制度”有效衔接信息管理监测常态化。

——切实建立进退机制。有劳动能力的农村低保对象经扶贫项目扶持实现脱贫致富、家庭年人均纯收入超过当地农村低保标准的，退出农村低保范围，做到农村低保对象有进有出，补助水平有升有降。民政和扶贫部门要共同组织开展农村扶贫对象、低保对象年度入户核查工作，及时取消家庭年人均纯收入超过当地低保标准的扶贫对象的农村低保待遇。

——切实提高扶贫标准。“十二五”期间，统一将我省地方扶贫标准提高至1724元并根据每年价格指数向上浮动。农村低保标准坚持依照维持当地农村居民全年生活必需的吃饭、穿衣、用水、用电等费用确定的原则，按照年均增长10%以上的要求，科学合理确定。

12. 加大各项政策支持力度。

——切实加大税收政策支持力度。对贫困地区属于国家鼓励发展的内外资投资项目和中西部地区外商投资优势产业项目，进口国内不能生产的自用设备，以及按照合同随设备进口的技术及配件、备件，在规定范围内免征关税。企业用于扶贫事业的捐赠，符合税法规定条件的，可按规定在所得税税前扣除。

——切实加大金融资金投入力度。全面落实农村妇女创业小额信贷优惠政策。继续实施残疾人康复扶贫贷款项目。尽快实现贫困地区金融机构空白乡镇的金融服务全覆盖。鼓励和支持贫困地区县域法人金融机构将新增可贷资金70%以上留在当地使用。积极发展农村保险事业，鼓励保险机构在贫困地区建立基层服务网点。鼓励地方发展特色农业保险。加强贫困地区农村信用体系建设。

——切实加大投资倾斜力度。加大贫困地区基础设施建设。生态环境和民生工程等投入力度。全面落实国家在贫困地区安排的病险水库除险加固、生态建设、农村饮水安全、大中型灌区配套改造等公益性建设项目取消县以下（含县）以及西部地区连片特困地区配套资金的政策。从土地出让金收益中提取12%用于农田水利建设。

——切实加大土地利用支持力度。新增建设用地指标优先满足生态移民搬迁建房需求，合理安排小城镇和产业聚集区建设用地。加大土地整治力度，在项目安排上，向有条件的县倾斜。在保护生态环境的前提下支持贫困地区合理有序地开发利用矿产资源。

——切实加大人才保障力度。组织教育、科技、文化、卫生等行业人员和志愿者到贫困地区服务。制定大专院校、科研院所、医疗机构为贫困地区培养人才的鼓励政策。引导大中专毕业生到贫困地区就业创业。进一步加大对贫困地区特别是基层的政策倾斜力度，落实艰苦边远地区津贴动态调整机制，研究完善贫困地区各类专业技术人才在职务、职称等方面的特殊政策。研究制定吸引各类人才到贫困地区工作的优惠政策，在职务晋升、职称评定、子女入学、医疗服务等方面给予政策倾斜。加大贫困地区干部和农村实用人才的培训力度，健全和完善乡土人才管理系统，实现乡土人才管理服务信息化。

——切实加快扶贫立法进程。加快《贵州省扶贫开发条例》立法进程，推进扶贫开发工作步入法制化轨道。

13. 创新扶贫开发机制。

——全面推行“减贫摘帽”激励措施。全面落实省委、省政府对国家扶贫开发工作重点县加快扶贫攻坚步伐进行奖励的意见。实行“摘帽不摘政策”的激励措施，对提前“摘帽”的重点县、贫困乡，原有扶持政策不变，并从“摘帽”当年起至2018年，每年给予定额奖励，确保全面完成“摘帽”任务。“摘帽不摘政策”坚持对下不对上的原则。执行省定标准，不与国家层面挂钩，保持国家对我省的扶贫政策不减弱。

——深化集团帮扶制度。大力推行省、市（州）、县级党委、人大、政府、政协在职领导牵头定点联系贫困县、定点帮扶贫困乡（镇）、贫困村的帮扶制度，用3年左右时间实现一轮帮扶乡（镇）、村整体脱贫。各级定点帮扶的乡（镇）、村不得重合。

——推行贫困影响评估机制。重大项目的可行性研究报告应当进行“贫困影响”评价，对建设项目的选址、设计和建成投产使用后可能对周围群众产生的不良影响、致贫因素等进行调查、预测和评定，提出防治措施和补偿机制，按照程序报批。

——建立统计监测机制。进一步完善扶贫开发统计与贫困监测制度。实行定量分析与定性分析相结合的经济运行分析机制。实行项目进度月报和季度经济运行分析相结合的监控机制，建立扶贫基金、项目监控信息系统，建立覆盖全省的远程监控与实地核查相结合的扶贫资金项目监控平台，将扶贫项目申报、立项、批复、实施、监管、考评流程网络化。规范扶贫绩效考评方法，实行“第三方”评估为主，扶贫系统自查为辅的考评方式，实现扶贫绩效由自身评估向社会评估的转变。

五、加强组织领导，切实保证各项措施落到实处

推进扶贫开发工作，确保扶贫脱贫攻坚工程取得实效，关键在于加强领导，明确责任，健全队伍，形成合力。

14. 强化扶贫开发责任。

实行党政一把手负总责的扶贫开发工作责任制。省委、省政府对武陵山区、乌蒙山区、滇黔桂石漠化地区在我省覆盖区域的扶贫开发负总责。在国家指导下，编制实施三大连片特困地区扶贫规划，以县为基础制定和实施扶贫脱贫攻坚工程。各市（州）党委、政府是所辖区域扶贫开发工作的第一责任人，负责组织协调和督促检查本辖区扶贫脱贫攻坚工程的实施；国家扶贫开发工作重点县和有扶贫任务的县级党委、政府是扶贫开发直接责任人。具体编制实施县域内整乡（村）推进规划和实施方案，做到“工作到村、扶贫到户”。充分发挥省扶贫领导小组及其办公室的职能作用，负责协调推进本实施意见的全面贯彻落实，研究制定全省扶贫攻坚示范县考评办法等推进扶贫开发工作的重大政策措施，全面推行扶贫开发工作绩效考评制度，把扶贫开发工作成效作为衡量各地科学发展水平的重要内容和贫困地区各级干部政绩考核和提拔任用的重要依据。把产业发展、减贫人口、农民增收指标，纳入国民经济和社会发展规划和年度计划。

15. 强化部门协作配合。

加强与中央部委办和国家机关的沟通衔接。完善扶贫开发工作目标责任制。各级各部门要结合自身职责对本实施意见所涉及的各项任务进行分解细化，制定具体的年度实施意见，明确年度目标和配套措施，将任务分解落实到责任部门和责任人，一级抓一级，层层抓落实。加强对本意见贯彻落实情况的督促检查和绩效考核，做到年初有实施方案，年中有进度报告，年底有考核结果，确保得到全面有效贯彻落实。

16. 强化基层组织建设。

充分发挥基层党组织的战斗堡垒作用和党员干部的先锋模范作用，把经济发展、脱贫致富作为衡量党建工作的重要标准。加强村级领导班子建设，把率先致富、愿意带领群众致富、公道正派的农村能人选拔进领导班子。大力实施基层基础工程，进一步加强党务政务便民利民服务中心站（点）建设，继续实施选聘高校毕业生到村任职计划。大力开展“四帮四促”等活动，对带领群众脱贫致富、成绩突出的村干部，可按有关规定和条件，优先考录为公务员。县、乡对贫困村实行干部下派，对德才兼备、成绩突出的，予以提拔重用。加强贫困地区干部培训。贫困乡、村干部培训要纳入各级党校、行政学校的培训规划。

17. 强化扶贫机构队伍建设。

国家扶贫开发工作重点县的扶贫机构单设。一类贫困乡（镇）设置扶贫工作站。有扶贫开发任务的其他县和乡（镇）要配备专职工作人员。各级扶贫部门要大力加强思想、作风、廉政和效能建设。

18. 强化扶贫开发宣传。

广泛宣传国家和地方的扶贫开发政策、成就、经验和典型事迹，加强扶贫理论研究，营造全社会参与扶贫的良好氛围，把扶贫开发纳入基本省情教育。及时总结各地在实施《纲要》和本地实施意见中改革创新、攻坚克难的好经验、好做法，形成示范带动效应。

19. 强化执行能力建设。

把扶贫开发作为重点督办内容，及时发现问题，纠正实施偏差，保证取得实效。各级目标办要把扶贫开发列为对部门工作考核的重要内容，建立健全考核评价机制和评价体系。省委督查室、省政府督查室要加强对扶贫开发工作的督查协调，把本实施意见明确的各项目标任务分解到各级党委、政府和有关部门。实行激励先进和渎职问责相结合的问责机制，保证各项政策措施落到实处。

贵州省第十一届人民代表大会常务委员会公告

（2013 第 3 号）

《贵州省扶贫开发条例》已于 2013 年 1 月 18 日经贵州省第十一届人民代表大会常务委员会第三十三次会议通过，现予公布，自 2013 年 3 月 1 日起施行。

贵州省人民代表大会常务委员会

2013 年 1 月 18 日

贵州省扶贫开发条例

（2013 年 1 月 18 日贵州省第十一届人民代表大会常务委员会第三十三次会议通过）

第一章 总 则

第一条 为规范扶贫开发行为，加快贫困地区经济社会发展，实现扶贫对象脱贫致富，缩小城乡和区域发展差距，全面建成小康社会，根据有关法律法规的规定，结合本省实际，制定本条例。

第二条 本省行政区域内的扶贫开发活动适用本条例。

第三条 本条例所称扶贫开发是指国家机关和社会各界通过政策、资金、物资和智力支持等帮助贫困地区和扶贫对象增强发展能力，实现脱贫致富的活动。

本条例所称贫困地区是指国家确定的集中连片特殊困难地区，国家扶贫开发工作重点县，省确定的贫困县、贫困乡镇和贫困村。

本条例所称扶贫对象是指符合国家扶贫标准且具备劳动能力的农村居民。

第四条 扶贫开发应当坚持科学发展和开发式扶贫的方针，遵循政府主导、分级负责、部门协作和社会参与的原则。

贫困地区和扶贫对象应当自力更生，艰苦奋斗，充分发挥主体作用，不断增强发展能力。

第五条 各级人民政府对本行政区域的扶贫开发工作负总责，其主要负责人是本行政区域扶贫开发工作第一责任人，实行扶贫开发目标责任和考核评价制度。

第六条 县级以上人民政府扶贫开发部门是本级人民政府扶贫开发行政主管部门，负责本行政区域扶贫开发工作的规划、协调、管理、监督和服务。

县级以上人民政府有关部门在各自职责范围内做好扶贫开发工作。

第七条 省确定的贫困乡镇应当建立扶贫开发工作机构，根据扶贫任务配备相应工作人员。

第八条 县级以上人民政府应当按照区域发展带动扶贫开发、扶贫开发促进区域发展的要求，通过专项扶贫、行业扶贫和社会扶贫，不断提高贫困地区经济社会发展能力，不断提高扶贫对象的生活水平和综合素质。

鼓励开展各类扶贫开发试点和示范区建设，探索扶贫开发新途径。

第二章 政府职责

第九条 省人民政府负责制定本省行政区域内武陵山区、乌蒙山区、滇桂黔石漠化地区等集中连片特殊困难地区区域发展与扶贫攻坚规划，并组织实施。

县级以上人民政府应当制定本行政区域扶贫攻坚规划，作为国民经济和社会发展规划的重要组成部分，与本级城乡规划、土地利用规划、产业发展规划、环境保护规划等相互衔接，并组织实施。

县以上扶贫开发部门应当根据本级人民政府制定的扶贫攻坚规划，拟定年度扶贫攻坚实施方案，报本级人民政府批准后实施。

各有关部门在组织编制本部门发展规划时，应当把改善贫困地区发展环境和条件作为重要内容，完成国家和省确定的扶贫任务。

第十条 县级以上人民政府应当建立健全扶贫开发协调机制，统筹协调解决扶贫攻坚中的重大问题。

第十一条 省人民政府按照国家有关规定调整本行政区域国家扶贫开发工作重点县，优先支持革命老区县、民族自治地方发展。

第十二条 各级人民政府应当建立健全扶贫对象识别机制，推进扶贫开发和农村最低生活保障制度有效衔接，对贫困地区和扶贫对象实行动态监测管理。

贫困地区和扶贫对象动态监测管理办法由省扶贫开发部门会同相关部门制定，并报省人民政府批准。

第十三条 县级以上人民政府应当制定教育、科技文化、医疗卫生、交通水利、就业促进和防止返贫等保障措施，加强扶贫对象实用技术及劳动技能培训，提高扶贫对象综合素质。

第十四条 各级人民政府应当采取措施，对军烈属、农村残疾人、少数民族、计划生育户、妇女儿童、扶贫生态移民、库区移民和诚信扶贫对象进行重点帮扶，优先帮助人口较少民族发展。

第十五条 县级人民政府根据实施扶贫攻坚重大事项的需要统筹协调、整合资源的，应当同时具备下列条件：

（一）符合县级以上人民政府扶贫攻坚规划；

（二）项目、资金性质相近、用途相同；

（三）符合项目产业化、规模化、效益最大化原则；

（四）有利于区域推进、连片开发；

（五）县级人民政府集体研究决定。

进行资源整合应当报原项目、资金审批单位备案。

第十六条 县级以上人民政府有关部门安排农业综合开发、土地整治、生态建设、村级公路建设、小流域与水土流失治理、农村水电建设和教育、科技、文化、卫生等项目，应当优先在贫困地区实施。

第十七条 统计、扶贫开发部门应当建立健全扶贫开发统计指标体系，联合发布贫困地区扶贫开发情况，准确反映贫困状况和扶贫对象变化趋势，为扶贫决策提供依据。

第十八条 县级以上人民政府及有关部门应当加强反贫困领域的国际交流与合作，积极引进项目、资金和技术等，开展扶贫项目合作。

第三章　项目管理

第十九条 扶贫项目分为产业扶贫项目、扶贫对象基本生产生活条件改善项目、扶贫对象能力培训项目及其他项目。

第二十条 扶贫项目实行分级分类审核审批，其中，产业扶贫项目实行竞争立项，具体办法由省人民政府另行制定。

第二十一条 扶贫项目管理部门应当依据批准的扶贫攻坚规划建立扶贫项目库，发布年度扶贫项目申报指南。

申报产业扶贫项目，由县及乡级人民政府、农民专业合作经济组织和扶贫龙头企业，按照年度扶贫项目申报指南要求编制项目申报书，并按照规定程序向扶贫开发部门申报。项目申报书应当如实载明项目区扶贫对象受益方式及情况。

申报扶贫对象基本生产生活条件改善项目、扶贫对象能力培训项目及其他项目，依据本条例相关规定执行，国家和省另有规定的，从其规定。

第二十二条 项目申报单位不得虚构或者伪造扶贫项目，也不得在同一年度以相同内容向有关部门重复申报。

第二十三条 扶贫项目批准立项后，项目申报单位应当根据项目立项批复编制项目实施方案，报原审核审批部门同意。

扶贫项目应当按照批准的实施方案组织实施，任何单位和个人不得擅自变更；确需变更扶贫项目实施方案的，除本条例第十五条规定的情形外，应当报原审核审批部门同意。

第二十四条 对主要使用财政专项扶贫资金的产业扶贫项目，在建立健全扶贫对象受益联接机制后，可以协议由农民专业合作经济组织、扶贫龙头企业或者专业大户组织实施。

第二十五条 扶贫项目管理部门应当在批准扶贫项目实施方案后 10 日内，将项目基本情况送同级财政、审计、监察部门备案。

产业扶贫项目和扶贫对象基本生产生活条件改善项目实施地的县、乡级人民政府应当在财政专项扶贫资金安排到位后 10 日内，将资金名称、来源、数量、项目实施单位以及查询方式等情况向社会公开。

第二十六条 产业扶贫项目和扶贫对象基本生产生活条件改善项目实施单位应当按照扶贫项目建设管理的有关规定开工建设项目，并在开工建设后 10 日内建立公示牌，公开项目负责人、建设内容、规模、投资额度、主管单位及负责人、投诉联系方式等情况，依据批准的实施方案在规定期限内实施完毕。

第二十七条 扶贫项目应当实行项目责任制、合同管理制、质量和安全保证制、公开公示制、绩效评估和检查验收制，并依法接受审计。

扶贫项目符合政府采购和招标要求的，应当依法实行政府采购和招标。

第二十八条 省扶贫开发部门应当根据实际情况，适时调整扶贫项目补助标准，并会同相关部门制定扶贫项目竣工验收标准。

扶贫项目管理部门应当指导项目实施单位实施扶贫项目，并组织相关部门或者委托有相应资质的第三方对竣工项目进行验收，并依法进行审计。

产业扶贫项目和扶贫对象基本生产生活条件改善项目竣工验收后，由扶贫项目管理部门或者项目所在地县级人民政府帮助受益地区或者扶贫对象建立管护制度，明确管护责任和相关权利义务。

第二十九条 实施扶贫项目所形成的各类资产权益依法受到保护。任何单位和个人不得损坏、非法占用或者变卖扶贫开发项目设施、设备和资产。

第四章 资金管理

第三十条 扶贫资金主要分为财政专项扶贫资金、社会捐赠资金、对口帮扶和定点扶贫资金以及其他资金。财政专项扶贫资金按照使用方向分为发展资金、以工代赈资金、少数民族发展资金、国有贫困农场扶贫资金、国有贫困林场扶贫资金、扶贫贷款贴息资金。

县级以上人民政府应当在本级财政预算中安排一定规模的财政专项扶贫资金，并建立与经济社会发展相适应的财政专项扶贫资金投入增长机制。

省财政每年安排的财政专项扶贫资金规模应达到中央补助我省财政专项扶贫资金规模的 30% 以上。

第三十一条 财政专项扶贫资金主要使用范围：

（一）培育和壮大特色优势产业，支持贫困地区和扶贫对象发展种植业、养殖业、民族手工业和乡村旅游业；承接来料加工订单；使用农业优良品种、采用先进实用农业生产技术等；

（二）改善农村贫困地区基本生产生活条件，支持修建小型公益性生产设施、小型农村饮水安全配套设施、贫困村村组道路等，支持实施扶贫生态移民、扶贫对象实施危房改造等；

（三）提高扶贫对象就业和生产能力，对其家庭劳动力接受职业教育、参加实用技术培训给予补助；

（四）帮助扶贫对象缓解生产性资金短缺困难，支持贫困地区建立村级发展互助资金，对扶贫贷款实行贴息等；

（五）编制、审核扶贫项目规划，实施和管理财政专项扶贫资金和项目而发生的项目管理费；

（六）支持集团帮扶项目；

（七）支持开展各类扶贫试点或者创建扶贫示范区；

（八）贫困地区或者扶贫对象其他需要扶持的扶贫事项。

第三十二条 扶贫开发、发展改革、民族事务、残疾人联合会等部门或者单位分别会同财政部门，根据扶贫开发政策，制定年度财政专项扶贫资金使用计划，按照程序上报审定。

第三十三条 各级财政部门应当设立财政专项扶贫资金专户，做到专账核算、封闭运行、专款专用。

扶贫项目实施单位应当设立财政专项扶贫资金核算专账，按照国家有关财政专项扶贫资金财务管理制度实施管理。

第三十四条 财政专项扶贫资金实行县级报账和国库集中支付，财政、扶贫开发部门应当按照扶贫项目实施进度及时拨付财政专项扶贫资金。

第三十五条 财政、扶贫开发部门可以建立财政专项扶贫资金有偿使用、滚动发展机制。

第三十六条 财政专项扶贫资金使用管理按照国家和省有关规定实行绩效评价制度。

财政和扶贫项目管理部门应当建立扶贫资金使用情况信息平台，公开年度扶贫资金安排数量、来源、项目安排去向、项目实施单位、受益群体以及实施效益等情况。

第三十七条 审计、监察部门依法对扶贫资金使用情况进行审计和监督。

任何单位和个人不得滞留、截留、挪用、侵占和贪污扶贫资金。

第五章 行业扶贫和社会扶贫

第三十八条 鼓励民主党派、工商联、工会、共青团、妇联、科协等组织积极引进项目、资金和技术等参与扶贫开发。

各级人民政府应当组织或者协调国家机关、社会团体、企业事业单位等到贫困地区进行定点帮扶，并引导其他社会力量开展帮扶活动。

第三十九条 鼓励各地区、各行业、各单位积极争取中央国家机关、大型国有企业、定点帮扶单位和对口帮扶城市的支持，组织实施协作帮扶项目。

扶贫开发部门应当加强对定点扶贫和对口帮扶项目、资金的监督管理。

第四十条 鼓励支持大专院校、科研单位、教育、卫生、医疗等机构建立智力扶贫制度，为贫困地区定向培养人才，组织和支持技术人员到贫困地区服务。

鼓励组建扶贫志愿者队伍，引进人才到贫困地区创业就业。

大、中专毕业生到贫困地区创业的，视为自主创业扶贫对象，在物资、资金、智力等方面给予支持。

第四十一条 鼓励公民、法人和其他组织通过提供就业岗位、订单采购农产品、共建生产基地、联办农民专业合作经济组织、投资入股、科技承包和技术推广等方式参与扶贫开发。

第四十二条 社会捐赠资金应当按照捐赠者的意愿管理使用，并向捐赠者反馈使用情况。

第四十三条 产业扶贫项目实施企业取得的财政专项扶贫资金，符合税收政策规定条件的，可以作为不征收企业所得税收入，在计算应纳税所得额时从收入总额中减除。

第四十四条 扶贫开发部门应当建立服务协调机制，为参与社会扶贫的各类主体提供服务，协调解决相关问题。

第四十五条 对到贫困地区兴办符合国家和省产业政策的企业，稳定实现扶贫对象脱贫的，有关部门应当优先给予贷款贴息，依法减免行政事业性收费。

第四十六条 鼓励有条件的地区建立扶贫投融资机构。

鼓励金融机构加大对扶贫开发的信贷投入，调整信贷结构，开发适应贫困地区和扶贫对象的金融产品，为扶贫开发提供金融服务。

鼓励保险机构在贫困地区增加农业保险品种，吸纳扶贫对象就业。

第六章 保障措施

第四十七条 各级人民代表大会常务委员会应当每年听取有扶贫开发任务的同级人民政府扶贫开发工作的专题报告，并将扶贫开发工作作为监督、检查的重要内容。

第四十八条 县级以上人民政府应当建立健全扶贫开发工作考核绩效评价制度，将扶贫开发目标任务完成情况作为年度考核评价政府及其有关部门和主要负责人的重要内容。

第四十九条 省级财政根据本级预算安排的财政专项扶贫资金规模（不含扶贫贷款贴息资金），按照 2% 的比例提取扶贫项目管理费，并由省扶贫开发部门会同财政部门按照程序主要安排到县，专门用于扶贫规划编制、项目评估、检查验收、成果宣传、档案管理、项目公告公示、报账管理等方面的经费开支，不得用于机构、人员开支等。

各地不得再以任何理由、任何方式从中央和省级财政补助地方财政专项扶贫资金中提取任何费用。

第五十条 扶贫开发部门应当建立扶贫对象和扶贫项目信息管理系统，与相关部门实行工作联动和信息共享，接受社会监督。

第五十一条 对扶贫工作可能产生较大影响的重大政策和项目，应当由县级以上人民政府或者省扶贫开发工作领导机构组织开展贫困影响评估。

第五十二条 国家扶贫开发工作重点县、贫困乡镇达到省确定的脱贫标准并经考核验收如期或者提前实现脱贫的，享受的扶贫优惠政策不变，并由省人民政府给予奖励。

对经省批准列入脱贫计划，但未在规定时限内实现脱贫的国家扶贫开发工作重点县、贫困乡镇，按照有关规定进行行政问责。

各级人民政府对通过勤劳致富稳定实现脱贫的扶贫对象以及在扶贫开发工作中作出突出成绩的单位和个人按照国家有关规定给予表彰和奖励。

第五十三条 县以上扶贫开发部门和财政等相关部门应当对扶贫资金、项目进行监督检查。监督检查扶贫资金、项目时，被检查的单位和个人应当予以配合，如实提供有关情况和资料。

第五十四条 扶贫项目实施单位和扶贫对象应当诚实履行实施扶贫项目的相应义务。

任何单位和个人不得弄虚作假，骗取扶贫开发政策待遇。

第五十五条 村民会议、村民代表会议和村民有权对本村扶贫项目资金使用情况及使用效益进行监督。

第五十六条 任何单位和个人有权对违反本条例的行为进行举报。有关单位应当及时进行调查核实，并依法予以处理。

第五十七条 对申报、实施扶贫项目的单位或者组织建立信誉档案，违法或者违规申报、实施项目的，定期予以通报，并作为考核责任单位及其责任人的主要内容。

第七章 法律责任

第五十八条 违反本条例第十五条规定不符合条件整合资源或者整合资源未按照规定备案的，对直接负责的主管人员和其他直接责任人员依法给予处分。

第五十九条 违反本条例第二十二条规定，虚构或者伪造扶贫项目，尚不构成犯罪的，由省扶贫项目管理部门依法取消该项目，并配合财政部门追回已拨付项目资金，对直接负责的主管人员和其他直接责任人员由相关部门依法给予处分；在同一年度重复申报相同内容的扶贫项目的，由项目审批单位责令限期改正或者提出处理建议。

第六十条 违反本条例第二十五条第二款规定的，由项目实施地上一级人民政府责令限期改正；逾期不改正的，由省扶贫项目管理部门予以通报，并按照有关规定处理。

第六十一条 违反本条例第二十六条规定的，由项目实施地县扶贫开发部门责令限期整改，并按照有关规定处理。

第六十二条 违反本条例第二十九条规定，损坏、非法占用或者变卖扶贫开发项目设施、设备和资产，尚不构成犯罪的，由县以上扶贫开发部门或者有关部门责令限期改正，对直接负责的主管人员和其他直接责任人员依法给予处分。

第六十三条 违反本条例第五十四条第二款规定，以欺骗等不正当手段获得扶贫开发政策待遇，尚不构成犯罪的，扶贫开发部门应当取消其受助资格；获取经济利益的，由有关部门依法追回，并追究相关责任人的责任；造成损失的，依法赔偿损失。

第六十四条 扶贫开发部门和其他有关部门的工作人员滥用职权、玩忽职守、徇私舞弊，尚不构成犯罪的，对直接负责的主管人员和其他直接责任人员依法给予处分。

第六十五条 违反本条例规定的其他违法行为，相关法律、法规另有处罚规定的，从其规定。

第八章 附 则

第六十六条 本条例自2013年3月1日起施行。

关于坚决打赢扶贫攻坚战确保同步全面建成小康社会的决定

黔党发〔2015〕21号

（2015年10月16日）

为深入贯彻落实党中央、国务院新阶段扶贫开发决策部署，全力推进精准扶贫，如期实现精准脱贫，坚决打赢扶贫攻坚战，确保我省与全国同步全面建成小康社会，现就做好当前和“十三五”时期扶贫开发工作作出如下决定。

一、切实增强打赢扶贫攻坚战的信心决心

（一）深刻领会习近平总书记扶贫开发战略思想

党的十八大以来，党中央高度重视扶贫开发工作，习近平总书记多次赴贫困地区考察并作出重要指示，今年6月18日在我省召开部分省区市党委主要负责同志座谈会，就做好扶贫开发工作作了重要讲话。总书记的重要讲话和指示，深刻阐明了扶贫开发的一系列重大理论和实践问题，为打赢扶贫攻坚战提供了根本遵循和行动指南。我们要深刻领会扶贫是社会主义本质要求的思想，把扶贫攻坚作为“第一民生工程”，努力消除贫困改善民生，实现共同富裕；要深刻领会发展是最大扶贫的思想，扭住贫困落后主要矛盾，围绕加快发展根本任务，奋力守底线走新路奔小康，努力实现经济社会发展历史性新跨越；要深刻领会精准扶贫的思想，坚持因地制宜、分类施策，真扶贫、扶真贫，增强贫困群众获得感；要深刻领会内生性扶贫的思想，增强贫困地区和扶贫对象自我发展能力，调动贫困群众的积极性主动性创造性；要深刻领会创新扶贫的思想，完善扶贫攻坚政策体系，建立更加科学合理的扶贫开发体制机制；要深刻领会科学扶贫的思想，把帮助贫困群众增加收入与提高贫困地区公共服务水平、加强贫困地区生态保护建设结合起来，推动贫困地区持续快速健康发展；要深刻领会扶贫是新的经济增长点的思想，把扶贫开发作为挖掘增长潜力、培育发展动力、拓展发展空间的重要抓手，促进全省加快发展，后发赶超。

（二）深刻理解打赢扶贫攻坚战的重要意义

确保到2020年农村贫困人口全部脱贫，是全面建成小康社会的管理权限标志，是我们党在实现共同富裕道路上的一个重大举措，是向世界证明中国共产党领导和我国社会主义制度优越性的重大机遇。我省是全国扶贫开发任务最为繁重的省份，是全国扶贫攻坚的主战场和决战区，在全面建成小康社会的决定性阶段，打赢扶贫攻坚战，是协调推进“四个全面”战略布局在贵州实践的必然要求，是贯彻落实习近平总书记对贵州工作重要指示的具体体现，是全省守底线走新路奔小康应有之义，是新常态下拉动经济增长的有效途径，是促进协调发展共享发展的重要举措。没有全省贫困地区的小康，就没有全省同步全面小康。要始终把扶贫开发作为事关经济发展、民族团结、社会和谐稳定的战略性、全局性工作，增强责任感、使命感和紧迫感，切实解决好思想认识不到位、体制机制不健全、工作措施不落实等突出问题，以更明确的目标、更有力的举措、更有效的行动、更务实的作风，全力打赢扶贫攻坚战，夺取全面小康建设新胜利。

（三）深刻认识我省扶贫开发面临的形势

近年来，省委、省政府团结带领全省各级干部群众向贫困发起总攻，全省农村贫困人口从2011年的1149万人减少到2014年的623万人，占全国贫困人口的比重从9.4%下降到8.9%，贫困发生率从33.4%降低到17.8%，25个国家扶贫开发工作重点县、525个贫困乡镇按照省定标准实现“减贫摘帽”，扶贫开发取得了阶段性成果。但是，由于自然、历史等多方面原因，我省扶贫开发面临的主要矛盾和深层次问题还没有得到根本解决，贫困面大、贫困人口多、贫困程度深的状况还没有根本改变，贫困问题与发展问题、生态问题、社会保障问题相互交织，深山区、石山区和边远少数民族地区致贫原因复杂，连片特困地区扶贫脱贫难度大，因病、因残致贫返贫现象突出，因灾、因学致贫返贫情况时有发生，贫困地区留守儿童困境儿童问题凸显，扶贫成本越来越高、脱贫难度越来越大，扶贫开发已进入啃硬骨头、攻坚拔寨的冲刺阶段。实现到2020年全省所有农村贫困人口摆脱贫困的既定目标，时间非常紧迫，任务十分艰巨。

同时也要看到，进入新阶段，党中央在政策、投入等各方面对扶贫开发给予了更大倾斜和支持。我省经济社会持续健康发展、综合实力不断增强，工业反哺农业、城市支持农村条件不断改善，各级党委、政府推进扶贫开发的能力不断提升。全省贫困地区基础条件日益改善、后发优势日益显现，积累了许多行之有效的扶贫开发工作经验，干部群众扶贫攻坚热情高涨。总体上看，扶贫开发进入历史上最好的时期。要把握机遇，下定决心、坚定信心打赢扶贫攻坚战，确保我省在全面小康进程中奋勇前行、不拖后腿，使各族贫困群众同步过上小康生活。

二、准确把握打赢扶贫攻坚战的总体要求

（一）总体思路

全面贯彻落实党的十八届二中、三中、四中全会精神，以邓小平理论、“三个代表”重要思想、科学发展观为指导，深入贯彻习近平总书记系列重要讲话精神，围绕协调推进“四个全面”战略布局，充分发挥政治优势和制度优势，坚持精准扶贫、精准脱贫的基本方略，强化落实责任，推进改革创新，加强政策扶持，采取超常规措施，拿出过硬办法，尽快增加贫困人口收入、不断提高贫困人口素质，举全省之力打赢扶贫攻坚战，全面消除绝对贫困，建设全国扶贫开发攻坚示范区。

（二）目标任务

到2020年，稳定实现全省农村贫困人口不愁吃、不愁穿，义务教育、基本医疗和住房有保障；实现贫困地区农民人均可支配收入增长幅度高于全省平均水平，基本公共服务主要领域指标达到全省平均水平；确保全省所有农村贫困人口全部脱贫，确保全省所有国家扶贫开发工作重点县全部“摘帽”。

分两步实现扶贫攻坚目标任务。第一步，扎实推进“33688”扶贫攻坚计划，大力实施“六个到村到户”和“六个小康建设”，到2017年末，实现农村贫困人口脱贫300万人以上，按照省定标准24个贫困县、375个贫困乡镇脱贫“摘帽”，5800个贫困村出列，贫困县农民人均可支配收入达到8000元。第二步，深入落实发展生产、易地搬迁、生态保护、加强教育、社会保障兜底等“五个一批”扶持措施，到2020年末，50个国家扶贫开发工作重点县全部“摘帽”，实现623万现有贫困人口全部脱贫，贫困群众收入迈上新台阶，贫困地区生产生活条件明显改善，基本公共服务水平大幅提高，扶贫对象自我发展能力显著增强，全面消除绝对贫困。

（三）基本原则

——坚持把发展作为扶贫的根本。牢牢抓住发展第一要务，深入实施主基调主战略，以区域发展带动扶贫开发、以扶贫开发促进区域发展，因地制宜找准主攻方向，选择发展产业，协调推进新型工业化、新型城镇化、农业现代化和旅游产业化，增强贫困地区发展的内生动力。

——坚持发挥群众主体作用。扶贫先扶志，既改善贫困地区发展条件，又引导贫困地区干部群众增强信心决心，大力弘扬“弱鸟先飞”意识、“滴水穿石”精神，自力更生、艰苦奋斗，着力摆脱意识和思路贫困，提高自我发展能力。

——坚持精准扶贫、分类指导。深入落实“六个精准”，因人因地施策，对贫困人口实行精准化管理，对扶贫资源实行精准化配置，对贫困农户实行精准化扶持，实现由“大水漫灌”向“精准滴灌”转变。健全完善产业扶贫、劳务输出、易地搬迁、教育培训、社会保障、资产收益扶贫等各项措施，提高扶贫开发的针对性和实效性。

——坚持推进扶贫体制机制创新。健全完善贫困对象识别、扶贫考核评价、扶贫资源整合配置、扶贫项目实施、贫困县约束退出、扶贫工作督查推进等制度机制，推动扶贫开发由“输血式”、“粗放式”、“被动式”、“分散式”向“造血式”、“精准式”、“参与式”、“整体式”转变，不断提升扶贫开发的质量和效益。

——坚持凝聚扶贫开发合力。发挥政府在扶贫攻坚中的主导作用，扎实开展对口帮扶、集团帮扶、驻村帮扶、社会帮扶，吸引各种资源要素向贫困地区配置，鼓励社会力量参与者扶贫开发，形成政府、市场、社会协力攻坚的工作机制。

三、大力实施精准扶贫精准脱贫“十项行动”

（一）实施基础设施建设扶贫行动

把基础设施作为扶贫开发的先决条件，深入实施“六个小康”行动计划，加强贫困地区基础设施建设，破除贫困地区发展瓶颈制约。完善高速公路路网连接通道，实施农村公路连续三年会战，提升贫困地区交通通达水平和货物流通能力。实施水利建设“三年行动计划”，支持贫困地区重大水利工程、病险水库水闸除险加固、灌区续建配套与节水改造等水利项目建设，小型农田水利、“五小水利”工程建设等向贫困村倾斜，全面解决贫困人口饮水安全和扶贫项目区工程性缺水问题。加强贫困地区抗旱水源建设，中小河流治理、山洪地质灾害防治及水土流失综合治理。实施贫困地区农村小水电开发，加强贫困县农村气象防灾减灾服务体系建设。加快推进贫困地区农村电网改造，提升农网供电能力和供电质量。加快推进农村公共服务均等化，到2020年全面实现城乡居民生活用电同网同价。加快完善农村通信基础设施，提升农村通信网络覆盖质量，改进农村信息服务。完善邮政普遍服务体系，优化农村用邮环境，满足扶贫脱贫用邮需要。加强贫困地区环保基础设施建设，推进垃圾就地分类和资源回收利用，加强农业面源污染治理，全面完成贫困村改厕任务，持续改善贫困地区环境质量，保护农村生态环境。（牵头单位：省发展改革委。具体工作由牵头单位协调相关部门和地方共同落实，下同）

（二）实施产业和就业扶贫行动

树立扶产业就是扶根本、促就业就是促增收的理念，实行贫困人口收入级差分类扶持、脱贫路径分类管理，深入推进产业化扶贫，着力促进贫困人口创业就业。扶持贫困县、贫困乡镇规划建设不同层次的农业示范园区，大力发展山地现代特色高效农业，加快农业结构调整，通过发展特色农产品生产增加贫困群众收入。支持贫困地区发展农产品加工业，培育农村小微企业，推动一二三产业融合发展，使贫困地区获得更多农业增值收益。实施乡村旅游扶贫计划，促进农旅融合、文旅融合，提升美丽乡村景观品质和乡村旅游价值，以美丽乡村建设促进百姓富裕。大力实施电商扶贫，统筹推进全省供销系统电商惠农工程，加快“贵农网”综合电商服务平台建设，完善贫困乡村综合服务网点建设，加强贫困地区农村电商人才培训，加快实现全部自然村供销社电商综合服务网点全覆盖，对贫困家庭开办电商业务给予网络资费补助、小额信贷支持，促进“黔货出山”和“网货下乡”。实施“雁归兴贵”行动计划，完善基层就业服务平台，加强创业扶持，降低创业门槛，搞好技能培训和就业服务，引导外出务工农民返乡创业就业。对在本省城镇生活半年以上的贫困人口，原则上由输入地政府承担帮扶责任，提供培训补贴、住房保障、落户便得等，促进农村转移劳动力就近就业，有序实现市民化。（牵头单位：省扶贫办）

（三）实施扶贫生态移民行动

坚持群众自愿、积极稳妥原则，加强规划引领，因地制宜确定搬迁安置方式，对贫困人口实行差别化补助，加大扶贫生态移民力度，到 2020 年，把“一方水土养不起一方人”的深山区、石山区和生态脆弱地区 142 万人全部迁出，从根本上解决这部分群众的生存发展问题。发挥扶贫和生态两个功能，对贫困人口比例高、生存条件恶劣的自然寨和村民组实施整村（组）搬迁，对零散分布的贫困户实施插花式搬迁，对无搬迁意愿的少数贫困户，探索以生态补偿方式让有劳动能力的就地转化为生态保护工人。合理规划移民安置点，同步建设完善配套设施，培育发展就业容量大的产业，为符合条件的搬迁户提供建房、生产、就业培训、创业贴息贷款等支持，解决好称民住房、医疗、社保、子女就学等问题，确保贫困户搬得出、有事做、稳得住、能脱贫。用好土地增减挂钩政策，统筹推进扶贫生态移民与“四在农家 . 美丽乡村”建设、农村危房改造、保障房建设、农村集中建房，加强贫困地区退耕还林还草等重大生态工程建设，加快生态功能恢复。（牵头单位：省水库和生态移民局）

（四）实施教育扶贫行动

把教育扶贫作为“拔穷根”的治本之策，让贫困子女都能接受公平有质量的教育，阻断贫困代际传递。大力推进“四项突破”工程和教育“9+3”计划，加快推进义务教育均衡发展和基本普及十五年教育。继续压减 6% 的行政经费用于支持教育，各级教育经费继续向贫困地区、基础教育倾斜，特岗计划、国培计划向贫困地区倾斜。完善贫困家庭学生资助体系，对就读普通高中的贫困户子女新增扶贫专项助学金、免（补助）学费、免（补助）教科书费、免（补助）住宿费等资助政策；对就读普通高校的贫困户子女新增扶贫专项助学金，免（补助）学费等资助政策，让贫困子女安心就学，不让一户脱贫户因学返贫，不让一个学生因贫失学。推进资源合理配置，全面改善贫困地区农村义务教育薄弱学校办学条件，实施贫困乡村教师支持计划，加快补齐贫困地区教育短板。大力发展职业教育，深入实施职教扶贫“1 户 1 人计划”和“雨露计划”，帮助贫困家庭子女培训就业。（牵头单位：省教育厅）

（五）实施医疗健康扶贫行动

推进贫困地区基本公共卫生服务均等化，构筑基本医疗保险、大病保险、医疗救助“三重医疗保障”，维护贫困人口健康权益，提高贫困人口健康素质，有效遏制和阻止因病致贫、因病返贫。完善基本医疗保险制度，推进新农合和大病保险全覆盖，提高贫困人口大病费用实际报销比例，对经大病保险支付后仍有困难的，加大医疗救助、慈善救助等帮扶力度，使贫困人口得到大病兜底保障。加强农村残疾人健康服务，增加纳入基本医保范围的医疗康复项目，实施残疾人医疗救助专项目录。建立贫困人口健康卡，采取集中诊疗方式对贫困人口大病实行分类救治，并实行先诊疗后付费的结算方式。加强贫困地区传染病、地方病、慢性病防治工作，实施贫困地区儿童营养改善、新生儿疾病筛查、出生缺陷干预、妇女“两癌”免费筛查等重大公共卫生项目。加强贫困地区县乡村三级医疗卫生服务网络标准化建设，实施“百院建设工程”，全省新建、改扩建100所综合性医院，对40万以上人口县的人民医院（含中医院）按照三级医院标准进行规划建设。支持为贫困地区县乡医疗卫生机构定向培养医学类本专科学生，实施全科医生专科医生特岗计划，实行城市三级医院对口帮扶贫困县医疗机构，提高贫困地区医疗卫生服务水平。（牵头单位：省卫生计生委）

（六）实施财政金融扶贫行动

发挥政府投入在扶贫开发中的主导作用，积极开辟扶贫开发新的资金渠道，确保投入力度与扶贫攻坚任务相适应。省级财政一般性转移支付资金、各级涉及民生的专项转移支付资金和基建投资进一步向贫困地区和贫困人口倾斜，农业综合开发、村级公益事业“一事一议”奖补等涉农资金优先投向贫困村。各部门安排的惠民政策、项目和工程，要最大限度向贫困县、人口倾斜。支持贫困县以扶贫规划为引领，以重点扶贫项目为平台，把专项扶贫资金、相关涉农资金和社会帮扶资金捆绑集中使用。建立健全省、市（州）、县三级扶贫投融资平台，设立扶贫产业发展基金和县级扶贫贷款风险补偿基金，支持种类金融企业到贫困县设立分支机构，支持在贫困地区培育发展农民资金互助组织，支持贫困县开展农村产权抵押融资业务，增加向贫困地区、贫困群众的信贷投放。发挥政策性银行优势，创新扶贫金融产品。全面实施金融扶贫“特惠贷”，为贫困户提供免费担保抵押、低利率、财政贴息补助的小额信用贷款。加强农村信用体系建设，推动贫困户信用评级数据资源共享，优化农村信用环境。扩大农业保险覆盖面，为贫困地区开展特色农产品保险提供保费补助，支持贫困地区开展农产品目标价格保险和信用保证保险。加快建设“扶贫云”，运用大数据加强扶贫监测管理，严格执行财政扶贫项目招投标制度，完善扶贫资金使用监管制度和扶贫投入公告公示制度，加强审计监督、“民生特派”监督和社会监督，严禁动用扶贫资金搞“形象工程”、“政绩工程”，保障扶贫资金在阳光下运行，提高资金使用效益。（牵头单位：省财政厅）

（七）实施社会保障兜底扶贫行动

加强扶贫开发和农村低保制度衔接，发挥社会救助制度救急难、兜底线功能，织密织牢社会保险“安全网”，有效保障农村困难群众基本生活。持续提高农村低保标准，稳步提升托底保障水平，逐步推行农村低保标准与扶贫标准“两线合一”。到2020年，农村低保与扶贫两个标准实现统一，将无业可扶、无力脱贫人口全部纳入农村最低生活保障范围。整合乡镇扶贫与民政工作力量，建立农村低保和扶贫开发信息共享平台，加强农村贫困户和低保申请家庭经济状况核查工作，对符合条件的贫困家庭做到应保尽保。加快完善城乡居民基本养老保险制度，引导农村贫困人口积极参保续保。完善以最低生活保障、特困人口供养、受灾人口救助、医疗救助、住房救助和临时救助等救助制度为主体，以社会力量参与为补充的新型社会救助体系，加强对特困供养人员、残障人群、低收入人群等特殊群体的关护救助，提高救助标准，提升救助精准度。全面开展“救急难”工作，以县为单位建立发现、认定、快速响应、社会力量参与、监督检查等急难救助长效机制，有效保障遭遇急难问题、陷入生存困境家庭的基本生活。（牵头单位：省民政厅）

（八）实施社会力量包干扶贫行动

坚持自我发力与向外借力并举，加快形成专项扶贫、行业扶贫、社会扶贫有机结合、互为支撑的“三位一体”大扶贫格局，聚合各类资源实现与全省9000个贫困村“一对一”帮扶全覆盖。用好对口帮扶力量，完善联络协调机制，配合做好中央国家机关、企事业单位和东部对口帮扶城市对我省贫困县的定点扶贫，推动在产业对接、文化旅游、教育医疗、人才培养、干部培训等方面深化合作，提升帮扶质量和水平。用好各类企业力量，深入开展国有企业“百企帮百村”活动，扎实推进省属国有大型企业结对帮扶重点贫困县，总结推广万达集团帮扶丹寨县、茅台集团帮扶道真县等做法。建立扶贫社会公益企业认定制度，对吸纳贫困人口就业的企业给予税收优惠、社会保险补贴、职业培训补贴、信贷支持等政策，落实企业和个人扶贫捐款税前抵扣政策，鼓励有条件的企业设立扶贫公益基金和开展扶贫公益信托，引导企业到贫困地区投资兴业、吸纳就业。用好社会各界力量，发挥群团组织作用，搭建社会扶贫信息服务网络和扶贫志愿者服务网络，探索发展公益众筹扶贫，通过政府购买服务鼓励各类社会组织到村到户精准扶贫，鼓励支持各类企业、社会组织和个人参与扶贫开发，实现社会帮扶资源和精准扶贫有效对接。（牵头单位：省扶贫办）

（九）实施特困地区特困群体扶贫行动

对集中连片特困地区和特殊困难人群实行特殊扶持政策，决不让一个地区、一个民族、一个困难群众在同步小康中掉队。以武陵山片区、乌蒙山片区、滇黔桂石漠化片区为扶贫攻坚主战场，实施集中连片特困地区区域发展与扶贫攻坚计划和县级规划，深入推进大规模、区域性、产业化连片开发。实施麻山、瑶山、月亮山专项扶贫行动计划，促进特困地区加快发展。实施“优先安排项目、率先脱贫”战略，出台人口较少民族整体脱贫扶持政策，加强少数民族地区和世居人口较少民族扶贫开发工作，加快推进民族地区重大工程建设，推进民族村寨保护与建设，以少数民族贫困群众脱贫致富巩固民族团结。健全留守儿童、留守妇女、留守老人和残疾人关爱服务体系，全面排查掌握农村“三留守”人员和残疾人情况，加强儿童福利院、救助保护机构、供养机构、社区儿童之家等服务设施和队伍建设，建立政府、社会、家庭三位一体的关爱服务救助保护体系，加强对未成年人的监护和困境儿童福利保障，深入实施残疾人康复工程、特殊教育、托养服务，建立健全困难残疾人生活补贴和重度残疾人护理补贴制度。加强人口计生工作，引导贫困群众树立优生优育意识，优先扶持计生贫困家庭脱贫，推动农村贫困家庭从多生到少生、从少生到优生转变。（牵头单位：省扶贫办）

（十）实施党建扶贫行动

坚持以党建带扶贫，以扶贫促党建，大力开展集团帮扶，深入推进同步小康驻村工作，实现党的组织和党的工作对贫困村的有效覆盖。健全完善各级党政机关和领导干部联乡驻村包户帮扶责任制，规范选派优秀干部到定点县挂职扶贫，党政机关、事业单位结转结余资金可用于定点帮扶工作。建好服务型、发展型党组织，加强乡镇领导班子和村支“两委”建设，整顿软弱涣散村党组织，抓好乡镇党委书记、村党组织书记和农村致富带头人“三支队伍”建设，注重从农村创业带富能手、农民经纪人、复员退伍军人、返乡农民工、大学生村官中选拔村党组织书记、提高基层党组织在扶贫开发中的领导力、战斗力。坚持因村派人、强化责任，提高县以上机关派出干部比例，选好配强贫困村“第一书记”，选派优秀年青干部和高校毕业生到贫困村工作。坚持重心下移、结对到户，优化驻村干部配备，按照“一村一个同步小康工作组、一户一名脱贫致富责任人”的要求，选拔有农村工作经验、能力较强的干部从事驻村帮扶工作，加大扶贫工作考核力度，不稳定脱贫不脱钩。大力发展村级集体经济，消灭“空壳村”。完善村干部基本报酬和医疗、养老等保障机制，让基层干部心无旁骛地投身扶贫攻坚。（牵头单位：省委组织部）

四、为打赢扶贫攻坚战提供坚实保障

（一）落实工作责任

完善省负总责、市县抓落实、重在乡村的分工机制，层层传导工作压力，形成省市县乡村五级书记一起抓的工作格局。省委、省政府对全省扶贫工作负总责，抓好目标确定、项目下达、资金投放、组织动员、检查指导等工作。市（州）县党委、政府承担主体责任，要制定实施意见，做好扶贫进度安排、项目落地、资金使用、人力调配、推进实施等工作。乡镇党委、政府承担具体责任，要认真落实各项扶贫措施，确保扶贫政策、项目、资金落地见效。各级党政主要领导要担负起扶贫攻坚第一责任人的责任，深入开展调查研究，定期带头遍访贫困村贫困户，亲自部署和协调落实扶贫开发工作。扶贫开发任务重的市（州）、县党政主要领导要向省委、省政府签署责任书，每年向省委、省政府专题报告扶贫脱贫进展情况。各级行业部门要强化扶贫开发工作责任，制定具体操作方案，把扶贫工作纳入本行业“十三五”规划，每年向本级扶贫开发领导小组报告行业扶贫任务落实情况。选好配强贫困县主要领导，保持贫困县县级领导班子相对稳定，有计划选派厅局级后备干部到贫困县任职。（牵头部位：省委办公厅、省政府办公厅）

（二）加强改革支撑

深化农村综合改革，健全保障粮食安全、促进农业可持续发展和农民持续增收的体制机制，增强扶贫开发的活力和动力。建立现代农村产权体系，推进农村集体产权制度改革，完善市场配置资源机制，维护农民合法财产权益。在贫困地区进行水电、矿产等资源开发，要赋予土地被占用的贫困村集体一定的股权，让贫困人口分享资源开发收益。总结六盘水市资源变股权、资金变股金、农民变股民的“三变”改革经验，探索财政扶贫资金和农村集体资源量化到户、股份合作、入股分红、流动发展的模式，破解农民融资难的问题，使贫困农户长期获得股权收益。大力培育农业产业公龙头企业，、农民合作社、家庭农场、专业大户等新型农业经营主体，扶持发展贫困人口参与度高的区域特色产业，完善利益联结机制，实现贫困农户和现代农业经营主体“双赢”。创新农村社会治理体系，完善村民自治制度，提高农村基层治理水平。加强扶贫开发法治建设，提高扶贫开发规范化、制度化、法制化水平。（牵头单位：省农委）

（三）严格考核问责

各级党委、政府要建立年度扶贫开发工作督查制度，加强对扶贫项目立项实施、资金拨付、监管验收、绩效评估等环节的监督检查，及时通报扶贫目标任务完成情况。建立扶贫工作责任清单，改革贫困县、贫困乡镇考核办法，把扶贫开发实绩考核延伸到贫困乡镇和贫困村，提高减贫指标在贫困县经济社会发展中的权重，对贫困县、贫困乡镇实行扶贫工作“一票否决”。坚持“摘帽不摘政策”，健全完善贫困退出机制。建立第三方评估制度，使达标贫困县、贫困乡镇、贫困村和人口尽快退出。把扶贫工作列为承担扶贫任务的领导干部年度述职重要内容，作为考核奖惩、选拔作用的重要依据，对扶贫攻坚期间表现优秀、符合条件的优先提拔使用，对未完成年度减贫任务的市（州）、县党政主要领导进行约谈，对落实不力或弄虚作假搞“数字脱贫”的严肃追究责任。深化拓展民生监督工作，坚决查处虚报套取、挤占挪用、截留贪污扶贫等“三农”资金的违法行为，认真治理“不作为、乱作为、慢作为”问题，切实解决好发生在群众身边的不正之风和腐败问题。（牵头单位：省扶贫办）

（四）夯实工作力量

完善扶贫开发机构和职能，配强各级扶贫部门领导班子，充实各级扶贫开发力量，扶贫开发任务重的市（州）、县扶贫机构单独设置，贫困乡镇设立扶贫工作站，落实人员编制，确保扶贫工作有专人管、专人抓。整合扶贫部门和民政、教育、医疗等相关部门资源，形成工作合力。支持高校、科研院所等委派科技人员到贫困地区服务，加强贫困地区基层农技推广体系建设，推进农技专家进基层服务“三农”行动，发挥农技专家在基层解决农技难题、加快成果转化、培养农村实用人才等方面的作用。建立人才激励机制，对扎根贫困地区创新创业和服务的人员，在薪酬待遇、公务员录用、职级调整、职称评聘等方面给予特殊政策。加大扶贫部门干部和贫困地区干部培训力度，贫困地区县级领导干部和县以上扶贫部门干部培训纳入各级党政干部培训规划。各级党委、政府要结合扶贫任务，为

扶贫机构提供必要的工作条件和经费保障。（牵头单位：省委组织部）

（五）营造良好氛围

各级党委、政府要准确宣传解读中央和省扶贫开发决策部署、政策举措，广泛宣传我省扶贫开发工作取得的巨大成就，加强贫困群众思想教育引导，妥善处置重大涉贫典型事件，正确引导群众预期，激励贫困地区干部群众解放思想、自立自强，攻坚克难、艰苦奋斗，点燃脱贫致富的勇气和斗志。各级宣传部门要充分发挥报刊、广播电视、网络媒体的作用，大力宣传打赢扶贫攻坚战的重大意义、扶贫开发工作中涌现出的先进典型和经验做法，加强对重视不够、措施不力、工作落实不到位的地方和部门的舆论监督，营造全社会关注扶贫、支持扶贫、参与扶贫的良好氛围。（牵头单位：省委宣传部）

全省广大干部群众要紧密团结在以习近平同志为总书记的党中央周围，凝心聚力，精准发力，苦干实干，坚决打赢扶贫攻坚战，奋力开创扶贫开发新局面，为与全国同步全面建成小康社会，谱写中国梦贵州篇章而努力奋斗。

（此件发至县，加发乡镇）

贵州省扶贫开发工作重点县名单

雷山县、望谟县、纳雍县、晴隆县、沿河县、三都县、水城县、册亨县、赫章县、松桃县、从江县、黄平县、平塘县、大方县、剑河县、紫云县、榕江县、织金县、思南县、长顺县、罗甸县、威宁县、石阡县、印江县、贞丰县、黎平县、普安县、道真县、麻江县、丹寨县、关岭县、台江县、江口县、德江县、兴仁县、岑巩县、锦屏县、务川县、正安县、习水县、六枝特区、普定县、三穗县、荔波县、天柱县、镇宁县、盘县、施秉县、独山县、安龙县。

二、扶贫文件目录

1. 中共贵州省委办公厅转发省委农工部《关于划分贫困户和极贫户标准的意见》的通知（1985年10月30日）

2. 中共贵州省委关于加快贫困地区经济开发的报告（〔1985〕省通字第54号）（1985年12月15日）

3. 中共贵州省委、贵州省人民政府关于加快我省贫困地区经济开发的汇报提纲（1985年12月5日）

4. 中共贵州省委、贵州省人民政府关于加强贫困地区工作的指示（省发〔1986〕9号）（1986年3月1日）

5. 贵州省人民政府办公厅印发省级扶贫资金安排和管理问题会议纪要的通知（黔府办〔1986〕48号）（1986年3月13日）

6. 贵州省人民政府办公厅关于组织力量进行一次扶贫调查的通知（黔府办〔1986〕243号）（1986年11月11日）

7. 贵州省人民政府关于贫困地区经济开发的报告（1986年8月3日）

8. 贵州省人民政府办公厅关于印发省贫困地区经济开发领导小组会议纪要的通知（黔府办〔1986〕273号）（1986年12月29日）

9. 中共贵州省委常委办公会议纪要（1987年11月29日）

10. 中共贵州省委、贵州省人民政府关于在我省贫困地区实行以工代赈建设基本农田的决定（省发〔1991〕20号）（1991年6月26日）

11. 贵州省以工代赈建设基本农田指挥部文件:《贵州省以工代赈建设基本农田规程（试行）》（1991 年 8 月）

12. 贵州省人民政府：认真搞好规划，确保改土质量（1991 年 10 月 18 日）

13. 中共贵州省委办公厅、贵州省人民政府办公厅关于印发《全省以工代赈坡改梯工作会议纪要》的通知（1992 年 6 月 20 日）

14. 贵州省贫困地区经济开发领导小组、贵州省以工代赈建设基本农田指挥部关于贯彻落实全国白河会议精神的汇报（1991 年 12 月 16 日）

15. 贵州省人民政府关于我省列入《国家“八七”扶贫攻坚计划》贫困县的通知（黔府发〔1994〕33 号）（1994 年 5 月 10 日）

16. 贵州省人民政府办公厅关于印发《贵州省扶贫攻坚计划》的通知（黔府办发〔1994〕63 号）（1994 年 10 月 21 日）

17. 中共贵州省委办公厅、贵州省人民政府办公厅关于加强省级党政机关定点扶贫工作的通知（省办发〔1994〕43 号）（1994 年 12 月 7 日）

18. 贵州省人民政府批转省计生委关于加强扶贫工作与计划生育工作相结合，对人口问题实行综合治理意见的通知（黔府发〔1995〕44 号）（1995 年 10 月 20 日）

19. 贵州省人民政府关于大连青岛深圳宁波四个计划单列市对口帮扶我省贫困地区的通知（黔府发〔1996〕41 号）（1996 年 7 月 27 日）

20. 中共贵州省委、贵州省人民政府关于贯彻落实中央扶贫开发工作会议精神，尽快解决农村贫困人口温饱问题的决定（省发〔1996〕29 号）（1996 年 12 月 30 日）

21. 贵州省人民政府关于印发《关于大连青岛深圳宁波四个计划单列市在我省兴办扶贫协作企业的若干规定》的通知（黔府发〔1997〕1 号）（1997 年 1 月 2 日）

22. 中共贵州省委、贵州省人民政府关于广泛开展向大关村学习的决定（省发〔1997〕号）（1997 年 3 月 15 日）

23. 贵州省人民政府办公厅关于印发《贵州省扶贫资金管理办法》的通知（黔府办发〔1999〕8 号）（1999 年 1 月 29 日）

24. 贵州省人民政府办公厅关于贯彻落实全国东西部扶贫协作经验交流会议精神的通知（黔府办发〔1999〕59 号）（1999 年 5 月 20 日）

25. 中共贵州省委、贵州省人民政府关于进一步动员起来努力实现扶贫攻坚目标的决定（省发〔1999〕22 号）（1999 年 9 月 6 日）

26. 中共贵州省委办公厅、贵州省人民政府办公厅关于进一步做好省直机关定点扶贫工作的通知（省办发〔2000〕3 号）（2000 年 2 月 28 日）

27. 中共贵州省委办公厅、贵州省人民政府办公厅关于转发《贵州省扶贫领导小组关于 2000 年扶贫攻坚工作安排意见》的通知（省办发〔2000〕13 号）（2000 年 4 月 12 日）

28. 中共贵州省委、贵州省人民政府关于切实做好新阶段扶贫开发工作的决定（黔党发〔2001〕16 号）（2001 年 7 月 20 日）

29. 中共贵州省委关于加大新阶段扶贫开发工作力度的决定（黔党发〔2003〕11 号）（2003 年 7 月 19 日）

30. 国务院扶贫开发领导小组办公室关于审核确定扶贫开发工作重点县的通知（国开办发〔2002〕4 号）（2002 年 2 月 10 日）

31. 贵州省扶贫办关于扶贫开发工作重点乡（镇）、村确定的通知（黔开办〔2002〕18 号）（2002 年 4 月 14 日）

32. 贵州省人民政府办公厅转发省农办《关于加强以坡改梯为主要内容的以工代赈基本农田建设的意见》的通知（黔府办发〔2001〕22号）（2002年2月11日）

33. 贵州省扶贫办、农业银行贵州省分行文件:《贵州省小额扶贫到户贷款管理暂行办法》（黔开办〔2003〕65号）（2003年8月5日）

34. 贵州省扶贫开发领导小组文件:《贵州省扶贫开发工作考核管理暂行办法》（黔扶领〔2003〕5号）（2003年11月26日）

35. 贵州省扶贫办关于大力开展集团帮扶工作的实施意见（2010年4月20日）

36. 贵州省扶贫办关于加快极贫地区扶贫开发步伐的报告（黔开办发〔1994〕12号）（1994年2月15日）

37. 贵州省扶贫办关于下达“八七”扶贫攻坚期间攻坚区域的通知（黔开办发〔1995〕7号）（1995年1月15日）

38. 贵州省扶贫办、农业银行贵州省分行关于加强1995年度扶贫贷款立项管理的联合通知（黔开办发〔1995〕25号）（1995年7月6日）

39. 贵州省扶贫办关于印发《1995年度扶贫贷款安排使用原则》的通知（黔开办发〔1995〕38号）（1995年7月24日）

40. 贵州省“两山”地区扶贫办关于“两山”地区扶贫攻坚情况总结（1996年8月28日）

41. 中共贵州省委组织部、省财政厅、省扶贫开发领导小组关于印发《1997—2000年贵州省贫困地区干部培训规划》的通知（省组发〔1997〕3号）（1997年3月17日）

42. 贵州省扶贫开发领导小组关于印发《贵州省切块到县扶贫贷款项目审查立项办法》和《贵州省扶贫工业项目审查立项办法》的通知（黔扶领〔1998〕6号）（1998年7月30日）

43. 贵州省扶贫办关于省直机关定点帮扶情况的报告（黔开办呈〔1999〕7号）（1999年2月1日）

44. 贵州省扶贫开发领导小组关于下达贫困县“村村通广播电视工程”配套资金的通知（黔扶领〔1999〕5号）（1999年9月10日）

45. 贵州省扶贫开发领导小组关于下达《贵州省非国定贫困县小额扶贫资金管理办法（试行）》的通知（黔扶领〔1999〕6号）（1999年10月22日）

46. 贵州省扶贫领导小组关于下达1999年省财政扶贫资金分配方案的通知（黔扶领〔1999〕7号）（1999年10月22日）

47. 贵州省财政厅文件:《贵州省财政扶贫资金专户管理暂行办法》（黔财预字〔2000〕32号）（2000年4月12日）

48. 贵州省扶贫办关于中央国家机关1999年定点帮扶贵州情况的报告（黔开办呈〔2000〕10号）（2000年2月3日）

49. 贵州省扶贫办、农业银行贵州省分行文件:《贵州省信贷扶贫项目立项管理办法》（黔开办发〔2003〕66号）（2003年8月5日）

50. 贵州省扶贫开发领导小组文件:《贵州省财政扶贫资金项目管理暂行办法》（黔扶领〔2003〕4号）（2003年11月2日）

51. 贵州省扶贫开发领导小组文件:《贵州省扶贫开发工作考核管理暂行办法》（黔扶领〔2003〕5号）（2003年11月26日）

52. 贵州省扶贫开发领导小组关于加大全省100个一类重点乡扶贫工作力度的意见（黔扶领〔2003〕6号）（2003年11月26日）

53. 中共贵州省委办公厅、贵州省人民政府办公厅关于对国家扶贫开发工作重点县加快脱贫攻坚步伐进行奖励的意见（黔党办发〔2011〕1号）（2011年3月9日）

54. 中共贵州省委、贵州省人民政府关于贯彻落实《中国农村扶贫开发纲要（2011—2020年）》的实施意见（黔党发〔2012〕3号）（2012年1月12日）

55. 中共贵州省委、贵州省人民政府关于加快创建全国扶贫开发攻坚示范区的实施意见（黔党发〔2012〕26号）（2012年10月15日）

56. 贵州省人民政府办公厅转发省扶贫办等部门关于推进扶贫资金使用监管改革工作意见的通知（黔府办发〔2010〕77号）（2010年8月9日）

57. 省财政厅、省发展改革委、省扶贫办关于印发《贵州省财政专项扶贫资金管理办法》的通知（黔财农〔2012〕101号）（2012年8月14日）

58. 中共贵州省委、贵州省人民政府关于坚决打赢扶贫攻坚战同步全面建成小康社会的决定（黔党发〔2015〕21号）（2015年10月16日）

59. 中共贵州省委、贵州省人民政府关于落实大扶贫战略行动坚决打赢脱贫攻坚战的意见（黔党发〔2015〕27号）（2015年12月4日）

60. 贵州省扶贫开发条例（2013年1月18日）

三、1978—2015年贵州省农民人均纯收入

1978—2015年贵州省农民人均纯收入表

表20 单位：元

年 份	农民人均纯收入	年 份	农民人均纯收入
1978	109.30	1997	1298.54
1979	131.09	1998	1334.46
1980	161.50	1999	1363.07
1981	208.87	2000	1374.16
1982	223.13	2001	1411.73
1983	224.87	2002	1489.91
1984	262.81	2003	1564.66
1985	302.14	2004	1721.55
1986	303.57	2005	1876.96
1987	341.84	2006	1984.62
1988	397.74	2007	2373.99
1989	430.34	2008	2796.93
1990	435.14	2009	3005.41
1991	465.53	2010	3471.93
1992	506.13	2011	4145.35
1993	579.67	2012	4753.00
1994	786.84	2013	5434.00
1995	1086.62	2014	6671.22
1996	1276.67	2015	7387.00

编纂始末

2015 年 7 月 23—24 日，中共中央候补委员、中国社会科学院副院长、中国地方志指导小组常务副组长李培林等一行 5 人来贵州考察调研地方志工作。24 日，贵州省委常委、常务副省长秦如培、副省长何力分别会见了李培林副组长一行。在接见会议上，李培林组长向秦省长和何省长建议，编纂《贵州省减贫志》。

按照中国地方志指导小组常务副组长李培林和贵州省常务副省长秦如培、副省长何力关于启动编写《贵州省减贫志》的要求，省地方志编纂委员会办公室、省扶贫办、省社科院三家组成了《贵州省减贫志》编辑部。

2015 年 12 月 2 日，省政府办公厅召开了《贵州省减贫志》启动会，副省长、省地方志编纂委员会常务副主任何力作重要讲话，对《贵州省减贫志》编纂工作提出具体要求。会后，省地方志办与承担《贵州省减贫志》的 33 家部门积极协调、沟通，修改、完善了《〈贵州省减贫志〉编纂工作方案》，《贵州省减贫志》编纂工作正式启动。

2015 年 12 月 24 日，贵州省地方志编纂委员会下文成立了《贵州省减贫志》编纂委员会。由中共中央候补委员、中国社会科学院副院长、中国地方志指导小组常务副组长李培林任名誉主任，贵州省常务副省长秦如培和副省长何力任主任，省政府副秘书长潘小林、省地方志办主任田洪、省扶贫办主任叶韬、省社科院院长吴大华任副主任的《贵州省减贫志》编纂委员会。委员由省委组织部、统战部，省军区、武警贵州省总队、省发改委、省经信委等 30 家部门的领导担任。并组成了由省地方志办副主任归然任主任，省扶贫办总农艺师周兴、省社科院副院长索晓霞任副主任的《贵州省减贫志》编辑部。

经过 33 家部门纂稿人共同努力，于 2016 年 4 月初形成了 7 篇 28 章 50 万字的《贵州省减贫志》（初稿）。4 月中旬，送稿给中国地方志指导小组办公室审查。共同商量《贵州省减贫志》修改事宜。

根据中指组修改意见，《贵州省减贫志》编辑部再次组织力量对减贫志进行了编辑修改。于 8 月初形成 7 章 26 节的终审稿，8 月 31 日，通过省地方志编纂委员会终审。

由于《贵州省减贫志》编纂时间短，编纂量浩繁，加之水平有限，难免有遗漏之处，敬请读者批评。

在编纂过程中，中国地方志指导小组领导、专家给予了多次指导，方志出版社组织逐篇审阅、修改，33 家承编部门积极提供资料，在此，表达我们诚挚的谢意。

《贵州省减贫志》编辑部

2016 年 8 月

出版说明

根据国务院办公厅颁发的《全国地方志事业发展规划纲要（2015—2020年）》规定，到2020年必须全面完成第二轮地方志书规划任务。为确保这一目标顺利实现，针对当前部分民族地区与贫困地区志书出版经费困难的情况，在中国地方志指导小组组长王伟光、常务副组长李培林的亲自倡议和领导下，自2015年8月起中国地方志指导小组办公室启动民族地区与贫困地区志书出版资助工程，对经国务院扶贫开发领导小组办公室认定的国家级贫困县（区、旗、县级市），中西部地区、少数民族边疆地区、经济欠发达地区存在出版经费困难的省市县三级综合志书进行出版资助。

民族地区与贫困地区志书出版资助工程既是地方志系统的政治工程，又是全国地方志事业协调发展的促进工程，对于推进第二轮地方志书规划任务按期完成，实现地方志事业区域发展平衡，促进民族地区与贫困地区基础文化建设，具有重要的政治意义和文化意义。2016年4月，该工程入选国家新闻出版广电总局实施的“十三五”国家重点图书、音像、电子出版物出版规划项目。

本书经民族地区与贫困地区志书出版资助工程领导小组批准，入选民族地区与贫困地区志书出版资助工程。

民族地区与贫困地区志书出版

资助工程领导小组办公室

2015年9月